FLASHBACK

Η λεηλασία της Ελλάδας τα τελευταία
60 χρόνια σε... 365 ημέρες

ΔΗΜΗΤΡΗΣ ΣΤΕΡΓΙΟΥ

Στη σύζυγό μου, Νότα

ΠΕΡΙΕΧΟΜΕΝΑ

Πρόλογος   7

Αντί Εισαγωγής   11

ΙΑΝΟΥΑΡΙΟΣ
Λαϊκισμός και δημαγωγία   19

ΦΕΒΡΟΥΑΡΙΟΣ
Συνεχίζεται η περιπέτεια της Ελλάδος στην ΕΕ και της παιδείας   41

ΜΑΡΤΙΟΣ
Συνεχίζονται οι «κωλοτούμπες», όπως και επί δεκαετίες   99

ΑΠΡΙΛΙΟΣ
Πολυετής Εβδομάδα των Παθών χωρίς Ανάσταση   137

ΜΑΪΟΣ
Η ιστορία του κομματικού οφέλους εμφανίζεται ως τραγωδία   159

ΙΟΥΝΙΟΣ
Η ιστορία εμφανίζεται ως φάρσα   185

ΙΟΥΛΙΟΣ

Η ιστορία εμφανίζεται ως ιλαροτραγωδία 233

ΑΥΓΟΥΣΤΟΣ

Συνεχίζονται οι δεκάδες «Μαύρες Μέρες» στην Ελλάδα 295

ΣΕΠΤΕΜΒΡΙΟΣ

Τρίζουν συνεχώς τα κόκαλα Μακρυγιάννη και Ελ. Βενιζέλου 315

ΟΚΤΩΒΡΙΟΣ

Συνεχή ραπίσματα και παθήματα χωρίς μαθήματα 355

ΝΟΕΜΒΡΙΟΣ

Ατέλειωτο όργιο κομματικών προσλήψεων και σπατάλης 385

ΔΕΚΕΜΒΡΙΟΣ

«Μην έχοντας πιο κάτου άλλο σκαλί να κατρακυλήσει στου κακού τη σκάλα» 425

ΠΑΡΑΡΤΗΜΑ

Αυτά που μού "έκοψαν" οι εκδότες (τα παιδιά μου) 459

Ο ΣΥΓΓΡΑΦΕΑΣ 547

ΠΡΟΛΟΓΟΣ

Ε ίναι άβολο να εκδίδεις και να προλογίζεις το βιβλίο του πατέρα σου.

Η συνήθης πρακτική λέει ότι ο συγγραφέας ή ο εκδότης ζητά από μία σημαντική προσωπικότητα να προλογίσει ένα βιβλίο. Με τον τρόπο αυτό, το βιβλίο λαμβάνει κατά τη γέννησή του ένα ειδικό βάρος, μία κληρονομιά, ένα κύρος που θα το βοηθήσουν να μεγαλώσει στη συνέχεια.

Αυτή τη φορά επέλεξα να γράψω τον πρόλογο εκ μέρους και των υπολοίπων αδελφών μου. Φυσικά, η απόφαση αυτή δεν ελήφθη διότι σνομπάρουμε σημαντικές προσωπικότητες του τόπου αυτού και φίλους του πατέρα μας. Ούτε διότι πιστεύουμε ότι τα παιδιά του είμαστε τόσο σημαντικά πρόσωπα.

Στην πραγματικότητα, ο πρόλογος αυτός είναι η αφορμή για να εκφράσουμε τον σεβασμό μας, την αγάπη μας, τον θαυμασμό μας και την ευγνωμοσύνη στον πατέρα μας, ο οποίος, όμως, δεν θα είχε καταφέρει τίποτα αν δεν είχε τη μάνα μας.

Επίσης, είναι ευκαιρία να δοθούν κάποιες εξηγήσεις ως προς το περιεχόμενο και τη δομή του βιβλίου.

***

Θ α διαπιστώσετε ότι υπάρχει ένα παράρτημα, όπου εκεί δημοσιεύεται ό,τι «κόπηκε» από τα παιδιά του. Γιατί «κόψαμε» κείμενα του πατέρα μας; Λογοκρισία; Όχι, φυσικά. Είναι κάτι που μισούμε οικογενειακώς. Και για το λόγο αυτό, μπήκαν όλα τα «κομμένα» κείμενα σε παράρτημα. Τότε, αφού δεν «κόπηκαν» γιατί δεν μπήκαν στη θέση, όπου τα προόριζε ο συγγραφέας;

Η απάντηση είναι απλή. Ο Δημήτρης Στεργίου κουβαλά έναν τεράστιο όγκο γνώσεων, εμπειρίας και βιωμάτων. Όταν ξεκινά να γράφει για ένα θέμα ξεχνά να σταματήσει. Επεκτείνεται και εμβαθύνει συνεχώς. Θέλει να μη μείνει τίποτα μόνο για τον εαυτό του. «Θέλω να το διαβάσουν οι νέοι άνθρωποι αυτό, γιατί το κόβεις», είπε πολλές φορές.

Θα δείτε ότι στο παράρτημα υπάρχουν κυρίως θέματα, ιστορίες και αναμνήσεις που αφορούν τον ίδιο. Στην προσπάθειά του να περιοριστεί, έγραψε πολύ λίγα πράγματα σε σχέση με αυτά που γνωρίζουμε για τη ζωή του. Για το πώς ξεκίνησε και πού έφτασε. Αλλά, το θέμα αυτού του βιβλίου δεν είναι η βιογραφία του Δημήτρη Στεργίου. Έτσι, η παρεμβολή μερικών μόνο γεγονότων, που δίνουν φυσικά το στίγμα και το χρώμα μιας εποχής, με ιστορικά στοιχεία, δεν είναι αρκετά για να αποκτήσει ο αναγνώστης μία αντιπροσωπευτική εικόνα για τη ζωή του συγγραφέα. Η ζωή του θα μπορούσε να ήταν από μόνη της ένα βιβλίο, ένα μυθιστόρημα. Όπως, άλλωστε, όλων.

***

Θα σας διηγηθώ μόνο δύο περιστατικά. Και τα δύο δείχνουν ότι είναι μαχητής και ότι βλέπει μπροστά.

Είχε τελειώσει το δημοτικό σχολείο και ήθελε να συνεχίσει στο γυμνάσιο. Ο πατέρας του, Λεωνίδας, του το ξέκοψε. Λεφτά δεν υπήρχαν και η αγροτική και κτηνοτροφική ζωή ήθελε κι άλλα χέρια. Ο παππούς Λεωνίδας δεν πείστηκε ούτε από την παρότρυνση του δασκάλου του Δημήτρη. «Λεωνίδα, ο Δημητράκης είναι άριστος μαθητής. Άριστος των αρίστων! Αν δεν πάει αυτός γυμνάσιο ποιός θα πάει; Θα είναι έγκλημα να μην τον πας στο γυμνάσιο»! Αυτόν τον διάλογο μού τον διηγήθηκε ο ίδιος ο παππούς μου ο Λεωνίδας... Επιστρέφοντας στην ιστορία, ο μικρός Δημήτρης, αφού είδε ότι δεν υπήρχε ελπίδα να πάει στο γυμνάσιο με το καλό, αποφάσισε να πάρει την τύχη στα χέρια του. Ένα βράδυ, αφού κοιμήθηκαν οι γονείς του, σηκώνεται, παίρνει μία φωτογραφία της μαμάς του και ένα άσπρο αρνί. Ξεκινά με τα πόδια με προορισμό ένα κοντινό χωριό. Εκεί θα πουλούσε το αρνί και με τα χρήματα θα εξασφάλιζε τα εισιτήρια μέχρι το Μεσολόγγι και τα πρώτα έξοδα. Πράγματι, έφτασε στο Μεσολόγγι (εκεί ήταν το κοντινότερο γυμνάσιο) και χτύπησε την πόρτα μιας θείας του. Ο μικρός Δημήτρης είπε ψέματα ότι τον έστειλαν οι γονείς του σε αυτήν να τον φιλοξενήσει όσο θα ήταν μαθητής του γυμνασίου. Μάλιστα, έδωσε και τα πρώτα λεφτά για το ενοίκιο (σ.σ. η θεία δεν τον δεχόταν χωρίς να πληρώσει ενοίκιο!). Ευτυχώς για εκείνον, τότε δεν υπήρχαν τηλέφωνα για να επιβεβαιώσει η θεία αν ο Δημήτρης έλεγε αλήθεια ή ψέματα. Κάπως έτσι, λοιπόν, γράφτηκε και παρακολούθησε την πρώτη γυμνασίου. Και έπρεπε να βγαίνει πρώτος στην τάξη για να μαζεύει χρήματα κάθε 28η Οκτωβρίου, κατά την εορτή της Σημαίας, για να πληρώνει τη θεία, τον εστιάτορα, την εγγραφή και τα βιβλία του.

***

Το δεύτερο περιστατικό έρχεται αρκετά χρόνια μετά. Εγώ ήμουν φοιτητής. Πήγα στο Μεσολόγγι και συνάντησα τον εστιάτορα, τον Θύμιο, όπου έτρωγε ο πατέρας μου όταν ήταν μαθητής στο γυμνάσιο. Ο Θύμιος ήταν γέρος πια. Έκατσα σε ένα τραπέζι και περίμενα να έρθει για την παραγγελία. Ήρθε, παρήγγειλα, έφαγα και πλήρωσα. Φεύγοντας τον ρωτάω: Πόσο «φέσι» σού είχε αφήσει ο Δημήτρης Στεργίου όταν ήταν μαθητής γυμνασίου εδώ; Ο Θύμιος τινάζεται, με κοιτά, δακρύζει και με παίρνει αγκαλιά. Είσαι ο γιος του. Τού μοιάζεις! Είστε ίδιοι! Κανένα «φέσι» δεν μού άφησε. Κάθε χρονιά, όλο το Μεσολόγγι έδινε λεφτά για τον «αριστούχο μαθητή με το τρύπιο παντελόνι».

Σε εκείνο το εστιατόριο με πήγε ένας συμμαθητής του. Ήταν μαζί συγκάτοικοι. Ο συμμαθητής του μού είπε ότι ο Θύμιος μια φορά δεν τον άφησε να φάει διότι υπήρχε μεγάλο «φέσι» στο τεφτέρι. Την ιστορία αυτή θα τη βρείτε στο παράρτημα, εκεί όπου ένας καθηγητής του γυμνασίου πήγε και έκανε παρατήρηση στον Θύμιο. Αυτό, όμως, που δεν γράφει ο πατέρας μου είναι το πώς ξεπέρασε την πείνα. Ο συμμαθητής του μού αποκάλυψε το μυστικό: έπαιρνε δύο φέτες ψωμί. Τη μία την έλεγε ψωμί και την άλλη τυρί. Έτρωγε μια μπουκιά ψωμί και μία «τυρί»...

Για την ιστορία, οι γονείς του έμαθαν που βρισκόταν και, φυσικά, τον αγκάλιασαν και τον στήριξαν με ό,τι μπορούσαν, όπως για παράδειγμα, να στέλνουν ένα καρβέλι ψωμί για να τρώει «ψωμί και τυρί», και να ξεπληρώνει τη θεία. Συνέχισε το γυμνάσιο και αποφοίτησε από το εξατάξιο τότε γυμνάσιο του Μεσολογγίου. Μετά ήρθε Αθήνα και σπούδασε, με υποτροφία στις εισαγωγικές εξετάσεις στο πανεπιστήμιο, οικονομικά, πολιτικές και κοινωνικές επιστήμες, και φιλοσοφική. Αυτό το παιδάκι που έφυγε ένα βράδυ από ένα χωριό, από το Ξηρόμερο Αιτωλοακαρνανίας, με ένα αρνί και τη φωτογραφία της μαμάς του για συντροφιά, έγινε διευθυντής στα μεγαλύτερα έντυπα μέσα ενημέρωσης της Ελλάδας. Και από εκεί που μιλούσε μόνο βλάχικα, μιλά άπταιστα γαλλικά, τα οποία έμαθε μόνος του.

Κι αν νομίζετε ότι πήρατε μία μικρή ιδέα για τη ζωή του, κάνετε λάθος. Για αυτό είπαμε εμείς τα παιδιά του: άσε τα προσωπικά σου έξω από αυτό το βιβλίο. Πόσα θα πεις;

***

Οι διαφωνίες δεν περιορίστηκαν μόνο στη δομή και το περιεχόμενο, αλλά και στη γραφή. Ο Δημήτρης είναι άριστος γνώστης της ελληνικής γλώσσας. Σπούδασε, άλλωστε, και στη Φιλοσοφική. Ο αναγνώστης θα δει, όμως, να γράφει στη δημοτική και να γράφει τη λέξη, για παράδειγμα, «ζει» με ήτα (ζη).

Σύμφωνα με τον Δημήτρη, η δημοτική γλώσσα άλλαξε τις καταλήξεις, όχι όμως και το θέμα των λέξεων. Έτσι, το «ζει» (με έψιλον γιότα) σημαίνει «βράζει», «ζεματάει», διότι προέρχεται από το εν μέρει συνηρημένο ρήμα «ζέω», το οποίο στο δεύτερο και τρίτο πρόσωπο με τη συναίρεση γίνεται ζέ-ει, ζει και ζε-εις-ζεις, ενώ, το ζη προέρχεται από το συνηρημένο πάλι ρήμα ζή-ω =ζω. Και προσθέτει ότι με την ίδια νεοελληνική γραμματική λογική θα έπρεπε και η προστακτική του ίδιους ρήματος «ζήτω» να γράφεται... «ζείτω», δηλαδή να... βράσει ή να ζεματισθεί!

Η διαφωνία μας εδώ συνίσταται στο γεγονός ότι στη δημοτική γλώσσα δεν υπάρχει το ρήμα ζέω, επομένως, το ζει με έψιλον γιώτα, για μας σημαίνει ότι κάποιος είναι ζωντανός και όχι ότι βράζει...

Επίσης, πιστεύουμε ότι η γλώσσα είναι ένας ζωντανός οργανισμός. Εξελίσσεται μαζί με τις κοινωνίες και τις συνθήκες. Αυτό για ορισμένους μπορεί να σημαίνει «κακοποίηση» της γλώσσας, εμείς θεωρούμε ότι εφόσον δεν προέρχεται από «αγραμματοσύνη», απλώς είναι εξέλιξη, ας πούμε...

***

Διαβάζοντας αυτή την παρατήρηση, αλλά και τις διάφορες αναδρομές του πατέρα μας σε παλιά ήθη και έθιμα, ίσως, ο αναγνώστης διαμορφώσει την εντύπωση ότι ο συγγραφέας είναι ένας πολύ συντηρητικός – έως αρτηριοσκληρωτικός – άνθρωπος. Κι, όμως, δεν είναι. Είναι ένας πολύ μοντέρνος και σύγχρονος άνθρωπος. Δεν έχει αγκυλώσεις. Μπορεί να συζητήσει όλα τα θέματα, με όλες τις ηλικίες. Ακούει όλα τα είδη μουσικής. Κι ας σχολιάζει στο βιβλίο του το «σκυλάδικο». Μπορεί κάτι να μην τού αρέσει, αλλά ποτέ δεν το απορρίπτει. Και τότε γιατί το σχόλιο για το «σκυλάδικο»; Διότι έχει μια απίστευτη ικανότητα να παρατηρεί τα πάντα και να τα αξιολογεί στο χώρο και στο χρόνο. Διότι, όπως λέει, ένα παραδοσιακό πανηγύρι δεν μπορεί να γίνει ... «σκυλάδικο»! Το σχόλιο δεν σημαίνει απαραίτητα ότι κάτι δεν τού αρέσει ή ότι απορρίπτει. Μπορεί να συμβαίνει κι αυτό, αλλά σίγουρα δεν θεωρεί ότι μόνο τα τραγούδια που άκουγε η γενιά του είναι καλύτερα, και τα δικά μας δεν είναι. Ξέρετε τι χορούς κάνει με σημερινά τραγούδια, ελληνικά και ξένα;

Αυτός είναι. Μία τεράστια βιβλιοθήκη γνώσεων, ένας συσσωρευτής βιωμάτων και συναισθημάτων, μία αστείρευτη πηγή έμπνευσης, ένας ακούραστος εργάτης, ένας ηθικός άνθρωπος, ένας γλεντζές, χιουμορίστας, ένας τέλειος μπαμπάς.

Αυτός είναι ο μπαμπάς μας.

Και η μαμά; Η απάντηση σε επόμενο βιβλίο...

Ο εκδότης και γιος

Λεωνίδας Στεργίου

Συνυπογράφουν τα αδέλφια

Νίκος, Ελένη, Άρτεμης-Ελευθερία

ΑΝΤΙ ΕΙΣΑΓΩΓΗΣ

«Γράφουν» Εμμανουήλ Ροΐδης και Γιάννης Μαρίνος

«Εν και ήμισυ εκατομμύριον νοήμονος και φιλοπόνου λαού, οικούντος χώραν ευλογημένων, οία η Ελλάς, κατηνάλωσεν ολόκληρον τεσσαρακονταετίαν εις αγόνους συζητήσεις περί κομμάτων και κιμματαρχών. Άπαν δε το χρήμα του λαού, αντί έργων χρησίμων, προς πόλεμον ή προς ειρήνην, εδαπάνησεν εις συντήρησιν κοπαδίου κομματικών κηφήνων, χάριν των οποίων στέργει την πενίαν, την κακοπραγίαν, την ασημότητα και τους εμπαιγμούς του κόσμου όλου».

«Το δε όντως λυπηρόν είναι ότι και οι υποτασσόμενοι εις πάσαν ταπείνωσιν και κακουχίαν, στέργοντες να μένωμεν άοπλοι και εις πάσαν ύβριν εκτιθέμενοι, πάλιν δεν κατορθούμεν να πληρώνωμεν ολοσχερώς τα κατ᾽ έτος εξογκούμενα ημών λύτρα, αναγκαζόμενοι να δανειζώμεθα ακαταπαύστως και ίσως μετ᾽ ου πολύ να παραστήσωμεν το πρωτοφανές εν τη ιστορία θέαμα έθνους χρεωκοποιούντος άνευ παρασκευών, άνευ πολέμου, άνευ επαναστάσεως ή άλλης τινός εκ των μέχρι τούδε γνωστών προφάσεων χρεωκοπίας».

Θα μπορούσα, αντί εισαγωγής, να παραθέσω μόνο και μόνο το παραπάνω, εντόνως «επίκαιρα» ρηθέντα από τον μεγάλο Εμμανουήλ Ροΐδη ως επίρρωσιν του σκοπού της νέας αυτής συγγραφικής μου προσπάθειας με την οποία επιχειρείται να παρουσιασθεί, με τη μορφή «Ημερολογίου», πώς σε... 365 ημέρες συντελέσθηκε η λεηλασία και η καταστροφή της Ελλάδος τα τελευταία... εξήντα χρόνια με την επανάληψη της ιστορίας συνεχώς ως τραγωδίας, δηλαδή σε μια περίοδο που δεν διεξήγαγε η χώρα μας εθνικούς, αλλά μόνο ολέθριους κομματικούς «πολέμους», με σκοπό που αγίαζε όλα τα μέσα και με θυσία των εθνικών, κοινοτικών και δανειακών πόρων, του κύρους και της ισχύος της στο βωμό των κομματικών –πολιτικών σκοπιμοτήτων.

Σε όλη την πολύχρονη δημοσιογραφική και συγγραφική δραστηριότητα με απογοήτευση διαπίστωνα ότι πολλά πολιτικά, οικονομικά, κοινωνικά, εκπαιδευτικά, εθνικά και θεσμικά θέματα επαναλαμβάνονταν τελευταία κυρίως σαράντα χρόνια με τόσο καταπληκτική συχνότητα και πιστότητα, ώστε σε πολλές περιπτώσεις έγραφα «νέα» άρθρα, σχόλια, αναλύσεις και έρευνες, αλλάζονταν μόνο το χρόνο των ρημάτων, τους πρωταγωνιστές και τις ημερομηνίες . Αυτή διαδικασία συνεχιζόταν επί δεκαετίες και όλο αυτό υλικό μεταφερόταν στο αρχείο μου ή χρησιμοποιούνταν, σχεδόν ατόφιο, για τη συγγραφή δεκάδων, κυρίως, οικονομικών βιβλίων.

Αυτή η κατάσταση της επανάληψης των ίδιων θεμάτων, προβλημάτων, γεγονότων, μέτρων, αποφάσεων, συμπεριφορών, της επανάληψης, δηλαδή, της ιστορίας ως τραγωδίας ή φάρσας ή ιλαροτραγωδίας, όπως έλεγε, παραφράζοντάς τον ελαφρά, ο Μαρξ, επιδεινώθηκε σημαντικά κυρίως λίγο πριν από τις εκλογές του 2004 και κορυφώθηκε λίγο πριν και μετά την οικονομική κρίση του 2009 και, φυσικά, με τα αλλεπάλληλα Μνημόνια και τη μανία των κομμάτων για κατάληψη της εξουσίας και τη συνέχιση της σπατάλης για τη συντήρηση ενός αδηφάγου κομματικού, πελατειακού και συνδικαλιστικού κράτους. Η πιστή αυτή επανάληψη της «επικαιρότητας» με οδήγησε σε ένα σκληρό δίλημμα: ή έπρεπε να συνεχίζω να γράφω βιβλία με το... ίδιο περιεχόμενο ή να βρω έναν άλλο τρόπο αποτύπωσης της επαναλαμβανόμενης αυτής ιστορίας πολιτικής, κοινωνικής, οικονομικής και θεσμικής τρέλας, που θα έκανε το περιεχόμενο του βιβλίου πιο χρήσιμο και διδακτικό. Επέλεξα το δεύτερο σκέλος του διλήμματος με τη συγγραφή ενός βιβλίου υπό μορφή «Ημερολογίου», όπου στις 365 ημέρες του 2015 θα παρουσίαζα τη λεηλασία της χώρας τα τελευταία εξήντα χρόνια με υπενθύμιση ίδιων ακριβώς γεγονότων, ίδιων θεμάτων, ίδιων μέτρων και αποφάσεων και παθημάτων, τα οποία ουδέποτε έγιναν μαθήματα. Η διαπίστωση από τις εφιαλτικές αυτές αναδρομές είναι μελαγχολική: Σε όλη αυτή την τελευταία εξηκονταετία και, κυρίως, τεσσαρακονταετία, όλοι, μα όλοι, οι κάτοικοι της χώρας αυτής πριονίζαμε με μανία συνεχώς το κλαρί, όπου καθόμασταν, προμαχούντων των ίδιων πάντοτε πρωταγωνιστών, οι οποίοι δεν άφησαν τίποτε όρθιο στην Ελλάδα. Αναφέρω επιγραμματικά μερικούς από τους ολετήρες αυτούς πρωταγωνιστές:

Οι εκάστοτε κυβερνήσεις: Αναδεικνύονται από την ίδρυση «αρχομανών» κομμάτων, τα οποία προεκλογικά διόριζαν στον πάντα ζημιογόνο δημόσιο τομέα κομματικά «μπουλούκια», κατά τον χαρακτηρισμό του Εμμανουήλ Ροΐδη και μετεκλογικά, όταν κέρδιζαν τις εκλογές, στίφη «κομματικών κηφήνων», κατά τον χαρακτηρισμό πάλι του Εμμανουήλ Ροΐδη. Όλες αυτές οι μεταπολεμικές κυβερνήσεις και, κυρίως, μετά το 1980, θεωρούσαν το δημόσιο τομέα ως «φέουδο» και τον έδιναν ως «λάφυρο» για τη νίκη τους στους «μισθοφόρους» του, κατά τον χαρακτηρισμό πάλι του Εμμανουήλ Ροΐδη, οι οποίοι εμφανίζονταν ως «γαλαζοφρουροί», ως «πρασινοφρουροί» και τελευταία, με την αριστερή κυβέρνηση ΣΥΡΙΖΑ, ως «κοκκινοφρουροί» ή ως «Στρατός Κατοχής», όπως έλεγε ο διευθυντής του «Οικονομικού Ταχυδρόμου» Γιάννης Μαρίνος! Όλα σχεδόν τα κομματικά αυτά στελέχη που ορίζονταν στην αρχή ως επικεφαλής δημόσιων επιχειρήσεων και οργανισμών, χρησιμοποιούσαν ως εφαλτήριο τους διορισμούς αυτούς για την ανάδειξή τους ως βουλευτών, υφυπουργών και υπουργών στη συνέχεια

Οι εκάστοτε αντιπολιτεύσεις: Συνήθως ήταν και είναι ο εναλλασσόμενος στην εξουσία πόλος του ολέθριου δικομματισμού, δηλαδή «αρχομανή» πάλι κόμματα, τα οποία, για την εξασφάλιση του περιβόητου κομματικού οφέλους ή την αποφυγή του ξορκισμένου πολιτικού κόστους, συνεχώς αντιδρούσαν σε ό, τι καλό για τον τόπο προωθούνταν από τις εκάστοτε κυβερνήσεις, ενώ, παραλλήλως, επιδίδονταν στο γνωστό εθνικό σπορ των παροχών και των υποσχέσεων, τις οποίες «ξεχνούσαν» συνήθως όταν κέρδιζαν, με το λαϊκισμό, τη δημαγωγία και την ακατάσχετη υποσχεσιολογία, τις εκλογές και σχημάτιζαν κυβέρνηση. Σημειώνεται ότι την ίδια συμπεριφορά έδειχναν και τα μικρότερα κόμματα της αντιπολίτευσης, μπροστά στην αγωνία τους να αυξήσουν τα ποσοστά τους ή να μπουν στη Βουλή.

Οι συνδικαλιστές: Ιδιαίτερα μετά το 1974, ο ολοένα μεγεθυνόμενος συνδικαλιστικός χώρος και ιδιαίτερα εκείνος που κυριαρχούσε στην Κεντρική διοίκηση και στις κρατικομονοπωλιακές δημόσιες επιχειρήσεις και οργανισμούς, είχε γίνει ένα απέραντο «εκτροφείο» ανάδειξης και αύξησης ισχυρών κομματικών συνδικαλιστών, οι οποίοι, στη συνέχεια, ως ανταμοιβή για τους «αγώνες» (απεργίες κλπ) που έκαναν στο αντίπαλο κόμμα, ως κυβέρνηση, διορίζονταν επικεφαλής μεγάλων δημόσιων οργανισμών ή εντάσσονταν σε κομματικά ψηφοδέλτια ως υποψήφιοι βουλευτές ή προάγονταν σε υφυπουργούς και υπουργούς. Ο κατάλογος με την ανθρωπογεωγραφία κομματικών συνδικαλιστών που στη συνέχεια έγιναν πολιτικοί είναι ατέλειωτος!

Ο Τύπος: Κατ᾽ εικόνα και ομοίωσιν όλων αυτών των ολετήρων της χώρας μας λειτούργησε και ο ελληνικός Τύπος με τους τεράστιους φιλοκομματικούς τίτλους στην πρώτη σελίδα, τις τεράστιες φωτογραφίες και δηλώσεις, δημιουργώντας κάθε φορά «ρεύμα» υπέρ του κόμματος που υπεράσπιζαν μέχρι την επόμενη ημέρα που ήταν μια από τα ίδια με όλες τις προηγούμενες κατά τις τελευταίες δεκαετίες. Δηλαδή, γίνονταν εκλογές και αναδεικνύονταν κυβερνήσεις για να διορίζουν, να σπαταλούν προκλητικά τους εθνικούς πόρους και να μας «φεσώνουν» συνεχώς με δάνεια με τα οποία καλύπτονταν ελλείμματα και ζημιές.

Ο ελληνικός λαός: Ο ελληνικός λαός πάντοτε ουδέποτε σχεδόν διδάχθηκε από τα παθήματά του, διέψευδε, με τις επιλογές του, τις δικές του προσδοκίες, αλλά και συνέτριβε σοφές ρήσεις, θυμόσοφα γνωμικά και παρακαταθήκες, που είχαν κάνει να σταθεί όρθια η χώρα επί δεκαετίες, παρά τον ολέθριο και τότε κομματισμό, λαϊκισμό και δημαγωγία. Για παράδειγμα, ο ελληνικός λαός, εμφανίζεται πάντα «ευκολόπιστος και πάντα προδομένος», προς δόξαν μόνο των κομματαρχών, ενώ ουδέποτε σχεδόν επιβεβαίωσε τη ρήση του Ναπολέοντα ότι «η ιστορία γράφεται από τους νικητές». Στην Ελλάδα, συνέβη και συμβαίνει το αντίθετο. Η ιστορία γράφεται και γραφόταν και από τους δύο, και από τους νικητές και τους ηττημένους, είτε πραγματικά είτε μεταφορικά. Πάντοτε σχεδόν ο «νικητής» στη χώρα «φοβόταν» τον ηττημένο, δηλαδή τις εκάστοτε αντιπολιτεύσεις. Κι έτσι, δεν έμεινε σχεδόν τίποτε όρθιο κυρίως από τους θεσμούς που συγκράτησαν το έθνος επί αιώνες. «Δεν μπορεί να σταθεί όρθια μια πολιτεία της οποίας ποδοπατούνται οι νόμοι, οι θεσμοί», έλεγε ο Σωκράτης. Δυστυχώς, αυτό το γκρέμισμα όλων των θεσμών και, κυρίως, της παιδείας, έγινε σιγά –σιγά από τους «ηττημένους» με την πρόθυμη (για κομματικούς λόγους) επίσπευση από τους... «νικητές»! Επίσης, ο ελληνικός λαός διέψευδε συνεχώς και το υπό το Μαρξ ρηθέν ότι «η ιστορία επαναλαμβάνεται στην αρχή ως τραγωδία και τη δεύτερη φορά ως φάρσα». Διότι, στην Ελλάδα, ο ελληνικός λαός «κατόρθωνε» συνεχώς η ιστορία να επαναλαμβάνεται στην αρχή... φάρσα, τη δεύτερη φορά ως ιλαροτραγωδία, την τρίτη φορά ως... «βλακεία» και την τέταρτη φορά ως... «τραγωδία». Αυτήν την τραγωδία έζησε πολλάκις ο ελληνικός λαός, με κορύφωση τα τελευταία κυρίως έξι χρόνια, που δεν ήταν τίποτε άλλο από το συνεχές κατρακύλισμα, επί δεκαετίες, στου κακού της σκάλας το σκαλί, όπως έλεγε ο Κωστής Παλαμάς.

Αλλά δεν χρειάζεται να συνεχίσουμε με την απαρίθμηση όλων των ολετήρων. Απλώς αναφέρω ότι όλα αυτά σημειώνονται με στοιχεία και ντοκουμέντα στο «Ημερολόγιό» μου, χωρίς, βέβαια, την ελπίδα του Κωστή Παλαμά που έλεγε: «Και μην έχοντας πιο κάτω άλλο σκαλί να κατρακυλήσει, πιο βαθιά στου κακού τη σκάλα, για τ᾽ ανέβασμα ξανά, που σε καλεί, θα αισθανθείς να σου φυτρώσουν, ω χαρά!, τα φτερά, τα φτερά τα πρωτινά σου τα μεγάλα!». Διότι η κρίση είναι πολύ πιο βαθιά, πιο συνεχής, πιο επονείδιστη από εκείνη του 1897 για την οποία έγραψε με πόνο το ποίημα, τον «Δωδεκάλογο του γύφτου», όπου «προφητεύει» την κάθαρση. Κι ας μην ξεχνάμε ότι «καθάρσεις» έχουν «προφητεύσει» και επαγγελθεί πολλοί, αλλά η χώρα ολοένα πήγαινε και συνεχώς πηγαίνει όλο πιο στο τελευταίο το σκαλί της σκάλας του κακού, του ολέθρου και της λεηλασίας.

Η απαισιοδοξία μου αυτή ενισχύεται ακόμη περισσότερο βλέποντας όλα αυτά που γίνονται, παρά τα πάμπολλα παθήματα, και συνεχίζονται και σήμερα στη χώρα μας, μολονότι ο μέγας Εμμανουήλ Ροΐδης πριν από πολλές δεκαετίες, πριν από πάνω από 130 χρόνια, με το δική του πάντα καυστική πένα, είχε «λαμπαδιάσει» όλους τους τότε ολετήρες της χώρας μας, οι οποίοι άφησαν, όπως φαίνεται, αθάνατους συνεχιστές του έργου τους.

Συνεχή τα ηχηρά ραπίσματα του Ροΐδη επί δεκαετίες

Έκρινα, λοιπόν, ότι έπρεπε στην εισαγωγή μου να παραθέσω τα κυριότερα «ραπίσματα» του Εμμανουήλ Ροΐδη προς όλους τους ολετήρες της εποχής του και να κάνω πιο εκκωφαντικό τον αντίλαλό τους για τους συνεχιστές τους κατά τη νεώτερη πολιτική ιστορία της χώρας μας:

– «Ο πολύς πληθυσμός της Ελλάδος συνίσταται εκ πεντήκοντα χιλιάδων ανθρώπων γνωριζόνων ανάγνωσιν και ανορθογραφίαν και τρεφομένων υπό ενός εκατομμυρίου αγραμμάτων φορολογουμένων».

– «Αλλαχού τα κόμματα γεννώνται, διότι υπάρχουν άνθρωποι διαφωνούντες και έκαστος άλλα θέλοντες. Εν Ελλάδι, συμβαίνει ακριβώς το ανάπαλιν. Αιτία της γεννήσεως και της πάλης των κομμάτων είναι η θαυμαστή συμφωνία μεθ᾽ ής πάντες θέλουσι το αυτό πράγμα, να τρέφωνται δαπάνη του Δημοσίου».

– «Αν υπήρχε λεξικόν της νεοελληνικής γλώσσης, νομίζομεν ότι ο ορισμός της λέξεως «κόμμα» ήθελεν είναι ο ακόλουθος: «Ομάς ανθρώπων ειδότων ν᾽ αναγινώσκουσι και να ν᾽ ανορθογραφώσι, εχόντων χείρας και πόδας υγιείς, αλλά μισούντων πάσαν εργασίαν, οίτινες, ενούμενοι υπό έναν οιονδήποτε αρχηγόν, ζητούσι ν᾽ αναβιβάσωσιν αυτόν δια παντός μέσου εις την έδραν του πρωθυπουργού, ίνα παράσχη αυτοίς τα μέσα να ζώσι χωρίς να σκάπτωσι».

– «Κατά τον πολύ Μοντέσκιον, έκαστος υπουργός, λαμβάνων την εξουσία, φροντίζει κατά με τον πρώτον έτος περί εαυτού, κατά δε το δεύτερον περί της επαρχίας του, και έπειτα, τέλος πάντων, και περί του έθνους εν γένει. Ουδόλως, λοιπόν, πρέπει να δυσανασχετώμεν κατά των ημετέρων πολιτικών, αν δεν προφθάνοσυ να πράξωσι το παραμικρόν υπέρ του τόπου, αφού ουδέ τα; Ιδίας υποθέσεις αφήνομεν αυτοίς καιρόν να τελειώ σωσιν».

– «Ως ο Ιησούς εκήρυξεν ότι ήθελε σώσει τους αμαρτωλούς και ουχί τους δικαίους, ούτω και σήμερον παρ᾽ ημίν η αισχρότης της διαγωγής είναι πρόσθετος τίτλος εις τας ευεργεσίας του (πρωθυπουργού) κ. Κουμουνδούρου. Πολλοί μάλιστα λέγουσιν ότι αυτή είναι απαραίτητον προσόν, ημείς όμως πιστεύομεν ότι και μόνη η ανικανότης αρκεί προς απόκτησιν της ευνοίας του, φθάνει να είναι αρκούντως αποδεδειγμένη».

– «Οσάκις εις τον ημέτερον πρωθυπουργόν γίνονται παρατηρήσεις περί του ποιού των υπ᾽ αυτού διοριζομένων, ότι είναι αμαθείς, βλάκες, υπόδικοι επί κλοπή ή κατάδικοι επί πλαστογραφία, εις τας ενστάσεις ταύτας η αγαθότης αυτού ευρίσκει στερεότυπον και όντως λακωνική απάντησιν: «Δεν πειράζει».

– «Εξ όλων των κατοικούντων επί του πλανήτου μας διπόδων, ο Έλλην στρατιώτης είναι το ολιγαρκέστερον, και εν πολλοίς το δπανηρότερον. Αρκείται μεν εις άρτον και ελαίας, αλλά ίνα διοικηθή έχει, φαίνεται, ανάγκην στρατηγών, ταγματαρχών, λοχαγών, ανθυπασπιστών, λοχιών και δεκανέων δεκαπλάσιων των αλλαχού. Η δε απαραίτητος αύτη ανάγκη του καταδικάζει ημάς να μην έχωμεν στρατόν!»

–«Ο, τι ακολουθεί εις τον στρατόν συμβαίνει, δυστυχώς, και εις τους άλλους κλάδους. Τα ημέτερα ζώα, μάλλον δυσαρίθμητα, φαίνεται, όντα των αλλαχού, έχουσιν ανάγκην πλειόνων απαριθμητών. Τα ημέτερα δένδρα, μάλλον δυσφύλακτα, πλειόνων δασοφυλάκων. Τα ημέτερα πλοία, μάλλον δύσπλοια, πλειόνων πλοιάρχων. Αι ημέτεραι αλυκαί πλειόνων αλατοαποθηκαρίων. Τα ημέτερα δικαστήρια απειράκις πλειόνων δικαστικών γραφέων. Οι ημέτεροι φόρων πλειόνων φοροφάγων».

– «Η θέσις των παρ᾽ ημίν πολιτευομένων πολύ ομοιάζει την αυτών αυτοκρατόρων της βυζαντινής Ρώμης, οίτινες προς κατάληψιν του θρόνου συνεμάχουν μετά Φράγκων, Τούρκων και Βουλγάρων, εις ούς αυτοί τε και οι ημέτεροι φατριάρχαι, προς σχηματισμόν ή ενίσχυσιν κόμματος, εστρατολόγουν εκ των τριόδων μισθοφόρους, ους επλήρωνον δια δημοσίων χρημάτων, ήτοι δια θέσεων περιττών. Των τοιούτων μισθοφόρων επί τοσούτον επολλαπλασιάσθη προϊόντος του χρόνου ο αριθμός και το θράσος, ώστε κατέστησαν σήμερον η μόνη αξιόμαχος δύναμις της Ελλάδος, προ της οποίας και βασιλεία και κυβέρνησης και βουλή και ολόκληρον το έθνος κύπτει το γόνυ μετά τρόμου».

Εσφαλμένως, νομίζομεν, παρωμοίασάν τινες τους ημετέρους κομματάρχας προς αρχηγούς ληστρικών συμμοριών. Το πταίσμα αυτών είναι ότι εδημιούργησαν τα συμμορίας, σήμερον όμως αντί να είναι αρχηγοί αυτών, κατήντησαν απλοί μεσίται, δια των οποίων αι συμμορίαι αύται διαπαργματεύονται προς το έθνος τα λύτρα, ανθ᾽ ων συγκατανεύουσι να παραχωρήσωσιν αυτώ ασφάλεια ζωής και περιουσίαν. Τα λύτρα ταύτα καλούνται κατ᾽ ευφημισμόν προϋπολογισμός. Απόδειξις όμως του αληθούς αυτών χαρακτήρος είναι η δουλική ευπείθεια, μεθ᾽ ης ολόκληρος η Βουλή, σιγώσης της αντιπολιτεύσεως, σπεύδει να καταβάλη άνευ συζητήσεως εις τον εισπράκτορα της κατισχυούσης συμμορίας, καλώς γνωρίζουσα ότι πάσα αντίστασις ή απόπειρα ελαττώσεως αυτών ήθελε τιμωρηθεί δι᾽ αντιστάσεως την επιούσαν».

«Τούτο πάντες βλέπομεν, η δε επιστήμη το κηρύττει δια του στόματος του κ. Σούτζου (σημείωση δική μου: τότε της Πολιτικής Οικονομίας στο Πανεπιστήμιο Αθηνών την εποχή του Ροΐδη), υποδεικνύοντος τας οικονομίας ως την μόνην σωτηρίαν οδόν. Προς ταύτην όμως ουδείς πολιτευόμενος τολμά να τραπή, ουχί εξ ελλείψεως πατριωτισμού, αλλά διότι καλώς γνωρίζει ότι αδύνατον είναι να προχωρήση επ᾽ αυτής, χωρίς να προσκρούση ανά παν βήμα εις συμφέροντα προσωπικά, άτινα θέλουσιν ορθωθή κατ᾽ αυτού ως έχιδναι φαρμακεραί, των οποίων επατήθη η ουρά».

Πώς φθάσαμε στη χρεοκοπία

Στη συνέχεια, παραθέτω ένα εμπνευσμένο, όπως πάντα, άρθρο του πρώην διευθυντή του «Οικονομικού Ταχυδρόμου» Γιάννη Μαρίνου, το οποίο δημοσιεύθηκε στο «Βήμα της Κυριακής» (15 Ιουνίου 2012), υπό τον τίτλο «Πώς φθάσαμε στη χρεοκοπία» και στο οποίο παραθέτει αφυπνιστικό άρθρο του Εμμανουήλ Ροΐδη του 1929:

«Επειδή επιμένουν οι διαμαρτυρόμενοι και οι αγανακτισμένοι να παριστάνουν ότι δεν ήξεραν και ότι εν αγνοία τους ανέχονταν την καταλήστευση του προϋπολογισμού (δηλαδή των όσων πλήρωναν οι φορολογούμενοι), θα επιμείνω κι εγώ. Το ότι δεν υπάρχουν λεφτά, το ότι είμαστε κατάχρεοι και βρισκόμαστε στα πρόθυρα της χρεοκοπίας δεν έχει κουρασθεί η πένα του γράφοντος να τονίζει από τη δεκαετία του '80, οπότε ικανοποιήθηκαν και έκτοτε ικανοποιούνται όλα τα αιτήματα των τάξεων που μπορούν να ασκήσουν πίεση στα κυβερνητικά κόμματα και από τον τρόμο του πολιτικού κόστους που ασκεί ο εκθεμελιωτικός λαϊκισμός της Αριστεράς και των περισσότερων ΜΜΕ, όπως και οι εκβιασμοί των συνδικαλιστών του μονοπωλιακού δημόσιου τομέα. Θυμίζω όσα έγραφε πριν από 150 χρόνια ο Ροΐδης, καθώς και την πριν από 100 χρόνια εκβιαστική απεργία των λιμενεργατών του Πειραιά. Μία ακόμη αναδρομή στο παρελθόν μπορεί να πείσει και τους πιο δύσπιστους. Αντιγράφω και πάλι από κύριο άρθρο της «Εστίας», το οποίο δημοσιεύθηκε στις 16 Νοεμβρίου 1929:

«Είναι αναμφισβήτητον ότι το Ελληνικόν κράτος κατά τα τελευταία αυτά έτη κινδυνεύει να εξουθενωθεί τελείως και να υποκύψει προ των Ελληνικών "μπουλουκιών".

Κάθε ομάς ανθρώπων, συνδεομένων από κοινά συμφέροντα και μόνον, συγκροτεί μίαν οργάνωσιν, εξασφαλίζει μερικούς δημοσιογραφικούς ή κοινοβουλευτικούς υποστηρικτάς και υπαγορεύει έπειτα τας θελήσεις της εις το Κράτος. Αλλοίμονον δε εις εκείνον, υπουργόν, δημόσιον λειτουργόν, ή δημοσιογράφον, ο οποίος θα ετόλμα, όχι μόνον να αντιταχθή, αλλά και να μη υποστήριξη τας αξιώσεις, αι οποίαι προεβάλλοντο. Η δύναμις των ομάδων εις την Ελλάδα έχει καταστή καταπληκτική. Και αι παραδοξότεραι των αξιώσεων κατορθώνουν να εμφανίζωνται ως δίκαιαι και να αναγνωρίζωνται αμέσως από το πτήσσον και πανικόβλητον Κράτος. Εάν τυχόν η αξίωσις είναι περισσότερον του δέοντος εξωφρενική, εάν η Κυβέρνησις καταλαμβάνεται υπό δισταγμών και προτάσσει αντιρρήσεις, αρκεί μια θορυβώδης διαδήλωσις εις τους δρόμους, δια να εγκαταλειφθούν αμέσως αι αντιρρήσεις και να συνθηκολογήση το Κράτος.

Υπό τοιαύτας συνθήκας, ολόκληρος σχεδόν ο πληθυσμός της Ελλάδος μεταβάλλεται εις μπουλούκια, τα οποία συγκροτούμενα εις Επιτροπάς, Εκτελεστικά Συμβούλια, Γενικάς Συνελεύσεις, ή Συνομοσπονδίας περιέρχονται τα υπουργικά και δημοσιογραφικά γραφεία, διά την επιδίωξιν μιας αποζημιώσεως, ενός ειδικού φόρου, ενισχυτικού της οργανώσεώς των, ενός νέ ου δανείου, ενός οικοδομικού συνεταιρισμού. Ποίος Έλλην θα ηρνείτο να αποτελέση μέρος μιας τοιαύτης οργανώσεως, όταν ως ανταμοιβήν διά τας ολίγας ώρας της αναμονής εις τους υπουργικούς προθαλάμους θα ελάμβανε παρά του Κράτους ένα προνόμιον, μίαν καλήν αποζημίωσιν, μίαν σύνταξιν, ή ένα ωραίον οικόπεδον;

Τα αποτελέσματα της τρομεράς αυτής συνήθειας είναι δύο ειδών: Πρώτον, ότι το Ελληνικόν Κράτος χρεώνεται έως τον λαιμόν διά να κατορθώση να αντεπεξέλθη εις όλας αυτάς τας αξιώσεις και να ικανοποιήση όλας αυτάς τας ορέξεις, επιβαρύνει συνεχώς τον προϋπολογισμόν του με μεγάλα κονδύλια και υπερφορτώνει την αγοράν της χώρας κατά τρόπον μοιραίως δημιουργούντα οικονομικήν κρίσιν. Αφ' ετέρου, οι πολίται, κακοσυνηθίζοντες από την εξαιρετικήν αυτήν υποχωρητικότητα του Κράτους, εγκαταλείπουν τας παραγωγικάς των εργασίας διά να επιδίδωνται εις την ολιγώτερον κοπιαστικήν και περισσότερον κερδοφόρον εργασίαν της αναμονής εις τα Πολιτικά Γραφεία και τους υπουργικούς προθαλάμους. Υπάρχουν ήδη μυριάδες Ελλήνων που μόνον από κρατικάς επιχορηγήσεις, αποζημιώσεις και επιδόματα ζουν».

Μπορεί αυτά να συνέβαιναν το 1929, αλλά η περιγραφή αποδίδει και το σήμερα. Η κατάρα της απομύζησης του Κράτους από τους εκβιάζοντες και από τους υποκύπτοντες μετά τρόμου πολιτικούς μας είναι καταφανώς διαχρονική. Ας σημειωθεί ότι το άρθρο αυτό της «Εστίας» εγράφη λόγω εκβιασμού σε βάρος της κυβερνήσεως από λεμβούχους και εισπράκτορες, αλλά ο τότε πρωθυπουργός Ελευθέριος Βενιζέλος αρνήθηκε να υποκύψει. Ωστόσο τις επόμενες εκλογές τις έχασε ο εθνάρχης και οδηγηθήκαμε βαθμιαία στη δικτατορία Μεταξά».

ΙΑΝΟΥΑΡΙΟΣ

Λαϊκισμός και δημαγωγία

3 ΙΑΝΟΥΑΡΙΟΥ

Ζολώτας 1990: Καλπασμός ελλειμμάτων χωρίς πρόσθετα μέτρα

Σήμερα, το Ημερολόγιό μου δείχνει 3 Ιανουαρίου 2015.

Και θυμήθηκα ότι πριν από 25 χρόνια, στις 3 Ιανουαρίου 1990, ο τότε πρωθυπουργός της Οικουμενικής Κυβέρνησης Ξενοφών Ζολώτας έδωσε στη δημοσιότητα το «Πρόγραμμα Δημοσιονομικής Διαχείρισης το 1990 – προβλέψεις – Προτάσεις – Μέτρα».

Θυμήθηκα ότι στο πρόγραμμα αυτό επισημαίνονταν, μεταξύ άλλων, τα εξής για τον προϋπολογισμό του 1990:

– «Προβλέπεται ότι, αν δεν ληφθούν πρόσθετα μέτρα εγκαίρως, κατά το τετράμηνο Ιανουαρίου – Απριλίου 1990, το καθαρό έλλειμμα του γενικού κρατικού προϋπολογισμού θα ανέλθει στα 565 δισ. δραχμές σε σχέση με 448 δισ. δραχμές έλλειμμα την ίδια περίοδο πέρυσι».

– «Για όλο το 1990 το καθαρό έλλειμμα (χωρίς δηλαδή τις δαπάνες για χρεολύσια) εκτιμάται σε 1.950 δισ. δραχμές από 1.620 δισ. που ήταν το 1989. Αυτό σημαίνει ότι θα έχουμε αύξηση των δανειακών αναγκών του κράτους ως ποσοστό του ΑΕΠ κατά 1 ποσοστιαία μονάδα, ενώ ο προγραμματικός στόχος ήταν οι δανειακές ανάγκες να μειωθούν κατά 2, 5 με 3 ποσοστιαίες μονάδες επί του ΑΕΠ».

– «Το έλλειμμα μήνα προς μήνα προβλέπεται να πάρει εκρηκτικές διαστάσεις ιδιαίτερα από το Μάρτιο και μετά. Πρόσθετα μέτρα θα πρέπει αμέσως να παρθούν προκειμένου η κυβέρνηση να είναι συνεπής με τις προγραμματικές δηλώσεις που προβλέπουν μείωση του ελλείμματος ως ποσοστού του ΑΕΠ και όχι αύξηση, όπως δείχνουν οι σημερινές τάσεις».

– «Η κάλυψη των μηνιαίων ελλειμμάτων με δανεισμό και προκαταβολές από την Τράπεζα της Ελλάδος δεν επαρκεί και υπολογίζεται ότι θα υπάρξει το α' εξάμηνο του 1990 ένα ακάλυπτο έλλειμμα της τάξης των 300 δισ. δραχμών (το ποσό αυτό είναι διπλάσιο από αυτό του πρώτου τετραμήνου του 1989)».

– Οι προβλέψεις του τότε (1989) υπουργού Οικονομικών Δημήτρη Τσοβόλα για το έλλειμμα του κρατικού προϋπολογισμού του 1989, τον οποίο είχε καταρτίσει το τέλος του 1988, παρουσίαζαν μιαν απόκλιση κατά – 530 δισ. δραχμές ή κατά 38%.

7 ΙΑΝΟΥΑΡΙΟΥ

Εφιαλτικές για τους ολετήρες του τόπου οι εκκωφαντικές προειδοποιήσεις του Γιάννη Μαρίνου

Σήμερα, το Ημερολόγιό μου δείχνει 7 Ιανουαρίου 2015 και είναι εορτή του Αγίου Ιωάννου του Προδρόμου για την οποία έχω σημειώσει να επικοινωνήσω, όπως πάντα, με το Γιάννη Μαρίνο και να εκφράσω τις ευχές μου.

Και θυμήθηκα ότι με τον Γιάννη Μαρίνο συνεργάσθηκα στενά και μοναδικά ως συντάκτης και αρχισυντάκτης του «Οικονομικού Ταχυδρόμου» από το 1970 έως το 1996, έως την αποχώρησή του, δηλαδή, από τη διεύθυνση του «Οικονομικού Ταχυδρόμου».

Θυμήθηκα όλα τα άρθρα του Γιάννη Μαρίνου που δημοσιεύονταν επί τρεις δεκαετίες περίπου στον «Οικονομικό Ταχυδρόμο» στη στήλη «Η Άποψή μας» και σε άλλες σελίδες και να τα αποδελτιώνω, καταχωρίζοντάς τα στο Αρχείο μου.

Θυμήθηκα και το πρόσφατο βιβλίο του υπό τον τίτλο «Ας προσέχαμε», όπου ο Γιάννης Μαρίνος εγκιβωτίζει σημαντικά άρθρα του με τις αυτονόητες επισημάνσεις, έντονες προειδοποιήσεις και επίμονες προτάσεις για την αντιμετώπιση της ολοένα σοβούσης, κυρίως, μετά το 1980, οικονομικής κρίσης στη χώρα μας. Παραθέτω, ενδεικτικά, από το αρχείο μου μερικούς μόνο τίτλους άρθρων του:

– «Λησμονείται το μόνο που χρειάζεται». Τεύχος 17 Ιουλίου 1986.

–«ΛΑΡΚΟ: Να δοθεί εδώ και αμέσως τώρα στην αυτοδιαχείριση των εργαζομένων». Τεύχος 20 Νοεμβρίου 1986.

– Κάτω από την κορυφή του παγόβουνου του Νταβός ή πώς η Ελλάδα θα μπορούσε να γίνει Ελβετία». Τεύχος 19 Φεβρουαρίου 1987.

– «Αν τα παθήματα γίνονταν μαθήματα. Τεύχος 23 Απριλίου 1987.

– «Να αποβληθεί το καρκίνωμα του κομματισμού από τους συνεταιρισμούς». Τεύχος 6 Αυγούστου 1987.

– «Μήπως το διαβόητο πολιτικό κόστος αφήνει πια μόνη ελπίδα μας την παραοικονομία. Τεύχος 10 Δεκεμβρίου 1987).

– «Η αντιμετώπιση της πρόκλησης του 1992 προϋποθέτει αγνόηση από όλα τα κόμματα του πολιτικού κόστους». Τεύχος 21 Ιανουαρίου 1988.

– «Όλοι αποφεύγουν να δουν, επιτέλους, ότι τα δημόσια ταμεία δεν έχουν λεφτά. Τεύχος 26 Μαΐου 1988.

«Οι βλαβερές συνέπειες της κυριαρχίας των συντεχνιών στον ελληνικό δημόσιο βίο». Τεύχος 4 Αυγούστου 1988. Και εκατοντάδες άλλα...

8 ΙΑΝΟΥΑΡΙΟΥ

Στα πρόθυρα χρεοκοπίας το 1985 των «ακόμα καλύτερων ημερών»!

Σήμερα, το Ημερολόγιό μου δείχνει 8 Ιανουαρίου 2015.

Και θυμήθηκα ότι την ίδια ημέρα, πριν από 27 χρόνια, στις 8 Ιανουαρίου 1988, δημοσιεύθηκε στον «Οικονομικό ταχυδρόμο» μια εκκωφαντική σε μηνύματα συνέντευξη του τότε διοικητή της Τράπεζας της Ελλάδος Δημήτρη Χαλικιά, ο οποίος είχε επισημάνει ότι πριν από 30 χρόνια, το καλοκαίρι του 1985, η χώρα μας βρισκόταν στα πρόθυρα χρεοκοπίας.

Και θυμήθηκα ότι λίγο πριν από τις εκλογές του 1985, το ΠΑΣΟΚ υποσχόταν «ακόμη καλύτερες μέρες», αλλά λίγους μήνες μετά... βγήκαν «ξινές» με το σκληρό πρόγραμμα λιτότητας που ανακοίνωσε η νέα τότε κυβέρνηση του ΠΑΣΟΚ τον Οκτώβριο του 1985.

Θυμήθηκα ότι την περίοδο αυτή, ο Δημήτρης Χαλικιάς την χαρακτήρισε στην ίδια συνέντευξή του ως την πιο δραματική στιγμή της πολυετούς θητείας του στην Τράπεζα της Ελλάδος, επισημαίνοντας, μεταξύ πολλών, τα εξής: «Το καλοκαίρι του 1985, λίγο πριν από τις εκλογές του Ιουνίου, ζήτησα να δω τον πρωθυπουργό κ. Ανδρέα Παπανδρέου. Το έκανα σπανίως, αλλά η επικοινωνία μαζί του ήταν πάντοτε ουσιαστική. Με δύο λέξεις καταλάβαινε τα πάντα. Του είπα: «κύριε πρόεδρε, εάν συνεχίσουμε την ίδια πορεία θα χρεοκοπήσουμε. Θα έχουμε στάση πληρωμών.. Σε λίγο η Τράπεζα δεν θα έχει ταμείο να πληρώσει. Χρειάζεται να σχεδιάσετε ένα πρόγραμμα σταθεροποίηση της οικονομίας... Εάν δεν παίρναμε το Φεβρουάριο του 1986 την πρώτη δόση του δανείου από την ΕΟΚ και εάν δεν είχαμε το σταθεροποιητικό πρόγραμμα Σημίτη, θα βαδίζαμε ευθέως στην κατάρρευση και τη χρεοκοπία...»

Φωνή βοώντος εν τη ερήμω της ανευθυνότητας!

16 ΙΑΝΟΥΑΡΙΟΥ

Σήμερα φωτοβολταϊκά, στη δεκαετία του 1950 λάμπα πετρελαίου!

Σήμερα, το Ημερολόγιό μου δείχνει 16 Ιανουαρίου 2015 και, ύστερα από πολυήμερη συνεχή και πυκνή συννεφιά, επισκέφθηκα πάλι το κτήμα στην Αττική μέσω του κακοτράχαλου αγροτικού δρόμου. Όταν πήγα εκεί και μπήκα στο αγροτόσπιτο διαπίστωσα ότι δεν λειτουργούσε κανένα από τα ηλεκτρικά σκεύη μου (ψυγεία, συναγερμός κλπ). Τί είχε γίνει; Η πολυήμερη πυκνή συννεφιά μηδένισε το δείκτη ενέργειας του φωτοβολταϊκού συστήματος που έχω εγκαταστήσει. Έτσι, άναψα την γκαζιέρα για να κάνω ένα καφέ, μέχρι να δυναμώσει η φωτιά στο τζάκι, και άναψα μια λάμπα πετρελαίου για να έχω φως στο αγροτόσπιτο.

Και θυμήθηκα τα παιδικά μου χρόνια στο χωριό μου στη δεκαετία του 1940 και του 1950.

Θυμήθηκα ότι τότε η εγκατεστημένη ισχύς ηλεκτρικής ενέργειας ανερχόταν στις 256.000 KW, η παραγωγή ηλεκτρικού ρεύματος στα 810 εκατ. KWH και η συνολική κατανάλωση ενέργειας στους 2.111 τόνους ισοδυνάμου άνθρακα.

Θυμήθηκα ότι στο χωριό μου, την Παλαιομάνινα, ως μαθητής του Δημοτικού Σχολείου διάβαζα στο σπίτι μου υπό το φως της λάμπας πετρελαίου, ενώ το ηλεκτρικό ρεύμα πήγε στο χωριό μου μετά το 1957, όταν πια ήμουνα μαθητής του Γυμνασίου!

Θυμήθηκα ότι το πρόβλημα εξασφάλισης ηλεκτρικού ρεύματος συνεχίσθηκε επί πολλά χρόνια και ιδιαίτερα σε περιοχές δεύτερης κατοικίας ή εξοχικά σπίτια και μάλιστα εντός σχεδίου πόλεως στην Αττική!

Θυμήθηκα ότι το 1977, για να ηλεκτροδοτήσω το σπίτι μου σε περιοχή της Αττικής, εντός σχεδίου πόλεως, το οποίο αμέσως έγινε μόνιμη κατοικία, έβαλα πολιτικό «μέσο»!. Και ηλεκτροδοτήθηκε η κατοικία μου αυθωρεί και παραχρήμα, όπως έλεγαν οι αρχαίοι ημών πρόγονοι...

20 ΙΑΝΟΥΑΡΙΟΥ

Όταν έβαζες τηλέφωνο στο σπίτι σου με πολιτικό «μέσο»!

Σήμερα, 20 Ιανουαρίου 2015, επικοινώνησε μαζί μου υπάλληλος μεγάλης τηλεπικοινωνιακής εταιρείας και μού πρότεινε, λόγω έντονου ανταγωνισμού, ένα δελεαστικά οικονομικό πρόγραμμα για το κινητό τηλέφωνό μου.

Και θυμήθηκα τη δεκαετία του 1950, όταν τηλέφωνο (και μάλιστα κουρδιστό!) υπήρχε μόνο στην Κοινότητα και στην Αστυνομία, αλλά και τα φοιτητικά μου χρόνια στην Αθήνα, στη δεκαετία του 1960, όταν τηλέφωνο είχαν για το κοινό μόνο σχεδόν τα... περίπτερα!

Θυμήθηκα ότι όταν ήμουνα στο Γυμνάσιο της Παλαμαϊκής Σχολής Μεσολογγίου επικοινωνούσα με τους γονείς μου με σημειώματα (αλληλογραφία), ενώ για επικοινωνία με φίλους μου ή φίλες μου στην Αθήνα πήγαινα στους τηλεφωνικούς θαλάμους του ΟΤΕ στο Μεσολόγγι, όπου έκανα την αίτηση για συγκεκριμένη επικοινωνία σε συγκεκριμένο αριθμό και μετά περίμενα στη σειρά για να ακούσω την τηλεφωνήτρια να μού πει σε ποιο θάλαμο να μπω.

Θυμήθηκα ότι οι υποδομές και στον τηλεπικοινωνιακό τομέα ήταν, έως σχεδόν την απελευθέρωσή του στη δεκαετία του 1990, απελπιστικές . Το μήκος των τηλεγραφικών κυκλωμάτων έφτανε στα 59.200 χιλιόμετρα και οι σταθμοί ασυρμάτου σε 66. Ο αριθμός των τηλεφώνων ανεχόταν σε 100.575, δηλαδή 13 τηλέφωνα ανά 1.000 κατοίκους (ο πληθυσμός τότε ανερχόταν σε 7.720.000 κατοίκους).

Θυμήθηκα ότι λίγο πριν από την απελευθέρωση των τηλεπικοινωνιών και την έλευση του κινητού τηλεφώνου, η εγκατάσταση τηλεφώνου σε σπίτια ή καταστήματα από τον ΟΤΕ γινόταν κυρίως με πολιτικό «μέσο», όπως με πολιτικό μέσο γίνονταν συνήθως, εκτός από τους διορισμούς στο Δημόσιο, οι ηλεκτροδοτήσεις σπιτιών και επιχειρήσεων, οι εισαγωγές σε νοσοκομεία, οι μεταθέσεις στρατιωτών και άλλα... ψηφοθηρικά τερτίπια.

21 ΙΑΝΟΥΑΡΙΟΥ

Ερήμωση της υπαίθρου και παντού χέρσα χωράφια

Σήμερα, 21 Ιανουαρίου 2015, καθώς πήγαινα στο κτήμα μου, στην Αττική, για πρώτη φορά παρατήρησα πόσο εφιαλτική έγινε τα τελευταία 60 χρόνια η εγκατάλειψη της γεωργίας και της κτηνοτροφίας στη χώρα μας. Μπροστά μου απλώνονταν απέραντες εκτάσεις χέρσων χωραφιών, ενώ ματαίως περίμενα να ακούσω στα λιβάδια και στις πλαγιές των λόφων κουδουνίσματα γιδοπροβάτων.

Και θυμήθηκα ότι στην αντίστοιχη ημερομηνία του 1962, ως φοιτητής πια, είχα θέσει στο αρχείο μου μερικά σχετικά στοιχεία για να τα χρησιμοποιήσω για το μάθημα της Αγροτικής Οικονομίας στο Πανεπιστήμιο. Τα παραθέτω:

1. Παρά το έντονο κύμα αστυφιλίας που εκδηλώθηκε μετά τον πόλεμο, η κατανομή του πληθυσμού σε αγροτικό και αστικό δεν άλλαξε πολύ. Ο μισός σχεδόν πληθυσμός (48%) εξακολουθούσε να μένει σε χωριά κάτω των 2.000 κατοίκων, ενώ ένα ποσοστό 16% περίπου ήταν ημιαστικός, δηλαδή έμενε σε κωμοπόλεις άνω των 10.000 κατοίκων.

2. Αυτή η εικόνα άρχισε να επιδεινώνεται κυρίως μετά το 1971, όταν ο αγροτικός πληθυσμός από 3, 6 εκατ. συρρικνώθηκε σε 2, 9 εκατ. και το 1981, όταν συρρικνώθηκε ακόμα περισσότερο και διαμορφώθηκε σε 2, 1 εκατ. κατοίκους!

3. Πράγματι, ιδιαίτερα μετά τις εκλογές του Οκτωβρίου του 1981 και την άνοδο στην κυβέρνηση του ΠΑΣΟΚ, όνειρο και επιθυμία κάθε Έλληνα οικογενειάρχη ήταν να βολευτούν εκείνος και τα παιδιά του και στη συνέχεια και τα... εγγόνια του στο Δημόσιο, στις τράπεζες, στις δημόσιες επιχειρήσεις και οργανισμούς. Έτσι, κατακλύσθηκαν από υπεράριθμο κυρίως προσωπικό ΔΕΗ, ΟΤΕ, Αστικές Συγκοινωνίες, Ολυμπιακή Αεροπορία, Ολύμπικ Κέτερινγκ, κρατικές τράπεζες... Σε αυτό βοήθησαν πάρα πολύ και οι 118 κρατικές επιχειρήσεις που παρέδωσε η Νέα Δημοκρατία στο ΠΑΣΟΚ το 1981, από τις οποίες οι περισσότερες προέρχονταν από κρατικοποιήσεις που είχε κάνει η... φιλελεύθερη Νέα Δημοκρατία (Ολυμπιακή Αεροπορία, Όμιλος Ανδρεάδη κλπ), καθώς και η ένταξη το 1983 στον περιβόητο Οργανισμό Ανασυγκρότησης Επιχειρήσεων 40 περίπου ιδιωτικών προβληματικών εταιρειών. Έτσι, έγινε ίδια εφιαλτική συρρίκνωση του αριθμού των απασχολούμενων στη γεωργία, οι οποίοι από 1.960.446 το 1961 σήμερα είναι περίπου 500.000!

5. Ο αγροτικός τομέας εξακολουθούσε να είναι η κυρία πηγή αύξησης του εθνικού εισοδήματος, αλλά έπασχε από σοβαρές διαρθρωτικές αδυναμίες.

22 ΙΑΝΟΥΑΡΙΟΥ

Κι άλλες πονόψυχες προεκλογικές κραυγές και υποσχέσεις

Σήμερα, 22 Ιανουαρίου 2015, άκουσα την κεντρική προεκλογική ομιλία του προέδρου του ΣΥΡΙΖΑ Αλέξη Τσίπρα στην Ομόνοια (για τις εκλογές στις 25 Ιανουαρίου 2015) και θυμήθηκα την αντίστοιχη κεντρική προεκλογική ομιλία του τότε προέδρου του ΠΑΣΟΚ και μετέπειτα πρωθυπουργού Ανδρέα Παπανδρέου στην Αθήνα (για τις εκλογές στις 18 Οκτωβρίου 1981) με τις ίδιες σχεδόν «πονόψυχες» κραυγές για τους εργαζόμενους, τους μισθωτούς, τους συνταξιούχους, τους ανέργους και την ανάπτυξη, που δημιούργησαν το μεταπολιτευτικό πολιτικό δράμα στην Ελλάδα, το οποίο κορυφώθηκε μετά το 1981 και έγινε εφιαλτικό μετά το 2009. Διαβάστε μερικές:

- Θα ανακοπεί ο κατήφορος της οικονομίας.

- Θα αλλάξουν οι βάσεις για μιαν αυτοδύναμη ανάπτυξη.

- Η νέα οικονομική πολιτική του ΠΑΣΟΚ θα στηριχτεί στην ενεργό συμμετοχή του ελληνικού λαού, στην ενεργό συμμετοχή των παραγωγικών τάξεων.

- Θα εξυγιανθεί η δημόσια οικονομία με ριζική αναδιάρθρωση των κρατικών εσόδων. «Είναι απαράδεκτο οι έμμεσοι φόροι να αποτελούν το 70% των εσόδων της πολιτείας», είπε ο Ανδρέας Παπανδρέου.

- Στόχος του ΠΑΣΟΚ είναι φορολογική δικαιοσύνη. Θα παταχθεί η φοροδιαφυγή και όλοι οι Έλληνες θα συμμετάσχουν στα φορολογικά βάρη ανάλογα με το εισόδημά τους.

- Θα καταργηθούν οι χαριστικές εξαιρέσεις του μεγάλου κεφαλαίου, όπου αυτό δεν συμβάλλει στην οικονομική ανάπτυξη.

- Θα τιμαριθμοποιηθούν οι συντελεστές φορολογίας εισοδήματος για να παύσει η λήστευση από την πολιτεία εις βάρος των εργαζομένων και ιδιαίτερα των μισθωτών.

- Θα στηριχτεί το αγροτικό εισόδημα «είτε το θέλει είτε δεν το θέλει η ΕΟΚ».

- «Βασικός στόχος της κυβέρνησης του ΠΑΣΟΚ θα είναι μια ανθηρή ελληνική οικονομία, μια οικονομία ευημερίας του λαού και πλήρους απασχόλησης», τόνισε.

Θυμήθηκα ότι, τότε, κατά την προεκλογική και όχι μόνο περίοδο, είχαν ακουστεί τα γνωστά ηχηρά «ΕΟΚ και ΝΑΤΟ, το ίδιο Συνδικάτο», η επίμονη πρόταση του Ανδρέα Παπανδρέου για «Ειδική Σχέση με την ΕΟΚ, για «κοινωνικοποιήσεις» και για «έλεγχο των τιμών»!

Θυμήθηκα ότι τότε το δημόσιο χρέος ανερχόταν μόλις στο 34, 5% του ΑΕΠ, το δημόσιο έλλειμμα μόλις στο –2, 6% του ΑΕΠ και το 1981 διαμορφώθηκε στο –9, 1% του ΑΕΠ και η ανεργία μόλις στο 4%.

23 ΙΑΝΟΥΑΡΙΟΥ

Οι προεκλογικές ελπίδες που έγιναν εννιά... λεπίδες

Σήμερα, 23 Ιανουαρίου 2015, παρακολούθησα την κεντρική προεκλογική ομιλία στο γυμναστήριο Τάε Κβον Ντο του πρωθυπουργού Αντώνη Σαμαρά (για τις εκλογές στις 25 Ιανουαρίου 2015), ο οποίος κορύφωσε το φόβο από την ανάδειξη του ΣΥΡΙΖΑ σε κυβέρνηση, τονίζοντας, μεταξύ πολλών άλλων, ότι «αυτά που λέτε, κύριε Τσίπρα, δεν είναι ελπίδα, αλλά λεπίδα».

Και θυμήθηκα τις εννιά «φιλελεύθερες» (Νέα Δημοκρατία) και «σοσιαλιστικές» (ΠΑΣΟΚ) λεπίδες στον ελληνικό λαό, παρά τις προεκλογικές «πονόψυχες» κραυγές και ανεκπλήρωτες υποσχέσεις. Ιδού:

Η πρώτη «Καμένη Γη» στην οικονομία και επιβεβαιώθηκε μετά τις εκλογές της 18ης Οκτωβρίου 1981. Τότε, η κυβέρνηση του ΠΑΣΟΚ, η οποία προέκυψε από τις εκλογές αυτές, διαπίστωσε, με αριθμούς, την πρώτη μείζονα εγκατάλειψη της δημοσιονομικής πολιτικής.

Η «Δεύτερη Καμένη Γη» διαπιστώθηκε στις 13 Οκτωβρίου 1985, όταν η τότε κυβέρνηση του ΠΑΣΟΚ αναγκάστηκε, υπό την πίεση της ΕΟΚ και την ανάγκη λήψης της δεύτερης δόσης του κοινοτικού δανείου, να εξαγγείλει το πιο σκληρό πακέτο μέτρων λιτότητας.

Η «Τρίτη Καμένη Γη» σηματοδοτήθηκε από τη γνωστή πρωθυπουργική ιαχή στο Περιστέρι «Τσοβόλα δώστα όλα» εν όψει της προοπτικής ήττας του κυβερνώντος κόμματος (ΠΑΣΟΚ) στις εκλογές του Νοεμβρίου του 1989.

Η «Τέταρτη Καμένη Γη» επιβεβαιώθηκε από τη φοροεισπρακτική καταιγίδα στις 3 Αυγούστου 1992.

Η «Πέμπτη Καμένη Γη» διαπιστώθηκε από την Eurostat αρχικά το

2003 και στη συνέχεια με την «Απογραφή» που έκανε η νέα κυβέρνηση της Νέας Δημοκρατίας μετά το Μάρτιο του 2004. Τότε η ελληνική οικονομία τέθηκε υπό επιτήρηση, παρά την επίμονη τότε επίσημη ρητορεία για «ισχυρή οικονομία»!

Η **«Έκτη Καμένη Γη»** επισημοποιήθηκε πανηγυρικά με τη φοροεισπρακτική καταιγίδα του Σεπτεμβρίου του 2008.

Η **«Έβδομη Καμένη Γη»** παραδόθηκε από τη Νέα Δημοκρατία στο ΠΑΣΟΚ το 2009, όταν νίκησε στις εκλογές της 4ης Οκτωβρίου 2009.

Η **«Όγδοη Καμένη Γη»** παραδόθηκε το 2012 στον Αντώνη Σαμαρά, ο οποίος σχημάτισε κυβέρνηση με τη στήριξη του ΠΑΣΟΚ (Ευάγγελος Βενιζέλος) και ΔΗΜΑΡ (Φώτης Κουβέλης).

Η **«Ένατη Καμένη Γη»** παραδόθηκε από τον Αντώνη Σαμαρά στον Αλέξη Τσίπρα. Κι ας ελπίσουμε ότι αυτή δεν θα ακολουθήσει η δέκατη (αριστερή αυτή τη φορά) λεπίδα για τον ελληνικό λαό.

24 ΙΑΝΟΥΑΡΙΟΥ

Όταν όλοι οι Έλληνες κοιμόντουσαν με ανοιχτές τις πόρτες!

Σήμερα, 24 Ιανουαρίου 2015, στις 3 το πρωί, ομάδα τεσσάρων μασκοφόρων, κρατώντας καραμπίνες και ξύλινα κοντάρια, επιτέθηκαν σε γειτονικό ζεύγος ηλικιωμένων. Έσπασαν την κεντρική πόρτα και οι ηλικιωμένοι πετάχτηκαν από την κρεβατοκάμαρά τους και αντίκρισαν τους κακοποιούς, που τους απειλούσαν με την καραμπίνα στο κρόταφο, με μπουνιές στα μούτρα της ηλικιωμένης και με άγρια χτυπήματα με το χοντρό ξύλο στο κεφάλι του ηλικιωμένου ζητώντας χρήματα, κοσμήματα και άλλα οικογενειακή είδη. Αφού οι κακοποιοί άρπαξαν ό,τι βρήκαν, άφησαν αιμόφυρτο τον ηλικιωμένο, ο οποίος μετακομίστηκε από γείτονες που στο μεταξύ έσπευσαν να ηρεμήσουν και να προσφέρουν τις πρώτες βοήθειες στους παθόντες. Σημειώνω ότι αυτό ήταν το τρίτο «χτύπημα» των ίδιων ηλικιωμένων στους τελευταίους μήνες, ενώ καθημερινώς πληροφορούμαστε για ασταμάτητα (σχεδόν κάθε νύχτα ή ημέρα!) «χτυπήματα» κακοποιών στον οικισμό μας. Επίσης, επισημαίνω με ιδιαίτερη χαρά και ανακούφιση ότι η παρέμβαση της Αστυνομίας ήταν τάχιστη και ότι το ενδιαφέρον για την υγεία των ηλικιωμένων και τη συγκέντρωση στοιχείων (σήμανση κλπ) ήταν συνεχές ακόμα και από επισκέψεις στελεχών από τη Γενική Αστυνομική Διεύθυνση (κεντρικές υπηρεσίες).

Και θυμήθηκα τα ανέμελα παιδικά μου χρόνια στο χωριό μου στη δεκαετία του 1950, αλλά και στην Αθήνα έως κυρίως το 1990, όταν οι γονείς μου και όλοι οι συγχωριανοί μου ζούσαν χωρίς κανένα φόβο για κλοπές και ληστείες!

Θυμήθηκα ότι τότε τα περισσότερα μέλη των οικογενειών κοιμόντουσαν το καλοκαίρι ξέγνοιαστα στις αυλές, με ανοιχτές τις πόρτες και τα παράθυρα, ή στα χωράφια ή στα μαντριά. Δεν είχα ακούσει ποτέ για καμιά επίθεση κακοποιών σε σπίτι, για κλοπές, για ληστείες. Ήταν τόσο μεγάλο το αίσθημα ασφάλειας των κατοίκων ώστε ποτέ δεν κλείδωναν τις πόρτες και τα παράθυρα, ενώ οι πόρτες της αυλής ήταν πάντοτε... ορθάνοιχτες!

Το μόνο που άκουγα, αλλά σπάνια, ήταν για ζωοκλοπές, οι οποίες σε άλλες περιοχές είχαν εξελιχθεί σε μάστιγα... Μάλιστα, τότε ο πατέρας μου μού διηγούνταν, γελώντας, ένα ηθικοπλαστικό περιστατικό – πάθημα ντόπιου δεινού κατσικοκλέφτη. Μού έλεγε, λοιπόν, ότι ο Μήτρος έκλεψε από μια στάνη ένα κατσίκι, το οποίο παρέδωσε σε ένα ντόπιο χασάπη. Ο χασάπης υποσχέθηκε στον κατσικοκλέφτη ότι θα δώσει το αντίτιμο μόλις πουλήσει το κρέας του κατσικιού. Ο κατσίκι πουλήθηκε, οι ημέρες περνούσαν, αλλά ο Μήτρος ματαίως περίμενε από το χασάπη να τού δώσει τα χρήματα για το κατσίκι. Μάλιστα άρχισε και να τον απειλεί! Τότε, ο χασάπης τού είπε να σταματήσει τις απειλές, διότι θα διαδώσει στο χωριό ότι το κατσίκι ήταν κλεμμένο...

25 ΙΑΝΟΥΑΡΙΟΥ

Μόνιμη η ανθρωπιστική κρίση στη χώρα μας

Σήμερα, 25 Ιανουαρίου 2015, ανακοινώθηκαν το βράδυ τα αποτελέσματα των εκλογών, τα οποία καταδεικνύουν περιφανή νίκη του ΣΥΡΙΖΑ, χωρίς όμως να μπορεί να σχηματίσει αυτοδύναμη κυβέρνηση. Σε δηλώσεις του το βράδυ, ο νικητής Αλέξης Τσίπρας, επανέλαβε, μεταξύ άλλων, τη γνωστή του υπόσχεση για άμεση αντιμετώπιση της ανθρωπιστικής κρίσης στη χώρα μας, την οποία προκάλεσαν τα μνημόνια και οι πολιτικές των προηγούμενων κυβερνήσεων.

Και θυμήθηκα τη ρήση του Ησιόδου «Τη Ελλάδι πενίη μεν αείποτε ξύντροφος εστίν...», δηλαδή στην Ελλάδα η φτώχεια είναι πάντοτε σύντροφος! Και είναι πάντοτε σύντροφος, μόνιμη δηλαδή, παρά τις γνωστές, όπως έχουμε αναφέρει πονόψυχες κραυγές και υποσχέσεις, παρά την εισροή στα ελληνικά δημόσια ταμεία, με τη μορφή φόρων, δανείων, κοινοτικών πόρων και εσόδων από αποκρατικοποιήσεις πάνω από 3 τρισεκατομμύρια ευρώ μετά το 1981 και τη γνωστή δημαγωγική ρητορεία όλων των κομμάτων για «ισχυρή ανάπτυξη», για «ανθηρή οικονομία» και «ευημερία όλων των Ελλήνων».

Θυμήθηκα, σε επιβεβαίωση της ρήσης του Ησιόδου και της διαπίστωσης του ΣΥΡΙΖΑ για ανθρωπιστική κρίση (φτώχεια), και παραθέτω μερικά ντοκουμέντα για το βιοτικό επίπεδο των Ελλήνων κατά τη δεκαετία του 1950. Τότε, οι υψηλές τιμές, μαζί με το χαμηλό κατά κεφαλήν εισόδημα, είχαν συμβάλει στη δημιουργία μιας κοινωνίας φτωχών και οικογενειακών προϋπολογισμών που αντιμετώπιζαν το κόστος ζωής κυρίως με το «τεφτέρι», αφού η εισροή πόρων στις οικογένειες συντελούνταν περιοδικά, δηλαδή ανάλογα με τη ρευστοποίηση γεωργικών, κτηνοτροφικών και αλιευτικών προϊόντων ή την πληρωμή του εβδομαδιάτικου όσοι ήταν εργάτες. Ιδού μερικά στοιχεία:

1. Το ετήσιο κατά κεφαλήν εισόδημα στην Ελλάδα, σύμφωνα με υπολογισμούς του καθηγητή Κυριάκου Βαρβαρέσου, ανερχόταν σε 130 δολάρια, όταν το αντίστοιχο στη Γερμανία ήταν 400 δολάρια, στη Γαλλία και το Βέλγιο 550 δολάρια και στις ΗΠΑ 1.600 δολάρια (τιμή δολαρίου 25.000 δραχμές και μετά το 1954 30 δραχμές!)

2. Η κατά κεφαλήν ιδιωτική κατανάλωση ανερχόταν σε 11.511 δραχμές.

3. Η κατά κεφαλήν κατανάλωση κρέατος ανερχόταν σε 18, 3 κιλά.

4. Το ενοίκιο ενός δωματίου ανερχόταν σε 240 δραχμές και μιας οικίας σε 500–600 δραχμές με υποτυπώδη εξοπλισμό, με καμπινέ στον εξωτερικό χώρο (κυρίως αυλή) και με πλύσιμο και λούσιμο σε λεκάνες κάτω από ένα κρεμασμένο δοχείο με βρύση! 26 Ιανουαρίου

Ο ΣΥΡΙΖΑ τρόμαξε πιο πολύ το Χρηματιστήριο από το ΠΑΣΟΚ!

Σήμερα, 26 Ιανουαρίου 2015, ο Γενικός Δείκτης Τιμών Μετοχών του Χρηματιστηρίου Αθηνών την επομένη των εκλογών της 25ης Ιανουαρίου 2015, κατά τις οποίες ο ΣΥΡΙΖΑ κατήγαγε περιφανή νίκη, αρχικά στις (11:45 το πρωί) διαμορφώθηκε σε θετικό έδαφος (στις 842, 36 μονάδες) σημειώνοντας άνοδο 0, 23 %. Η αρχική αυτή θετική εξέλιξη οφειλόταν στη δήλωση του προέδρου των Ανεξάρτητων Ελλήνων Πάνου Καμμένου ότι οι «ΑΝΕΛ δίνουμε ψήφο εμπιστοσύνης στον πρωθυπουργό Αλέξη Τσίπρα». Τελικά, ο γενικός δείκτης έκλεισε την ημέρα αυτή με απώλειες κατά 3, 2%.

Και θυμήθηκα ότι, όταν στις 19 Οκτωβρίου 1981, πραγματοποιήθηκε η πρώτη μετεκλογική συνεδρίαση του Χρηματιστηρίου, μετά τη θριαμβευτική νίκη του ΠΑΣΟΚ του Ανδρέα Παπανδρέου, συνέβη το αντίθετο στο

Χρηματιστήριο Αθηνών, διαψεύδοντας τις προεκλογικές Κασσάνδρες για άμεση... κατάρρευση! Τότε, η χρηματιστηριακή αγορά χαρακτηριζόταν από προσέλευση πολλών επενδυτών και από... έλλειψη προσφοράς!

Θυμήθηκα ότι στη συνεδρίαση αυτή δεν παρατηρήθηκε καμιά σχεδόν πίεση στις μετοχές των εταιρειών, οι οποίες τελούσαν, σύμφωνα με το πρόγραμμα του ΠΑΣΟΚ, υπό κοινωνικοποίηση! Συγκεκριμένα, οι τράπεζες έκλεισαν όλες σχεδόν στις ίδιες τιμές, ενώ ο «Ηρακλής» και ο «Τιτάν» έχασαν μόνο 10 δραχμές!

Θυμήθηκα, ακόμα, ότι στην επόμενη συνεδρίαση το ελληνικό Χρηματιστήριο σημείωσε σημαντική ανάκαμψη, όπως και στις 29 και 30 Ιανουαρίου του 2015, αλλά αυτό, όπως όλα σχεδόν τα τελευταία σαράντα χρόνια, αποδόθηκε σε χρηματιστηριακά τερτίπια, δηλαδή σε... «παιχνίδια»... επενδυτών...

Θυμήθηκα ότι ο τότε αρχηγός της αξιωματικής αντιπολίτευσης Ανδρέας Παπανδρέου και το ΠΑΣΟΚ μετά το 1978, παράλληλα με τον τρόμο που προκαλούσε στους επενδυτές του Χρηματιστηρίου με τις γνωστές εξαγγελίες για «κοινωνικοποιήσεις», «κρατικοποιήσεις», «κοινωνικό συμβόλαιο» και άλλα ηχηρά παρόμοια, εμφανίζονταν να ενδιαφέρονταν έντονα για την ελληνική χρηματιστηριακή αγορά. Μάλιστα, τότε ανακοινώθηκε ότι ο Ανδρέας Παπανδρέου συναντήθηκε με τον τότε πρόεδρο του Χρηματιστηρίου Χρήστο Θεοδωρίδη, τον οποίο ενημέρωσε ότι είχε αναθέσει σε ειδική ομάδα τη μελέτη του θέματος του ελληνικού Χρηματιστηρίου.

Θυμήθηκα, πάντως, ότι το ενδιαφέρον αυτό δεν επαληθεύθηκε μετά τη νίκη του ΠΑΣΟΚ στις εκλογές του Οκτωβρίου του 1981, αφού, με εξαίρεση τις πρώτες συνεδριάσεις, από τότε άρχισε ένας νέος «μεσαίωνας» στην οδό Σοφοκλέους...

27 ΙΑΝΟΥΑΡΙΟΥ (1)

Από τον θρησκευτικό όρκο του Αχιλλέα και των Φιλικών στον πολιτικό του Αλέξη Τσίπρα

Σήμερα, 27 Ιανουαρίου 2015, έγινε η ορκωμοσία της νέας κυβέρνησης του ΣΥΡΙΖΑ με πρωθυπουργό τον Αλέξη Τσίπρα. Σήμερα, για πρώτη φορά στην πολιτική ιστορία της χώρας μας, έδωσαν πολιτικό και όχι θρησκευτικό όρκο ο πρωθυπουργός και όλα σχεδόν τα μέλη του υπουργικού συμβουλίου που προέρχονται από τον ΣΥΡΙΖΑ, πλην του Παναγιώτη Κουρουμπλή!

Και θυμήθηκα αυτά που με δίδασκαν στο Δημοτικό Σχολείο και στο (εξατάξιο τότε) Γυμνάσιο για όρκους των Ελλήνων «υπέρ πίστεως και πατρίδος», «υπέρ βωμών και εστιών», για τον όρκο του Ιπποκράτη, για τους όρκους γενικά των Αρχαίων και Νεοελλήνων προς τα θεία. Σημειώνεται ότι ο όρκος είναι η βεβαίωση ή υπόσχεση που δίνεται με επίκληση ιερού προσώπου (στη σημερινή περίπτωση ιερό πρόσωπο ήταν ο Κάρολος Παπούλιας!) ως μάρτυρα για την αλήθεια ή το ψέμα κάποιου γεγονότος. Είναι, βέβαια, αλήθεια ότι και ο θρησκευτικός όρκος δεν λειτούργησε πάντοτε για πολλούς ως τροχοπέδη στο να ψευδολογούν ή να παρανομούν εις βάρος συνανθρώπων τους. Παραθέτω μερικούς τέτοιους όρκους που θυμάμαι σε τίτλους:

1. Όρκος των θεών στα νερά της Στύγας. Στον Όμηρο οι Θεοί έχουν το δικό τους όρκο, τον υπέρτατο όρκο στα νερά της Στύγας. Αναφέρω, για παράδειγμα, τον όρκο που ζήτησε ο Οδυσσέας από την Καλυψώ ότι δεν τού ετοιμάζει φριχτό κακό, τον όρκο της Ήρας ότι θέλει να βοηθήσει τους Αχαιούς.

2. Ο όρκος των θνητών προς τον Δία, τον Ποσειδώνα, τον Ήλιο, τον Απόλλωνα και άλλους θεούς. Αναφέρω τους όρκους αρχόντων και βασιλιάδων, όπως, για παράδειγμα, του Αχιλλέα, του Πάρη, του Μενελάου, της Ελένης, του Έκτορα, του Αγαμέμνονα.

3. Ο όρκος των Αθηναίων Εφήβων.

4. Ο όρκος των Σπαρτιατών.

5. Ο όρκος των Ελλήνων στις Πλαταιές.

6. Ο όρκος του Ιπποκράτη.

7. Ο όρκος των Φιλικών.

8. Ο όρκος των Ιερολοχιτών στη Μητρόπολη της Φοξάνης.

9. Ο όρκος των επαναστατών Ελλήνων στην Αγία Λαύρα το 1821.

10. Ο Όρκος των μαχητών της ΕΟΚΑ.

27 ΙΑΝΟΥΑΡΙΟΥ (2)

Το πρώτον ψεύδος Τσίπρα και τα επόμενα, κατά τον Αριστοτέλη

Σήμερα (27 Ιανουαρίου 2015) διάβασα την επίσημη ανακοίνωση της νέας κυβέρνησης από την οποία προκύπτει, τελικά, ότι είναι ίσως η πολυπληθέστερη κυβέρνηση όλων των εποχών, ενώ προηγουμένως υπόσχονταν ολιγομελή!

Και θυμήθηκα τη ρήση του Αριστοτέλη για το «αρχικόν ψεύδος» (Αναλυτικά, πρότ. 66α. 16): «Ο δε ψευδής λόγος γίνεται παρά το πρώτον ψεύδος», με την οποία ήθελε να προφυλάξει από τα κακά συμπεράσματα που ακολουθούν μια πλανεμένη βασική σκέψη και πού αφορά ένα ψέμα που μπορεί να έχει για επακόλουθα και άλλα ψέματα.

Θυμήθηκα ότι έως τώρα (και «θεός φυλάξοι» πάλι και για τη συνέχεια) έχει δικαιωθεί πλήρως ο μέγας Αριστοτέλης από τα ψέματα του Γιώργου Παπανδρέου και του Αντώνη Σαμαρά ως πρωθυπουργών (για να αναφερθώ στα πιο «φρέσκα»).

Θυμήθηκα, για παράδειγμα, ότι στις 13 Νοεμβρίου 2010 ο Γιώργος Παπανδρέου είχε υποσχεθεί: «Όχι σε απολύσεις και σε επιπλέον επιβάρυνση μισθωτών και συνταξιούχων»!

Θυμήθηκα ότι στις 25 Μαρτίου 2011 ο Γιώργος Παπανδρέου είχε τονίσει: «Το Σύμφωνο για το ευρώ, που υιοθέτησαν οι αρχηγοί κρατών και κυβερνήσεων, για την Ελλάδα δε συνεπάγεται την υιοθέτηση νέων μέτρων. Έχουμε λάβει πολλά σημαντικά μέτρα»!

Θυμήθηκα ότι λίγες μόνο εβδομάδες ή ημέρες από τις συνεχείς διαβεβαιώσεις ότι δεν θα ληφθούν πρόσθετα φορολογικά μέτρα, ανακοινώνονταν τα ακριβώς αντίθετα, στο πλαίσιο του Μεσοπρόθεσμου Προγράμματος και των Μνημονίων, όπως σκληρά μέτρα για μισθωτούς, συνταξιούχους και ελεύθερους επαγγελματίες, με αυξήσεις φόρων τόσο στην άμεση όσο και στην έμμεση φορολογία, και τη λεηλασία της οικονομίας και των νοικοκυριών στο πλαίσιο των Μνημονίων.

Θυμήθηκα τον τότε κυβερνητικό εκπρόσωπο Γιώργο Πεταλωτή να μας «καθησυχάζει» στις 6 Οκτωβρίου 2010 ως εξής: «Δεν υπάρχει περίπτωση να ληφθούν νέα μέτρα για το 2010 εάν διαπιστωθεί αυξημένο έλλειμμα για το 2009 από τη Γιούροστατ». Αν διαπιστωθεί ότι είναι αυξημένο το έλλειμμα για το 2009, ελάχιστη επίπτωση θα έχει για το 2010 και άρα δεν υπάρχει περίπτωση να έχουμε νέα μέτρα και μάλιστα εξ' αυτού του λόγου».

Σταματάω, διότι ο κατάλογος είναι μακρύς και σίγουρα θα επανέλθω σε αυτόν με τα επόμενα ψεύδη του ΣΥΡΙΖΑ, όπως και των άλλων...

27 ΙΑΝΟΥΑΡΙΟΥ (3)

Τα τρελά αιτήματα της ΑΔΕΔΥ για μείωση του ορίου συνταξιοδότησης και ωραρίου το 1988

Σήμερα, το Ημερολόγιό μου δείχνει 27 Ιανουαρίου 2015.

Και θυμήθηκα ότι πριν από 27 χρόνια, στις 27 Ιανουαρίου 1988, η ΑΔΕΔΥ επέδωσε στον τότε υπουργό Οικονομικών Δημήτρη Τσοβόλα σχετικό υπόμνημα με το οποίο κατήγγειλε την τότε κυβέρνηση για «καθυστερήσεις και υπαναχωρήσεις».

Θυμήθηκα ότι η ΑΔΕΔΥ καλούσε την τότε κυβέρνηση να προχωρήσει στην έκδοση Προεδρικού Διατάγματος που θα υλοποιούσε τις ακόλουθες βασικές θέσεις της (όλα τα θαυμαστικά είναι δικά μας):

– Παροχές και μέτρα που ισχύουν σήμερα να μην περικοπούν, αλλά να επεκταθούν!

– Δυνατότητα χορήγησης οικονομικής παροχής που θα υπολογίζεται ποσοστιαία σε σταθερό μισθολογικό κλιμάκιο και θα αναπροσαρμόζεται τιμαριθμικά!

– Μείωση ορίου συνταξιοδότησης !

– Μείωση ωραρίου εργασίας!

– Χορήγηση άδειας, πέραν της κανονικής, με κανονικές αποδοχές!

– Αλλαγή αντικειμένου απασχόλησης με μετάταξη σε άλλο κλάδο!

– Επαγγέλματα που σήμερα χαρακτηρίζονται βαρέα, ανθυγιεινά, επικίνδυνα, δεν αποχαρακτηρίζονται!

– Ασθένειες που προσβάλλουν εργαζόμενους λόγω ανθυγιεινότητας του χώρου ή της εργασίας, χαρακτηρίζονται επαγγελματικά νοσήματα – ατυχήματα!

Και μετά φταίνε οι δανειστές...

28 ΙΑΝΟΥΑΡΙΟΥ

**«Βουτιές» στο Χρηματιστήριο όχι μόνο από αριστερές,
αλλά και από φιλελεύθερες πολιτικές!**

Σήμερα, 28 Ιανουαρίου 2015, μετά τις δηλώσεις του νέου πρωθυπουρ-γού Αλέξη Τσίπρα και υπουργών του για το τέλος της τρόικας, του Μνημονίου και των ιδιωτικοποιήσεων και το ενδεχόμενο σύγκρουσης της σημερινής αριστερής κυβέρνησης με την Ευρωπαϊκή Ένωση, οι μετοχές στο Χρηματιστήριο Αθηνών σημείωσαν μιαν εφιαλτική πτώση κατά 9, 24%

Και θυμήθηκα ότι αναταράξεις στην ελληνική χρηματιστηριακή αγο-ρά δεν είχαν προκαλέσει στο παρελθόν μόνο κυβερνήσεις του ΠΑΣΟΚ ή αριστερίζουσες δηλώσεις και πολιτικές.

Θυμήθηκα ότι πριν από 37 χρόνια, περί τα μέσα του 1978, ο Κων-σταντίνος Μητσοτάκης και ο Αθανάσιος Κανελλόπουλος προσχώρησαν στη Νέα Δημοκρατία και ανέλαβαν το υπουργείο Συντονισμού και το υπουργείο Οικονομικών αντίστοιχα. Τότε καταδείχθηκε και η «γκαντεμιά» του Κωνσταντίνου Μητσοτάκη! Οι επενδυτές του Χρηματιστηρίου τον... «υποδέχθηκαν» με... ορυμαγδό προσφοράς μετοχών, η οποία είχε αρχίσει από τις προηγούμενες ημέρες, μολονότι πολλοί οικονομικοί και πολιτικοί κύκλοι προεξοφλούσαν ότι γρήγορα οι νέοι υπουργοί θα έδιναν το «φιλί της ζωής» στην οδό Σοφοκλέους!

Θυμήθηκα ότι η προσδοκία αυτή για αναστροφή της εικόνας της ελλη-νικής χρηματιστηριακής αγοράς στηριζόταν σε ένα «σημείωμα» του Κων-σταντίνου Μητσοτάκη του Απριλίου του 1965, όταν ήταν πάλι υπουργός Συντονισμού, το οποίος περιέχει γενναία μέτρα για την αναδιοργάνωση της κεφαλαιαγοράς και την προσέλκυση επενδυτών στο Χρηματιστήριο. Επί-σης, ο Αθανάσιος Κανελλόπουλος πίστευε ότι η μακροπρόθεσμη πίστη ήταν έργο της κεφαλαιαγοράς και πρότεινε, όπως προέκυπτε από μια παλιά του συνέντευξη, σημαντικά μέτρα, όπως η εξασφάλιση από τους επιχειρηματίες κεφαλαίων από το Χρηματιστήριο και όχι μόνο από τις τράπεζες.

Θυμήθηκα ότι αυτό το «φιλί» όχι μόνο δεν δόθηκε σχεδόν ποτέ, αλλά στην πραγματικότητα διεγράφη ο τέταρτος μεταπολεμικά χρηματιστη-ριακός γύρος, ο οποίος διήρκεσε περίπου δέκα χρόνια και στον οποίο κυριάρχησαν κυρίως τα κερδοσκοπικά παιχνίδια, παρατηρήθηκε μεγάλη σύγχυση μεταξύ μέτρων και επιδιώξεων, δόθηκαν πολλά ηχηρά ραπίσμα-τα στους επενδυτές, οξύνθηκαν ακόμα περισσότερο οι προβληματισμοί για το μέλλον του Χρηματιστηρίου, επιδεινώθηκε η αντιχρηματιστηριακή συγκυρία και σημειώθηκαν μερικές απότομες διακυμάνσεις ή μικροδιακυμάνσεις στις τιμές των μετοχών.

29 ΙΑΝΟΥΑΡΙΟΥ (1)

Συνεχείς «εκπεδεφτικές» μεταρρυθμίσεις με χαλασμό στην ελληνική παιδεία

Σήμερα, 29 Ιανουαρίου 2015, διάβασα σε εφημερίδες ότι η νέα κυβέρνηση, με βάση δηλώσεις ή «φιλοσοφία» του νέου αρμόδιου υπουργού, «ετοιμάζει ριζικές αλλαγές στην παιδεία».

Και θυμήθηκα ότι δεν έχει υπάρξει καμιά νέα ελληνική κυβέρνηση (ακόμα και του ίδιου κόμματος), που δεν άρχισε τη «δραστηριότητά» της με «ριζικές» αλλαγές και μεταρρυθμίσεις στο χώρο της παιδείας.

Θυμήθηκα την «εκπεδεφτική» μεταρρύθμιση του Ευάγγελου Παπανούτσου το 1961, αμέσως μετά το σχηματισμό της κυβέρνησης της Ένωσης Κέντρου από τον Γεώργιο Παπανδρέου, τις «ριζικές» αλλαγές και μεταρρυθμίσεις της κυβέρνησης του Κωνσταντίνου Καραμανλή το 1977 με υπουργό Παιδείας τον Γεώργιο Ράλλη, τις «ριζικές» αλλαγές και μεταρρυθμίσεις της κυβέρνησης του ΠΑΣΟΚ μετά το 1981 και τις «ριζικές» αλλαγές όλων των επόμενων κυβερνήσεων, οι οποίες επιδείνωσαν το «λειτουργικό αναλφαβητισμό» των Ελλήνων μαθητών και του ελληνικού πληθυσμού και προκάλεσαν το χάος και την άλωση της ελληνικής παιδείας και την καταστροφή του ελληνικού εκπαιδευτικού συστήματος.

Θυμήθηκα τη μεγάλη έρευνα, την οποία διενήργησε το Παιδαγωγικό Τμήμα του Πανεπιστημίου Αθηνών υπό την εποπτεία της καθηγήτριας Μαρίας Τζάνη και η οποία δημοσιεύθηκε στην εφημερίδα «Τα Νέα» στις 31 Μαΐου 2000 (πραγματοποιήθηκε τον Ιούνιο 1999 σε συνολικό δείγμα 4.127 μαθητών των τελευταίων τάξεων του δημοτικού, του γυμνασίου και του λυκείου από 170 σχολεία όλων των βαθμίδων σε όλη τη χώρα). Από την έρευνα αυτή προέκυπτε ότι τα περισσότερα από αυτά τα παιδιά, αν δεν επρόκειτο για έρευνα αλλά για εξετάσεις, θα είχαν... μείνει στην ίδια τάξη, αφού ο μέσος όρος των απαντήσεων που έδωσαν δεν ξεπερνούσε τη βάση– ενώ σε πολλές περιπτώσεις δεν έφθανε ούτε το μισό της – που είναι το 10 στην εικοσάβαθμη κλίμακα, με την οποία μετρήθηκε η γλωσσική ικανότητα, είτε το 75 στην 150βαθμη, με την οποία μετρήθηκε η μαθηματική. Ειδικά στο λύκειο, όπως διαπιστωνόταν, σε σχέση με την ανάλογη έρευνα που είχε γίνει το 1993, οι επιδόσεις των μαθητών τόσο στη γλώσσα όσο και στη μαθηματική ικανότητα ήταν ακόμη χειρότερες.

Θυμήθηκα, ότι η παιδεία ήταν κάθε πέρσι και καλύτερα. Ήταν καλύτερη το 1993, πολύ καλύτερη το 1986, όταν οι λειτουργικώς αναλφάβητοι μαθητές ήταν το 36%, και σχεδόν ...άριστη πριν από το 1977...

29 ΙΑΝΟΥΑΡΙΟΥ (2)

Άγγελος Αγγελόπουλος πριν από 25 χρόνια: Βουλιάζουμε...

Σήμερα, το Ημερολόγιό μου δείχνει 29 Ιανουαρίου 2015.

Και θυμήθηκα τη βαρυσήμαντη συνέντευξη, η οποία δημοσιεύθηκε πριν από 23 χρόνια, στις 29 Ιανουαρίου 1990, εφημερίδα «Νέα», του ακαδημαϊκού και καθηγητή Άγγελου Αγγελόπουλου, με εκκωφαντικές προειδοποιήσεις.

Θυμήθηκα ότι στη συνέντευξη αυτή ο Άγγελος Αγγελόπουλος απελπισμένος υπογράμμιζε, μεταξύ άλλων, τα ακόλουθα:

– «Βουλιάζουμε και δεν το έχουμε καταλάβει».

– «Υποτίμηση της δραχμής μπορεί να γίνει, αλλά δεν θα λύσει το πρόβλημα της ελληνικής οικονομίας».

– «Κινδυνεύουν να χαθούν για τους αποταμιευτές οι καταθέσεις τους».

–«Αφού η κυβέρνηση Ζολώτα δεν μπορεί να πάρει κάποια μέτρα για την ελληνική οικονομία – γιατί δεν την αφήνουν – καμιά κυβέρνηση μετά τις εκλογές δεν θα μπορέσει να ανορθώσει την οικονομία».

– «Τα κόμματα σκέπτονται ήδη προεκλογικά κι όχι εθνικά. Δεν έχουμε επίγνωση της δραματικής κατάστασης».

– «Η μετεκλογική κυβέρνηση έχει να αντιμετωπίσει τεράστια προβλήματα. Ένα χάος».

Αλλά, δυστυχώς, των οικιών ημών εμπιμπραμένων ημείς συνεχώς άδομεν...

31 ΙΑΝΟΥΑΡΙΟΥ

Συνεχίζεται η μανία για ολοένα και νέες «εκπεδεφτικές» μεταρρυθμίσεις

Σήμερα, 31 Ιανουαρίου 2015, διάβασα ότι συνεχίζονται οι πειραματισμοί στην ελληνική παιδεία και η συνεχής μανία των εκάστοτε κυβερνήσεων για να την εξαφανίσουν.

Και θυμήθηκα μερικά προβλήματα που συνεχώς επιδεινώνονται, χωρίς μάλιστα να διαφαίνεται κάποια ελπίδα βελτίωσης στο χώρο της παιδείας.

Θυμήθηκα την κατάργηση, στην ουσία, του διευθυντικού δικαιώματος, τη χαλαρή, μέχρι προαγωγής όλων των μαθητών, εξέταση στα σχολεία, την κατάργηση σχεδόν επί δεκαετίες των γραπτών εξετάσεων επί της διδαχθείσης ύλης, τη μετάθεση της ευθύνης για την πληρωμή ορισμένων δαπανών στην τοπική αυτοδιοίκηση, η οποία στη συνέχεια τείνει επαίτιδα χείρα στην κεντρική διοίκηση για την εξασφάλιση των αντίστοιχων πόρων, τον συνεχιζόμενο... τουριστικό χαβαλέ των μαθητών στα σχολεία, αναλώμασι των εθνικών πόρων, που εξασφαλίζονται από την επιβολή φορολογίας στους Έλληνες.

Θυμήθηκα ότι οι εκάστοτε υπουργοί Παιδείας ασχολούνταν με τα λεγόμενα εύκολα ή προσωρινά ή, το χειρότερο, «ακούγανε» ίσως μόνον εκείνους που είτε από βιώματα, είτε πειθόμενοι τοις ρήμασι «δασκάλων» τους, που προσπαθούσαν ήδη από τις αρχές του εικοστού αιώνα να επιβάλουν την «ιστορική ανορθογραφία» ή το... λατινικό αλφάβητο, συνεχώς «γεννούσαν» ιδέες για ολοκλήρωση της «εκπεδεφτικής» μεταρρύθμισης με ολοκληρωτική αποχαύνωση της ελληνικής παιδείας.

Θυμήθηκα ότι ήδη από το 1986 είχα την κωδικοποίηση των προβλημάτων στο χώρο της ελληνική παιδείας, ενώ στον «Οικονομικό Ταχυδρόμο» (7 Ιουλίου 1988) δημοσιεύθηκε σχετική έρευνα για το χαλασμό που είχε γίνει έως τότε στην παιδεία.

Θυμήθηκα ότι από την ατέλειωτη αυτή «κωδικοποίηση» των προβλημάτων προέκυπτε ότι αυτό το κατάντημα της παιδείας το έβλεπαν με τρόμο όλοι οι γονείς, το είχαν επισημάνει ειδικοί (φιλομεταρρυθμιστές και αντιμεταρρυθμιστές) και φαινόταν κάθε φορά καθαρά από τις σπασμωδικές ενέργειες ή δηλώσεις του πρώην υπουργών Παιδείας για επιμήκυνση του σχολικού έτους, για κατάργηση της βαθμολογίας και στο γυμνάσιο, για επαναφορά των αρχαίων ελληνικών στα ελληνικά σχολεία, για εθνικό διάλογο, για διεθνοποίηση του ελληνικού πνεύματος για αναβίωση της βιβλιοθήκης της Αλεξάνδρειας, και καταδείχθηκε από τη σύγχυση, τις αντιδράσεις και τη "φιλολογία" που αναπτύχθηκε γύρω από αυτά και άλλα συναφή θέματα επί χρόνια...

31 ΙΑΝΟΥΑΡΙΟΥ (2)

Σήμερα, το Ημερολόγιό μου δείχνει 31 Ιανουαρίου 2015.

Και θυμήθηκα ότι πριν από 25 χρόνια, στις 31 Ιανουαρίου 1990, χιλιάδες έκτακτοι υπάλληλοι του Δημοσίου και νομικών προσώπων δημοσίου δικαίου πολιορκούσαν επί πέντε ημέρες τη Βουλή και εμπόδιζαν χιλιάδες άλλους να πάνε στη δουλειά τους.

Θυμήθηκα ότι μια ομάδα «πονόψυχων» τάχα βουλευτών έσπευσε να καταθέσει τροπολογία στο νομοσχέδιο για τις ελεύθερες συλλογικές διαπραγματεύσεις, με την οποία προβλεπόταν μετατροπή των συμβάσεων ορισμένου χρόνου σε αορίστου χρόνου.

Θυμήθηκα ότι η τροπολογία αυτή συνοδευόταν από την ακόλουθη δικαιολογία: «Για να αρθεί η αβεβαιότητα σχετικά με την εργασιακή τους κατάσταση, αβεβαιότητα, η οποία λειτουργεί (sic) αρνητικά πλέον στην παραγωγικότητά τους (!) και πυροδοτεί κοινωνικές εντάσεις, για να αποκατασταθεί κλίμα δικαιοσύνης (!), το οποίο διαταράχθηκε μετά τη (sic) ψήφιση της αντίστοιχης ρύθμισης από τη Βουλή, η οποία αφορά τους εργαζόμενους στους οργανισμούς τοπικής αυτοδιοίκησης και κάτω (sic) από την υποχρέωση για ίση μεταχείριση (!) των πολιτών, όπως και ο συνταγματικός νομοθέτης επιτάσσει (!)». (Τα sic και τα θαυμαστικά είναι δικά μου).

Θυμήθηκα ότι αυτή η ψηφοθηρική τροπολογία θα κόστιζε στους Έλληνες φορολογούμενους 300 δισ. δραχμές!

ΦΕΒΡΟΥΑΡΙΟΣ

Συνεχίζεται η περιπέτεια
της Ελλάδος στην ΕΕ
και της παιδείας

1 ΦΕΒΡΟΥΑΡΙΟΥ

Κάποτε, έναρξη διαγωνισμών πρώτου εξαμήνου στα σχολεία!

Σήμερα, Το Ημερολόγιό μου δείχνει 1η Φεβρουαρίου 2015.

Και θυμήθηκα ότι πριν από 50 και 60 χρόνια άρχιζαν την ημέρα αυτή οι γραπτοί διαγωνισμού του πρώτου εξαμήνου στις δύο τελευταίες τάξεις του Δημοτικού Σχολείου και στο (τότε εξατάξιο) Γυμνάσιο, οι οποίοι στη συνέχεια και, κυρίως, μετά τη μεταπολίτευση καταργήθηκαν σχεδόν.

Θυμήθηκα ότι τότε οι μαθητές του Δημοτικού Σχολείου (των δύο τελευταίων τάξεων) και του (εξαταξίου τότε) Γυμνασίου προσέρχονταν σε γραπτή δοκιμασία δύο φορές το χρόνο. Το πρώτο εξάμηνο άρχιζε τις πρώτες ημέρες του Φεβρουαρίου και το δεύτερο εξάμηνο τις πρώτες ημέρες του Ιουνίου. Οι μαθητές προσέρχονταν στις τάξεις για διαγωνισμό κάθε σχεδόν δεύτερη ημέρα (για να έχουν τον αναγκαίο χρόνο για διάβασμα) με βάση ένα πρόγραμμα που διδόταν σε κάθε τάξη από τις 31 Ιανουαρίου. Την πρώτη ημέρα όλοι σχεδόν οι μαθητές διαγωνίζονταν στο μάθημα της Έκθεσης, που δεν απαιτούσε πολλή προετοιμασία. Η διαδικασία διαρκούσε 15 περίπου ημέρες και μαζί με αυτήν τελείωνε και το σχολικό έτος κατά το δεύτερο εξάμηνο.

Θυμήθηκα ότι μετά το πέρας της διαδικασίας, όλοι οι μαθητές προσέρχονταν στις τάξεις, όπου με αγωνία περίμεναν από τους καθηγητές τους να τους ενημερώσουν για τα αποτελέσματα του διαγωνισμού.

Θυμήθηκα ότι όλοι σχεδόν οι καθηγητές μας, έχοντας μαζί τους και τις «κόλλες» των αντίστοιχων διαγωνισμών, ανακοίνωναν στους μαθητές, κατ᾽ αλφαβητική σειρά, τις επιδόσεις τους εκφράζοντας την ικανοποίηση και τα συγχαρητήρια προς τους άριστους και την απογοήτευση και τη λύπη τους προς τους βαθμολογικά αδύνατους. Αυτό προκύπτει και από την αλληλογραφία με τον πατέρα, με την οποία τον ενημέρωνα για τα αποτελέσματα του διαγωνισμού μου στο μάθημα του γυμνασιάρχη μου: «Εις τον κ. γυμνασιάρχην είμαι ο μόνος που έγραψα άριστα στους διαγωνισμούς και όλους τους κατατρόπωσα, όπως μού είπε. Επίσης, η μεγάλη επιτυχία στα Μαθηματικά είναι γεγονός πρωτοφανές… «(Μεσολόγγι 12 –2–1961)

Θυμήθηκα ότι από το μέσο όρο των βαθμών των γραπτών διαγωνισμών και των προφορικών εξετάσεων προέκυπτε ο βαθμός, ο οποίος καταγραφόταν στους περίφημους ελέγχους, οι οποίοι παραλαμβάνονταν στη συνέχεια από τα χέρια των καθηγητών μόνο από τους γονείς ή συγγενείς τους.

2 ΦΕΒΡΟΥΑΡΙΟΥ

Ο Γιάνης Βαρουφάκης χαρακτηρίζει ως «μύθευμα» ότι η Ελλάδα έγινε βάρος στην Ευρώπη»!

Σήμερα (2 Φεβρουαρίου 2015) διάβασα δηλώσεις του νέου υπουργού Οικονομικών Γιάνη (με ένα «ν») Βαρουφάκη μετά τη συνάντησή του με τον Βρετανό ομόλογό του Τζ. Όσμπορν σύμφωνα με τις οποίες εκτιμάται ότι πολύ σύντομα θα υπάρξει συμφωνία για την Ελλάδα, ενώ αναφέρθηκε στην ανάγκη να μπει τέλος στο «μύθευμα» που οδήγησε την Ελλάδα να γίνει βάρος για την υπόλοιπη Ευρώπη.

Και θυμήθηκα ότι αυτό, ότι δηλαδή η Ελλάδα ήταν ο μέγας ασθενής, παρουσιαζόταν επί πολλά χρόνια στο παρελθόν και ιδιαίτερα μετά την ένταξη στην (τότε) ΕΟΚ με το χαρακτηρισμό «μαύρο πρόβατο»! Και προκαλεί έκπληξη αυτή η διαπίστωση, ότι δηλαδή είναι μύθος, αφού αυτή είναι πραγματικότητα και, συνεπώς, δίνει την εντύπωση ότι δίνει «συγχωροχάρτι» σε όλες τις προηγούμενες κυβερνήσεις ο νέος υπουργός Οικονομικών της κυβέρνησης του Συνασπισμού της Ριζοσπαστικής Αριστεράς (ΣΥΡΙΖΑ) και των Ανεξάρτητων Ελλήνων.

Θυμήθηκα ότι μετά το 1981 και, κυρίως, μετά το 1985, η χώρα μας μπήκε στο μάτι του κυκλώνα μερίδας του ευρωπαϊκού Τύπου και ευρωσκεπτικιστών, χαρακτηρίζοντας την Ελλάδα ως «μαύρο πρόβατο της Ευρώπης». Αλλά, πέρα από τον Τύπο και στελέχη της Ευρωπαϊκής Ένωσης, και Έλληνες πρωθυπουργοί και υπουργοί «ανταγωνίζονταν» τους ξένους σε αρνητικούς χαρακτηρισμούς για τη χώρα μας. «Η πατρίδα μας ταυτίστηκε με αρνητικούς χαρακτηρισμούς, φτάνοντας στο σημείο να μη μάς πιστεύουν οι εταίροι μας στην ΕΕ», επεσήμανε ο τότε πρωθυπουργός Γιώργος Παπανδρέου μιλώντας σε ημερίδα που πραγματοποιήθηκε στη Γενική Γραμματεία Ενημέρωσης–Γενική Γραμματεία Επικοινωνίας. Τόνισε μάλιστα ότι «η κρίση αυτή είναι μια ευκαιρία και ότι είναι ανάγκη «να σπάσουμε» την ασθένεια, την επιδημία, τη μιζέρια και την καταστροφολογία ότι όλα είναι μάταια, ότι είμαστε ανίσχυροι να διαμορφώσουμε τη δική μας μοίρα και ότι κάποιοι άλλοι θα αποφασίζουν για εμάς».

Θυμήθηκα ακόμη ότι ο Γιώργος Παπανδρέου αναφέρθηκε στις διαχρονικές παθογένειες της χώρας, υπογραμμίζοντας μεταξύ άλλων τα εξής: «Αυτή η Ελλάδα τελείωσε πια και όσο κι αν η μετάβαση είναι δύσκολη και πονάει, καλώς τελείωσε. Είναι η Ελλάδα που πληγώσαμε και που μάς πλήγωσε, είναι η Ελλάδα που υπονόμευσε το μέλλον των παιδιών μας ή και την ασφάλειά μας και την αφήνουμε πίσω». Επίσης, πρόσθεσε και επεσήμανε ότι «αυτή η πραγματικότητα παρήγαγε και την αντίστοιχη εικόνα στο εξωτερικό».

3 ΦΕΒΡΟΥΑΡΙΟΥ

Η Συμφωνία – Γέφυρα της... πλάκας του Βαρουφάκη

Σήμερα, (3 Φεβρουαρίου 2015) διάβασα ότι το μεγαλύτερο μονότοξο γεφύρι στα Βαλκάνια, η ιστορική γέφυρα της Πλάκας στην Ήπειρο, δεν άντεξε στη μανία της φύσης και γκρεμίστηκε χθες, 2 Φεβρουαρίου 2015. Αποτελούσε το μεγαλύτερο μονότοξο γεφύρι στα Βαλκάνια, το οποίο χτίστηκε από μάστορες της πέτρας τον 19ο αιώνα. Όμως πλέον, μόνο ένα μικρό τμήμα του έχει απομείνει...

Θυμήθηκα (συμβολική ή κασσάνδρεια η σύμπτωση;) ότι την ίδια ημέρα που γκρεμίστηκε η ιστορική γέφυρα της Πλάκας, ο νέος υπουργός Οικονομικών της αριστερής κυβέρνησης του ΣΥΡΙΖΑ Γιάνης Βαρουφάκης και, φυσικά και ο νέος πρωθυπουργός Αλέξης Τσίπρας, επανέλαβαν την κατάργηση του Μνημονίου με μια Συμφωνία – Γέφυρα με τους δανειστές μας, η οποία θεωρήθηκε από όλους γενικώς, φίλους και συμμάχους Ευρωπαίους, ως «της πλάκας»!!! Και έτσι εκδηλώθηκε μια πανευρωπαϊκή, ακόμα και αμερικανική, μανία, η οποία είναι ακόμα άγνωστο πού θα καταλήξει για την Ελλάδα.

Ας ελπίσουμε ότι δεν θα έχουν για την Ελλάδα αυτά τα απίστευτα τερτίπια την τύχη της γέφυρας της Πλάκας της Ηπείρου.

4 ΦΕΒΡΟΥΑΡΙΟΥ

Και ο Αλέξης Τσίπρας, ως νέος πρωθυπουργός, χαρακτήρισε την Ελλάδα «διεφθαρμένη» χώρα!

Σήμερα (4 Φεβρουαρίου 2015) διάβασα ότι κατά χθεσινή συνάντησή του με τον ομόλογό του Ιταλό Ματέο Ρέντσι στη Ρώμη ο νέος πρωθυπουργός Αλέξης Τσίπρας χαρακτήρισε κι αυτός την Ελλάδα διεφθαρμένη χώρα, ως «ένα κράτος διαφθοράς και διαπλοκής».

Και θυμήθηκα ότι με τον ίδιο χαρακτηρισμό «στόλισε» την Ελλάδα το 2009 και ο τότε πρωθυπουργός Γιώργος Παπανδρέου λίγο μετά τις εκλογές του Οκτωβρίου του 2009. Αυτόν τον αρνητικό χαρακτηρισμό του Γιώργου Παπανδρέου για τη χώρα αποκάλυψε ο τότε επικεφαλής του Eurogroup Ζαν Κλωντ Γιούνκερ.

Θυμήθηκα ότι τη δήλωση αυτή για «διεφθαρμένη χώρα ο Ζαν Κλωντ Γιούνκερ απέδωσε γενικώς σε «Έλληνα πρωθυπουργό», αλλά, τελικά, σύμφωνα με επίσημη απάντηση, ο Γιώργος Παπανδρέου ήταν ο Έλληνας πρωθυπουργός.

Θυμήθηκα ότι ο τότε υπουργός Οικονομικών Γιώργος Παπακωνσταντίνου ισχυρίσθηκε ότι ο πρόεδρος της Ευρωζώνης δεν αναφερόταν στον Γιώργο Παπανδρέου. Ωστόσο, ο ισχυρισμός αυτός κατέπεσε την επομένη μετά τις διευκρινίσεις που έκανε στις 11 Οκτωβρίου 2009 ο εκπρόσωπος Τύπου του προέδρου του Eurogroup Γκι Σιουλέρ, ο οποίος δήλωσε τα εξής: «Ο κ. Γιούγκερ, στη σύντομη αναφορά του για την ελληνική οικονομία κατά τη διάρκεια ομιλίας του στην Ουάσιγκτον ανέφερε πως «όταν, πριν από μερικά χρόνια, τα στοιχεία της ανταγωνιστικότητας της ελληνικής οικονομίας έδειχναν ότι η χώρα θα βρεθεί σε πολύ δύσκολη οικονομική και δημοσιονομική κατάσταση, οι πάντες στην Ευρώπη γνώριζαν ότι η Ελλάδα αντιμετωπίζει πολύ σοβαρό πρόβλημα διαφθοράς. Ωστόσο, ο κ. Γιούνκερ ως πρόεδρος του Eurogroup, δεν ήταν σε θέση να το θέσει δημοσίως, καθώς η κατακραυγή θα ήταν μεγάλη, συμπλήρωσε ο εκπρόσωπος τύπου του προέδρου του Γιουρογκρούπ. Όσον αφορά τη φράση «ότι Έλληνας Πρωθυπουργός τού είχε αναφέρει ότι κυβερνά μια διεφθαρμένη χώρα», ο εκπρόσωπος διευκρίνισε ότι ο «κ. Γιούγκερ για να δείξει τη μεταστροφή των ελληνικών αρχών απέναντι στο πρόβλημα, έκανε αναφορά σε δήλωση του πρωθυπουργού Γιώργου Παπανδρέου, ο οποίος λίγο μετά τις βουλευτικές εκλογές του 2009, όταν τελικά αναγνωρίστηκε η πλήρης διάσταση του ελληνικού προβλήματος, δήλωσε ότι η Ελλάδα αντιμετωπίζει σοβαρά προβλήματα με τη διαφθορά».

5 ΦΕΒΡΟΥΑΡΙΟΥ

Πρώτη σε γίδια στην Ευρώπη η Ελλάδα παρά τον άγριο διωγμό επί δεκαετίες!

Σήμερα (5 Φεβρουαρίου 2015) διάβασα στην εφημερίδα «Καθημερινή» ότι σε χθεσινές δηλώσεις του ο αναπληρωτής καθηγητής Κτηνιατρικής και διευθυντής του Εργαστηρίου Ζωοτεχνίας του ΑΠΘ Γεώργιος Αρσένος επεσήμανε ότι «τα γαϊδούρια και οι γίδες, από συνώνυμα απαξίωσης τις προηγούμενες δεκαετίες, σήμερα συνδέονται με προϊόντα προστιθέμενης αξίας». Επίσης, τόνισε ότι αποτελούν μία σημαντική ευκαιρία, ώστε η ελληνική κτηνοτροφία να ενσωματώσει καινοτόμες ιδέες και μάλιστα χωρίς επιδοτήσεις, οι οποίες, σύμφωνα με τον καθηγητή είναι «το ναρκωτικό για κάθε υγιή προσπάθεια ανάπτυξης στην κτηνοτροφία».

Αναφερόμενος στην αξιοποίηση των γιδιών, ο κ. Αρσένος ανέφερε ότι «Η Ελλάδα είναι πρώτη στην Ευρώπη σε πληθυσμό γιδιών, αφού στη χώρα μας εκτρέφονται περίπου 5 εκατομμύρια». Και συνέχισε: «Αν και η Ελλάδα είναι πρώτη στη γιδοτροφία με 47, 6% των αρμεγόμενων γιδιών της Ευρωπαϊκής Ένωσης, εντούτοις η γιδοτροφία αποτελεί τον λιγότερο εκσυγχρονισμένο κλάδο της κτηνοτροφίας».

Και θυμήθηκα τον σκληρό διωγμό που δέχθηκε η ελληνική κτηνοτροφία τα τελευταία κυρίως τριάντα χρόνια από οργανώσεις και φορείς που θεωρούσαν τα γίδα ως μόνα υπεύθυνα για την καταστροφή των δασών!

Θυμήθηκα, καθώς κατάγομαι από αγροκτηνοτροφική οικογένεια, που είχε εκατοντάδες γιδοπρόβατα που έβοσκαν ελεύθερα και χωρίς μεγάλο κόστος στα δάση, ότι δεν καταστράφηκε ποτέ κανένα δάσος από τα γιδοπρόβατα. Αντίθετα, τα γίδια, ιδιαίτερα, «καθάριζαν» τα δάση από τα πυκνά χορτάρια και τους πυκνούς θάμνους και έτσι προστατεύονταν από τις πυρκαγιές. Δεν θυμάμαι να ξέσπασε καμιά πυρκαγιά στα δάση της περιοχής μου και στα πατρικά χωράφια, όπου έβοσκαν τα γιδοπρόβατα και μάλιστα έμεναν σε πρόχειρα μαντριά! Ίσως, η πρωτιά αυτή της Ελλάδος ακόμα και σήμερα στην Ευρώπη να οφείλεται στη διαπίστωση του καθηγητή ότι η αιγοτροφία αποτελεί τον ολιγότερο εκσυγχρονισμένο κλάδο της κτηνοτροφίας, διότι, όπως είναι γνωστόν, τα γίδια δεν εκτρέφονται σε σύγχρονες κλειστές μονάδες, αλλά σε περιοχές με βράχια και κλαριά!

6 ΦΕΒΡΟΥΑΡΙΟΥ

Νέο χτύπημα με... Μπαλτά στα πανεπιστήμια!

Σήμερα (6 Φεβρουαρίου), διάβασα σε εφημερίδες ότι ο νέος αρμόδιος υπουργός Παιδείας Αριστείδης Μπαλτάς ανέφερε χθες ότι θα καταργηθεί ο Νόμος – Πλαίσιο για την τριτοβάθμια εκπαίδευση, που ψηφίστηκε το 2011 επί υπουργίας Άννας Διαμαντοπούλου με 255 ψήφους από τη Βουλή, τονίζοντας ότι «κατεδάφισε ό, τι είχε πετύχει το πανεπιστήμιο από το 1982 και μετά».

Και θυμήθηκα ότι, αντίθετα, ο περιβόητος Νόμος – Πλαίσιο του 1982 της νέας τότε κυβέρνησης του ΠΑΣΟΚ κατεδάφισε όλα όσα ορθώς λειτουργούσαν έως το 1981 και δημιούργησε τέτοιες στρεβλώσεις που μετέτρεψαν τα πανεπιστήμια σε χώρους, όπου αποθεώθηκε η κομματοκρατία. Το εκπληκτικό είναι ότι ο Αριστείδης Μπαλτάς, ενώ τόνισε εύστοχα ότι «ο μεγάλος ασθενής τα τελευταία 40 χρόνια είναι η εκπαίδευση», διότι, όπως είπε πάλι εύστοχα, «τα μέτρα που υιοθετήθηκαν ήταν πάντα εμβαλωματικά, με ορίζοντα τετραετίας», τώρα κάνει και ίδιος τα ίδια!

Θυμήθηκα τον αείμνηστο καθηγητή Πανεπιστημίου Εμμανουήλ Κριαρά, γνωστό υπέρμαχο της εκπαιδευτικής και γλωσσικής μεταρρύθμισης και σε καμιά περίπτωση φορέα της ταμπέλας του συντηρητικού και αντιδραστικού, ο οποίος σε απάντηση σε σχετική ερώτηση των "Νέων" (βλέπε φύλλο 8 Ιουλίου 1988) γιατί απέτυχαν οι μαθητές στο μάθημα της έκθεσης παρά τη διαπίστωση ότι το θέμα ήταν "βατό, εύκολο, απλό, κατανοητό", επεσήμανε, μεταξύ των άλλων (χωλή οργάνωση της παιδείας κ.λπ.), τα εξής:

"Μία θλιβερή διαπίστωση μπορούμε να κάνουμε από την αρχή. Οι υποψήφιοι δεν υστέρησαν μόνο στην Έκθεση αλλά και στη Φυσική και στη Χημεία και στα Μαθηματικά. Ας μη σπεύσουμε, λοιπόν, την υστέρηση των υποψηφίων να την αποδώσουμε στη γλωσσική μεταρρύθμιση, όπως ορισμένοι συνηθίζουν να κάνουν. Από την άλλη μεριά, οι μαθητές μας σήμερα δεν παρακολουθούν, όπως άλλοτε, απερίσπαστοι (όσοι γινόταν και τότε) τα μαθήματά τους. Η εισβολή της πολιτικής και κομματικής ένταξης στα σχολεία μας, τα διασπασμένα γενικότερα ενδιαφέροντα των μαθητών δεν τους επιτρέπουν, στο βαθμό που γινόταν άλλοτε, να επιμείνουν στα μαθήματα εκείνα που η προκοπή τους σ' αυτά θα μπορούσε να τους προετοιμάσει μια απρόσκοπτη σπουδαστική συνέχεια. Δεν είναι δυνατόν από τα δεκαπέντε τους χρόνια περισσότερο να τους ενδιαφέρει η πολιτική και η κομματική ζωή του τόπου μας και λιγότερο οι καθαυτό μαθητικές του απασχολήσεις".

7 ΦΕΒΡΟΥΑΡΙΟΥ

Προεκλογικές υποσχέσεις και του ΣΥΡΙΖΑ χωρίς πάλι κοστολογημένο πρόγραμμα!

Σήμερα (7 Φεβρουαρίου 2015) διάβασα ότι εκπρόσωποι των δανειστών μας, με προμαχούσα τη Γερμανία, της τρόικας και της ευρωζώνης κάλεσαν, χωρίς περιστροφές, τη νέα ελληνική (αριστερή) κυβέρνηση να υποβάλει αίτημα για παράταση του μνημονιακού προγράμματος ή να καταθέσει έως τις 16 Φεβρουαρίου του 2015 ένα συγκεκριμένο και κοστολογημένο δικό της πρόγραμμα για τη συνέχιση της χρηματοδότησης της χώρας μας.

Και θυμήθηκα ότι, ύστερα από πολλές δεκαετίες λαϊκισμού, δημαγωγίας και ανεύθυνης προεκλογικής υποσχεσιολογίας από τα ελληνικά κόμματα, έπρεπε να αποτελέσει πάλι η Ευρωπαϊκή Ένωση ή, τώρα, η τρόικα τροχοπέδη σε αυτό το άγος που κορύφωσε το οικονομικό και πολιτικό δράμα ιδιαίτερα τα τελευταία τριάντα χρόνια. Το δεύτερο σκέλος της αντιπρότασης των δανειστών μας και της ευρωζώνης αποτελεί στην κυριολεξία συντριπτικό κεφαλοκλείδωμα για τη νέα κυβέρνηση του Τσίπρα, αφού, ο Έλληνας εκπρόσωπός της, ο οποίος κλήθηκε να δώσει στοιχεία, με αφοπλιστική ειλικρίνεια απάντησε ότι δεν έχει τέτοια στοιχεία από την κυβέρνηση!!!

Θυμήθηκα ότι και σε πολλές άλλες προηγούμενες προεκλογικές περιόδους ζητούνταν να κοστολογήσουν τα κόμματα τις προεκλογικές τους υποσχέσεις . Ορισμένα κόμματα, όπως το ΠΑΣΟΚ του Γιώργου Παπανδρέου κατά την προεκλογική περίοδο του 2009, είχε κοστολογήσει τις προεκλογικές υποσχέσεις σε μόλις 3 δισ. ευρώ, αφού σύμφωνα με την περιβόητη διαπίστωση του τότε αρχηγού της αξιωματικής αντιπολίτευσης «λεφτά υπάρχουν»!

Θυμήθηκα ακόμα τα εντυπωσιακά ηχηρά που εξήγγειλε προεκλογικά ο τότε πρόεδρος της Νέας Δημοκρατίας Αντώνης Σαμαράς από την εξέδρα του Ζαππείου, τα οποία ποτέ δεν τήρησε, στη συνέχεια, ως πρωθυπουργός.

Θυμήθηκα, επίσης, άλλα γνωστά ηχηρά παρόμοια μετά το 1974, όπως εκείνο «Για Ακόμα Καλύτερες Ημέρες» κατά την προεκλογική περίοδο του 1985, και άλλα στη συνέχεια «για μια ισχυρή Ελλάδα», «για μιαν ισχυρή οικονομία», «για «νέα Ιδέες» κλπ, οι οποίες απλώς αποτελούσαν την αιχμή του δόρατος ενός λαϊκισμού που απογυμνωνόταν μάλιστα την επομένη από... αντίθετα μέτρα ή πολιτικές!

Θυμήθηκα τον Ελευθέριο Βενιζέλο, ο οποίος είχε υπογραμμίσει ότι "οι μη τηρούμενες προεκλογικές υποσχέσεις συνιστούν μια μορφή δωροδοκίας του ελληνικού λαού" και, συνεπώς, αποτελούν ποινικό αδίκημα.

Αλλά, φευ!

8 ΦΕΒΡΟΥΑΡΙΟΥ

Αποθέωση της ήσσονος προσπάθειας με κατάργηση ξανά των εξετάσεων στα σχολεία!

Σήμερα (8 Φεβρουαρίου 2015) διάβασα ότι το «έθιμο» που θέλει κάθε σχεδόν νέα κυβέρνηση να αρχίζει τη δραστηριότητά της με... «σαρωτικές» αλλαγές στο χώρο της ελληνικής παιδείας συνεχίσθηκε και από τον ΣΥΡΙΖΑ. Διάβασα, λοιπόν, ότι καταργούνται οι πανελλαδικές εξετάσεις στην Α΄ και Β΄ Λυκείου

Και θυμήθηκα ότι όλα αυτά, που είχαν θεσμοθετηθεί μετά το 1982, συνέβαλαν στην άλωση της ελληνικής παιδείας με την αποθέωση της ήσσονος προσπάθειας και τη γενίκευση του χαβαλέ στα σχολεία. Η κατάργηση, στην ουσία, του διευθυντικού δικαιώματος, η χαλαρή, μέχρι προαγωγής όλων των μαθητών, εξέταση στα σχολεία, η κατάργηση σχεδόν επί δεκαετίες των γραπτών εξετάσεων επί της διδαχθείσης ύλης, ο... τουριστικός χαβαλές των μαθητών στα σχολεία, αναλώμασι των εθνικών πόρων, που εξασφαλίζονται από την επιβολή φορολογίας στους Έλληνες, είναι μερικά προβλήματα που συνεχώς επιδεινώνονται, χωρίς μάλιστα να διαφαίνεται κάποια ελπίδα βελτίωσης στο χώρο της παιδείας. Διότι, οι εκάστοτε υπουργοί Παιδείας ασχολούνται με τα λεγόμενα εύκολα ή προσωρινά ή, το χειρότερο, «ακούνε» ίσως μόνον εκείνους που είτε από βιώματα, είτε πειθόμενοι τοις ρήμασι «πρωτοπόρων δασκάλων» τους, συνεχώς «γεννούν» ιδέες για ολοκλήρωση της «εκπεδεφτικής» μεταρρύθμισης με ολοκληρωτική αποχαύνωση της ελληνικής παιδείας.

Θυμήθηκα μια σημαντική (και ελπιδοφόρα για όσους έχουν αρχίσει να μην πιστεύουν στους σημερινούς νέους μας) πρόταση που έγινε από τους μαθητές στα πλαίσια του γνωστού εθνικού διαλόγου για την παιδεία που είχε εγκαινιάσει ο τότε υπουργός Παιδείας Αντώνης Τρίτσης από τον Μάιο του 1988. Η πρόταση αυτή συνίστατο στην επαναφορά των κανονικών διαγωνισμών στα γυμνάσια, με την επισήμανση ότι "με την κατάργησή τους τόσο στην κατώτερη εκπαίδευση όσο και στη μέση (γυμνάσια) οι μαθητές φτάνουν στο λύκειο χωρίς ζόρι, όπου για πρώτη φορά μετά 9 χρόνια στα θρανία καλούνται να διαγωνιστούν και, φυσικά να τους φαίνονται βουνό οι διαγωνισμοί", με όλες τις γνωστές συνέπειες που συνεχώς επισημαίνονται στον τρόπο έκφρασης και διατύπωσης καθώς και στην ανησυχητική λεξιπενία ή στην ερμηνεία γνωστότατων ελληνικών λέξεων!

9 ΦΕΒΡΟΥΑΡΙΟΥ

Όταν κάθε νέα κυβέρνηση απειλούσε την προηγούμενη με Εξεταστικές Επιτροπές

Σήμερα (9 Φεβρουαρίου 2015) διάβασα ότι κατά την πρώτη ομιλία του κατά τη διαδικασία των προγραμματικών δηλώσεων στη Βουλή, ο νέος πρωθυπουργός εξήγγειλε, μεταξύ πολλών άλλων, ότι η κυβέρνησή του θα προχωρήσει στη σύσταση εξεταστικής επιτροπής για τα μνημόνια «για να εξεταστεί ψύχραιμα το κατά πόσον υπάρχουν ευθύνες για την πορεία της χώρας και όχι για λόγους πολιτικής αντεκδίκησης», όπως τόνισε.

Και θυμήθηκα ότι τις ίδιες εξαγγελίες έκαναν όλα σχεδόν τα ελληνικά κόμματα αμέσως μετά την άνοδο στην εξουσία.

Θυμήθηκα, για παράδειγμα, την ανακοίνωση, ύστερα από πρόταση του τότε προέδρου της Ένωσης Κέντρου Γεωργίου Μαύρου, του νέου τότε πρωθυπουργού Ανδρέα Παπανδρέου κατά τις προγραμματικές δηλώσεις του στη Βουλή στις 22 Νοεμβρίου του 1981, ότι η κυβέρνησή του θα αναλάβει πρωτοβουλία για τη σύσταση Εξεταστικής των Πραγμάτων Επιτροπής, η οποία θα διερευνούσε πού διοχετεύθηκαν τα τραπεζικά δάνεια για παραγωγικές επενδύσεις.

Θυμήθηκα ότι η εξαγγελία αυτή είχε προετοιμασθεί με στοιχεία που είχε δώσει την προηγούμενη ημέρα στη Βουλή ο τότε νέος υπουργός Εθνικής Οικονομίας Γεράσιμος Αρσένης. «Ενώ το 1974», αποκάλυψε τότε ο Γεράσιμος Αρσένης, «στις 100 δραχμές νέων πιστώσεων στη βιομηχανία οι 72 πήγαν για επενδύσεις, το 1979 στις 100 δραχμές μιας νέας πίστωσης μόνο οι 35 δραχμές πήγαιναν για επενδύσεις. Πού πήγαν τα άλλα;», ρώτησε! Σημειώνεται ότι αυτή η εξαγγελία δεν τηρήθηκε ποτέ, αφού δεν συγκροτήθηκε η Επιτροπή!

Θυμήθηκα, επίσης, τη σύσταση παρόμοιων επιτροπών είχαν εξαγγείλει και η Νέα Δημοκρατία ως κυβέρνηση το 2004, με πρωθυπουργό τον Κώστα Καραμανλή, για τις κυβερνήσεις Κώστα Σημίτη, το ΠΑΣΟΚ, με πρωθυπουργό τον Γιώργο Παπανδρέου και στη συνέχεια η κυβέρνηση Σαμαρά για την υπόθεση της λίστας Λαγκάρντ, η οποία συγκροτήθηκε και εκκρεμεί η σχετική δίκη.

10 ΦΕΒΡΟΥΑΡΙΟΥ

Επαναλήφθηκαν τα γνωστά πολυετή παιχνιδιάρικα τερτίπια στο Χρηματιστήριο!

Σήμερα (10 Φεβρουαρίου 2015) διάβασα ότι η ελληνική χρηματιστηριακή αγορά κατέγραψε ράλι ανόδου, καλύπτοντας σχεδόν τις απώλειες των τριών προηγούμενων συνεδριάσεων (-9, 77%). Όπως επισημαινόταν στα ρεπορτάζ, οι επενδυτές έδειξαν να προεξοφλούν θετική έκβαση των διαπραγματεύσεων της κυβέρνησης με τους δανειστές και, σύμφωνα με χρηματιστηριακούς αναλυτές, η πληροφορία ότι η Κομισιόν θα παρουσιάσει αύριο στο Eurogroup σχέδιο εξάμηνης παράτασης του υπάρχοντος προγράμματος για την Ελλάδα, πυροδότησε κύμα αγορών. Το παράξενο ήταν ότι κατά την ίδια συνεδρίαση μοχλό της ανοδικής κίνησης της αγοράς απετέλεσαν οι τραπεζικές μετοχές, οι οποίες είχαν καταγράψει μεγάλες απώλειες το προηγούμενο τρίμηρο, παρά τη χθεσινή υποβάθμιση των ελληνικών τραπεζών από τη Moody's. Ο Γενικός Δείκτης Τιμών διέσπασε έντονα ανοδικά τα επίπεδα των 800 μονάδων και έκλεισε στις 826, 31 μονάδες σημειώνοντας μεγάλα κέρδη 7, 98%.

Και θυμήθηκα τα γνωστά παιχνιδιάρικα τερτίπια στο ελληνικό Χρηματιστήριο με τις γνωστές αδικαιολόγητες απότομες διακυμάνσεις, που αποφέρουν κέρδη στους γνώστες και ζημιές στους αδαείς. Σημειώνω ότι όλες αυτές οι διαδόσεις και οι ψίθυροι που κυριάρχησαν στην ελληνική χρηματιστηριακή αγορά μετά το 1974, διαψεύσθηκαν την επομένη από την Ευρωπαϊκή Επιτροπή!

Θυμήθηκα παρόμοια τερτίπια στην ελληνική χρηματιστηριακή αγορά το Νοέμβριο του 1981, δηλαδή μετά την άνοδο του ΠΑΣΟΚ στην κυβέρνηση. Τότε, μετά την ηρεμία και τη στάση αναμονής που επέδειξε το επενδυτικό κοινό κατά την πρώτη εβδομάδα με κυβέρνηση το ΠΑΣΟΚ, εξαπολύθηκε από επενδυτές μεγάλη επίθεση στη χρηματιστηριακή αγορά με σκοπό τη συμπίεση των τιμών των μετοχών, όπως έγινε και τώρα, και την εκ νέου άνοδό τους, με την πρώτη ευκαιρία, όπως έγινε και σήμερα. Πράγματι, αμέσως μετά τη μεγάλη πτώση σημειώθηκε αναστροφή του δυσμενούς κλίματος μετά την αξιοποίηση «ευχάριστων» πληροφοριών που κυκλοφόρησαν στην οδό Σοφοκλέους (εκεί ήταν το Χρηματιστήριο Αθηνών τότε) κατά τις πρώτες συνεδριάσεις για τις θέσεις της νέας κυβέρνησης απέναντι στην κεφαλαιαγορά και τα σοβαρά μέτρα που θα ληφθούν.

Θυμήθηκα ότι τότε έγινε συνάντηση του τότε υφυπουργού Εμπορίου Ι. Παπασπύρου με τη Διοικούσα Επιτροπή του Χρηματιστηρίου, ο οποίος εξέφρασε το «ζωηρό» ενδιαφέρον της νέας κυβέρνησης για τη λειτουργία του Χρηματιστηρίου και την ανάπτυξη της κεφαλαιαγοράς και τόνισε ότι δεν δικαιολογείται πια καμιά πτώση των τιμών των μετοχών, αφού ήταν κατά πολύ χαμηλότερες από την πραγματική αξία. Κι έτσι άρχισε το ράλι της ανόδου και ο Γενικός Δείκτης έκλεισε με αύξηση κατά 7, 32%, όσο περίπου και σήμερα...

11 ΦΕΒΡΟΥΑΡΙΟΥ (1)

Η βαθμολογία των μαθητών και οι εξετάσεις είναι... καπιταλιστική αγριότητα!

Σήμερα, διάβασα ότι επαναφέρεται ο μέσος γενικός όρος 9, 5 για την προαγωγή στη δευτεροβάθμια εκπαίδευση, όπως ανακοίνωσε ο νέος αρμόδιος υπουργός Παιδείας της κυβέρνησης των ΣΥΡΙΖΑ ΑΝΕΛ.

Και θυμήθηκα πάλι τα «οικεία κακά» στον δύσμοιρο χώρος της ελληνικής παιδείας.

Θυμήθηκα ότι τον Οκτώβριο του 1988, ο τότε υπουργός Παιδείας Γιώργος Παπανδρέου με ένδεκα προεδρικά διατάγματα ολοκλήρωσε τον χαλασμό στην ελληνική παιδεία.

Θυμήθηκα την αξιολόγηση των μαθητών με τα πρώτα πέντε γράμματα της αλφαβήτου, δηλαδή το Α, Β, Γ, Δ, και Ε, στις τέσσερις τελευταίες τάξεις του Δημοτικού Σχολείου (είχε καθιερωθεί μετά το 1982 και παρέμεινε και με τη «μεταρρύθμιση» του 1988).

Θυμήθηκα ότι και προηγούμενα σχέδια διαταγμάτων πρόβλεπαν την επέκταση της αξιολόγησης με τους χαρακτηρισμούς Α, Β, Γ, Δ και Ε και στα γυμνάσια, αντί της γνωστής εικοσάβαθμης κλίμακας!

Θυμήθηκα ότι την κατάργηση της βαθμολογίας ή τις προαγωγές χωρίς αξιολόγηση προωθούσαν τότε και προωθούν μερικοί «προοδευτικοί» κύκλοι, οι οποίοι θεωρούσαν (την κατάργηση της βαθμολογίας) ως εισαγωγή του σοσιαλιστικού ιδεώδους στο σχολείο, ως προστασία του παιδιού από την... καπιταλιστική αγριότητα και ως εξασφάλιση μιας όασης δημιουργικής συμμετοχής στο μη... καταναγκαστικό σχολείο.

Θυμήθηκα την ανακοίνωση της η ΕΚΟΝ Ρήγας Φεραίος, η οποία, αφού χαρακτήριζε τις ρυθμίσεις των προεδρικών διαταγμάτων του Οκτωβρίου του 1988 "ως αυταρχικές και συντηρητικές (αν είναι δυνατόν!), τόνιζε, μεταξύ άλλων, τα εξής: "Το σχολείο αντιμετωπίζεται ως εξεταστικό κέντρο και όλες οι εξαγγελλόμενες ρυθμίσεις διαιωνίζουν το ρόλο του. Παραμένει η αντιπαιδαγωγική βαθμολογική αξιολόγηση, επανέρχεται η αντίληψη του "μαθητή – κουμπούρα" στο δημοτικό. Δεν αναζητούνται εναλλακτικές μορφές ελέγχου της γνώσης, αλλά προκρίνεται η εντατικοποίηση των εξετάσεων (π.χ. εξετάσεις τον Φεβρουάριο ..."

Θυμήθηκα, πάντως, ως άριστος μαθητής στο Δημοτικό και το (τότε εξατάξιο) Γυμνάσιο δεν είχα νιώσει καμιά... καπιταλιστική αγριότητα από τις εξετάσεις, τη βαθμολογία και την «εντατικοποίηση» των σπουδών μου!!!

11 ΦΕΒΡΟΥΑΡΙΟΥ (2)

Ενθουσιώδης ο επικεφαλής του ΟΟΣΑ και με τον Α. Σαμαρά και με τον Α. Τσίπρα!

Σήμερα (11 Φεβρουαρίου 2015), σε συνέντευξη Τύπου που παραχώρησε ο πρωθυπουργός Αλέξης Τσίπρας από κοινού με τον γενικό γραμματέα του Οργανισμού Οικονομικής Συνεργασίας και Ανάπτυξης (ΟΟΣΑ) Ανχέλ Γκουρία ανακοινώθηκε η σύσταση μόνιμης επιτροπής συνεργασίας με τον διεθνή αυτόν οργανισμό και την εκπόνηση και την εφαρμογή του προγράμματος μεταρρυθμίσεων. Ο Αλέξης Τσίπρας χαρακτήρισε τον Άνχελ Γκουρία «ως τον πιο χρήσιμο άνθρωπο σήμερα στην Ευρώπη». Από τη μεριά του ο επικεφαλής του διεθνούς αυτού οργανισμού τόνισε ότι «η Ελλάδα είναι μέλος του ΟΟΣΑ και στόχος είναι να εργαστούμε με την Ελλάδα για την Ελλάδα».

Και θυμήθηκα ότι ο ΟΟΣΑ πάντοτε, σε όλες τις εκθέσεις του, έκανε σκληρές συστάσεις και προτάσεις στην Ελλάδα για αναγκαίες μεταρρυθμίσεις σε όλους σχεδόν τομείς της ελληνικής οικονομίας ιδιαίτερα μετά το 1985. Αναφέρω μερικές από αυτές σχετικά παλιές:

– **ΟΟΣΑ 1987**: Άρση δομικών και θεσμικών εμποδίων: (Κατάληξη της έκθεσης του Οργανισμού Οικονομικής Συνεργασίας και Ανάπτυξης (ΟΟΣΑ) για την ελληνική οικονομία, η οποία δόθηκε στη δημοσιότητα αρχές Μαΐου του 1987):

– **ΟΟΣΑ 1989**: Επιδείνωση: (Από την έκθεση του ΟΟΣΑ για την ελληνική οικονομία, η οποία δόθηκε στη δημοσιότητα το Δεκέμβριο του 1989 και η οποία κατέληγε ως εξής: «Για το σκοπό αυτό (σ.σ. την επίτευξη των προτεινόμενων μέτρων, δηλαδή ιδιωτικοποίηση, κατάργηση ΑΤΑ, ανάγκη εξυγίανσης του κοινωνικοασφαλιστικού συστήματος κ.λπ.), χρειάζεται ισχυρή θέληση και συναίνεση»...)

– **ΟΟΣΑ 1990:** Τραγική η δεκαετία του 1980: (Από τις διαπιστώσεις έκθεσης του ΟΟΣΑ, η οποία δόθηκε στη δημοσιότητα στις αρχές Φεβρουαρίου 1990 και η οποία συνοδευόταν από μελαγχολικά στοιχεία για τη χαμένη δεκαετία κατά τομείς).

– **ΟΟΣΑ 1990:** Άδεια ασφαλιστικά ταμεία: (Από Έκθεση του ΟΟΣΑ του Φεβρουαρίου 1990)

– **ΟΟΣΑ 1990:** Αύξηση της ανεργίας: (Από Έκθεση του ΟΟΣΑ, που δόθηκε στη δημοσιότητα το Δεκέμβριο του 1990).

Θυμήθηκα πάλι ότι στις 27 Νοεμβρίου 2013 ο επικεφαλής του ΟΟΣΑ είχε επισκεφθεί την Αθήνα και παρέδωσε στον τότε πρωθυπουργό Αντώνη Σαμαρά την καθιερωμένη έκθεση του διεθνούς οργανισμού για την Ελλάδα. Τότε, ο Μεξικανός αξιωματούχος εμφανίσθηκε ενθουσιωδώς ευχαριστημένος από τις επιδόσεις της Ελλάδος, στέλνοντας μάλιστα το μήνυμα ότι «υπάρχει ζωή μετά το χρέος». Επίσης, εξήρε τις προσπάθειες της χώρας για έξοδο από την κρίση, σημειώνοντας πως «η Ελλάδα είναι στην πρώτη θέση παγκοσμίως στις διαρθρωτικές μεταρρυθμίσεις», λέγοντας ότι «έχετε κάνει εξαιρετική δουλειά».

12 ΦΕΒΡΟΥΑΡΙΟΥ (1)

Παίρναμε τις δόσεις των δανείων και μετά ξεχνούσαμε τις υποσχέσεις για διαρθρωτικές αλλαγές

Σήμερα (12 Φεβρουαρίου 2015) διάβασα ότι χθες στο έκτακτο κρίσιμο για τη χώρα μας Συμβούλιο Υπουργών Οικονομικών της Ευρωζώνης (Eurogroup) σημειώθηκε εμπλοκή, ύστερα από μια συνεδρίαση–θρίλερ, στο τέλος της οποίας δεν βρέθηκε συμβιβαστική λύση, με αποτέλεσμα να μην εκδοθεί κοινό ανακοινωθέν. Σημείο–κλειδί είναι η παράταση ή μη του προγράμματος. Ωστόσο, δεν κατέστη εφικτό αυτό το πλαίσιο να αποτυπωθεί σε ένα κοινό ανακοινωθέν. Η ελληνική πλευρά φέρεται να εξέφρασε ισχυρές αντιρρήσεις στις διατυπώσεις και κυρίως σε ό, τι παρέπεμπε σε επέκταση του υφιστάμενου προγράμματος. Στις αντιρρήσεις αυτές επέμεινε έως το τέλος, όπως εξάλλου και η άλλη πλευρά. Είναι ενδεικτικό ότι χρειάστηκαν σχεδόν δύο ώρες μετά τη λήξη της συνεδρίασης του Eurogroup για να γίνει η καθιερωμένη συνέντευξη Τύπου, στην οποία ο Ντάισελμπλουμ ανακοίνωσε απλώς ότι δεν υπήρξε πολιτική συμφωνία. Στο διάστημα αυτό, τουλάχιστον τέσσερα προσχέδια κοινού ανακοινωθέντος απορρίπτονταν από τη μια ή την άλλη πλευρά.

Και θυμήθηκα ότι κατά τα πρώτα χρόνια της μνημονιακής περιόδου (2010–2012), αλλά έως και σήμερα, σημειώθηκαν δώδεκα σοβαρές εμπλοκές με την τρόικα για τα... ίδια (αδιόρθωτα) θέματα! Κύρια αιτία ήταν ότι η απίθανη «ικανότητα» όλων των κυβερνήσεων να υπογράφουν με ευκολία «Μνημόνια» και να αναλαμβάνουν με προθυμία δεσμεύσεις για να παίρνουν τις δόσεις, συνοδευόταν από την απίστευτη ανικανότητα να τις υλοποιούν, σε βάρος της αξιοπρέπειας της χώρας μας και της αντοχής της ελληνικής οικονομίας και των ελληνικών νοικοκυριών.

Θυμήθηκα ότι κάθε φορά (κάθε τρίμηνο ή κάθε εξάμηνο) που έρχονταν στην Αθήνα οι ελεγκτές της τρόικας και οι εκπρόσωποι των δανειστών μας διαπίστωναν τα ίδια και τα ίδια: ότι οι εκάστοτε ελληνικές κυβερνήσεις παρείχαν αφειδώς και προθύμως υποσχέσεις κατά τις συζητήσεις με τους ελεγκτές για να παίρνουν τις δόσεις, αλλά στη συνέχεια τις ξεχνούσαν ή «κατηργάζοντο τέχνας» για το «στρίβειν με τα περιβόητα «ισοδύναμα» μέτρα που κάθε φορά επινοούνταν για να καλύπτονται οι αποκλίσεις από τους υπεσχημένους προς την τρόικα δημοσιονομικούς στόχους και τις υπεσχημένες τάχα διαρθρωτικές αλλαγές. Όλα όμως αυτά τα γνώριζε η τρόικα και, φυσικά, οι Ευρωπαίοι εταίροι μας και συνεχώς ασκούσαν και ασκούν πιέσεις προς όλες τις ελληνικές κυβερνήσεις για τήρηση των υπεσχημένων προκειμένου να εγκριθεί η επόμενη δόση του δανείου.

12 ΦΕΒΡΟΥΑΡΙΟΥ (2)

Δώδεκα εμπλοκές σε τρία χρόνια με την τρόικα λόγω μη τήρησης υπεσχημένων

Σήμερα (12 Φεβρουαρίου 2015) διάβασα πάλι τις δηλώσεις του επιτρόπου αρμόδιου για τις Οικονομικές Υποθέσεις Π. Μοσκοβισί μετά το χωρίς αποτέλεσμα χθεσινό Eurogroup, ο οποίος έδωσε και το στίγμα της εμπλοκής και του πολιτικού και οικονομικού δράματος της χώρας μας: «Ήταν μια ευκαιρία να καταλάβει η ελληνική πλευρά πώς λειτουργούν οι θεσμοί και εμείς να ακούσουμε τις ελληνικές θέσεις», τόνισε. Την ελληνική θέση παρουσίασε γενικώς και αορίστως ο υπουργός Οικονομικών Γιάνης Βαρουφάκης ως εξής: «Καταθέσαμε απόψεις που στόχο έχουν τη δημιουργία μιας νέας συνθήκης και ενός νέου συμβολαίου με την Ευρώπη. Η σημερινή συνάντηση ποτέ δεν είχε στόχο να καταλήξει σε συμφωνία, αλλά να ακούσουν από τη νέα ελληνική κυβέρνηση την ανάλυσή μας για τους λόγους για τους οποίους το πρόγραμμα δεν βγαίνει, αποδείχτηκε τοξικό και καταστροφικό για την οικονομία».

Και θυμήθηκα (ε, δεν κρατιέμαι άλλο!) και παραθέσω τις δώδεκα εμπλοκές που προανέφερα με την τρόικα, όταν παίρναμε «ζεστά» δάνεια από θεσμούς, τα οποία, στη συνέχεια, γίνονταν, «τοξικά» από ανικανότητα και ανευθυνότητα των ελληνικών κυβερνήσεων:

1. Εμπλοκή λόγω ΓΕΝΟΠ –ΔΕΗ για την αγορά ενέργειας (20 Νοεμβρίου 2010).

2. Εμπλοκή για τα εργασιακά (2 Ιουνίου 2011).

3. Εμπλοκή για αύξηση των εσόδων, τις δημόσιες επιχειρήσεις, τις κλαδικές συμβάσεις και τις μετατάξεις (22 Νοεμβρίου 2010).

4. Εμπλοκή με διακοπή των διαπραγματεύσεων με την τρόικα για τον προϋπολογισμό (2 Σεπτεμβρίου 2011

5. Εμπλοκές για ειδικά μισθολόγια και δόσεις (3 Αυγούστου 2012).

6. Εμπλοκή και αποχώρηση της τρόικας από την Αθήνα για την αξιολόγηση του προγράμματος (21 Σεπτεμβρίου 2012).

7. Εμπλοκή για μεγαλύτερο μαχαίρι σε μισθούς, συντάξεις και επιδόματα (1 Οκτωβρίου 2012)

8. Εμπλοκή για την υποχρέωση των τραπεζών να επιστρέψουν μέχρι το τέλος του έτους 500 εκατ. ευρώ στο ελληνικό Δημόσιο: (11 Οκτωβρίου 2012).

9. Εμπλοκή πάλι για εργασιακά, τις περικοπές αποζημιώσεων, τις μεταρρυθμίσεις στο Δημόσιο και οι απολύσεις δημόσιων υπαλλήλων (14 Οκτωβρίου 2012)

10. Εμπλοκή στις συζητήσεις με την τρόικα για τον ΕΟΠΥΥ και τα φάρμακα (15 Οκτωβρίου 2012)

11. Σοβαρή εμπλοκή λόγω επίμονων αρνήσεων της τρόικας (28 Οκτωβρίου 2012)

12. Εμπλοκή για το φορολογικό νομοσχέδιο (12 Δεκεμβρίου 2012)

12 ΦΕΒΡΟΥΑΡΙΟΥ (3)

Νέο συντριπτικό χτύπημα στην παιδεία με... Μπαλτά!

Σήμερα (12 Φεβρουαρίου 2015) διάβασα ότι μιλώντας στη Βουλή χθες ξαναχτύπησε τη δύσμοιρη ελληνική παιδεία ο αρμόδιος υπουργός Παιδείας Αριστείδης Μπαλτάς. Συγκεκριμένα διάβασα ότι αναφερόμενος στην αριστεία ενός μαθητή επεσήμανε ότι «μπορεί να μετατραπεί σε ρετσινιά του»! Μάλιστα, μιλώντας και στην εφημερίδα «Καθημερινή» ο νέος υπουργός Παιδείας εξήγησε ότι εννοούσε τα εξής: «Πως η απονομή αριστείας –μέσω της επιτυχίας σε εξετάσεις εισαγωγής σε ένα σχολείο– σε ένα μαθητή σε τόσο μικρή ηλικία, όπως τα 12 ή 13 του, μπορεί να μετατραπεί σε βαρύ φορτίο (σε πολλαπλά επίπεδα) στο οποίο ο αριστεύσας θα νιώθει ότι πρέπει να ανταποκρίνεται σε κάθε κρίσιμες εξετάσεις στη μετέπειτα ζωή του. Αντίστοιχη είναι η μεταφορική ερμηνεία της «ρετσινιάς» για κάθε μαθητή που απέτυχε στις εξετάσεις εισαγωγής στα πρότυπα πειραματικά. Τα σχολεία αυτά πρέπει να πειραματίζονται επί της κοινωνικής ύλης που συνιστούν τα σχολεία».

Και θυμήθηκα τον πρωτεργάτη της εκπαιδευτικής μεταρρύθμισης στη χώρα μας Ευάγγελο Παπανούτσο, ο οποίος έκανε όλα αυτά που έκανε για να "διδάξει", όπως έλεγε, «το σχολείο στο παιδί την περίσκεψη, το σοβαρό αντίκρυσμα των πραγμάτων, την κρίση τη σωστή και τον απλό, σαφή, υπεύθυνο λόγο", δηλαδή, τον ορθολογισμό "για να μη παιδιαρίζει σε ολόκληρη τη ζωή του". Παιδιαρίζουμε, λοιπόν, σε κάθε αλλαγή κυβέρνησης στη χώρα μας με τις συνταγές μοντερνισμού και μεταμοντερνισμού τους στις μεθόδους διδασκαλίας και τις παιδαγωγικές αρχές τους, τις οποίες κάποιος, ποιος ξέρει, αληθωρισμός, τις κάνει να μη βλέπουν ούτε καν το θλιβερό πρόβλημα στο χώρο της ελληνικής παιδείας.

Θυμήθηκα και τον Μάριο Πλωρίτη, ο οποίος σε άρθρο στο «Βήμα» στις 6 Μαρτίου 1988 υπό τον τίτλο «Ισοπέδωση– άρνηση ισότητας και δημοκρατίας» τόνιζε τα ακόλουθα: «Σε πολλούς τομείς υπηρεσιών και σπουδών, στην παιδεία, στην υγεία, στη διοίκηση κ.λπ., πρώτο και μέγα κριτήριο είναι η "ποσότητα", η "αρχαιότητα" και παραμερίζεται η "ποιότητα", η ουσιαστική επιστημονική υπηρεσιακή, ερευνητική κλπ. προσφορά. Έτσι, όχι μόνο δεν επιβραβεύεται, αλλά αντίθετα μαραίνεται, αποθαρρύνεται (όταν δεν μυκτηρίζεται κιόλας) η έφεση για βελτίωση των ίδιων των επιστημόνων υπαλλήλων, σπουδαστών κλπ. και συνακόλουθα, ολόκληρου του επιστημονικού ή υπηρεσιακού οργανισμού».

13 ΦΕΒΡΟΥΑΡΙΟΥ (1)

Άμεσες και έμμεσες απειλές για έξοδο από την ΕΕ επί 30 χρόνια!

Σήμερα (13 Φεβρουαρίου 2015) διάβασα ένα πολύ, ως συνήθως, σκληρό άρθρο του βρετανικού «Economist» στο οποίο επισημαίνεται ότι είναι ακόμα πιο πιθανή η ελληνική έξοδος από την ευρωζώνη. «Η παραμονή της Ελλάδας στο ευρώ απαιτεί συμβιβασμούς», τονίζει. «Οι πιστωτές της χώρας πρέπει να αποφασίσουν τί θα ανταλλάξουν και πότε», συνεχίζει. «Ο κ. Τσίπρας αρνείται ανοήτως την παράταση του προγράμματος που λήγει στο τέλος του μήνα, μιλώντας αντιθέτως για ένα δάνειο–γέφυρα, το οποίο θα εξασφαλίσει χρόνο για διαπραγματεύσεις χωρίς την εποπτεία της μισητής τρόικας της Ευρωπαϊκής Επιτροπής, της ΕΚΤ και του ΔΝΤ...», επισημαίνει μεταξύ πολλών άλλων. Και το άρθρο τελειώνει με το ακόλουθο «απλό μήνυμα που μπορούν να δώσουν οι Ευρωπαίοι ηγέτες στον κ. Τσίπρα», όπως σημειώνει. «Θα διαπραγματευτούν αλλά μόνο υπό την προϋπόθεση της παράτασης του προγράμματος. Θα τον βοηθήσουν με το χρέος και τον προϋπολογισμό, αλλά μόνον εφόσον είναι έτοιμος να κάνει την ελληνική οικονομία πιο ανταγωνιστική. Όταν ένας αθλητής επιμένει να τρέχει ανάποδα, ακόμα και ο πιο υπομονετικός προπονητής δεν μπορεί να τον βοηθήσει.»

Και θυμήθηκα πάμπολλες τέτοιες άμεσες και έμμεσες απειλές για την έξοδο της χώρας μας από την τότε ΕΟΚ μετά το 1985.

Θυμήθηκα ότι πριν ακριβώς 25 χρόνια, ο συνάδελφος Θανάσης Παπανδρόπουλος με ρεπορτάζ που δημοσιεύθηκε στον «Οικονομικό Ταχυδρόμο» (15 Φεβρουαρίου 1990) αποκάλυπτε ότι δύο χώρες με εμπιστευτικό υπόμνημα έκριναν απαράδεκτη τη συμπεριφορά και στάση της Ελλάδος στην ΕΟΚ και ζητούσαν να μάθουν αν υπάρχει τρόπος αποκλεισμού της χώρας μας από την ευρωπαϊκή οικογένεια.

Θυμήθηκα ότι το 1985 η ΕΟΚ χορήγησε στην Ελλάδα την πρώτη δόση δανείου για τη βελτίωση κυρίως του ισοζυγίου Πληρωμών και τη βελτίωση των δημοσιονομικών στοιχείων υπό σκληρούς όρους, οι οποίοι οδήγησαν την τότε κυβέρνηση του Ανδρέα Παπανδρέου να ανακοινώσει στις 13 Οκτωβρίου 1985 το γνωστό σκληρό πακέτο μέτρων λιτότητας.

Θυμήθηκα ότι στη συνέχεια η ΕΟΚ χορήγησε τη δεύτερη δόση του δανείου ύψους 875 εκατ. ecu με τον όρο ότι «όλες οι δεσμεύσεις θα γίνονται πέρα για πέρα σεβαστές». Αυτές οι δεσμεύσεις έγιναν σεβαστές μόνο για δύο περίπου χρόνια, αφού στις 26 Νοεμβρίου 1987 ο τότε πρωθυπουργός

Ανδρέας Παπανδρέου ανακοίνωσε το τερματισμό του προγράμματος λιτότητας. Τότε παραιτήθηκε και ο υπουργός Εθνικής Οικονομίας Κώστας Σημίτης.

13 ΦΕΒΡΟΥΑΡΙΟΥ (2)

Πώς η Ελλάδα υπονόμευε μόνιμα την πορεία της στην ΕΕ στη δεκαετία του 1980!

Σήμερα (13 Φεβρουαρίου 2015) διάβασα πάλι όλα αυτά (όχι, πάντως, αδικαιολόγητα!) τα σχόλια μερίδας του ευρωπαϊκού Τύπου για Grexit.

Και θυμήθηκα πάλι και άλλα πολλά.

Θυμήθηκα ότι οι έντονοι προβληματισμοί για τη δεινή οικονομική κατάσταση της Ελλάδος και την πιθανότητα εξόδου της χώρας μας από την ΕΟΚ κυριαρχούσαν κατά το δεύτερο ήμισυ της δεκαετίας του 1980. Αυτοί οι προβληματισμοί ή προθέσεις ή σκέψεις αποκαλύφθηκαν αργότερα σε μια δραματική επιστολή που έστειλε ο τότε πρόεδρος της Ευρωπαϊκής Επιτροπής και φίλος του Ανδρέα Παπανδρέου σοσιαλιστής Ζακ Ντελόρ στον «αθώο του αίματος» τότε πρωθυπουργό Ξενοφώντα Ζολώτα στις 19 Μαρτίου 1990. Στην επιστολή αυτή, ο Ντελόρ επισήμαινε έμμεσα ότι η Ελλάδα υπονομεύει μόνιμα την πορεία της στην Κοινότητα. Συγκεκριμένα, ανέφερε, μεταξύ πολλών άλλων δραματικών, τα εξής: «Η κατάσταση αυτή επιβάλλει τη λήψη, χωρίς καθυστέρηση, δραστικών μέτρων και την εκπόνηση και εφαρμογή πολυετούς προγράμματος ανόρθωσης της οικονομίας το ταχύτερο δυνατό. Αν δεν γίνει αυτό η χώρα σας διατρέχει δύο σοβαρούς κινδύνους: Από τη μια πλευρά το μέγεθος και η αύξηση του δημοσίου χρέους και του εξωτερικού χρέους της χώρας σας κινδυνεύουν να βλάψουν τη φερεγγυότητα της Ελλάδας. Από την άλλη πλευρά η σοβαρή διαφορά που διαπιστώνεται ανάμεσα στην οικονομική εξέλιξη της Ελλάδας κι εκείνη των άλλων χωρών της Κοινότητας κινδυνεύει να υπονομεύσει μόνιμα την πορεία της χώρας σας προς την Ενιαία Αγορά, την Οικονομική και Νομισματική Ένωση και την ευρωπαϊκή ενοποίηση. Όσο για την Επιτροπή, θα βρισκόταν στη δύσκολη θέση να έχει συμμετάσχει και συνδέσει την ίδια την αξιοπιστία της σε απόφαση δανείου του οποίου οι όροι δεν τηρήθηκαν από τον οφειλέτη».

Θυμήθηκα πάλι ότι στις 26 Μαΐου 1992 ο Ζακ Ντελόρ ήταν προσκεκλημένος για να τιμηθεί με το βραβείο Ωνάση και για να συμμετάσχει στη γενική συνέλευση του Συνδέσμου Ελληνικών Βιομηχανιών. Τότε σε σκληρές δηλώσεις χαρακτήρισε την Ελλάδα «αμέτοχη στην ευρωπαϊκή πορεία» και αποκάλυψε την ολιγωρία ή την αδιαφορία των τότε κυβερνήσεων στην προώθηση των αναγκαίων διαρθρωτικών μεταρρυθμίσεων, «που θα έφερναν τη χώρα μας πιο κοντά στην Ευρωπαϊκή Ένωση», όπως τόνισε.

13 ΦΕΒΡΟΥΑΡΙΟΥ (3)

Πιεστικά ερωτήματα μετά το 2008 για τη θέση της Ελλάδος στην Ευρωζώνη

Σήμερα (13 Φεβρουαρίου 2015) διάβασα ξανά όλα αυτά για τους «εχθρούς» της Ελλάδος.

Και θυμήθηκα το εφιαλτικό πολιτικό, κοινωνικό, οικονομικό και ευρωπαϊκό δράμα της χώρας μας μετά τη μεταπολίτευση και ιδιαίτερα μετά το 1985.

Θυμήθηκα ότι στις αρχές του 2008, όταν τα πρόδρομα σημάδια της οικονομικής κρίσης γίνονταν ολοένα και πιο έντονα και στη χώρα μας, η ελληνική οικονομία βρέθηκε ξανά στο μάτι του κυκλώνα μερίδας ξένου Τύπου, κυρίως βρετανικού και γερμανικού, όπως οι βρετανικοί Financial Times, η γερμανική εφημερίδα Handelsblatt και το γερμανικό περιοδικό Der Spiegel. Τότε οι ευρωσκεπτικιστές δεν χρησιμοποιούσαν τον παλιό, επί τριάντα περίπου χρόνια αρνητικό χαρακτηρισμό «μαύρο πρόβατο», αλλά άλλες εκφράσεις από την ελληνική κλασική... Γραμματολογία, όπως «Αχίλλειος Πτέρνα της Ευρωζώνης» και «Δούρειος Ίππος της Ευρωζώνης»! Τότε, για παράδειγμα, σε άρθρο της η γερμανική εφημερίδα «Handelsblatt» τόνιζε η πιστοληπτική ικανότητα της χώρας μας φαίνεται πως βρίσκεται σε κρίσιμη κατάσταση και σε ακραία περίπτωση θα μπορούσε να τεθεί το ερώτημα, αν η Ελλάδα μπορεί να παραμείνει μέλος της ONE.

Θυμήθηκα ότι στις 11 Δεκεμβρίου 2009, μετά τις γνωστές δηλώσεις των Γιώργου Παπανδρέου και Γιώργου Παπακωνσταντίνου για «τιτανικό», για «χρεοκοπία», για «κατάρρευση», για «δημοσιονομικό εκτροχιασμό» οι Φαϊνάνσιαλ Ταϊμς σε δημοσιεύματά τους τόνιζαν ότι «Η Ελλάδα έχει γίνει ο παρίας της ευρωζώνης για τους επενδυτές, καθώς όλοι οι βασικοί στατιστικοί οικονομικοί δείκτες δείχνουν μια οικονομία που βρίσκεται κοντά στην κατάρρευση».

Θυμήθηκα πάλι ότι σε συνέντευξή του στη γαλλική εφημερίδα «Le Figaro» το 2012 υπό τον τίτλο «Μετά τους πυροσβέστες, η Ευρώπη περιμένει τους αρχιτέκτονες», ο πρώην πρόεδρος της Ευρωπαϊκής Επιτροπής Ζακ Ντελόρ μίλησε για την κρίση του ευρώ, το μέλλον της Ευρώπης και, φυσικά, την Ελλάδα. Η συνέντευξη αυτή και ιδιαίτερα τα σημεία που αφορούσαν τη χώρα μας συνοδεύθηκε από τις γνωστές αντιδράσεις και μάλιστα με το συμπέρασμα ότι ο Ντελόρ ζητούσε την έξοδο της Ελλάδος από την Ευρωζώνη.

14 ΦΕΒΡΟΥΑΡΙΟΥ

Με φωνητική ορθογραφία το μικρό όνομα «Γιάνης» του υπουργού Οικονομικών!

Σήμερα (14 Φεβρουαρίου 2015) είδα ότι σε όλες τις εφημερίδες και τα site το μικρό όνομα του νέου υπουργού Οικονομικών «Γιάνης» να γράφεται με ένα «ν». Νόμιζα ότι ήταν ορθογραφικό λάθος και επισκέφθηκα την ιστοσελίδα του νέου υπουργού και διαπίστωσα ότι έτσι γράφει το όνομά του κι εκείνος, δηλαδή με ένα «ν» και με βάση τη... φωνητική ορθογραφία!

Και θυμήθηκα ένα άρθρο του αείμνηστου καθηγητή του Αριστοτελείου Πανεπιστημίου Θεσσαλονίκης Γ.Π. Σαββίδη στις «επιφυλλίδες» της εφημερίδας «Τα Νέα» (1 Ιουνίου 1990), στο οποίο επεσήμαινε με αγανάκτηση, μεταξύ άλλων, τα ακόλουθα: "Δεν είμαστε μόνον οι πιο ρατσιστικά ψωροφιλότιμοι, συνδικαλιστικά εκβιαστικοί και νταβατζίδικα νωθροί Ευρωπαίοι, μα έχουμε και τα πρωτεία της εκπαιδευτικής υποβάθμισης. Του λόγου το αληθές, μού επιβεβαιώθηκε πρόσφατα από αλλοτινή, διακεκριμένη φοιτήτριά μου, χρόνια καθηγήτρια Γυμνασίου σε κεφαλοχώρι του νομού Ηρακλείου. Φέτος, που πρωτοδίδαξε σε παιδιά της Πρώτης Γυμνασίου, διαπίστωσε πως έχουν αποφοιτήσει από το Δημοτικό σχεδόν ανίκανα να διαβάσουν τα σχολικά τους βιβλία ή να αρθρώσουν γραπτώς μιαν απλή πρόταση. Άσε πια τα ψιλά γράμματα της ανορθογραφίας: Για χάρη της, μωρέ, ασπαστήκαμε τους γλωσσο–εκπαιδευτικούς συμβιβασμούς του Μανόλη Τριανταφυλλίδη και αποβάλαμε όντως περιττούς τόνους και πνεύματα; "Πάντες ι Έλινες εγγράμματι" εκήρυττε, σε αφελέστερην εποχή, ο εκκεντρικός δάσκαλος Τιμόθεος Κούστας (1879), προτείνοντας ως ηθική και κοινωνική πανάκεια τη φωνητικήν ορθογραφία, με την οποία μονάχα ο δαιμόνιος Μποστ μπόρεσε να μας συμφιλιώσει. Τώρα, για τον πλήρη εξευρωπαϊσμό μας, δεν μένει παρά να υιοθετήσουμε το λατινικό αλφάβητο του Μουσταφά Κεμάλ (1928)».

Θυμήθηκα τις προτάσεις μερικών «σοφών» της λεγόμενης «προοδευτικής πρωτοπορίας», όπως του Δ. Γληνού (1930), Μένου Φιλήντα (1929) και Τιμόθεου Κούστα, ο οποίος ήθελε να γράφεται... Κύστας (1879) για κατάργηση των χαρακτηριστικών σημείων στίξης και αντικατάσταση των «διγραμμάτων» (διφθόγγων κλπ) με φωνητικά γράμματα...

15 ΦΕΒΡΟΥΑΡΙΟΥ (1)

Άλλα έλεγε το 2013 ο Μάριο Ντράγκι για την Ελλάδα και τα παραπλανητικά στοιχεία του 2010...

Σήμερα (15 Φεβρουαρίου 2015) ο πρόεδρος της Ευρωπαϊκής Κεντρικής Τράπεζας (ΕΚΤ) Μάριο Ντράγκι σε δηλώσεις του στην ισπανική εφημερίδα ABC σχολιάζοντας το ενδεχόμενο εξόδου της Ελλάδος από το ενιαίο νόμισμα τόνισε ότι «δεν έχει νόημα να γίνονται τέτοιες εικασίες». Επίσης, επανέλαβε ότι «το σχέδιο της Ευρωζώνης είναι μη αναστρέψιμο», αλλά αρνήθηκε να σχολιάσει «τί πήγε και λάθος και συζητείται η έξοδος της Ελλάδας από τη νομισματική ένωση των 19 χωρών».

Και θυμήθηκα ότι ο Μάριο Ντράγκι, ως πρόεδρος πάλι της Ευρωπαϊκής Κεντρικής Τράπεζας, με δηλώσεις του στις 8 Ιουλίου 2013 σχολίασε εμμέσως πλην σαφώς τί πήγε λάθος με την Ελλάδα.

Θυμήθηκα, λοιπόν, ότι στην τοποθέτησή του στην Επιτροπή Οικονομικών και Νομισματικών Υποθέσεων του Ευρωπαϊκού Κοινοβουλίου ανέφερε, μεταξύ άλλων, ότι τα διαθέσιμα οικονομικά δεδομένα πριν από τρία χρόνια, δηλαδή το 2010, σχετικά με την Ελλάδα ήταν ελλιπή και περικομμένα.

Συγκεκριμένα, ανέφερε, μεταξύ άλλων, τα εξής:

«Ορισμένες αποφάσεις είχαν ληφθεί τότε στη βάση πληροφοριών, οι οποίες ήσαν είτε ελλιπείς, είτε εσφαλμένες, ή παραπλανητικές. Ασφαλώς οι αναφορές σχετικά με τη δομική ισχύ της ελληνικής οικονομίας δεν ήταν ακριβείς. Οι (ελληνικές) αρχές της εποχής διαβεβαίωναν συνεχώς τη (διεθνή) τρόικα (των πιστωτών) ότι η οικονομία ήταν πολύ πιο ισχυρή από όσο ήταν στην πραγματικότητα. Σε μια έκθεσή του που είχε δημοσιευθεί στα μέσα του Ιουνίου, το Διεθνές Νομισματικό Ταμείο (ΔΝΤ), ένα από τα μέλη της διεθνούς τρόικας των δανειστών, είχε μεμφθεί τους ευρωπαϊκούς θεσμούς για έλλειψη επάρκειας όσον αφορά τη χορήγηση βοήθειας προς κράτη που αντιμετωπίζουν δημοσιονομικές δυσχέρειες στην ευρωζώνη, και διότι δεν είχαν συμφωνήσει στην απομείωση της αξίας των κρατικών ομολόγων που διακρατούσαν ιδιώτες –το πολυσυζητημένο PSI– ήδη από το 2010, όταν είχε συναφθεί το πρώτο μνημόνιο δανεισμού της χώρας. Αναμφίβολα διαπράχθηκαν λάθη... Θα ήταν καλό αυτά να προσδιοριστούν» με περισσό-

τερη σαφήνεια ώστε να μην επαναληφθούν».

Ακόμη, ο Ντράγκι είπε τότε ότι «η Ελλάδα κατάφερε σημαντικές προόδους, και τους έχουμε πει να συνεχίσουν αυτήν την προσπάθεια, ιδίως τις διαρθρωτικές μεταρρυθμίσεις, οι οποίες αποφέρουν σήμερα τα πρώτα αποτελέσματα».

15 ΦΕΒΡΟΥΑΡΙΟΥ (2)

Ο κουρεμένος Γιάνης Βαρουφάκης βγήκε χωρίς «κούρεμα χρέους» από το Eurogroup, όπως έλεγε προεκλογικά...

Σήμερα (15 Φεβρουαρίου 2015) ματαίως αναζητούσα στις ανταποκρίσεις και τα ρεπορτάζ για την εξάωρη μάχη στο Συμβούλιο Υπουργών της ευρωζώνης (Eurogroup) τις λέξεις «κούρεμα δημόσιου χρέους» που ήταν προεκλογική εξαγγελία του ΣΥΡΙΖΑ και ιδιαίτερα του νέου υπουργού Οικονομικών Γιάνη Βαρουφάκη.

Και θυμήθηκα ένα άρθρο του – απάντηση στο ερώτημα «Πώς θα διαπραγματευθούμε το αναπόφευκτο κούρεμα», το οποίο είχε δημοσιευθεί στην ιστοσελίδα του στις 17 Ιανουαρίου 2015 (δηλαδή μια περίπου εβδομάδα πριν από τις εκλογές) και στο οποίο αναφέρονταν, μεταξύ άλλων, τα εξής:

«Ένα μη βιώσιμο χρέος κουρεύεται. Τελεία και παύλα. Όποιος αρνείται αυτή την απλή αλήθεια είτε ψεύδεται ηθελημένα είτε εθελοτυφλεί. Την περίοδο 2010–2011, τρόικα και ελληνικό κατεστημένο επέμεναν ότι το χρέος δεν θα κουρευόταν και χαρακτήριζαν εθνοπροδότες όσους εξ ημών επιμέναμε ότι θα κουρευόταν...

«Η εμπειρία αυτή μας διδάσκει ένα απλό μάθημα: Το κούρεμα ενός μη βιώσιμου χρέους είναι αναπόφευκτο και όσο αργεί, όσο οι «αρχές» προσποιούνται ότι είναι βιώσιμο, το κούρεμα που απαιτείται (για να καταστεί το χρέος πραγματικά βιώσιμο) μεγαλώνει, η οικονομία υποφέρει και το κούρεμα που έρχεται αποδεικνύεται μη θεραπευτικό. Άρα, στόχος μας πρέπει να είναι να σχεδιάσουμε και να απαιτήσουμε ένα ικανό, θεραπευτικό, τελικό κούρεμα....

«Όμως, πρέπει να λάβουμε υπ' όψη μας και τους πολιτικούς περιορισμούς των συνομιλητών μας, π.χ. του κ. Σόιμπλε ο οποίος αδυνατεί να προτείνει στους βουλευτές του ένα τέτοιο κούρεμα (καθώς για πέντε χρόνια τους παραπλανά ότι δεν θα γίνει κούρεμα). Είναι απαραίτητο να του το παρουσιάσουμε, να το πακετάρουμε, με τρόπο που να το καθιστά «εύπεπτο» στην Bundestag. Με άλλα λόγια, να προτείνουμε μια τεχνική μετατροπή του χρέους μας που να συνιστά, επί της ουσίας, ένα σημαντικό κούρεμα, αλλά που θα επιτρέψει στον κ. Σόιμπλε να το ονομάσει κάπως αλλιώς» (στη συνέχεια παραθέτει σχετικό παράδειγμα για το πώς...).

Και ο επίλογος: «Το κούρεμα θα έρθει. Οι πιο πάνω προτάσεις περιγράφουν τις τεχνικές με τις οποίες θα προκύψει ώστε να ελαχιστοποιήσει την ζημία των εταίρων μας και να λειτουργήσει θεραπευτικά για την Ελλάδα. Παράλληλα είναι σημαντικό προτέρημα των πιο πάνω προτάσεων ότι επιτρέπουν στην γερμανική κυβέρνηση να τις ενστερνιστεί χωρίς να τις χαρακτηρίσει κούρεμα, αλλά να της επικοινωνήσει στους πολίτες της ως «εξορθολογισμό».

15 ΦΕΒΡΟΥΑΡΙΟΥ (3)

Ελευθέριος Βενιζέλος: «Οι Ευρωπαίοι δεν κατανοούν τα δίκαια, αλλά τα συμφέροντα...»

Σήμερα (15 Φεβρουαρίου 2015) διάβασα στην «Καθημερινή» άρθρο του συναδέλφου Κώστα Καλλίτση υπό τον τίτλο «Οι ρητορείες δεν συγκινούν το Eurogroup", όπου παρουσιάζεται η ρητορική της νέας κυβέρνησης ενώπιον των Ευρωπαίων για το δημόσιο χρέος, το Μνημόνιο και τα «τοξικά» δάνεια, που οδήγησαν την ελληνική οικονομία στην καταστροφή, ενώ εκείνοι περίμεναν συγκεκριμένα στοιχεία.

Και θυμήθηκα ένα άρθρο του τότε διευθυντή του «Οικονομικού Ταχυδρόμου» Γιάννη Μαρίνου στο ιστορικό περιοδικό (29 Σεπτεμβρίου 1994), όπου παρουσίαζε τον Ελευθέριο Βενιζέλο να εξηγεί πώς πέτυχε την επικράτηση των ελληνικών απόψεων στη Συνθήκη των Σεβρών, υπογραμμίζοντας ότι Ευρωπαίοι δεν κατανοούν τα δίκαια, αλλά τα συμφέροντα. Παραθέτω μερικές από τις εξηγήσεις αυτές:

– «Ειλικρίνεια – Αλήθεια. Ιδού η μέθοδός μου. Μην ομιλείτε περί ιστορικών δικαίων. Δεν κάνουν εντύπωσιν εις τους Ευρωπαίους. Η Ευρώπη δεν λαμβάνει υπ' όψιν της τοιαύτας αξιώσεις. Ουδέποτε έκανα χρήσιν των ιστορικών δικαίων μας...

– «Εις τα υπομνήματά μου και τα προφορικά μου διαβήματα, ουδέποτε έκαμα χρήσιν του όρου «ελληνικά δίκαια». Ο όρος αυτός είναι αισθηματολογικός. Οι δε Ευρωπαίοι δεν τον εννοούν. Ο όρος μου ήταν «ελληνικά συμφέροντα, «δίκαια ελληνικά συμφέροντα», αλλά «και συμφέροντα της ανθρωπότητας». Όχι αποκλειστικώς της Ελλάδος»...

– «Δεν πρέπει να απογοητευθώμεν τελείως. Αλλά και πρέπει ν΄ αντιμετωπίσωμεν την κατάστασιν ειλικρινώς. Ν΄ αποφύγωμεν την αβάσιμον αισιοδοξίαν. Ν΄ αντικρύζωμεν τα πράγματα ως έχουν. Όχι αισθηματολογικώς...».

Αυτά προς γνώσιν και συμμόρφωσιν των κυβερνητών μας...

15 ΦΕΒΡΟΥΑΡΙΟΥ (4)

**Όταν οι Ευρωπαίοι εταίροι «συνευρίσκονται»,
δηλαδή... «συνουσιάζονται!!!**

Σήμερα (15 Φεβρουαρίου 2015) διάβασα μια συνέντευξη του νέου υπουργού Οικονομικών Γιάνη Βαρουφάκη στην εφημερίδα «Καθημερινή», όπου σε απάντησή του στην ερώτηση «Στο εξής οι διαπραγματεύσεις θα γίνονται στις Βρυξέλλες;» χρησιμοποίησε (από άγνοια, φυσικά) ένα .... «σεξουλιάρικο» ρήμα, το ρήμα «συνευρίσκομαι». Είπε, μεταξύ άλλων: «Πρέπει να ξεκαθαρίσω ότι αυτό που ξεκίνησε δεν είναι διαπραγματεύσεις. Οι τεχνικές ομάδες της κυβέρνησης και των εταίρων μας και των θεσμών συνευρίσκονται με έναν απλό στόχο: Να εξηγήσει η μία πλευρά τη θέση της στην άλλη...».

Και θυμήθηκα τον καθηγητή Γλωσσολογίας του Πανεπιστημίου Αθηνών Γιώργο Μπαμπινιώτη, ο οποίος ματαίως προσπαθεί να μάθουν οι Έλληνες καλά ελληνικά και να μην τα κακοποιούν, επισημαίνοντας τα ακόλουθα:

«Μερικοί ομιλητές –και δεν είναι λίγοι– χρησιμοποιούν τη λέξη συνεύρεση με τη σημασία τής συνάντησης! Επειδή η λέξη αυτή σημαίνει κυρίως ό,τι και το συνουσία (προκαλώντας πονηρά μειδιάματα στους υποψιασμένους ακροατές / αναγνώστες...) είναι καλό να αποφεύγεται. Αντί να πούμε «στη συνεύρεση με τους εκπροσώπους τής τρόικας θα ζητηθεί να υπάρξουν ευνοϊκότεροι όροι» είναι καλύτερο να πούμε «στη συνάντηση με...».

Θυμήθηκα ότι τέτοια γλωσσικά «μαργαριτάρια» δεν οφείλονται μόνο σε άγνοια των ομιλητών ή συγγραφέων, αλλά και σε επίσημη κακοποίηση της ελληνικής γλώσσας από τις περιβόητες μεταρρυθμίσεις και το υπουργείο Παιδείας. Αναφέρω μερικές λέξεις που με την επίσημη ανορθογραφία τους στην πραγματικότητα έχουν αποκτήσει άλλη σημασία:

«Φιλονικία» αντί του ορθού «φιλονεικία»: Η λέξη «φιλονικία» σημαίνει «αγάπη για τη νίκη», ενώ η «φιλονικεία» «διάθεση για έριδα»

«Ζει» αντί του ορθού «ζη». Στην πρώτη περίπτωση το ρήμα σημαίνει... «ζεματάει» και στη δεύτερη (ορθή) σημαίνει αυτό για το οποίο λέγεται, δηλαδή «είναι ζωντανός». Στην πρώτη περίπτωση, όταν λέμε «εκείνος ζει» είναι σα να λέμε «εκείνος ζεματάει, καίει»!

«Αλίμονο» αντί του ορθού «αλλοίμονο»: Η πρώτη περίπτωση θυμίζει «Ηλί – Ηλί» της Αγίας γραφής (άσχετο!) και η δεύτερη (ορθή) αρχαίες ελληνικές τραγωδίες («αλλοίμοι»).

«Λόξιγκας» αντί του ορθού «λόξυγγας». Η πρώτη, η ανορθόγραφη, λέξη σημαίνει... σαρκοφάγο ζώο (λύγξ–λυγκός), ενώ η δεύτερη, η ορθή, προέρχεται από την αρχαία ελληνική «λυγξ–λύξυγγος»!

16 ΦΕΒΡΟΥΑΡΙΟΥ

Διονύσιος Σολωμός προς Τσίπρα: «Δεν είν΄ εύκολαις οι θύραις, εάν η χρεία ταις κουρταλεί»...

Σήμερα (16 Φεβρουαρίου 2015) με αγωνία και ανησυχία περίμενα την έκβαση της συνεδρίασης του Συμβουλίου των Υπουργών Οικονομικών της ευρωζώνης (Eurogroup), το οποίο είχε ορισθεί για σήμερα μετά το «ναυάγιο» του προηγούμενους έκτακτου στις 11 Φεβρουαρίου 2015. Δυστυχώς, και αυτό το Eurogroup ολοκληρώθηκε χωρίς καμία συμφωνία για τη χώρα μας, ενώ καταδείχθηκε για μιαν ακόμη φορά ότι βρίσκονται σε τροχιά μη αναστρέψιμης ρήξης οι διαπραγματεύσεις με τους εταίρους μας. Όπως ανακοινώθηκε, το προσχέδιο του κειμένου για την κοινή δήλωση με την Ελλάδα απέρριψε ο Γιάνης Βαρουφάκης, ενώ το Μαξίμου κρατάει σκληρή στάση και αρνείται παράταση του προγράμματος. Σημειώνεται ότι κατά τη διάρκεια της συνάντησης με Μοσκοβισί και Ντάισελμπλουμ δόθηκε στον Βαρουφάκη το συγκεκριμένο κείμενο, στο οποίο έκανε κάποιες παρατηρήσεις και κατέληξε ότι δεν θα το δεχτεί. Επίσης, και η ελληνική κυβέρνηση διαμήνυσε ότι δεν πρόκειται να κάνει αποδεκτό το αίτημα επέκτασης του προγράμματος. Στο έγγραφο αναφερόταν ότι η Ελλάδα μπορούσε:

1) Να χρησιμοποιήσει την ευελιξία του υφιστάμενου προγράμματος.

2) Να λάβει την τεχνική βοήθεια που προβλέπεται από το πρόγραμμα.

3) Να δοθεί εξάμηνη παράταση του υφιστάμενου προγράμματος που

θα έδινε το χρόνο στην Ελλάδα και το Eurogroup να δουλέψουν σε μία νέα συμφωνία.

Δεν έγινε αποδεκτό κανένα από τα παραπάνω σημεία.

Και θυμήθηκα πάλι τη γνωστή ρήση του Ελευθερίου Βενιζέλου, την οποία παρέθεσα στην προηγούμενη ημέρα του Ημερολογίου μου, αλλά και ένα συγχωριανό μου οικογενειάρχη, ο οποίος συντηρούσε τον «πλούσιο» από σόϊ εαυτόν του και την οικογένειά του με δανεικά.

Θυμήθηκα, λοιπόν, ότι στην αρχή οι δανειστές χορηγούσαν ευκόλως και αφειδώς δάνεια στον άφρονα συγχωριανό μου με προσημειώσεις, φυσικά, στην τεράστια κτηματική του περιουσία. Αλλά, καθώς έληγαν τα προηγούμενα δάνεια και βρισκόταν σε αδυναμία να τα αποπληρώσει, πουλούσε σταδιακά μεγάλα τμήματα της ακίνητης περιουσίας του για να ανταποκριθεί στις δανειακές του υποχρεώσεις. Κάποια στιγμή, βλέποντας ότι η ακίνητη περιουσία του και το κύρος εξανεμιζόταν, χωρίς παράλληλα να περικόψει καμιά από τις προκλητικές οικογενειακές του δαπάνες, εμφανίσθηκε να αντιδρά έντονα στις πιέσεις των δανειστών του. Τότε, ο τελευταίοι, κάνοντας χρήσης των δανειακών συμβάσεων πήραν και όλη την υπόλοιπη τεράστια, στην αρχή, κτηματική περιουσία του. Και έτσι «έσβησε» ένα ιστορικό «τζάκι» του χωριού μου.

Θυμήθηκα και τον εθνικό μας ποιητή Διονύσιο Σολωμό που έλεγε ότι «δεν είν᾽ εύκολαις οι θύραις, εάν η χρεία ταις κουρταλεί».

17 ΦΕΒΡΟΥΑΡΙΟΥ

Δήμος δεν έκανε αποδεκτή χορηγία της 3Ε, όπως και πριν από 39 χρόνια η Ελλάδα δωρεά του ΝΑΤΟ ως …«ιμπεριαλιστική»!

Σήμερα (17 Φεβρουαρίου 2015) διάβασα ότι η Κοινωφελής Επιχείρηση του Δήμου Πατρέων «Καρναβάλι Πάτρας» δεν έκανε αποδεκτή τη χορηγία της 3Ε, με σκοπό την προβολή της στις καρναβαλικές εκδηλώσεις του Δήμου, αντιδρώντας έτσι στις απολύσεις και το κλείσιμο εργοστασίων της εταιρίας στην πόλη. «Η Κοινωφελής Επιχείρηση δεν έκανε αποδεκτή την χορηγία της 3Ε παρά τις οικονομικές της δυσκολίες, γιατί επιδιώκει και με αυτή την απόφασή της να εκφράσει την έμπρακτη συμπαράστασή της στον πολύμηνο Αγώνα των εργαζομένων της 3Ε ενάντια στις απολύσεις για να ανοίξουν τα εργοστάσια», τονίζεται στη σχετική ανακοίνωση του Δήμου.

Και θυμήθηκα ότι το 1976, η χώρα μας κατόρθωσε να εγκριθεί από το ΝΑΤΟ ένα κονδύλι 2 εκατ. δολαρίων για την ίδρυση στην Κοζάνη ενός Κέντρου Ερευνών Λιγνίτη, αλλά, τότε, εκδηλώθηκε μια λυσσώδης αντίδραση από τις τότε «δημοκρατικές και λοιπές προοδευτικές δυνάμεις», οι οποίες ματαίωσαν την προσπάθεια αυτή, διότι τα χρήματα αυτά δίδονταν από τους... «ιμπεριαλιστές του ΝΑΤΟ»!!!

Θυμήθηκα πάλι ότι τον Ιούλιο του 1989, ο τότε πρόεδρος των Ηνωμένων Πολιτειών Μπους, κατά την επίσκεψή του στην Ουγγαρία ανακοίνωσε, μεταξύ άλλων, και τη δωρεάν 5 εκατ. δολαρίων για την ίδρυση ενός Κέντρου Ερευνών για την Προστασία του Περιβάλλοντος. Τότε, λοιπόν, η «κουμμουνιστική» Ουγγαρία αποδέχθηκε τη δωρεά αυτή του Μπους με ευχαριστίες, σε αντίθεση με τη δημοκρατική Ελλάδα!

18 ΦΕΒΡΟΥΑΡΙΟΥ (1)

Και ο Τσίπρας, μετά τον Μητσοτάκη το 1990 και τον Σαμαρά το 2013, μίλησε για «κάβους»!

Σήμερα (18 Φεβρουαρίου 2015) διάβασα ότι ο πρωθυπουργός Αλέξης Τσίπρας κατά τη συνάντησή του με τον πρόεδρο της Δημοκρατίας Κάρολο Παπούλια δήλωσε, μεταξύ άλλων: «Είμαστε σε κρίσιμη καμπή. Καταθέτουμε προτάσεις και ευελπιστούμε να περάσουμε αυτόν τον κάβο».

Και θυμήθηκα γιατί είναι «στοιχειωμένοι οι κάβοι» αυτοί για την Ελλάδα επί τριάντα χρόνια!

Θυμήθηκα ότι περί τα τέλη του 1990 ο τότε πρωθυπουργός Κωνσταντίνος Μητσοτάκης είχε δηλώσει πως «προωθούμε μέτρα και πολιτικές για να διαβούμε τους κάβους».

Θυμήθηκα πάλι ότι ο τότε πρωθυπουργός Αντώνης Σαμαράς σε συνέντευξή του στην «Καθημερινή» τόνισε ότι «η χώρα διέρχεται τον τελευταίο κάβο».

Θυμήθηκα όλα αυτά που είχα γράψει σε άρθρο μου στον «Οικονομικό Ταχυδρόμο» (1 Οκτωβρίου 1990) για τους κάβους» για την Ελλάδα επί τριάντα χρόνια, υπό τις εκκωφαντικές σειρήνες του λαϊκισμού! Ιδού:

Στις 12 Οκτωβρίου 1985, ο τότε πρωθυπουργός Ανδρέας Παπανδρέου, σε τηλεοπτική ομιλία του ανακοίνωσε το γνωστό σκληρό διετές πρόγραμμα λιτότητας για να πάρει τις δόσεις του κοινοτικού δανείου για να βροντοφωνάξει αργότερα (1989) στο Περιστέρι το γνωστό «Τσοβόλα δώστ᾽ όλα»!

Στις 11 Ιανουαρίου 1990, ο ακαδημαϊκός και καθηγητής Άγγελος Αγγελόπουλος σε ομιλία του τόνισε, μεταξύ άλλων: «Η ελληνική οικονομία περνάει σήμερα βαθιά κρίση, που, αν συνεχισθεί, όπως όλοι οι δείκτες αφήνουν να εννοηθεί, η χώρα μας θα οδηγηθεί σε πλήρες αδιέξοδο...»

Τον Απρίλιο του 1990 και ελάχιστα εικοσιτετράωρα πριν από τις τότε εκλογές, η Επιτροπή αυτή έδωσε στη δημοσιότητα την έκθεσή της (δημοσιεύθηκε ολόκληρη στον «Οικονομικό Ταχυδρόμο στις 3 Μαΐου 1990) στην οποία κυριαρχούσαν έντονες προειδοποιήσεις για «επικίνδυνη διεύρυνση των ελλειμμάτων», για «εκρηκτικές διαστάσεις έχει πάρει ο δανεισμός» κλπ.

Στις 3 Ιανουαρίου του 1990 δόθηκε στη δημοσιότητα το πρόγραμμα δημοσιονομικής διαχείρισης της Οικουμενικής Κυβέρνησης υπό τον πρωθυπουργό Ξενοφώντα Ζολώτα. Η διαπίστωση του προγράμματος αυτού ήταν τραγική. Περιττό πάλι να αναφερθεί τι έγινε τότε με τους «κάβους», τις σειρήνες, τις Λαιστρυγόνες και τους κύκλωπες! Χαλασμός!

Στις 4 Αυγούστου του 1992 ανακοινώθηκαν σκληρά φοροεισπρακτικά μέτρα.

Μετά το 2009, όταν «υπήρχαν λεφτά», έως και σήμερα, στη χώρα μας έγινε μία εφιαλτική λεηλασία της οικονομίας και των νοικοκυριών.

18 ΦΕΒΡΟΥΑΡΙΟΥ (2)

Τα «άλλα λόγια ν᾽ αγαπιόμαστε» Βαρουφάκη προς τους «κουτόφραγκους»!

Σήμερα (18 Φεβρουαρίου 2015) διάβασα ότι το υπουργείο Οικονομικών έδωσε στη δημοσιότητα το φάκελο με τις δύο ομιλίες του υπουργού Οικονομικών Γιάνη Βαρουφάκη στα δύο τελευταία Eurogroup και τα δύο non paper που η ελληνική αντιπροσωπεία έδωσε αναφορικά με τις θέσεις της Αθήνας και τα αποτελέσματα των τεχνικών διαβουλεύσεων που πραγματοποιήθηκαν στις 13–15 Φεβρουαρίου 2015. Από αυτά προκύπτει ότι ο Βαρουφάκης αποδεχόταν την παράταση της δανειακής σύμβασης, αλλά όχι του προγράμματος, ενώ γινόταν αναφορά και στις δεσμεύσεις που θα αναλάμβανε να φέρει εις πέρας η κυβέρνηση στο διάστημα του «προγράμματος – γέφυρα» που πρότεινε για τους επόμενους 3–6 μήνες.

Ποιες είναι αυτές; Όλες... άσχετες με τα «κοστολογημένα» στοιχεία που ζητούν οι εταίροι μας: Διαβάστε ποιες είναι: Περιορισμός της γραφειοκρατίας, ενίσχυση της ανεξαρτησίας της φορολογικής διοίκησης, δημιουργία αποδοτικού και δίκαιου συστήματος δικαστικής επίλυσης φορολογικών θεμάτων, εκσυγχρονισμός πτωχευτικού δικαίου, μεταρρύθμιση του δικαστικού συστήματος, διαμόρφωση ενός ανταγωνιστικού και υγιούς περιβάλλοντος στα ραδιοτηλεοπτικά μέσα που θα ενισχύει τη διαφάνεια και τα φορολογικά έσοδα του κράτους, διάλυση διάφορων καρτέλ.

Και θυμήθηκα τους ξεκάθαρους όρους που θα δεχόταν το Eurogroup και που εκφράστηκαν πολύ αναλυτικά από τον Ντάισελμπλουμ μετά τη λήξη της άκαρπης συνεδρίασης στις 16 Φεβρουαρίου 2015. Αυτοί είναι: Πρώτον, οι εταίροι είναι ανοιχτοί να συζητήσουν αντικατάσταση μέτρων, αλλά όχι μονομερείς ενέργειες. Δεύτερον, δεν μπορούν να καταργηθούν ήδη εφαρμοσμένα μέτρα χωρίς τη συμφωνία των τριών θεσμών (ΕΚΤ, ΔΝΤ, Ευρωπαϊκή Επιτροπή) παρά μόνο αν προταθούν άλλα ισοδύναμα. Τρίτον, η Ελλάδα πρέπει να τηρήσει τις δανειακές της υποχρεώσεις. Τέταρτον, να διασφαλιστεί η χρηματοπιστωτική σταθερότητα της χώρας. Σημειώνεται, πάντως, ότι τα νομοσχέδια που εξήγγειλε την ίδια ημέρα ο πρωθυπουργός προσέκρουαν σε αυτούς τους όρους!

Θυμήθηκα τον κυβερνητικό εκπρόσωπο που μετά τα ναυάγια στο Eurogroup δήλωνε ότι «δεν συνυπογράψαμε το κοινό ανακοινωθέν, δεν έλαβε υπόψη το εκλογικό αποτέλεσμα της 25ης Ιανουαρίου...» και ότι «η ελληνική πλευρά δεν μπορεί να δεχθεί μία διατύπωση που την αναγκάζει να αναγνωρίσει ότι θα συνεχίσει ένα πρόγραμμα που οδήγησε την ελληνική κοινωνία σε ανθρωπιστική κρίση, αλλά ταυτόχρονα έχει βαλτώσει την ελληνική οικονομία».

Θυμήθηκα ξανά τον Ελευθέριο Βενιζέλο και τις παρακαταθήκες του, τις οποίες, δυστυχώς, κανένας Έλλην πρωθυπουργός ή πολιτικός εφάρμοσε. Έλεγε: «Πρέπει ν΄ αντιμετωπίσωμεν την κατάστασιν ειλικρινώς. Ν΄ αποφύγωμεν την αβάσιμον αισιοδοξίαν. Ν΄ αντικρύζωμεν τα πράγματα ως έχουν. Όχι αισθηματολογικώς...».

18 ΦΕΒΡΟΥΑΡΙΟΥ (3)

Όνομα και πράμα ο Καμμένος: Θα κάνει τη χώρα μας ολοκαύτωμα, όπως ο καλόγερος Σαμουήλ το Κούγκι...

Σήμερα (18 Φεβρουαρίου 2015) διάβασα ότι ο πρόεδρος των Ανεξάρτητων Ελλήνων και υπουργός Άμυνας Πάνος Καμμένος δήλωσε στους στρατιωτικούς συντάκτες τα εξής: «Αν δεν πάρουμε αυτό που θέλουμε θα το κάνουμε Κούγκι...».

Και θυμήθηκα ότι το Κούγκι είναι πύργος του Σουλίου στην Ήπειρο επάνω σε απότομο βράχο, στον οποίο υπάρχει και η εκκλησία της Αγίας Παρασκευής, στην οποία δεν πιστεύουν ο πρωθυπουργός Αλέξης Τσίπρας και όλοι σχεδόν οι βουλευτές του ΣΥΡΙΖΑ.

Θυμήθηκα ότι, όταν το 1803 οι Τουρκαλβανοί κατέλαβαν το Σούλι, κλείστηκαν στο Κούγκι 600 Σουλιώτες με αρχηγό τον Φώτο Τζαβέλα, ενώ τώρα είμαστε πάνω δέκα εκατομμύρια Έλληνες εγκλωβισμένοι στην πολιτική ανευθυνότητα και κομματική ρητορεία επί δεκαετίες.

Θυμήθηκα ότι τότε οι Σουλιώτες πρόβαλλαν σθεναρή αντίσταση (όπως τώρα τάχα ο Τσίπρας στα Eurogroup!), ότι απέκρουσαν τέσσερις (έως τώρα ο Τσίπρας δύο των Ευρωπαίων εταίρων) εφόδους των Τουρκαλβανών του Αλή Πασά και ότι επειδή τα τρόφιμα εξαντλήθηκαν (όπως τώρα η ρευστότητα) οι πολιορκημένοι πρότειναν στον Αλή να βγουν (Grexit, δηλαδή), αφού τους εγγυηθεί, πως δεν θα τους πειράξει.

Θυμήθηκα ότι μετά την αναχώρησή τους έμεινε στο Κούγκι ο καλόγερος Σαμουήλ με δύο πολεμιστές για να παραδώσουν το φρούριο. Όταν όμως οι απεσταλμένοι ήρθαν να το παραλάβουν, ο Σαμουήλ έβαλε φωτιά στην πυριτιδαποθήκη και ανατινάχθηκαν όλοι στον αέρα.

Αλλά, ο Σαμουήλ, που έκανε το ολοκαύτωμα στο Κούγκι, ήταν καλόγερος, δηλαδή ιερωμένος, δηλαδή χριστιανός, που δεν είναι σήμερα ούτε ο Τσίπρας, ούτε η πλειονότητα των υπουργών και βουλευτών του.

Να δούμε τί άλλο θα δούμε και τί άλλο θα ακούσουμε...

19 ΦΕΒΡΟΥΑΡΙΟΥ (1)

Επιρρεπής σε ανατινάξεις ο Καμμένος: Η σειρά του Σκάι μετά το Κούγκι και τον Γοργοπόταμο...

Σήμερα (19 Φεβρουαρίου 2015) διαπίστωσα ότι επληρώθη το ρηθέν «να δούμε τί άλλο θα δούμε και τί άλλο θα ακούσουμε...» με το οποίο τελείωνα το προηγούμενο σημείωμά μου για το Κούγκι. Σήμερα, λοιπόν, διάβασα ότι με άλλες χθεσινές δηλώσεις του ο πρόεδρος των Ανεξάρτητων Ελλήνων και υπουργός Άμυνας Πάνος Καμμένος μετέφερε το Κούγκι στον... Πειραιά, στον Σκάι. Συγκεκριμένα, μετά τη συνάντησή του με τον πρωθυπουργό, απαντώντας σε ερώτηση μήπως οδηγηθούμε «σε ανατίναξη, όπως στο Κούγκι», ο Πάνος Καμμένος είπε ότι «μπορεί να μην έχουν ανατιναχτεί κάποια κανάλια, ιδίως στον Πειραιά κοντά, (σημείωση: εννοούσε τον Σκάι!), αλλά έχει ανατιναχτεί η ελληνική οικογένεια. Υπάρχει υψηλή ανεργία και αυτό θα πρέπει να το δείτε κάποια στιγμή».

Και θυμήθηκα μιαν άλλη εμπρηστική δήλωσε που είχε κάνει ο Π. Καμμένος δέκα ημέρες πριν από τις εκλογές (15 Ιανουαρίου 2015) πάλι για ανατινάξεις! Τότε, αναφερόμενος σε ενδεχόμενη μετεκλογική συνεργασία του κόμματός του με τον ΣΥΡΙΖΑ παρέπεμψε στη συνεργασία του Βελουχιώτη με τον Ζέρβα, στην ανατίναξη της γέφυρας του Γοργοποτάμου.

Θυμήθηκα ότι με τις δηλώσεις αυτές ο Καμμένος ξέχασε όσα είχε πει στις 26 Απριλίου 2012 ως αντίδραση σε εκείνα που είπε ο Αλέξης Τσίπρας σε συνέντευξη στην ιστοσελίδα tvxs.gr για τη συνεργασία με τους Ανεξάρτητους Έλληνες. Τότε, ο Καμμένος, μιλώντας στον τηλεοπτικό σταθμό ΑΝΤ1, σημείωσε ότι «δεν είμαστε υπολείμματα, ούτε πατερίτσες κανενός», και τόνισε ότι με το «ΣΥΡΙΖΑ το κόμμα του διαφωνεί ιδεολογικά και προγραμματικά» και ότι «μάς χωρίζει χάος σε θέματα εθνικά και λαθρομετανάστευσης».

Θυμήθηκα ότι η κόντρα του Καμμένου με τον Σκαϊ, αλλά και το MEGA και δημοσιογράφους είναι σφοδρή από παλιά. Στις 18 Σεπτεμβρίου 2013 στο περιθώριο των δηλώσεων περί «λιντσαρίσματος Πάχτα» και της επίθεσης που δέχθηκε ο πρόεδρος των Ανεξάρτητων Ελλήνων στο Κερατσίνι την προηγούμενη ημέρα τόνισε, μεταξύ άλλων, τα εξής: «Ηθικοί αυτουργοί της επίθεσης εναντίον μου είναι όλοι εκείνοι οι οποίοι υπηρετούν τα συμφέροντα. Άκουσα με μεγάλη προσοχή το συνάδελφό σας κ. Άρη Πορτοσάλτε, ηθικό αυτουργό της επίθεσης εναντίον μου, όπως και όλων εκείνων των εφημερίδων που με χρήματα της εταιρείας «Ελληνικός Χρυσός» με λίντσαραν πολιτικά σήμερα το πρωί...»

Θυμήθηκα πάλι την επίθεση που έκανε στο τέλος τηλεοπτικής συζήτησης στη συνάδελφο Πόπη Τσαπανίδου στον Σκάϊ στις 14 Δεκεμβρίου 2012...

19 ΦΕΒΡΟΥΑΡΙΟΥ (2)

«Μπαλτάδες»... στον Μπαλτά από συμμαθητές του στο Κολλέγιο Αθηνών!

Σήμερα (19 Φεβρουαρίου 2015) διάβασα στην «Καθημερινή» τις απαντήσεις– καταπέλτες συμμαθητών του υπουργού Παιδείας Αριστείδη Μπαλτά για τον εξορκισμό της αριστείας και χάρηκα που δύο σχεδόν συνομήλικοί μου διακεκριμένοι πανεπιστημιακοί με δικαίωσαν για τους πολύχρονους... μπαλτάδες στο χώρο της Παιδείας με τα ισοπεδωτικά και πονόψυχα που έλεγε η «εκπαιδευτική πρωτοπορία» για την άλωση της ελληνικής γλώσσας και της ελληνικής παιδείας.

Και θυμήθηκα όλα αυτά τα οικεία «κακά» με τις οι απαντήσεις του ομότιμου καθηγητή του Εθνικού Καποδιστριακού Πανεπιστημίου Αθηνών Θάνου Βερέμη, του καθηγητή Ηλεκτρολογίας στο Πανεπιστήμιο Μέριλαντ των ΗΠΑ Αντώνη Εφραιμίδη, συμμαθητών στο Κολλέγιο Αθηνών με τον Αριστείδη Μπαλτά. Σημειώνεται ότι των απαντήσεων είχε προηγηθεί σχόλιο του υπουργείου Παιδείας στο οποίο επαναλαμβάνονται ακριβώς όσα έχει δηλώσει ο υπουργός για την τον εξορκισμό της αριστείας, όπως: «Σαν ρετσινιά κόλλησαν σε διάφορους σχολιαστές, της "ημέτερας παιδείας μετέχοντες", τα όσα είπε ο υπουργός Παιδείας περί αριστείας, που τραυματίζει τις παιδικές ψυχές. Μίλησαν περί κομμουνιστικής εξίσωσης προς τα κάτω και περί μετριοκρατίας. Και όμως, η μετριότητα προκύπτει σχεδόν αβίαστη είτε από τη βαθμοθηρία και το παπαγαλίζειν, προϊόντα του άγχους της διαρκούς επιβράβευσης, είτε από την παραίτηση και την ήσσονα προσπάθεια, προϊόντα του διαρκούς άγχους μήπως επαναληφθεί η πρώτη αποτυχία...»

Στην απάντησή του ο Θάνος Βερέμης επισημαίνει, μεταξύ άλλων, τα εξής: «Η καθυστερημένη και ελλειπτική απάντηση του υπουργού δεν εκπροσωπεί τον Μπαλτά που θυμάμαι. Το άγχος της βαθμοθηρίας και του παπαγαλισμού και της διαρκούς επιβράβευσης αποδίδεται σε "τρυφερά και πανικόβλητα μυαλά πρόωρα διακεκριμένα στο κυνήγι του βαθμού μάλλον παρά της γνώσης". Αναρωτιέμαι εάν αυτή η περιγραφή ανταποκρίνεται στους άριστους συμμαθητές μας τότε;... Ή μήπως τον Αριστείδη Μπαλτά; Ο τελευταίος μάλιστα, από ό, τι θυμάμαι ήταν ολύμπιος και δεν φαινόταν ποτέ να έχει άγχος».

Ο Αντώνης Εφραιμίδης σχολίασε στην «Καθημερινή»: «Προτάσεις και τοποθετήσεις χωρίς επιχειρήματα στερούνται σοβαρότητας. Ο κ. υπουργός επαναλαμβάνει τον ισχυρισμό του περί "τρυφερής" ηλικίας, δηλαδή ότι άμιλλα και διακρίσεις σε νεαρά ηλικία είναι ψυχοφθόρες και καταστρεπτικές. Σε ποιες μελέτες ψυχολογίας και παιδαγωγικής στηρίζει αυτόν το αυθαίρετο ισχυρισμό; Σε όλη την υφήλιο (τουλάχιστον στις ανεπτυγμένες χώρες) τα ταλέντα εντοπίζονται σε νεαρότατη ηλικία...»

20 ΦΕΒΡΟΥΑΡΙΟΥ (1)

Συνεχίζεται επί δεκαετίες το μέγα άγος των αστικών συγκοινωνιών

Σήμερα (20 Φεβρουαρίου 2015) διάβασα ότι η μείωση της τιμής των εισιτηρίων, που τέθηκε σε ισχύ τον περασμένο Σεπτέμβριο, και η συνολικά περιορισμένη κινητικότητα, έχουν οδηγήσει σε σημαντική υστέρηση των εσόδων των Οδικών Συγκοινωνιών (ΟΣΥ), δηλαδή των συγκοινωνιακών εταιρειών της Αττικής, που λαμβάνει ανησυχητικές διαστάσεις τον Ιανουάριο του 2015. Αντίστοιχο πρόβλημα παρατηρήθηκε και στο τέλος του 2014.

Και θυμήθηκα ότι η πρώτη κρατική συγκοινωνιακή επιχείρηση που ιδρύθηκε με το Νόμο 588/1977 (Οργανισμός Αστικών Συγκοινωνιών Αθηνών) λειτουργούσε παράνομα επί πολλά χρόνια, διότι ουδέποτε καταβλήθηκε το ποσό αυτό του μετοχικού κεφαλαίου από το κράτος! Με τον ίδιο Νόμο ιδρύθηκε και η Επιχείρηση Αστικών Συγκοινωνιών (ΕΑΣ), η οποία πάντοτε παρουσίαζε τεράστια ελλείμματα ή ζημιές.

Θυμήθηκα ότι το Φεβρουάριο του 1983, η τότε κυβέρνηση του ΠΑΣΟΚ εφάρμοσε, στο πλαίσιο του «κοινωνικού μισθού», τη δωρεάν μετακίνηση στα αστικά λεωφορεία τις πρωινές ώρες.

Θυμήθηκα ότι τότε, λόγω των τεράστιων ελλειμμάτων που παρουσίαζαν οι αστικές συγκοινωνίες, έπρεπε το εισιτήριο να αυξανόταν το λιγότερο κατά 30 δραχμές.

Θυμήθηκα ότι σε συζήτησή μου εφ᾿ όλης της ύλης με τον τότε αρμόδιο υπουργό Συγκοινωνιών Γιώργο Παπαδημητρίου (δημοσιεύθηκε στον «Οικονομικό Ταχυδρόμο» στις 30 Οκτωβρίου 1986), σε σχετική ερώτησή μου απάντησε ότι το μέτρο αυτό κόστισε στον κρατικό προϋπολογισμό 9,

6 δισ. δραχμές!

Θυμήθηκα ότι τον Ιανουάριο του 1992, διαβάζαμε σε πανό στους δρόμους της Αθήνας «Εισιτήρια φθηνά, λεωφορεία κρατικά», ενώ έπρεπε, λόγω πάλι των εφιαλτικών ελλειμμάτων, να καθοριζόταν το εισιτήριο στις 360 δραχμές.

Θυμήθηκα ότι τότε στον κρατικό προϋπολογισμό του 1992 υπήρχε πρόβλεψη για επιχορήγηση των συγκοινωνιακών φορέων (ΕΑΣ, ΗΛΠΑΠ κλπ) πάλι κατά 29 δισ. δραχμές.

Θυμήθηκα ότι η απόφαση της κυβέρνησης Μητσοτάκη να ιδιωτικοποιήσει τις αστικές συγκοινωνίες το 1992 συνοδεύθηκε από «χαλασμό» και «ξεβράκωμα» νέων μετόχων –οδηγών ιδιοκτητών από κρατικομονοπωλιακούς και κομματικούς συνδικαλιστές στο κέντρο της Αθήνας!

20 ΦΕΒΡΟΥΑΡΙΟΥ (2)

Όταν οι αστικές συγκοινωνίες πατούν τους οικονομικούς νόμους

Σήμερα (20 Φεβρουαρίου 2015), διάβασα πάλι ότι η διοίκηση των Οδικών Συγκοινωνιών (ΟΣΥ) επιχειρεί να βελτιώσει την κακή εικόνα των εσόδων των συγκοινωνιακών εταιρειών και κυρίως της εταιρείας των λεωφορείων και τρόλεϊ με περιορισμό των εξόδων της. Και εμειδίασα!

Και θυμήθηκα (και μειδίασα!) ότι στα μέσα Μαΐου του 1997, ο τότε υπουργός Εθνικής Οικονομίας Γιάννος Παπαντωνίου δήλωσε ότι τα εισιτήρια των αστικών συγκοινωνιών θα αυξηθούν από 75 δραχμές (από το 1992) σε 100 δραχμές και θα παραμένουν τα φθηνότερα στην Ευρωπαϊκή Ένωση! Κι έγινε πάλι «χαλασμός» από πονόψυχους, ενώ οι αστικές συγκοινωνίες παρουσίαζαν ζημιές 714 δισ. δραχμών και το εισιτήριο έπρεπε, με βάση το κόστος, να καθοριζόταν τουλάχιστον στις 330 δραχμές!

Θυμήθηκα ότι το 1987 το κόστος λειτουργίας των αστικών συγκοινωνιών επέβαλλε η τιμή του εισιτηρίου να διαμορφωθεί στις 144 δραχμές, αλλά ήταν μόνο... 5 δραχμών. Και τα ελλείμματα πήγαιναν (και πηγαίνουν ακόμα) σύννεφο...

Θυμήθηκα ότι στις 20 Ιουλίου 1997 διάβασα στις εφημερίδες ότι τα ελλείμματα των αστικών συγκοινωνιών διαμορφώθηκαν στα 738 δισ. δραχμές.

Θυμήθηκα ότι από την ίδρυσή τους το 1977 έως τον Ιούνιο του 1997 (σε είκοσι χρόνια) επιχορηγήθηκαν οι αστικές συγκοινωνίες από τον κρατικό προϋπολογισμό με 1, 5 τρισ. δραχμές και ότι με το ποσό αυτό τότε θα κατασκευάζονταν... τρία «Μετρό».

Θυμήθηκα ότι τον Απρίλιο του 1998 προωθούνταν από την τότε κυβέρνηση Σημίτη το «σχέδιο εξυγίανσης» (ονομαζόταν κατ᾽ευφημισμόν «Πράσινη Βίβλος», ενώ στην πραγματικότητα ήταν... «Κατάμαυρη Βίβλος»!) και στις αστικές συγκοινωνίες με... διαγραφή ζημιών – χρεών 850 δισ. δραχμών και με συνοδευτικά μέτρα, με τα οποία χλευάζονταν, για μιαν ακόμη φορά, οι οικονομικοί νόμοι (σταθερή τιμή εισιτηρίων στις 100 δραχμές, όταν το κόστος ήταν 330 δραχμών!

Θυμήθηκα ότι από τις 17 Αυγούστου του 1998 αυξήθηκε το εισιτήριο των αστικών συγκοινωνιών από τις 100 στις 120 δραχμές, κι έγινε πάλι «χαλασμός» από «πονόψυχους» για τους επιβάτες, αλλά όχι και για τους φορολογούμενους!

Θυμήθηκα ότι στις 9 Σεπτεμβρίου του 1998, όταν στα τρόλεϊ, τον ηλεκτρικό και στα πράσινα λεωφορεία πραγματοποιούνταν εξάωρη στάση εργασίας ως αντίδραση στα μέτρα... εξυγίανσης που προωθούσε η τότε κυβέρνηση, αποφασίσθηκε η διαγραφή χρεών ποσού 1, 1 τρισ. δραχμών!

21 ΦΕΒΡΟΥΑΡΙΟΥ (1)

Μία νέα μνημονιακή «κωλοτούμπα» στο Eurogroup από... «αντιμνημονιακή» κυβέρνηση!!!

Σήμερα (21 Φεβρουαρίου 2015) διάβασα ότι αργά χθες το βράδυ (20 Φεβρουαρίου 2015) το Eurogroup κατέληξε σε συμφωνία για τετράμηνη παράταση του προγράμματος «έτσι λέγεται τώρα το περιβόητο Μνημόνιο!), έπειτα από πολύωρες διαβουλεύσεις τόσο σε διμερές επίπεδο, όσο και σε επίπεδο υπουργών Οικονομικών της ευρωζώνης.

Διάβασα ότι οι ελληνικές αρχές, όπως επιβεβαιώνει το κοινό της συμφωνίας, αναμένεται να παρουσιάσουν μία πρώτη λίστα μεταρρυθμίσεων τη Δευτέρα (23 Φεβρουαρίου 2015) και στη συνέχεια οι θεσμοί (έτσι λέγεται τώρα η τρόικα!) θα παράσχουν μία πρώτη άποψη για το κατά πόσο οι μεταρρυθμίσεις είναι επαρκώς αποτελεσματικές ως ένα θεμιτό σημείο εκκίνησης για μία επιτυχημένη ολοκλήρωση της αξιολόγησης. Η λίστα θα εξειδικευτεί και στη συνέχεια θα συμφωνηθεί από τους θεσμούς μέχρι τα τέλη Απριλίου.

Διάβασα ότι στο κείμενο της συμφωνίας γίνεται αναφορά και στις δεσμεύσεις της ελληνικής πλευράς για σταθερότητα και εξυγίανση του δημοσιονομικού τομέα, ενίσχυση της κοινωνικής δικαιοσύνης και εκπλήρωση των οικονομικών της υποχρεώσεων προς όλους τους πιστωτές.

Διάβασα ότι η συμφωνία προβλέπει πως θα υπάρχει κανονικά πρόγραμμα με τη γνωστή διαδικασία αξιολόγησης καθώς και απόφαση του Eurogroup πριν από κάθε εκταμίευση δόσης. Η αξιολόγηση θα γίνει από την ΕΚΤ, την Κομισιόν και το ΔΝΤ (την τρόικα, δηλαδή!) τον Απρίλιο. Επίσης, η ελληνική πλευρά δεσμεύθηκε ότι για να υπάρχει ελαστικότητα στα μέτρα τα οποία θα λάβει η Ελλάδα, η κυβέρνηση δεν πρέπει να ανατρέψει μεταρρυθμίσεις και να εισάγει νέα μέτρα χωρίς τη σύμφωνη γνώμη της «θεσμών» και χωρίς αυτά να αντικατασταθούν με ισοδύναμα.

Και θυμήθηκα ότι όλες αυτές τις δεσμεύσεις που ανέλαβε τώρα η «αντιμνημονιακή» κυβέρνηση του ΣΥΡΙΖΑ, παριστάνοντας τη «δύσκολη», ανελάμβαναν προθύμως όλες οι «μνημονιακές» κυβερνήσεις μετά το 2010, δηλαδή οι κυβερνήσεις του Γιώργου Παπανδρέου, του Λουκά Παπαδήμου και Αντώνη Σαμαρά, για να παίρνουν τις δόσεις των δανείων, υποσχόμενες μάλιστα ιδιωτικοποιήσεις δεκάδων δισ. ευρώ(μέχρι και 50 δισ. ευρώ!), υψηλά πρωτογενή πλεονάσματα και έξοδο στις αγορές.

Θυμήθηκα ότι όλα αυτά αποτελούσαν το περιβόητο «στρίβειν δια υποσχέσεων και τάχα δεσμεύσεων», οι οποίες ουδέποτε τηρήθηκαν και έτσι δημιουργούνται οι δεκάδες γνωστές εμπλοκές κάθε τρίμηνο ή εξάμηνο που επισκέπτονταν τα κλιμάκια της τρόικας για αξιολόγηση των εκάστοτε κυβερνητικών μέτρων και τη διαπίστωση των γνωστών δημοσιονομικών κενών.

21 ΦΕΒΡΟΥΑΡΙΟΥ (2)

Δεν «το΄χαψαν» οι «κουτόφραγκοι» το «παραμύθι» για τα υψηλά πρωτογενή πλεονάσματα και... «υποχώρησαν» για... μικρότερα!

Σήμερα, (21 Φεβρουαρίου 2015) διάβασα ότι η ελληνική κυβέρνηση ανέλαβε τη δέσμευση για κατάλληλα πρωτογενή δημοσιονομικά πλεονάσματα ή τα χρηματοδοτικά ποσά που απαιτούνται για να διασφαλιστεί η βιωσιμότητα του χρέους, όπως αυτή απορρέει από τη συμφωνία του Eurogroup τον Νοέμβριο του 2012. Οι θεσμοί θα λάβουν υπόψη τους, για τον στόχο του πρωτογενούς πλεονάσματος το 2015, τις οικονομικές συνθήκες του 2015.

Και θυμήθηκα ότι τα υψηλά πρωτογενή πλεονάσματα, τα οποία εξασφαλίζονται με την εφαρμογή των πραγματικών οικονομικών νόμων και χωρίς τη λεηλασία της ελληνικής οικονομίας και των νοικοκυριών με συνεχή σκληρά μέτρα λιτότητας και μείωση των εισοδημάτων, είναι σωτήρια για μια χώρα όταν όλα πηγαίνουν σε μείωση του δημόσιου χρέους ή δεν πιέζεται μια υπερχρεωμένη χώρα για συνεχή δανεισμό.

Θυμήθηκα, όμως, ότι το 1999, για παράδειγμα, όταν εξασφαλίσθηκε πρωτογενές πλεόνασμα ρεκόρ (7, 2% του τότε ΑΕΠ που ήταν 38 τρισ. δραχμές ή 115, 5 δισ. ευρώ!), το δημόσιο χρέος σε απολύτους αριθμούς έμεινε σχεδόν στα ίδια επίπεδα! Ποιοι «ρούφηξαν» το υπόλοιπο; Μα, οι αστικές συγκοινωνίες και τα ασφαλιστικά ταμεία!!!

Θυμήθηκα ότι το 2014, για το οποίο υπάρχουν στοιχεία κατ΄ εκτίμηση, εξασφαλίσθηκε και μάλιστα με πανηγυρικό τρόπο από την τότε «μνημονιακή» κυβέρνηση του Αντώνη Σαμαρά, πρωτογενές πλεόνασμα 1, 8% του ΑΕΠ (179 δισ. ευρώ) ή 3, 3 δισ. ευρώ. Κι όμως, το δημόσιο χρέος μειώθηκε μόνο κατά 1 δισ. ευρώ. Ποιοι το «ρούφηξαν»! Μα, οι ίδιες Λερναίες Ύδρες, δηλαδή οι δημοσιονομικές σπατάλες, οι αστικές συγκοινωνίες, τα ασφαλιστικά ταμεία και άλλες δημόσιες επιχειρήσεις και οργανισμοί!

21 ΦΕΒΡΟΥΑΡΙΟΥ (3)

Ο Βαρουφάκης, η γίδα και το τομάρι της

Σήμερα (21 Φεβρουαρίου 2015), διάβασα ότι κατά τη χθεσινή τηλεοπτική συνέντευξή του ο υπουργός Οικονομικών Γιάνης Βαρουφάκης τόνισε ότι «αν δεν γίνει δεκτός ο κατάλογος των μεταρρυθμίσεων θα έχουμε πρόβλημα, η συμφωνία δεν θα ισχύει και αν δεν πετύχουν οι μεταρρυθμίσεις θα πούμε στους εταίρους ότι αποτύχαμε και θα υποστούμε τις συνέπειες».

Και θυμήθηκα όλα αυτά τα «φοβερά» και «τρομερά» προεκλογικά του ΣΥΡΙΖΑ και του ίδιου «για τέλος Μνημονίου», για «κούρεμα χρέους» και άλλα ηχηρά παρόμοια.

Θυμήθηκα όσα καταλόγιζε ο ίδιος και ο ΣΥΡΙΖΑ (και ορθώς) στις προηγούμενες «μνημονιακές κυβερνήσεις για απάρνηση της εθνικής κυριαρχίας και για πρόθυμη αποδοχή των Μνημονίων.

Θυμήθηκα, γενικώς, αυτό που μού έλεγε ο πατέρας μου: «ό, τι κάνει η γίδα στο πουρνάρι, το βρίσκει στο τομάρι» ή «ό, τι κατουράς στη θάλασσα το βρίσκεις στο... αλάτι»!

Καλό, ε!!! Αλλά, ματαίως…

21 ΦΕΒΡΟΥΑΡΙΟΥ (4)

Ας εφαρμόσει ο Βαρουφάκης όλα αυτά με τα οποία ανέκαθεν συμφωνούσε με το ΔΝΤ!

Σήμερα (21 Φεβρουαρίου 2015) διάβασα ότι κατά τη χθεσινή, αργά το βράδυ, τηλεοπτική συνέντευξή του ο υπουργός Οικονομικών Γιάνης Βαρουφάκης εμφανίσθηκε ενθουσιώδης φίλος του «επάρατου» Διεθνούς Νομισματικού Ταμείου (ΔΝΤ) τονίζοντας ότι πάντοτε συμφωνούσα με τις διαπιστώσεις και προτάσεις του.

Και θυμήθηκα ότι ήδη προ δεκαετιών και επιμόνως το ΔΝΤ έκανε, με τις γνωστές εκθέσεις του, σκληρές διαπιστώσεις, προτάσεις και συστάσεις προς τις ελληνικές κυβερνήσεις οι οποίες ουδέποτε εφαρμόσθηκαν τότε και έτσι οδηγήθηκε η χώρα στα Μνημόνια.

Θυμήθηκα, λοιπόν, για παράδειγμα για τον Βαρουφάκη, ότι το Διεθνές Νομισματικό Ταμείο τον Απρίλιο του 1990, μετά τα νέα τότε μέτρα που εξήγγειλε η τότε κυβέρνηση της Νέας Δημοκρατίας, κατάρτισε συμπληρωματική έκθεση για την ελληνική οικονομία (δόθηκε στη δημοσιότητα περί τα μέσα Ιουνίου 1990) στην οποία πρότεινε αλλαγές στο συνταξιοδοτικό σύστημα της χώρας μας και απόλυση των υπεράριθμων εργαζομένων στο δημόσιο τομέα, σημαντική μείωση των δημοσίων δαπανών, διεύρυνση της φορολογικής βάσης και πάταξη της φοροδιαφυγής.

Θυμήθηκα ότι ΔΝΤ το 1997 έρχεται, με νέες σκληρές επισημάνσεις και συστάσεις που περιέχονται στα «εμπιστευτικά» προκαταρκτικά συμπεράσματά του για τις διαβουλεύσεις για το 1997 (βάσει του άρθρου IV), να ταράξει για μια ακόμη φορά την ελληνική κυβερνητική μακαριότητα και τις γνωστές τότε «χαρούμενες» κυβερνητικές προβλέψεις και προοπτικές της ελληνικής οικονομίας.

Θυμήθηκα ότι το 2001 μία νέα πολυσέλιδη Έκθεση του ΔΝΤ για την Ελλάδα αποτελούσε νέο κόλαφο για τη χώρα μας και την οικονομική πολιτική που εφαρμοζόταν και τις μεταρρυθμίσεις που έπρεπε να είχαν προωθηθεί (αναφέρονται αναλυτικά και είναι πάντα ίδια, όπως μεταρρυθμίσεις, ασφαλιστικό, ελλείμματα κλπ).

22 ΦΕΒΡΟΥΑΡΙΟΥ (1)

**Όταν γίνονταν οι θεαματικές «κωλοτούμπες» στο Eurogroup,
ο Λαφαζάνης ζούσε σε άλλη χώρα!!!**

Σήμερα (22 Φεβρουαρίου 2015) διάβασα στην εφημερίδα «Πρώτο Θέμα» συνέντευξη του υπουργού Παραγωγικής Ανασυγκρότησης, Περιβάλλοντος και Ενέργειας (από τίτλους υπουργείων είμαστε πάντα περιφραστικά... λαλίστατοι!) Παναγιώτης Λαφαζάνης στην οποία τονίζει μεταξύ άλλων ότι «η κυβέρνηση κρατάει τις κόκκινες γραμμές».

Και θυμήθηκα ότι την Παρασκευή 20 Φεβρουαρίου 2015 πραγματοποιήθηκε το έκτακτο Eurogroup για την Ελλάδα, όπου, ύστερα από «σθεναρά «αντίσταση» ο Βαρουφάκης και η κυβέρνηση του ΣΥΡΙΖΑ έκαναν την πιο θεαματική «κωλοτούμπα» ξεχνώντας όλες σχεδόν τις «προεκλογικές κόκκινες γραμμές».

Τί να υποθέσω; Ότι ο Λαφαζάνης την ημέρα αυτή ζούσε σε... άλλη χώρα;

22 ΦΕΒΡΟΥΑΡΙΟΥ (2)

**Και ο Κατρούγκαλος ζη σε άλλη χώρα, αφού δεν έμαθε ακόμα
ότι απαλείφθηκαν οι «κόκκινες γραμμές»!!!**

Σήμερα (22 Φεβρουαρίου 2015) διάβασα ότι ο αναπληρωτής υπουργός Διοικητικής Μεταρρύθμισης Γιώργος Κατρούγκαλος, μιλώντας στον ΣΚΑΙ υποστήριξε, πως η κυβέρνηση θα τηρήσεις όλες τις "κόκκινες γραμμές", που "χάραξε", προεκλογικά, λέγοντας, παράλληλα, πως σε αντίθετη περίπτωση «θα φύγει από την Κυβέρνηση».

Και θυμήθηκα ότι οι «κόκκικνες γραμμές» απαλείφθηκαν πριν από δύο ημέρες, δηλαδή αργά το βράδυ, στις 20 Φεβρουαρίου 2015 με τις γνωστές δεσμεύσεις που ανέλαβε ο Γιάνης Βαρουφάκης για την τετράμηνη παράταση του Μνημονίου (ωχ, τώρα το λένε Πρόγραμμα ή... Γέφυρα!) και ο Κουτρούγκαλος μάς λέει ότι δεν θα είναι στην κυβέρνηση, ότι θα φύγει. Αλλά πότε;

Και θυμήθηκα, τότε, μετά το ερώτημα αυτό, και τον Λαφαζάνη που ανέφερα πιο πάνω. Και οι δύο ζουν σε άλλη χώρα… Και μάλλον θα... ζήσουν…

22 ΦΕΒΡΟΥΑΡΙΟΥ (3)

Ο Γλέζος ζητά συγνώμη, αλλά ζη σε... άλλη χώρα με τον παχυλό μισθό του ευρωβουλευτή ...

Σήμερα (22 Φεβρουαρίου 2015) διάβασα ότι ο ευρωβουλευτής του ΣΥΡΙΖΑ, γνωστός αριστερός, Μανώλης Γλέζος, με άρθρο του στην ιστοσελίδα της Κίνησης Ενεργών Πολιτών ζητά συγγνώμη από τον ελληνικό λαό επειδή "συνήργησε στην ψευδαίσθηση" της απαλλαγής από το Μνημόνιο. «Η μετονομασία της Τρόικας σε Θεσμούς, του Μνημονίου σε Συμφωνία και των Δανειστών σε Εταίρους, όπως και όταν βαφτίζεις το κρέας ψάρι, δεν αλλάζεις την προηγούμενη κατάσταση», αναφέρει ο Μανώλης Γλέζος . «Δεν αλλάζεις, βέβαια, και την ψήφο του ελληνικού λαού, στις εκλογές της 25 Ιανουαρίου 2015. Ψήφισε αυτό που υποσχέθηκε ο ΣΥΡΙΖΑ: καταργούμε το καθεστώς της λιτότητας, που δεν αποτελεί μόνο στρατηγική της ολιγαρχίας της Γερμανίας και των άλλων δανειστριών χωρών της ΕΕ, αλλά και της ελληνικής ολιγαρχίας. Καταργούμε τα Μνημόνια και την Τρόικα, καταργούμε όλους τους νόμους της λιτότητας. Την επομένη των εκλογών με ένα νόμο καταργούμε την Τρόικα και τις συνέπειές της. Πέρασε ένας μήνας κι ακόμα η εξαγγελία να γίνει πράξη. Κρίμα και πάλι κρίμα», δήλωσε ο ευρωβουλευτής. Συμφωνώ απόλυτα με τον Μανώλη Γλέζο, αλλά, αντί συγνώμης, δεν υποβάλλει την παραίτησή του από τη θέση του ευρωβουλευτή; Μπρρρρ!

Και θυμήθηκα όλους αυτούς τους προεκλογικούς λεονταρισμούς του ΣΥΡΙΖΑ για «Μνημόνια τέλος», για «λιτότητα τέλος», για «αναπόφευκτο κούρεμα του δημόσιου χρέους» και άλλα (πάντα ηχηρά) παρόμοια.

Θυμήθηκα όλα όσα έλεγε για "αλλαγή" το 1981 ο Ανδρέας Παπανδρέου, για «ειδικές σχέσεις με την ΕΟΚ», για «ΕΟΚ και ΝΑΤΟ το ίδιο συνδικάτο», για «κοινωνικοποιήσεις», για «εποπτικά Συμβούλια» κλπ, τα οποία, ως «κόκκινες» γραμμές, έσβηναν ως εκ μαγείας μετά ως κυβέρνηση και πιέσεις από την ΕΟΚ για τη χορήγηση κοινοτικών δανείων!

22 ΦΕΒΡΟΥΑΡΙΟΥ (4)

Μαστιγωτικά χτυπήματα Χρήστου Γιανναρά
προς τον υπουργό Παιδείας

Σήμερα (22 Φεβρουαρίου 2015) διάβασα στην εφημερίδα «Καθημερινή» ένα ακόμη μεστό από σοφία άρθρο του καθηγητή Χρήστου Γιανναρά υπό τον τίτλο «Η αριστεία ως ρετσινιά», που φαντάζει ως ένας «κοφτερός» μπαλτάς στον μαρξιστή υπουργό Παιδείας Αριστείδη Μπαλτά για όσα έχει πει έως τώρα για την ελληνική παιδεία και την αριστεία.

Και θυμήθηκα, διαβάζοντας το μαστιγωτικό άρθρο του Χρήστου Γιανναρά και ιδιαίτερα τα σημεία που αφορούν την «Άλλη Αριστερά», όλα όσα έχω γράψει τα τελευταία σαράντα χρόνια για το πώς και από ποιους έγινε η άλωση της παιδείας. Παραθέτω από το μαστιγωτικό αυτό μερικά σημεία:

– Γνωρίσαμε κάποτε στην Ελλάδα μιαν άλλη Αριστερά της οποίας πρώτο αίτημα της Αριστεράς ήταν να πάει το 15% του κρατικού προϋπολογισμού στην Παιδεία και όχι η αύξηση του κατώτατου μισθού.

– Υπήρξε κάποτε στην Ελλάδα μια Αριστερά που ήξερε και σεβόταν το προφανές: ότι μια «ανθρωπιστική κρίση» δεν αντιμετωπίζεται πρωτίστως με μέτρα για την αύξηση του κατά κεφαλήν εισοδήματος, αλλά πρωτίστως με μέτρα για την αύξηση της κατά κεφαλήν καλλιέργειας. Ίσως εκείνη η Αριστερά του 15% να ήξερε λιγότερο ή καθόλου μαρξισμό, αλλά σπούδαζε τη λαϊκή σοφία και απαίτηση.

– Η σημερινή μεταπρατική «Αριστερά» ανεβάζει στο βήμα της Βουλής υπουργό Παιδείας, να παρουσιάσει τις σχετικές με το υπουργείο του προγραμματικές δηλώσεις της κυβέρνησης, και αυτός σπεύδει να μας διαβεβαιώσει εμφατικά ότι είναι μαρξιστής. Ωσάν η προσχώρησή του στο ιδεολόγημα που κάρπισε τις πιο στυγνές πρακτικές ολοκληρωτισμού στην ανθρώπινη ιστορία, να αποτελεί εγγύηση «πολιτικής ορθότητας» των μέτρων που θα εφαρμόσει στη δεινά δοκιμαζόμενη, χρόνια τώρα, ελλαδική εκπαίδευση.

– Το φάλτσο του υπουργού Παιδείας εντυπωσιάζει δυσοίωνα και προβληματίζει: Μήπως, ειδικά με τις επιλογές για την Παιδεία, νεκρανασταίνονται οι εφιάλτες της «προοδευτικής» τρομοκρατίας και του μηδενιστικού αμοραλισμού, που καταδυνάστευσαν την ελληνική κοινωνία στα σαράντα χρόνια φενακισμένης «Αριστεράς» μετά τη χούντα;

– Υποτίθεται (όχι βέβαια από πολίτες με νοημοσύνη και σοβαρότητα) ότι ο κ. Καμμένος πρόσφερε την κοινοβουλευτική αυτοδυναμία στον κ. Τσίπρα φιλοδοξώντας να αναλάβει ως αντάλλαγμα την άμυνα «βωμών και εστιών» των Ελλήνων. Του την ανέθεσαν, μοιάζει πολύ ικανοποιημένος, έχει τον αέρα θριαμβευτή. Ασφαλώς επειδή στους «βωμούς» και στα «ιερά» περιλαμβάνει μόνο ό, τι φορολογείται με τον ΕΝΦΙΑ – όχι τη γλώσσα, την ιστορική συνείδηση, το «αιέν αριστεύειν» των Ελλήνων.

22 ΦΕΒΡΟΥΑΡΙΟΥ (5)

Χρ. Γιανναράς προς Αρ. Μπαλτά: Η αριστεία είναι «ρετσινιά» μόνο στις «δημοκρατίες» των κολχόζ και Γκουλάγκ...

Σήμερα (22 Φεβρουαρίου 2015) συνέχισα να διαβάζω και να απολαμβάνω το άρθρο του καθηγητή Χρήστου Γιανναρά στην εφημερίδα «Καθημερινή» και ιδιαίτερα τα σημεία που μαστιγώνουν αλύπητα τις γνωστές δηλώσεις του υπουργού Παιδείας Αριστείδη Μπαλτά για την αριστεία την οποία μάλιστα χαρακτήρισε ως «ρετσινιά».

Και θυμήθηκα όλα τα χτυπήματα που έχει δεχθεί η ελληνική παιδεία τα τελευταία σαράντα χρόνια, που παρουσίασα πριν από μερικές ημέρες στο «Ημερολόγιό» μου με αφορμή όσα είπε στη Βουλή ο νέος υπουργός Παιδείας για την αριστεία και που έχω παρουσιάσει σε όλα σχεδόν τα άρθρα μου και τα βιβλία μου, όπως εκείνο το ογκώδες «Αυτή είναι η Ελλάδα, τα οκτώ μεγαλύτερα εγκλήματα στην οικονομία μετά τη μεταπολίτευση», όπου υπάρχει ειδικό κεφάλαιο 26 σελίδων (381–407).

Θυμήθηκα όλα αυτά διαβάζοντας, μεταξύ άλλων, τα ακόλουθα στο άρθρο του Χρήστου Γιανναρά:

– Εντυπωσιακή οπωσδήποτε παρουσία και ο κ. Αριστείδης Μπαλτάς, με λόγο στιβαρό, μετρημένο, δίχως την εγγενή στον κομματικό λόγο αναπηρία του φτηνιάρικου ναρκισσισμού. Αλλά μάλλον δέσμιος στα αφελή στερεότυπα μιας λαϊκίστικης, ισοπεδωτικής εκδοχής της δημοκρατίας. Ανέβηκε στο βήμα της Βουλής για να χαρακτηρίσει την «αριστεία» σαν «ρετσινιά» και τα λεγόμενα στην Ελλάδα «Πρότυπα» σχολεία σαν θεσμοποιημένη ταξική ανισότητα. Πλήρης επιστροφή στον πασοκικό εκπαιδευτικό πρωτογονισμό της δεκαετίας του '80, με τον φανατισμό της ισοπέδωσης όλων προς τα κάτω και τα κρετινικά συνθήματα, όπως: «κάτω τα αιματοβαμμένα γραπτά»! – να μην διορθώνονται λάθη, στο σχολείο να είναι όλοι ίσοι στην αγραμματωσιά.

– Άραγε δεν υποψιάστηκε ποτέ ο εκπαιδευτικός κ. Μπαλτάς ότι η άμιλλα δεν είναι εφεύρημα των καπιταλιστών, αλλά αυτονόητο παρακολούθημα της παιδείας από καταβολής του κοινωνικού γεγονότος; Συνώνυμη η άμιλλα με τη χαρά της δημιουργίας, της προόδου, της καινοτομίας, κίνητρο αυτοπροαίρετης (όχι αναγκαστής) εργατικότητας, καταλύτης για το μεράκι της έρευνας. Η αριστεία είναι «ρετσινιά» μόνο στις «δημοκρατίες» των κολχόζ, που η Ιστορία τις ταξιθετεί μαζί με τα Γκουλάγκ, τα οποιουδήποτε χρώματος στρατόπεδα καταναγκαστικής εργασίας. Σχολεία χωρίς άμιλλα και στόχευση στην αριστεία είναι στρατωνισμός – στον καταναγκασμό ή στον ασυμμάζευτο χαβαλέ.

– Κι ακόμα: Χωρίς «τον έπαινο του Δήμου και των Σοφιστών, τα δύσκολα και τ᾽ ανεκτίμητα Εύγε, την Αγορά, το Θέατρο και τους Στεφάνους» δεν υπάρχει ούτε και «πολιτικό άθλημα». Υπάρχει μόνο η υποταγή στην αυθεντία ή η στυγνή χρησιμοθηρία της σύμβασης. Δηλαδή το κλίμα του νομιμοποιημένου ατομοκεντρισμού, όπου αυτονόητα βλαστάνει η λαμογιά, η εξάλειψη της «αίσθησης του δημοσίου συμφέροντος», η άπληστη λωποδυσία του κοινωνικού χρήματος, ο αμοραλισμός.

23 ΦΕΒΡΟΥΑΡΙΟΥ(2)

Σε κάθε 100 δραχμές του προϋπολογισμού του 1988, οι 46 δραχμές ήταν από δανειστές μας που σήμερα τους βρίζουμε!

Σήμερα, το Ημερολόγιό μου δείχνει 23 Φεβρουαρίου 2015.

Και θυμήθηκα μια σημαδιακή για τη χώρα συζήτηση επερώτησης για την κατάσταση της ελληνικής οικονομίας, η οποία έγινε στη Βουλή πριν από 25 χρόνια, στις 23 χρόνια, στις 23 Φεβρουαρίου 1990, και κατά την οποία ο τότε βουλευτής της Νέας Δημοκρατίας Μιλτιάδης Έβερτ παρουσίασε διαπιστώσεις Πρακτικών της 27ης γενικής συνεδρίασης της Ολομέλειας του Ελεγκτικού Συνεδρίου στις 15 Νοεμβρίου 1989 για τον Απολογισμό και το Γενικό Ισολογισμό του κράτους του οικονομικού έτους 1988.

Θυμήθηκα και παραθέτω μερικές χαρακτηριστικές παρατηρήσεις του:

– Στη σελίδα 7 αποκαλυπτόταν ότι καθ᾽ όλη τη διάρκεια του έτους (1988) εδίδοντο υποσχέσεις, αναλαμβάνονταν υποχρεώσεις και πραγματοποιούνταν δεσμεύσεις για δαπάνες, για τις οποίες όμως τα εντάλματα και οι πληρωμές πραγματοποιούνταν τον Ιανουάριο και το Φεβρουάριο του... επόμενου έτους! Έτσι, όλο το 1988 οι πληρωμές του έτους έφθασαν τα 1.856 δισ. δραχμές. Τον Ιανουάριο και Φεβρουάριο του 1989 ενταλματοποιήθηκαν και πληρώθηκαν 1.861 δισ. δραχμές για υποχρεώσεις του προηγούμενους έτους 1988. Δηλαδή, το 50% των δαπανών του 1988 πληρώθηκε το πρώτο δίμηνο του... 1989! Όλα αυτά σήμαιναν, μεταξύ άλλων, ότι κατά τη συζήτηση στη Βουλή το Δεκέμβριο 1988 παρουσιαζόταν ένας ... ψεύτικος προϋπολογισμός!

– Στη σελίδα 10 αποκαλυπτόταν ότι ο δανεισμός του 1988 από το εσωτερικό υπερδιπλασιάσθηκε τελικά σε σχέση με ό, τι είχε προβλεφθεί! Έτσι, ενώ προβλεπόταν ο δανεισμός του 1988 να φθάσει στα 656 δισ. δραχμές, εκτοξεύθηκε στα 1.412 δισ. δραχμές!

– Στη σελίδα 11 αποκαλυπτόταν ότι ο δανεισμός του 1988 κάλυπτε το 46, 5% του προϋπολογισμού. Δηλαδή σε κάθε 100 δραχμές του προϋπολογισμού, οι 46 δραχμές ήταν δάνεια!

– Στη σελίδα 10 γινόταν η μεγάλη διαπίστωση: «Προκύπτει η μεγάλη επιδείνωση της δημοσιονομικής κατάστασης κατά το έτος 1988, η οποία βρίσκεται σε κατάσταση κρισιμότερη από εκείνη του 1985, η οποία προκάλεσε τα γνωστά μέτρα λιτότητας»!!!

24 ΦΕΒΡΟΥΑΡΙΟΥ (1)

Πακέτο «κοινωνικών» παροχών με κοινοτικά δάνεια

Σήμερα (24 Φεβρουαρίου 2015) διάβασα ότι μετά από μία ώρα συνομιλιών, οι 19 υπουργοί Οικονομικών της ευρωζώνης αποφάσισαν να δώσουν το πράσινο φως στη λίστα μεταρρυθμίσεων που απέστειλε η Αθήνα χθες (23 Φεβρουαρίου 2015) το βράδυ. Όπως τονίζεται στη σχετική ανακοίνωση του Eurogroup, «καλούμε τις ελληνικές αρχές να αναπτύξουν και να διευρύνουν περαιτέρω τον κατάλογο των μεταρρυθμιστικών μέτρων με βάση την υπάρχουσα συμφωνία σε στενό συντονισμό με τους θεσμούς προκειμένου να καταστεί εφικτή η ταχεία και επιτυχής ολοκλήρωση της αξιολόγησης».

Και θυμήθηκα ότι τα ίδια υπόσχονταν όλες οι κυβερνήσεις για να πάρουν τα κοινοτικά δάνεια για να τα σπαταλάνε σε ρουσφέτια και προς «άγραν» ψήφων για να κερδίζουν τις εκλογές.

Θυμήθηκα ότι με την ένταξη στο Μηχανισμό Στήριξης και την υπογραφή του Μνημονίου η κυβέρνηση το 2010 εξασφάλισε τη χορήγηση δανείου 110 δισ. ευρώ έως το 2013.

Θυμήθηκα, για παράδειγμα, ότι τότε μετά την απόφαση για λήψη του δανείου και λίγο μετά την αναχώρηση των ελεγκτών της τρόικας, ανακοινώθηκε στις 3 Σεπτεμβρίου 2010 (επέτειος γαρ του ΠΑΣΟΚ!) ότι ετοιμαζόταν τάχα «κοινωνικό» πακέτο παροχών, εν όψει των εκλογών στην Τοπική Αυτοδιοίκηση, όπως και το 1989 με το «Τσοβόλα δώστ' όλα»... μετά το κοινοτικό δάνειο του 1985 και του 1986!

Θυμήθηκα ότι και μετά την υπογραφή των Μνημονίων, κάθε τρίμηνο ή εξάμηνο που επισκεπτόταν την Αθήνα κλιμάκιο της τρόικας για αξιολόγηση των υπογεγραμμένων και υπεσχημένων, προκαλούνταν εμπλοκές, διότι οι ελεγκτές διαπίστωναν μεγάλα δημοσιονομικά κενά και ολιγωρίες και έτσι προωθούνταν νέα μέτρα λιτότητας και λεηλασίας της ελληνικής οικονομίας.

24 ΦΕΒΡΟΥΑΡΙΟΥ (2)

Επί δεκαετίες κοροϊδεύουμε ΕΕ, ΔΝΤ και ΟΟΣΑ!

Σήμερα (24 Φεβρουαρίου 2015) διάβασα ότι η γενική διευθύντρια του Διεθνούς Νομισματικού Ταμείου Κριστίν Λαγκάρντ, σε επιστολή της προς τον πρόεδρο του Eurogroup για τη λίστα που παραδόθηκε από πλευράς ελληνικής κυβέρνησης, στην αρχή δίνει συγχαρητήρια, ωστόσο στη συνέχεια σημειώνει ότι υπάρχουν προβλήματα ίσως στους πιο σημαντικούς τομείς. Συγκεκριμένα, μιλά για μη αποτύπωση διαβεβαιώσεων από πλευράς κυβέρνησης ότι θα ακολουθήσει τις μεταρρυθμίσεις του Μνημονίου, εντοπίζοντας πιο συγκεκριμένα τις μεταρρυθμίσεις στο ΦΠΑ και τις συντάξεις, αλλά και συμφωνημένες, όπως λέει, μεταρρυθμίσεις, όπως κλειστά επαγγέλματα, εργασιακά, ιδιωτικοποιήσεις.

Και θυμήθηκα ότι πάντοτε τα κείμενα των εκθέσεων του ΔΝΤ και του Οργανισμού Οικονομικής Συνεργασίας και Ανάπτυξης (ΟΟΣΑ), που συνοδεύονταν κυρίως από προτάσεις για λήψη σκληρών μέτρων προς όλες τις ελληνικές κυβερνήσεις, ήταν εξόχως «διπλωματικά». Έκαναν στην αρχή ευνοϊκές επισημάνσεις και στη συνέχεια έριχναν τα γνωστά «καρφιά» τους με τις συστάσεις και προειδοποιήσεις! Με τις λέξεις «αλλά» και «πρέπει».

Θυμήθηκα, για παράδειγμα, την ενδιάμεση έκθεση του Διεθνούς Νομισματικού Ταμείου λίγο μετά την ένταξη της χώρας μας στο Μνημόνιο το 2010, όπου επισημαίνει ότι «η κυβέρνηση έχει κάνει μια δυνατή αρχή με το πρόγραμμα, αλλά οι προκλήσεις παραμένουν, όπως παραοικονομία, οι υψηλές δαπάνες για τα νοσοκομεία και τα ασφαλιστικά ταμεία, που εγκυμονούν κινδύνους», όπως τονιζόταν. Επίσης, επισημαινόταν «η ανάγκη περαιτέρω βελτίωσης ειδικότερα στους τομείς της υγείας και της κοινωνικής ασφάλισης, η ανάγκη να καμφθεί η αντίσταση που προβάλλεται από τα κλειστά επαγγέλματα, επιτάχυνση και εμβάθυνση των μέτρων που αφορούν τις μεταρρυθμίσεις της αγοράς, των προϊόντων και των υπηρεσιών σε συνεργασία με την Ευρωπαϊκή Επιτροπή».

Θυμήθηκα μιαν ανάλογη (συμπληρωματική) έκθεση του ΔΝΤ που δόθηκε στη δημοσιότητα περί τα μέσα Ιουνίου του 1990, δηλαδή λίγο μετά τα οικονομικά μέτρα που είχε εξαγγείλει η τότε κυβέρνηση Κων. Μητσοτάκη. Στην έκθεση αυτή, οι «διπλωματικές» επισημάνσεις συνοδεύονταν από διάφορες σκληρές προτάσεις, όπως απόλυση των υπεράριθμων εργαζομένων στο δημόσιο τομέα, σημαντική μείωση των δημοσίων δαπανών, διεύρυνση της φορολογικής βάσης και πάταξη της φοροδιαφυγής κλπ.

Αμ δε!

24 ΦΕΒΡΟΥΑΡΙΟΥ (3)

Έδιναν υποσχέσεις στο ΔΝΤ για μέτρα για να πάρουν δάνεια για να λειτουργήσει η προβληματική... Softex!

Σήμερα (24 Φεβρουαρίου 2015) διάβασα ότι στην επιστολή της προς το Eurogroup η επικεφαλής του Διεθνούς Νομισματικού Ταμείου επισημαίνει ότι «για να είναι επιτυχημένη η λήξη της επιθεώρησης, οι συζητήσεις δεν μπορούν να περιοριστούν στην παρούσα λίστα».

Και θυμήθηκα πόσο δικαιολογημένα είναι δύσπιστη η Λαγκάρντ όχι μόνο για τις υποσχέσεις και δεσμεύσεις που ανέλαβε και η σημερινή ελληνική κυβέρνηση, αλλά και πολλές άλλες που είναι άρρηκτα συνδεδεμένες με τους όρους και προϋποθέσεις χρηματοδότησης της ελληνικής οικονομίας, τονίζοντας μάλιστα ότι «η λίστα δεν είναι αρκετά συγκεκριμένη»

Και θυμήθηκα ότι στα μέσα Μαΐου του 1997, η τότε κυβέρνηση έδινε στους εκπροσώπους του Διεθνούς Νομισματικού Ταμείου έκθεση με επτά μέτρα για την οικονομία, μεταξύ των οποίων ήταν και η επιτάχυνση της ιδιωτικοποίησης επιχειρήσεων κοινής ωφελείας, τραπεζών και των εναπομεινασών του περιβόητου Οργανισμού Ανασυγκρότησης Επιχειρήσεων, ο οποίος «ρούφηξε» εκατοντάδες δισ. δραχμές από την ίδρυσή του, το 1983!

Θυμήθηκα, λοιπόν, ότι μόλις δόθηκε η έκθεση και μόλις τελείωσε η σύσκεψη, όλοι «έπεσαν με τα μούτρα» και προσπαθούσαν να βρουν από τις τράπεζες... 2 δισ. δραχμές για τη συνέχιση της λειτουργίας της Softex!

Θυμήθηκα ότι, τελικά, στα μέσα Ιουνίου βρέθηκαν όχι μόνο δύο, αλλά 3, 9 δισ. δραχμές με τη σύναψη κοινοπρακτικού δανείου. Η απόφαση αυτή ελήφθη ύστερα από μαραθώνια σύσκεψη... έξι ωρών στην οποία συμμετείχαν... ένδεκα πιστώτριες τράπεζες.

Θυμήθηκα και ένα «κουφό»: Την ίδια στιγμή ενσωματώθηκε σε νομοσχέδιο τροπολογία με την οποία επιδιωκόταν η «προσωρινή» απαγόρευση μέτρων (αναστολή ή διακοπή λειτουργίας, παύση πληρωμών, πτώχευση, θέση υπό εκκαθάριση, πληρωμή ληξιπρόθεσμων οφειλών, προσκόμιση φορολογικής ενημερότητας, καταβολή χρεών προς το Δημόσιο!) κατά επιχειρήσεων που αποκρατικοποιούνται (Softex, Ναυπηγεία κλπ). Αυτά...

24 ΦΕΒΡΟΥΑΡΙΟΥ (4)

**Από την προεκλογική υπόσχεση το 1981 για «ειδική σχέση»
με την ΕΟΚ στο «σκίσιμο» του Μνημονίου!**

Σήμερα (24 Φεβρουαρίου 2015) διάβασα άρθρο του Economist, στο οποίο επισημαίνεται η δυσκολία που θα έχει η ελληνική κυβέρνηση υπό αυτές τις συνθήκες να ικανοποιήσει τους ψηφοφόρους, δεδομένου ότι ο πρωθυπουργός εξελέγη με τη δέσμευση να «σκίσει» τα μνημόνια και να αφήσει πίσω τη λιτότητα. «Παρόλα αυτά, «η Ελλάδα δεν κατάφερε καμία αλλαγή σε ό, τι αφορά τους όρους για το χρέος που ξεπερνά το 175% του ΑΕΠ, ενώ θα πρέπει η κυβέρνηση να απέχει και από μονομερείς ενέργειες», τονίζει. Επίσης, διάβασα δηλώσεις και άλλων, μετά τον Μανώλη Γλέζο, στελεχών του ΣΥΡΙΖΑ, όπου μιλούν αμέσως ή εμμέσως για αθέτηση προεκλογικών υποσχέσεων του Συνασπισμού της Αριστεράς. Επίσης αναφέρει ότι «και οι Έλληνες που ψήφισαν υπέρ της ρήξης θα δυσκολευτούν να τα καταπιούν όλα αυτά».

Και θυμήθηκα το γνωστό μου: «Αμ δε!»

Θυμήθηκα τις προεκλογικές υποσχέσεις του Ανδρέα Παπανδρέου το 1981 για «ειδική σχέση» με την ΕΟΚ, για «ΕΟΚ και ΝΑΤΟ το ίδιο συνδικάτο» και για «Αλλαγή» και άλλα ηχηρά παρόμοια.

Θυμήθηκα «τις ακόμα καλύτερες ημέρες του ΠΑΣΟΚ» στις εκλογές του 1985, που έγιναν στις 13 Οκτωβρίου 1985 εφιαλτικές!

Θυμήθηκα τον περιβόητο «Εκσυγχρονισμό» του Κώστα Σημίτη από

το 1996 έως το 2004 και άλλα (πάντα ηχηρά) παρόμοια του Κώστα Καραμανλή το 2004 και του Γιώργου Παπανδρέου το 2009 και του Αντώνη Σαμαρά στη συνέχεια.

Θυμήθηκα ότι η τότε κυβέρνηση του Γιώργου Παπανδρέου δέχθηκε στις 19 Νοεμβρίου 2009 σκληρή κριτική και μάλιστα «εκ των έσω» για την εξαγγελία για πάγωμα των μισθών άνω των 2.000 ευρώ, με την οποία αναιρέθηκε και η αντίστοιχη προεκλογική υπόσχεση του ΠΑΣΟΚ για αυξήσεις μισθών πάνω από τον πληθωρισμό.

Θυμήθηκα ότι για το θέμα αυτό ο τότε κοινοβουλευτικός εκπρόσωπος του ΠΑΣΟΚ Χρήστος Παπουτσής μιλώντας στη Βουλή κάλεσε το οικονομικό επιτελείο να επανεξετάσει τη χάραξη της δημοσιονομικής πολιτικής, με βάση τα πραγματικά γεγονότα, τονίζοντας ότι «δεν θα πρέπει να πληρώσουν αυτοί ξανά το βάρος της κρίσης και αυτό πρέπει να το αναλογιστεί η κυβέρνηση».

Θυμήθηκα ότι, από την άλλη μεριά, ο κοινοβουλευτικός εκπρόσωπος της Νέας Δημοκρατίας Πάνος Παναγιωτόπουλος σχολίασε λέγοντας ότι «η κυβέρνηση άρχισε να φυλλορροεί» και προσθέτοντας ότι «η κυβέρνηση αθετεί προεκλογικές υποσχέσεις».

24 ΦΕΒΡΟΥΑΡΙΟΥ (5)

Όταν και ο Αλέξης Τσίπρας κατηγορούσε το ΠΑΣΟΚ για αθέτηση προεκλογικών υποχρεώσεων!

Σήμερα (24 Φεβρουαρίου 2015) διάβασα ότι σε δηλώσεις του ο πρώην πρωθυπουργός Αντώνης Σαμαράς και ο πρόεδρος του ΠΑΣΟΚ Ευάγγελος Βενιζέλος κατηγόρησαν τον Αλέξη Τσίπρα και τον ΣΥΡΙΖΑ για αθέτηση προεκλογικών εξαγγελιών.

Και θυμήθηκα ότι και ο πρόεδρος του ΣΥΡΙΖΑ. Αλέξης Τσίπρας κατά την επίσκεψή του στο Δέλτα του Αξιού κατηγόρησε την τότε κυβέρνηση του Γιώργου Παπανδρέου το Νοέμβριο του 2009 για «αθέτηση των προεκλογικών της υποσχέσεων», αναφερόμενος στην απόφαση του Υπουργικού Συμβουλίου να «παγώσουν» μισθοί δημοσίων υπαλλήλων και συντάξεις άνω των 2.000 και κάλεσε σε μαζικούς αγώνες.

Θυμήθηκα ότι σε δηλώσεις του τότε τόνιζε, μεταξύ άλλων, τα ακόλουθα: «Με το πάγωμα μισθών και συντάξεων η κυβέρνηση παγώνει οριστικά τις προεκλογικές της υποσχέσεις και υιοθετεί την ίδια ακριβώς πολιτική, την οποία μέχρι πριν μερικές εβδομάδες κατήγγειλε σε υψηλούς τόνους. Αυτή η πολιτική βουλιάζει την κοινωνία στην κρίση, για να διασφαλίσει τα κέρδη των ισχυρών. Η απάντηση τώρα πρέπει να είναι μαζικοί αγώνες για το αυτονόητο, για δουλειά και αξιοπρέπεια».

24 ΦΕΒΡΟΥΑΡΙΟΥ (6)

Και ο Γ. Παπανδρέου, όπως και ο Α. Τσίπρας τώρα, έλεγε στους Ευρωπαίους εταίρους για τη νωπή εντολή του ελληνικού λαού!

Σήμερα (24 Φεβρουαρίου 2015) διάβασα δημοσιεύματα με πληροφορίες από το Μέγαρο Μαξίμου που παρουσιάζουν την κυβέρνηση να είναι περιχαρής για την «παράταση» του «Μνημονίου» (τώρα το λένε πρόγραμμα!) και τις «σκληρές» (τάχα μέχρι τη ρήξη!) συζητήσεις σε τρία Eurogroup με την τρόικα (θεσμοί ή εταίροι λέγονται τώρα!!!).

Και θυμήθηκα την ομιλία του τότε πρωθυπουργού Γιώργου Παπανδρέου στο Πολιτικό Συμβούλιο του ΠΑΣΟΚ στις 28 Νοεμβρίου 2009 (τότε που εκλιπαρούσαμε το Διεθνές Νομισματικό Ταμείο, την Ευρωπαϊκή Επιτροπή και την Ευρωπαϊκή Κεντρική Τράπεζα για χρηματοδοτική στήριξη!), με την οποία έστελνε τάχα μήνυμα προς όσους υποδείκνυαν τότε οικονομική πολιτική στην κυβέρνηση, μεταξύ των οποίων και η Ευρωπαϊκή Ένωση, όπου τόνιζε: «Το ΠΑΣΟΚ είχε προειδοποιήσει την Ευρωπαϊκή Επιτροπή για τις μεθοδεύσεις της κυβέρνησης της ΝΔ και, σήμερα, δεν μπορεί να ζητείται από μία κυβέρνηση 50 ημερών να απολογείται γι' αυτά».

Θυμήθηκα ότι ο τότε πρωθυπουργός άφησε σαφέστατα να εννοηθεί ότι δεν πρόκειται να αλλάξει η οικονομική πολιτική της κυβέρνησης.

Θυμήθηκα ότι έλεγε όσα λέει και τώρα ο Αλέξης Τσίπρας και στελέχη του ΣΥΡΙΖΑ: «Δεν πρόκειται να καταφύγουμε σε πρόσκαιρες λύσεις χωρίς προοπτική, όπως επίμονα υποδεικνύονται και μάλιστα την ώρα που η χώρα έχει μια νέα κυβέρνηση η οποία πήρε την εντολή να ασκήσει μια διαφορετική πολιτική».

Θυμήθηκα όσα έλεγε τότε ο Παπανδρέου για «ανθρωπιστική κρίση», τονίζοντας ότι επιλογή της κυβέρνησης είναι η στήριξη της ανάπτυξης με νοικοκύρεμα, αλλά χωρίς να πληρώνουν οι αδύναμοι την κρίση. «Δεν μας νοιάζει, πρόσθεσε, να βελτιωθούν οι αριθμοί και τα μεγέθη αν, πάνω από όλα, δεν έχουμε βελτίωση στη ζωή των ανθρώπων και αυτό, σημείωσε, είναι που μας νοιάζει».

Θυμήθηκα ότι τότε πρωθυπουργός έκανε λόγο για μια ιδεολογική και πολιτική μάχη που διεξάγεται παγκοσμίως για τα θέματα αυτά και πρόσθεσε ότι η Ελλάδα θα βγει από την κρίση έστω και αν αυτό πάρει λίγο χρόνο.

Θυμήθηκα τα γνωστά προγράμματα για τις 100 πρώτες ημέρες όλων σχεδόν των προηγούμενων κυβερνήσεων που τώρα έγιναν... 120 ημέρες.

Θυμήθηκα ότι όλα αυτά συνετρίβησαν στις 23 Απριλίου 2010 με την παροχή γης και ύδατος στην Ευρωπαϊκή Επιτροπή, την Ευρωπαϊκή Κεντρική Τράπεζα και το Διεθνές Νομισματικό Ταμείο, με το περιβόητο Μνημόνιο οικονομικής στήριξης της χρεοκοπημένης ελληνικής οικονομίας.

25 ΦΕΒΡΟΥΑΡΙΟΥ

Θα παραιτηθούν ή θα ανεξαρτητοποιηθούν ξανά οι σημερινοί, «αντιμνημονιακοί επί ΠΑΣΟΚ, υπουργοί και βουλευτές του ΣΥΡΙΖΑ;

Διάβασα σήμερα (25 Φεβρουαρίου 2015) ότι η «κατάργηση» του Μνημονίου με την... ονομασία «Συμβόλαιο» ή «Συμφωνία» ή «Γέφυρα» προκαλεί συνεχώς κραδασμούς στον ΣΥΡΙΖΑ. Μετά τον υπουργό Παραγωγικής Ανασυγκρότησης, Περιβάλλοντος και Ενέργειας Παναγιώτη Λαφαζάνη και τον ευρωβουλευτή Μανώλη Γλέζο σήμερα διάβασα ότι στον κατάλογο των αντιδρώντων προστίθενται συνεχώς κι άλλοι, όπως:

– Η αναπληρωτής υπουργός Οικονομικών Νάντια Βαλαβάνη, η οποία επιμένει στην εφαρμογή των 100 δόσεων για εξόφληση οφειλών προς το Δημόσιο και τα ασφαλιστικά.

– Η ευρωβουλευτής Σοφία Σακοράφα, η οποία σε ανάρτησή της στο twitter αναφέρει ότι «ο λαός έδωσε εντολή για ακύρωση του μνημονίου. Δεν έχουμε καμία πολιτική νομιμοποίηση για να πράξουμε το αντίθετο».

– Ο αντιπρόεδρος της Βουλής Αλέξης Μητρόπουλος, ο οποίος λέει ότι «αν υλοποιηθεί κατά το γράμμα, το ύφος, την περιγραφή, τη σκληρότητα αυτό το προσύμφωνο, ο λαός δεν θα αντέξει».

– Ο αναπληρωτής υπουργός Διοικητικής Μεταρρύθμισης Γιώργος Κατρούγκαλος δήλωσε ότι δεν πρόκειται να μείνει στο υπουργείο αν δεν μείνουν οι καθαρίστριες.

– Ο βουλευτής Κώστας Λαπαβίτσας ζήτησε άμεση σύγκληση της Κοινοβουλευτικής Ομάδας, διατυπώνοντας «βαθιές ανησυχίες» για τη συμφωνία του Eurogroup.

Και θυμήθηκα ότι δεκάδες βουλευτές του ΠΑΣΟΚ, αλλά και της Νέας Δημοκρατίας ανεξαρτητοποιήθηκαν κατά την περίοδο 2010–2015 ως αντιμνημονιακοί!

Θυμήθηκα ότι μεταξύ αυτών των στελεχών – βουλευτών του ΠΑΣΟΚ ήταν η διαμαρτυρόμενη σήμερα ευρωβουλευτής του ΣΥΡΙΖΑ Σοφία Σακοράφα, ο υπουργός Υγείας Παναγιώτης Κουρουμπλής, ο υφυπουργός στην κυβέρνηση του ΣΥΡΙΖΑ Παναγιώτης Σγουρίδης (ως βουλευτής των Ανεξάρτητων Ελλήνων), η σημερινή βουλευτής του ΣΥΡΙΖΑ Άννα Βαγενά, ο σημερινός βουλευτής του ΣΥΡΙΖΑ Γιάννης Μιχελογιαννάκης, η σημερινή βουλευτής του ΣΥΡΙΖΑ Κυριακή Τεκτονίδου, η σημερινή βουλευτής του ΣΥΡΙΖΑ Θεοδώρα Τζάκρη. Και ερωτώ: Θα συνεχίσουν να είναι... «αντιμνημονιακοί» όλοι αυτοί παραιτούμενοι ή ανεξαρτητοποιούμενοι;

25 ΦΕΒΡΟΥΑΡΙΟΥ (2)

Συνεχίζονται οι προτάσεις για Εξεταστικές Επιτροπές για την οικονομία που έως τώρα δεν συγκροτήθηκαν ποτέ!

Σήμερα (25 Φεβρουαρίου 2015) διάβασα ότι ο πρόεδρος των Ανεξάρτητων Ελλήνων και υπουργός Άμυνας Πάνος Καμμένος ανακοίνωσε ότι με ομόφωνη απόφαση η Κοινοβουλευτική Ομάδα του κόμματος προχωρά στη σύνταξη κειμένου για τη σύσταση Εξεταστικής Επιτροπής, η οποία θα διερευνήσει υπό ποιες συνθήκες μπήκε η χώρα στο Μνημόνιο.

Και θυμήθηκα ότι, όπως έγραφα στο «Ημερολόγιό» μου στις 9 Φεβρουαρίου 2015, κατά την πρώτη ομιλία του κατά τη διαδικασία των προγραμματικών δηλώσεων στη Βουλή ο νέος πρωθυπουργός Αλέξης Τσίπρας εξήγγειλε, μεταξύ πολλών άλλων, ότι η κυβέρνησή του θα προχωρήσει στη σύσταση εξεταστικής επιτροπής για τα μνημόνια «για να εξεταστεί ψύχραιμα το κατά πόσον υπάρχουν ευθύνες για την πορεία της χώρας και όχι για λόγους πολιτικής αντεκδίκησης», όπως τόνισε.

Θυμήθηκα ότι όλα τα κόμματα, κυρίως της αντιπολίτευσης, απειλούσαν ή κατέθεταν στη Βουλή στο παρελθόν δεκάδες προτάσεις για σύσταση Εξεταστικών Επιτροπών, που αφορούσαν κυρίως σκάνδαλα ή καταγγελίες για σκάνδαλα.

Θυμήθηκα όμως ότι τις ίδιες εξαγγελίες για την οικονομία έκαναν όλα σχεδόν τα ελληνικά κόμματα αμέσως μετά την άνοδο στην εξουσία.

(Ξανα)θυμήθηκα, για παράδειγμα, την ανακοίνωση, ύστερα από πρόταση του τότε προέδρου της Ένωσης Κέντρου Γεωργίου Μαύρου, του νέου τότε πρωθυπουργού Ανδρέα Παπανδρέου κατά τις προγραμματικές δηλώσεις του στη Βουλή στις 22 Νοεμβρίου του 1981, ότι η κυβέρνησή του θα αναλάβει πρωτοβουλία για τη σύσταση Εξεταστικής των Πραγμάτων Επιτροπής, η οποία θα διερευνούσε πού διοχετεύθηκαν τα τραπεζικά δάνεια για παραγωγικές επενδύσεις.

(Ξανα)θυμήθηκα ότι η εξαγγελία αυτή είχε προετοιμασθεί με στοιχεία που είχε δώσει την προηγούμενη ημέρα στη Βουλή ο τότε νέος υπουργός Εθνικής Οικονομίας Γεράσιμος Αρσένης. «Ενώ το 1974», αποκάλυψε τότε ο Γεράσιμος Αρσένης, «στις 100 δραχμές νέων πιστώσεων στη βιομηχανία οι 72 πήγαν για επενδύσεις, το 1979 στις 100 δραχμές μιας νέας πίστωσης μόνο οι 35 δραχμές πήγαιναν για επενδύσεις. Πού πήγαν τα άλλα;», ρώτησε! Σημειώνεται ότι αυτή η εξαγγελία δεν τηρήθηκε ποτέ, αφού δεν συγκροτήθηκε η Επιτροπή!

(Ξανα)θυμήθηκα ότι τη σύσταση παρόμοιων επιτροπών για την οικονομία είχαν εξαγγείλει και η Νέα Δημοκρατία ως κυβέρνηση το 2004, με πρωθυπουργό τον Κώστα Καραμανλή, για τις κυβερνήσεις Κώστα Σημίτη (δεν συγκροτήθηκε ποτέ!), το ΠΑΣΟΚ, με πρωθυπουργό τον Γιώργο Παπανδρέου, για την κυβέρνηση Κώστα Καραμανλή (δεν συγκροτήθηκε ποτέ!).

26 ΦΕΒΡΟΥΑΡΙΟΥ

«Μυρίζουν» ημέρες του 2009 τα «είπα-ξείπα» υπουργών της νέας κυβέρνησης

Σήμερα (26 Φεβρουαρίου 2015) διάβασα ότι η νέα κυβέρνηση προσγειώνεται στην πραγματικότητα και θα προχωρήσει στη λήψη μέτρων που είναι αντίθετα από τις προεκλογικές, αλλά και μετεκλογικές (προγραμματικές δηλώσεις!) εξαγγελίες της. Καταγράφω σήμερα μερικές από τις διαφοροποιήσεις αυτές για να διαπιστώσω αργότερα (μετά από μία ή δύο εβδομάδες, όπως αναφέρουν τα ρεπορτάζ) αν θα συνεχισθεί και από τη νέα κυβέρνηση του «είπα-ξείπα»:

– Για το ΦΠΑ: Η εξαγγελία της κυβέρνησης είναι ότι δεν αυξηθεί ο ΦΠΑ, ενώ στο κείμενο του υπουργού Οικονομικών Γιάνη Βαρουφάκη προς το Eurogroup αναφέρονται τα εξής: «Η πολιτική ΦΠΑ θα εξορθολογιστεί σε σχέση με τους συντελεστές, οι οποίοι θα εξομαλυνθούν με τρόπο που θα μεγιστοποιεί τα πραγματικά έσοδα χωρίς αρνητική επίπτωση στην κοινωνική δικαιοσύνη και με σκοπό να περιοριστούν οι εξαιρέσεις, εξαλείφοντας ταυτόχρονα τις παράλογες εκπτώσεις». Σήμερα, ο Βαρουφάκης, ερωτηθείς από δημοσιογράφους, απάντησε ότι «δεν θα αυξηθεί ο ΦΠΑ. Αν όμως χρειαστεί να τον αυξήσουμε σε κάποιο προϊόν, αυτό θα το δούμε». Άλλος υπουργός της κυβέρνησης ανέφερε ότι δεν πρόκειται να αυξηθεί ο ΦΠΑ στα φάρμακα.

– **Ληξιπρόθεσμα χρέη:** Η δέσμευση που έχει αναλάβει μετεκλογικά η κυβέρνηση προβλέπει τη βελτίωση, σε συνεργασία με τους θεσμούς, της νομοθεσίας για τις ρυθμίσεις αποπληρωμής φόρων και εισφορών. Μολονότι αρχικά το νομοσχέδιο ήταν να κατατεθεί εντός της τρέχουσας εβδομάδας για τις «100 δόσεις», πλέον και όπως ανέφερε ο υπουργός Οικονομικών, «οι ανακοινώσεις μας γι' αυτό το ζήτημα θα ακολουθήσουν έπειτα από 1–2 εβδομάδες»

– **Αφορολόγητο όριο:** Η αναπληρώτρια υπουργός Οικονομικών Νάντια Βαλαβάνη, στην ομιλία της στις προγραμματικές δηλώσεις είχε τονίσει ότι το αφορολόγητο όριο θα αυξηθεί στις 12.000 ευρώ και θα αφορά τα εισοδήματα του 2015, ωστόσο ο υπουργός Οικονομικών έβαλε «φρένο» στις εξαγγελίες, βάζοντας στο παιχνίδι και τους θεσμούς. Συγκεκριμένα, ο Βαρουφάκης ανέφερε: «Η φοροαπαλλαγή θα αρχίσει να εισάγεται σταδιακά, το πότε ακριβώς θα φτάσουμε στις 12.000 θα μου επιτρέψετε να το αποφασίσουμε όταν θα έχουμε μια συνολική εικόνα για το πώς προχωράει η διαπραγμάτευση για μετά τον Ιούνιο. Ο ρυθμός με τον οποίο θα πλησιάσουμε το αφορολόγητο θα αποφασιστεί σε συνδυασμό με τον συνολικό προγραμματισμό των δημοσιονομικών και στο πλαίσιο της διαπραγμάτευσης».

Και θυμήθηκα (γι' αυτό και τα καταγράφω όλα αυτά σήμερα) ημέρες του 2009 (πριν και μετά τις εκλογές), όταν όλα σχεδόν τα «δεν» στελεχών και υπουργών της κυβέρνησης του Γιώργου Παπανδρέου γίνονταν, ύστερα από μερικές ημέρες «ναι», δηλαδή «είπα–ξείπα»... Ίδωμεν...

27 ΦΕΒΡΟΥΑΡΙΟΥ (1)

Αρχίζει το «ξείπα» για το ΦΠΑ!

Σήμερα (27 Φεβρουαρίου 2015) διάβασα ότι ο υπουργός Οικονομικών Γιάνης Βαρουφάκης αφήνει ανοιχτό το ενδεχόμενο αύξησης του ΦΠΑ στα τσιγάρα, τα ποτά και τυχερά παιχνίδια, και ξεκαθαρίζει ότι η αύξηση αυτή δεν θα αφορά τον ΦΠΑ στα νησιά του Αιγαίου και τις παραμεθόριες περιοχές.

Και θυμήθηκα ότι μία ημέρα πριν, δηλαδή χθες, δηλαδή στις 26 Φεβρουαρίου 2015, είχε δηλώσει ότι «δεν θα αυξηθεί ο ΦΠΑ. Αν όμως χρειαστεί να τον αυξήσουμε σε κάποιο προϊόν, αυτό θα το δούμε».

Θυμήθηκα τον τότε κυβερνητικό εκπρόσωπο Γιώργο Πεταλωτή, ο οποίος στις 29 Νοεμβρίου 2009 δήλωνε: «Η πολιτική μας δεν έχει καμία σχέση με την πολιτική της κυβέρνησης της ΝΔ. Εμείς είμαστε αυτοί που τηρούμε τις προεκλογικές μας δεσμεύσεις»!

Θυμήθηκα πάλι τον ίδιο κυβερνητικό εκπρόσωπο, ο οποίος στις 7 Ιανουαρίου 2010 (την επομένη των Φώτων) τόνιζε: «Για το ΦΠΑ έχουμε επαναλάβει πολλές φορές, και ο ίδιος ο πρωθυπουργός, ότι δεν υπάρχει καμία εισήγηση για αύξηση του ΦΠΑ».

Θυμήθηκα ότι λίγες ημέρες μετά, στις 2 Φεβρουαρίου 2010, μάς άλλαξε τα φώτα με τα πρώτα σκληρά μέτρα που ανακοινώθηκαν από την τότε κυβέρνηση.

Θυμήθηκα ότι στις 29 Νοεμβρίου 2009 ο ίδιος τόνιζε: «Δεν μιλάμε για πάγωμα των μισθών, αλλά για όριο για τους μισθούς πάνω από 2.000 ευρώ, δεν παγώνουμε τους μισθούς…»

Θυμήθηκα ότι τότε, μεταξύ πολλών άλλων ανακοινώθηκε πάγωμα» μισθών σε όλο το δημόσιο τομέα, περικοπή 10% στα επιδόματα σε όλο το Δημόσιο –στενό κι ευρύ– καθώς και στους Οργανισμούς Τοπικής Αυτοδιοίκησης, αύξηση του φόρου στα καύσιμα.

Θυμήθηκα την αύξηση του χαμηλού συντελεστή ΦΠΑ 11% στο 13% από τον Ιανουάριο του 2011 και αργότερα την αύξηση του υψηλού ΦΠΑ και, γενικώς, τη λεηλασία της ελληνικής οικονομίας και των ελληνικών νοικοκυριών.

27 ΦΕΒΡΟΥΑΡΙΟΥ (2)

«Η Μαύρη Μέρα» στο Χρηματιστήριο το 1997

Σήμερα, το Ημερολόγιό μου δείχνει 27 Φεβρουαρίου 2015.

Και θυμήθηκα ότι πριν από 18 χρόνια, στις 27 Φεβρουαρίου του 1997, έσκασε η «φούσκα» του Χρηματιστηρίου Αθηνών, την οποία διόγκωναν συνεχώς, όπως πάντοτε, οι κερδοσκόποι, επικαλούμενοι διάφορες «ευνοϊκές» εξελίξεις ή προβλέψεις.

Θυμήθηκα ότι τότε, υπό τον ήχο των «σειρήνων» που ακουγόταν από τις αρχές του 1997 ότι τα επιτόκια έπεφταν και ότι απομειώνονταν οι περιουσίες των αποταμιευτών, ξεκίνησε μια νέα διαδικασία «φουσκώματος» του Χρηματιστηρίου, με αποτέλεσμα να καλπάζουν οι τιμές των μετοχών.

Θυμήθηκα ότι τότε έλεγαν (οι κερδοσκόποι) ότι οι αποταμιευτές ρευστοποιούν κρατικούς τίτλους ή κάνουν αναλήψεις δισ. δραχμών για να αγοράσουν μετοχές!

Θυμήθηκα ότι ο τότε πρόεδρος της Επιτροπής Κεφαλαιαγοράς καθηγητής Σταύρος Θωμαδάκης έκανε δηλώσεις με οδηγίες στους επενδυτές να μην παρασύρονται από ψιθύρους και διαδόσεις. «Πιστεύω ότι είναι απαραίτητο από σήμερα κιόλας να συστήσω στους επενδυτές και ιδίως στους μικροεπενδυτές, να μην βασίζονται σε φήμες και διαδόσεις και να μην σπεύδουν σε βιαστικές κινήσεις, να κάνουν ψύχραιμες και ισορροπημένες επιλογές και να είναι πολύ προσεκτικοί στη διεκπεραίωση των συναλλαγών τους», τόνιζε.

Θυμήθηκα ότι τότε έγινε... χαμός! Άλλο που δεν ήθελαν να... προκληθεί προσφορά μετοχών και να ωφεληθούν από τη χαμηλή τιμή της μετοχής, την οποία είχαν αγοράσει κατά την πτωτική περίοδο, και την υψηλότερη που πουλούσαν τώρα λόγω του... πανικού!

Αυτή είναι η «Μαύρη Μέρα" ή η "Μαύρη Πέμπτη», τότε, του 1997 στο Χρηματιστήριο, η οποία επαναλήφθηκε πιο καταστροφική το... 1999!

28 ΦΕΒΡΟΥΑΡΙΟΥ

Προς νέα έκτακτη εισφορά τάχα σε... κατέχοντες

Σήμερα (28 Φεβρουαρίου 2015) διάβασα ότι ο υπουργός Οικονομικών Γιάνης Βαρουφάκης άφησε πάλι ανοιχτό το ενδεχόμενο να επιβληθεί ένας έκτακτος φόρος στους έχοντες, από ένα όριο εισοδήματος και πάνω.

Και θυμήθηκα τον τότε πρωθυπουργό Κώστα Σημίτη, ο οποίος στις προγραμματικές δηλώσεις της κυβέρνησης το 1996 εξήγγειλε ότι «πρέπει όλοι οι Έλληνες να συνεισφέρουν αναλογικά στην εθνική προσπάθεια και ότι οι οικονομικά ισχυροί, οι έχοντες και κατέχοντες, πρέπει να συμβάλλουν ώστε να καταστήσουμε ισχυρότερους, τους οικονομικά ασθενέστερους».

Θυμήθηκα ότι τα ίδια επανέλαβε και στην ομιλία του στη Βουλή για τον προϋπολογισμό στις 21 Δεκεμβρίου 1996.

Θυμήθηκα τον τότε πρωθυπουργό Γιώργο Παπανδρέου, ο οποίος μιλώντας στις 18 Μαρτίου 2010 στο υπουργικό συμβούλιο για το φορολογικό νομοσχέδιο τόνιζε, μεταξύ άλλων: «Βάζουμε τέλος στο σύστημα που ευνοούσε τους έχοντες και οι οποίοι απέδιδαν μικρές φορολογικές εισφορές».

Θυμήθηκα ότι από το 1974 έως σήμερα επιβάλλονται συνεχώς, σχεδόν κάθε χρόνο, έκτακτες εισφορές, που πήγαν όλες για το Γάμο του Καραγκιόζη.

ΜΑΡΤΙΟΣ

Συνεχίζονται
οι «κωλοτούμπες», όπως
και επί δεκαετίες

1 ΜΑΡΤΙΟΥ

**Ο Γ. Βαρουφάκης θέλει αναδιάρθρωση του ελληνικού χρέους,
αλλά δεν ρώτησε τον Π. Λαφαζάνη!**

Σήμερα (1η Μαρτίου 2015) διάβασα ότι ο υπουργός Οικονομικών Γιάννης Βαρουφάκης σε συνέντευξή του στο Associated Press υπογράμμισε ότι «η ελληνική κυβέρνηση προτίθεται να ξεκινήσει συζητήσεις με τους πιστωτές της για την αναδιάρθρωση του χρέους της, ώστε αυτό να καταστεί βιώσιμο»

Και θυμήθηκα ότι, σε ρεπορτάζ εφημερίδων στις 14 Απριλίου 2011, ο τότε κοινοβουλευτικός εκπρόσωπος του ΣΥΡΙΖΑ και σημερινός υπερυπουργός Παναγιώτης Λαφαζάνης, με άρθρο στην προσωπική του ιστοσελίδα www.iskra.gr, εξέφρασε την κατηγορηματική αντίθεσή του στην αναδιάρθρωση του ελληνικού χρέους και αντιπρότεινε τη συνολική διαγραφή του ή την προσωρινή αναστολή πληρωμής.

Θυμήθηκα ότι για την ανάγκη αναδιάρθρωσης του δημόσιου χρέους είχα γράψει μετά το 2010 πέντε άρθρα, με τα οποία σχεδόν μόνος μου προσπαθούσα να παρουσιάζω τα οφέλη μιας τέτοιας απόφασης τόσο για την οφειλέτιδα χώρα, την Ελλάδα, όσο και για τους δανειστές της, επικαλούμενος το σχέδιο που είχε προτείνει ο αείμνηστος καθηγητής μου και ακαδημαϊκός Άγγελος Αγγελόπουλος

Θυμήθηκα τις αντιδράσεις που είχε προκαλέσει μετά το 2010 η λέξη «αναδιάρθρωση» τόσο στην Ελλάδα, όσο και στην τρόικα, οι οποίες τώρα ενδεχομένως να κλιμακωθούν μετά τον «ασκό του Αιόλου» που ανοίγει ο Βαρουφάκης, αφού η αναδιάρθρωση είναι «κόκκινο πανί» για τον Παναγιώτη Λαφαζάνη!

Θυμήθηκα, για παράδειγμα, τις «ανησυχίες» από μιαν αναδιάρθρωση του τότε επιτρόπου Οικονομικών και Νομισματικών Υποθέσεων της ΕΕ Όλι Ρεν σε άρθρο του στη Wall Street Journal με τίτλο «Ελληνική Αναγέννηση».

Θυμήθηκα τις δηλώσεις του τότε συμβούλου του τότε πρωθυπουργού Γιώργου Παπανδρέου, του Λουκά Παπαδήμου, στο διεθνές πρακτορείο ειδήσεων Market News International ότι «η Ελλάδα δεν θα προχωρήσει σε αναδιάρθρωση του δημόσιου χρέους της, διότι αυτό δεν είναι ούτε επιθυμητό ούτε πιθανό», είπε, προσθέτοντας ότι «η ελληνική Κυβέρνηση και οι ευρωπαϊκές αρχές το έχουν αποκλείσει»

Θυμήθηκα την τότε κυβέρνηση, τον Γιώργο Παπανδρέου, το Γιώργο Πεταλωτή, τον Λουκά Παπαδήμο, το ΔΝΤ, την Ευρωπαϊκή Επιτροπή και την Ευρωπαϊκή Κεντρική Τράπεζα, που βροντοφώναζαν σε όλους τους τόνους ότι δεν πρόκειται να γίνει και δεν είναι επιθυμητή μια τέτοια διαδικασία.

2 ΜΑΡΤΙΟΥ (1)

Νέα απογοήτευση του ΔΝΤ και της Ευρωπαϊκής Επιτροπής από το «στρίβειν» της Ελλάδος στις φορολογικές μεταρρυθμίσεις...

Σήμερα (2 Φεβρουαρίου 2015) διάβασα ότι το νέο πολυσέλιδο υπόμνημα – έκθεση (121 σελίδες) του Διεθνούς Νομισματικού Ταμείου και της Ευρωπαϊκής Επιτροπής αποτελεί νέο κόλαφο για τη φορολογική διοίκηση στην Ελλάδα.

Και θυμήθηκα μια παρόμοια έκθεση – κόλαφο του Διεθνούς Νομισματικού Ταμείου τον Ιούνιο του 1990, όταν, για πολλοστή φορά, πρότεινε σημαντικές αλλαγές στο φορολογικό σύστημα με διεύρυνση της φορολογικής βάσης και πάταξη της φοροδιαφυγής. Αμ δε!

Θυμήθηκα την ίδια σε σκληρότητα έκθεση του Διεθνούς Νομισματικού Ταμείου που δόθηκε στη δημοσιότητα στις 11 Οκτωβρίου 2012, όπου καταγράφονταν αναλυτικά οι θλιβερές διαπιστώσεις και συνεχίζονταν οι ίδιες σκληρές προτάσεις του για τη χώρα μας.

Θυμήθηκα, για παράδειγμα, ότι, μεταξύ πολλών άλλων, ο διεθνής οργανισμός δεν παρέλειπε να επισημαίνει την αφοσίωση της Ελλάδας και της ΕΕ στην προσπάθεια να γίνει η δημοσιονομική προσαρμογή εντός του ευρώ. Αμ δε!

Θυμήθηκα ότι στην ίδια έκθεσή του το ΔΝΤ παρέθετε στοιχεία για τα έσοδα που θα συγκεντρώνονταν από τις ιδιωτικοποιήσεις και τις περικοπές, επαναλαμβάνοντας ότι τυχόν καθυστερήσεις στην εφαρμογή των μεταρρυθμίσεων θα οδηγούσε σε ακόμη μεγαλύτερη ύφεση και σε αύξηση του δημόσιου χρέους. Στου κουφού την πόρτα...

Θυμήθηκα ότι στην ίδια έκθεση του ΔΝΤ καταγράφονταν και τα μέτρα που έπρεπε να λαμβάνονταν για την εξοικονόμηση 14 δισ. ευρώ (περίπου 7% του ΑΕΠ), ώστε να επιτευχθούν οι δημοσιονομικοί στόχοι του 2013 και 2014. Και το ποσό αυτό, όπως επισημαινόταν, πρέπει να εξευρεθεί από μέτρα και αλλαγές στο φορολογικό σύστημα. Αμ δε!

Θυμήθηκα ότι τότε το ΔΝΤ αναγνώριζε ότι η επιβολή νέων φόρων θα έθετε «νέα εμπόδια» στην ανάκαμψη, προβάλλοντας ως προτεραιότητες την πάταξη της φοροδιαφυγής, την αλλαγή του φορολογικού καθεστώτος, τις ιδιωτικοποιήσεις, το κλείσιμο ζημιογόνων δημόσιων εταιριών και τις περικοπές στο δημόσιο. Καλά κρασιά...

Θυμήθηκα τις συστάσεις που απηύθυνε το ΔΝΤ προς την τότε κυβέρνηση το Μάιο του 2014, αλλά ελάχιστα μέτρα προωθήθηκαν, «λόγω των πολιτικών παρεμβάσεων εν όψει των εθνικών εκλογών», όπως επισημαίνεται στην τελευταία έκθεσή του. «Η έννοια της αυτονομίας είναι ξένη προς την παράδοση διακυβέρνησης της Ελλάδας», τονίζει με απογοήτευση του ΔΝΤ.

2 ΜΑΡΤΙΟΥ (2)

Γ. Βαρουφάκης:

– 17/1/2015: «Ένα μη βιώσιμο χρέος κουρεύεται, τελεία και παύλα»

–1/3/2015: «Δεν θα ζητήσω κούρεμα ή διαγραφή του χρέους»

Σήμερα (2 Μαρτίου 2015) διάβασα ότι σε συνέντευξή του στη γερμανική εφημερίδα Handelsblatt ο νέος υπουργός Οικονομικών Γιάνης Βαρουφάκης τονίζει ότι δεν θα ζητήσει κούρεμα ή διαγραφή του χρέους.

Και θυμήθηκα τις απαντήσεις που έδινε από το ιστολόγιό του ακριβώς μία εβδομάδα πριν από τις εκλογές, δηλαδή στις 17 Ιανουαρίου 2015 ο υπουργός Οικονομικών για το «πώς θα διαπραγματευθούμε το αναπόφευκτο κούρεμα».

Θυμήθηκα ότι τότε τόνιζε: «Ένα μη βιώσιμο χρέος κουρεύεται. Τελεία και παύλα. Όποιος αρνείται αυτή την απλή αλήθεια είτε ψεύδεται ηθελημένα είτε εθελοτυφλεί».

Θυμήθηκα ότι στις ίδιες απαντήσεις τόνιζε ότι «την περίοδο 2010–2011, τρόικα και ελληνικό κατεστημένο επέμεναν ότι το χρέος δεν θα κουρευόταν και χαρακτήριζαν εθνοπροδότες όσους εξ ημών επιμέναμε ότι θα κουρευόταν».

Θυμήθηκα που τόνιζε πάλι τα εξής: «Η εμπειρία αυτή μάς διδάσκει ένα απλό μάθημα: Το κούρεμα ενός μη βιώσιμου χρέους είναι αναπόφευκτο και όσο αργεί, όσο οι «αρχές» προσποιούνται ότι είναι βιώσιμο, το κούρεμα που απαιτείται (για να καταστεί το χρέος πραγματικά βιώσιμο) μεγαλώνει, η οικονομία υποφέρει και το κούρεμα που έρχεται αποδεικνύεται μη θεραπευτικό. Άρα, στόχος μας πρέπει να είναι να σχεδιάσουμε και να απαιτήσουμε ένα ικανό, θεραπευτικό, τελικό κούρεμα».

Θυμήθηκα ακόμη ότι πρότεινε στον Σόιμπλε να κάνει ένα σημαντικό κούρεμα, αλλά που θα μπορεί να το ονομάσει κάπως αλλιώς...

Θυμήθηκα και τον επίλογό του που έχει ως εξής: «Το κούρεμα θα έρθει. Οι πιο πάνω προτάσεις περιγράφουν τις τεχνικές με τις οποίες θα προκύψει ώστε να ελαχιστοποιήσει την ζημία των εταίρων μας και να λειτουργήσει θεραπευτικά για την Ελλάδα. Παράλληλα είναι σημαντικό προτέρημα των πιο πάνω προτάσεων ότι επιτρέπουν στη γερμανική κυβέρνηση να τις ενστερνιστεί χωρίς να τις χαρακτηρίσει κούρεμα, αλλά να της επικοινωνήσει στους πολίτες της ως «εξορθολογισμό».

Θυμήθηκα, ύστερα από όλα αυτά, τη θυμόσοφη ελληνική παροιμία: «Δάσκαλε που δίδασκες και νόμο δεν εκράτεις...»

3 ΜΑΡΤΙΟΥ

Το 1988 «ο υπάλληλος της ΔΕΗ έπαιρνε 3.000 δραχμές για κάθε παιδί και 6.000 δραχμές για... κάθε γυναίκα» και τώρα... «τροφεία»!

Σήμερα (3 Μαρτίου 2015) διάβασα ότι με τη νέα Συλλογική Σύμβαση Εργασίας που υπέγραψαν η διοίκηση της ΔΕΗ και η συνδικαλιστική οργάνωση ΓΕΝΟΠ–ΔΕΗ χορηγείται επίδομα τροφείου ύψους έξι ευρώ την ημέρα, αναλαμβάνεται η δέσμευση για μη πραγματοποίηση απολύσεων και θα χορηγούνται ειδικές παροχές για τους εργαζόμενους στην εμπορική εξυπηρέτηση πελατών (Front Office) που περιλαμβάνουν τέσσερις ημέρες επιπλέον άδεια το χρόνο καθώς και ημερήσιο επίδομα μέχρι πέντε ευρώ.

Και θυμήθηκα ότι το 1986, όπως είχε αποκαλύψει τότε η εφημερίδα «Το Βήμα» (12 Οκτωβρίου 1986), απουσίαζαν μετ' αποδοχών 1.000 περίπου υπάλληλοι της ΔΕΗ κάθε ημέρα (οι δε 800 και πλέον συνδικαλιστές της χωρίς να εργάζονται να εισέπρατταν «υπερωρίες»).

Θυμήθηκα ότι στις 16 Ιανουαρίου 1990, δημοσιεύθηκε στις εφημερίδες Περίληψη Διακήρυξης Διαγωνισμού για την κατασκευή κτιρίου του «Προμηθευτικού Συνεταιρισμού» των εργαζόμενων της ΔΕΗ δαπάνης 33.500.000 δραχμών!

Θυμήθηκα ότι στις 25 Ιανουαρίου 1990, στην εφημερίδα «Έθνος» δημοσιεύθηκε αποκλειστικό ρεπορτάζ στο οποίο αναφερόταν ότι τότε μια βλάβη σε υπόγειο δίκτυο της ΔΕΗ, για την οποία ειδικοί μηχανολόγοι εκτιμούσαν ότι έπρεπε να επιδιορθωνόταν σε 3 - 4 ημέρες, να απασχολούνταν 3-5 άτομα και να κόστιζε 100.000 δραχμές έως 150.000 δραχμές, αποκαταστάθηκε ύστερα από... τέσσερις μήνες, κόστισε 1, 5 εκατ. δραχμές και «εργάσθηκαν» για την επαναλειτουργία του δικτύου στο σημείο όπου εντοπίσθηκε η βλάβη, 21 άτομα!!!

Θυμήθηκα ένα καυστικό, όπως πάντα, άρθρο του «Εύβουλου» στην εφημερίδα «Το Βήμα» (29 Μαΐου 1988) υπό τον τίτλο «Αξιοκρατία και μετριοκρατία» στο οποίο σχολίαζε κυβερνητική ανακοίνωση στην οποία αναγραφόταν ότι «ο υπάλληλος της ΔΕΗ θα παίρνει 3.000 δραχμές για κάθε παιδί και 6.000 δραχμές για κάθε γυναίκα».

Θυμήθηκα ότι για το σχόλιό του αυτό ο «Εύβουλος», με το οποίο ήθελε να καταδείξει το κατάντημα της ελληνικής παιδείας και της ελληνικής γλώσσας, επικαλούνταν τον Θουκυδίδη, ο οποίος έλεγε ότι «ζούμε μετ' απαιδευσίας και βραχύτητος γνώμης» και τον Πλάτωνα, ο οποίος έλεγε «εις τοσούτον ήκομεν απαιδευσίας»!

4 ΜΑΡΤΙΟΥ

Όταν το 2007 η ΓΕΝΟΠ–ΔΕΗ έκανε «κηδεία» της ΔΕΗ επειδή δεν θα... έπαυε να είναι «κρατικομονοπωλιακή»!!!

Σήμερα (4 Μαρτίου 2015) διάβασα ότι είχε συνέχεια το θέμα με τους συνδικαλιστές της ΔΕΗ. Συγκεκριμένα, διάβασα ότι ο κοινοβουλευτικός εκπρόσωπος του ΣΥΡΙΖΑ Νίκος Φίλης σε ανάρτησή του στο Twitter, σημειώνει, μεταξύ άλλων, τα εξής: «Όταν η κυβέρνηση ιδρώνει να βρει ευρώ το ευρώ, τα χρήματα για τα κουπόνια σίτισης των φτωχών στη χώρα μας, είναι προκλητικό να υπογράφεται σύμβαση με τα περιβόητα... "τροφεία" για εργαζομένους, δηλαδή αυξήσεις μισθών από την πίσω πόρτα. Και είναι υποκριτικό, να επικαλούνται τη συμφωνία των κοινωνικών εταίρων, όταν μάλιστα ο εργοδότης είναι δημόσια επιχείρηση. Όλοι κρινόμαστε!».

Και θυμήθηκα ότι αυτό επιδίωκε πάντοτε ο αρχισυνδικαλιστής της ΔΕΗ, ο Ν. Φωτόπουλος, δηλαδή να παραμείνει η ΔΕΗ δημόσια επιχείρηση και μάλιστα χωρίς ανταγωνιστές.

Θυμήθηκα ότι το Μάρτιο του 2007 ο Φωτόπουλος και οι περί αυτόν συνδικαλιστές είχαν εμφανισθεί ως «τεθλιμμένοι συγγενείς» της ΔΕΗ, αναρτώντας μάλιστα και «κηδειόχαρτο» με το οποίο αναγγελλόταν «κηδεία» της δημόσιας επιχείρησης, η οποία «χτυπήθηκε από βόλι για χατίρι των ανταγωνιστών της στις 17 Ιανουαρίου 2006», όπως τονιζόταν στο «κηδειόχαρτο».

Θυμήθηκα ότι όλα αυτά τα έκανε η ΓΕΝΟΠ–ΔΕΗ διότι η τότε κυβέρνηση της Νέας Δημοκρατίας με πρωθυπουργό τον Κώστα Καραμανλή και αρμόδιο υπουργό τον Δημήτρη Σιούφα είχε προωθήσει τις αναγκαίες νομοθετικές πρωτοβουλίες για την απελευθέρωση της αγοράς ενέργειας από τις αρχές του 2006.

Θυμήθηκα ότι στο «κηδειόχαρτο» ως «αδέρφια» της ΔΕΗ εμφανίζονταν τα ασφαλιστικά ταμεία, ο ΟΤΕ, η Ολυμπιακή, ο ΟΣΕ!!!.

Θυμήθηκα ότι στο ίδιο «κηδειόχαρτο» ως «παιδιά» της ΔΕΗ εμφανίζονται ο ελληνικός λαός, οι εργαζόμενοι, οι συνταξιούχοι.

Θυμήθηκα ότι πολλές φορές έως σήμερα ο πρόεδρος της ΓΕΝΟΠ – ΔΕΗ Νίκος Φωτόπουλος απειλούσε όλους τους Έλληνες ότι θα κατέβαζε τους διακόπτες του ηλεκτρικού ρεύματος ακόμα και σε ημέρες καύσωνα και για το λόγο αυτό ήθελε τη ΔΕΗ «κρατικομονοπωλιακή» επιχείρηση... γιατί... «έτσι του άρεσε!».

5 ΜΑΡΤΙΟΥ (1)

Τέσσερις «κωλοτούμπες» από τις εξαγγελίες σε μιαν ημέρα!

Σήμερα (5 Μαρτίου 2015) διάβασα σε εφημερίδες ότι η κυβέρνηση του ΣΥΡΙΖΑ μαζεύει εσπευσμένως όλες σχεδόν τις εξαγγελίες που έχουν δημοσιονομικό κόστος, εν όψει του νέου Eurogroup της Δευτέρας (9 Μαρτίου 2015), όπου ο υπουργός Οικονομικών Γιάνης Βαρουφάκης λέει (έτσι λέει!) θα προσκομίσει, επιτέλους, κοστολογημένα μέτρα.

Και θυμήθηκα τις εξαγγελίες για αλλαγές στη φορολογία ακινήτων και συγκεκριμένα τον ενιαίο φόρο ιδιοκτησίας ακινήτων (ΕΝΦΙΑ), ο οποίος (νέα «κωλοτούμπα») δεν αποκλείεται να διατηρηθεί και το 2015, διότι για να τον αντικαταστήσει η κυβέρνηση θα πρέπει να εξασφαλίσει έσοδα ύψους 2, 65 δισ. ευρώ. Σημειώνω ότι υπουργός Οικονομικών ανέφερε και τα εξής: «Θα κάνουμε ό, τι μπορούμε για να αλλάξουμε τον ΕΝΦΙΑ επί το προοδευτικότερον. Ίσως χρειαστούν 2–3 μήνες. Ένας νόμος αλλάζει μόνο με νόμο. Έως ότου τον αλλάξουμε, θα πρέπει να τον πληρώνουμε. Δεν θα κάνουμε βιαστικές κινήσεις». Μια νέα «εν δυνάμει κωλοτούμπα»!

Θυμήθηκα τη γνωστή θυμόσοφη ελληνική παροιμία: «Ζήσε, μαύρε μου...»

Θυμήθηκα τις εξαγγελίες της αναπληρώτριας υπουργού Οικονομικών Νάντιας Βαλαβάνη και του υπουργού Επικρατείας Αλ. Φλαμπουράρη για το αφορολόγητο όριο 500.000 ευρώ στο νέο φόρο που θα διαδεχθεί τον ΕΝΦΙΑ, για τις νέες αντικειμενικές αξίες, ακόμα και τη ρύθμιση για τις ληξιπρόθεσμες οφειλές, οι οποίες μάλλον τροποποιούνται, διότι το νέο οικονομικό επιτελείο προφανώς διαπιστώνει ότι τα νούμερα δεν «βγαίνουν», εξέλιξη που οφείλεται εν πολλοίς στην κακή πορεία των δημοσίων εσόδων το 2014 και τους δύο πρώτους μήνες του έτους, που είχαν ως αποτέλεσμα να περιοριστεί το πρωτογενές πλεόνασμα από 1, 49% του ΑΕΠ σε 0, 6%. Αναφερόμενος στις αντικειμενικές αξίες, ο υπουργός Οικονομικών σημείωσε ότι κατά τη γνώμη του θα πρέπει να καταργηθούν, ωστόσο υπογράμμισε ότι θα ασχοληθούν με τις αντικειμενικές στον νέο προϋπολογισμό. Κάτι που σημαίνει ότι για φέτος τουλάχιστον δεν πρόκειται να αναπροσαρμοσθούν, παρά την απόφαση του ΣτΕ για αναπροσαρμογή τους στα τέλη Ιουνίου 2015. Μια ακόμα εν δυνάμει «κωλοτούμπα»…

Θυμήθηκα τις εξαγγελίες για το αφορολόγητο όριο και την αναπροσαρμογή του στα 12.000 ευρώ, ενώ τώρα ο Βαρουφάκης είπε ότι θα πάμε βήμα – βήμα έως το τέλος του 2015, παρά τις διαβεβαιώσεις της αρμόδιας υπουργού Νάντιας Βαλαβάνη στις προγραμματικές δηλώσεις ότι θα εφαρμοστεί στα εισοδήματα του 2015. Ωχ, κι άλλη «κωλοτούμπα»!

Θυμήθηκα τις εξαγγελίες για τη ρύθμιση ληξιπρόθεσμων οφειλών, αλλά σήμερα ο Βαρουφάκης είπε ότι ετοιμάζεται το σχετικό νομοσχέδιο σημειώνοντας ότι γίνονται συζητήσεις για το θέμα αυτό με τους εταίρους, οι οποίοι έχουν και μερικές πολύ καλές ιδέες. Και οι «κωλοτούμπες» συνεχίζονται…

5 ΜΑΡΤΙΟΥ (2)

Δικαίωση της θρυλικής «εξίσωσης» Μητσοτάκη «0+0=+14%»!

Σήμερα, το Ημερολόγιό μου δείχνει 5 Μαρτίου 2015.

Και θυμήθηκα ότι πριν από 23 χρόνια, στις 5 Μαρτίου του 1992, ο τότε πρωθυπουργός Κωνσταντίνος Μητσοτάκης «κατάρτισε» τη γνωστή «εξίσωση» 0+0=14%!

Θυμήθηκα ότι σε ομιλία του στη Βουλή είπε για εισοδηματική πολιτική στο Δημόσιο «0+0=14», εννοώντας ότι ακόμα κι αν δοθούν μηδενικές αυξήσεις στους δημόσιους υπαλλήλους το πρώτο και το δεύτερο εξάμηνο, η ουσιαστική μεταβολή του εισοδήματός τους και η αντίστοιχη επιβάρυνση του κρατικού προϋπολογισμού θα είναι τελικά... 14%!

Θυμήθηκα ότι τότε ο Ανδρέας Παπανδρέου, ως αρχηγός της αξιωματικής αντιπολίτευσης, σχολιάζοντας αυτή τη μητσοτάκειο «εξίσωση», σε δηλώσεις στις 5 Μαρτίου του 1992 τόνισε τα εξής: «Θα ήθελα να τονίσω ότι αυτή η αστειότητα την οποία είπε ο κ. Μητσοτάκης ότι «μηδέν συν μηδέν ίσον 12–14%, θα πρέπει να απευθύνεται σε αγράμματους και ανίδεους».

Θυμήθηκα ότι ο Ανδρέας Παπανδρέου, ενώ χαρακτήρισε τη μητσοτάκειο αυτή «εξίσωση» ως «αστειότητα», ο ίδιος δεν απέφυγε τον πειρασμό να «καταστρώσει» τις δικές τους... «εξισώσεις». Είπε τη γνωστή δική του «εξίσωση» «0+0= − 15% (απώλεια εισοδήματος το 1992)! Επίσης, στις 12 Μαρτίου 1992 σε άλλη δήλωσή του «κατέστρωσε» και την ακόλουθη «εξίσωση»: +0+0= −10 (απώλεια εισοδήματος που θα είχαν οι εργαζόμενοι το 1992).

Θυμήθηκα ότι για την «εξίσωση» αυτή ο Κωνσταντίνος Μητσοτάκης μού είχε πει, σε σχετική συζήτηση, μεταξύ άλλων, τα ακόλουθα: «Όταν εγώ είπα 0+0=14% έλεγα μια πολύ απλή αλήθεια: Ότι δίδοντας αύξηση 0, μη δίδοντας καμιά αύξηση, έχω δεδομένη την επιβάρυνση του προϋπολογισμού κατά 14%. Εκ των υστέρων μέτρησα και είδα ότι ήταν 15% και 17%. Ο Μητσοτάκης λέει 0 συν 0 ίσον 14%. Πώς γίνεται αυτή η μαγεία; Η μαγεία γίνεται διότι ακριβώς αυτή ήταν η τελική επιβάρυνση και το ίδιο θα γίνει και εφέτος και το ίδιο θα γίνει και του χρόνου με την εισοδηματική πολιτική. Δεν έχουμε μόνο τις ονομαστικές αυξήσεις. Έχουμε παραπάνω αυξήσεις …».

Θυμήθηκα ότι τότε ο Κωνσταντίνος Μητσοτάκης εννοούσε στο «14%» τις ωριμάνσεις και άλλα επιδόματα!!!

Θυμήθηκα ότι τα στοιχεία του προϋπολογισμού του 1992 σχεδόν δικαίωσαν την «εξίσωση» του Κωνσταντίνου Μητσοτάκη, αφού κατά το έτος αυτό οι δαπάνες για μισθούς και συντάξεις των δημόσιων υπαλλήλων παρουσίασαν αύξηση κατά 10, 9%!!!

6 ΜΑΡΤΙΟΥ

Ο Φλαμπουράρης σήκωσε… φλάμπουρο κατά της Ευρωπαϊκής Κεντρικής Τράπεζας, ζώντας, προφανώς, σε άλλη χώρα…

Σήμερα (6 Μαρτίου 2015) διάβασα ότι ο υπουργός Επικρατείας, υπεύθυνος για τον συντονισμό του κυβερνητικού έργου, Αλέκος Φλαμπουράρης υπογράμμισε ότι η κυβέρνηση έχει ζητήσει τις παραιτήσεις των διοικήσεων των τραπεζών, προσθέτοντας ότι ούτως ή άλλως η κυβέρνηση θα προχωρήσει σε αλλαγές διοικήσεων.

Και θυμήθηκα ότι οι δηλώσεις αυτές του υπουργού Επικρατείας έρχονται σε πλήρη αντίθεση με τις δεσμεύσεις που έχει αναλάβει η κυβέρνηση με την επιστολή του υπουργού Οικονομικών Γιάνη Βαρουφάκη προς τον πρόεδρο του Eurogroup Γερούν Ντάισελμπλουμ με την οποία η ελληνική πλευρά δεσμεύτηκε ότι το τραπεζικό σύστημα θα λειτουργεί με καθαρά εμπορικές – τραπεζικές αρχές. Επίσης, με την επιστολή αυτή οι ελληνικές αρχές δεσμεύτηκαν ότι το ΤΧΣ, σε συνεργασία με τον Ενιαίο Εποπτικό Μηχανισμό, την ΕΚΤ και την Ε.Ε., θα διασφαλίσει τη σταθερότητα του τραπεζικού συστήματος και ότι οι δανειοδοτήσεις θα γίνονται με καθαρά εμπορικά – τραπεζικά κριτήρια.

Θυμήθηκα ότι πριν από λίγες ημέρες ο Ενιαίος Εποπτικός Μηχανισμός της ΕΚΤ δεν ενέκρινε την αλλαγή διοίκησης στην Εθνική Τράπεζα, την οποία επεδίωξε η κυβέρνηση. Αλλά, ο Φλαμπουριάρης σήκωσε... φλάμπουρο κατά της Ευρωπαϊκής Κεντρικής Τράπεζας...

7 ΜΑΡΤΙΟΥ (1)

Απροθυμία του υπουργείου Παιδείας για συμμετοχή Ελλήνων μαθητών σε διαγωνισμό του ΟΟΣΑ...

Σήμερα (7 Μαρτίου 2015) διάβασα ότι η Ελλάδα κινδυνεύει με αποβολή από τον διαγωνισμό PISA του Οργανισμού Οικονομικής Συνεργασίας και Ανάπτυξης (ΟΟΣΑ), αφού ο νέος υπουργός Παιδείας Αριστείδης Μπαλτάς και ο αναπληρωτής του Τάσος Κουράκης –πανεπιστημιακοί και οι δύο– δείχνουν να μην ενδιαφέρονται για το διαγωνισμό αυτό. Σημειώνεται ότι η έρευνα PISA «αξιολογεί κατά πόσο οι γνώσεις και οι δεξιότητες των 15χρονων μαθητών στην Κατανόηση Κειμένου, τα Μαθηματικά και τις Φυσικές Επιστήμες είναι σημαντικές για την πλήρη και ενεργό συμμετοχή τους στις σύγχρονες κοινωνίες», όπως αναφέρει ο ΟΟΣΑ. Ο διαγωνισμός γίνεται από το 2000 ανά τριετία και το 2012 μετείχαν 65 χώρες (34 χώρες–μέλη του ΟΟΣΑ και 31 συνεργαζόμενες) που αντιπροσωπεύουν πάνω από το 80% της παγκόσμιας οικονομίας. Υπενθυμίζεται ότι από την πρώτη υλοποίησή του PISA το 2000, η Ελλάδα δεν έχει ξεκολλήσει από το τέλμα της μετριότητας. Ενδεικτικά, το 2012 η Ελλάδα στα τρία γνωστικά αντικείμενα (Μαθηματικά, Κατανόηση Κειμένου, Φυσικές Επιστήμες) κατέλαβε τη 42η θέση επί συνολικά 65 χωρών και την τέταρτη χειρότερη θέση στην Ευρωπαϊκή Ένωση. Όμως, ουδέποτε οι Έλληνες πολιτικοί μελέτησαν σε βάθος τα αποτελέσματα του PISA για αλλαγές στην ελληνική εκπαίδευση.

Και θυμήθηκα πώς έγινε ο χαλασμός στην ελληνική παιδεία μετά το 1977.

Θυμήθηκα ότι πριν από το 1977 οι επιδόσεις των Ελλήνων μαθητών στα σχολεία ήταν σχεδόν άριστες, αφού οι λειτουργικώς αναλφάβητοι μαθητές αποτελούσαν ένα πολύ μικρό ποσοστό.

Θυμήθηκα τη συνεχή κατρακύλα, αφού το 1986 οι λειτουργικώς αναλφάβητοι μαθητές ήταν 36%.

Θυμήθηκα ότι το 1993 οι επιδόσεις των μαθητών χειροτέρευσαν ακόμα περισσότερο σύμφωνα με έρευνα του καθηγητή του Πανεπιστημίου Ιωαννίνων Ο. Μπόλη.

Θυμήθηκα ότι από έρευνα που διενήργησε τον Ιούνιο του 1999 το Παιδαγωγικό Τμήμα του Πανεπιστημίου Αθηνών υπό την εποπτεία της καθηγήτριας Μαρίας Τζάνη, η οποία δημοσιεύθηκε στην εφημερίδα «Τα Νέα» (31 Μαΐου 2000) προέκυπτε ότι οι περισσότεροι από 4.127 μαθητές των τελευταίων τάξεων του Δημοτικού, του Γυμνασίου και του Λυκείου 170 σχολείων που πήραν μέρος στην έρευνα θα είχαν μείνει στην ίδια τάξη, αφού ο μέσος όρος των απαντήσεων που έδωσαν δεν ξεπερνούσε τη βάση (το 10 στην εικοσάβαθμη κλίμακα), ενώ σε πολλές περιπτώσεις δεν έφθανε ούτε στο μισό της.

7 ΜΑΡΤΙΟΥ (2)

Συνεχίζεται η «αλλεργία» για διαγωνισμούς και αξιολόγηση των μαθητών

Σήμερα (7 Μαρτίου 2015) διάβασα πάλι ότι η σημερινή ηγεσία του υπουργείου Παιδείας δήλωσε πως ο διαγωνισμός PISA του ΟΟΣΑ δεν έχει αξιολογηθεί, εάν έχει αποδώσει, δίνοντας έτσι τροφή στους συνδικαλιστές της ΟΛΜΕ και των τοπικών ΕΛΜΕ να κηρύξουν πόλεμο στο διαγωνισμό αυτόν για ιδεολογικούς λόγους και να στηρίζουν το μποϊκοτάζ του.

Και θυμήθηκα τα ίδια ιδεολογικά τερτίπια της συνδικαλιστικής ηγεσίας των εκπαιδευτικών της Πρωτοβάθμιας και Δευτεροβάθμιας Εκπαίδευσης όλων των εποχών, οι οποίοι, τουλάχιστον μετά το 1980, «έβγαζαν σπυράκια» με το άκουσμα των λέξεων «αξιολόγηση», «διαγωνισμός», «βαθμολογία», «εντατικοποίηση σπουδών», «αύξηση των ωρών διδασκαλίας» κλπ.

Θυμήθηκα, για παράδειγμα, ένα άρθρο του δημοσιογράφου και πρώην υπουργού Παιδείας Πέτρου Ευθυμίου στην εφημερίδα «Το Βήμα» (28 Φεβρουαρίου 1988), όπου επισημαίνει μεταξύ άλλων, τα εξής: «Διάφοροι κύκλοι της εκπαιδευτικής πρωτοπορίας είχαν αναπτύξει όλες τις αρνητικές παραμέτρους του συστήματος της βαθμολογίας: ότι αποτελεί πρόγευση της ταξικής κοινωνίας της διαρκούς αξιολόγησης, ότι αποτελεί διαπαιδαγώγηση του παιδιού στον κοινωνικό ανταγωνισμό, ότι διασπά το αξιολογικό περιεχόμενο της εκπαίδευσης, ότι έχει αρνητικές συνέπειες στην παιδική ψυχολογία και ότι η κατάργησή της είναι η εισαγωγή του σοσιαλιστικού ιδεώδους στο σχολείο, προστασία του παιδιού από την καπιταλιστική αγριότητα και η εξασφάλιση μιας δόσης δημιουργικής συμμετοχής στο μη καταναγκαστικό σχολείο...»

Θυμήθηκα ένα άρθρο του καθηγητή Δημήτρη Μαρωνίτη στην εφημερίδα «Το Βήμα» (20 Μαρτίου 1988), στο οποίο αναφέρει, μεταξύ πολλών άλλων, τα εξής: «Η στοιχειώδης εκπαίδευση, ενώ παραμένει αμήχανη ακόμη μπροστά στο τεράστιο πρόβλημα του αναλφαβητισμού, επιδίδεται σε θεματικές ασκήσεις μοντερνισμού και μεταμοντερνισμού, τόσο ως προς τη μέθοδο διδασκαλίας, όσο και ως προς τις παιδαγωγικές αρχές... Από τη δική του πλευρά, ο εκπαιδευτικός κόσμος (δάσκαλοι και μαθητές), αντί να εκπονεί δικές του συγκροτημένες προτάσεις για τη λύση των εκπαιδευτικών προβλημάτων και να τις ιεραρχεί σε ορθολογικό πλάνο εφαρμογής των, αναπαράγει «φιλοεκπαιδευτικές» συνταγές των κομμάτων, που η δηλωμένη ή αδήλωτη σκοπιμότητά τους είναι κατά κανόνα η ψηφοθηρία στο χώρο της σπουδάζουσας, όπως λέγεται, νεολαίας...»

8 ΜΑΡΤΙΟΥ

Χρ. Γιανναράς: «Από την ψευδαίσθηση αξιοπρέπειας των Σαμαρά –Βενιζέλου, στη ντροπή του Βαρουφάκη»

Σήμερα (8 Μαρτίου 2015) διάβασα ένα, πάλι εκπληκτικό, άρθρο του καθηγητή Χρήστου Γιανναρά στην εφημερίδα «Καθημερινή» (8 Μαρτίου 2015) από το οποίο παραθέτω αμέσως την πρώτη παράγραφο: «Η λογική του κ. Σόιμπλε, λογική του Ευρωπαίου, είναι απλή, «τετράγωνη». Μας λέει στους Έλληνες: Ζητήσατε και επιμείνατε να γίνετε δεκτοί στην Ευρωπαϊκή Ένωση. Επικαλεστήκατε λόγους πολιτικούς και ιστορικούς. Δεν άργησε να φανεί ότι το μόνο που πραγματικά σάς ενδιέφερε, ήταν το χρήμα. Η πρώτη εικοσαετία της μετοχής σας στην Ευρωπαϊκή Ένωση ήταν για σας ένα ξέφρενο πανηγύρι. Ποτέ στην ιστορία του νεωτερικού ελλαδικού κράτους δεν είχαν εισρεύσει τέτοιοι πακτωλοί χρημάτων στη χώρα σας. Σας χαρίστηκαν οι πακτωλοί από την Ευρωπαϊκή Ένωση, για να κατορθώσετε τη σύγκλιση της οικονομίας σας με τις οικονομίες των ευρωπαϊκών κοινωνιών...»

Στη συνέχεια παραθέτω την τρίτη και τέταρτο παράγραφο: «Ύστερα από είκοσι χρόνια ήταν πια φανερό ότι το συντριπτικά μεγαλύτερο μέρος αυτής της πρωτοφανούς στην Ιστορία χρηματοδότησης μοιράστηκε από τα κόμματα στους πολίτες για να εξαγοράζεται η ψήφος τους. Η Ελλάδα έμεινε κολλημένη στην ίδια παραγωγική μιζέρια και κακομοιριά, αλλά οι Έλληνες έγιναν πλούσιοι, με επίπεδο καθημερινού βίου ασύγκριτο με αυτό των υψηλής παραγωγικότητας ευρωπαϊκών κοινωνιών. Πολυτελή αυτοκίνητα, σπίτι εξοχικό για όλους, εκπληκτικοί δείχτες κατανάλωσης ποτών, κοσμημάτων, ειδών πολυτελούς αμφίεσης – ώς και στις πιο μικρές πόλεις της υπαίθρου ξεφύτρωσαν «μπουτίκ» με άκρως εξεζητημένα προϊόντα της επικαιρικής διεθνούς μόδας.. Όμως οι δανειστές σας πρέπει να πάρουν πίσω τα λεφτά τους...»

Και τελειώνω με τον επίλογο: «Επειδή, λοιπόν, το ζητούμενο είναι ανέφικτο, στην τετράγωνη λογική της «Ευρώπης» σήμερα θα συνεχίσουμε να αντιτάσσουμε τη μεταπρατική μας ανεπάρκεια (όπως θα έκανε και κάθε άλλη τριτοκοσμική απομίμηση του τυπικού προϊόντος της Δύσης, που είναι το έθνος – κράτος): Ή τον επαρχιωτισμό της επιδεικτικής ευφυΐας του κ. Βαρουφάκη ή τη μικρόνοια της ιδιοτέλειας του διδύμου Σαμαρά – Βενιζέλου. Στην πρώτη περίπτωση εισπράττουμε, τουλάχιστον, ψευδαίσθηση αξιοπρέπειας, στη δεύτερη μόνο ντροπή».

Και θυμήθηκα όλα αυτά που από το 1970 σχολίαζα στις εφημερίδες, όπου εργαζόμουνα ή διηύθυνα και τα πάμπολλα βιβλία που έγραψα και κυκλοφόρησα για το «Πολιτικό και Οικονομικό Δράμα της Ελλάδος», το οποίο σκιαγραφεί τώρα μελαγχολικά ο Χρήστος Γιανναράς, που δεν είναι οικονομολόγος!

9 ΜΑΡΤΙΟΥ

Ο Τσίπρας άρχισε τις «μεταρρυθμίσεις» με επανίδρυση της ΕΡΤ, όπως και ο Σαμαράς το 2013 με την ίδρυση της ΝΕΡΙΤ!

Σήμερα (9 Μαρτίου 2015) διάβασα ότι με νομοσχέδιο, που δόθηκε για διαβούλευση έως την προσεχή Πέμπτη (12 Μαρτίου 2015), επανιδρύεται η ΕΡΤ (είχε μετονομασθεί σε ΝΕΡΙΤ ΑΕ στις 11 Ιουνίου 2013), με την επαναπρόσληψη του προσωπικού, το οποίο απασχολείτο έως τις 11 Ιουνίου

2013 στην τότε Ε.Ρ.Τ. Α.Ε. και τη συνέχιση της είσπραξης υπέρ της Ε.Ρ.Τ. Α.Ε. του γνωστού «ανταποδοτικού τέλους» ύψους τριών ευρώ.

Και θυμήθηκα το ακόλουθο σχόλιο που δημοσιεύθηκε στην εφημερίδα «Καθημερινή» «(12 Σεπτεμβρίου 1989): «Το ερώτημα που θα πρέπει να απασχολήσει την κοινή γνώμη είναι με ποιο δικαίωμα η ΠΡΟΣΠΕΡΤ (συνδικαλιστική οργάνωση της ΕΡΤ) των 100 κηπουρών, των απειράριθμων φυλάκων, θυρωρών και δακτυλογράφων που δεν ξέρουν να γράφουν στη γραφομηχανή, αποστερεί από μας, τον ελληνικό λαό το δικαίωμά του να παρακολουθούμε τηλεοπτικές εκπομπές για τις οποίες πληρώνουμε αδρά και υποχρεωτικά την ΕΡΤ με τους λογαριασμούς της ΔΕΗ. Μήπως έφθασε επιτέλους η στιγμή να πάψουμε να ανεχόμαστε τους εκβιασμούς των κάθε είδους συντεχνιών;»».

Θυμήθηκα ότι ο τότε πρωθυπουργός Αντώνης Σαμαράς σε ομιλία του στην εκδήλωση της Ευρωπαϊκής Τράπεζας Επενδύσεων χαρακτήρισε την απόφαση για το κλείσιμο της ΕΡΤ στις 11 Ιουνίου 2013 και την ίδρυση μιας άλλης δημόσιας ραδιοτηλεόρασης ως «σημαντική μεταρρύθμιση» με συνέχιση της είσπραξης του χαρατσιού (λέγεται ανταποδοτικό τέλος !) των 300 εκατ. ευρώ από τα ελληνικά νοικοκυριά!

Θυμήθηκα ότι τότε, με το «μαύρο» στην ΕΡΤ ΑΕ και την ίδρυση της ΝΕΡΙΤ ΑΕ αποζημιώθηκαν όλοι οι υπάλληλοι της δημόσιας τηλεόρασης που απολύθηκαν (και οι... κηπουροί προφανώς!), οι οποίοι τώρα με τη «μεταρρύθμιση» Τσίπρα επαναπροσλαμβάνονται...

Θυμήθηκα ότι στις 31 Μαρτίου του 1994 δημοσιεύθηκε στην Εφημερίδα της Κυβερνήσεως ο Νόμος 2190/1994, γνωστός ως «Νόμος Πεπονή», ο οποίος περιελάμβανε και διατάξεις για την απόλυση κομματικών φίλων της Νέας Δημοκρατίας και την επαναπρόσληψη κομματικών φίλων του ΠΑΣΟΚ, οι οποίοι απολύθηκαν από την κυβέρνηση της Νέας Δημοκρατίας.

Θυμήθηκα ότι τότε το σύνολο των υπαλλήλων που θα απολύονταν από το ΠΑΣΟΚ υπολογιζόταν ότι ανερχόταν σε... 22.601 άτομα, από τα οποία 6.652 άτομα στη ΔΕΗ!

10 ΜΑΡΤΙΟΥ

Κατοχικά δάνεια: 70 χρόνια «στρίβειν δια διακομματικών επιτροπών» και ολιγωριών

Σήμερα (10 Μαρτίου 2015) άρχισε νωρίτερα στη Βουλή η συζήτηση επί της προτάσεως της προέδρου της Βουλής Ζωής Κωνσταντοπούλου για την ανασύσταση και αναβάθμιση της Κοινοβουλευτικής Επιτροπής Διεκδίκησης των Γερμανικών Οφειλών με τον πρωθυπουργό Αλ. Τσίπρα να εκφράζει την ισχυρή πρόταση της κυβέρνησης να διεκδικήσει η χώρα μας τις γερμανικές οφειλές από την περίοδο της ναζιστικής κατοχής.

Και θυμήθηκα τον αείμνηστο καθηγητή μου και ακαδημαϊκό Άγγελο Αγγελόπουλο, ο οποίος σε συζητήσεις μαζί του μού είχε επισημάνει ότι από το 1945 είχε θέσει, με τη δημοσίευση του βιβλίου του «Το οικονομικό πρόβλημα της Ελλάδος», με στοιχεία και αριθμούς, το θέμα της πληρωμής των δανείων που είχαν πάρει στην Κατοχή οι Γερμανοί και οι Ιταλοί με τη μορφή πιστώσεων.

Θυμήθηκα ότι μού είχε πει πως από το Σεπτέμβριο του 1947 είχε υποβάλει μελέτη στο Διεθνές Στατιστικό Συνέδριο, που πραγματοποιήθηκε στην Ουάσινγκτον, στην οποία ανέλυε το θέμα αυτό και παρουσίαζε τους υπολογισμούς του ως προς τις απαιτήσεις εκ μέρους της Ελλάδος, ενώ με επανειλημμένα άρθρα του είχε επαναφέρει τα κατοχικά δάνεια και είχε προτείνει τη ρύθμιση και του προπολεμικού χρέους της χώρας μας.

Θυμήθηκα ότι, όπως μού είχε πει ο Άγγελος Αγγελόπουλος, το θέμα αυτό επανήλθε με άρθρο του στο περιοδικό «Νέα Οικονομία» το Μάιο του 1964 με τη μελαγχολική διαπίστωση ότι για τα κατοχικά δάνεια δεν είχε αναλάβει έως τότε καμιά ελληνική κυβέρνηση πρωτοβουλία για την απόδοσή τους από τους Γερμανούς.

Θυμήθηκα ότι είχε προηγηθεί άρθρο του στην εφημερίδα «Βήμα» (17 Απριλίου 1964), όπου εκτιμούσε ότι η Γερμανία και η Ιταλία όφειλαν στην Ελλάδα 400 εκατ. δολάρια.

Θυμήθηκα ότι στο περιοδικό «Νέα Οικονομία» (Μάϊος 1964) είχε δημοσιευθεί και επιστολή του διοικητή της Τράπεζας της Ελλάδος κατά την Κατοχή Σπ. Χατζηκυριάκου, στην οποία ανέφερε ότι οι Γερμανοί είχαν αποδεχθεί σε ιδιωτική συζήτηση οφειλόμενο ποσό από δάνεια 38 εκατ. χρυσών λιρών, το οποίο όμως θεωρούσε ότι ήταν πολύ μικρότερο από το πραγματικό.

11 ΜΑΡΤΙΟΥ

Με σύσταση πολυάνθρωπης ομάδας εργασίας άρχισε το έργο της και η κυβέρνηση Τσίπρα, όπως και όλες οι προηγούμενες κυβερνήσεις!

Σήμερα (11Μαρτίου 2015) διάβασα ότι συγκροτήθηκε στο υπουργείο Υγείας μια πολυάνθρωπη Ομάδα Εργασίας για τη μελέτη της υφιστάμενης νομοθεσίας και τον εντοπισμό των προβλημάτων αναφορικά με την πρόσβαση των ανασφάλιστων πολιτών στις δημόσιες δομές υγείας. Το πόρισμά της Ομάδας θα παραδοθεί μέχρι το τέλος του Μαρτίου, προκειμένου «να αποτελέσει τη βάση για τις απαιτούμενες νομοθετικές και πολιτικές παρεμβάσεις, ώστε να διασφαλιστεί η άρση των αποκλεισμών από την υγειονομική περίθαλψη», σύμφωνα με τον αναπληρωτή υπουργό Υγείας Ανδρέα Ξανθό.

Και θυμήθηκα ότι αυτή η ομάδα εργασίας ή επιτροπή είναι μία από τις... δεκάδες που συγκροτήθηκαν τα τελευταία εξήντα χρόνια. Η πρώτη είχε συγκροτηθεί το ... 1958 και τα συμπεράσματά της δόθηκαν στη δημοσιότητα το 1959 σε 264 σελίδες!

Θυμήθηκα μία ακόμα ειδική επιτροπή που συγκρότησε ο τότε υπουργός Εργασίας τον Οκτώβριο του 2011 (νέα κυβέρνηση ΠΑΣΟΚ υπό τον Γιώργο Παπανδρέου) Γιώργος Κουτρουμάνης, η οποία είχε ως σκοπό να επανεξετάσει όλα τα κοινωνικά–προνοιακά επιδόματα και τις προϋποθέσεις της χορήγησης τους.

Θυμήθηκα ότι, ενώ προεκλογικά το ΠΑΣΟΚ, ως αντιπολίτευση, είχε εξαγγείλει την κατάργηση των διάφορων πολυπίκοιλων και πολυώνυμων επιτροπών και ως νέα κυβέρνηση κυκλοφόρησε μάλιστα και σχετική εγκύκλιο, σε μια μόλις ημέρα (26 Οκτωβρίου 2009) ανακοίνωσε τη σύσταση... δύο ειδικών επιτροπών για τις... κατεδαφίσεις και την επιτάχυνση απόδοσης των συντάξεων!

Θυμήθηκα ότι τον Ιούνιο του 2006 ο τότε υπουργός Οικονομίας και Οικονομικών Γιώργος Αλογοσκούφης ανακοίνωσε τη σύσταση ειδικής επιτροπής για τη σύνταξη τεχνικής έκθεσης για το ασφαλιστικό πρόβλημα.

Θυμήθηκα την Επιτροπή Φακιολά το 1992, την Επιτροπή Τζουμάκα το 1992 (συμμετείχαν μόνο στελέχη του ΠΑΣΟΚ), την Επιτροπή Σπράου το 1996 και την ειδική Επιτροπή που ανακοίνωσαν ο τότε υπουργός Εθνικής Οικονομίας Γιάννος Παπαντωνίου και ο υφυπουργός Εργασίας και Κοινωνικών Ασφαλίσεων Μιλτιάδης Παπαϊωάννου την 1η Απριλίου 1999, όλες για τη μελέτη του κοινωνικοασφαλιστικού προβλήματος..

Θυμήθηκα ότι τον Ιούνιο του 2001 ο τότε υπουργός Εργασίας Τάσος Γιαννίτσης είχε προχωρήσει στη συγκρότηση ειδικής επιτροπής εμπειρογνωμόνων για το ασφαλιστικό.

12 ΜΑΡΤΙΟΥ (1)

Μα, θα εφαρμόσει ο Τσίπρας τη σκληρή («νεοφιλελεύθερη»!) τεχνογνωσία του ΟΟΣΑ για τις μεταρρυθμίσεις;

Σήμερα (12 Μαρτίου 2015) διάβασα ότι ο πρωθυπουργός Αλέξης Τσίπρας και ο πρόεδρος του Οργανισμού Οικονομικής Συνεργασίας και Ανάπτυξης (ΟΟΣΑ) Άνχελ Γκουρία θα υπογράψουν συμφωνία με την οποία ο διεθνής οργανισμός θα αναλάβει να δώσει τεχνογνωσία στην ελληνική πλευρά για το σχεδιασμό και την εφαρμογή των μεταρρυθμίσεων στην Ελλάδα.

Και θυμήθηκα τόσα πολλά που εκπλήσσομαι για τη συμφωνία αυτή του ΟΟΣΑ με την κυβέρνηση του ΣΥΡΙΖΑ, αφού ο διεθνής οργανισμός επί δεκαετίες απηύθυνε συνεχώς συστάσεις για την προώθηση σκληρών μεταρρυθμίσεων στη χώρα μας.

Θυμήθηκα, για παράδειγμα, την κατάληξη της έκθεσης του ΟΟΣΑ για την ελληνική οικονομία, η οποία δόθηκε στη δημοσιότητα αρχές Μαΐου του 1987 και η οποία περιείχε εκτιμήσεις για την πορεία του προγράμματος σταθεροποίησης της οικονομίας του ΠΑΣΟΚ καθώς και προτάσεις μέτρων για την αποτελεσματικότερη εξυγίανση στον τομέα της υπερκατανάλωσης, της φοροδιαφυγής, των δημόσιων ελλειμμάτων, των επενδύσεων και των προβληματικών επιχειρήσεων. Τότε στην έκθεση αυτή επισημαίνονταν, μεταξύ άλλων, τα εξής: «Το σταθεροποιητικό πρόγραμμα επέτυχε να ανατρέψει τις προηγούμενες μη ικανοποιητικές τάσεις και επιπλέον συνέβαλε σημαντικά στη βελτίωση του κλίματος εμπιστοσύνης του επιχειρηματικού κόσμου. Ωστόσο, μετά την εκπνοή του προγράμματος θα παραμείνουν οι υφιστάμενες μακροοικονομικές ανισορροπίες. Υπό αυτές τις συνθήκες θα πρέπει να εξακολουθήσουν να ισχύουν περιοριστικές πολιτικές στους τομείς της ζήτησης και της διαχείρισης. Ο βαθμός και η διάρκεια αυτού του περιορισμού θα εξαρτηθεί σημαντικά από την πρόοδο που θα σημειωθεί στην άρση δομικών και θεσμικών εμποδίων προς όφελος μιας σχετικής μετατόπισης των πόρων από το δημόσιο προς τον ιδιωτικό τομέα».

Θυμήθηκα, πάλι, την έκθεση του ΟΟΣΑ για την ελληνική οικονομία, η οποία δόθηκε στη δημοσιότητα το Δεκέμβριο του 1989 και η οποία κατέληγε ως εξής: «Για το σκοπό αυτό (σ.σ. την επίτευξη των προτεινόμενων μέτρων, δηλαδή ιδιωτικοποίηση, κατάργηση ΑΤΑ, ανάγκη εξυγίανσης του κοινωνικοασφαλιστικού συστήματος κ.λπ.), χρειάζεται ισχυρή θέληση και συναίνεση...»

12 ΜΑΡΤΙΟΥ (2)

Μα, πώς δέχθηκε ο Τσίπρας να αξιολογεί την απόδοση των μεταρρυθμίσεων ο σκληρός ΟΟΣΑ;

Σήμερα (12 Μαρτίου 2015) διάβασα, επίσης, ότι με τη συμφωνία ο ΟΟΣΑ θα αναλάβει να βοηθήσει μακροπρόθεσμα την ελληνική πλευρά να εφαρμόσει και να αξιολογεί όχι μόνο την πορεία των μεταρρυθμίσεων, αλλά και την απόδοσή τους.

Και τί δεν θυμήθηκα και με έπιασε «κρύος ιδρώτας»!

Θυμήθηκα την έκθεση του ΟΟΣΑ, η οποία δόθηκε στη δημοσιότητα στις αρχές Φεβρουαρίου 1990 και η οποία συνοδευόταν από μελαγχολικά στοιχεία για τη χαμένη δεκαετία κατά τομείς. Τόνιζε μεταξύ άλλων: «Κατά τη δεκαετία του 1980 η απόδοση της ελληνικής οικονομίας υπήρξε μία από τις λιγότερο καλές μεταξύ των χωρών του ΟΟΣΑ».

Θυμήθηκα την έκθεση του ΟΟΣΑ του Φεβρουαρίου 1990, η οποία επεσήμαινε, μεταξύ άλλων, τα εξής: «Το βαθύτερο πρόβλημα της χώρας μας από το οποίο ξεκινούν οι αρνητικές μακροοικονομικές εξελίξεις είναι η δημογραφική εξέλιξη της Ελλάδος. Τα ασφαλιστικά ταμεία είναι άδεια κυρίως λόγω του δημογραφικού καταποντισμού»

Θυμήθηκα την έκθεση του ΟΟΣΑ, που δόθηκε στη δημοσιότητα το Δεκέμβριο του 1990 στην οποία επισημαίνονταν, μεταξύ άλλων, τα εξής: «Η ελληνική οικονομία θα περάσει μια σημαντική ύφεση, ενώ ελάχιστα θα βελτιώνονται τα μεγέθη της. Συγχρόνως, η ανεργία θα αυξάνεται και το 1992 θα φθάσει στο 9, 4%...»

Θυμήθηκα τα σχόλιά μου που δημοσιεύθηκαν στον «Οικονομικό Ταχυδρόμο» της 8ης Φεβρουαρίου 1990 και που συνόδευαν τη νέα έκθεση του ΟΟΣΑ, στα οποία τόνιζα, μεταξύ άλλων, τα ακόλουθα: «Η έκθεση του ΟΟΣΑ είναι πραγματικός καταπέλτης για την Ελλάδα. Δείχνει καθαρά, με στοιχεία που δεν μπορούν να αμφισβητηθούν, ότι τα σημερινά χάλια μας– και μιλάμε για τραγικά χάλια – ξεκινούν από την αρχή της δεκαετίας του 1980. Όπως γράψαμε την περασμένη εβδομάδα, η οικονομική πολιτική κατά τη δεκαετία του 1980 πήρε την Ελλάδα από την πρώτη θέση της κατάταξης των χωρών – μελών του ΟΟΣΑ και την έβαλε στην τελευταία...».

13 ΜΑΡΤΙΟΥ

Τα «βαφτίσια» του ΣΥΡΙΖΑ ως κυβέρνησης για να δικαιολογήσει τις πρώτες «κωλοτούμπες»

Σήμερα (13 Μαρτίου 2015) διάβασα ότι το όνομα του σχήματος διαπραγμάτευσης της ελληνικής κυβέρνησης με τους «θεσμούς» είναι Brussels Group (BG). Διάβασα ότι η σφοδρή επιθυμία του Μεγάρου Μαξίμου να αφήσει πίσω κάθε αναφορά στην τρόικα και, ταυτόχρονα, να περάσει σημειολογικά το μήνυμα ότι οι εταίροι και δανειστές δεν παρεμβαίνουν «στα του οίκου μας», αλλά τους κρατάμε σε απόσταση, στις Βρυξέλλες, γέννησε τη νέα ονομασία για τη διαπραγμάτευση που εγκαινιάσθηκε χθες. Στο BG συμμετέχουν εκπρόσωποι της Κομισιόν, της ΕΚΤ, του ΔΝΤ, του ESM/ EFSM και, φυσικά, της ελληνικής κυβέρνησης. Βεβαίως, παρά τη σφοδρή επιθυμία της περί του αντιθέτου, η κυβέρνηση δεν επέτυχε να αποφύγει την έλευση τεχνικών κλιμακίων στην Αθήνα, η οποία αναμένεται να αρχίσει τον έλεγχο ήδη από σήμερα. Το Μέγαρο Μαξίμου, πάντως, έσπευσε να επισημάνει ότι θα πρόκειται για χαμηλόβαθμους τεχνικούς συμβούλους, οι οποίοι θα συναντώνται στην Αθήνα με υπαλλήλους ιδίου βαθμού.

Και θυμήθηκα το πρώτο ψέμα του ΣΥΡΙΖΑ αμέσως μετά την ανάδειξή του στην κυβέρνηση στις 25 Ιανουαρίου 2015 για ολιγομελή τάχα κυβέρνηση, η οποία μας προέκυψε πολυμελής.

Θυμήθηκα τότε τον Αριστοτέλη (Αναλυτικά, πρότ. 66α. 16), που έλεγε ότι «Ο δε ψευδής λόγος γίνεται παρά το πρώτον ψεύδος. Με αυτή τη ρήση ήθελε να προφυλάξει από τα κακά συμπεράσματα που ακολουθούν μια πλανεμένη βασική σκέψη και πού αφορά ένα ψέμα που μπορεί να έχει για επακόλουθα και άλλα ψέματα.

Θυμήθηκα ότι δικαιώθηκε πλήρως ο Αριστοτέλης, αφού η ξορκισμένη από τον ΣΥΡΙΖΑ προεκλογικά «τρόικα» «βαφτίστηκε»... «θεσμοί».

Θυμήθηκα πάλι ότι δικαιώθηκε πανηγυρικά ο Αριστοτέλης, αφού το απεχθές προεκλογικά Μνημόνιο «βαφτίστηκε»... «Συμβόλαιο».

Θυμήθηκα ότι δικαιώθηκε πάλι πανηγυρικά ο Αριστοτέλης, αφού τα απεχθή κλιμάκια των ελεγκτών της τρόικας, για τα οποία έλεγε προεκλογικά, αλλά και μετεκλογικά, ότι δεν πρόκειται να πατήσουν το πόδι τους στην Αθήνα, εκείνα επανέρχονται, αφού βαφτίστηκαν» ως «χαμηλόβαθμα» και ως Brussels Group!

Θυμήθηκα, τελικά, τον ευρωβουλευτή του ΣΥΡΙΖΑ Μανώλη Γλέζο,

ο οποίος συμπύκνωσε την αντίδραση στη συμφωνία της κυβέρνησης του ΣΥΡΙΖΑ με τους εταίρους ως εξής: «Βαφτίζουμε το κρέας ψάρι».

14 ΜΑΡΤΙΟΥ

Εις τας καλένδας προεκλογικές εξαγγελίες και του ΣΥΡΙΖΑ...

Σήμερα (14 Μαρτίου 2015) διάβασα το μήνυμα που έστειλε από την Ιταλία ο υπουργός Οικονομικών Γιάνης Βαρουφάκης ότι η κυβέρνηση δεν θα προχωρήσει άμεσα στην πλήρη εφαρμογή των προεκλογικών της εξαγγελιών.

Και θυμήθηκα τα ηχηρά προεκλογικά του προγράμματος που ανακοίνωσε στη Θεσσαλονίκη ο πρόεδρος του ΣΥΡΙΖΑ Αλέξης Τσίπρας στις 14 Σεπτεμβρίου 2014.

Θυμήθηκα ότι, μεταξύ άλλων, δεσμεύτηκε για κατάργηση του ΕΝΦΙΑ.

Θυμήθηκα ότι δεσμεύθηκε για επιστροφή του κατώτατου μισθού στα 751 ευρώ.

Θυμήθηκα ότι δεσμεύθηκε για επιστροφή και του αφορολόγητου στα 12.000 ευρώ για όλους.

Θυμήθηκα ότι δεσμεύθηκε για ενίσχυση των χαμηλόμισθων και των χαμηλοσυνταξιούχων, σε 1, 2 εκατ. από τους οποίους επιστρέφει το δώρο Χριστουγέννων.

Θυμήθηκα ότι δεσμεύτηκε για δωρεάν ρεύμα σε 300.000 νοικοκυριά που βρίσκονται κάτω από το όριο της φτώχειας, 300.000 θέσεις εργασίας σε δημόσιο και ιδιωτικό τομέα, κατάργηση των κατασχέσεων λογαριασμών, ρύθμιση οφειλών σε 84 δόσεις και «σεισάχθεια» για τα «κόκκινα δάνεια».

Θυμήθηκα το Εθνικό Σχέδιο Ανασυγκρότησης, ύψους 2 δισ. ευρώ, με το οποίο ο ΣΥΡΙΖΑ, «θα αντικαταστήσει το Μνημόνιο από τις πρώτες κιόλας μέρες της νέας διακυβέρνησης, προτού και ανεξάρτητα από την έκβαση της διαπραγμάτευσης».

Θυμήθηκα την υπόσχεση για δωρεάν ιατρική περίθαλψη για όλους και δραστική μείωση συμμετοχής στη φαρμακευτική δαπάνη

Θυμήθηκα την υπόσχεση για ειδική κάρτα μετακίνησης με μειωμένη έως συμβολική συμμετοχή, για μακροχρόνια άνεργους και όσους διαβιώνουν κάτω από το όριο της φτώχειας.

Θυμήθηκα τη δέσμευση για κατάργηση της εξίσωσης του ειδικού φόρου κατανάλωσης στο πετρέλαιο θέρμανσης και κίνησης.

Θυμήθηκα όλα αυτά που είχε τονίσει ο Τσίπρας για τις εκλογές. «Ζητάμε άμεση προσφυγή στη λαϊκή ετυμηγορία και ισχυρή εντολή διαπραγμάτευσης με στόχο, μεταξύ άλλων, τη διαγραφή του μεγαλύτερου μέρους της ονομαστικής αξίας του χρέους, ώστε να γίνει βιώσιμο...»

Θυμήθηκα πολλά, αλλά...

15 ΜΑΡΤΙΟΥ

Συνεχίζεται η κατάθεση άσχετων τροπολογιών στη Βουλή και επί ΣΥΡΙΖΑ

Σήμερα (15 Μαρτίου 2015) διάβασα ότι έως χθες το απόγευμα είχαν κατατεθεί έξι τροπολογίες, από τις οποίες οι περισσότερες είναι «άσχετες» με το υπό ψήφιση σχέδιο νόμου για την ανθρωπιστική κρίση, όπως, για παράδειγμα: 1) «Θέματα οργάνωσης και λειτουργίας των υπηρεσιών της Προεδρίας της Δημοκρατίας», 2) «Ρυθμίσεις σχετικά με την καταβολή φορολογικών οφειλών, άμεση απόδοση των χρηματικών διαθεσίμων του ΤΧΣ στο ελληνικό Δημόσιο και την αξιοποίηση των κεφαλαίων των ΝΠΔΔ και των ασφαλιστικών φορέων». 3) «Ρυθμίσεις θεμάτων που αφορούν κανόνες σύναψης δημοσίων συμβάσεων έργων, προμηθειών και υπηρεσιών». 4) «Ρυθμίσεις θεμάτων ΝΕΡΙΤ». Σημειώνεται ότι μία ημέρα νωρίτερα, ο αναπληρωτής υπουργός Υγείας Ανδρέας Ξανθός προανήγγειλε ακόμα 14 τροπολογίες, όταν το νομοσχέδιο συζητηθεί στην Ολομέλεια.

Και θυμήθηκα ότι ο ΣΥΡΙΖΑ προεκλογικά ξόρκιζε με λύσσα τις άσχετες τροπολογίες σε νομοσχέδια.

Θυμήθηκα το όργιο με τις 100 «οικουμενικές» ψηφοθηρικές τροπολογίες της... ντροπής, που κατατέθηκαν στη Βουλή στις 7 Μαρτίου του 1990 κατά τη συζήτηση νομοσχεδίου, το οποίο έφερε, κατ᾽ ευφημισμόν, τον τίτλο «Μέτρα για την περιστολή της φοροδιαφυγής κλπ».

Θυμήθηκα ότι τότε η νύχτα αυτή, κατά την οποία έγινε η συζήτηση του νομοσχεδίου, χαρακτηρίσθηκε ως «άγρια νύχτα των χαμένων ρουσφετιών» ή ως «νύχτα ντροπής για τον κοινοβουλευτικό θεσμό».

Θυμήθηκα ότι τότε διαπιστώθηκε ότι πολλές τροπολογίες κατατέθηκαν ίδιες και απαράλλακτες από βουλευτές και των τριών κομμάτων!

Θυμήθηκα πολλά και αγανακτώ...

16 ΜΑΡΤΙΟΥ (1)

Συνεχίζει και ο ΣΥΡΙΖΑ την επονείδιστη τακτική της «περαίωσης» ληξιπρόθεσμων οφειλών προς το Δημόσιο...

Σήμερα (16 Μαρτίου 2015) διάβασα ότι η αναπληρώτρια υπουργός Οικονομικών Νάντια Βαλαβάνη κατέθεσε χθες ρύθμιση–εξπρές για την αποπληρωμή παλαιών ληξιπρόθεσμων οφειλών στο νομοσχέδιο για την ανθρωπιστική κρίση, με στόχο να τονωθούν τα δημόσια έσοδα. Η ρύθμιση θα τεθεί σε ισχύ με τη δημοσίευση του νόμου στο ΦΕΚ και θα λήξει στις 27 Μαρτίου. Η έκτακτη ρύθμιση των 10 ημερών προβλέπει τη διαγραφή έως και του 100% των προσαυξήσεων ανάλογα με το ποσό που θα καταβάλουν οι οφειλέτες.

Και θυμήθηκα ότι η απόφαση αυτή για «ρύθμιση» παραπέμπει στη γνωστή τακτική όλων των κυβερνήσεων μετά το 1978 για «περαίωση» εκκρεμών φορολογικών υποθέσεων και οφειλών.

Θυμήθηκα ότι η «ρύθμιση» ή η «περαίωση» αυτή είναι ίσως η 100ή τα τελευταία περίπου σαράντα χρόνια.

Θυμήθηκα ότι η πρώτη «περαίωση» ή «ρύθμιση οφειλών» έγινε το 1978 με μια συχνότητα δύο έως τρεις αποφάσεις το χρόνο από όλες τις κυβερνήσεις.

Θυμήθηκα ότι όλες τις αποφάσεις για «περαίωση» τόσο οι κυβερνήσεις της Νέας Δημοκρατίας όσο και του ΠΑΣΟΚ τις χαρακτήριζαν ως «άδικες» και τις ξόρκιζαν, αλλά όταν γίνονταν κυβέρνηση, όπως τώρα ο ΣΥΡΙΖΑ, το πρώτο μέτρο που ελάμβαναν είναι αυτό της πρόσκλησης των φοροφυγάδων για ρύθμιση οφειλών τους προς το Δημόσιο.

Θυμήθηκα τις συνεχείς επισημάνσεις όλων σχεδόν των διοικήσεων της Τράπεζας της Ελλάδος, οι οποίες στις ετήσιες εκθέσεις τους επαναλάμβαναν στερεοτύπως τα ακόλουθα μετά το 1981: «Επισημαίνεται, πάντως, ότι η συχνή χρήση του μέτρου της «περαίωσης» των εκκρεμών φορολογικών υποθέσεων αποτελεί μακροχρόνια κίνητρο για την αύξηση της φοροδιαφυγής, καθώς το στοιχείο αυτό τείνει να ενσωματώνεται στις προσδοκίες των φορολογουμένων».

16 ΜΑΡΤΙΟΥ (2)

Δεν υπάρχουν χρήματα για την καταβολή των συντάξεων, όπως και το 1990!

Σήμερα (16 Μαρτίου 2015) διάβασα ότι η διοίκηση του Μετοχικού Ταμείου Πολιτικών Υπαλλήλων του Δημοσίου έστειλε επιστολή «βόμβα» στο υπουργείο Κοινωνικής Ασφάλισης, με την οποία προειδοποιεί ότι τα διαθέσιμα του Ταμείου, με βάση το καταγραφόμενο έλλειμμα, επαρκούν ως το τέλος Μαρτίου για την καταβολή των μερισμάτων του Απριλίου σε 230.000 συνταξιούχους.

Και θυμήθηκα ότι το Φεβρουάριο του 1990 ο τότε υπουργός Οικονομικών Γιώργος Σουφλιάς δήλωνε ότι «τον Απρίλιο το Δημόσιο θα υποχρεωθεί να κάνει στάση πληρωμών και δεν θα είναι σε θέση να πληρώσει μισθούς και συντάξεις»

Θυμήθηκα ότι το 1990 έκθεση του ΟΟΣΑ περιελάμβανε εφιαλτικές διαπιστώσεις για το κοινωνικοασφαλιστικό σύστημα, όπως: «Τα ασφαλιστικά ταμεία είναι άδεια κυρίως λόγω του δημογραφικού καταποντισμού»

Θυμήθηκα ότι στις 16 Φεβρουαρίου 1990 πολλές εφημερίδες έδιναν με τους τίτλους τους στα ρεπορτάζ εφιαλτική εικόνα για την ελληνική οικονομία, όπως: «Αγωνία για χρήματα», «Κυβέρνηση και Τράπεζα της Ελλάδος αναζητούν τρόπους για να πληρώσουν μισθούς, συντάξεις και δώρο Πάσχα».

17 ΜΑΡΤΙΟΥ

Συνάντηση Τσίπρα με Μέρκελ ύστερα από τα προεκλογικά «βρισίδια»!

Σήμερα (17 Μαρτίου 2015) διάβασα ότι, με στόχο να επιτύχει αυτό που διεκδικεί ως «πολιτική λύση» στη χρηματοδοτική ασφυξία της χώρας, ο πρωθυπουργός Αλέξης Τσίπρας μεταβαίνει την επόμενη Δευτέρα (23 Μαρτίου) στο Βερολίνο, όπου θα συναντηθεί με τη Γερμανίδα καγκελάριο Αγκελα Μέρκελ, ύστερα από πρόσκληση της τελευταίας. Πηγές της καγκελαρίας διαμηνύουν ότι δεν θα πρέπει να καλλιεργηθούν προσδοκίες ότι από αυτή τη μία συνάντηση θα προκύψει λύση στα ανοιχτά ζητήματα της διαπραγμάτευσης, αλλά ότι η πρόσκληση είναι μια κίνηση επαναφοράς της συζήτησης στα ζητήματα που έχουν πραγματικά σημασία. «Ο στόχος μας είναι να υλοποιηθεί η συμφωνία της 20ής Φεβρουαρίου και να παραμείνει η Ελλάδα στην Ευρωζώνη. Η καγκελάριος θα επαναλάβει στον πρωθυπουργό τη στήριξη της Γερμανίας στο ζήτημα», καταλήγουν.

Και θυμήθηκα τη θυμόσοφη λαϊκή ρήση «η γλώσσα κόκαλα δεν έχει και κόκαλα τσακίζει».

Θυμήθηκα, για παράδειγμα, τί «έσουρνε» στην Μέρκελ ο Τσίπρας ως αρχηγός της αξιωματικής αντιπολίτευσης.

Θυμήθηκα, τί έλεγε στις 14 Σεπτεμβρίου 2014 ο Τσίπρας κατά την παρουσίαση στη Θεσσαλονίκη του προγράμματος του ΣΥΡΙΖΑ. «Όχι μόνο δε λογαριάζουν το κόστος των επιλογών τους, αλλά επιμένουν να αρνούνται πεισματικά να υπερασπιστούν τα εθνικά μας συμφέροντα στα διεθνή φόρα. Με κορυφαίο γεγονός την ανιστόρητη στάση της Ελλάδας στη κρίσιμη ψηφοφορία στη Γενική Συνέλευση του ΟΗΕ για τη προστασία της εθνικής κυριαρχίας και υπόστασης των υπερχρεωμένων κρατών, από τα κοράκια της Διεθνούς κερδοσκοπίας. Εκεί όπου απομονώθηκε φανερά η Γερμανία της κας Μέρκελ»..

Θυμήθηκα ακόμα τί «έσουρνε» στη Μέρκελ κατά την κνετρική προεκλογική του ομιλία στις 22 Ιανουαρίου 2015 ο Τσίπρας. «Δεν πρόκειται να δεχθούμε αντιπροσώπους των απόψεων της Μέρκελ στο πιλοτήριο της χώρας. Δεν θα συγκυβερνήσουμε παρέα με τους εντεταλμένους του Μνημονίου, παλαιότερους και νεότερους, γιατί κάτι τέτοιο μόνο αστάθεια, μόνο ανωμαλία και απογοήτευση θα προκαλούσε».

Θυμήθηκα τί είπε, επίσης, στην ίδια ομιλία του ο Τσίπρας. «Την Κυριακή δεν μιλούν οι δανειστές και οι εκπρόσωποί τους στην Ελλάδα. Την Κυριακή μιλά ο ελληνικός λαός».

18 ΜΑΡΤΙΟΥ

Και ο ΣΥΡΙΖΑ ρίχνει τα έσοδα από αποκρατικοποιήσεις στον τρύπιο Πίθο της Κοινωνικής Ασφάλισης

Σήμερα (18 Μαρτίου 2015) διάβασα ότι η αναπληρώτρια υπουργός Οικονομικών Νάντια Βαλαβάνη προανήγγειλε στη Βουλή πως το ΤΑΙΠΕΔ θα μετασχηματιστεί σε Ταμείο Δημόσιου Πλούτου και πως πλέον τα έσοδά του δεν θα αξιοποιούνται για τη μείωση του χρέους, αλλά για τη στήριξη της κοινωνικής ασφάλισης.

Και θυμήθηκα ότι μία τέτοια απόφαση, δηλαδή η διάθεση των ποσών από αποκρατικοποιήσεις για την κάλυψη ελλειμμάτων της κοινωνικής ασφάλισης, επηρεάζει το θέμα της βιωσιμότητας του χρέους, το οποίο αποτελεί μείζον ζήτημα για το Διεθνές Νομισματικό Ταμείο (ΔΝΤ) και, συνεπώς, μονομερή ενέργεια, η οποία αντίκειται προς τις αποφάσεις του τελευταίου Eurogroup!

Θυμήθηκα ότι όλες σχεδόν οι διοικήσεις της Τράπεζας της Ελλάδος μετά το 1985 τόνιζαν ότι οι αποκρατικοποιήσεις, πέρα από διαρθρωτικό μέσο, αποτελούν, όπως και το πρωτογενές πλεόνασμα, ένα σημαντικό παράγοντα για τη μείωση του δημόσιου χρέους.

Θυμήθηκα ότι ο κρατικός προϋπολογισμός παρουσίαζε πρωτογενή πλεονάσματα συνεχώς από το 1991 έως και το 2006, αλλά το δημόσιο χρέος κάλπαζε συνεχώς, λόγω μακροοικονομικών ανισορροπιών και χρόνιων στρεβλώσεων, όπως είναι τα ελλείμματα των δημόσιων επιχειρήσεων και οργανισμών! Τα πρωτογενή αυτά πλεονάσματα ήταν υψηλά μετά το 1994 έως και το 2002 (ρεκόρ σημειώθηκε το 1999: 7, 2% του ΑΕΠ) και ισχνά από το 2004 έως το 2006.

Θυμήθηκα ότι, παρά την προκλητική αυτή ευνοϊκή συγκυρία, το χρέος κάλπαζε συνεχώς από έτος σε έτος. Τα αίτια της κακοδαιμονίας αυτής αναζητούνται στη συμφορά της λειτουργίας και συντήρησης ζημιογόνων δημόσιων επιχειρήσεων από τον προϋπολογισμό και από τα έσοδα από αποκρατικοποιήσεις (αυτό που κάνει τώρα και η Βαλαβάνη!!!), οι οποίες εξανέμιζαν κάθε σχεδόν χρόνο την ευνοϊκή συμβολή των πρωτογενών πλεονασμάτων, του υψηλού ονομαστικού ΑΕΠ, των υψηλών εσόδων από αποκρατικοποιήσεις και το χαμηλό σχετικά κόστος δανεισμού, όπως προκύπτει από στοιχεία της Τράπεζας της Ελλάδος.

19 ΜΑΡΤΙΟΥ (1)

Προνομιούχοι οι εργαζόμενοι στη δημόσιο τομέα και σε περίοδο κρίσης, όπως και πριν από 35 χρόνια!

Σήμερα (19 Μαρτίου 2015) διάβασα ότι ένα από βασικά συμπεράσματα της μελέτης των καθηγητών Τάσου Γιαννίτση και Σταύρου Ζωγραφάκη υπό τον τίτλο «Αλληλεγγύη και προσαρμογή στην Ελλάδα της κρίσης» είναι η ετεροβαρής συμμετοχή του ιδιωτικού τομέα σε σχέση με αυτή που είχε ο δημόσιος τομέας στη δημοσιονομική προσαρμογή κατά την περίοδο 2009–2013. Συγκεκριμένα, επισημαίνεται ότι ο μέσος όρος της μείωσης του μισθού στον δημόσιο τομέα την περίοδο 2009–2013 ήταν 8%, όταν στον ιδιωτικό τομέα έφτασε το 19%. Η διαφορά αυτή διεύρυνε περαιτέρω το χάσμα στους μισθούς μεταξύ των δύο τομέων της οικονομίας από το 35% στο 43%.

Και θυμήθηκα μια μελέτη υπό τον τίτλο «Έντονες οι μισθολογικές ανισότητες στην Ελλάδα σε σύγκριση με τη Δ. Ευρώπη» του συνάδελφου Αθανασίου Παπανδρόπουλου και Τ. Σταυρόπουλου, οικονομολόγου –μηχανικού (με τη βοήθεια μικρού επιτελείου βοηθών και ερευνητών), η οποία καταρτίσθηκε υπό την αιγίδα του Εμπορικού και Βιομηχανικού Επιμελητηρίου Αθηνών και η οποία δημοσιεύθηκε στον «Οικονομικό Ταχυδρόμο» πριν από... 35 περίπου χρόνια (11 Δεκεμβρίου 1980).

Θυμήθηκα ότι η μελέτη αυτή διαπίστωνε πως η μονοπωλιακή κρατική επιχειρηματική δραστηριότητα ήταν αυτή που πλήρωνε καλύτερα.

Θυμήθηκα πάλι ότι σε πολλές δημόσιες επιχειρήσεις το ποσό των δαπανών για αμοιβές αντιπροσώπευε ποσοστό που ξεπερνούσε το 80% των εσόδων, ενώ ο μέσος εθνικός όρος ήταν 42%.

Θυμήθηκα ότι από πλευράς απασχόλησης, αμοιβής, κοινωνικών πλεονεκτημάτων και εγγύησης της μονιμότητας της εργασίας, υπερίσχυαν και τότε των ιδιωτικών οι δημόσιες επιχειρήσεις

19 ΜΑΡΤΙΟΥ (2)

Η δραματική επιστολή Ντελόρ για τα χάλια μας το 1990

Σήμερα, το Ημερολόγιό μου δείχνει 19 Μαρτίου 2015.

Και θυμήθηκα (πώς θα μπορούσα να ξεχάσω μια επονείδιστη ημέρα για τη χώρα μας!) ότι πριν από 25 χρόνια, στις 19 Μαρτίου 1990, ο τότε πρόεδρος της Ευρωπαϊκής Επιτροπής Ζακ Ντελόρ έστειλε στον τότε πρωθυπουργό Ξενοφώντα Ζολώτα επιστολή με δραματικό περιεχόμενο για την κατάσταση της ελληνικής οικονομίας. Από την επιστολή αυτή δημοσιεύω μερικά αποσπάσματα για να θυμόμαστε συνεχώς τα χάλια μας:

«Καθόλου το διάστημα από την είσοδο της χώρας σας στις Ευρωπαϊκές Κοινότητες και μετά, η Κοινότητα κατέβαλε κάθε προσπάθεια για να διευκολύνει την ενσωμάτωση της Ελλάδας, και να τη βοηθήσει να φτάσει στο επίπεδο των πιο ανεπτυγμένων οικονομιών. Η αλληλεγγύη αυτή εκφράστηκε με σημαντικές περιφερειακές και διαρθρωτικές βοήθειες– όπως συνέβη και με άλλες χώρες σε ανάλογες περιπτώσεις– αλλά και με τη μορφή μεσοπρόθεσμου δανείου χρηματοδοτικής αρωγής που χορηγήθηκε το 1985 και 1986 για να βοηθήσει την Ελλάδα να εξέλθει από μια δυσκολότατη κατάσταση στην εποχή εκείνη. Το δάνειο αυτό, τη χορήγηση του οποίου η Επιτροπή είχε τότε υποστηρίξει, στήριζε πρόγραμμα οικονομικής σταθεροποίησης, που είχε σαν στόχο του τη μείωση του υπερβολικού ελλείμματος του δημόσιου τομέα και τη βελτίωση των αποτελεσμάτων στους τομείς του πληθωρισμού και του ισοζυγίου πληρωμών.

Οι σημαντικότεροι διαθέσιμοι οικονομικοί δείκτες, καθώς και οι πληροφορίες που συνέλεξε η πρόσφατη αποστολή της Επιτροπής στην Αθήνα, δείχνουν πράγματι ότι η κατάσταση έγινε πολύ ανησυχητική.

Η κατάσταση αυτή επιβάλλει τη λήψη, χωρίς καθυστέρηση, δραστικών μέτρων και την εκπόνηση και εφαρμογή πολυετούς προγράμματος ανόρθωσης της οικονομίας το ταχύτερο δυνατό. Αν δεν γίνει αυτό η χώρα σας διατρέχει δύο σοβαρούς κινδύνους: Από τη μια πλευρά το μέγεθος και η αύξηση του δημοσίου χρέους και του εξωτερικού χρέους της χώρας σας κινδυνεύουν να βλάψουν τη φερεγγυότητα της Ελλάδας. Από την άλλη πλευρά η σοβαρή διαφορά που διαπιστώνεται ανάμεσα στην οικονομική εξέλιξη της Ελλάδας κι εκείνη των άλλων χωρών της Κοινότητας κινδυνεύει να υπονομεύσει μόνιμα την πορεία της χώρας σας προς την Ενιαία Αγορά, την Οικονομική και Νομισματική Ένωση και την ευρωπαϊκή ενοποίηση...»

20 ΜΑΡΤΙΟΥ

Ματαίως η Άγκελα Μέρκελ υπενθυμίζει τί πρέπει να κάνουμε ως δεσμεύσεις

Σήμερα (20 Μαρτίου 2015) διάβασα ότι η καγκελάριος της Γερμανίας Άγκελα Μέρκελ έκανε αναφορά σε κείμενο της 10ης Δεκεμβρίου του 2014, το οποίο περιγράφει τα μέτρα που έπρεπε να προωθήσει η Αθήνα. Πρόκειται για την τελευταία έκθεση της τρόικας που είχε καταρτιστεί για να αποσταλεί στα κοινοβούλια των χωρών της Ευρωζώνης (μεταξύ αυτών και της Γερμανίας), τα οποία θα έπρεπε να εγκρίνουν την παράταση του Μνημονίου κατά δύο μήνες. Δηλαδή, την παράταση που έληξε στις 28 Φεβρουαρίου του 2015. Η Μέρκελ δήλωσε ότι το έγγραφο αυτό –έκτασης τριών σελίδων– αναφέρει «τί πρέπει να γίνει» και βέβαια εντάσσεται στο πλαίσιο του τελευταίου ελέγχου της τρόικας.

Και θυμήθηκα ότι τότε η Ελλάδα είχε δεσμευτεί να επιτύχει τους στόχους των πρωτογενών πλεονασμάτων 3% του ΑΕΠ το 2015 και 4, 5% του ΑΕΠ το 2016, μέσω της λήψης μέτρων φέτος, το 2015, όπως η αύξηση συντελεστή ΦΠΑ για τα ξενοδοχεία από 6, 5% έως 13%, η μείωση ή και κατάργηση μη μισθολογικών παροχών, η μείωση των ανώτατων ορίων δαπανών κ.λπ.

Θυμήθηκα ότι προβλεπόταν η δημιουργία οργανισμού φορολογικής διοίκησης που θα είναι ανεξάρτητος από το υπουργείο Οικονομικών. Θυμήθηκα ότι επιβαλλόταν προώθηση των ενοποιήσεων των ασφαλιστικών ταμείων, περιορισμός των δαπανών, καθώς και άμεση συνάρτηση μεταξύ εισφορών και παροχών για όλα τα ταμεία. Θυμήθηκα ότι προτεινόταν μεταρρύθμιση του καθεστώτος ΦΠΑ.

Θυμήθηκα ότι προβλεπόταν δημιουργία ενός νέου ενιαίου μισθολογίου στο Δημόσιο με δημοσιονομικά ουδέτερο αποτέλεσμα και εξορθολογισμός των μη μισθολογικών παροχών. Θυμήθηκα ότι επιβάλλονταν αλλαγές στο δικαστικό σύστημα. Θυμήθηκα ότι προτείνονταν αλλαγές στις εργασιακές σχέσεις.

Θυμήθηκα ότι προβλέπονταν παρεμβάσεις για τον ανταγωνισμό, τα τέλη υπέρ τρίτων και τα κλειστά επαγγέλματα.

Θυμήθηκα ότι είχε αναληφθεί η δέσμευση για ιδιωτικοποίηση ΑΔΜΗΕ, για σύναψη δύο συμφωνιών παραχώρησης λιμένων, για προσφορές σχετικά με τους σιδηροδρόμους και για μεταβίβαση των μετοχών του ΟΤΕ στο ΤΑΙΠΕΔ.

21 ΜΑΡΤΙΟΥ

Σήμερα με «τρόμαξαν» οι δηλώσεις Μέρκελ για «ισοδύναμα» μέτρα και από την κυβέρνηση Τσίπρα

Σήμερα (21 Μαρτίου 2015) διάβασα τη συνέχεια των χθεσινών δηλώσεων της καγκελαρίου της Γερμανίας Αγκελα Μέρκελ, η οποία σημείωνε ότι η κυβέρνηση μπορεί να αντικαταστήσει μέρος των μεταρρυθμίσεων που περιλαμβάνονται στο έγγραφο στο οποίο αναφέρθηκε, δηλαδή εκείνο της 10ης Φεβρουαρίου 2014 (βλέπε Ημερολόγιο 20 Μαρτίου 2015), υπό την προϋπόθεση ότι θα υιοθετηθούν ισοδύναμα μέτρα.

Και θυμήθηκα τα περιβόητα «ισοδύναμα» που προωθούσαν όλες οι κυβερνήσεις μετά το 2010 για να καλύψουν ολιγωρίες, ανικανότητα, διστακτικότητα, και τρόμαξα!

Θυμήθηκα το Νόμο 3985/1.7.2011 «Μεσοπρόθεσμο Πλαίσιο Δημοσιονομικής Στρατηγικής 2012-2015» με τον οποίο καταρτίσθηκε ένα λεπτομερές πρόγραμμα με στόχους και παρεμβάσεις κατά τα έτη 2012 - 2015, με σκοπό να παίρνει η χώρα μας τις περιβόητες δόσεις δανείου από την τρόικα.

Θυμήθηκα τα δέκα μέτρα της δέσμης για την περίοδο 2013 - 2016, τα οποία μάλιστα ήταν και «ποσοτικοποιημένα» (περίπου 16 δισ. ευρώ!!!)

Θυμήθηκα ότι για την υλοποίηση των στόχων του Μεσοπρόθεσμου Πλαισίου Δημοσιονομικής Στρατηγικής ψηφίσθηκε σειρά σκληρών εφαρμοστικών νόμων.

Θυμήθηκα ότι, επειδή δεν έγινε τίποτε σχεδόν από τις δεσμεύσεις αυτές, όλοι οι υπουργοί Οικονομικών αναγκάζονταν να προβαίνουν στη θέσπιση διατάξεων για περαιτέρω περικοπές εισοδημάτων, λόγω των σοβαρών αποκλίσεων που παρουσιάζονταν κατά την «εκτέλεσή» τους!

Θυμήθηκα τις παρεμβάσεις στην αγορά εργασίας, οι οποίες περιλαμβάνονται στο Μνημόνιο που ψηφίσθηκε στις 12 Φεβρουαρίου 2010 (Νόμος 4046/2012) και οι οποίες πρόβλεπαν α) άμεση μείωση των κατώτατων αποδοχών των ατόμων άνω των 25% κατά 22% και των νέων κάτω των 25% κατά 32% β) αναστολή των αυξήσεων λόγω «ωρίμανσης» γ) περιορισμός της «μετενέργειας» των συλλογικών συμβάσεων εργασίας ορισμένου χρόνου μακράς διαρκείας (οιονεί μονιμότητα) του προσωπικού επιχειρήσεων του δημόσιου τομέα (ή που ανήκαν στο δημόσιο τομέα) σε συμβάσεις εργασίας αορίστου χρόνου ε) θέσπιση, έως τον Ιούνιο του 2012, της μείωσης κατά 10% (κατά μέσο όρο) των αποδοχών που προβλέπονται στα ειδικά μισθολόγια (δικαστικοί, διπλωματικοί υπάλληλοι, γιατροί, πανεπιστημιακοί, στρατιωτικοί, σώματα ασφαλείας).

23 ΜΑΡΤΙΟΥ

Δεσμεύσεις Τσίπρα για μεταρρυθμίσεις, που δεν έγιναν ποτέ από προηγούμενες κυβερνήσεις...

Σήμερα (23 Μαρτίου 2015) διάβασα όσα είπαν σε κοινή συνέντευξη Τύπου ο Έλληνας πρωθυπουργός Αλέξης Τσίπρας και η καγκελάριος της Γερμανίας Άγκελα Μέρκελ στο Βερολίνο. Συγκεκριμένα, διάβασα, μεταξύ άλλων, ότι ο Τσίπρας δεσμεύτηκε για την προώθηση των μεταρρυθμίσεων που έχει ανάγκη η Ελλάδα για να κινηθούν οι διαδικασίες για την εκταμίευση των χρημάτων. Από την πλευρά της η Άγκελα Μέρκελ επεσήμανε,

μεταξύ άλλων, την ανάγκη να δοθούν από την Ελλάδα συγκεκριμένα οι-
κονομικά στοιχεία. «Είπα στις Βρυξέλλες και επαναλαμβάνω ότι θα πρέπει
να είναι σαφή τα οικονομικά στοιχεία», υπογράμμισε η Μέρκελ. «Θέλω η
Ελλάδα να αναπτυχθεί και να αντιμετωπίσει το πρόβλημα της ανεργίας»,
σημείωσε ακόμη, επισημαίνοντας παράλληλα «την αναγκαιότητα για υλο-
ποίηση μεταρρυθμίσεων από την ελληνική κυβέρνηση».

Και θυμήθηκα παρόμοιες βαρύγδουπες υποσχέσεις και δεσμεύσεις
όλων των ελληνικών κυβερνήσεων τα τελευταία 35 χρόνια

Για το λόγο αυτό καταγράφω σήμερα όλα αυτά για να τα «θυμηθώ»
ίσως ύστερα από λίγες ημέρες, όταν θα... μιλάμε πάλι για την ανάγκη ση-
μαντικών μεταρρυθμίσεων, οι οποίες δεν έγιναν ποτέ.

24 ΜΑΡΤΙΟΥ

**Σήμερα ο ΣΥΡΙΖΑ ξέχασε και την προεκλογική θέση του
για τις... παρελάσεις!**

Σήμερα (24 Μαρτίου 2015) διάβασα (και είδα) ότι περίπου 2.000 μα-
θητές από σχολεία της Αθήνας και εκπαιδευτικοί–συνοδοί συμμετείχαν
στη σημερινή μαθητική παρέλαση της Αθήνας, στην οποία παραβρέθηκε
ο νέος υπουργός Παιδείας Αριστείδης Μπαλτάς. Ειδικότερα, οι σημαιοφό-
ροι και οι παραστάτες τους από συνολικά 313 σχολεία της Αθήνας συμμε-
τείχαν στη σημερινή μαθητική παρέλαση στην πρωτεύουσα. Από αυτά, τα
174 είναι Δημοτικά, τα 72 Γυμνάσια και τα 67 Λύκεια. Η μαθητική παρέ-
λαση πραγματοποιήθηκε στις 11 π.μ. στη λεωφόρο Αμαλίας, μπροστά από
το Μνημείο του Άγνωστου Στρατιώτη, ενώ στις 10.30 π.μ. προηγήθηκε
κατάθεση στεφάνου από τον Αριστείδη Μπαλτά.

Και θυμήθηκα τη γνωστή προεκλογική θέση του ΣΥΡΙΖΑ κατά
των παρελάσεων...

25 ΜΑΡΤΙΟΥ

**O tempora, o mores! Νέα πρωτοτυπία Μπαλτά για τον εορτασμό
της εθνικής επετείου!**

Σήμερα (25 Μαρτίου 2015) είναι η μεγάλη εθνική γιορτή των Ελλήνων, είναι η επέτειος της παλιγγενεσίας του έθνους, της Επανάστασης του 1821 για την αποτίναξη του οθωμανικού ζυγού τετρακοσίων περίπου ετών.

Και θυμήθηκα το προχθεσινό (23 Μαρτίου 2015) μήνυμα του νέου υπουργού Παιδείας Αριστείδη Μπαλτά, με αφορμή την επέτειο της 25ης Μαρτίου, στους μαθητές της χώρας, ο οποίος πρωτοτύπησε καθώς πρότεινε στους διδάσκοντες να χρησιμοποιήσουν την επέτειο κατά την κρίση τους, «όπως νομίζετε ότι μπορεί να συμβάλει στο παιδαγωγικό σας έργο», ανέφερε.

Και θυμήθηκα (o tempora, o mores) τους δικούς μας φλογερούς δασκάλους και καθηγητές μας, οι οποίοι, κατά την εθνική αυτή και άλλες επετείους, διοργάνωναν εκδηλώσεις με θεατρικά έργα, όπου πρωταγωνιστούσαν οι ίδιοι οι μαθητές, υποδυόμενοι ήρωες του 1821, μαθητικές χορωδίες και, φυσικά, και μάς επέβαλαν να φοράμε τις παραδοσιακές στολές των παππούδων μας! 26 Μαρτίου

Νέα ρύθμιση οφειλών προς τα ασφαλιστικά ταμεία και από τη νέα κυβέρνηση του ΣΥΡΙΖΑ

Σήμερα (26 Μαρτίου 2015) διάβασα ότι αυτές τις ημέρες θα ανοίξει για όλα τα ασφαλιστικά ταμεία η ηλεκτρονική εφαρμογή υποβολής αιτήσεων για την υπαγωγή στη νέα ρύθμιση ληξιπρόθεσμων οφειλών, από την οποία ο αναπληρωτής υπουργός Κοινωνικής Ασφάλισης Δημήτρης Στρατούλης αναμένει ζεστό χρήμα της τάξης του 1, 4 δισ. ευρώ για το 2015. Σημειώνεται ότι ανάλογα με τον αριθμό των δόσεων χορηγείται έκπτωση – πρόκληση επί των προσαυξήσεων και των πρόσθετων τελών (εξαιρουμένων των αυτοτελών προστίμων), ως ακολούθως: Έκπτωση 100% για εφάπαξ καταβολή της οφειλής. Έκπτωση 80% για ρύθμιση έως 36 δόσεις. Έκπτωση 70% για ρύθμιση από 37 έως 50 δόσεις. Έκπτωση 60% για ρύθμιση από 51 έως 72 δόσεις. Έκπτωση 50% για ρύθμιση από 73 έως 100 δόσεις.

Και θυμήθηκα ότι στις αρχές Ιανουαρίου του 2012, ο τότε υπουργός Εργασίας Γιώργος Κουτρουμάνης (πρώην πρόεδρος των Εργαζομένων στο ΙΚΑ, μάλιστα!), ζηλώσας την δόξαν του υπουργού Οικονομικών Ευάγγελου Βενιζέλου (συνταγματολόγου και αντιπροέδρου της κυβέρνησης, μάλιστα!) κατέθεσε στη Βουλή, στο πλαίσιο του πολυνομοσχεδίου του υπουργείου Οικονομικών, νέα ρύθμιση οφειλών προς τα ασφαλιστικά ταμεία.

Θυμήθηκα ότι διαβάζοντας τί πρόβλεπε αυτή η ρύθμιση αυτομουντζώθηκα ή σκέφθηκα πόσοι άλλοι αυτομουντζώθηκαν πού έσπευσαν να καταβάλουν εμπροθέσμως τις οφειλές του προς τα ασφαλιστικά ταμεία.

Θυμήθηκα ότι όσοι χρωστούσαν τότε στα ασφαλιστικά ταμεία μπορούσαν να εξοφλούν: Εφάπαξ ή έως τρεις ισόποσες δόσεις με έκπτωση ποσοστού 100% στα πρόσθετα τέλη και λοιπές επιβαρύνσεις. Έως έξι ισόποσες δόσεις με έκπτωση ποσοστού 75% στα πρόσθετα τέλη και λοιπές επιβαρύνσεις. Έως εννέα ισόποσες δόσεις με έκπτωση ποσοστού 50% στα πρόσθετα τέλη και λοιπές επιβαρύνσεις.

Θυμήθηκα τότε όλα αυτά που έλεγε ο Λουκάς Παπαδήμος ως διοικητής της Τράπεζας της Ελλάδος, ότι με όλες αυτές τις ρυθμίσεις δημιουργούνται προσδοκίες στους μπαταξήδες και για λόγο αυτό πυκνώνουν συνεχώς οι τάξεις των φοροδιαφευγόντων και εισφοροδιαφευγόντων.

Θυμήθηκα ότι στις αρχές Ιουνίου 1997 ο τότε υπουργός Εργασίας και Κοινωνικών Ασφαλίσεων Μιλτιάδης Παπαϊωάννου ανακοίνωσε αυστηρά, τάχα, μέτρα για την είσπραξη των οφειλών προς το ΙΚΑ. Τότε διαπιστωνόταν ότι μεταξύ των είκοσι μεγαλύτερων οφειλετών του ΙΚΑ (1 τρισ. δραχμές) πρώτο και καλύτερο ήταν το ίδιο το κράτος με τις ζημιογόνες και προβληματικές επιχειρήσεις του: η Επιχείρηση Αστικών Συγκοινωνιών, για παράδειγμα χρωστούσε στο ΙΚΑ πάνω από 18 δισ. δραχμές. Ακόμα και το υπουργείο Εθνικής Οικονομίας χρωστούσε 1, 1 δισ. δραχμές!

Θυμήθηκα ότι στα μέσα Ιουλίου του ίδιου έτους, ο ίδιος υπουργός βρήκε «λύσεις» παγκόσμιας ιδιαιτερότητας για την είσπραξη οφειλών του ευρύτερου δημόσιου τομέα προς το ΙΚΑ.

Θυμήθηκα ότι με έγκριση του υπουργείου Εθνικής Οικονομίας επιτρεπόταν «καθ΄ υπέρβασιν δανεισμός» των επιχειρήσεων που χρωστούσαν στο ΙΚΑ. Αυτό σήμαινε ότι έπρεπε να δοθούν από το κράτος εγγυητικές επιστολές για 25 δισ. δραχμές (αυτό ήταν το συνολικό ποσό του δανείου), οι οποίες σίγουρα θα κατέπιπταν, αφού οι επιχειρήσεις αυτές ήταν ζημιογόνες!

Θυμήθηκα ότι με άλλη ρύθμιση που ανακοινώθηκε τότε, οι οφειλές των προβληματικών επιχειρήσεων στο ΙΚΑ θα εξοφλούνταν με τα έσοδα από τη... μετοχοποίηση του ΟΤΕ και άλλων κρατικών εταιρειών!

27 ΜΑΡΤΙΟΥ

Ο ίδιος διοικητής του ΙΚΑ ξανακαλεί τους οφειλέτες του ταμείου να ενταχθούν στη νέα ρύθμιση

Σήμερα (27 Μαρτίου 2015) διάβασα ότι ο διοικητής του ΙΚΑ Ροβέρτος Σπυρόπουλος καλεί με επιστολή του τους οφειλέτες να αξιοποιήσουν τις δυνατότητες διακανονισμού των οφειλών που παρέχει νέος νόμος (Ν. 4321/2015), επισημαίνοντας ότι πρόκειται, τάχα, για μία τελευταία ευκαιρία να ενταχθούν σε ένα ιδιαίτερα ευνοϊκό και ευέλικτο σύστημα ρύθμισης οφειλών.

Και θυμήθηκα ότι πάντοτε επιμόνως αντιδρούσε η τρόικα στη διαδικασία ρύθμισης των ληξιπρόθεσμων οφειλών προς τα ασφαλιστικά ταμεία.

Θυμήθηκα ότι ο ίδιος ο Ροβέρτος Σπυρόπουλος συνεχώς και ύστερα από κάθε απόφαση για ρύθμιση οφειλών έστελνε «παρακλητικές» και «ικετευτικές» επιστολές στους οφειλέτες να σπεύσουν να ρυθμίσουν τις οφειλές τους προς το ΙΚΑ με πολύ ευνοϊκούς όρους, αλλά εκείνοι, είτε από αντικειμενική αδυναμία, είτε από την παγιωμένη πια προσδοκία για ακόμα πιο... ευνοϊκούς όρους εξαιτίας των συχνών αποφάσεων για ρυθμίσεις στο πρόσφατο και απώτερο παρελθόν, έκαναν... πώς δεν «καταλαβαίνανε»!

28 ΜΑΡΤΙΟΥ

Άλλα λέει ο Δραγασάκης στο Πεκίνο για τον ΟΛΠ και άλλα ο Δρίτσας στην Ελλάδα

Σήμερα (28 Μαρτίου 2015) διάβασα ότι αντιπρόεδρος της κυβέρνησης Γιάννης Δραγασάκης δήλωσε στο Πεκίνο πως η διαγωνιστική διαδικασία για την ιδιωτικοποίηση του Οργανισμού Λιμένος Πειραιώς θα ολοκληρωθεί μέσα στις επόμενες εβδομάδες. Μάλιστα πρόσθεσε ότι η Cosco, η οποία συμμετέχει στο διαγωνισμό και θεωρείται από πολλές πλευρές το φαβορί, «μπορεί να καταθέσει μια πολύ ανταγωνιστική προσφορά».

Και θυμήθηκα ότι ο αναπληρωτής υπουργός Ναυτιλίας Θεόδωρος Δρίτσας είχε προαναγγείλει τον τερματισμό της διαδικασίας ιδιωτικοποίησης του ΟΛΠ στις 27 Ιανουαρίου.

Θυμήθηκα ότι σε δηλώσεις του στα τέλη Ιανουαρίου ο Δρίτσας είχε αναφέρει ότι «ο δημόσιος χαρακτήρας του λιμανιού παραμένει, η ιδιωτικο-ποίηση του ΟΛΠ σταματάει εδώ», εξηγώντας ότι η νέα επιτροπή αποκρα-τικοποιήσεων, με τη νέα της μορφή θα αναστείλει τη διαδικασία πώλησης του πλειοψηφικού πακέτου του λιμένα.

Θυμήθηκα ακόμη ότι κατά τη διάρκεια των προγραμματικών δηλώσε-ων της κυβέρνησης ο αναπληρωτής υπουργός Ναυτιλίας Θοδωρής Δρί-τσας ανέφερε από το βήμα της Βουλής πως «ήδη εξαγγείλαμε τη δέσμευσή μας για το σταμάτημα της ιδιωτικοποίησης του ΟΛΠ και του ΟΛΘ και την κατοχύρωση του δημόσιου χαρακτήρα των λιμανιών της χώρας».

Και μετά φταίνε οι «θεσμοί»…

29 ΜΑΡΤΙΟΥ

Αρχίζουν και προκαλούν ίλιγγο οι «κωλοτούμπες» και του Τσίπρα

Σήμερα (29 Μαρτίου 2015) διάβασα ότι στη λίστα Βαρουφάκη προς τους «θεσμούς» δεν αναφέρεται κατάργηση του ΕΝΦΙΑ και επαναφορά του αφορολόγητου των 12.000 ευρώ.

Και ξαναθυμήθηκα τις προεκλογικές υποσχέσεις και δεσμεύσεις του ΣΥΡΙΖΑ για κατάργηση του ΕΜΦΙΑ.

Ξαναθυμήθηκα το «πρόγραμμα της Θεσσαλονίκης», όπου ρητώς ανα-φερόταν ότι «καταργείται ο ΕΝΦΙΑ». Όπως τόνισε τότε ο Τσίπρας «θεσπί-ζεται φόρος μεγάλης ακίνητης περιουσίας (ΦΜΑΠ) και αναπροσαρμόζο-νται άμεσα οι αντικειμενικές αξίες τουλάχιστον 30% εώς 35%». Σύμφωνα με τον Τσίπρα, ο φόρος αυτός θα έχει προοδευτική κλιμάκωση και υψηλό αφορολόγητο όριο. Δεν θα αφορά την πρώτη κατοικία εκτός από περι-πτώσεις υπερπολυτελών κατοικιών, ούτε και τη μικρομεσαία ιδιοκτησία.

Ξαναθυμήθηκα ότι με το ίδιο πρόγραμμα ο Τσίπρας δεσμευόταν για την επαναφορά αφορολόγητου στα 12.000 ευρώ για όλους.

30 ΜΑΡΤΙΟΥ (1)

Η λίστα μέτρων Βαρουφάκη για καταπολέμηση τάχα της ...φοροδιαφυγής!

Σήμερα (30 Μαρτίου 2015) διάβασα πληροφορίες από το υπουργείο Οικονομικών για τη λίστα της κυβέρνησης προς τους «θεσμούς», η οποία κυρίως περιέχει μέτρα καταπολέμησης της φοροδιαφυγής (προσδοκά έσοδα της τάξης των 3, 7 δισ. ευρώ. Σύμφωνα με πληροφορίες από το υπουργείο Οικονομικών, η λίστα περιλαμβάνει μεταξύ άλλων:

- 725 εκατ. ευρώ από τους ελέγχους καταθέσεων εξωτερικού

- 350 εκατ. ευρώ από την καταπολέμηση απάτης στον ΦΠΑ

- 350 εκατ. ευρώ από τις τηλεοπτικές άδειες

- 600 εκατ. ευρώ από τις νέες ρυθμίσεις ληξιπρόθεσμων ασφαλιστικών και φορολογικών οφειλών

- 300 εκατ. ευρώ από αλλαγές στον Κώδικα Φορολογίας Εισοδήματος

- 270 εκατ. ευρώ από την λοταρία αποδείξεων κατά τα πρότυπα της Πορτογαλίας

- 250 εκατ. ευρώ από την καταπολέμηση του λαθρεμπορίου καυσίμων και καπνού

- 225 εκατ. ευρώ από την ενίσχυση των μηχανισμών είσπραξης δημοσίων εσόδων

- 200 εκατ. ευρώ από μέτρα για το ηλεκτρονικό στοίχημα

Και θυμήθηκα ότι με το Νόμο 3985/1.7.2011 «Μεσοπρόθεσμο Πλαίσιο Δημοσιονομικής Στρατηγικής 2012–2015» καταρτίσθηκε ένα λεπτομερές πρόγραμμα με στόχους και παρεμβάσεις κατά τα έτη 2012 – 2015, με σκοπό να παίρνει η χώρα μας τις περιβόητες δόσεις δανείου από την τρόικα.

Θυμήθηκα ότι η δέσμη μέτρων για την περίοδο 2013 – 2016 περιελάμβανε, μεταξύ άλλων, τα ακόλουθα (με την εκτιμώμενη καθαρή απόδοση):

– Αναδιάρθρωση δημόσιου τομέα (719 εκατ. ευρώ)

– Αναδιάρθρωση οργανισμών τοπικής αυτοδιοίκησης (210 εκατ. ευρώ)

- Εξορθολογισμός της λειτουργίας των δημόσιων επιχειρήσεων και οργανισμών (495 εκατ. ευρώ)

- Αλλαγές στο φορολογικό σύστημα (3.890 εκατ. ευρώ)

30 ΜΑΡΤΙΟΥ (2)

Φωτιές στις εθνικούς οδούς με τα «μπλόκα», προειδοποιήσεις από τον ΟΟΣΑ για σκληρά μέτρα

Σήμερα, το Ημερολόγιό μου δείχνει 30 Μαρτίου 2015.

Και θυμήθηκα ότι πριν από 20 χρόνια, στις 30 Μαρτίου του 1995, η Ελλάδα ήταν «κομμένη» στα δύο και τα «μπλόκα» των αγροτών στις εθνικές οδούς φωταγωγούνταν από τις φωτιές των καταληψιών, που ζητούσαν την ικανοποίηση «δίκαιων αιτημάτων».

Θυμήθηκα ότι την ημέρα αυτή δόθηκε στη δημοσιότητα και η έκθεση του Οργανισμού Οικονομικής Συνεργασίας και Ανάπτυξης (ΟΟΣΑ), η οποία προειδοποιούσε ότι, σε περίπτωση που δεν θα απέδιδε ο επίμαχος, τότε, φορολογικός νόμος των αντικειμενικών και άλλων κριτηρίων τα αναμενόμενα, θα υπήρχε ανάγκη για τη λήψη πρόσθετων μέτρων.

Θυμήθηκα ότι επισημαινόταν ακόμα πως ο ίδιος κίνδυνος όχι μόνο να μην προσεγγίσουμε, αλλά ούτε καν να ατενίσουμε τους στόχους σύγκλισης της οικονομίας με την κοινοτική, θα ήταν σοβαρός, αν τα πρόσθετα αυτά φορολογικά έσοδα θυσιάζονταν, χαζοχαρούμενα, στο βωμό των ασυγκράτητων κρατικών δαπανών για διάφορες σκοπιμότητες.

Θυμήθηκα ότι και τότε, για μιαν ακόμα φορά, αποδέκτες των προειδοποιήσεων του ΟΟΣΑ, του Διεθνούς Νομισματικού Ταμείου, της Ευρωπαϊκής Επιτροπής και της Τράπεζας της Ελλάδος ήταν μόνο οι μισθωτοί και οι συνταξιούχοι, που πλήρωναν συνεχώς και ματαίως το... μάρμαρο!

31 ΜΑΡΤΙΟΥ (1)

Θεαματική «κωλοτούμπα» και του Δραγασάκη για την ιδιωτικοποίηση του ΟΛΠ...

Σήμερα (31 Μαρτίου 2015) διάβασα ότι ο αντιπρόεδρος της κυβέρνησης Γιάννης Δραγασάκης, απαντώντας στην ερώτηση του επικεφαλής του

«Ποταμιού» Σταύρου Θεοδωράκη στη Βουλή, σχετικά με την ιδιωτικοποί-
ηση του ΟΛΠ, τις διαπραγματεύσεις της κυβέρνησης στην Κίνα – με το
πρόσφατο ταξίδι του αντιπροέδρου της Κυβέρνησης στο Πεκίνο – αλλά
και τις αντίθετες απόψεις στο εσωτερικό του ΣΥΡΙΖΑ. – άρνηση του ανα-
πληρωτή υπουργού Ναυτιλίας Θοδωρή Δρίτσα σε ενδεχόμενη πώληση
του πλειοψηφικού πακέτου του ΟΛΠ – τόνισε: «Στην πρόσφατη επίσκεψή
μου στην Κίνα, μιλήσαμε για ένα κοινοπρακτικό σχήμα με τη συμμετοχή
του Δημοσίου και όχι ιδιωτικοποίηση του ΟΛΠ»

Και θυμήθηκα τις δηλώσεις που είχε κάνει πριν από τρεις ημέρες ο
αντιπρόεδρος της κυβέρνησης, ο οποίος τόνιζε: «Η διαγωνιστική διαδικα-
σία για την ιδιωτικοποίηση του Οργανισμού Λιμένος Πειραιώς θα ολοκλη-
ρωθεί μέσα στις επόμενες εβδομάδες». Μάλιστα, πρόσθετε ότι η Cosco, η
οποία συμμετέχει στο διαγωνισμό και θεωρείται από πολλές πλευρές το
φαβορί, «μπορεί να καταθέσει μια πολύ ανταγωνιστική προσφορά».

Θυμήθηκα και την έντονη αντίδραση, την ίδια ημέρα, του αναπλη-
ρωτή υπουργού Ναυτιλίας Θοδωρή Δρίτσα σε ενδεχόμενη πώληση του
πλειοψηφικού πακέτου του ΟΛΠ, η οποία έκανε τον αντιπρόεδρο να κάνει
τη θεαματική «κωλοτούμπα».

Θυμήθηκα έτσι τον «εργατόφιλο» Δραγασάκη, ο οποίος, ως υπουργός
αναπληρωτής υπουργός Εθνικής Οικονομίας στην κυβέρνηση Τζαννετά-
κη έλεγε ότι «μέτρα που για μας δεν θα είναι κοινωνικά αποδεκτά και θα
βρουν αντίθετους τους εργαζόμενους και τις ενώσεις τους, θα είναι απα-
ράδεκτα» («Οικονομικός Ταχυδρόμος» 30 Νοεμβρίου 1989, σελίδα 123).

Θυμήθηκα γιατί ήταν περιζήτητος από τους συνδικαλιστές και τις
ενώσεις ο Δραγασάκης ως αναπληρωτής υπουργός Εθνικής Οικονομίας.

Θυμήθηκα ότι τότε ο Δραγασάκης μιλούσε πάντα «αριστερά» στις
συνεντεύξεις και για το λόγο αυτόν ήταν «περιζήτητος» από τις συνδικα-
λιστικές –επαγγελματικές ενώσεις, που έσπευδαν σε αυτόν για να λύσει ο
αριστερός υπουργός τα προβλήματά τους («Οικονομικός Ταχυδρόμος» 21
Δεκεμβρίου 1989, σελίδα13).

31 ΜΑΡΤΙΟΥ (2)

**Δεν ευθύνεται η τρόικα για την Ελλάδα είπε τώρα ο «φίλος»
του Τσίπρα Άνχελ Γκουρία**

Σήμερα (31 Μαρτίου 2015) διάβασα ότι ο γενικός γραμματέας του
Οργανισμού Οικονομικής Συνεργασίας και Ανάπτυξης (ΟΟΣΑ) Άνχελ

Γκουρία εξέφρασε, σε συνέντευξή του στην ιταλική εφημερίδα «Il Sole», την άποψη πως δεν ευθύνεται η τρόικα για τα προβλήματα της Ελλάδας: «Τα προβλήματα της Ελλάδας δεν γεννήθηκαν πριν πέντε χρόνια, αλλά πολύ νωρίτερα, όταν οι ελληνικές κυβερνήσεις έλεγαν ότι το έλλειμμα τους ανέρχεται στο 5%, ενώ ήταν 15%». Ακόμη ο Γκουρία πρόσθεσε ότι «ο ΟΟΣΑ εργάζεται χέρι – χέρι με την ελληνική κυβέρνηση για τις μεταρρυθμίσεις, που έχουν ως στόχο την αναμόρφωση του φορολογικού συστήματος και την αντιμετώπιση της διαφθοράς προκειμένου να ενισχυθεί η ανταγωνιστικότητα ενάντια στα μονοπώλια και ολιγοπώλια, καθώς και τον εκσυγχρονισμό της δημόσιας διοίκησης»

Και θυμήθηκα τις δηλώσεις και την εντυπωσιακή φωτογραφία του Τσίπρα και Γκουρία κατά τη κοινή συνέντευξη Τύπου στις 12 Μαρτίου 2015. Τότε ο πρωθυπουργός ανακοίνωσε τη σύσταση μόνιμης επιτροπής συνεργασίας με τον ΟΟΣΑ, χαρακτηρίζοντας τη συνάντηση αυτή με τον Γκουρία ως την απαρχή μιας νέας σχέσης με τον ΟΟΣΑ.

Θυμήθηκα πάλι ότι τότε ο Γκουρία είχε τονίσει: «Δεν επιθυμούμε να υποκαταστήσουμε την τρόικα. Είμαστε εδώ για να προσφέρουμε τη βοήθεια που ζητά η Ελλάδα».

Τώρα μετά από όλα αυτά που είπε ο Γκουρία για την τρόικα μάλλον θα ξεχάσει ο Τσίπρας τις βαρύγδουπες δηλώσεις και των δύο στις 12 Μαρτίου 2015…

31 ΜΑΡΤΙΟΥ (3)

Επίδομα γάμου σε… χήρους, σε… διαζευγμένους και σε… άγαμους!!!

Σήμερα, το Ημερολόγιό μου δείχνει 31 Μαρτίου 2015.

Και θυμήθηκα ότι πριν από 26 χρόνια, το προεκλογικό έτος 1989, γίνονταν τέρατα και σημεία για ψηφοθηρικούς λόγους.

Θυμήθηκα μερικά από τα «κατορθώματα» των τότε κυβερνώντων, τα οποία εκδηλώθηκαν με «βροχή» άσχετων προεκλογικών τροπολογιών σε νομοσχέδιο.

Θυμήθηκα μια από τις δεκάδες από αυτές που κατέθεσαν στις 31 Μαρτίου 1989 οι Γιώργος Γεννηματάς και Δημήτρης με την οποία το επίδομα γάμου δίδεται από τούδε και στο εξής όχι μόνο στους έγγαμους, αλλά και στους… εν χηρεία ευρισκομένους, στους… διαζευγμένους, αλλά και στους άγαμους γονείς!!!

Και μετά, επαναλαμβάνω, φταίνε οι δανειστές…

ΑΠΡΙΛΙΟΣ

Πολυετής Εβδομάδα
των Παθών
χωρίς Ανάσταση

1 ΑΠΡΙΛΙΟΥ

Η κυβέρνηση ΣΥΡΙΖΑ αρνήθηκε δωρεά 3 εκατ. ευρώ του Ιδρύματος Σταύρος Νιάρχος λόγω... Συντάγματος, χο...χο...χο...

Σήμερα (1η Απριλίου 2015) διάβασα (όχι δεν είναι ψέμα!) ότι στο πιλοτικό σχέδιο, το οποίο περιελάμβανε τους αρχαιολογικούς χώρους του Κεραμεικού και της Βραυρώνας, ενεργή συμμετοχή είχε το Κοινωφελές Ίδρυμα Σταύρος Νιάρχος, καθώς αναλάμβανε να χρηματοδοτήσει με τρία εκατομμύρια ευρώ μελέτες, έργα, αλλά και την πιλοτική τους εφαρμογή για τρία χρόνια. Ωστόσο, πριν από λίγες ημέρες, με απόφαση του υπουργείου Πολιτισμού, Παιδείας και Θρησκευμάτων, η σχετική επιτροπή του υπουργείου επαύθη και μαζί «πετάχθηκαν» και τα τρία εκατ. ευρώ του Κοινωφελούς Ιδρύματος!!!. Απαντώντας σε σχετική ερώτηση, ο αναπληρωτής υπουργός Πολιτισμού Νίκος Ξυδάκης τόνισε: «Δεν είναι θέμα πολιτικής θέσης. Είναι το άρθρο 24 του Συντάγματος, το οποίο ορίζει ότι η πολιτιστική κληρονομιά είναι απαραβίαστο δημόσιο αγαθό»!!!

Και θυμήθηκα ότι το 1976, η χώρα μας κατόρθωσε να πάρει από το ΝΑΤΟ ένα κονδύλι δύο εκατ. δολαρίων για την ίδρυση στην Κοζάνη ενός Κέντρου Ερευνών Λιγνίτη. Τότε εκδηλώθηκε μια λυσσώδης αντίδραση από τις τότε «δημοκρατικές και λοιπές προοδευτικές δυνάμεις», οι οποίες ματαίωσαν την προσπάθεια αυτή, διότι τα χρήματα αυτά δίδονταν από τους... «ιμπεριαλιστές του ΝΑΤΟ»!!!

Θυμήθηκα ότι 13 χρόνια αργότερα, τον Ιούλιο του 1989, ο τότε πρόεδρος των Ηνωμένων Πολιτειών Μπους, κατά την επίσκεψή του στην Ουγγαρία ανακοίνωσε, μεταξύ άλλων, και τη δωρεάν πέντε εκατ. δολαρίων για την ίδρυση ενός Κέντρου Ερευνών για την Προστασία του Περιβάλλοντος. Τότε, η «κουμμουνιστική» Ουγγαρία αποδέχθηκε τη δωρεά αυτή του Μπους με ευχαριστίες, σε αντίθεση με τη δημοκρατική Ελλάδα!

Τώρα (μεταξύ μας), τον Ξυδάκη... μάρανε το Σύνταγμα, το οποίο ποδοπατείται καθημερινώς και από όλους...

2 ΑΠΡΙΛΙΟΥ

Σημειώσεις για μελλοντικές «κωλοτούμπες»

Σήμερα (2 Απριλίου 2015) διάβασα (και καταγράφω για τυχόν «κωλοτούμπες»), μεταξύ άλλων, τις ακόλουθες αναφορές από το Μέγαρο Μαξίμου:

– Κατάργηση του Ενιαίου Φόρου Ιδιοκτησίας Ακινήτων (ΕΝΦΙΑ) μέσα στο 2015 και αντικατάσταση από το Φόρο Μεγάλης Ακίνητης Περιουσίας.

-Βελτιωτική τροπολογία για τα ανείσπρακτα ενοίκια και αύξηση του αφορολογήτου στις 12.000 ευρώ προανήγγειλαν η αναπληρώτρια υπουργός Οικονομικών Νάντια Βαλαβάνη, και το Μέγαρο Μαξίμου, ενώ ο υπουργός Οικονομικών Γ. Βαρουφάκης δήλωσε χθες ότι η έκτακτη εισφορά «τελειώνει με εμάς». Ωστόσο, οι δύο τους διαφώνησαν για το θέμα της αύξησης του συντελεστή ΦΠΑ στα νησιά, αναδεικνύοντας ότι δεν υπάρχει κοινή θέση επί του θέματος ακόμα κι εντός του υπουργείου Οικονομι

-Το δεύτερο εξάμηνο του 2015 θα έρθει στη Βουλή ο νέος φορολογικός νόμος, που θα περιλαμβάνει το αφορολόγητο όριο στις 12.000 ευρώ για τα εισοδήματα του 2015, τα οποία θα δηλωθούν το 2016.

– Σύμφωνα με την αναπληρώτρια υπουργό Οικονομικών Νάντια Βαλαβάνη «ο νόμος για τον ΕΝΦΙΑ θα αλλάξει φέτος, μετά την αναπροσαρμογή των αντικειμενικών αξιών», ενώ διευκρίνισε πως το όποιο αφορολόγητο όριο αποφασιστεί τελικά θα αφορά το σύνολο της ακίνητης περιουσίας και όχι μόνο την πρώτη κατοικία. Και αυτό διότι το υπουργείο Οικονομικών εντόπισε ότι, λαμβάνοντας υπόψη τις δηλώσεις Ε9, δεν μπορεί να γίνει διαχωρισμός των περιουσιακών στοιχείων του φορολογουμένου και κατ᾽ επέκταση θα αλλάξει αναγκαστικά η εξαγγελία για καθιέρωση αφορολογήτου πρώτης κατοικίας. Οι δηλώσεις αυτές από την Βαλαβάνη έγιναν έπειτα από συνάντηση που είχε με την Πανελλήνια Ομοσπονδία Ιδιοκτητών Ακινήτων (ΠΟΜΙΔΑ).

– Σύγχυση επικρατεί για την αύξηση του ΦΠΑ στα νησιά μέσα στο ίδιο του υπουργείο Οικονομικών. Ο Βαρουφάκης δήλωσε χθες στη Βουλή πως «δεσμεύομαι ότι δεν θα συνυπογράψω καμία αύξηση ΦΠΑ στα νησιά». Όμως, η Βαλαβάνη ερωτηθείσα σχετικά με το θέμα σημείωσε ότι είναι απολύτως βάσιμο να καταργηθεί η έκπτωση στη Μύκονο και στη Σαντορίνη. Ωστόσο, πρόσθεσε πως υπάρχουν δυσκολίες στον γεωγραφικό διαχωρισμό, δείχνοντας ότι υπάρχουν δυσκολίες στο να προχωρήσει ένα τέτοιο μέτρο.

Θα παρακολουθώ όλα αυτά για να τα παρουσιάσω αργότερα ως «θυμήθηκα»...

3 ΑΠΡΙΛΙΟΥ

Πλούσιο το υλικό για την εξεταστική επιτροπή που προτείνεται να συσταθεί για την οικονομία από το 1981

Σήμερα (3 Απριλίου 2015) διάβασα ότι η ΝΔ θα προτείνει άμεσα τη σύσταση εξεταστικής επιτροπής για την οικονομία, που θα ερευνήσει τη χρονική περίοδο από το 1981 και μετά και τα αίτια που οδήγησαν τη χώρα σε μνημόνιο. Όπως προέκυψε από τη συνεδρίαση του άτυπου Πολιτικού Συμβουλίου υπό τον Αντώνη Σαμαρά, η σχετική διαδικασία θα πρέπει να ξεκινήσει μετά τη συμφωνία της κυβέρνησης με τους εταίρους τον Ιούνιο.

Και θυμήθηκα ότι είναι ορθή η απόφαση αυτή για σύσταση εξεταστικής επιτροπής για την οικονομία από το 1981 έως σήμερα.

Θυμήθηκα ότι υπάρχει πλουσιότατο υλικό, το οποίο έχει εγκιβωτισθεί σε δεκάδες βιβλία μου, με βάση άπειρα άρθρα μου σχόλια, αναλύσεις και έρευνες στον «Οικονομικό Ταχυδρόμο» και τις εφημερίδες «Τα Νέα» και «Το Βήμα». Υπενθυμίζω μερικούς τίτλους βιβλίων μου που κυκλοφόρησαν σε περιόδους κατά τις οποίες όλοι σχεδόν οι Έλληνες ζούσαμε σε μια εύφορη κοιλάδα ξεγνοιασιάς και οι εκάστοτε κυβερνήσεις και αντιπολιτεύσεις ανταγωνίζονταν σε εγκληματική σπατάλη κυρίως δανεικών για να διατηρήσουν ή να ανέλθουν στην εξουσία:

- «Είκοσι χαμένα χρόνια. Το χρονικό της λεηλασίας της ελληνικής οικονομίας κατά την περίοδο 1972 1992». Εκδόσεις Παπαζήση, Αθήνα 1994.

- «Αυτή είναι η Ελλάδα. Τα οκτώ μεγαλύτερα εγκλήματα στην οικονομία μετά τη μεταπολίτευση». Εκδόσεις «Ελληνικά Γράμματα», Αθήνα 2000.

- «Της Σοφοκλέους το κάγκελο. Η ιστορία του ελληνικού Χρηματιστηρίου ως φάρσα, κωμωδία και ιλαροτραγωδία από το 1970 έως την άνοδο και την πτώση του το 1999). Εκδόσεις Παπαζήση, Αθήνα 2000.

- «Η μεγάλη φούσκα της οικονομίας 1981 2001. Τα ντοκουμέντα της συμφοράς». Εκδόσεις Παπαζήση, Αθήνα 2002.

- «Η μεγάλη φούσκα του εκσυγχρονισμού του Κ. Σημίτη τα ντοκουμέντα της σπατάλης και της φορολογικής σκληρότητας». Εκδόσεις Παπαζήση, Αθήνα 2004.

- «Το πολιτικό δράμα της Ελλάδος 1981 2005». Εκδόσεις Παπαζήση, Αθήνα 2005.

- «Οι άχρηστοι» (πρωθυπουργοί 1974 –2012), ebook, Stergiou Limited

- «Στη Φυλακή Όλοι» (για τη λεηλασία της ελληνικής οικονομίας από το 1981 έως σήμερα), ebook, Stergiou Limited

- «Greekstatistics» Πίνακες με τη διαχρονική εξέλιξη βασικών οικονομικών μεγεθών από το 1961 έως σήμερα, ebook, Stergiou Limited

- «Εγώ, ο Βλάξ», Το χρονικό των 34 «περαιώσεων» χρεών προς το Δημόσιο από το 1977 έως σήμερα, ebook , Stergiou Limited

- «Τραπεζοβίωτο κράτος και κρατικοδίαιτες τράπεζες». Μία ολέθρια σχέση, book, Stergiou Limited, 2013

- «Ιστορίες Οικονομικής Τρέλας», ebook, Stergiou Limited, 2013

5 ΑΠΡΙΛΙΟΥ

Όταν η Κίνα προειδοποιεί Δραγασάκη και Δρίτσα για ιδιωτικοποίηση του ΟΛΠ

Σήμερα (5 Απριλίου 2015) διάβασα ότι το Πεκίνο συνδέει ευθέως και ξεκάθαρα ενδεχόμενη παροχή χρηματοδοτικής στήριξης προς την Αθήνα, αλλά και κάθε άλλη συνεργασία, με την ολοκλήρωση του διαγωνισμού για την ιδιωτικοποίηση του ΟΛΠ. Σύμφωνα με την Πρεσβεία της Κίνας στην Ελλάδα, το Πεκίνο «παρακολουθεί στενά την τοποθέτηση και συγκεκριμένη πρόταση της ελληνικής κυβέρνησης για την ιδιωτικοποίηση του ΟΛΠ και ευελπιστεί στην συνέχιση της διαδικασίας του διαγωνισμού» για την οποία δηλώνει ότι «ήδη περιμένει να ολοκληρωθεί».

Και θυμήθηκα τον αντιπρόεδρο της κυβέρνησης Γιάννη Δραγασάκη που ήταν πρώτα υπέρ της ιδιωτικοποίησης του ΟΛΠ (άλλο ότι ύστερα από δύο ημέρες έκανε μιαν εντυπωσιακή «κωλοτούμπα»!)

Θυμήθηκα και τον αναπληρωτή υπουργό Ναυτιλίας Θοδωρή Δρίτσα, ο οποίος έχει δηλώσεις ορκισμένος εχθρός της ιδιωτικοποίησης του ΟΛΠ.

Θυμήθηκα τη θυμόσοφη ελληνική παροιμία «πάρε τον έναν και χτύπα τον άλλον»…

6 ΑΠΡΙΛΙΟΥ

Γην και ύδωρ από τον «σκληρό» Βαρουφάκη στη Λαγκάρντ: και κανονική αποπληρωμή των δανείων και κλιμάκια στην Αθήνα…

Σήμερα (6 Απριλίου 2015) διάβασα ότι χθες Κριστίν Λαγκάρντ και ο υπουργός Οικονομικών Γιάνης Βαρουφάκης, μετά την κοινή τους συνάντηση, εξέπεμψαν δύο ξεκάθαρα μηνύματα. Το πρώτο αφορά στην απρόσκοπτη αποπληρωμή του Ταμείου.

Και θυμήθηκα την πρόσφατη πολυφωνία και λεονταρισμούς μερικών στελεχών της κυβέρνησης Τσίπρα, που έχουν ταχθεί κατά της έγκαιρης αποπληρωμής του ΔΝΤ για να ικανοποιηθούν άλλες υποχρεώσεις της χώρας.

Το δεύτερο μήνυμα αφορά την παρουσία των κλιμακίων των δανειστών στην Αθήνα.

Και θυμήθηκα τη γνωστή θέση του ΣΥΡΙΖΑ για τη μη έλευση για ελέγχους της τρόικας στην Αθήνα.

Θυμήθηκα την παρωδία των τεχνικών συναντήσεων που επί σχεδόν ένα μήνα δεν είχαν κανένα νόημα και δεν βοήθησαν σχεδόν καθόλου στην πρόοδο των διαπραγματεύσεων. Η βελτίωση των συνομιλιών στην Αθήνα ήταν ένα μόνιμο αίτημα από την πρώτη στιγμή που έφθασαν στην πρωτεύουσα τα τεχνικά κλιμάκια. Οι συναντήσεις γίνονται σε δωμάτια ξενοδοχείου, με την ελληνική πλευρά να εκπροσωπείται από υπηρεσιακούς παράγοντες που δεν είχαν καμία εντολή να μιλήσουν, ενώ τις περισσότερες φορές τα ραντεβού ακυρώνονταν ή άλλαζε ο τόπος διεξαγωγής του τελευταία στιγμή.

Θυμήθηκα ότι οι δανειστές πάντοτε έδιναν και δίνουν πολύ μεγάλη σημασία στις τεχνικές συζητήσεις, καθώς από αυτές και τα στοιχεία που θα συγκεντρωθούν εξαρτάται και η πολιτική που θα χαράξουν σε υψηλότερο επίπεδο.

Επίσης, διάβασα ότι η Λαγκάρντ δήλωσε ότι ο υπουργός δεσμεύτηκε πως θα βελτιωθεί η αποτελεσματικότητα των τεχνικών συνομιλιών στην Αθήνα και των συζητήσεων σε πολιτικό επίπεδο στις Βρυξέλλες.

Και θυμήθηκα ότι το γνωστό «ας έκανε κι αλλιώτικα! Διότι μόνο όταν οι συζητήσεις στην Αθήνα θα γίνουν ουσιαστικότερες θα υπάρξει προσδοκία να βοηθήσουν πραγματικά στην ολοκλήρωση των συζητήσεων σε πολιτικό επίπεδο στο Brussels Group και το Eurogroup, ώστε να μη χαθεί και το χρονικό ορόσημο της 24ης Απριλίου.

Ίδωμεν...

9 ΑΠΡΙΛΙΟΥ (1)

Απίστευτο αλαλούμ κυβερνητικών του ΣΥΡΙΖΑ για το ΦΠΑ

Σήμερα (9 Απριλίου 2015– Μεγάλη Πέμπτη) διάβασα ότι συνεχίζεται η σύγχυση ή αλαλούμ γύρω από την αύξηση ή μη του ΦΠΑ. Ενδεικτικό είναι ότι μέσα σε 24 ώρες ο κυβερνητικός εκπρόσωπος Γ. Σακελλαρίδης εξέφρασε δύο διαφορετικές απόψεις.

Και θυμήθηκα την επιστολή του υπουργού Οικονομικών Γιάνη Βαρουφάκη προς τον πρόεδρο του Eurogroup στις 23 Φεβρουαρίου 2015, όπου επισημαίνονταν για το θέμα αυτό τα εξής: «Η πολιτική ΦΠΑ πρέπει να εξορθολογιστεί με σκοπό να περιοριστούν οι εξαιρέσεις»

Θυμήθηκα τη δήλωση του αναπληρωτή υπουργού Οικονομικών Δημήτρη Μάρδα στις 25 Φεβρουαρίου 2015 ότι «δεν θα αυξηθεί ο ΦΠΑ».

Θυμήθηκα τη δήλωση του υπουργού Επικρατείας Αλ. Φλαμπουριάρη στις 26 Φεβρουαρίου 2015 ότι «δεν χρειάζεται αύξηση του ΦΠΑ».

Θυμήθηκα τις διαρροές του υπουργείου Οικονομικών στις 22 Μαρτίου 2015 για «ενιαίο συντελεστή 15% και ένα δεύτερο χαμηλότερο μόνο για τρόφιμα και είδη πρώτης ανάγκης, όπως φάρμακα».

Θυμήθηκα τη δήλωση της αναπληρώτριας υπουργού Οικονομικών Νάντιας Βαλαβάνη στις 24 Μαρτίου 2015 για «αύξηση των συντελεστών ΦΠΑ σε Μύκονο και Σαντορίνη».

Θυμήθηκα τη διάψευση την ίδια ημέρα από το υπουργείο Οικονομικών των δηλώσεων Βαλαβάνη!

Θυμήθηκα τη δήλωση του υπουργού Οικονομίας Γ. Σταθάκη στις 26 Μαρτίου 2015 ότι «επί της αρχής έχουμε συμφωνήσει ότι το ευνοϊκότερο καθεστώς του ΦΠΑ στα νησιά θα διατηρηθεί και πρέπει να διατηρηθεί».

Θυμήθηκα τη δήλωση της Βαλαβάνη στις 29 Μαρτίου 2015 στην οποία τόνιζε τα εξής: «Δεν καταλαβαίνω γιατί σκέψεις για ευθυγράμμιση αυτών των δύο νησιών (σ.σ. Σαντορίνη και Μύκονος) με καθεστώς ΦΠΑ της επικράτειας προκαλεί τις διαμαρτυρίες»!

Θυμήθηκα τη δήλωση του πρωθυπουργού Αλέξη Τσίπρα στις 31 Μαρτίου 2015 ότι «δεν θα δεχθούμε αύξηση ΦΠΑ σε τρόφιμα και φάρμακα».

Θυμήθηκα τη δήλωση Μάρδα την 1η Απριλίου 2015 ότι «υπάρχει το ενδεχόμενο κάποιας συζήτησης για αύξηση του ΦΠΑ στα νησιά»

9 ΑΠΡΙΛΙΟΥ (2)

Νέο απίστευτο αλαλούμ κυβερνητικών του ΣΥΡΙΖΑ για το ΦΠΑ

Σήμερα (9 Απριλίου 2015– Μεγάλη Πέμπτη) διάβασα ότι συνεχίζεται η σύγχυση ή αλαλούμ γύρω από την αύξηση ή μη του ΦΠΑ. Ενδεικτικό είναι ότι μέσα σε 24 ώρες ο κυβερνητικός εκπρόσωπος Γ. Σακελλαρίδης εξέφρασε δύο διαφορετικές απόψεις.

Και Θυμήθηκα δήλωση Βαρουφάκη στις 2 Απριλίου 2015 ότι «δεν υπογράφω αύξηση ΦΠΑ στα νησιά»

Θυμήθηκα απάντηση Βαρουφάκη και Βαλαβάνη στη Βουλή στις 3 Απριλίου 2015 ότι «η κυβέρνηση δεν προτίθεται να αυξήσει το συντελεστή ΦΠΑ σε οικονομικές δραστηριότητες, όπως τουρισμός, ή αγαθά πρώτης ανάγκης».

Θυμήθηκα δήλωση του κυβερνητικού εκπροσώπου Γ. Σακελλαρίδη στις 6 Απριλίου 2015 ότι «ο ΦΠΑ των νησιών είναι υπό διαβούλευση».

Θυμήθηκα δήλωση του υπουργού Άμυνας Πάνου Καμμένου ότι «δεν πρόκειται ποτέ ο ΦΠΑ στα νησιά να ανέβει».

Θυμήθηκα δήλωση του Σακελλαρίδη στις 7 Απριλίου 2015 ότι «δεν πρόκειται να υπογραφεί αύξηση ΦΠΑ από την ελληνική κυβέρνηση».

10 ΑΠΡΙΛΙΟΥ

Το «Ηλεκτρικό ρεύμα για όλους» της Δούρου του ΣΥΡΙΖΑ έγινε για... μόνο 98 νοικοκυριά!!!

Σήμερα (10 Απριλίου 2015) διάβασα ο αντιπεριφερειάρχης Οικονομικών Χρίστος Καραμάνος κατά τη διάρκεια του Περιφερειακού Συμβουλίου Αττικής δήλωσε ότι η Περιφέρεια Αττικής παρενέβη σε 98 νοικοκυριά, στα οποία είχε διακοπεί το ρεύμα, και αποκαταστάθηκε η ηλεκτροδότηση.

Και θυμήθηκα ότι στις 15 Δεκεμβρίου 2014 η Περιφέρεια Αττικής είχε ανακοινώσει το πρόγραμμα «Ηλεκτρικό Ρεύμα για όλους», σύμφωνα με το οποίο θα αναλάμβανε την κάλυψη δαπάνης έως 360 ευρώ το χρόνο ανά παροχή ηλεκτρικού ρεύματος που έχει διακοπεί.

Θυμήθηκα ότι στις 19 Δεκεμβρίου 2014 ο τότε πρόεδρος της αξιωματικής αντιπολίτευσης Αλέξης Τσίπρας είχε επισκεφθεί την Περιφέρεια Αττικής προκειμένου να ενημερωθεί για το πρόγραμμα.

Θυμήθηκα ότι ο σημερινός πρωθυπουργός είχε συγχαρεί την περιφερειάρχη Ρένα Δούρου «για την πρωτοβουλία να βρουν τους απαραίτητους πόρους, προκειμένου να καλύψουν πλήρως τις ανάγκες επανασύνδεσης ρεύματος και κάλυψης των βασικών αναγκών για ένα χρόνο σε πάνω από 10.000 περιπτώσεις στην Περιφέρεια Αττικής».

Θυμήθηκα ότι η περιφερειάρχης Αττικής στη συνέχεια σε δηλώσεις και συνεντεύξεις της –μεταξύ άλλων στο γερμανικό περιοδικό «Der Spiegel»– είχε δηλώσει ότι για το συγκεκριμένο πρόγραμμα έχουν δεσμευθεί 2, 25 εκατ. ευρώ.

13 ΑΠΡΙΛΙΟΥ

Πού είσαι, Γιάννη Πανούση, του 1989 με τις νουθεσίες σου για ατομική αξιοπρέπεια...

Σήμερα, 13 Απριλίου 2015, διάβασα ότι σοβαρούς τριγμούς και αντιδράσεις στο εσωτερικό της κυβέρνησης, στην Κοινοβουλευτική Ομάδα του ΣΥΡΙΖΑ, αλλά και στο κόμμα, προκάλεσε με τις δημόσιες παρεμβάσεις του χθες, μέσω της εφημερίδας «Τα ΝΕΑ» και της ηλεκτρονικής έκδο-

145

σης της «Καθημερινής», ο αναπληρωτής υπουργός Προστασίας του Πολίτη Γιάννης Πανούσης. Ο αναπληρωτής υπουργός Προστασίας του Πολίτη ουσιαστικά με το άρθρο του αμφισβητεί την «αριστεροσύνη» καθενός που θεωρεί ότι «αριστερή διακυβέρνηση σημαίνει ανοχύρωτη χώρα και πόλη (δίχως προσωπική, κοινωνική, εθνική ασφάλεια, δίχως στρατό και δίχως αστυνόμευση, ίσως και χωρίς δικαστές ή φυλακές)», ενώ διερωτάται «πώς νοούν οι "καθαρόαιμοι" την "αριστερή Αστυνομία". Να καίγονται οι αστυνομικοί από τους κουκουλοφόρους; Κι αν ναι, ποιοι εκπροσωπούν τη Δημοκρατία και την κοινωνία και από ποιους ελέγχονται;».

Και θυμήθηκα ένα άρθρο του καθηγητή Γιάννη (με δύο ν) Πανούση στον «Οικονομικό Ταχυδρόμο» (7 Σεπτεμβρίου 1989) υπό τον τίτλο «Χωρίς ατομική αξιοπρέπεια τίποτε δεν μπορεί να γίνει», στο οποίο, μεταξύ άλλων, επεσήμαινε τα εξής:

«Ποιος θα μάς απαλλάξει από τον μικρομεσαίο χαμαιλεοντισμό, την πρασινο–γαλαζο– κοκκινίζουσα οσφυοκαμψία, την ιδεολογία της λουφαδορικής εξέλιξης και της καλοκασταθμισμένης ουδετερότητας;

Ποιος θα μάς προστατεύσει από τους φιλόδοξους διανοούμενους της αριστεράς και της (δικής τους) προόδου, που γράφουν ως μη–γράφοντες και αναλύουν ως αντεστραμμένα είδωλα των ειδωλοποιημένων αντιστροφών τους ; (μη αρνούμενοι τη σχετική συμμόρφωση– κατά τη σχετική αυτονομία, προς την όποια προκύψει τελικώς εξουσία;)

Ποιος θα δώσει κύρος και αξιοπρέπεια στους πολιτικούς που υβρίζονται, προπηλακίζονται, εκδιώκονται, συκοφαντούνται, τους αλλάζουν συνεχώς θέση πιονιού στην σκακιέρα των συσχετισμών, κι αυτοί σιωπούν (στο όνομα της κομματικής πειθαρχίας ή των κομματικών σχεδίων).

Χωρίς την κομματική αξιοπρέπεια τίποτε δεν μπορεί να γίνει. Δεν στήνονται πύργοι πάνω σε πτώματα τσακισμένης υπερηφάνειας»…

14 ΑΠΡΙΛΙΟΥ

Πλήρης δικαίωση του Λεμπέση και από τον ΣΥΡΙΖΑ για τη χρησιμότητα των βλακών που πληρώνουν…

Σήμερα (14 Απριλίου 2015) διάβασα ότι 29 βουλευτές του ΣΥΡΙΖΑ ζητούν με τροπολογία που κατέθεσαν νωρίτερα στη Βουλή, την ατιμωρησία όσων συμμετέχοντας στο κίνημα «δεν πληρώνω» αντέδρασαν στον πολλαπλασιασμό των σταθμών διοδίων στις εθνικές οδούς και αρνήθηκαν να καταβάλλουν το αντίτιμο, παραβιάζοντας σχετικές διατάξεις. Την τροπολογία αυτή κατέθεσαν στο νομοσχέδιο του υπουργείου Δικαιοσύνης για τις φυλακές, με στόχο να ψηφισθεί την Παρασκευή.

Και θυμήθηκα το βιβλίο του Ευάγγελου Λεμπέση που κυκλοφόρησε το 1941υπό τον τίτλο «Η κοινωνική χρησιμότης των βλακών εν τω συγχρόνω βίω».

Θυμήθηκα ότι, μεταξύ άλλων, έγραφε:

–«Η έμφυτος τάσις του βλακός, εξικνουμένη συχνότατα εις αληθή μανίαν όπως ανήκη εις ισχυράς και όσον το δυνατόν περισσοτέρας και πάσης φύσεως οργανώσεις, εξηγείται πρώτον μεν εκ της ευκολίας της αγελοποιήσεως, εις ην μονίμως υπόκειται, λόγω ελλείψεως ατομικότητος (εξ ου και το μίσος του, κατά του ατόμου και του ατομικισμού), δεύτερον δε εκ του ατομικού ζωώδους πανικού, υπό του οποίου μονίμως κατατρύχεται, εκ του δεδικαιολογημένου φόβου μήπως περιέλθη εις το παντός είδους προλεταριάτον».

– «Το φαινόμενον ετούτον, είναι κλασικόν, τυπικόν και αιώνιον αφ΄ ής υπάρχει ανθρωπίνη κοινωνία, δι΄ όλης της Ιστορίας της ανθρωπότητος».

– «Ο συνασπισμός των βλακών είναι μηχανική οργάνωσις βάσει της αρχής της «ελαχίστου προσπαθείας» κλίνων προς αντιμετώπισιν ισχυροτέρας δυνάμεως εις το πρόσωπον των ολίγων ή του ενός. Η οργάνωσις αύτη περιωρισμένης εκτάσεως καλείται κοινωνιολογικώς κλίκα.»

– Τα κάθε είδους πυραμιδικά σχήματα εξουσίας, είτε κομματικής, είτε εταιρικής, είτε κρατικής (ή και τα –αντι) έλκουν την λεγεώνα των βλακών, της οποίας τα «προσόντα», (η έλλειψις ιδίας γνώμης, η κολακεία και η ραδιουργία) της επιτρέπουν την σταθερήν εξέλιξιν μέχρι που, με την σταδιακή εξόντωσιν (δια της κλικός), των ευφυών και ικανών, οι βλάκες κατακτούν την κορυφήν οπότε επέρχεται η εθνική και άλλη κατάρρευσις»

– 'Ότι την εξέλιξιν ταύτην ουδείς δύναται να σταματήση είναι φανερόν, όσον είναι φανερά και η νομοτελειακή συνάρτησις των ως άνω δεδομένων. Κατά την αυτήν συνάρτησιν το φαινόμενον συνεχίζεται: «ενός βλακός προκειμένου μύριοι έπονται», ο δε ούτω ανελθών βλαξ θα προωθήση ο ίδιος πρόσωπα μόνον κατώτερα εαυτού μέχρις ότου μία βιαία έξωθεν επέμβασις, υπαγορευομένη υπό της ανάγκης άλλου τινός κοινωνικού οργανισμού, ή ο φυσικός εκφυλισμός ενός τοιούτου οργανισμού εκ των έσω, επιφέρει θεμελιώδη τινά ανατροπήν ή και αυτόν τούτον τον τερματισμόν του βίου του εκφυλισθέντος οργανισμού».

15 ΑΠΡΙΛΙΟΥ

Συνεχής φορολογική τιμωρία των πολυτέκνων επί 23 χρόνια!

Σήμερα (15 Απριλίου 2015) διάβασα ότι οι οικογένειες με παιδιά τιμωρούνται στην Ελλάδα. Αυτό είναι το συμπέρασμα μελέτης του Οργανισμού Οικονομικής Συνεργασίας και Ανάπτυξης (ΟΟΣΑ) για τη φορολογία σε οικογένεια στην οποία εργάζεται ο ένας γονιός με δύο παιδιά, όπου διαπιστώνονται οι υψηλότερες φορολογικές επιβαρύνσεις μεταξύ των 34 χωρών του Οργανισμού.

Και θυμήθηκα ένα άρθρο μου στην εφημερίδα «Τα Νέα» (22 Απριλίου 1992), δηλαδή πριν από 23 χρόνια, υπό τον τίτλο «Πολύτεκνοι: 0+0=μείον 16%» και με τη διαπίστωση ότι «σε μείζον εθνικό θέμα έχει εξελιχθεί το δημογραφικό πρόβλημα στη χώρα και ότι κάνουμε οτιδήποτε για να... επιδεινώνεται συνεχώς!»

Θυμήθηκα ότι στο άρθρο μου αυτό επεσήμανα, μεταξύ άλλων, τα ακόλουθα:

«Επιβεβαιώνεται πανηγυρικά η διαπίστωσή μας ότι με τα νέα φορολογικά μέτρα ευνοούνται οι άγαμοι, οι απλώς έγγαμοι και υψηλόμισθοι και τιμωρούνται άγρια οι χαμηλόμισθοι και, κυρίως, οι... πολύτεκνοι μικρομεσαίου εισοδήματος...»

Οι πολύτεκνοι ίδιου εισοδήματος είναι σε χειρότερη θέση από τους άγαμους... Ένας άγαμος ετήσιου εισοδήματος 1.500.000 δραχμών έχει, από τη νέα φορολογία, αύξηση του εισοδήματος του κατά 5, 4%, ενώ, αντίθετα, ένας έγγαμος με τρία παιδιά έχει μείωση κατά 1, 2% και ένας έγγαμος με τέσσερα παιδιά πάλι μείωση κατά 0, 9%... Εννοείται ότι με παραδείγματα για υψηλότερο ετήσιο εισόδημα, οι άγαμοι είναι πολύ πιο... τυχεροί...»

Θυμήθηκα ότι το άρθρο μου αυτό κατέληγε ως εξής: «Μήπως, λοιπόν, όλα αυτά σημαίνουν ότι τα λεγόμενα για το οξύ δημογραφικό πρόβλημα, που έχει εξελιχθεί σε μείζον εθνικό, είναι για τους αρμοδίους... κουραφέξαλα;».

Κι όλα αυτά γίνονταν και συνεχίζονται έως σήμερα, δηλαδή ύστερα από 23 χρόνια...

17 ΑΠΡΙΛΙΟΥ

Τάδε έφη ο μαρξιστής υπουργός παιδείας

Σήμερα (17 Απριλίου 2015) διάβασα ότι σε συνέντευξή του στο ΑΠΕ–ΜΠΕ, ο υπουργός Παιδείας, Αριστείδης Μπαλτάς:

–Χαρακτηρίζει, μεταξύ άλλων, «ψευδοπρόβλημα» το θέμα των «αιώνιων» φοιτητών, καθώς, όπως λέει, «οι λεγόμενοι «αιώνιοι» δεν επιβάρυναν σε τίποτα τη λειτουργία των Ιδρυμάτων».

–Υπογραμμίζει ότι το θέμα της αξιολόγησης των εκπαιδευτικών «ήταν τιμωρητική και συνιστούσε ένα είδος δαμοκλείου σπάθης που δεν βοηθούσε στη βελτίωση του εκπαιδευτικού έργου, αλλά τρόμαζε τους εκπαιδευτικούς και τους έκανε να υποτάσσονται σε κελεύσματα άνωθεν».

Και θυμήθηκα ότι ο Μπαλτάς, χωρίς να τον ρωτήσει κανένας, αυτοχαρακτηρίστηκε στη Βουλή ως... «μαρξιστής».

Θυμήθηκα, δηλαδή, ότι όλα αυτά για αξιολόγηση φοιτητών, μαθητών και εκπαιδευτικών είναι, εξ αντιδιαστολής, ... άγρια καπιταλιστικά.

Θυμήθηκα ότι έτσι, με το «σοσιαλισμό» του ΠΑΣΟΚ, απυθεώθηκε η «ήσσων» προσπάθεια και κυριάρχησε παντού η ισοπέδωση...

18 ΑΠΡΙΛΙΟΥ

Δεν θέλει ο Τσίπρας τα λεφτά της Εκκλησίας προς όφελος του λαού!

Σήμερα (18 Απριλίου 2015) διάβασα ότι κύκλοι της Εκκλησίας εκφράζουν απορία για τη στάση της κυβέρνησης Τσίπρα στη δήλωση του μακαριωτάτου αρχιεπισκόπου Αθηνών και πάσης Ελλάδος Ιερωνύμου Β΄, σύμφωνα με την οποία είναι έτοιμος να αξιοποιήσει την περιουσία της Εκκλησίας προς όφελος του λαού και της χώρας. Και αυτό διότι, όπως αναφέρουν, στην επιστολή που απέστειλε ο πρωθυπουργός Αλέξης Τσίπρας στον αρχιεπίσκοπο «αντί να πραγματοποιηθεί ένα βήμα μπρος, γίνεται ένα βήμα πίσω». Ειδικότερα, όπως υπογραμμίζουν, ο πρωθυπουργός παραπέμπει εκ νέου το ζήτημα της αξιοποίησης της εκκλησιαστικής περιουσίας στην «επιτροπή για τη μελέτη και επίλυση θεμάτων που απασχολούν την Εκκλησία της Ελλάδος».

Και θυμήθηκα τη θυμόσοφη λαϊκή ρήση «ότι «όποιος δεν θέλει να ζυμώσει, όλο κοσκινίζει».

Θυμήθηκα, επίσης, τη γνωστή ελληνοπρεπέστατη τακτική του «στρίβειν δι᾽ επιτροπών».

Θυμήθηκα, για παράδειγμα, ότι ήδη εδώ και καιρό έχει συσταθεί η «Εταιρεία Αξιοποίησης Εκκλησιαστικής Ακίνητης Περιουσίας Α.Ε.» (ΕΑ-ΕΑΠ), στην οποία συμμετέχουν με 50% η Ιερά Αρχιεπισκοπή Αθηνών και 50% το ελληνικό Δημόσιο.

Θυμήθηκα ότι η εταιρεία αυτή έχει ως έχει στόχο να διαχειρίζεται ακίνητα της Αρχιεπισκοπής υψηλής αξίας, τα οποία θα εισφερθούν από την εκκλησία προς εκμετάλλευση με το μοντέλο της μακροχρόνιας μίσθωσης. Ακίνητα δηλαδή, όπως τα 83 στρέμματα στη Βουλιαγμένη, έκταση που εφάπτεται του ξενοδοχειακού συγκροτήματος Αστέρας ή τα 1.200 στέμματα της Φασκομηλιάς που εκτείνονται στην παραθαλάσσια περιοχή από τη λίμνη της Βουλιαγμένης έως τη Βάρκιζα.

19 ΑΠΡΙΛΙΟΥ

Με Πράξη Νομοθετικού Περιεχομένου, που «ξόρκιζε» ο ΣΥΡΙΖΑ, δεσμεύονται ταμειακά διαθέσιμα των Δήμων...

Σήμερα (19 Απριλίου 2015) διάβασα ότι είναι ήδη υπογεγραμμένη η Πράξη Νομοθετικού Περιεχομένου, με την οποία τα ταμειακά διαθέσιμα οργανισμών της κυβέρνησης (Τοπική Αυτοδιοίκηση κλπ) μεταφέρονται στον Κοινό Λογαριασμό του Ελληνικού Δημοσίου που τηρείται στην Τράπεζα της Ελλάδος.

Και θυμήθηκα ότι ο ΣΥΡΙΖΑ προεκλογικά εξόρκιζε λυσσαλέα κάθε Πράξη Νομοθετικού Περιεχομένου!

Θυμήθηκα όσα είχε αναφέρει σε άρθρο της που εμπεριέχεται (σελ. 11) στη λεγόμενη «Μαύρη Βίβλο» που είχε εκδώσει ο ΣΥΡΙΖΑ προ των τελευταίων εκλογών η σημερινή πρόεδρος της Βουλής Ζωή Κωνσταντοπούλου.

Θυμήθηκα ότι σημείωσε, μεταξύ άλλων, τα εξής: «Σε διάστημα μικρότερο της διετίας, η κυβέρνηση σημείωσε ρεκόρ πράξεων εκτροπής από το δημοκρατικό πολίτευμα και την κοινοβουλευτική λειτουργία: (Υπάρχουν) 24 Πράξεις Νομοθετικού Περιεχομένου».

Θυμήθηκα ότι έτσι η προηγούμενη κυβέρνηση «περνούσε» μία Πράξη Νομοθετικού Περιεχομένου κάθε μήνα, όπερ σημαίνει ότι η σημερινή κυβέρνηση έσπασε το ρεκόρ αυτό: περνά δύο Πράξεις Νομοθετικού Περιεχομένου σε ένα μήνα (έχει προηγηθεί και άλλη μία σε διάστημα ενός μηνός!)

Θυμήθηκα ότι από το 1955 όλοι οι δημόσιοι οργανισμοί υποχρεώνονταν να καταθέσουν στην Τράπεζα της Ελλάδος (το μεγαλύτερο μέρος... άτοκα) τα έσοδά τους για ταμειακή διαχείριση και οι τράπεζες (πάλι ένα μεγάλο μέρος άτοκα) τις συγκεντρούμενες καταθέσεις!

Θυμήθηκα ότι έτσι η Τράπεζα της Ελλάδος και οι εμπορικές τράπεζες είχαν γίνει ένας δεύτερος κρατικός προϋπολογισμός για όλες τις κυβερνήσεις έως και το 1989, όταν άρχισε δειλά η απελευθέρωση του τραπεζικού συστήματος. 20 Απριλίου

Ο ΣΥΡΙΖΑ καταθέτει «κατεπείγοντα» νομοσχέδια, που ως αντιπολίτευση είχε χαρακτηρίσει ως «πραξικοπηματικές διαδικασίες»

Σήμερα (20 Απριλίου 2015) διάβασα ότι το νομοσχέδιο, το σχετικό με τις «Ρυθμίσεις για την επανεκκίνηση της οικονομίας» (που αφορούσε και τις ληξιπρόθεσμες οφειλές) κατετέθη ως «κατεπείγον».

Και θυμήθηκα όσα κατήγγελλαν έντονα στελέχη του ΣΥΡΙΖΑ, όταν βρίσκονταν στα έδρανα της αντιπολίτευσης, με αφορμή «κατεπείγοντα» νομοσχέδια της κυβέρνησης Ν.Δ. – ΠΑΣΟΚ.

Θυμήθηκα ότι ο σημερινός υπουργός της κυβέρνησης του ΣΥΡΙΖΑ Παναγιώτης Λαφαζάνης είχε χαρακτηρίσει στη Βουλή αυτά τα «κατεπείγοντα» νομοσχέδια ως «πραξικοπηματικές διαδικασίες».

22 ΑΠΡΙΛΙΟΥ

Θεσμός είναι ο λαός και για τον Στρατούλη

Σήμερα (22 Απριλίου 2015) διάβασα ότι ο αναπληρωτής υπουργός Κοινωνικών Ασφαλίσεων Δημήτρης Στρατούλης σε δηλώσεις του στην τηλεόραση του ΣΚΑΪ τόνισε ότι «η Ελλάδα δεν θα κάνει τις μεταρρυθμίσεις που θέλουν οι Η.Π.Α. και η Γερμανία, , αλλά αυτές που θέλει ο ελληνικός λαός».

Και θυμήθηκα τη δήλωση που έκανε ο, τότε, πρωθυπουργός της χώρας Ανδρέας Παπανδρέου σε προεκλογική του ομιλία στην Κοζάνη στις 14

Απριλίου 1989: «Δεν υπάρχουν θεσμοί, παρά μόνον ο λαός»!

Θυμήθηκα όμως ότι ο ελληνικός λαός «καλοπερνούσε» με τα δάνεια που έπαιρνε από τη Γερμανία!

23 ΑΠΡΙΛΙΟΥ

Η «γιορτή» των «τροπαιοφόρων» δανειστών μας

Σήμερα (23 Απριλίου 2015) είναι η γιορτή του Αγίου Γεωργίου του «Τροπαιφόρου».

Και θυμήθηκα ότι σαν σήμερα, πριν από πέντε χρόνια, στις 23 Απριλίου του 2010, ο τότε πρωθυπουργός Γιώργος Παπανδρέου ανακοίνωσε από το Καστελόριζο την παράδοση της χώρας μας στην τρόικα και την έναρξη της λεηλασίας της ελληνικής οικονομίας και των ελληνικών νοικοκυριών και ότι το σχετικό άρθρο μου αναρτήθηκε στο ιστολόγιό μου την ίδια ημέρα. «Μετά από έναν πραγματικό μαραθώνιο, διεκδικήσαμε και καταφέραμε να οδηγηθούμε σε μια ισχυρή απόφαση της Ε.Ε. για τη στήριξη της χώρας μας, με ένα πρωτόγνωρο, για την ιστορία και τα δεδομένα της Ε.Ε., μηχανισμό», τόνισε στη σχετική δήλωσή του τότε, την ημέρα της ονομαστικής του εορτής, του Αγίου Γεωργίου του «Τροπαιοφόρου».

Θυμήθηκα ότι η επιλογή της ημέρας ή η σύμπτωση αυτή παρέπεμπε σε αρνητικούς συνειρμούς, αφού ο Παπανδρέου όχι μόνο δεν ήταν «τροπαιοφόρος», αλλά ένας ταπεινωτικά ηττημένος από τους «τροπαιοφόρους» κερδοσκόπους.

Θυμήθηκα την ανακοίνωσή του για την ένταξη στο Μηχανισμό Στήριξης, στην οποία τονίζονταν, μεταξύ άλλων, τα εξής:

– «Μετά από έναν πραγματικό μαραθώνιο, διεκδικήσαμε και καταφέραμε να οδηγηθούμε σε μια ισχυρή απόφαση της Ε.Ε. για τη στήριξη της χώρας μας, με ένα πρωτόγνωρο, για την ιστορία και τα δεδομένα της Ε.Ε., μηχανισμό. ..»

– «Ήρθε η στιγμή, το χρόνο που δεν μας δίνουν οι αγορές, αυτόν τον χρόνο να μας τον δώσει η απόφαση που πήραμε όλοι μαζί οι ηγέτες των χωρών της Ευρώπης για να στηριχθεί η Ελλάδα. Είναι ανάγκη, ανάγκη εθνική και επιτακτική, να ζητήσουμε επισήμως από τους εταίρους μας την ενεργοποίηση του μηχανισμού στήριξης, που από κοινού δημιουργήσαμε στην Ε.Ε…»

– «Ο τελικός μας στόχος, ο τελικός μας προορισμός είναι να απελευθερώσουμε την Ελλάδα από επιτηρήσεις και κηδεμονίες. Να απελευθερώσουμε τις δυνάμεις του Ελληνισμού, τον κάθε Έλληνα και Ελληνίδα από αντιλήψεις, πρακτικές και συστήματα που τον εμποδίζουν παντού, εδώ και δεκαετίες. Να δώσουμε οξυγόνο εκεί όπου υπάρχει ασφυξία, δικαιοσύνη και κανόνες εκεί όπου υπάρχει αδικία, διαφάνεια εκεί όπου υπάρχει σκοτάδι, σιγουριά εκεί όπου υπάρχει ανασφάλεια, και ανάπτυξη για όλους...»

24 ΑΠΡΙΛΙΟΥ

**Ματαίως οι «θεσμοί» περιμένουν λίστα μεταρρυθμίσεων,
λόγω Στρατούλη!**

Σήμερα (24 Απριλίου 2015) πραγματοποιήθηκε, σε κλίμα εξαιρετικά έντονο, η συνεδρίαση του Eurogroup στη Ρίγα της Λεττονίας, με τον υπουργό Οικονομικών Γιάνη Βαρουφάκη να βρίσκεται μόνος του αντιμέτωπος με τους υπόλοιπους ομολόγους του της ευρωζώνης, οι οποίοι τού άσκησαν πολύ σοβαρές πιέσεις για να επιταχυνθούν οι συνομιλίες, ώστε να αποφευχθεί το αδιέξοδο της ελληνικής οικονομίας. Συγκεκριμένα, διάβασα ότι από τις δηλώσεις του διοικητή της Ευρωπαϊκής Κεντρικής Τράπεζας Μάριο Ντράγκι και του προέδρου του Eurogroup Γερούν Ντάισελμπλουμ προκύπτει ότι δεν έχει καταθέσει η ελληνική κυβέρνηση ακόμα μιαν «ολοκληρωμένη λίστα μεταρρυθμίσεων».

Και θυμήθηκα πάλι τη θυμόσοφη λαϊκή ρήση ότι «όποιος δεν θέλει να ζυμώσει όλο κοσκινίζει»

Θυμήθηκα ότι και η αριστερή ελληνική κυβέρνηση όλο κοσκινίζει τη «λίστα» των μεταρρυθμίσεων, διότι το είπε ξεκάθαρα, όπως ήδη, σχολιάσαμε, πριν από τρεις ημέρες, ο Στρατούλης: «Δεν θα κάνουμε μεταρρυθμίσεις που θέλουν οι ΗΠΑ και η Γερμανία, αλλά ο ελληνικός λαός»...

Θυμήθηκα τη γνωστή φράση του Γιάνη Βαρουφάκη για εσκεμμένη «δημιουργική ασάφεια».

25 ΑΠΡΙΛΙΟΥ

Άδεια πάλι τα δημόσια ταμεία, όπως και πριν από 25 χρόνια!

Σήμερα (25 Απριλίου 2015) διάβασα ότι υπάρχει πρόβλημα αν θα καταβληθούν την εβδομάδα αυτή μισθοί και συντάξεις. Πάντως, όπως διάβασα, ακόμα κι αν προσπεράσει το υπουργείο Οικονομικών το σκόπελο αυτής της εβδομάδας, υπάρχει η 12η Μαΐου που πρέπει να αποπληρωθεί στο Διεθνές Νομισματικό Ταμείο ποσό της τάξης των 700 εκατ. ευρώ και είναι αμφίβολο εάν θα υπάρχουν στα κρατικά ταμεία τα κεφάλαια αυτά. Στην κατεύθυνση αναζήτησης συμφωνίας με τους «θεσμούς», φαίνεται ότι η κυβέρνηση συζητά το ενδεχόμενο περικοπών σε υψηλές επικουρικές συντάξεις, τη χρονική μετάθεση αλλαγών στα εργασιακά και, αντί για αύξηση του ΦΠΑ στις τουριστικές περιοχές, την επιβολή φόρου πολυτελείας, ανάλογα με την κατηγοριοποίηση των τουριστικών καταλυμάτων, αναφέρει το ρεπορτάζ.

Και θυμήθηκα τίτλους ρεπορτάζ εφημερίδων στις 16 Φεβρουαρίου 1990, που παρουσίαζαν την ίδια απελπιστική κατάσταση στα άδεια δημόσια ταμεία και την αδυναμία καταβολής μισθών και συντάξεων.

Θυμήθηκα μερικούς από τους τίτλους αυτούς: «Αγωνία για χρήματα». «Κυβέρνηση και Τράπεζα της Ελλάδος αναζητούν τρόπους για να πληρώσουν μισθούς και συντάξεις και δώρο Πάσχα...»

Κι όλα αυτά πριν από 25 χρόνια...

26 ΑΠΡΙΛΙΟΥ

Και πριν από 26 χρόνια ο Δραγασάκης έψαχνε για λεφτά

Σήμερα (26 Απριλίου 2015) διάβασα ότι σε συνέντευξή του που δημοσιεύθηκε χθες (Κυριακή, 25 Απριλίου 2015) στην εφημερίδα «Αυγή», ο αντιπρόεδρος της κυβέρνησης Γιάννης Δραγασάκης αναφέρθηκε στο ενδεχόμενο να «ληφθούν μέτρα, τα οποία η κυβέρνηση ΣΥΡΙΖΑ–ΑΝΕΛ δεν επιθυμεί» και εκτίμησε ότι «δεν είναι απίθανο το σενάριο για μια ολοκληρωτικά αρνητική στάση των εταίρων», με ό, τι αυτό συνεπάγεται για τα άδεια δημόσια ταμεία, προσθέτουμε εμείς.

Και θυμήθηκα τα ρεπορτάζ στις εφημερίδες στις 27 Νοεμβρίου 1989, τα οποία παρουσίαζαν με μελανό τρόπο την απελπιστική κατάσταση στην οποία βρισκόταν η χώρα μας και πριν από... 26 χρόνια, όταν αρμόδιος διαχειριστής της ελληνικής οικονομίας ήταν πάλι ο Δραγασάκης!

Θυμήθηκα ότι τα ρεπορτάζ αυτά ανέφεραν, μεταξύ άλλων, τα εξής: «Οι τρεις... «τσάροι» της οικονομίας, Γιώργος Σουφλιάς, Γιώργος Γεννηματάς και Γιάννης Δραγασάκης συμφώνησαν, ύστερα από μαραθώνια σύσκεψη που είχαν το Σάββατο και συνέχισαν σήμερα το πρωί, στον τρόπο εξεύρεσης 300 δισ. δραχμών σημείωση: 880 εκατ. ευρώ) που λείπουν από τα δημόσια ταμεία. Συγκεκριμένα, συμφώνησαν να περικοπούν δαπάνες από όλα τα υπουργεία ύψους 100 δισ. δραχμών, να εισπραχθούν 100 δισ. δραχμές από τη φορολογία στη βενζίνη και την έκτακτη εισφορά του 5% και να εξασφαλιστούν άλλα 60–80 δισ. δραχμές από τις αυξήσεις στα τιμολόγια των δημόσιων επιχειρήσεων και οργανισμών...».

27 ΑΠΡΙΛΙΟΥ

Ο Σημίτης «φούσκωσε» το χρέος και ζητάει και τα... «ρέστα»!

Σήμερα (27 Απριλίου 2015) διάβασα άρθρο του πρώην πρωθυπουργού Κώστα Σημίτη στην «Καθημερινή της Κυριακής» (26 Απριλίου 2015), στοοποίο επισημαίνει, μεταξύ πολλών άλλων, τα εξής: «Δημόσιο χρέος στο ύψος του ελληνικού χρέους δεν μειώνεται σε λίγα χρόνια στο ύψος του 60% του ΑΕΠ, το επιτρεπτό μέγεθός του, σύμφωνα με τις Συνθήκες. Για να μειωθεί η ανασφάλεια και να μην αναλώνεται το οποιοδήποτε πρωτογενές πλεόνασμα της Ελλάδας μόνο στην πληρωμή του χρέους, αλλά και για ανάπτυξη, θα πρέπει να έχουμε μια συγκεκριμένη και μακροπρόθεσμη αντίληψη για το πώς θα πετύχουμε μία δίκαιη και αποτελεσματική λύση. Η λύση μπορεί να προκύψει με τη βαθμιαία προσαρμογή προς τους στόχους που εξασφαλίζουν την ομαλή λειτουργία της οικονομίας μας στο πλαίσιο της ευρωζώνης. Η κατά στάδια προσέγγιση επιτρέπει την επίτευξη της σταθερότητας χωρίς επιδείνωση της κοινωνικής δυστυχίας...»

Και θυμήθηκα ότι ο ίδιος, ως πρωθυπουργός, έκανε τα εντελώς αντίθετα!

Θυμήθηκα ότι «φούσκωσε» το δημόσιο χρέος από το 1996 έως το Μάρτιο του 2004, ενώ έπρεπε να το είχε μειώσει δραστικά. Διότι κατά την περίοδο της πρωθυπουργίας του Σημίτη το ελληνικό, ευρωπαϊκό και διεθνές περιβάλλον ήταν προκλητικά ευνοϊκό για τη μείωση του χρέους. Δηλαδή, όλοι οι παράγοντες που συμβάλλουν στη σημαντική μεταβολή του χρέους ήταν ευνοϊκότατοι, όπως το υψηλό πρωτογενές πλεόνασμα, η υψηλή

αύξηση του ονομαστικού ΑΕΠ, τα υψηλά σχετικά έσοδα από αποκρατικο-
ποιήσεις και το σχετικά χαμηλό κόστος δανεισμού ιδιαίτερα μετά 2001.

Θυμήθηκα ότι, παρά τις προκλητικά αυτές ευνοϊκές οικονομικές συν-
θήκες, ο Σημίτης ως πρωθυπουργός αύξησε το χρέος κατά 83, 1 δισ. κατά
τις εκτιμήσεις της Τράπεζας της Ελλάδος ή κατά 93, 2 δισ. ευρώ κατά τις
δικές μου εκτιμήσεις, οι οποίες στηρίζονται και στην αναθεώρηση στοι-
χείων της Eurostat, η οποία το 2004 ενέταξε στο χρέος ποσά κυρίως από
αναλήψεις χρεών δημόσιων επιχειρήσεων και οργανισμών μετά την απο-
κάλυψη της "Δημιουργικής Λογιστικής" του!

Θυμήθηκα, έτσι, ότι από 85, 6 δισ. ευρώ το 1995 το χρέος διαμορφώθη-
κε σε 169 δισ ευρώ το 2003 ή κατά 97, 1%, δηλαδή σχεδόν το διπλασίασε!

Θυμήθηκα ότι, με βάση τα στοιχεία της Τράπεζας της Ελλάδος, το δη-
μόσιο χρέος του 2003 θα έπρεπε να είχε μειωθεί κατά 35, 7 εκατ. μονάδες
σε σχέση με το αντίστοιχο του 1995 ή να είχε διαμορφωθεί στο 61, 7%, που
είναι κοντά στο κριτήριο του Μάαστριχτ (60% του ΑΕΠ).

Θυμήθηκα ότι και κατά την περίοδο της πρωθυπουργίας του Σημίτη
αποδείχθηκαν συμφορά για την ελληνική οικονομία τα εκλογικά ή προε-
κλογικά έτη, όπως το 1996, το 2000 και το 2003. Μόνο κατά τα έτη αυτά
το δημόσιο χρέος αυξήθηκε κατά 45 δισ. ευρώ!

28 ΑΠΡΙΛΙΟΥ

Στρατούλης: Δεν θα μειωθούν οι συντάξεις». Ίδωμεν...

Σήμερα (28 Απριλίου 2015) διάβασα ότι ο αναπληρωτής υπουργός
Κοινωνικής Ασφάλισης Δημήτρης Στρατούλης δήλωσε στον ραδιοφωνικό
σταθμό «Στο Κόκκινο» πως «ισχύει στο ακέραιο η δέσμευση της κυβέρνησης
να μην προχωρήσει σε καμία μείωση στις κύριες και επικουρικές συντάξεις».

Και θυμήθηκα τα γνωστά «δεν» που έγιναν αμέσως μετά «ναι» του
τότε κυβερνητικού εκπροσώπου Γιώργου Πεταλωτή και του τότε υπουρ-
γού Κοινωνικής Ασφάλισης Ανδρέα Λοβέρδου λίγο πριν από την παρά-
δοση της χώρας μας στην τρόικα, ότι δεν θα μειωθούν οι μισθοί και οι
συντάξεις και ότι δεν θα αυξηθεί ο ΦΠΑ.

Απλώς καταγράφω τη δήλωση αυτή του Στρατούλη στο «Ημερολό-
γιό» μου για την... ιστορία! 29 Απριλίου

Τώρα, «μπάσταρδη» η Ελλάδα, μετά τους παλαιότερους ταπεινωτικούς χαρακτηρισμούς «Μαύρο Πρόβατο», «Αχίλλειος Πτέρνα»

Σήμερα (29 Απριλίου 2015) διάβασα ότι την περασμένη Δευτέρα οι «Φαϊνάνσιαλ Τάιμς» δημοσίευσαν άρθρο υπό τον τίτλο: «Πώς να χειριστούμε ένα προβληματικό παιδί όπως η Ελλάδα (!)». Ο υπότιτλος συμπλήρωνε τον χλευασμό: «Πολλοί λένε ότι οι ελληνικές Αρχές συμπεριφέρονται σαν βρέφος που άρχισε μόλις να περπατάει και κάνει πείσματα»!. Επίσης, παραθέτω μερικά χαρακτηριστικά αποσπάσματα: «Αυτοί οι (σ.σ. Ευρωπαίοι) αξιωματούχοι αρχίζουν μια καμπάνια για να πετάξουν με τις κλωτσιές τη χώρα έξω (σ.σ. από την ευρωζώνη). Έχουν παραιτηθεί και θέλουν να δώσουν το παλιόπαιδο (σ.σ. την Ελλάδα) για υιοθεσία. Η οικογένεια θα γίνει ισχυρότερη χωρίς αυτό το μπάσταρδο, λένε», γράφει ο Άγγλος αρθρογράφος.

Και θυμήθηκα ότι σε όλες τις ζοφερές και τραγικές εξελίξεις στην ελληνική οικονομία, η χώρα μας βρέθηκε περί το τέλος του 2008 και τις αρχές του 2009 ξανά στο μάτι του κυκλώνα μερίδας ξένου Τύπου, κυρίως βρετανικού και γερμανικού (οι βρετανικοί Financial Times, η γερμανική εφημερίδα Handelsblatt και το γερμανικό περιοδικό Der Spiegel) και ευρωσκεπτικιστών με τέτοιους αρνητικούς χαρακτηρισμούς.

Θυμήθηκα ότι τότε δεν χρησιμοποιούσαν πια το χαρακτηρισμό της οικονομίας ως «Μαύρου Προβάτου της Ευρωπαϊκής Ένωσης», τον οποίο χρησιμοποίησαν κατά κόρον και ημέτεροι (κόμματα, κομματικά στελέχη, δημοσιογράφοι κ.λπ), αλλά άλλες εκφράσεις από την ελληνική κλασική …. Γραμματολογία, όπως «Αχίλλειος Πτέρνα της ευρωζώνης» και «Δούρειος Ίππος της Ευρωζώνης»!

Θυμήθηκα ότι και ο πρώην πρωθυπουργός Κώστας Σημίτης κατά την παρουσίαση τότε του βιβλίου του «Η κρίση» επανέλαβε αυτό που έλεγε συχνά στο παρελθόν, ότι δηλαδή η Ελλάδα «έχει ξαναγίνει το «Μαύρο Πρόβατο της Ευρώπης».

Θυμήθηκα ότι τον ίδιο χαρακτηρισμό χρησιμοποίησαν και ο πρόεδρος του ΠΑΣΟΚ Γιώργος Παπανδρέου (π.χ. στις 12 Απριλίου 2005 κατά την παρέμβασή στη συζήτηση στη Βουλή, αλλά και στις 16 Ιανουαρίου 2009), ο πρώην υπουργός Χρίστος Βερελής (22 Δεκεμβρίου 2008), ο πρώην υπουργός Τηλέμαχος Χυτήρης (20 Δεκεμβρίου 2008). 30 Απριλίου

Ο ΣΥΡΙΖΑ θα προσφύγει ξανά στο λαό, ενώ του έδωσε εντολή μόλις πριν από... τρεις μήνες να κάνει αυτά που υποσχέθηκε...

Σήμερα (30 Απριλίου 2015) διάβασα ότι, σε δηλώσεις του στον ραδιοφωνικό σταθμό «Στο Κόκκινο», ο αντιπρόεδρος της κυβέρνησης Γιάννης

Δραγασάκης τόνισε πως «σε περίπτωση αδιεξόδου, υπάρχει η λύση προσφυγής στο λαό», δηλαδή δημοψήφισμα!

Και θυμήθηκα την προεκλογική ομιλία του Αλέξη Τσίπρα στην Ομόνοια στις 22 Ιανουαρίου 2015 και διερωτήθηκα «γιατί θα προσφύγει ο ΣΥΡΙΖΑ ξανά στο λαό, αφού τού έδωσε την εντολή που ζητούσε στις 25 Ιανουαρίου 2015;».

Θυμήθηκα ότι είπε, μεταξύ άλλων: «Την Κυριακή θα έχουμε έναν ιστορικό θρίαμβο του λαού. Ο φόβος τελείωσε οριστικά. Η ελπίδα έφτασε και κανείς δεν μπορεί να τη σταματήσει».

Θυμήθηκα ότι ακόμη είπε: «Την Κυριακή ο λαός θα τιμωρήσει τους τρομοκράτες του».

Θυμήθηκα επίσης ότι είπε: «Ήρθε η ώρα του λαού. Δώστε με τη ψήφο σας σταθερότητα. Δώστε μας τη δύναμη να απογειώσουμε την Ελλάδα».

Θυμήθηκα πάλι ότι είπε: «Την Κυριακή δεν μιλούν οι δανειστές και οι εκπρόσωποί τους στην Ελλάδα. Την Κυριακή μιλά ο ελληνικός λαός».

Θυμήθηκα ότι είπε: «Την Κυριακή ο λαός αποφασίζει αν θέλει Μνημόνια ή ΣΥΡΙΖΑ».

Θυμήθηκα ότι είπε: «Δεν θα διστάσουμε, δεν θα φοβηθούμε, δεν θα γυρίσουμε πίσω». Η Ελλάδα θα ξαναγίνει μια κανονική ευρωπαϊκή χώρα. Και ταυτόχρονα θα προχωρήσει σε μεταρρυθμίσεις με πρόσημο δημοκρατικό, προοδευτικό, ανθρωπιστικό. Μεταρρυθμίσεις που θα επαναφέρουν και θα ενισχύσουν το κοινωνικό κράτος».

Θυμήθηκα «λαός, λαός, λαός, λαός, λαός...». Αχ, αχ, αχ

ΜΑΪΟΣ

Η ιστορία
του κομματικού οφέλους
εμφανίζεται ως τραγωδία

2 ΜΑΪΟΥ

Η θεοποίηση του κομματικού οφέλους έγινε εφιάλτης της Ελλάδος

Σήμερα (2 Μαΐου 2015) διάβασα ότι η Ελλάδα θα πρέπει να κάνει σημαντικές υποχωρήσεις σε θέματα που αφορούν το συνταξιοδοτικό σύστημα ή τα εργασιακά, προκειμένου να κλείσει η συμφωνία με τους εταίρους πιστωτές της, όπως αναφέρει αξιωματούχος της ευρωζώνης στο πρακτορείο Reuters. Είπε: «Δεν βλέπω πιθανότητα κατάληξης (στις διαπραγματεύσεις) αν οι Έλληνες δεν κάνουν μια πολύ σημαντική κίνηση σε έναν ή δύο ή τρεις τομείς. Θα μπορούσε να είναι οι συντάξεις, θα μπορούσε να είναι η αγορά εργασίας» Και πρόσθεσε: «Θα πρέπει να πληρώσουν το πολιτικό κόστος (σ.σ. η κυβέρνηση). Το Eurogroup θέλει να δει ότι το πολιτικό κόστος να πληρώνεται».

Και θυμήθηκα ότι, επί σαράντα τώρα χρόνια, αυτό το κομματικό και πολιτικό κόστος ή όφελος έχει εξελιχθεί σε μείζονα εφιάλτη για τη χώρα μας και τους κατοίκους της.

Θυμήθηκα ότι αυτό το φόβητρο του πολιτικού και κομματικού κόστους πληρώνουμε μαζεμένα μετά το 2009 και, προκλητικά, είχε θεοποιήσει ως αντιπολίτευση και θεοποιεί και ως κυβέρνηση ο ΣΥΡΙΖΑ…

3 ΜΑΪΟΥ (1)

Τώρα μπλέξανε οι «κόκκινες» γραμμές!

Η κυβέρνηση δεν υποχωρεί από τις «κόκκινες γραμμές» της δήλωσε κορυφαίος κυβερνητικός αξιωματούχος απαντώντας στις δηλώσεις Ευρωπαίου αξιωματούχου για ανάγκη λήψης αποφάσεων με πολιτικό κόστος. Μάλιστα, ο Έλληνας αξιωματούχος – που συμμετέχει στη σύσκεψη της πολιτικής ομάδας διαπραγμάτευσης – υποστήριξε ότι πρόκειται για "κακοήθεις δηλώσεις". «Οι κόκκινες γραμμές παραμένουν και για λόγους κοινωνικού και οικονομικού ορθολογισμού» και πρόσθεσε:"Θέλουμε αμοιβαία επωφελή συμφωνία; Όχι για να παίξουμε τα οποιαδήποτε πολιτικά παιχνίδια».

Και θυμήθηκα το «σκυλάδικο» άσμα: «μπλέξανε οι γραμμές μας, μπλέξανε οι γραμμές…»

Θυμήθηκα ότι τώρα οι γραμμές αυτές είναι «κόκκινες», ενώ τα προηγούμενα χρόνια ήταν «τάχα» γαλάζιες ή πράσινες!

3 ΜΑΪΟΥ (2)

**Μα, γιατί διερωτάται ο αρχιεπίσκοπος για την αποκαθήλωση
των εικόνων των ηρώων του '21 και του Χριστού από τα σχολεία;**

Σήμερα (3 Μαΐου 2015) διάβασα ότι ο μακαριότατος αρχιεπίσκοπος Αθηνών και πάσης Ελλάδος Ιερώνυμος έστειλε από το Άργος σαφές μήνυμα προς κάθε κατεύθυνση ότι δεν συμφωνεί με την «προοδευτική» αντίληψη της αποκαθήλωσης των ιερών εικόνων από τις σχολικές αίθουσες. Ο αρχιεπίσκοπος Ιερώνυμος στο κήρυγμά του, αφού αναφέρθηκε στην απομάκρυνση από τις σχολικές αίθουσες των φωτογραφιών με τους ήρωες της ελληνικής επανάστασης από τους «προοδευτικούς» και τους «μοντέρνους», υπογράμμισε ότι, «υπάρχει σκέψη να κατέβει η εικόνα του Χριστού για τα ανθρώπινα δικαιώματα, γιατί οι μουσουλμάνοι και οι άλλοι, όταν μπαίνουν βλέπουν τον εσταυρωμένο". Και διερωτήθηκε: "Πού βρισκόμαστε;".

Και θυμήθηκα (ως απάντηση στον αρχιεπίσκοπο) αυτό που πολλοί και μάλιστα «προοδευτικοί» έλεγαν ότι βρισκόμαστε «στην τελευταία χώρα του υπαρκτού σοσιαλισμού».

Θυμήθηκα μάλιστα ότι ο σημερινός υπουργός Παιδείας έχει δηλώσει αυτοβούλως στη Βουλή ότι είναι μαρξιστής!

Θυμήθηκα ότι για το Μαρξ η θρησκεία είναι το «όπιο των λαών»!

4 ΜΑΪΟΥ 2015

Η δυστυχία να είσαι Έλληνας φορολογούμενος επί πολλές δεκαετίες!

Σήμερα (4 Μαΐου 2015) διάβασα ότι η ο Οργανισμός Οικονομικής Συνεργασίας και Ανάπτυξης (ΟΟΣΑ) ανέδειξε με στοιχεία την Ελλάδα σε «παγκόσμια πρωταθλήτρια» φορολογικών κρατήσεων για το 2014. Σύμφωνα με τα στοιχεία αυτά, το 43, 4% ενός εργαζομένου με δύο παιδιά πάει σε φόρους και ασφαλιστικές εισφορές, φέρνοντας πάλι στο προσκήνιο το θέμα των φορολογικών συντελεστών στη χώρα μας. Οι συγκρίσεις και σε άλλα «μέτωπα» αποδεικνύουν ότι οι «πρωτιές» δεν περιορίζονται μόνο στο θέμα των κρατήσεων. Είμαστε έκτοι παγκοσμίως στις ασφαλιστικές εισφορές των εργαζομένων. Ο ΦΠΑ είναι ο τέταρτος υψηλότερος στην Ευρώπη, είμαστε πρώτοι στον κόσμο στον φόρο των αλκοολούχων ποτών (αναλογικά με το εισόδημά μας) και δεύτεροι στη φορολόγηση των αυτοκινήτων μεγάλου κυβισμού. Θέση στο βάθρο καταλαμβάνουμε και για τη φορολόγηση της αμόλυβδης, ενώ στα τσιγάρα, ο φορολογικός συντελεστής έχει φτάσει να αγγίζει πλέον ακόμη και το... 90%.

Και θυμήθηκα όλους αυτούς τους πίνακες, τους οποίους κατάρτιζα επί δεκαετίες και δημοσίευα μετά το 1981 στον «Οικονομικό Ταχυδρόμο» από τους οποίους προέκυπτε ότι οι μισθωτοί και οι συνταξιούχοι είναι τα μόνιμα «υποζύγια» του ολοένα αυξανόμενου φορολογικού βάρους.

Θυμήθηκα ότι «ευτυχείς» φορολογούμενοι στη χώρα μας είναι οι... οι άγαμοι ή οι έγγαμοι χωρίς παιδιά, αφού πλήρωναν και πληρώνουν... λιγότερους φόρους!!!

5 ΜΑΪΟΥ

Βούτσης: «Δεν θα «μειωθούν μισθοί και συντάξεις». Σημειώστε το...

Σήμερα (5 Μαΐου 2015) διάβασα ότι ο υπουργός Εσωτερικών Νίκος Βούτσης σε συνέντευξή του στην κυριακάτικη εφημερίδα «Real News» αποκλείει κατηγορηματικά το ενδεχόμενο λήψης πρόσθετων μέτρων, ξεκαθαρίζοντας πως δεν θα υπάρξει κανένα μέτρο «το οποίο να εμπεριέχει μείωση μισθών, συντάξεων, επιδομάτων, βασικών υποχρεώσεων του κράτους για τα ασφαλιστικά ταμεία και έγκριση άδικων επενδυτικών σχεδίων για ιδιωτικοποιήσεις».

Και θυμήθηκα ανάλογες «διαβεβαιώσεις» του Γιώργου Πεταλωτή και του Ανδρέα Λοβέρδου το 2010. Για το λόγο αυτό και τις καταγράφω για τα... περαιτέρω...

6 ΜΑΪΟΥ

«Μπλέξανε οι κόκκινες γραμμές μας, μπλέξανε οι γραμμές...»,
όπως λέει το λαϊκό άσμα

Σήμερα (6 Μαΐου 2015) διάβασα εκτιμήσεις ότι διαφαίνεται φως στο τούνελ της διαπραγμάτευσης, μετά τη χθεσινή τηλεφωνική επικοινωνία του πρωθυπουργού Αλέξη Τσίπρα και του προέδρου της Κομισιόν Ζαν-Κλοντ Γιουνκέρ, καθώς στο τραπέζι βρίσκονται πλέον και θέματα που έως τώρα η Αθήνα εμφάνιζε ως «κόκκινες γραμμές».

Και θυμήθηκα πάλι το παλιό λαϊκό άσμα «μπλέξανε οι γραμμές μας, μπλέξανε οι γραμμές...»!

Θυμήθηκα ξανά τις δηλώσεις κυβερνητικού αξιωματούχου στις 29 Απριλίου 2015 ότι η κυβέρνηση δεν υποχωρεί από τις «κόκκινες γραμμές», απαντώντας στις δηλώσεις Ευρωπαίου αξιωματούχου για ανάγκη λήψης αποφάσεων με πολιτικό κόστος.

Θυμήθηκα ότι τότε ο Έλληνας αξιωματούχος, ο οποίος, όπως έχω αναφέρει σε προηγούμενο σημείωμά μου, που συμμετέχει στη σύσκεψη της πολιτικής ομάδας διαπραγμάτευσης, υποστήριξε ότι πρόκειται για «κακοήθεις δηλώσεις». Επίσης, επισήμανε ότι η κυβέρνηση, στις διαπραγματεύσεις που ξεκινούν την Πέμπτη στις Βρυξέλλες, δεν θα παρουσιάσει ένα προσχέδιο του πολυνομοσχεδίου που ετοιμάζει, αλλά το τελικό νομοσχέδιο.

Θυμήθηκα ξανά ότι ο ίδιος αξιωματούχος είχε δηλώσει ότι «οι κόκκινες γραμμές παραμένουν και για λόγους κοινωνικού και οικονομικού ορθολογισμού», τονίζοντας ότι «θέλουμε αμοιβαία επωφελή συμφωνία, όχι για να παίξουμε τα οποιαδήποτε πολιτικά παιχνίδια». 7 Μαΐου

Η ελληνική παιδεία δεν κατεδαφίζεται πια, αφού έχει προ πολλού καταρρεύσει από τις «μεταρρυθμίσεις»

Σήμερα (7 Μαΐου 2015) διάβασα δήλωση του προέδρου της Νέας Δημοκρατίας και πρώην πρωθυπουργού Αντώνη Σαμαρά κατά τη συνάντησή του με τους πρυτάνεις και τον πρόεδρο του ΤΕΙ Θεσσαλονίκης, με την οποία τονίζει ότι «η παιδεία μας, και πρωτοβάθμια και δευτεροβάθμια και ανώτατη, κατεδαφίζεται, με την κυβέρνηση να παίρνει πίσω όλες τις μεταρρυθμίσεις των τελευταίων ετών».

Και θυμήθηκα ότι όλες οι «εκπεδεφτικές» μεταρρυθμίσεις που έγιναν όχι μόνο τα τελευταία χρόνια, αλλά ήδη από το 1977, δεν κατεδάφιζαν απλώς, αλλά κατεδάφισαν, όπως γνωρίζουν οι αναγνώστες μου, οριστικώς το ελληνικό εκπαιδευτικό σύστημα. 8 Μαΐου

«Μάθανε πως η Ελλάδα σβήνει και πλάκωσαν και οι Αλβανοί...»

Σήμερα (8 Μαΐου 2015) διάβασα ότι το υπουργείο Εξωτερικών της Αλβανίας επέδωσε ρηματική διακοίνωση στον Έλληνα πρέσβη Λεωνίδα Ροκανά, με την οποία απαιτεί την τροποποίηση του προγράμματος ερευνών της χώρας μας στο Ιόνιο για υδρογονάνθρακες, με το αιτιολογικό ότι παραβιάζεται η αλβανική υφαλοκρηπίδα.

Και θυμήθηκα τη θυμόσοφη ελληνική ρήση (ολίγον παραλλαγμένη) «μάθανε πως γίναμε αδύναμοι και πλάκωσαν και οι γύφτοι».

9 ΜΑΪΟΥ

Όψιμος ξεσηκωμός καθηγητών για τη συνεχιζόμενη οπισθοδρόμηση της παιδείας

Σήμερα (9 Μαΐου 2015) διάβασα ότι καταξιωμένοι πανεπιστημιακοί δάσκαλοι (καθηγητές όλων των βαθμίδων) χαρακτηρίζουν ως απόπειρα οπισθοδρόμησης της παιδείας σε καθεστώς παρελθουσών δεκαετιών, παρηκμασμένο και στρεβλό, προς άγραν πολιτικών εντυπώσεων και εξυπηρέτηση κομματικών–συνδικαλιστικών συμφερόντων.

Και θυμήθηκα ότι ανέκαθεν και ιδιαίτερα μετά το 1977 η ελληνική παιδεία ήταν έρμαιο της λεγόμενης «εκπαιδευτικής προοδευτικής πρωτοπορίας», η οποία βραδέως, αλλά ασφαλώς οδήγησε στην άλωση του ιερού αυτού θεσμού και στην κακοποίηση της ελληνικής γλώσσας.

Θυμήθηκα ότι στο ογκώδες βιβλίο μου «Αυτή είναι η Ελλάδα –τα οκτώ μεγαλύτερα εγκλήματα στην οικονομία μετά τη μεταπολίτευση», το οποίο κυκλοφόρησε το 2000 από τις Εκδόσεις «Ελληνικά Γράμματα», έχω αφιερώσει ολόκληρο πολυσέλιδο κεφάλαιο με τίτλο «η άλωση της ελληνικής παιδείας» με πολλά σημαντικά ντοκουμέντα.

10 ΜΑΪΟΥ

Πιστός ο ΣΥΡΙΖΑ στο μαρξιστικόν «η θρησκεία είναι το όπιον του λαού»!

Σήμερα (10 Μαϊου 2015) διάβασα σχόλιο του διευθυντή Τύπου της Ιεράς Αρχιεπισκοπής Αθηνών Χάρη Κονιδάρη για τις δηλώσεις του κοινοβουλευτικού εκπροσώπου του ΣΥΡΙΖΑ Νίκου Φίλη για τη μεταφορά του ιερού λειψάνου της Αγίας Βαρβάρας στο νοσοκομείο «Άγιος Σάββας, στο οποίο επισημαίνονταν, μεταξύ άλλων, τα ακόλουθα: «Εμπόριο λειψάνων κάνει ο ίδιος ο κ. Φίλης. Εμπορεύεται τα λείψανα ενός δήθεν αριστερού αντικληρικαλισμού, ο οποίος και παραπέμπει σε περιόδους μεσαίωνα, αφού επιδιώκει να περιορίσει τη συνταγματικά κατοχυρωμένη ελευθερία της θρησκείας». Σημειώνεται ότι ο Φίλης χαρακτήρισε σε δηλώσεις του στο ραδιοφωνικό σταθμό «Βήμα» την κίνηση αυτή «εμπόριο λειψάνων», τονίζοντας ότι κάτι τέτοιο «δίνει το λάθος μήνυμα στους ασθενείς, αφού πρόκειται για μια μορφή λαϊκισμού που απομακρύνει τους ασθενείς από την επιστήμη». Επίσης, πρόσθεσε, μεταξύ άλλων, τα εξής: «Τί δουλειά έχουν τα λείψανα να τριγυρνάνε από εδώ κι από κει; Υπάρχει ένα θέμα σεβασμού που πρέπει να έχουμε απέναντι στη λαϊκή θρησκευτικότητα, όχι, όμως, να αποδίδουμε τιμές αρχηγού κράτους στα λείψανα μιας Αγίας. Πριν από μερικό καιρό, τη Μεγάλη Παρασκευή, ήρθε το Άγιο Φως με τιμές πάλι αρχηγού κράτους, δηλαδή δυο αρχηγοί κρατών επισκέφτηκαν επί ΣΥΡΙΖΑ την Ελλάδα και είναι το Άγιο Φως και τα λείψανα της Αγίας Βαρβάρας». Νωρίτερα, ο Φίλης στον τηλεοπτικό σταθμό Mega είχε μιλήσει για «εμπόριο λειψάνων», με αφορμή τη μεταφορά τους στον Άγιο Σάββα, σημειώνοντας πως «είναι λάθος να δίνουμε το σήμα ότι μπορεί να αντικατασταθεί η Ιατρική».

Και θυμήθηκα το γνωστό αντιθρησκευτικό μαρξιστικόν ρηθέν: «Η θρησκεία είναι το όπιο του λαού».

Θυμήθηκα ότι κάπως έτσι άρχισε προ πολλών δεκαετιών η κακοποίηση και, στη συνέχεια, η ποδοπάτηση των θεσμών. Διότι, θεσμός είναι η Εκκλησία, η πίστη, η συνταγματικά κατοχυρωμένη ελευθερία της θρησκείας.

11 ΜΑΪΟΥ

Συνεχίζονται τα κυβερνητικά «όργανα» κατά ιδιωτικοποιήσεων

Σήμερα (11 Μαΐου 2015) διάβασα ότι δύο στελέχη της κυβέρνησης, η αναπληρώτρια υπουργός Οικονομικών Νάντια Βαλαβάνη και ο αναπληρωτής υπουργός Περιβάλλοντος Γιάννης Τσιρώνης τάχθηκαν υπέρ της διατήρησης του δημόσιου χαρακτήρα της έκτασης του πρώην αεροδρομίου, υποστηρίζοντας ότι οι όροι της σύμβασης είναι «σκανδαλώδεις». Σημειώνεται ότι οι δύο υπουργοί συμμετείχαν σε δημόσια συζήτηση που πραγματοποιήθηκε το Σαββατοκύριακο από την Επιτροπή Αγώνα για το Μητροπολιτικό Πάρκο στο Ελληνικό με θέμα: «Το Ελληνικό δεν πωλείται, ο Αγώνας συνεχίζεται». Ο Τσιρώνης τάχθηκε κατά του δρομολογημένου επενδυτικού σχεδίου, υποστηρίζοντας την ανάγκη να συγκρατηθεί η δόμηση στην πρωτεύουσα. «Είμαστε τελείως αντίθετοι στα σχέδια που έχουν κατατεθεί από τη "Lamda Development", καθώς θεωρούμε ότι δεν θα δώσουν καμία προστιθέμενη αξία στην περιοχή, από την οποία θα χαθούν και πολλές θέσεις εργασίας. Είναι ευκαιρία τώρα να αλλάξουμε πολιτική ριζικά», τόνισε.

Και θυμήθηκα ότι και άλλοι υπουργοί της κυβέρνησης του ΣΥΡΙΖΑ έχουν ταχθεί εναντίον δρομολογημένων ιδιωτικοποιήσεων, όπως, για παράδειγμα, του ΟΛΠ.

Απλώς, καταγράφω τις αντιδράσεις και αυτών των κυβερνητικών στελεχών για να δούμε τί θα δούμε αργότερα...

12 ΜΑΪΟΥ

Τώρα τρώμε και τα αποθεματικά του ΔΝΤ, δηλαδή «ας πάει και το παλιάμπελο»!

Σήμερα (12 Μαΐου 2015) διάβασα ότι θα καταβληθεί εντός της ημέρας κανονικά η δόση των περίπου 750 εκατ. ευρώ προς το ΔΝΤ, με το Δημόσιο να αξιοποιεί, όμως, το «ξεχασμένο» αποθεματικό που είχε σχηματιστεί τα τελευταία 30 χρόνια για να πληρωθεί το Ταμείο σε περίπτωση εκτάκτου ανάγκης. Αυτό διευκολύνει την καταβολή μισθών και συντάξεων στο τέλος του μήνα, υπό την προϋπόθεση βέβαια ότι δημόσιοι φορείς θα δώσουν τα ρευστά διαθέσιμά τους, τονίζεται.

Και θυμήθηκα ότι η Ελλάδα, όπως και κάθε χώρα –μέλος του ΔΝΤ, έχει δύο λογαριασμούς στο Ταμείο. Ο ένας αφορά την καταβολή της ετήσιας συνδρομής της χώρας προς το ΔΝΤ (quota). Ο δεύτερος αποτελεί έναν «εγγυητικό λογαριασμό» (holdings account), στον οποίο η Ελλάδα είχε καταθέσεις από τον Δεκέμβριο 1984, οι οποίες έως σήμερα ανέρχονται συνολικά περίπου στα 650 εκατ. ευρώ.

Θυμήθηκα όμως ότι για να χρησιμοποιηθούν τα κεφάλαια αυτά από τις χώρες, θα πρέπει να συντρέχουν δύο προϋποθέσεις: Πρώτον, να συμφωνήσει και το ΔΝΤ στην αξιοποίησή τους. Δεύτερον, η χρήση των κεφαλαίων αυτών να γίνει για λόγους εκτάκτου ανάγκης και να επιστραφούν άμεσα (εντός ενός μήνα).

Θυμήθηκα ότι η άποψη της κυβέρνησης είναι ότι δεν θα αποπληρωθεί η δόση στο Ταμείο, εάν πρώτα δεν είναι διασφαλισμένη η καταβολή μισθών και συντάξεων στο τέλος του μήνα.

Θυμήθηκα όμως ότι με τα σημερινά δεδομένα, τα κεφάλαια που απαιτούνται (περίπου 1, 9 δισ.) για να πληρωθούν μισθοί και συντάξεις από τις 24 Μαΐου και μετά δεν είναι εξασφαλισμένα. Συνολικά, τον Ιούνιο η Ελλάδα πρέπει να αποπληρώσει υποχρεώσεις περίπου 5 δισ. προς ΔΝΤ, τόκους, μισθούς και συντάξεις.

Θυμήθηκα πάλι ότι η μη εξόφληση του ΔΝΤ θα προκαλούσε απρόβλεπτες εξελίξεις. Έτσι, μέχρι να επέλθει μέχρι το τέλος Μαΐου κάποιου είδους συμφωνία με την ευρωζώνη και να έχει ενισχυθεί κατ' αντιστοιχία και η ρευστότητα του κράτους, θα «τρώμε» και τα διεθνή και τα ντόπια αποθεματικά!

Θυμήθηκα τη θυμόσοφη λαϊκή ρήση: «Ας πάει και το παλιάμπελο»…

13 ΜΑΪΟΥ

Μεροκάματο «ήλιο με ήλιο» και 30 δραχμών το 1960

Σήμερα (13 Μαΐου 2015) απασχόλησα δύο εργάτες στο κτήμα μου για τον καθαρισμό των χόρτων. Ο γράφων καθόταν κάτω από τον παχύ ίσκιο μιας καρυδιάς, ενώ οι δύο εργάτες, υπό μίνι καύσωνα (32 βαθμοί κελσίου, σκεπασμένα τα κεφάλια τους με τα πουκάμισά τους ξεχορτάριαζαν με το χορτοκοπτικό μηχάνημα.

Και θυμήθηκα ένα καλοκαίρι του 1960, όταν με λιοπύρι, εγώ κι ένας

167

ξάδερφός μου, ο Βασίλης, είχαμε πάει στο μεγάλο κτήμα του Πνευματι-κάτου στο Λεσίνι για μεροκάματο (ράντισμα των βαμβακιών με ένα βαρύ ψεκαστήρα στην πλάτη, ο οποίος είχε δηλητήριο διαλυμένο σε νερό!).

Θυμήθηκα ότι στο κτήμα, που απείχε από το χωριό μου δύο περίπου ώρες με τα πόδια, πηγαίναμε καβάλα στο άλογό του ο καθένας και για να είμαστε πρωί–πρωί εκεί (πριν ανατείλει ο ήλιος) ξεκινούσαμε από τα σπίτια μας σχεδόν πολύ πριν από το χάραμα. Επίσης, η επιστροφή στο χωριό γινό-ταν αμέσως μετά τη δύση του ηλίου, οπότε φτάναμε στα σπίτια μας νύχτα!

Θυμήθηκα ότι το αφεντικό μάς παρακολουθούσε από τη βεράντα του σπιτιού του που ήταν χτισμένο στο υψηλότερο σημείο του κτήματος, οπό-τε, και να θέλαμε (που το θέλαμε πολύ), δεν μπορούσαμε να πάρουμε μια ανάσα και να καθίσουμε λίγο χωρίς τον ψεκαστήρα στην πλάτη!

Θυμήθηκα ότι τότε επιτρεπόταν μια παύση μόνο το μεσημέρι για το κολατσό που αποτελούνταν συνήθως από γνήσιο ζυμωτό ψωμί (από δικό μας στάρι), ελιές ή παραδοσιακή φέτα ή από ψωμί, τυρί και... σταφύλια...

Θυμήθηκα ότι τότε το μεροκάματο «ήλιο με ήλιο» ήταν 30 δραχμών.

Θυμήθηκα ότι με έξι μεροκάματα που έκανα αγόρασα ένα μπλε κου-στούμι για να το φορέσω στις παρελάσεις του Γυμνασίου της Παλαμαϊκής Σχολής Μεσολογγίου ως σημαιοφόρος, αφού είχα αναδειχθεί και κατά το σχολικό έτος 1959–1960 πρώτος μαθητής στην τάξη μου...

14 ΜΑΪΟΥ

Ματαίως περιμένουν οι δανειστές προτάσεις της κυβέρνησης, η οποία συνεχώς «στρίβει δι΄ αναβολών»...

Σήμερα (14 Μαΐου 2015) διάβασα ότι ολοκληρώθηκε η τηλεδιάσκεψη του Brussels Group (BG) που διήρκεσε περίπου μία ώρα. Σύμφωνα με πλη-ροφορίες, η συζήτηση επικεντρώθηκε στην οργάνωση των συνομιλιών, οι οποίες αναμένεται να συνεχιστούν μέσω τηλεδιάσκεψης. Σύμφωνα με πληροφορίες, οι εκπρόσωποι των δανειστών περιμένουν συγκεκριμένες προτάσεις από την Αθήνα τις επόμενες ημέρες. Στο πλαίσιο αυτό αναμέ-νεται το BG να συνεχιστεί, μέσω τηλεδιασκέψεων τις επόμενες ημέρες, και πραγματοποιηθεί και συνεδρίασή του με φυσική παρουσία στις Βρυξέλ-λες, αν και ακόμα δεν έχει οριστικοποιηθεί. Τα θέματα που απασχολούν τις διαπραγματεύσεις είναι τα μέτρα για την κάλυψη του δημοσιονομικού κενού, που οι δανειστές το εκτιμούν στα 3 δισ. ευρώ για φέτος, οι αλλαγές στο εργασιακό καθεστώς και στο ασφαλιστικό σύστημα.

Και θυμήθηκα το γνωστό, ολίγον παραλλαγμένον, «στρίβειν δι' αναβολών» επί τρεις μήνες τώρα...

15 ΜΑΪΟΥ

Ο Π. Λαφαζάνης κάνει ως υπουργός όσα κατήγγειλε ως αντιπολίτευση!

Σήμερα (15 Μαΐου 2015) διάβασα ότι ο υπουργός Παραγωγικής Ανασυγκρότησης Παναγιώτης Λαφαζάνης δεν προσήλθε να απαντήσει σε ερωτήσεις βουλευτών του ΚΚΕ Μ. Συντυχάκη και του ΠΑΣΟΚ Ανδρέα Λοβέρδου στην Ολομέλεια της Βουλής, στο πλαίσιο της διαδικασίας κοινοβουλευτικού ελέγχου, επικαλούμενος για την απουσία του αυτή την υποχρέωση να μιλήσει στο συνέδριο του Εκόνομιστ.

Και θυμήθηκα ότι ο Λαφαζάνης, ως κοινοβουλευτικός εκπρόσωπος της μείζονος αντιπολίτευσης (ΣΥΡΙΖΑ), αλλά και της ελάσσονος στο παρελθόν, στην ίδια αίθουσα, όταν οι υπουργοί δεν προσέρχονταν να απαντήσουν στον κοινοβουλευτικό έλεγχο, μιλούσε με πάρα πολύ έντονο τρόπο για αντικοινοβουλευτικές πρακτικές, για περιφρόνηση του Κοινοβουλίου και τα συναφή.

Σημειώνω ότι σε συνέχεια του περιστατικού αυτού ο Λοβέρδος απέστειλε στην πρόεδρο της Βουλής επιστολή εντονότατης διαμαρτυρίας, στην οποία μεταξύ άλλων αναφέρει: «Κυρία πρόεδρε, καταγγέλλω τον υπουργό Παραγωγικής Ανασυγκρότησης, Περιβάλλοντος και Ενέργειας για έλλειψη σεβασμού στο Κοινοβούλιο. Η μη παρουσία του σήμερα εδώ προσβάλλει ευθέως το Κοινοβούλιο. Δυστυχώς οι πρώτες 100 ημέρες του ΣΥΡΙΖΑ στη Βουλή συνοδεύονται, μεταξύ άλλων, και από την αθέτηση των κοινοβουλευτικών υποχρεώσεων των υπουργών του. Σας καλώ να τον ανακαλέσετε στην κοινοβουλευτική τάξη».

Θυμήθηκα ότι δεν είναι ούτε η πρώτη ούτε η τελευταία φορά που κυβερνήσεις και υπουργοί αθετούν κοινοβουλευτικές υποχρεώσεις, που κατήγγελλαν ως αντιπολίτευση...

16 ΜΑΪΟΥ

**Σκοτώνουν συνεχώς επί δεκαετίες τη «χρυσοτόκο όρνιθα»,
την οικοδομή, με δεκάδες επιβαρύνσεις**

Σήμερα (16 Μαΐου 2015) διάβασα ότι έχει εξελιχθεί σε οικονομικό «άχθος» η χρήση κατοικίας τόσο για τους ενοικιαστές όσο και για τους ιδιοκτήτες, χωρίς μάλιστα να λαμβάνεται υπόψη το φορολογικό κόστος που συνεπάγεται η κατοχή και εκμετάλλευση ακινήτων. Σύμφωνα με την εφετινή έρευνα της Housing Europe, της Ευρωπαϊκής Ομοσπονδίας για τη Δημόσια, Συνεταιριστική και Κοινωνική Στέγη, η Ελλάδα διαθέτει τα μεγαλύτερα έξοδα κατοικίας ως ποσοστό του διαθέσιμου εισοδήματος των πολιτών της, συγκριτικά με τις υπόλοιπες χώρες της Ευρωπαϊκής Ένωσης. Ειδικότερα, τα έξοδα κατοικίας διαμορφώνονται στο 37%, ποσοστό που εκτοξεύεται σχεδόν στο 65% για τα νοικοκυριά που βρίσκονται κοντά στο όριο της φτώχειας.

Το αντίστοιχο ποσοστό στην Ε.Ε. διαμορφώνεται σε 22, 2% και 41% αντίστοιχα. Ως έξοδα υπολογίζονται το ενοίκιο για τους ενοικιαστές ή η δόση του στεγαστικού δανείου για τους ιδιοκτήτες, όπως επίσης και οι δαπάνες θέρμανσης, ύδρευσης, ηλεκτρικής ενέργειας, τηλεφωνίας και κοινοχρήστων. Η συνεχής υποχώρηση των εσόδων των νοικοκυριών (π.χ. μειώσεις μισθών και συντάξεων), σε συνδυασμό με τη σταθερή άνοδο των υπολοίπων δαπανών, (όπως ρεύμα, πετρέλαιο θέρμανσης), έχει φέρει όλο και περισσότερους σε εξαιρετικά δυσμενή οικονομική θέση.

Και θυμήθηκα ότι σε ένα άρθρο μου στον «Οικονομικό Ταχυδρόμο» (10 Ιανουαρίου 1991) είχα χαρακτηρίσει την απόκτηση κατοικίας ως «εθνική» επένδυση.

Θυμήθηκα ότι το άρθρο αυτό δημοσιεύθηκε υπό τον τίτλο «χαριστική βολή στην εθνική επένδυση, με τις ολοένα αυξανόμενες φορολογικές και άλλες επιβαρύνσεις κατά την ανέγερση και αγορά κατοικίας».

Θυμήθηκα ότι στο άρθρο αυτό απαριθμούσα τότε 26 περιπτώσεις σωρευτικών επιβαρύνσεων των ακινήτων μαζί με τις νέες φορολογικές ρυθμίσεις που άρχισαν να ισχύουν από το 1991, όπως φόρος υπερτιμήματος, νέες αντικειμενικές αξίες.

Θυμήθηκα ότι τότε όλοι σχεδόν έλεγαν ότι «όταν πάει καλά η οικοδομή πάει καλά και η οικονομία», αλλά όλοι (κυρίως οι κυβερνήσεις) σκότωναν αυτή τη «χρυσοτόκο όρνιθα» και ιδού τα αποτελέσματα, όπως αποτυπώνονται στα στατιστικά στοιχεία, που καταδεικνύουν συνεχή κατάρρευση της οικοδομικής δραστηριότητας.

17 ΜΑΪΟΥ

Θυμήσου τις «κόκκινες» γραμμές

Σήμερα (17 Μαΐου 2015) διάβασα ότι η ελληνική κυβέρνηση, ταυτόχρονα με τις απειλές και τις μπλόφες, αναπροσαρμόζει τις πάλαι ποτέ «κόκκινες γραμμές» της. Έτσι, στα δημοσιονομικά, παράλληλα με τα χαμηλού πολιτικού κόστους μέτρα (όπως οι υποχρεωτικές συναλλαγές με «πλαστικό» χρήμα, η λοταρία των αποδείξεων) ή τα αμφιλεγόμενα (όπως η νομιμοποίηση αδήλωτων εισοδημάτων) έχει αποδεχθεί παράταση του ΕΝΦΙΑ, αύξηση της έκτακτης εισφοράς, αύξηση του φόρου πολυτελείας, καθιέρωση ενιαίου συντελεστή ΦΠΑ.

Σημειώνεται ότι Βαρουφάκης άφησε ανοιχτό το ενδεχόμενο αύξησης του ΦΠΑ στα νησιά μετά το καλοκαίρι. Ο ενιαίος συντελεστής πρέπει να είναι τουλάχιστον 18% με λίγες εξαιρέσεις, για να μην επιδράσει αρνητικά στα έσοδα. Οι πιστωτές θεωρούν ότι όλα αυτά τα μέτρα είναι ανεπαρκή για να καλύψουν το δημοσιονομικό κενό, που υπολογίζουν σε τουλάχιστον 3 δισ. ευρώ. Επίσης, θα ζητήσουν να υπάρξει δέσμευση για ισοδύναμα μέτρα, εάν επιβεβαιωθούν οι πληροφορίες ότι το Συμβούλιο της Επικρατείας (ΣτΕ) έκρινε παράνομες τις περικοπές συντάξεων.

Και θυμήθηκα ότι όλα αυτά για «κόκκινες γραμμές» και «μεταρρυθμίσεις» ακούω συνεχώς επί τρεις μήνες.

Απλώς καταγράφω όλα αυτά για μιαν ακόμη φορά για να τα «θυμηθώ» αργότερα...

18 ΜΑΪΟΥ

Και η κυβέρνηση ΣΥΡΙΖΑ «στρίβει δι´ επιτροπών ή διαλόγων» για το ασφαλιστικό!

Σήμερα (18 Μαΐου 2015) διάβασα ότι ο υπουργός Εργασίας Πάνος Σκουρλέτης και ο αναπληρωτής υπουργός Υγείας και Κοινωνικών Ασφαλίσεων Δημήτρης Στρατούλης προανήγγειλαν την έναρξη διαλόγου για το ασφαλιστικό εντός του φθινοπώρου, με στόχο μια νέα, «ριζοσπαστική μεταρρύθμιση».

Και θυμήθηκα ότι ένας ακόμα διάλογος ή ειδική επιτροπή μπαίνει στον κατάλογο αμέτρητων τέτοιων άλλων που έχουν συγκροτηθεί τα τελευταία πενήντα χρόνια για να ... καθυστερεί η προώθηση σχετικών πρωτοβουλιών σε κρίσιμα οικονομικά και κοινωνικά θέματα.

Θυμήθηκα ξανά ότι η πρώτη επιτροπή είχε συγκροτηθεί το ... 1958 και τα συμπεράσματά της δόθηκαν στη δημοσιότητα το 1959 σε 264 σελίδες!

Θυμήθηκα ξανά ότι τη σύσταση ειδικής επιτροπής, η οποία θα επανεξέταζε όλα τα κοινωνικά–προνοικά επιδόματα και τις προϋποθέσεις της χορήγησής τους είχε αποφασίσει το 2011 ο τότε υπουργός Εργασίας Γιώργος Κουτρουμάνης.

Θυμήθηκα ξανά ότι προεκλογικά το ΠΑΣΟΚ, ως αντιπολίτευση, είχε εξαγγείλει την κατάργηση των διάφορων πολυπίκοιλων και πολυώνυμων επιτροπών, αλλά ως νέα κυβέρνηση, σε μια μόλις ημέρα (26 Οκτωβρίου 2009), ανακοίνωσε τη σύσταση... δύο ειδικών επιτροπών!

Θυμήθηκα ξανά ότι τον Ιούνιο του 2006 ο τότε υπουργός Οικονομίας και Οικονομικών Γιώργος Αλογοσκούφης ανακοίνωσε τη σύσταση ειδικής επιτροπής για τη σύνταξη τεχνικής έκθεσης για την ασφαλιστική μεταρρύθμιση.

Θυμήθηκα ξανά την Επιτροπή Φακιολά το 1992, την Επιτροπή Τζουμάκα το 1992 (συμμετείχαν μόνο στελέχη του ΠΑΣΟΚ) και την Επιτροπή Σπράου το 1996.

Θυμήθηκα ξανά την ειδική Επιτροπή που ανακοίνωσαν ο τότε υπουργός Εθνικής Οικονομίας κ. Γιάννος Παπαντωνίου και ο υφυπουργός Εργασίας και Κοινωνικών Ασφαλίσεων Μιλτιάδης Παπαϊωάννου την 1η Απριλίου 1999.

Θυμήθηκα ξανά ότι τρία περίπου χρόνια αργότερα (13 Φεβρουαρίου 2002) ο τότε υπουργός Εθνικής Οικονομίας Νίκος Χριστοδουλάκης ανακοίνωσε ότι «ξεκινάει ο διάλογος για τα ασφαλιστικά ταμεία το Μάρτιο».

Θυμήθηκα ξανά ότι τον Ιούνιο του 2001 ο τότε υπουργός Εργασίας Τάσος Γιαννίτσης είχε προχωρήσει στη συγκρότηση ειδικής επιτροπής εμπειρογνωμόνων για το ασφαλιστικό.

Είπαμε. Η ιστορία επαναλαμβάνεται ως ... ιλαροτραγωδία...

19 ΜΑΪΟΥ

Πολύ διαφορετικό το σύστημα εισαγωγικών εξετάσεων στα Πανεπιστήμια πριν από 55 χρόνια

Σήμερα (19 Μαϊου 2015) διάβασα ότι συνεχίσθηκαν οι Πανελλαδικές Εξετάσεις στα μαθήματα της Φυσικής, της Βιολογίας, των Μαθηματικών.

Και θυμήθηκα ότι πριν από 54 χρόνια, όταν (το φθινόπωρο του 1961) έδινε ο γράφων εξετάσεις για την εισαγωγή στα Πανεπιστήμια ήταν όλα εντελώς διαφορετικά από ό, τι σήμερα.

Θυμήθηκα ότι οι εξετάσεις για την εισαγωγή στα πανεπιστήμια δεν ήταν πανελλαδικές αλλά ανά Πανεπιστήμιο και σε διαφορετικές ημερομηνίες για να μπορούν οι υποψήφιοι να συμμετέχουν σε εξετάσεις για την εισαγωγή τους και σε άλλα ανώτατα εκπαιδευτικά ιδρύματα, τα οποία όλα κι όλα ήταν μόνο επτά (Καποδιστριακό Πανεπιστήμιο Αθηνών με τις Σχολές του, Αριστοτέλειο Πανεπιστήμιο Θεσσαλονίκης με τις Σχολές του, Εθνικό Μετσόβιο Πολυτεχνείο με τις Σχολές του, «Μικρό» Πολυτεχνείο, Ανωτάτη Γεωπονική Αθηνών, Ανωτάτη Σχολή Οικονομικών και Εμπορικών Επιστημών (σημερινό Οικονομικό Πανεπιστήμιο), Ανωτάτη Βιομηχανική Σχολή, σημερινό Πανεπιστήμιο Πειραιώς, Πάντειος Ανωτάτη Σχολή Πολιτικών Επιστημών (σημερινό Πάντειο Πανεπιστήμιο) και μόνο στην Αθήνα και τη Θεσσαλονίκη.

Θυμήθηκα ότι οι εξετάσεις για την εισαγωγή σε κάθε Πανεπιστήμιο ή Σχολές του διεξάγονταν τον Σεπτέμβριο, δηλαδή μετά την επιτυχή αποφοίτηση των μαθητών από το τότε εξατάξιο Γυμνάσιο, ύστερα από τις γνωστές γραπτές εξετάσεις του δεύτερου εξαμήνου, που γίνονταν τον Ιούνιο.

Θυμήθηκα ότι από τον Ιούνιο έως το Σεπτέμβριο η προετοιμασία των υποψηφίων για την εισαγωγή σε θεωρητικές σχολές γινόταν κυρίως σε τέσσερα μαθήματα (Έκθεση, Παγκόσμια Ιστορία, Αρχαία Ελληνικά, Λατινικά) και σε θετικές σχολές σε περισσότερα μαθήματα, όπως ήταν η Φυσική, τα Μαθηματικά, η Βιολογία.

Θυμήθηκα ότι τότε η προετοιμασία σε φροντιστήρια ήταν εξαίρεση, αφού λειτουργούσαν σχεδόν μόνο στην Αθήνα και τη Θεσσαλονίκη και αφού, κυρίως, δεν τα είχαν ανάγκη οι περισσότεροι υποψήφιοι!

Θυμήθηκα ότι ο γράφων αντί φροντιστηρίου, έπαιρνα κάθε μέρα μέσα στο λιοπύρι το δρόμο για το πατρικό κτήμα, όπου διάβαζα από το πρωί έως αργά το βράδυ (το σούρουπο!) κάτω από τον παχύ ίσκιο της βελανιδιάς, πίνοντας δροσερό νερό από ένα αξέχαστο ασκί και τρώγοντας ζυμωτό φρέσκο ψωμί με ελιές και τυρί ή σταφύλια ή αχλάδια που υπήρχαν στο κτήμα.

Θυμήθηκα ότι στις εξετάσεις του Σεπτεμβρίου του 1961 για την εισαγωγή στο Πανεπιστήμιο κατέλαβα τη δεύτερη θέση και προτάθηκα (και την πήρα τον Μάρτιο του 1962) για υποτροφία 12.500 δραχμών!

20 ΜΑΪΟΥ 2015

«Των οικιών ημών εμπιμπραμένων αι κόκκιναι γραμμαί άδουσιν»

Σήμερα (20 Μαΐου 2015) διάβασα ότι η προοπτική επίτευξης συμφωνίας με τους δανειστές μας συναντά την αντίθεση ενός ετερόκλητου μετώπου που, στο όνομα των «κόκκινων γραμμών» και της συνέπειας μεταξύ προεκλογικών λόγων και μετεκλογικών πράξεων, διαφοροποιείται. Η Αριστερή Πλατφόρμα του Π. Λαφαζάνη είναι η πλέον διευρυμένη ομάδα, ενώ ηχηρή είναι η διαφοροποίηση των ομαδοποιήσεων του Ρούντι Ρινάλντι και του Αντώνη Νταβανέλου. Τη δική της πορεία, με διαφοροποίηση από κεντρικές κυβερνητικές αποφάσεις, ακολουθεί η πρόεδρος της Βουλής Ζωή Κωνσταντοπούλου, ενώ αποστάσεις λαμβάνει σταθερά ο Αλ. Μητρόπουλος.

Και θυμήθηκα από το μύθο του Αισώπου («Κοχλίαι») το γνωστό του «των οικιών υμών εμπιμπραμένων αυτοί άδετε;»

Θυμήθηκα ότι έτσι λέει ο Αίσωπος πως είπε ένα παιδί στα σαλιγκάρια, όταν τα άκουσε να τσιρίζουν πάνω στη φωτιά...

22 ΜΑΪΟΥ

Επανειλημμένα «ενιαία» μισθολόγια στο Δημόσιο από το 1984...

Σήμερα (22 Μαΐου 2015) διάβασα ότι έρχεται νέο μισθολόγιο στο Δημόσιο με «μαχαίρι» σε επιδόματα και προσωπική διαφορά. Συγκεκριμένα, διάβασα ότι το σχέδιο νέου μισθολογίου που επεξεργάζεται η κυβέρνηση και αναμένεται να τεθεί σε ισχύ από το 2016, προβλέπει σταδιακή περικοπή της προσωπικής διαφοράς που λαμβάνουν 66.000 δημόσιοι υπάλληλοι και κατάργηση των μη μισθολογικών παροχών που αποδίδονται σε ειδικές κατηγορίες εργαζομένων.

Και θυμήθηκα το αιώνιο «παραμύθι» για... «ενιαία» μισθολόγια, που ποτέ δεν ήταν «ενιαία», που προωθούσαν νομοθετικά όλες σχεδόν οι κυβερνήσεις.

Θυμήθηκα το «επαναστατικό ενιαίο» μισθολόγιο του 1984 του τότε αρμόδιου υπουργού Προεδρίας Απόστολου Λάζαρη και του τότε αναπληρωτή υπουργού Οικονομικών Δημήτρη Τσοβόλα και γέλασα με την καρδιά μου!

Θυμήθηκα ότι, κατ' αρχάς, δεν ήταν καθόλου «ενιαίο», αφού είχαν εξαιρεθεί οι στρατιωτικοί και οι δικαστικοί, ενώ η συνδικαλιστική ηγεσία των καθηγητών μέσης εκπαίδευσης είχε προχωρήσει τότε σε έντονες απεργιακές κινητοποιήσεις, υπογραμμίζοντας την αντίδρασή τους στην ένταξη στο «επαναστατικό» αυτό ενιαίο μισθολόγιο!

Θυμήθηκα ότι με το νομοσχέδιο για το πρώτο, τάχα, «ενιαίο» μισθολόγιο – βαθμολόγιο επιχειρούνταν να δημιουργηθεί μια ιεραρχική κατάσταση, η οποία, όπως τονιζόταν, θα βοηθούσε στην ελαστικότερη και ταχύτερη αντιμετώπιση των προβλημάτων της Δημόσιας Διοίκησης.

Θυμήθηκα ότι ο τότε αναπληρωτής υπουργός Οικονομικών Δημήτρης Τσοβόλας χαρακτήρισε αυτό το ενιαίο μισθολόγιο των δημόσιων υπαλλήλων ως «επαναστατικό, διότι, όπως είπε, «πρώτη φορά στηρίχθηκε σε θεσμικές και οικονομικές θέσεις που λειτουργούν υπέρ του υπαλλήλου».

Θυμήθηκα ότι ύστερα από τρία χρόνια από την εφαρμογή του «επαναστατικού» αυτού «ενιαίου» μισθολογίου αποκαλύφθηκε ότι είχε πολλές αδικίες και ότι... ενισχύθηκαν οι εισοδηματικές ανισότητες στο δημόσιο τομέα. Για το λόγο αυτό, ο τότε υπουργός Οικονομικών Δημήτρης Τσοβόλας υποσχέθηκε στους συνδικαλιστές της ΑΔΕΔΥ τον Φεβρουάριο του 1998 ότι θα άρει τις αδικίες αυτές!

Θυμήθηκα ότι, ύστερα από 29 χρόνια από τότε, δηλαδή του 2013, προωθήθηκε ένα άλλο ενιαίο, τάχα, μισθολόγιο με τις γνωστές αντιδράσεις μερικών, οι οποίοι, βάσει νόμων και κυβερνητικών αποφάσεων στο παρελθόν και σήμερα, είναι πιο ίσοι από τους ίσους.

23 ΜΑΪΟΥ

Την αποφράδα ημέρα της 29ης Μαΐου 2015 τελειώνουν τα αποθέματα σε ρευστό στη χώρα μας

Σήμερα (23 Μαΐου 2015) διάβασα ότι, με μια σειρά συγκεκριμένων στοιχείων, τελικά η Ελλάδα θα εξαντλήσει τα αποθέματά της σε ρευστό στις 29ης Μαΐου 2015 με την ελπίδα ότι οι Ευρωπαίοι πολιτικοί θα είναι σε θέση να εξεύρουν μία λύση για την Ελλάδα, πριν φθάσουμε σε αυτό το σημείο, το οποίο απέχει ελάχιστες ημέρες μόνον από σήμερα.

Και θυμήθηκα ότι η ημέρα αυτή είναι «αποφράς» για τον Ελληνισμό και τον ευρωπαϊκό πολιτισμό, αφού στις 29 Μαΐου του 1453 έγινε η άλωση της Κωνσταντινούπολης...

24 ΜΑΪΟΥ 2015

Πράγματι, η Λίνα Αλεξίου ετίμησε τις αρχές της δημοσιογραφικής δεοντολογίας και ενημέρωσης

Σήμερα (24 Μαΐου 2015) διάβασα ότι δόθηκε μεγάλη έκταση στο θέμα της τοποθέτησης της μητέρας της Ζωής Κωνσταντοπούλου, της δημοσιογράφου Λίνας Αλεξίου, στη θέση του προέδρου του υπηρεσιακού συμβουλίου του Εθνικού Συμβουλίου Ραδιοτηλεόρασης. Την απάντηση σε σχετικά δημοσιεύματα έδωσε η Λίνα Αλεξίου με επιστολή της, στην οποία μεταξύ άλλων αναφέρει: «Προφανώς δεν επελέγην ως μητέρα της Ζωής Κωνσταντοπούλου, που τότε δεν ήταν ούτε βουλευτής ούτε καν υποψήφια. Επελέγην με βάση μια βραβευμένη επαγγελματική σταδιοδρομία δεκαετιών, που στη διάρκειά τους, πιστεύω, ετίμησα τις αρχές της δημοσιογραφικής δεοντολογίας και της έντιμης ενημέρωσης».

Και θυμήθηκα ότι με την αγαπητή και πανάξια συνάδελφό μου και βραβευμένη δημοσιογράφο Λίνα Αλεξίου εργαζόμασταν επί δεκαετίες στον Δημοσιογραφικό Οργανισμό Λαμπράκη, εκείνη ως στέλεχος στην εφημερίδα «Τα Νέα» και ο γράφων ως αρχισυντάκτης – διευθυντής Σύνταξης του «Οικονομικού Ταχυδρόμου» και στέλεχος – αρθρογράφος και σχολιαστής στις εφημερίδες «Το Βήμα» και «Τα Νέα».

Θυμήθηκα ότι με τη Λίνα Αλεξίου συνεργάσθηκα στενά και παραγωγικά επί πολλά χρόνια, αφού ο αείμνηστος διευθυντής της εφημερίδας «Τα Νέα» Λέων Καραπαναγιώτης είχε αναθέσει στους δυο μας τη σύνταξη του κύριου άρθρου της εφημερίδας υπό τη ρουμπρίκα «Ριπές».

Θυμήθηκα ότι έγραφα τις «Ριπές» (σχεδόν κάθε δεύτερη ημέρα) με οικονομικά σχόλια και η Λίνα τις «Ριπές» με κυρίως πολιτικά σχόλια.

Θυμήθηκα ότι η Λίνα Αλεξίου ήταν η συντονίστρια, η υπεύθυνη για τις «Ριπές» και, προφανώς, συνεργαζόταν στενά με το διευθυντή της εφημερίδας «Τα Νέα» Λέοντα Καραπαναγιώτη.

Θυμήθηκα ότι κάθε πρωί η Λίνα μού τηλεφωνούσε για να ενημερωθεί εκείνη και ο Λέων Καραπαναγιώτης αν υπάρχουν για το αυριανό φύλλο της εφημερίδας «Ριπές» με οικονομικό περιεχόμενο.

Θυμήθηκα ότι η κάθε καταφατική απάντηση συνεχιζόταν με άμεσο τηλεφώνημα του Καραπαναγιώτη για να του πω τί θα περιέχουν οι «Ριπές» που πρότεινα στην Λίνα Αλεξίου.

Θυμήθηκα ότι σε αυτή την περίπτωση ο Λέων Καραπαναγιώτης μού έλεγε στερεότυπα ότι «ε, τότε, περιμένω το κείμενό σας έως τις έξι το απόγευμα».

Και θυμήθηκα και επιβεβαιώνω αυτό που αναφέρει στην επιστολή της, ότι, δηλαδή «Επελέγην με βάση μια βραβευμένη επαγγελματική σταδιοδρομία δεκαετιών, που στη διάρκειά τους, πιστεύω, ετίμησα τις αρχές της δημοσιογραφικής δεοντολογίας και της έντιμης ενημέρωσης».

25 ΜΑΪΟΥ

Συνεχίζεται και από τον ΣΥΡΙΖΑ η «περαίωση» και η παράταση της «περαίωσης» ληξιπρόθεσμων οφειλών προς το Δημόσιο

Σήμερα (25 Μαΐου 2015) διάβασα ότι η αναπληρωτής υπουργός Οικονομικών Νάντια Βαλαβάνη ανακοίνωσε την παράταση για ένα μήνα της ρύθμισης των 100 δόσεων που έληγε κανονικά σήμερα.

Και θυμήθηκα το «διδακτικό» σκίτσο του μεγάλου Κώστα Μητρόπουλου, το οποίο δημοσιεύθηκε στο «Βήμα» και αναδημοσιεύθηκε στον «Οικονομικό Ταχυδρόμο» στις 18 Φεβρουαρίου του 1990 (πριν από 21 χρόνια!), όπου οι συνεπείς φορολογούμενοι «αυτομουντζώνονταν» που είχαν σπεύσει να πληρώσουν τους φόρους!

Θυμήθηκα ότι η ρύθμιση ληξιπρόθεσμων χρεών και η παράταση αυτής της ρύθμισης αποτελεί εθνικό σπόρ για κάθε κυβέρνηση που ανερχόταν στην εξουσία, με αποτέλεσμα να έχω γράψει ήδη και σχετικό βιβλίο υπό τον τίτλο «Εγώ, ο Βλάξ!»

Θυμήθηκα ξανά το βιβλίο (1941) του μεγάλου Ευάγγελου Λεμπέση υπό τον τίτλο «Η τεράστια κοινωνική σημασία των βλακών εν τω συγχρόνω βίω».

Θυμήθηκα τις σκληρές επισημάνσεις σε όλες σχεδόν τις Εκθέσεις των διοικητών της Τράπεζας της Ελλάδος.

Θυμήθηκα, συγκεκριμένα, που υπογράμμιζαν, μεταξύ άλλων, τα εξής: «Τα μέτρα που ελήφθησαν για την αύξηση των εσόδων ήταν πολλά και περιλαμβάνονται σε σειρά φορολογικών νόμων που ψηφίστηκαν από το 1990 έως το 1998. Οι θετικές τους όμως επιδράσεις ήταν συχνά περιορισμένες χρονικά, επειδή βασίζονταν σε σημαντικό βαθμό σε ειδικές ρυθμίσεις, όπως στην είσπραξη ληξιπρόθεσμων οφειλών προς το Δημόσιο, την «περαίωση» εκκρεμών φορολογικών υποθέσεων και την εισαγωγή στον προϋπολογισμό ορισμένων μη φορολογικών εσόδων...»

Θυμήθηκα ότι στην Έκθεση του διοικητή της Τράπεζας της Ελλάδος για το έτος 1996 αναφέρονται για το θέμα αυτά τα εξής: «Επισημαίνεται, πάντως, ότι η συχνή χρήση του μέτρου της «περαίωσης» των εκκρεμών φορολογικών υποθέσεων αποτελεί μακροχρόνια κίνητρο για την αύξηση της φοροδιαφυγής, καθώς το στοιχείο αυτό τείνει να ενσωματώνεται στις προσδοκίες των φορολογουμένων».

Θυμήθηκα όμως ότι, παρόλα αυτά, το μέτρο αυτό εφαρμόζεται επί τρεις περίπου δεκαετίες για την εξασφάλιση πρόσκαιρων δημόσιων εσόδων, με αποτέλεσμα να χάνονται δισ. ευρώ από φόρους που έχουν βεβαιωθεί, αλλά δεν έχουν εισπραχθεί, κυρίως από ανικανότητα του κρατικού φοροεισπρακτικού και ελεγκτικού μηχανισμού.

27 ΜΑΪΟΥ

«Ο τάδε ζει», δηλαδή «ο τάδε... ζεματάει» ή πώς κακοποιείται η ελληνική γλώσσα

Σήμερα (27 Μαΐου 2015) πρόσεξα ότι μία αυτοδιαφήμιση της συνδρομητικής τηλεόρασης «Nova» καταλήγει ως εξής» «Nova: Ζεις καλύτερα»!

Και θυμήθηκα ότι το ρήμα «ζω» στο δεύτερο και τρίτο πρόσωπο του ενικού αριθμού γράφεται έτσι, δηλαδή, «ζεις» και «ζει» παντού, ακόμα και σε φιλολογικά και λογοτεχνικά κείμενα (για να μην αναφερθούμε σε δημόσια έγγραφα, σε ανακοινώσεις του υπουργείου Παιδείας και, φυσικά, σε κείμενα στις εφημερίδες!)

Θυμήθηκα τους φωτισμένους καθηγητές μου, οι οποίοι πράγματι γνώριζαν άριστα την ελληνική γλώσσα, το ελληνικό αρχαίο και νέο Λεξικό της ελληνικής γλώσσας, την ελληνική Γραμματολογία και το ελληνικό Ετυμολογικό.

Θυμήθηκα ότι μάς έλεγαν (και μάλιστα έβαζαν επίτηδες σχετικά θέματα με το ρήμα αυτό και στους σχετικούς διαγωνισμούς κατά το πρώτο και δεύτερο εξάμηνο (στο τότε εξατάξιο) Γυμνάσιο, ότι το συνηρημένο αυτό ρήμα είναι «ζή–ω= ζω. Κι έτσι, στο δεύτερο και τρίτο ενικό πρόσωπο είναι: ζή–εις=ζης και ζή–ει=ζη.

Θυμήθηκα ότι από το ρήμα αυτό παράγονται η λέξεις «ζήση», η οποία γράφεται με «ήτα» και όχι με «έψιλον γιώτα», δηλαδή «ζείση»!!!

Θυμήθηκα που μάς έλεγαν ότι το δεύτερο και τρίτο πρόσωπο του ρήματος «ζη–ω=ζω», έτσι όπως το γράφουν, δηλαδή, «ζεις» και «ζει» έχει άλλη σημασία.

Θυμήθηκα που μάς έλεγαν ότι το συνηρημένο ρήμα «ζεις» ή «ζει» είναι το δεύτερο και τρίτο ενικό πρόσωπο του ρήματος «ζέ–ω» (δεν συναιρείται στο πρώτο πρόσωπο) και σημαίνει... «ζεματάω».

Θυμήθηκα ότι οι γνωστές φράσεις ή συνθήματα «ο τάδε ζει» σημαίνει «ο τάδε ζεματάει, καίει». Την ίδια σημασία έχει και η αυτοδιαφήμιση της "Nova", δηλαδή «Nova: ζεματάς... καλύτερα»!!!

28 ΜΑΪΟΥ

Η αυριανή «αποφράς» ημέρα για τον Ελληνισμό και τα συνεχιζόμενα ίδια αίτια νέας άλωσης της χώρας μας

Σήμερα το Ημερολόγιό μου δείχνει 28 Μαΐου 2015 και ότι η αυριανή είναι «αποφράς» ημέρα για τον Ελληνισμό και τον ευρωπαϊκό πολιτισμό. Στις 29 Μαΐου 1453, έγινε η άλωση της Κωνσταντινούπολης από τους Μωαμεθανούς.

Και θυμήθηκα πώς ο Ελληνισμός έφθασε από τη Σύνοδο της Φερρά-
ρας το 1438 στο Eurogroup το 2012 και στα σημερινά Eurogroup για την
ελληνική κρίση, χωρίς κανένα έως τώρα αποτέλεσμα, και από την άλωση
της Πόλης στη σημερινή λεηλασία της Ελλάδος

Θυμήθηκα τις εξελίξεις και τα γεγονότα στην Ελλάδα τα δύο τελευ-
ταία χρόνια, τα οποία κορυφώθηκαν στις 20 Φεβρουαρίου 2012 με την
απόφαση του Eurogroup για τη χορήγηση δεύτερου πακέτου οικονομικής
βοήθειας (με το αζημίωτο) προς την Ελλάδα, που είναι ικά αίτια που οδή-
γησαν τελικά στην άλωση της Κωνσταντινούπολης.

Θυμήθηκα ότι οι δηλώσεις, οι αντιδράσεις και οι εκτιμήσεις για το αύ-
ριο της Ελλάδος και της ελληνικής οικονομίας με το Μνημόνιο Β΄ και με
τη νέα δανειακή σύμβαση παραπέμπουν τη Σύνοδο της Φερράρας (1438
- 1439). Στη Σύνοδο αυτή είχε μεν υπογραφεί η ένωση των Εκκλησιών
Ανατολικής – Δυτικής, όμως το αποτέλεσμα για το βυζαντινό κόσμο ήταν
αρνητικό, καθώς ο πληθυσμός διαιρέθηκε σε ενωτικούς και ανθενωτικούς.
Και μάλιστα, ενώ όλοι περίμεναν βοήθεια από τη Δύση και την Καθολική
Εκκλησία, το μίσος των ανθενωτικών ξεσπάθωσε με αρχηγό το Γεώργιο
Σχολάριο και με σύνθημα «Τήν γάρ Λατίνων ούτε βοήθειαν ούτε τήν ένω-
σιν χρήζομεν», υπενθυμίζοντας τη βαρβαρότητα των Λατίνων το 1204 με
την Δ΄ Σταυροφορία. Παράλληλα δημιουργήθηκε μια αντιλατινική πα-
ράταξη με πρωτεργάτη το Λουκά Νοταρά που κατείχε το ύπατο αξίωμα
μετά τον αυτοκράτορα και που διακήρυσσε «Κρειττότερον έστιν ειδέναι
έν μέση τη πόλει φακιόλιον βασιλεύον Τούρκων, ή καλύπτραν λατινικήν».

Θυμήθηκα ότι, όπως και τότε, μετά το 2010 και την παράδοση της χώ-
ρας μας στην τρόικα στις 23 Απριλίου του 2009, οι Έλληνες χωρίσθηκαν σε
«μνημονιακούς» και «αντιμνημονιακούς», με τη γνωστή νίκη του «αντι-
μνημονιακού» ΣΥΡΙΖΑ στις εκλογές της 25ης Ιανουαρίου 2015 και τη συ-
νεχιζόμενη επί τέσσερις μήνες εφιαλτική νέα περιπέτεια των Ελλήνων.

Θυμήθηκα ότι η βαθμιαία φθίνουσα πορεία της χώρας μας στην πολι-
τική, την οικονομία, την κοινωνία, την παιδεία, τους θεσμούς και τα εθνι-
κά θέματα ήταν τα ίδια αίτια της άλωσης της Κωνσταντινούπολης, του
έθνους.

29 ΜΑΪΟΥ

«Σεσαρθρωμένον πλοίον», όπως το 1453, και η σημερινή Ελλάς

Σήμερα (29 Μαΐου 2015), είναι "αποφράς" ημέρα για τον Ελληνισμό και τον ευρωπαϊκό πολιτισμό, όπως ήδη σημείωσα. Και σήμερα διάβασα ότι συνεχίζεται η ευρωπαϊκή περιπέτεια της χώρας μας, με τους δανειστές μας να απαιτούν (και δικαίως) μέτρα για να εξασφαλισθεί η πληρωμή των οφειλόμενων σε αυτούς δόσεων.

Και θυμήθηκα ότι, πέρα από τα πολιτικά και κοινωνικά αίτια που συνετέλεσαν στην πτώση της Κωνσταντινουπόλεως, υπήρχαν και τα πνευματικά, τα οποία απαρίθμησε ο μοναχός Ιωσήφ Βρυέννιος, που έζησε στις τελευταίες στιγμές της ζωής της Βασιλεύουσας και άκουγε τον ρόγχο του θανάτου της. Όπως λέει σε κείμενά του, στην Κωνσταντινούπολη την εποχή εκείνη ζούσαν περίπου 70.000 κάτοικοι και μάλιστα ο ίδιος έκανε έκκληση στους Κωνσταντινουπολίτες, χωρίς να υπάρχει ανταπόκριση, να συντελέσουν στην ανοικοδόμηση των τειχών της, εν όψει του μεγάλου κινδύνου. Όμως οι κάτοικοι, ιδιαιτέρως οι πλούσιοι, ασχολούμενοι με την αύξηση των ατομικών τους εσόδων, αδιαφορούσαν, με αποτέλεσμα η πόλη να μοιάζει, όπως λέγει, με «σεσαθρωμένον» πλοίον» που ήταν έτοιμο να βυθισθεί.

Θυμήθηκα ότι ο Ιωσήφ Βρυέννιος εξέφραζε την οδύνη του, αφού, όπως τονίζει, το γένος περιστοιχίζεται από δεινά, τα οποία, όπως λέει, «δάκνει μου την καρδίαν, συγχεί τον νουν και οδυνά την ψυχήν». Το γένος έχει περιπέσει σε ποικίλα πάθη και αμαρτίες. Όλοι οι Χριστιανοί έγιναν «υπερήφανοι, αλαζόνες, φιλάργυροι, φίλαυτοι, αχάριστοι, απειθείς, λιποτάκται, ανόσιοι, αμετανόητοι, αδιάλλακτοι». Αυτός είναι ο λόγος για τον οποίον επέπεσαν εκ δυσμών και εξ ανατολών διάφοροι εχθροί και λυμαίνονται την αυτοκρατορία, τόνιζε.

Θυμήθηκα, επίσης, ότι ο Ιωσήφ Βρυένιος έβλεπε σαράντα χρόνια πριν από την άλωση να ερημώνονται οι πόλεις, να αφανίζονται οι χώρες, να καίγονται οι Εκκλησίες, να βεβηλώνονται τα άγια και να δίδονται τα ιερά σκεύη στα σκυλιά και «παν το ημέτερον γένος, δουλεία παραδιδόμενον και μαχαίρα».

Θυμήθηκα ότι η αυτοκρατορία βρέθηκε σε φθίνουσα πορεία εξαιτίας της εξαθλίωσης, της ηθικής κατάπτωσης, του εκμαυλισμού των αξιών, της ακυβερνησίας και της εγκατάλειψης.

Θυμήθηκα ότι οι ξένοι επιδρομείς και εισβολείς, ιδιαίτερα ο Τούρκοι, από όλες τις μεριές, μεθοδικά και συστηματικά διάβρωναν τα βυζαντινά εδάφη, αποψιλώνοντας τους πληθυσμούς από τις ποιμενικές, αλλά και καλλιεργημένες περιοχές σπρώχνοντας έτσι κατοίκους προς τις πόλεις, προκαλώντας ένα αφόρητο αστικό συνωστισμό.

30 ΜΑΪΟΥ

Ελεγκτικό Συνέδριο: Αντισυνταγματική η Εισφορά Αλληλεγγύης για τους συνταξιούχους του δημόσιου τομέα, αλλά όχι και του ιδιωτικού...

Σήμερα (30 Μαΐου 2015) διάβασα ότι η Ολομέλεια του Ελεγκτικού Συνεδρίου, σε νέα διάσκεψη κεκλεισμένων των θυρών, έκρινε, με ισχυρότατη πλειοψηφία (25 υπέρ έναντι 9 κατά), αντισυνταγματική την εισφορά αλληλεγγύης των συνταξιούχων του δημοσίου τομέα. Παράλληλα, έκρινε με οριακή πλειοψηφία (15 υπέρ έναντι 12 κατά) ότι η απόφαση της Ολομέλειας του Ανωτάτου Δημοσιονομικού Δικαστηρίου, δεν θα έχει αναδρομική ισχύ για όσους δεν προσέφυγαν στη Δικαιοσύνη για το ζήτημα αυτό και θα ισχύει από την ημέρα δημοσίευσης της δικαστικής απόφασης. Όμως, κρίθηκε ότι η απόφαση της Ολομέλειας ισχύει αναδρομικά για όσους έχουν ήδη προσφύγει στο Ελεγκτικό Συνέδριο. Στα πρόσωπα αυτά θα πρέπει να τους επιστραφούν τα ποσά της εισφορά της αλληλεγγύης που παρακρατήθηκαν.

Και θυμήθηκα ότι η εισφορά αλληλεγγύης επιβλήθηκε για πρώτη φορά στα εισοδήματα του 2010 και αρχικά παρακρατήθηκε από τις συντάξεις με συντελεστή 1%–4% σε κλιμακούμενο ποσοστό ανάλογα με το ύψος των συντάξεων, ανά κατηγορία συνταξιούχων και ανάλογα με το σε ποιο φορέα εργαζόντουσαν πριν από τη συνταξιοδότηση οι απόμαχοι της εργασίας. Όμως, στη συνέχεια με την πάροδο των ετών άλλαξε ο τρόπος παρακράτησης

Θυμήθηκα όμως ότι το Ελεγκτικό Συνέδριο το απασχόλησε το ζήτημα της αντισυνταγματικότητας της εισφοράς αλληλεγγύης μόνο για τους συνταξιούχους του δημόσιου τομέα και όχι για τους εν ενεργεία εργαζόμενους του Δημοσίου και τους απασχολουμένους και συνταξιούχους του ιδιωτικού τομέα.

Θυμήθηκα ότι στην Ολομέλεια του Ανωτάτου Δημοσιονομικού Δικαστηρίου εισήχθη προς συζήτηση το ζήτημα της εισφοράς σύμφωνα με το νόμο 4055/2012 περί πρότυπης δίκης. Τότε, το Ελεγκτικό Συνέδριο κλήθηκε να αποφανθεί για την συνταγματικότητα και την αναδρομική επιστροφή της εισφοράς αλληλεγγύης των συνταξιούχων δικαστικών και εισαγγελικών λειτουργών και των ενστόλων όλων των σωμάτων (Στρατού, Αεροπορίας, Ναυτικού, Λιμενικού, Πυροσβεστικού Σώματος, κ.λπ.).

Θυμήθηκα ότι οι συνταξιούχοι του ιδιωτικού τομέα, στους οποίους επιβλήθηκε και σε αυτούς η ίδια η εισφορά, είναι παιδιά ενός κατώτερου Θεού.

Ήμαρτον...

31 ΜΑΪΟΥ

Μαστιγωτικό άρθρο του καθηγητή Χρήστου Γιανναρά για την ελληνική αποχαύνωση

Σήμερα (31 Μαΐου 2015) διάβασα στην εφημερίδα «Καθημερινή της Κυριακής» άρθρο του καθηγητή Χρήστου Γιανναρά υπό τον τίτλο «Η κρίση δεν είναι οικονομική, είναι παρακμή».

Και θυμήθηκα ότι (ακόμα δεν είχε στεγνώσει η μελάνη), παρουσιάζοντας στις 29 Μαΐου τα αίτια της άλωσης της Κωνσταντινούπολης την ίδια ημέρα του 1453, είχα αναφερθεί και στην παρακμή που αποδυναμώνει συνεχώς και σήμερα τη χώρα μας.

Για του λόγους το αληθές, παραθέτω μερικά αποσπάσματα, προς γνώσιν και συμμόρφωσιν, από το εμπνευσμένο, όπως πάντα, αυτό άρθρο του Χρήστου Γιανναρά:

«...Σήμερα οι δανειστές της Ελλάδας επιβάλλουν στην καταχρεωμένη χώρα μας, εκβιαστικά, τον οικονομισμό. Και οι ελλαδικές κυβερνήσεις (τόσο του σοσιαλ–δεξιού αχταρμά της ντροπής, που προηγήθηκε, όσο και της αριστερο–παρδαλής ασυνεννοησίας που ακολούθησε) πειθαρχούν στον εκβιαστικό οικονομισμό άτσαλα, σπασμωδικά, αυτοσχεδιάζοντας. Αποτέλεσμα: Πέντε χρόνια τώρα, εφιαλτικά τα μεγέθη της ανεργίας, γκανγκστερική ατίμωση των συμβολαίων που είχε υπογράψει το κράτος με τους λειτουργούς του (εν ενεργεία ή σε σύνταξη), διάλυση των υπηρεσιών υγείας και νοσοκομείων, ανυπαρξία επιστημονικής έρευνας, μηδενισμός των εξοπλιστικών προϋποθέσεων εθνικής άμυνας, και μύρια ανάλογα. Θυσίες εξωφρενικές, μόνο για να επιτευχθούν εκείνοι οι δείκτες οικονομικών μεγεθών, που θα πείθουν τους δανειστές για τη σίγουρη επανάκτηση των χρημάτων τους...

Οταν μια χώρα φτάνει στη χρεοκοπία (από ξέφρενες σπατάλες του πολιτικού της προσωπικού στον βωμό της συντήρησης του πελατειακού κράτους) η υγιής (δηλαδή λογική) στάση είναι να κηρύξει αδυναμία πληρωμών προς τους δανειστές της. Το ρίσκο στην περίπτωση αυτή είναι να χάσει, για κάποιο διάστημα, πηγές δανεισμού. Και η ευκαιρία είναι να ξαναστήσει, από την αρχή, την οικονομία της σε στέρεες, υγιείς βάσεις. Στοιχειώδης προϋπόθεση για την υγιή – λογική στάση είναι να λειτουργήσει νέμεσις: Να τιμωρηθούν με δήμευση περιουσίας οι αυτουργοί του κακουργήματος της εξωφρενικής δανειοληψίας. Και να αναζητήσουν οι πολίτες καινούργιους πολιτικούς ηγέτες, ικανούς να λειτουργήσουν ως κοινωνικοί αναμορφωτές...»

ΙΟΥΝΙΟΣ

Η ιστορία
εμφανίζεται
ως φάρσα

4 ΙΟΥΝΙΟΥ

«Επιθετικοί καπιταλιστές, αμείλικτοι και αδυσώπητοι οι δανειστές μας», κατά τους Σκουρλέτη, Στρατούλη και Λαφαζάνη

Σήμερα (4 Ιουνίου 2015) διάβασα τις ακόλουθες δηλώσεις του υπουργού Εργασίας Π. Σκουρλέτη: «Υπάρχει ένας ακήρυκτος, αλλά πραγματικός πόλεμος. Αυτός ο πόλεμος δεν γίνεται με κανονιοφόρους, δεν γίνεται με στρατεύματα στα σύνορα, αλλά γίνεται με όλους τους σύγχρονους τρόπους που διαθέτει ο επιθετικός καπιταλισμός. Ο πόλεμος που διεξάγεται αυτές τις ώρες είναι μεγάλος. Δεν θα υπάρξει συμφωνία, η οποία θα προσθέτει νέα βάρη, χωρίς να αλλάζει το μνημονιακό καθεστώς, ιδιαίτερα που διέπει τις συνθήκες εργασίας».

Επίσης, σε ακόμα υψηλότερους τόνους, λίγο αργότερα, ο αναπληρωτής υπουργός Εργασίας Δημ. Στρατούλης, έλεγε στη Βουλή: «Οι προτάσεις των λεγόμενων «θεσμών» ή των λεγόμενων «εταίρων» που έγιναν χθες, αποδεικνύουν ότι λειτουργούν όχι ως εταίροι, αλλά ως αμείλικτοι και αδυσώπητοι δανειστές της χώρας. Είναι προτάσεις συνέχισης των μνημονιακών πολιτικών, και που αν γίνονταν αποδεκτές από την κυβέρνησή μας, θα την οδηγούσαν σε άτακτη υποχώρηση. Θα ήταν μία συμφωνία υποταγής». Επίσης, πρόσθεσε: «Όλο το πακέτο το οποίο υποβλήθηκε χθες, είναι απορριπτέο από την κυβέρνησή μας. Αν δεν υποχωρήσουν, η χώρα μας δεν θα χαθεί. Έχει δυνατότητες και εναλλακτικές και έχει και δημοκρατικές διεξόδους για να πει τη γνώμη του ο ελληνικός λαός. Πρόκειται για εναλλακτικές λύσεις και δημοκρατικές διεξόδους που στοιχίζουν πολύ λιγότερο στη χώρα μας από το να υπογράψει μια επονείδιστη και επαίσχυντη συμφωνία, η οποία θα συνεχίζει τις πολιτικές που κατέστρεψαν τη χώρα μας».

Ακόμα, από την πλευρά του ο υπουργός Παραγωγικής Ανασυγκρότησης Π. Λαφαζάνης, μεταξύ άλλων ανέφερε: «Δεν υπάρχει περίπτωση να αποδεχθεί η κυβέρνηση αυτά που προτείνονται από τους θεσμούς για την ενεργειακή μας πολιτική. Δεν πρόκειται να αποδεχθούμε τέτοια μέτρα. Δεν πρόκειται να ανεβεί το Φ.Π.Α. στην ενέργεια. Όπως έχω επαναλάβει πολλές φορές, η συμφωνία που τυχόν κάνει η κυβέρνηση με τους θεσμούς θα είναι μια συμφωνία συμβατή με το πρόγραμμά μας και δεν θα είναι μια συμφωνία, η οποία θα επιφέρει νέα βάρη στους πολίτες και νέα λεηλασία στον ελληνικό λαό. Αυτή είναι η σαφής απόφαση και κατεύθυνση από την πλευρά της κυβέρνησης».

Και θυμήθηκα ότι από αυτόν τον «επιθετικό καπιταλισμό» και τους «αμείλικτους και αδυσώπητους δανειστές» η Ελλάδα έπαιρνε συνεχώς δάνεια για να γίνουν συνδικαλιστές, βουλευτές και υπουργοί πολλοί από όλα τα κόμματα, όπως και οι Σκουρλέτης, Στρατούλης και Λαφαζάνης, και εκατοντάδες άλλοι «πατέρες» του Έθνους μας με τα γνωστά αγωνιστικά πανό και συνθήματα, όπως «νόμος είναι το δίκιο του εργάτη», που συνοδεύονταν από ψήφους...

5 ΙΟΥΝΙΟΥ

Όψιμη καταγραφή των παθογενειών της ελληνικής Δημοκρατίας μετά το 1975, που οδήγησαν στη σημερινή κρίση

Σήμερα (5 Ιουνίου 2015) διάβασα ότι ο απερχόμενος στο τέλος μήνα, λόγω συμπλήρωσης του ορίου ηλικίας, πρόεδρος του Συμβουλίου της Επικρατείας Σωτήριος Ρίζος, σε βαρυσήμαντη ομιλία του κατά την πανηγυρική συνεδρίαση της Ολομέλειας του Δικαστηρίου, απαρίθμησε, μεταξύ άλλων, ενδεικτικά τις ακόλουθες παθογένειες της ελληνικής Δημοκρατίας, της ελληνική διοίκησης, της δικαιοσύνης και της πολιτικής από τη μεταπολίτευση έως και σήμερα, οι οποίες καθόρισαν, εν πολλοίς, την επέλευση της γενικευμένης κρίσης:

– «Τόσο η κρίση, όσο και η αδυναμία τερματισμού της προκαλούνται από την κυριαρχία εσφαλμένων ιδεών (νοοτροπιών), οι οποίες σε μεγάλο βαθμό παραμένουν και μετά την κρίση ακλόνητες. Όλες ή οι περισσότερες από αυτές είναι αντίθετες προς αυτές που επικρατούν στα Δυτικά Κράτη». Και απαρίθμησε ενδεικτικά: «Αναντιστοιχία δικαιωμάτων υποχρεώσεων, έξαρση της ανομίας ως αποδεικτικού δημοκρατίας, άρνηση της συνέχειας στην κρατική δομή, άρνηση δημιουργίας αποτελεσματικής διοικήσεως, υποβιβασμός της ηθικής της εργασίας, με κορυφαία από όλες την ενδημούσα εσφαλμένη αντίληψη ότι η εξασθένηση της κρατικής εξουσίας οδηγεί σε μια υποτιθέμενη άνθηση των ατομικών δικαιωμάτων».

– «Κανένα μέτρο οικονομικό, καμία ανάπτυξη, καμία έξωθεν βοήθεια, δεν πρόκειται να ανατρέψει την καθοδική πορεία των πραγμάτων, όσο μένει άθικτος ο κόσμος των εσφαλμένων ιδεών(νοοτροπιών)».

– «Οι παθογένειες της ελληνικής δημοκρατίας μετά το 1975 υπήρξαν κάτι παραπάνω από εμφανείς με συνέπειες οδυνηρές για τη χώρα και τους θεσμούς της Με θλίψη, τόνισε, παρακολουθήσαμε την έλλειψη συνέχειας σε όλα τα μεγάλα θέματα, την έλλειψη ικανότητας να κτίσουμε επάνω στο προηγούμενο οικοδόμημα αντί να το γκρεμίζουμε για να δημιουργήσουμε τελικά το ακατανόητο οικοδόμημα του Πύργου της Ελληνικής Βαβέλ».

Και θυμήθηκα το άρθρο του καθηγητή Χρήστου Γιανναρά στην «Καθημερινή» (βλέπε «Ημερολόγιο» 31 Μαΐου 2015) υπό τον τίτλο «Η κρίση δεν είναι οικονομική, είναι παρακμή».

Θυμήθηκα το χαρακτηρισμό του Βυζαντίου από τον Ιωσήφ Βρυέννιο (βλέπε «Ημερολόγιο» 29 Μαΐου 2015) ως «σεσαρθρωμένου πλοίου» και την απαρίθμηση των κοινωνικών, ηθικών και πολιτικών αιτίων που οδήγησαν στην άλωση της Κωνσταντινούπολης το 1453.

Θυμήθηκα τη σειρά εκατοντάδων άρθρων μου, σχολίων και αναλύσεων ως δημοσιογράφου και δεκάδων βιβλίων μου ως συγγραφέα, όπου αποτυπώνεται με μαθηματική ακρίβεια και συγκεκριμένα στοιχεία η πορεία της Ελλάδος προς την καταστροφή κυρίως μετά τη μεταπολίτευση.

8 ΙΟΥΝΙΟΥ

Ο Τσίπρας «παίζει εν ου παικτοίς», δηλαδή αντιμετωπίζει σοβαρά και κρίσιμα εθνικά θέματα σαν (αριστερό) παιχνίδι...

Σήμερα (8 Ιουνίου 2015) διάβασα ότι ο πρόεδρος της Κομισιόν (Ευρωπαϊκής Επιτροπής) Ζαν Κλωντ Γιουνκέρ σε συνέντευξη Τύπου, πριν από την έναρξη της Συνόδου G7, δήλωσε ότι «η Ελλάδα δεν έχει καταφέρει μέχρι στιγμής να παρέχει μια λίστα με εναλλακτικές μεταρρυθμίσεις, αφότου απέρριψε τις απαιτήσεις των δανειστών». Επίσης, πρόσθεσε τα εξής: «Ο φίλος μου, Αλέξης Τσίπρας, είχε υποσχεθεί την Τετάρτη (σημείωση: 3 Ιουνίου 2015) ότι μέχρι το βράδυ της Πέμπτης θα είχε παρουσιάσει μια δεύτερη εναλλακτική πρόταση, την οποία ουδέποτε έλαβα. Όταν συνάντησα τον Έλληνα πρωθυπουργό τού είπα ότι υπάρχει περιθώριο για διαπραγμάτευση, αλλά η ελληνική πλευρά δεν ήταν προετοιμασμένη για ουσιαστικές συζητήσεις στη διάρκεια της συνάντησης».

Επίσης, διάβασα ότι ο επικεφαλής της Κομισιόν εξέφρασε την απογοήτευσή του για την ομιλία Τσίπρα στη Βουλή και κατηγόρησε τον Έλληνα πρωθυπουργό για στρέβλωση των προτάσεων των διεθνών πιστωτών προκειμένου να σωθεί η Ελλάδα από τη χρεοκοπία. «Αν και θεωρώ τον Τσίπρα φίλο μου, για να παραμείνουμε φίλοι θα πρέπει κανείς να σέβεται κάποιους ελάχιστους κανόνες», είπε ο Ζαν Κλωντ Γιουνκέρ, σε μιαν ένδειξη αγανάκτησης απέναντι στον Έλληνα πρωθυπουργό, ο οποίος κατήγγειλε τους όρους των δανειστών ως «παράλογους» στο ελληνικό κοινοβούλιο. Ακόμα, αναφερόμενος στο θέμα των συντάξεων, ο πρόεδρος της Κομισιόν είπε ότι ο Αλέξης Τσίπρας δεν μετέφερε την προθυμία του να διαπραγματευτεί το θέμα των συντάξεων.

Και θυμήθηκα την ιερή ρήση του Ιωάννου Χρυσοστόμου «Οράς ότι παίζεις εν ου παικτοίς πράγμασι;» στην «Προς Εβραίους Επιστολήν» (63, 191, 4)

Θυμήθηκα τη σημασία της ρήσης αυτής, ότι, δηλαδή, «αντιμετωπίζεις σαν παιχνίδι πράγματα που δεν έπρεπε, διότι είναι πολύ σοβαρά, πολύ κρίσιμα, ιερά.

Θυμήθηκα και το άλλο γνωστό «τα παιδία παίζει» ως... εν Δεκαπενταμελεί Μαθητικώ Συμβουλίω», όπου διέπρεπε ως μαθητής ο Τσίπρας...

9 ΙΟΥΝΙΟΥ

Ζακ Κλωντ Γιουνκέρ: Φίλος ο Τσίπρας, αλλά φίλτερος ο σεβασμός κάποιων ελάχιστων κανόνων

Σήμερα (9 Ιουνίου 2015) ξαναδιάβασα τις δηλώσεις του προέδρου της Κομισιόν Ζαν Κλωντ Γιουνκέρ που έκανε την Κυριακή σε συνέντευξη Τύπου πριν από την έναρξη της Συνόδου G7 για την Ελλάδα, όπου χαρακτηρίζει τον Έλληνα πρωθυπουργό Αλέξη Τσίπρα ως «φίλο» δύο φορές, όπως έγραψα στο χθεσινό μου «Ημερολόγιο». «Αν και θεωρώ τον Τσίπρα φίλο μου, για να παραμείνουμε φίλοι θα πρέπει κανείς να σέβεται κάποιους ελάχιστους κανόνες», είπε ο Ζαν Κλωντ Γιουνκέρ.

Και θυμήθηκα ότι μόνο περί τα τέλη του 1984 και τις αρχές του 1985 «ανησύχησε» κάπως ο τότε πρόεδρος της Ευρωπαϊκής Επιτροπής κατά την κρίσιμη δεκαετία του 1980 Ζακ Ντελόρ, που ήταν φίλος του τότε πρωθυπουργού Ανδρέα Παπανδρέου.

Θυμήθηκα ότι μόνο περί τα τέλη του 1984 και τις αρχές του 1985 η Ευρωπαϊκή Επιτροπή πίεσε τον Ανδρέα Παπανδρέου να εφαρμόσει μιαν άλλη οικονομική πολιτική και να «πάρει πίσω» όλα όσα έδωσε με τη φιλολαϊκή πολιτική που εφάρμοζε με τις παροχές από άδεια δημόσια ταμεία.

Θυμήθηκα έτσι ότι στις 12 Οκτωβρίου 1985 αναγκάσθηκε να εξαγγείλει, μαζί με τον τότε υπουργό Εθνικής Οικονομίας Κώστα Σημίτη, το πιο σκληρό έως τότε πρόγραμμα λιτότητας για να πάρει τη δεύτερη δόση του κοινοτικού δανείου που είχε δώσει ο Ζακ Ντελόρ για να μη χρεοκοπήσει η Ελλάδα!

Θυμήθηκα ότι το πρόγραμμα όμως σκληρής λιτότητας, που το πλήρωσαν ακριβά οι Έλληνες εργαζόμενοι (τότε σημειώθηκε η μεγαλύτερη μείωση των αμοιβών) διήρκεσε δύο περίπου χρόνια.

Θυμήθηκα ότι στις 27 Νοεμβρίου ο Ανδρέας Παπανδρέου κατάργησε, με δηλώσεις του στη Βουλή, το πρόγραμμα αυτό και ανάγκασε σε παραίτηση τον Κώστα Σημίτη, η οποία συνοδεύθηκε από μιαν επιστολή, που αποτελεί μνημείο της εγκληματικής πολιτικής που εφαρμοζόταν τότε στη χώρα μας και των αιτίων που οδήγησαν τη χώρα μας σε αυτό το θλιβερό κατάντημα.

Θυμήθηκα ότι, ενώ έβλεπε όλα αυτά ο Ζακ Ντελόρ, δεν έλεγε σχεδόν τίποτε δημοσίως επικριτικά για τον Ανδρέα Παπανδρέου.

Θυμήθηκα ότι, μόνον όταν έφυγε από την πρωθυπουργία ο Ανδρέας Παπανδρέου, «λύθηκε η γλώσσα» του και τα «πλήρωσε» ο «αθώος» της χρεοκοπίας πρωθυπουργός της Οικουμενικής Κυβέρνησης Ξενοφών Ζολώτας, όπως ήδη έχουμε σημειώσει στο "Ημερολόγιο"

10 ΙΟΥΝΙΟΥ

Τη φιλία του Ντελόρ με τον Ανδρέα Παπανδρέου την «πλήρωσε» ο «αθώος» Ξενοφών Ζολώτας!

Σήμερα (10 Ιουνίου 2015) ξαναδιάβασα το χαρακτηρισμό ως φίλου του Αλέξη Τσίπρα από τον πρόεδρο της Ευρωπαϊκής Επιτροπής Ζακ Κλωντ Γιουνκέρ.

Και ξαναθυμήθηκα ότι, πολύ αργότερα, με ημερομηνία 19 Μαρτίου 1990, ο τότε πρόεδρος της Ευρωπαϊκής Επιτροπής Ζακ Ντελόρ έστειλε στον τότε πρωθυπουργό Ξενοφώντα Ζολώτα τη γνωστή από τη δημοσίευσή της σε πολλά βιβλία μου επιστολή με δραματικό περιεχόμενο για την κατάσταση της ελληνικής οικονομίας και έκανε δραματική έκκληση για τη λήψη των αναγκαίων μέτρων. Ξαναδημοσιεύω ("η επανάληψη είναι μήτηρ μαθήσεω", έλεγαν οι πρόγονοί μας!) μερικά αποσπάσματα της επιστολής αυτής:

«Καθόλου το διάστημα από την είσοδο της χώρας σας στις Ευρωπαϊκές Κοινότητες και μετά, η Κοινότητα κατέβαλε κάθε προσπάθεια για να διευκολύνει την ενσωμάτωση της Ελλάδας, και να τη βοηθήσει να φτάσει στο επίπεδο των πιο ανεπτυγμένων οικονομιών. Η αλληλεγγύη αυτή εκφράστηκε με σημαντικές περιφερειακές και διαρθρωτικές βοήθειες – όπως συνέβη και με άλλες χώρες σε ανάλογες περιπτώσεις – αλλά και με τη μορφή μεσοπρόθεσμου δανείου χρηματοδοτικής αρωγής που χορηγήθηκε

το 1985 και 1986 για να βοηθήσει την Ελλάδα να εξέλθει από μια δυσκο-
λότατη κατάσταση στην εποχή εκείνη. Το δάνειο αυτό, τη χορήγηση του
οποίου η Επιτροπή είχε τότε υποστηρίξει, στήριζε πρόγραμμα οικονομι-
κής σταθεροποίησης, που είχε σαν στόχο του τη μείωση του υπερβολικού
ελλείμματος του δημόσιου τομέα και τη βελτίωση των αποτελεσμάτων
στους τομείς του πληθωρισμού και του ισοζυγίου πληρωμών...

Οι σημαντικότεροι διαθέσιμοι οικονομικοί δείκτες, καθώς και οι πλη-
ροφορίες που συνέλεξε η πρόσφατη αποστολή της Επιτροπής στην Αθή-
να, δείχνουν πράγματι ότι η κατάσταση έγινε πολύ ανησυχητική...

Η κατάσταση αυτή επιβάλλει τη λήψη, χωρίς καθυστέρηση, δραστι-
κών μέτρων και την εκπόνηση και εφαρμογή πολυετούς προγράμματος
ανόρθωσης της οικονομίας το ταχύτερο δυνατό. Αν δεν γίνει αυτό η χώρα
σας διατρέχει δύο σοβαρούς κινδύνους: Από τη μια πλευρά το μέγεθος και
η αύξηση του δημοσίου χρέους και του εξωτερικού χρέους της χώρας σας
κινδυνεύουν να βλάψουν τη φερεγγυότητα της Ελλάδας. Από την άλλη
πλευρά η σοβαρή διαφορά που διαπιστώνεται ανάμεσα στην οικονομική
εξέλιξη της Ελλάδας κι εκείνη των άλλων χωρών της Κοινότητας κινδυ-
νεύει να υπονομεύσει μόνιμα την πορεία της χώρας σας προς την Ενιαία
Αγορά, την Οικονομική και Νομισματική Ένωση και την ευρωπαϊκή ενο-
ποίηση.

Όσο για την Επιτροπή, θα βρισκόταν στη δύσκολη θέση να έχει συμ-
μετάσχει και συνδέσει την ίδια την αξιοπιστία της σε απόφαση δανείου του
οποίου οι όροι δεν τηρήθηκαν από τον οφειλέτη.

Για το λόγο αυτό θεωρούμε απαραίτητη τη λήψη σύντομα δραστικών
μέτρων που θα επέτρεπαν να διαφανεί η σαφής πρόθεση της χώρας σας να
μειώσει μόνιμα τις ανισορροπίες.

Γνωρίζουμε ότι παρόμοια μέτρα θα απαιτήσουν σοβαρές προσπάθειες
από την πλευρά του συνόλου της διοίκησης, των επιχειρήσεων και των
ιδίων των πολιτών της χώρας σας. Μας φαίνονται όμως τα μόνα που θα
επέτρεπαν στην Ελλάδα να επανακτήσει μια αρμονική ανάπτυξη, προς
όφελος όλων των πολιτών της στους κόλπους της Ευρωπαϊκής Οικονομι-
κής Κοινότητας».

11 ΙΟΥΝΙΟΥ

Ο Ελευθέριος Βενιζέλος θα μάλωνε και τον Τσίπρα για αυτά που λέει για «ελληνικά δίκαια»

Σήμερα (11 Ιουνίου 2015) διάβασα ότι ο πρωθυπουργός Αλέξης Τσίπρας, προσερχόμενος στην εκδήλωση για την επανασύσταση της ΕΡΤ (είναι η γνωστή εκείνη δημόσια επιχείρηση με τους πάλαι ποτέ 110... κηπουρούς!) τόνισε: «Η Κυβέρνηση θα κρατάει τα δίκαια αιτήματα του ελληνικού λαού, προκειμένου να μπορέσουμε να έχουμε μία συμφωνία που δεν θα είναι απλά συμφωνία, αλλά θα είναι μια λύση που θα διατηρεί την κοινωνική συνοχή, θα δίνει αναπτυξιακή προοπτική και ταυτόχρονα θα δίνει λύση στο μεσοπρόθεσμο χρηματοδοτικό πρόβλημα της χώρας και άρα θα δημιουργεί συνθήκες βιωσιμότητας του χρέους».

Και θυμήθηκα όσα είπε στους δημοσιογράφους ο Ελευθέριος Βενιζέλος μετά την υπογραφή της Συνθήκης των Σεβρών, τα οποία ουδείς Έλλην πολιτικός στη συνέχεια εφάρμοσε ως παρακαταθήκη: «Ειλικρίνεια και αλήθεια, ιδού η μέθοδός μου. Μη ομιλείτε περί ιστορικών δικαίων, δεν κάνουν εντύπωσιν εις τους Ευρωπαίους. Εγώ, κατά την διάρκειαν των Συνδιασκέψεων, έθεσα ως βάσιν των αξιώσεων της Ελλάδος τον εθνολογικόν και ουχί τον ιστορικόν χαρακτήρα των εδαφών, τα οποία εζήτησα. Άλλα έθνη, προβάλλοντα ιστορικάς απαιτήσεις, απέτυχον. Τας περισσοτέρας ιστορικάς απαιτήσεις θα ημπορούσε να έχη η Ελλάς. Αλλά η Ευρώπη δεν λαμβάνει υπ' όψιν τοιαύτας αξιώσεις. Ουδέποτε έκαμα χρήσιν των ιστορικών δικαιωμάτων μας. Εζήτησα την Θράκην, διότι πλειοψηφεί εκεί το ελληνικόν στοιχείον, εζήτησα την Ιωνίαν, διότι πλειοψηφούν οι Έλληνες εκεί. Η αξίωσίς μας διά την Κωνσταντινούπολιν είναι βεβαίως και ιστορική, η Κωνσταντινούπολις ήτο, άλλωστε, πρωτεύουσα του βυζαντινού κράτους. Αλλά, κυρίως, η αξίωσίς μας βασίζεται επί του σημερινού πληθυσμού της Κωνσταντινουπόλεως. Εάν η Κωνσταντινούπολις δεν είχε τον ελληνικόν πληθυσμόν της, εάν οι Έλληνες δεν πλειοψηφούσαν εν Θράκη και Ιωνία, ως δημοκρατικός άνθρωπος δεν ηδυνάμην και δεν εδικαιούμην να εγείρω επ' αυτών αξιώσεις. Αλλά και κάτι άλλο: εις τα υπομνήματά μου και τα προφορικά μου διαβήματα, ουδέποτε έκαμα χρήσιν του όρου «ελληνικά δίκαια». Ο όρος αυτός είναι αισθηματολογικός, οι δε Ευρωπαίοι δεν τον εννοούν. Ο όρος μου ήταν «ελληνικά συμφέροντα», «δίκαια ελληνικά συμφέροντα». Αλλά και συμφέροντα της Ανθρωπότητος, όχι αποκλειστικώς της Ελλάδος».

12 ΙΟΥΝΙΟΥ

Το ΔΝΤ επαναλαμβάνει τις ίδιες συστάσεις για ασφαλιστικό, φορολογία και φοροδιαφυγή επί τριάντα χρόνια

Σήμερα (12 Ιουνίου 2015) διάβασα ότι σε συνέντευξη Τύπου ο εκπρόσωπος του Διεθνούς Νομισματικού Ταμείου (ΔΝΤ) Τζέρι Ράις, μετά την αποχώρηση της τεχνικής ομάδας του Ταμείου από τις διαπραγματεύσεις για την ελληνική κρίση στις Βρυξέλλες, ανέφερε, μεταξύ πολλών, τα εξής:

–«Τα μεγάλα εμπόδια στα οποία εστιάζει το Ταμείο είναι το ασφαλιστικό, η φορολογία και η χρηματοδότηση του προγράμματος».

Και θυμήθηκα ότι και τα τρία αυτά θέματα αποτελούν τις μόνιμες στρεβλώσεις στην ελληνική οικονομία, οι οποίες έχουν προκαλέσει τις γνωστές μόνιμες μακροοικονομικές ανισορροπίες και κακοδαιμονίες.

–Σε σχέση με το ασφαλιστικό είπε ότι «όλες οι πλευρές συμφωνούν ότι δεν είναι βιώσιμο», καθώς, όπως είπε, οι μισθοί και οι συντάξεις ανέρχονται στο 80% των πρωτογενών δαπανών της χώρας, ενώ τα ασφαλιστικά ταμεία επιδοτούνται με το 10% του ΑΕΠ, όταν στις άλλες χώρες της Ευρωζώνης αυτό είναι μόλις 2, 5%. Ενώ δε το κατά κεφαλήν ΑΕΠ είναι περίπου το μισό από εκείνο της Γερμανίας, τόνισε ότι η μέση ελληνική σύνταξη είναι σχεδόν όση η γερμανική, ενώ ο μέσος Έλληνας βγαίνει στη σύνταξη έξι χρόνια νωρίτερα. Την ίδια στιγμή, ωστόσο, το ΔΝΤ προστατεύει τη βασική σύνταξη των πιο ευάλωτων ομάδων, καθώς η κοινωνική δικαιοσύνη είναι κάτι στο οποίο δίνει έμφαση από την αρχή του προγράμματος.

Και θυμήθηκα τα πάμπολλα πορίσματα των πάμπολλων Επιτροπών για το Ασφαλιστικό πρόβλημα. Φαίνεται ο μόνο ο Ράις τα έχει διαβάσει!

–«Πρέπει να διευρυνθεί η φορολογική βάση, καθώς δεν βγάζει νόημα η αύξηση των φορολογικών συντελεστών, που είναι ήδη υψηλοί. Με αυτή τη λογική το ΔΝΤ εστιάζει στον ΦΠΑ, που είναι πολύπλοκος και πρέπει να απλοποιηθεί σημαντικά, ώστε να αποτρέπεται η φοροδιαφυγή, που είναι από τις μεγαλύτερες στην Ευρωζώνη».

Και θυμήθηκα τις γνωστές επίμονες επισημάνσεις των διοικητών της Τράπεζας της Ελλάδος ήδη από τη δεκαετία του 1980. Μία από αυτές αφορούσε τον μαινόμενο συνεχώς φορολογικό ανταγωνισμό στην Ευρώπη, αλλά όλες οι ελληνικές κυβερνήσεις έκαναν το αντίθετο (ανελέητος φορομπηχτισμός για να εξασφαλίσουν έσοδα για σπατάλες). Η άλλη αφορούσε στη διαπίστωση ότι, ενώ οι ελληνικοί φορολογικοί συντελεστές είναι περίπου οι ίδιοι με τους ευρωπαϊκούς, τα ελληνικά φορολογικά έσοδα υστερούσαν κατά 5–6 εκατοστιαίες μονάδες των ευρωπαϊκών ως προς το ΑΕΠ! Η διαπίστωση αυτή συνοδευόταν με την παρότρυνση: αναζητήστε ως βασική αιτία την υψηλή και αθάνατη φοροδιαφυγή και παραοικονομία...

15 ΙΟΥΝΙΟΥ

Ευρωπαϊκή Επιτροπή: Ποτέ οι θεσμοί (τρόικα) δεν ζήτησαν περικοπή μισθών και συντάξεων, όπως διαδίδει η ελληνική κυβέρνηση

Σήμερα (15 Ιουνίου 2015) διάβασα ότι η εκπρόσωπος της Κομισιόν Ανίκα Μπράιτχαρτ διέψευσε την κυβέρνηση ότι ζητήθηκαν ονομαστικές περικοπές σε μισθούς και συντάξεις, ενώ έκανε λόγο για «μεγάλη παραχώρηση» από την πλευρά των θεσμών στο πλαίσιο των διαπραγματεύσεων με την Ελλάδα, αναφερόμενη συγκεκριμένα στη δημοσιονομική προσαρμογή με στόχο πρωτογενές πλεόνασμα 2% του ΑΕΠ το 2016 που θα ανέλθει σε 3, 5 % του ΑΕΠ το 2018. Συγκεκριμένα, διάβασα ότι, σχολιάζοντας τις δηλώσεις Ελλήνων αξιωματούχων ότι οι θεσμοί πιέζουν για περικοπές μισθών και συντάξεων η εκπρόσωπος επεσήμανε ότι το συνταξιοδοτικό σύστημα της Ελλάδας αποτελεί ένα από τα ακριβότερα στην Ευρώπη και ξεκαθάρισε ότι οι θεσμοί δεν ζήτησαν περικοπή των συντάξεων. Η μεταρρύθμιση αυτή αφορά τη σταδιακή κατάργηση της πρόωρης συνταξιοδότησης, την παράταση της ηλικίας συνταξιοδότησης και την άρση των εσφαλμένων κινήτρων για πρόωρη συνταξιοδότηση. Σχετικά με τους μισθούς δήλωσε ότι δεν ισχύει πως οι θεσμοί ζητούν νέες μειώσεις μισθών. Αντιθέτως, όπως είπε, ζητούν εκσυγχρονισμό του μισθολογίου στο δημόσιο τομέα με δημοσιονομικά ουδέτερο τρόπο.

Και θυμήθηκα ότι τα ίδια έλεγαν οι ίδιοι θεσμοί, δηλαδή η Ευρωπαϊκή Επιτροπή, η Ευρωπαϊκή Κεντρική Τράπεζα και το Διεθνές Νομισματικό Ταμείο επί δεκαετίες, ως συστάσεις, προτάσεις και πιέσεις, για μεταρρυθμίσεις στο ασφαλιστικό και την οικονομία γενικότερα.

Θυμήθηκα ότι έτσι κορυφώθηκε μετά το 2010 το πολιτικό και οικονομικό δράμα της χώρας μας, με εφιαλτικές τώρα συνέπειες, από τα συνεχή κομματικά και πολιτικά ψεύδη, τις προεκλογικές υποσχέσεις και μετεκλογικές σπατάλες.

16 ΙΟΥΝΙΟΥ

Μαστιγωτική διάψευση από τον Γιουνκέρ της ελληνικής κυβέρνησης για όσα λέει για αύξηση ΦΠΑ, φαρμάκων και ηλεκτρικού ρεύματος

Σήμερα (16 Ιουνίου 2015) διάβασα ότι ο πρόεδρος της Κομισιόν Ζ. Κ. Γιουνκέρ επετέθηκε δριμύτατα για την πορεία των ελληνικών διαπραγματεύσεων κατά της ελληνικής κυβέρνησης, παρουσία του γενικού γραμματέα του ΝΑΤΟ κατά τη διάρκεια των κοινών δηλώσεών τους. Ο Γιουνκέρ είπε ότι «δεν έχει καμία επαφή με την ελληνική κυβέρνηση από την Κυριακή, καθώς οι διαπραγματεύσεις δεν οδηγούσαν πουθενά». Ο πρόεδρος της Επιτροπής τόνισε ότι αυτό που τον ενδιαφέρει «είναι ο ελληνικός λαός και όχι η ελληνική κυβέρνηση, η οποία λέει στους ψηφοφόρους πράγματα που δεν συμβαδίζουν με αυτά που είπε ο ίδιος στον Έλληνα πρωθυπουργό» και πρόσθεσε ότι «και ο ίδιος δεν είναι υπέρ της αύξησης του ΦΠΑ στα φάρμακα και του ηλεκτρικού ρεύματος στην Ελλάδα». Σημειώνεται ότι η αντίδραση αυτή είναι συνέχεια μετά τη χθεσινή τοποθέτηση της εκπροσώπου της Κομισιόν (βλέπε πιο πάνω) που εξήγησε για πρώτη φορά που βρίσκονται οι διαπραγματεύσεις και ποια είναι τα βασικά θέματα που χωρίζουν τις δύο πλευρές και ότι οι θεσμοί δεν ζήτησαν περικοπές μισθών και συντάξεων.

Και θυμήθηκα την εκκωφαντική και συνεχώς αγωνιώδη κραυγή του Μακρυγιάννη: «Πατρίδα, πατρίδα, ήσουνε άτυχη από ανθρώπους να σε κυβερνήσουν».

17 ΙΟΥΝΙΟΥ (1)

Νέες επεξηγηματικές έωλες προτάσεις της κυβέρνησης

Σήμερα (17 Ιουνίου 2015) διάβασα την ακόλουθη οκτασέλιδη επεξηγηματική πρόταση της ελληνικής πλευράς με τα μέτρα και έσοδα που προσδοκά:

ΠΑΡΑΜΕΤΡΙΚΑ ΕΣΟΔΑ για το 2015 και το 2016

1. Έκτακτη εισφορά 12% σε εταιρείες με κέρδη πάνω από 1 εκ. το 2014. 600 εκατ. για κάθε χρόνο.

2. Αύξηση του συντελεστή φορολογίας επιχειρήσεων από 26% στο

29%: έσοδα το 2016 450 εκ.

3. Αύξηση στον φόρο αλληλεγγύης: επιπλέον έσοδα 220 εκ. για το 2015 και για το 2016 250 εκ.

4. Περικοπές στις αμυντικές δαπάνες για το 2016: 200 εκ.

5. Φόρος στην τηλεοπτική διαφήμιση με κέρδη για το 2015: 100 εκ. και για το 2016 : 100 εκ.

6. Φόρος στον ηλεκτρονικό τζόγο (e– gaming): για το 2015: 35 εκ. και για το 2016 225 εκ.

7. Επίλυση των διαφορών σχετικά με τη φορολογία ακινήτων 50 εκατ. το 2015 και 50 εκατ. το 2016..

8. Τεχνικός έλεγχος οχημάτων (ΚΤΕΟ): έσοδα για το 2015 72: εκ. και για το 2016: 50 εκ.

9. Ανασφάλιστα οχήματα, υπολογίζονται έσοδα για το 2015 51 εκ. και για το 2016 40 εκ.

10. Αύξηση του φόρου πολυτελείας: έσοδα για το 2015 47 εκ και για το 2016 47 εκ.

11. Μεταρρύθμιση ΦΠΑ (6%, 13%, 23%) : έσοδα για το 2015 680 εκ και για το 2016 1360 εκ.

12. Περιορισμός στην πρόωρη συνταξιοδότηση υπολογίζονται έσοδα για το 2016 71 εκ.

13. Επιστροφή από την φαρμακευτική δαπάνη (rebate): έσοδα το 2015 140 εκ και για το 2016 140 εκ.

ΔΙΟΙΚΗΤΙΚΑ ΜΕΤΡΑ για το 2015 και το 2016

1. Πάταξη λαθρεμπορίου καυσίμων: έσοδα για το 2015 75 εκ. και για το 2016 300 εκ.

2. Έλεγχοι σε τραπεζικούς λογαριασμούς: έσοδα για το 2015 200 εκ. και για το 2016 500 εκ.

3. Πάταξη φοροδιαφυγής στο ΦΠΑ: έσοδα για το 2015 50 εκ και για το 2016 700 εκ.

4. Έσοδα από ηλεκτρονικό τζόγο (e-gaming): έσοδα για το 2015 160 και για το 2016 361 εκ.

5. Εφαρμογή κανόνων της ΕΕ για το περιβάλλον και την γεωργία: έσοδα για το 2015 276 εκ.

6. Τριγωνικές συναλλαγές: έσοδα για το 2015 24 εκ.

7. Προμήθειες και τηλεοπτικές άδειες, υπολογίζονται έσοδα για το 2015 340 εκ

8. Ρύθμιση ληξιπρόθεσμων οφειλών σε δόσεις: έσοδα για το 2015 500 εκ. και για το 2016 500 εκ.

Και θυμήθηκα. Θυμήθηκα πολλά...

17 ΙΟΥΝΙΟΥ (2)

Παρά τις μαστιγωτικές διαψεύσεις της Κομισιόν, ο Τσίπρας επιμένει ότι ζητείται περικοπή των μισθών και συντάξεων!!!

Σήμερα (17 Ιουνίου 2015) διάβασα με έκπληξη την ακόλουθη δήλωση του πρωθυπουργού Αλέξη Τσίπρα αμέσως μετά τη συνάντησή του με τον αυστριακό καγκελάριο Βέρνερ Φάιμαν: «Αν η Ευρώπη επιμείνει σε περικοπές στις συντάξεις, θα πρέπει να αναλάβει το κόστος μιας εξέλιξης που δεν θα είναι ευχάριστη για κανέναν», αφήνοντας εκ νέου ανοιχτό το ενδεχόμενο ρήξης. Πρόσθεσε, ωστόσο, ότι η ελληνική κυβέρνηση δεν επιθυμεί μια τέτοια εξέλιξη, ενώ για άλλη φορά παρέπεμψε σε πολιτικές αποφάσεις για να βρεθεί λύση.

Και θυμήθηκα τις προχθεσινές διαψεύσεις της εκπροσώπου της Ευρωπαϊκής Επιτροπής και τις χθεσινές το ίδιο μαστιγωτικές δηλώσεις του προέδρου της Ευρωπαϊκής Επιτροπής Ζ. Κ. Γιουνκέρ για το ίδιο θέμα.

Θυμήθηκα τη γνωστή (και συνεχώς εφαρμοζόμενη από ελληνικά κόμματα και Έλληνες πολιτικούς) ρήση του υπουργού Προπαγάνδας των Ναζί Γιόζεφ Γκέμπελς: «Λέγε, λέγε... στο τέλος κάτι θα μείνει...»

Θυμήθηκα ότι στη χώρα μας, τουλάχιστον κατά τα τελευταία χρόνια της κρίσης και, φυσικά, και σήμερα, όχι μόνο δεν έχει μείνει κάτι «από το λέγε–λέγε», αλλά έχει διαμορφώσει (βλέπε τελευταία δημοσκόπηση) και... θετικό κλίμα για τη συνέχιση του ψεύδους...

18 ΙΟΥΝΙΟΥ (1)

Ύστερα από πέντε χρόνια επίμονης άρνησης, προτείνεται αναδιάρθρωση του ελληνικού δημόσιου χρέους

Σήμερα (18 Ιουνίου 2015) διάβασα στην εφημερίδα «Καθημερινή» μιαν εκτενή ανάλυση του Hugo Dixon (Reuters Breakingviews), ο οποίος επισημαίνει, μεταξύ άλλων, ότι «η Αθήνα έχει δυσκολευτεί να πείσει τους εταίρους της στην Ευρωζώνη να συζητήσουν περί αναδιάρθρωσης χρέους» και ότι «θα πρέπει να έρθει στο τραπέζι των διαπραγματεύσεων το θέμα αυτό».

Και θυμήθηκα ότι όλες οι κυβερνήσεις μετά το 2010, το Διεθνές Νομισματικό Ταμείο, η Ευρωπαϊκή Επιτροπή και η Ευρωπαϊκή Κεντρική Τράπεζα βροντοφώναζαν σε όλους τους τόνους ότι δεν πρόκειται να γίνει και δεν είναι επιθυμητή μία αναδιάρθρωση του δημόσιου χρέους.

Θυμήθηκα ότι τότε ο γράφων με πέντα άρθρα πρότεινε επίμονα και σχεδόν μοναχικά αναδιάρθρωση του δημόσιου χρέους .

Θυμήθηκα ότι το πρώτο άρθρο υπό τον τίτλο «Γιατί, αντί της επωφελούς αναδιάρθρωσης του δημόσιου χρέους, προτείνουν μόνο επαχθή Μνημόνια!» αναρτήθηκε στο (τότε) ιστολόγιό μου στις 25 Αυγούστου 2010.

Θυμήθηκα ότι το δεύτερο άρθρο, υπό τον τίτλο «Εξηγήστε μας, κύριε Παπαδήμο, γιατί δεν είναι «επιθυμητή» μία αναδιάρθρωση του δημόσιου χρέους» αναρτήθηκε στις 30 Σεπτεμβρίου 2010.

Θυμήθηκα ότι το τρίτο άρθρο μου υπό τον τίτλο «Δικαίωση από τον διάσημο οικονομολόγο Νούριελ Ρουμπινί για αναδιάρθρωση του χρέους» αναρτήθηκε στις 27 Οκτωβρίου 2010.

Θυμήθηκα ότι το τέταρτο άρθρο υπό τον τίτλο «Τελικά, την «αναδιάρθρωση του χρέους» τώρα τη λένε... «επιμήκυνση»!», αναρτήθηκε την 1η Δεκεμβρίου 2010.

Θυμήθηκα ότι πέμπτο άρθρο μου υπό τον τίτλο «Η τρόικα προτιμά το «κούρεμα» των ελληνικών νοικοκυριών και της ελληνικής οικονομίας και όχι των δανειστών!», αναρτήθηκε στις 12 Μαΐου 2011.

Θυμήθηκα ξανά ότι η πρότασή μου για την ανάγκη αναδιάρθρωσης του δημόσιου χρέους, στηριζόταν σε όλα αυτά που μού είχε πει ο καθηγητής μου και ακαδημαϊκός Άγγελος Αγγελόπουλος το 1989 και στη συνεχή σχετική διεθνή αρθρογραφία του. Το σχετικό τελευταίο δημοσίευμα του καθηγητή Άγγελου Αγγελόπουλου, σε συνεργασία με τον Αμερικανό καθηγητή Lawrence R. Klein (βραβείο Νόμπελ) του Πανεπιστημίου της Πενσυλβάνια δημοσιεύθηκε στη Νέα Υόρκη το 1989.

18 ΙΟΥΝΙΟΥ (2)

Η κυβέρνηση του ΣΥΡΙΖΑ δεν μπορεί να πείσει τους εταίρους για αναδιάρθρωση του χρέους, διότι ποτέ δεν την υποστήριζε!

Σήμερα (18 Ιουνίου 2015) συνέχισα την ανάγνωση της εκτενούς, με πολλά στοιχεία και επιχειρήματα, ανάλυσης του Hugo Dixon (Reuters Breakingviews) στην εφημερίδα «Καθημερινή», όπου μεταξύ άλλων, τονίζει ότι «η Αθήνα έχει δυσκολευτεί να πείσει τους εταίρους της στην ευρωζώνη να συζητήσουν περί αναδιάρθρωσης χρέους, διότι η ευρωζώνη δεν δέχεται διαγραφή του».

Και θυμήθηκα ότι η θέση του ΣΥΡΙΖΑ στο κυβερνητικό του πρόγραμμα του 2012 (19 Μαϊου) και προεκλογικά δεν ήταν η αναδιάρθρωση, αλλά η διαγραφή του δημόσιου χρέους και, συνεπώς, πώς θα μπορεί να πείσει μια κυβέρνηση τους εταίρους για μιαν αναδιάρθρωση που δεν είναι στο κυβερνητικό πρόγραμμα;

Θυμήθηκα ότι η πρώτη θέση στο κυβερνητικό αυτό πρόγραμμα του ΣΥΡΙΖΑ είναι «Να απαλλαγούμε από τον βραχνά του χρέους».

Θυμήθηκα αυτό που σημείωνε ότι το «δημόσιο χρέος της χώρας είναι ταξικό χρέος» και ότι «το χρέος δεν είναι ελληνική ιδιομορφία, είναι στοιχείο της καπιταλιστικής κρίσης σε πανευρωπαϊκή και παγκόσμια κλίμακα και αποτέλεσμα της νεοφιλελεύθερης πολιτικής της τελευταίας εικοσαετίας, είναι έκφραση της ανισότητας στις σχέσεις μεταξύ των χωρών της Ευρωπαϊκής Ένωσης..»

Θυμήθηκα αυτό που επισήμαινε ότι «δημόσιο χρέος σήμερα είναι ο μοχλός για την επιβολή όλων των μέτρων που μας πνίγουν. Αυτά τα ίδια μέτρα δεν μειώνουν, αλλά διογκώνουν το χρέος...»

Θυμήθηκα αυτό που έλεγαν στο πρόγραμμα ότι «οι θυσίες που ζητούν με αφορμή το χρέος δεν αφορούν ούτε τη σωτηρία της χώρας ούτε τη βιωσιμότητα του χρέους» και ότι «τα προγράμματα «διάσωσης» είναι μολυβένια σωσίβια που αποσκοπούν στην αύξηση της κερδοφορίας του κεφαλαίου και της εξουσίας του πάνω στην εργασία και στη διαρκή αναπαραγωγή της εξάρτησης των κρατών από το διεθνές τραπεζικό σύστημα...»

Θυμήθηκα ότι συμπέραινε τα εξής: «Αυτός ο φαύλος κύκλος πρέπει να διακοπεί. Η λύση είναι μία: επιλεκτική διαγραφή του μεγαλύτερου μέρους του χρέους είτε βρίσκεται σε χρηματοπιστωτικά ιδρύματα είτε σε κράτη, η αναστολή εξυπηρέτησης του υπόλοιπου ώσπου να υπάρξει οικονομική ανάκαμψη, και η εξυπηρέτηση του με ευνοϊκότερους όρους και ρήτρα ανάπτυξης και απασχόλησης».

Θυμήθηκα που υπογράμμιζε ότι «για να επιτευχθεί αυτό το αποτέλεσμα χρειάζεται να αξιοποιηθεί κάθε μέσο, ακόμα και η διακοπή της πληρωμής».

18 ΙΟΥΝΙΟΥ (3)

Προεκλογικά ο ΣΥΡΙΖΑ «μιλούσε» μόνο για «διαγραφή» του χρέους και ως κυβέρνηση για .... τίποτε σχετικό!

Σήμερα (18 Ιουνίου 2015) συνέχισα την ανάγνωση της εκτενούς ανάλυσης στην «Καθημερινή» του Hugo Dixon (Reuters Breakingviews) καθώς προκαλούσε συνεχώς πολλές εναγείς θύμησες.

Και θυμήθηκα ότι και στο περιβόητο προεκλογικό πρόγραμμα της Θεσσαλονίκης του ΣΥΡΙΖΑ αναφέρεται ρητώς μόνο «η διαγραφή της ονομαστικής αξίας του χρέους».

Θυμήθηκα αυτό που είπε στην προεκλογική του ομιλία στην Ομόνοια ο Τσίπρας: «Την Κυριακή δεν μιλούν οι δανειστές και οι εκπρόσωποί τους στην Ελλάδα. Την Κυριακή μιλά ο ελληνικός λαός» . Αυτό και τίποτε άλλο για το χρέος!

Θυμήθηκα το άρθρο του Παναγιώτη Λαφαζάνη, το οποίο αναρτήθηκε στις 14 Απριλίου 2011 στην ιστοσελίδα του www.iskra.gr, όπου εξέφρασε την κατηγορηματική αντίθεσή του στην αναδιάρθρωση του ελληνικού χρέους και αντιπρότεινε τη συνολική διαγραφή του χρέους.

Θυμήθηκα ότι τότε, μετά την τότε κυβέρνηση, το ζήτημα της αναδιάρθρωσης χρέους ταλάνιζε και τον ΣΥΡΙΖΑ.

Θυμήθηκα ότι ο τότε κοινοβουλευτικός εκπρόσωπος του συμμαχικού σχήματος, Παναγιώτης Λαφαζάνης, στο άρθρο του αυτό τόνιζε ότι, σε περίπτωση που δεν γίνει αποδεκτή η πρόταση αυτή, θα εισηγούνταν την προσωρινή αναστολή πληρωμής που μπορεί να φτάσει και σε οριστική διακοπή αποπληρωμής του χρέους.

19 ΙΟΥΝΙΟΥ (1)

Η Ελλάδα από «τελευταία χώρα του υπαρκτού σοσιαλισμού» έγινε από τη Ζωή Κωνσταντοπούλου και... τριτοκοσμική!

Σήμερα (19 Ιουνίου 2015) διάβασα το δραματικό μήνυμα που εκπέμπει ο διοικητής της Τράπεζας της Ελλάδος Γιάννης Στουρνάρας μέσω της Έκθεσης για τη Νομισματική Πολιτική που κατατέθηκε στη Βουλή. Καταγράφω μερικές προειδοποιήσεις:

– Χαρακτηρίζει τη συμφωνία με τους εταίρους ως «ιστορική επιταγή που δεν μπορούμε να αγνοήσουμε».

– Προειδοποιεί ότι «η αποτυχία στις διαπραγματεύσεις θα είναι η αρχή μιας επώδυνης πορείας που θα οδηγήσει αρχικά σε πτώχευση και τελικά στην έξοδο της χώρας από τη ζώνη του ευρώ και – πιθανότατα – από την Ευρωπαϊκή Ένωση».

– Τονίζει ότι «η έξοδος από το ευρώ θα προσθέσει στο ήδη βεβαρημένο περιβάλλον μια νέα οξύτατη συναλλαγματική κρίση που θα εκτινάξει τον πληθωρισμό, θα οδηγήσει σε βαθιά ύφεση, δραματική μείωση των εισοδημάτων, πολλαπλασιασμό της ανεργίας και κατάρρευση όσων έχει πετύχει η ελληνική οικονομία στα χρόνια της ένταξης στην ΕΕ και κυρίως την περίοδο του ευρώ».

– Υποστηρίζει ότι «η Ελλάδα από ισότιμο μέλος στον πυρήνα των ευρωπαϊκών χωρών θα μετατραπεί σε μια φτωχή χώρα της Νότιας Ευρώπης».

– Αναφέρει ότι «η μείωση των σκοπούμενων πρωτογενών πλεονασμάτων είναι μια κεφαλαιώδους σημασίας απόφαση, που επεκτείνει σημαντικά τον αναγκαίο χρόνο της δημοσιονομικής προσαρμογής και προσθέτει βαθμούς ελευθερίας στην άσκηση της δημοσιονομικής πολιτικής».

– Υποστηρίζει ότι «χρειαζόμαστε σήμερα μια βιώσιμη συμφωνία που θα στηριχθεί σε βιώσιμο χρέος, απαλλάσσοντας τις επόμενες γενιές από τα βάρη που δεν δικαιούμαστε να τους κληροδοτήσουμε».

– Επισημαίνει ότι «για να διασφαλιστεί η παραμονή της χώρας μας στη ζώνη του ευρώ πρέπει, σε πρώτη φάση, να επιτευχθεί σύντομα ρεαλιστική συμφωνία και στη συνέχεια, να εφαρμοστούν με συνέπεια και χωρίς καθυστερήσεις οι όροι της μέσα σε συνθήκες πολιτικής σταθερότητας».

–Εκτιμά ότι «μία συμφωνία θα δημιουργούσε θετικές προοπτικές και θα μπορούσε να καλύψει το έδαφος που χάθηκε κατά το πρώτο εξάμηνο του 2015».

Και θυμήθηκα τώρα γιατί χθες η πρόεδρος της Βουλής Ζωή Κωνσταντοπούλου επέστρεψε στον Γιάννη Στουρνάρα ως απαράδεκτη την Έκθεση αυτή, διότι, όπως είπε, δεν δόθηκε σε... χαρτί, αλλά ηλεκτρονικά...

Θυμήθηκα γιατί η Ελλάδα τώρα από «τελευταία χώρα του υπαρκτού σοσιαλισμού» έγινε και... τριτοκοσμική!!!

19 ΙΟΥΝΙΟΥ (2)

Διαδήλωση χθες στο Σύνταγμα για την παραμονή στην Ευρώπη και προχθές υπέρ της ρήξης!!!

Σήμερα (19 Ιουνίου 2015) διάβασα ότι χθες, κρατώντας στα χέρια τους ελληνικές σημαίες, αλλά και σημαίες της Ευρωπαϊκής Ένωσης και με κεντρικό σύνθημα «Μένουμε Ευρώπη», πάνω από 10.000 άτομα κατέκλυσαν την πλατεία Συντάγματος και ξεχύθηκαν μέχρι τη Βουλή διαδηλώνοντας για την παραμονή της Ελλάδας στην Ε.Ε. Οι διαδηλωτές θέλησαν να εκφράσουν, όπως ανέφερε και το σχετικό κάλεσμα που έγινε μέσω του διαδικτύου, την ανησυχία τους για τις εξελίξεις στις διαπραγματεύσεις με τους εταίρους. Όπως διάβασα στα σχετικά ρεπορτάζ, τα λιγοστά αυτοσχέδια πανό έγραφαν συνθήματα, όπως «ΕΡΤ = Κανάλι κρατικής προπαγάνδας» και «Στρατούλη, Λαφαζάνη και κάθε παλαβέ απ' την Ευρώπη δε θα μάς βγάλετε ποτέ»! Το πλήθος ανέβηκε τα σκαλάκια πίσω απ' τον Άγνωστο Στρατιώτη και ξεχύθηκε στο προαύλιο της Βουλής, γύρω απ' τις μαρμάρινες κολώνες, απ' όπου και άρχισε να φωνάζει αυτοσχέδια συνθήματα όπως «Ευρώπη – Ευρώπη» και «Ελλάς – Ευρώπη – Δημοκρατία». Τα ρεπορτάζ δεν αναφέρουν ότι στη συγκέντρωση αυτή συμμετείχαν η Ζωή Κωνσταντοπούλου και βουλευτές του ΣΥΡΙΖΑ, όπως στο συλλαλητήριο της Τετάρτης, αλλά βουλευτές της Νέας Δημοκρατίας, του ΠΑΣΟΚ και του «Ποταμιού»!

Και θυμήθηκα τα γνωστά αλλεπάλληλα συλλαλητήρια στο Σύνταγμα και σε άλλες πόλεις της χώρας μας κατά των «μνημονίων» μετά το 2010...

Θυμήθηκα ότι πάλι προχθές πραγματοποιήθηκε συγκέντρωση κατά της λιτότητας στο Σύνταγμα και υπέρ της ρήξης με τους δανειστές, στον απόηχο των άκαρπων διαπραγματεύσεων της κυβέρνησης με τους εταίρους. Τα ρεπορτάζ ανέφεραν ότι στη διαδήλωση αυτή συμμετείχαν η Ζωή Κωνσταντοπούλου και βουλευτές του ΣΥΡΙΖΑ, αλλά όχι και βουλευτές της Νέας Δημοκρατίας, του ΠΑΣΟΚ και του «Ποταμιού»!...

Θυμήθηκα έτσι το κοινωνικό και πολιτικό (επιτάφιο, θα έλεγα, καλύτερα!) επίγραμμα του μεγάλου μας εθνικού ποιητή Διονυσίου Σολωμού:

"Δυστυχισμένε μου λαέ καλέ και αγαπημένε. Πάντα ευκολόπιστε και πάντα προδομένε".

20 ΙΟΥΝΙΟΥ

Ο Α. Τσίπρας δεν δέχθηκε την προσφορά από την Ευρωπαϊκή Επιτροπή επενδυτικού προγράμματος 35 δισ. ευρώ!

Σήμερα (20 Ιουνίου 2015) διάβασα ότι σε συνέντευξή του στο γερμανικό περιοδικό Der Spiegel που κυκλοφόρησε, ο πρόεδρος της Ευρωπαϊκής Επιτροπής Ζαν–Κλωντ Γιούνκερ δηλώνει, μεταξύ άλλων, τα εξής: «Έχω επανειλημμένα προειδοποιήσει τον κ. Τσίπρα ότι δεν θα πρέπει να βασίζεται στο ότι θα μπορέσω να αποτρέψω μια κατάρρευση των συνομιλιών σε κάθε περίπτωση. Οι Έλληνες φαίνεται να πιστεύουν ότι υπάρχει κάποιος στην Ευρώπη που μπορεί στο τέλος να βγάλει λαγό από το καπέλο. Αλλά δεν είναι έτσι». Και προσθέτει:. «Δεν καταλαβαίνω τον κ. Τσίπρα. Η εμπιστοσύνη με την οποία τον περιέβαλα δεν ανταποδόθηκε ισότιμα». Ο Έλληνας πρωθυπουργός αντί να διαμαρτύρεται για τις προτάσεις συμβιβασμού των δανειστών, θα έπρεπε να πει στον ελληνικό λαό ότι η Ευρωπαϊκή Επιτροπή τού προσέφερε ένα επενδυτικό πρόγραμμα αξίας 35 δισεκατομμυρίων ευρώ. Θα το πουλούσα αυτό ως επιτυχία. Αλλά δεν άκουσε κάτι τέτοιο από τον κ. Τσίπρα».

Και θυμήθηκα ότι ουδέποτε η Ευρωπαϊκή Επιτροπή καταλάβαινε τους Έλληνες πρωθυπουργούς και πολιτικούς.

Θυμήθηκα ότι όλες σχεδόν οι ελληνικές κυβερνήσεις προσπαθούσαν να χρηματοδοτούνται με πακέτα από την Ευρωπαϊκή Ένωση για να τα σπαταλούν σε ρουσφέτια, παρά να επιδιώκουν τη χρηματοδότηση αναπτυξιακών προγραμμάτων, που, ως συνήθως, ενισχύουν κάθε οικονομία, δημιουργούν θέσεις απασχόλησης και προκαλούν αύξηση του ΑΕΠ. Και, προφανώς, για το λόγο αυτό ο Τσίπρας δεν έδωσε συνέχεια στην προσφορά από Ευρωπαϊκή Επιτροπή του επενδυτικού προγράμματος των 35 δισ. ευρώ...

21 ΙΟΥΝΙΟΥ

Οι συνδικαλιστές του Δημοσίου θέλουν, επί δεκαετίες, την Ελλάδα εκτός ΕΕ για να διατηρήσουν και να αυξήσουν τα προνόμιά τους

Σήμερα (22 Ιουνίου 2015) διάβασα ότι κατά τη χθεσινή συγκέντρωση της ΑΔΕΔΥ, που διοργανώθηκε με την υποστήριξη του ΣΥΡΙΖΑ, εμφανίστηκαν οι συνδικαλιστές του δημόσιου τομέα και ένα πλήθος δημοσίων υπαλλήλων, οι οποίοι απαιτούσαν έξοδο από την ευρωζώνη και την Ευρωπαϊκή Ένωση, κρατικοποίηση των τραπεζών, διαγραφή του χρέους, αυξήσεις των μισθών τους, προσλήψεις στο δημόσιο, δώρα και επιδόματα.

Και θυμήθηκα ότι και η ΑΔΕΔΥ, με όλα αυτά τα τερτίπια, είναι συνυπεύθυνη για τη σημερινή κατάντια, διότι προτιμούσε να διαλυθεί η οικονομία και να χάσει η Ελλάδα τη συμμαχία της Ευρώπης ,παρά να περιοριστούν τα συνεχώς υπερβολικά αιτήματά της για αυξήσεις και άλλα προνόμια των δημοσίων υπαλλήλων.

Και θυμήθηκα τα τρελά αιτήματα της ΑΔΕΔΥ για μείωση του ορίου συνταξιοδότησης και ωραρίου το 1988.

Θυμήθηκα ότι στις 27 Ιανουαρίου 1988, η ΑΔΕΔΥ επέδωσε στον τότε υπουργό Οικονομικών Δημήτρη Τσοβόλα σχετικό υπόμνημα με το οποίο καλούσε την τότε κυβέρνηση να προχωρήσει στην έκδοση Προεδρικού Διατάγματος που θα υλοποιούσε τις ακόλουθες βασικές θέσεις της (όλα τα θαυμαστικά είναι δικά μας):

Παροχές και μέτρα που ισχύουν σήμερα να μην περικοπούν, αλλά να επεκταθούν!

Δυνατότητα χορήγησης οικονομικής παροχής που θα υπολογίζεται ποσοστιαία σε σταθερό μισθολογικό κλιμάκιο και θα αναπροσαρμόζεται τιμαριθμικά!

Μείωση ορίου συνταξιοδότησης!

Μείωση ωραρίου εργασίας!

Χορήγηση άδειας, πέραν της κανονικής, με κανονικές αποδοχές!

Αλλαγή αντικειμένου απασχόλησης με μετάταξη σε άλλο κλάδο!

Επαγγέλματα που σήμερα χαρακτηρίζονται βαρέα, ανθυγιεινά, επικίνδυνα, δεν αποχαρακτηρίζονται!

Ασθένειες που προσβάλλουν εργαζόμενους λόγω ανθυγιεινότητας του χώρου ή της εργασίας, χαρακτηρίζονται επαγγελματικά νοσήματα – ατυχήματα!

Θυμήθηκα ότι τότε τελείωνα το σχετικό σχόλιό μου ως εξής: Δοξάστε τους...

23 ΙΟΥΝΙΟΥ (1)

Τρίτη λεηλασία της οικονομίας με το τρίτο Μνημόνιο

Σήμερα (23 Ιουνίου 2015) διάβασα την πρόταση μέτρων που κατέθεσε η ελληνική κυβέρνηση στους δανειστές κόστους 7, 9 δισ. ευρώ και διαπίστωσα ότι αυτό το ποσό το 93 % (7, 3 δισ. ευρώ) προέρχεται από αυξήσεις φόρων και ασφαλιστικών εισφορών. Επίσης, διαπίστωσα ότι από το ποσό των 7, 3 δισ. ευρώ, τα 5, 174 δισ. ευρώ προέρχονται από νέους φόρους, ενώ τα υπόλοιπα από τις αυξημένες ασφαλιστικές εισφορές.

Και θυμήθηκα την πρώτη μεγάλη λεηλασία της ελληνικής οικονομία το 2010 από τον τότε πρωθυπουργό Γιώργο Παπανδρέου με το πρώτο Μνημόνιο.

Θυμήθηκα τον αναλυτικό πίνακα της ντροπής, τον οποίο κατάρτισα τότε με βάση την εισηγητική έκθεση του προϋπολογισμού του 2011 και σχολίαζα τότε.

Θυμήθηκα ότι από τα στοιχεία αυτά προέκυπτε ότι το 2010 επιβαρύνθηκαν άμεσα τα ελληνικά νοικοκυριά από φορολογικές παρεμβάσεις (αύξηση ΦΠΑ, φόρου καυσίμων, ποτών, καπνού κλπ) καθώς και από τις επιδρομές στο εισόδημα (περικοπές μισθών και συντάξεων, περικοπή του 13ου και 14ου μισθού κλπ) κατά 4, 6 δισ. ευρώ και το 2011 με πρόσθετα 6, 9 δισ. ευρώ.

Θυμήθηκα ότι τότε από τα μέτρα αυτά, όπως και τα νέα της κυβέρνησης Τσίπρα, άρχισαν να «σπάνε» όλα τα προηγούμενα αρνητικά ρεκόρ δεκαετιών σε βασικά μεγέθη της ελληνικής οικονομίας (ΑΕΠ, ανεργία, αποδοχές, πληθωρισμός κλπ)

Θυμήθηκα τα νέα μέτρα λιτότητας (δεύτερο Μνημόνιο) με πρωθυπουργό τον Αντώνη Σαμαρά, τα οποία περιλαμβάνονταν στο μεσοπρόθεσμο δημοσιονομικό πλαίσιο στρατηγικής 2012–2015 και απέβλεπαν στην εξοικονόμηση πόρων 6, 5 δισ. ευρώ κατά το 2011 και 22 δισ. ευρώ κατά την περίοδο 2012–2015 (11, 7 δισ ευρώ 2013–2014).

Θυμήθηκα ότι και τα μέτρα αυτά χαρακτηρίζονταν από κοινωνική – εργασιακή αναλγησία, υφεσιακή προσήλωση, έκρηξη της ανεργίας (αποσύρονταν πόροι από την πραγματική οικονομία χωρίς να εισρέουν αντίστοιχοι ή περισσότεροι χρηματοδοτικοί πόροι για την ανάπτυξη και την ανασυγκρότηση της ελληνικής οικονομίας) καθώς και από βάθος σύγχυσης και αδιεξόδων.

Θυμήθηκα ότι και τότε, όπως και τώρα, η εξασφάλιση των προβλεπόμενων πόρων δεν εστιαζόταν στην καταπολέμηση της εκτεταμένης φοροδιαφυγής, φοροαποφυγής, φοροκλοπής και εισφοροδιαφυγής, αλλά επικεντρωνόταν στην αύξηση της φορολογικής επιβάρυνσης των μισθωτών και συνταξιούχων, στη μείωση των μισθών, των συντάξεων και των κοινωνικών επιδομάτων, με ό, τι αυτό συνεπάγεται για την επιδείνωση του βιοτικού τους επιπέδου, τη μείωση της ζήτησης και τη συνέχιση της υφεσιακής κατάστασης της ελληνικής οικονομίας. Αξίζει να σημειωθεί ότι μόνο οι συνταξιούχοι κλήθηκαν τότε να καταβάλουν 4 δισ. ευρώ μέχρι το 2015.

23 ΙΟΥΝΙΟΥ (2)

Ιδού τα νέα μέτρα οικονομικής λεηλασίας και κοινωνικής αναλγησίας

Σήμερα (23 Ιουνίου 2015) καταγράφω τα νέα μέτρα που προτείνει η ελληνική κυβέρνηση, έτσι για την ιστορία:

1. ΦΠΑ. Η κυβέρνηση προτείνει τρεις συντελεστές και συγκεκριμένα 6% για φάρμακα, βιβλία και εισιτήρια θεάτρων, 13% για τρόφιμα (φρέσκα προϊόντα ως επί το πλείστον), ρεύμα, διαμονή σε ξενοδοχεία και εστίαση, και 23% για όλα τα υπόλοιπα προϊόντα και υπηρεσίες. Με την πρόταση αυτή τα έσοδα αυξάνονται κατά 1, 36 δισ. ευρώ σε ετήσια βάση. Για τη διετία τα έσοδα θα ανέλθουν σε 2, 040 δισ. ευρώ.

2. Επιχειρήσεις. Περισσότερες από 1.500 επιχειρήσεις θα κληθούν να πληρώσουν έκτακτη εισφορά, με συντελεστή 12% σε δύο δόσεις (2015 και 2016). Το ποσό που υπολογίζει να εισπράξει η κυβέρνηση ανέρχεται στα 1, 35 δισ. ευρώ και θα καταβληθεί από τις επιχειρήσεις που έχουν καθαρά κέρδη άνω των 500.000 ευρώ και όχι 1.000.000 ευρώ όπως προέβλεπε η προηγούμενη πρόταση. Μάλιστα εντός του 2015 θα πρέπει να πληρώσουν 945 εκατ. ευρώ και τα υπόλοιπα 405 εκατ. ευρώ το 2016. Επίσης έχει προταθεί η αύξηση του συντελεστή φορολόγησης των επιχειρήσεων στο 29% από 26% σήμερα. Το μέτρο θα εφαρμοστεί για 14.930 εταιρείες με επιχειρηματικά κέρδη άνω των 100.000 ευρώ και θα επιβληθεί στα κέρδη που θα προκύψουν το 2015 και θα πληρωθούν το 2016 (προσδοκώμενα έσοδα 410 εκατ. ευρώ).

3. Με στόχο την είσπραξη 470 εκατ. ευρώ στη διετία αυξάνονται οι συντελεστές της εισφοράς αλληλεγγύης για εισοδήματα 30.000 ευρώ και άνω ως εξής:

- 12.001 - 20.000 ευρώ: 0, 7%

- 20.001 - 30.000 ευρώ: 1, 4%

- 30.001 - 50.000 ευρώ: από 1, 4% σε 2%

- 50.001 - 100.000 ευρώ: από 2, 1% σε 4%

- 100.001 - 500.000 ευρώ: από 2, 8% σε 6%

- 500.001 ευρώ και πάνω: από 2, 8% σε 8%.

4. Φόρος πολυτελείας. Αυξάνεται ο φόρος πολυτελούς διαβίωσης στο 13% από 10% που είναι σήμερα για αυτοκίνητα άνω των 2.500 κ.ε. αεροπλάνα, πισίνες και σκάφη αναψυχής άνω των 10 μέτρων. Προσδοκώμενα έσοδα 94 εκατ. ευρώ φέτος και το 2016. Το μέτρο θα εφαρμοστεί αναδρομικά από τα εισοδήματα του 2014.

5. Φόρος στην τηλεοπτική διαφήμιση 200 εκατ. ευρώ το 2015 και 2016.

6. Φόρος στον ηλεκτρονικό τζόγο (e-gaming) με όφελος για τον προϋπολογισμό 260 εκατ. ευρώ στη διετία.

7. Αδειες κινητής τηλεφωνίας (4G και 5G) με στόχο να εισπραχθούν 350 εκατ. ευρώ μόνο το 2016.

Πέραν των παραπάνω μέτρων ύψους 7, 3 δισ. ευρώ, η κυβέρνηση προτείνει την περικοπή των αμυντικών δαπανών κατά 200 εκατ. ευρώ το 2016 και μόνο. Επίσης, στο ελληνικό σχέδιο γίνεται αναφορά για διατήρηση του ενιαίου φόρου ιδιοκτησίας ακινήτων με στόχο την είσπραξη 2, 65 δισ. ευρώ. Ταυτόχρονα η κυβέρνηση δεσμεύεται για αλλαγές στη φορολογία των αγροτών όπου θα επανεξεταστεί το ειδικό καθεστώς στο οποίο υπάγονται.

23 ΙΟΥΝΙΟΥ (3)

Έπρεπε να ζητήσουν οι δανειστές την κατάργηση των πρόωρων συνταξιούχων των 37, 38 και 55 ετών!

Σήμερα (23 Ιουνίου 2015) διάβασα ότι η ελληνική πρόταση προς τους δανειστές για το ασφαλιστικό, πέρα από τη μείωση των συντάξεων και αύξηση των ασφαλιστικών εισφορών, προβλέπει κατάργηση των πρόωρων συντάξεων.

Και θυμήθηκα ότι τον Ιούνιο του 1988 η τότε κυβέρνηση Ανδρέα Παπανδρέου ικανοποίησε όλα τα αιτήματα των απεργών υπαλλήλων της Επιχείρησης Αστικών Συγκοινωνιών, τα οποία ήταν τα εξής: Σύνταξη για τους οδηγούς στα 58 χρόνια και 37, 5 ώρες εργασίας. Συνυπολογισμός του χρόνου της στρατιωτικής θητείας στα χρονοεπιδόματα και τα μισθολογικά κλιμάκια. Αύξηση τουλάχιστον κατά 2, 1% στους βασικούς μισθούς

Θυμήθηκα ότι στον «Οικονομικό Ταχυδρόμο» (18 Ιουλίου 1988) δημοσιεύθηκε μια επιστολή του τότε διοικητή του ΙΚΑ Φοίβου Ιωαννίδη με την οποία παρουσίαζε το άγος των Ελλήνων «αναπήρων» στην Ελλάδα.

Θυμήθηκα ότι τότε, από τα στοιχεία της επιστολής αυτής προέκυπταν οι ακόλουθες διαπιστώσεις:

– Το 1970, το σύνολο των συνταξιούχων αναπηρίας του ΙΚΑ στην Ελλάδα ανερχόταν στα 48.170 άτομα και αντιπροσώπευαν το 22, 35% του συνόλου των συνταξιούχων (215.514 άτομα). Το 1986 (τελευταία στοιχεία για τότε) το σύνολο των συνταξιούχων αναπηρίας ανερχόταν στα 137.885 άτομα ή 27% του συνόλου των συνταξιούχων (510.059 άτομα).

– Τα μεγαλύτερα ποσοστά συνταξιούχων αναπηρίας είχαν το 1986 το Αλιβέρι (47, 36%), η Ιεράπετρα (45, 21%), η Λευκάδα (44, 34%), η Λαμία (44, 31%), η Αταλάντη (43, 61%), το Ρέθυμνο (41, 9%), η Αλεξάνδρεια και τα Οινόφυτα (40%), η Κάλυμνος, τα Νέα Μουδανιά, το η Κιάτο και Ρόδος (39%).

Θυμήθηκα ότι στον «Οικονομικό Ταχυδρόμο» (1 Δεκεμβρίου 1988) δημοσιεύθηκε πως άνθρωπος 37 ετών, νέος, γερός και με κάποιες γραμματικές γνώσεις έπαιρνε σύνταξη από το ΙΚΑ περίπου 60.000 δραχμών!

24 ΙΟΥΝΙΟΥ

Η αντιπρόταση των «θεσμών» για τον μαρτυρικό ελληνικό λαό

Σήμερα (24 Ιουνίου 2015) διάβασα ότι η μαύρη επέτειος του μαρτυρικού θανάτου του Ρήγα Φεραίου συμπίπτει με τη συνεχιζόμενο μαρτύριο του ελληνικού λαού. Διάβασα ότι η ελληνική κυβέρνηση εμφανίζεται αιφνιδιασμένη από την αντιπρόταση θεσμών, η οποία δόθηκε στην Αθήνα. Καταγράφω την αντιπρόταση αυτή για την ιστορία, με την αγωνία τί θα προκύψει, επιτέλους, στο αυριανό Eurogroup. Μάλλον τίποτε... Η αντιπρόταση της τρόικας (θεσμούς τη λέμε τώρα!) έχει ως εξής

– Επιμένουν στα έσοδα από ΦΠΑ στο 1% του ΑΕΠ και συγκεκριμένα στην εστίαση στο 23%

– 100% προκαταβολή φόρου από τα νομικά πρόσωπα

– Κατάργηση φοροαπαλλαγών στα αγροτικά καύσιμα

– Μείωση των αμυντικών δαπανών κατά 400 εκ. (αντί για 200 που προτείναμε)

– Μικρότερη αύξηση στη φορολογία νομικών προσώπων (από το 26% να πάει στο 28% και όχι στο 29% που προτείναμε)

– Αφαίρεσαν τη φορολογία e–gaming –VLTs (φρουτάκια)

– Αφαίρεσαν τα έσοδα από τις άδειες 4G και 5G

– Αφαίρεσαν τις φοροαπαλλαγές για τους κατοίκους των νησιών

– Επιμένουν στην πλήρη εφαρμογή του νόμου 3863/10 (κυρίως στον υπολογισμό των συντάξεων, αυξάνει τις χαμηλές συντάξεις και μειώνει τις υψηλές)

– Επιμένουν σε ισοδύναμα για την αναστολή της ρήτρας μηδενικού ελλείμματος

– Ζητούν εξοικονόμηση 0, 25%–0, 5% του ΑΕΠ για το 2015 και 1% για το 2016

– Πλήρης εξάλειψη των πρόωρων συντάξεων μέχρι το 2022 (στα 67 χρόνια ανεξάρτητα από χρόνια εργασίας ή στα 62 χρόνια με 40 χρόνια εργασίας)

–Κατάργηση/αντικατάσταση του ΕΚΑΣ μέχρι Δεκέμβριο 2017

– Αύξηση εισφορών υγείας συνταξιούχων από το 4% στο 6%

– Σταδιακή κατάργηση όλων των εξαιρέσεων που χρηματοδοτούνται από τον κρατικό προϋπολογισμό και εναρμόνιση των ασφαλιστικών εισφορών με τη δομή του ΙΚΑ από 1 Ιουλίου 2015

– Κατάργηση όλων των εισφορών υπέρ τρίτων (π.χ. αγγελιόσημο) μέχρι 31 Οκτωβρίου 2015

– Εύρεση ισοδύναμων που θα καλύψουν το κόστος της απόφασης του Συμβουλίου Επικρατείας.

24 ΙΟΥΝΙΟΥ (2)

Ιδού και τα ψέματα της ΝΔ στο Ζάππειο το 2012

Σήμερα (24 Ιουνίου 2015) διάβασα ότι η Νέα Δημοκρατία πέρασε στην αντεπίθεση μετά τους ισχυρισμούς κυβερνητικών στελεχών και τη σύγκριση που επιχειρείται μεταξύ των πεπραγμένων και σχεδίων της κυβέρνησης Σαμαρά με την, υπό διαμόρφωση, συμφωνία της κυβέρνησης Τσίπρα. Η Ν.Δ. σε εσωτερικό έγγραφο κάνει λόγο για προσπάθεια αποπροσανατολισμού των πολιτών «από τη φοροκαταιγίδα των 8 δισ. ευρώ που προτείνει ο κ. Τσίπρας» και καταγγέλλει την «προπαγάνδα του ΣΥΡΙΖΑ» και τα «ψέματά του». Αιτία αποτέλεσαν οι αναφορές κυβερνητικών στελεχών στις εξαγγελίες του Σαμαρά στο Ζάππειο. «Ντροπή, για τα ψέματα που λένε καθημερινά», τονίζει στο ίδιο έγγραφο, αναφέροντας διάφορες περιπτώσεις από τα έργα και τις ημέρες της κυβέρνησης του ΣΥΡΙΖΑ.

Και θυμήθηκα την ομιλία του προέδρου της Νέας Δημοκρατίας και μετέπειτα πρωθυπουργού Αντώνη Σαμαρά στο Ζάππειο στις 3 Μαΐου 2012, ο οποίος είπε, μεταξύ άλλων, τα εξής:

– Τη Δευτέρα, όλη η Ελλάδα γυρίζει σελίδα! Ο λαός κάνει τη μεγάλη Ανατροπή! Δύο χρόνια τώρα, δύο αντίπαλους είχα: Το Μνημόνιο του ΠΑΣΟΚ που έκλεισε μαγαζιά, έβαλε λουκέτα, έριξε εκατοντάδες χιλιάδες ανθρώπους στην ανεργία. Και την Αριστερά, που έδιωχνε επενδύσεις, έδιωχνε τουρίστες, έκλεινε επιχειρήσεις, χάιδευε κουκουλοφόρους. Το Σχέδιό μας για έξοδο από την κρίση είναι απλό. Πέντε λέξεις μόνο: Ανάκαμψη, Κοινωνική Συνοχή, Ανάπτυξη, Ασφάλεια.

– Πρώτο, Ανάκαμψη! Δηλαδή, να σταματήσει η ύφεση. Πώς θα γίνει αυτό; Με αξιοποίηση των 15 δισεκατομμυρίων ΕΣΠΑ που κάθονται όταν η ελληνική οικονομία έχει παραλύσει. Πως θα γίνει αυτό; Με χτύπημα της γραφειοκρατίας! Κι έχουμε παρουσιάσει το πιο ολοκληρωμένο πρόγραμμα και για το σπάσιμο της γραφειοκρατίας και για την άμεση παράκαμψή της από τον πρώτο μήνα. Με εξασφάλιση ρευστότητας στο τραπεζικό σύστημα. Που θα έλθει μετά την ανακεφαλαίωση των τραπεζών, από επάνοδο των καταθέσεων.

–Δεύτερο Κοινωνική συνοχή. Μέτρα για διόρθωση κάποιων ακραίων αδικιών. Όπως η αποκατάσταση των πολύ χαμηλών συντάξεων, τα επιδόματα των πολυτέκνων και η εξισωτική στους κτηνοτρόφους. Ακόμα μέτρα για τους δανειολήπτες, να μην ξεπερνά η δόση τους για το στεγαστικό το 30% του μηνιαίου εισοδήματός τους. Μέτρα και για τους ομολογιούχους. Και τέλος να μη γίνουν άλλες περικοπές στα ειδικά μισθολόγια. Για τα περισσότερα απ' αυτά μας ζητούν ισοδύναμα μέτρα. Τα βρήκαμε!. Τα περισσότερα άμεσης χρήσης…

Τώρα, τί τού λέμε; Νέα (δεύτερη) λεηλασία…

24 ΙΟΥΝΙΟΥ (3)

Σαμαράς στο Ζάππειο του 2012: Μείωση φόρων και Εξεταστική Επιτροπή για το Μνημόνιο

Σήμερα (24 Ιουνίου 2015) συνέχισα να διαβάζω όλα αυτά.

Και θυμήθηκα τη συνέχεια μερικών ακόμη εξαγγελιών Σαμαρά, τις οποίες καταγράφουμε για την ιστορία, η οποία κατέδειξε ότι όλα σχεδόν αυτά, όπως και οι προεκλογικές υποσχέσεις του Σημίτη, του Γιώργου Παπανδρέου, του Κώστα Καραμανλή και του Τσίπρα ήταν «ψέματα», αφού μετέπειτα ως πρωθυπουργοί έκαναν σχεδόν τα αντίθετα.

Θυμήθηκα τί είχε πει τότε, μεταξύ πολλών άλλων, στο Ζάππειο:

– Η κοινωνική συνοχή πρέπει να αποκατασταθεί. Μένουμε αυστηρά προσηλωμένοι στους στόχους για μείωση του ελλείμματος. Είναι και δικοί μας στόχοι αυτοί. Αλλά κανένα πρόγραμμα δεν πετυχαίνει, όταν διαλύεται η κοινωνία. Κι επειδή Κοινωνική Συνοχή σημαίνει και αίσθημα δικαιοσύνης, θα αποκαταστήσουμε ξανά το αίσθημα δικαίου του Ελληνικού λαού: Δικαστικοί θα ψάξουν το «πόθεν έσχες» όσων μετείχαν σε κυβερνήσεις, από το 1974. Για να γνωρίζει ο κόσμος την αλήθεια για τους πολιτικούς. Και θα δούμε, επίσης – σε μία και μόνη Εξεταστική Επιτροπή – γιατί και

211

πώς φτάσαμε στο Μνημόνιο.

–Ανάπτυξη για μας σημαίνει πάνω απ’ όλα ανταγωνιστικότητα. Ανταγωνιστικότητα σημαίνει και μείωση των φόρων. Έστω και σταδιακή. Πρώτο βήμα, η μείωση των φορολογικών συντελεστών για τα Νομικά πρόσωπα, για τις επιχειρήσεις στο 15%. Επόμενο βήμα η μείωση του ΦΠΑ στο 19% ο ανώτατος συντελεστής, στο 9% μεσαίος και στο 5% ολόκληρο το «τουριστικό πακέτο». Και τέλος 32% ο ανώτατος συντελεστής φόρου για τα φυσικά πρόσωπα.

–Κάποιοι πιέζουν να «συγκυβερνήσουμε» με το ΠΑΣΟΚ. Κι όσο εμείς εξηγούμε γιατί δεν θέλουμε, τόσο εκείνοι επιμένουν. Ε, λοιπόν, όσο εκείνοι επιμένουν τόσο κι εγώ θα συνεχίσω να τους λέω: Δεν θέλω να συγκυβερνήσω με το ΠΑΣΟΚ! Και δεν συμφέρει τον ελληνικό λαό να γίνει τέτοια «συγκυβέρνηση»! Συμφέρει μόνο το ίδιο το ΠΑΣΟΚ, για να «πέσει στα μαλακά».

Θυμήθηκα ότι δεν έκανε τίποτε από όλα αυτά, αλλά μάλλον τα αντίθετα.

Θυμήθηκα ότι, αντιθέτως, συγκυβέρνησε με το ΠΑΣΟΚ και υπέγραψε το Δεύτερο Μνημόνιο!

Θυμήθηκα ότι Εξεταστική Επιτροπή για το πώς φτάσαμε στα Μνημόνια συνέστησε η κυβέρνηση του Τσίπρα…

25 ΙΟΥΝΙΟΥ

Διονύσιος Σολωμός» «Δεν είν’ εύκολες οι θύρες, εάν η χρεία τες κουρταλή»!

Σήμερα (25 Ιουνίου 2015) διάβασα ότι η συνεδρίση του Eurogroup διήρκεσε περίπου τρεις ώρες, διεκόπη αρκετές φορές και τελικώς η συνεδρίσή του «τελείωσε για τώρα» περίπου στις 17:30 ώρα Ελλάδος το απόγευμα, όπως ανακοίνωσε ο Γερούν Ντάισελμπλουμ, χωρίς να υπάρξει συμφωνία για το ελληνικό πρόγραμμα. Διάβασα ότι οι διαπραγματεύσεις εξελίσσονταν μετ’ εμποδίων και δεν επετεύχθη συμφωνία σε ένα κείμενο που επεδίωκε να συνδυάζει τις απαιτήσεις των δανειστών και τις επιδιώξεις της ελληνικής πλευράς.

Έτσι, η συνεδρίαση των υπουργών Οικονομικών της ευρωζώνης αναμένεται να επαναληφθεί το Σάββατο, δηλαδή μετά την ολοκλήρωση της Συνόδου Κορυφής, προκειμένου να συνεχιστούν οι προσπάθειες για να βρεθεί μια συμφωνία στο ελληνικό ζήτημα στα ασφυκτικά χρονικά όρια που διαμορφώνονται πλέον έως την 30ή Ιουνίου, οπότε και ολοκληρώνεται το ελληνικό πρόγραμμα.

Πάντως λίγο πριν τελειώσει η σημερινή συνεδρίαση του Eurogroup, ο κ. Τσίπρας δήλωσε ότι είναι πεπεισμένος ότι θα μπορέσουμε να καταλήξουμε σε ένα συμβιβασμό, ώστε η Ελλάδα και η Ευρωζώνη να μπορέσουν να ξεπεράσουν την κρίση. Αυτό που μεταδίδουν ενημερωμένες πηγές από τις Βρυξέλλες, επικαλούμενες Ευρωπαίους αξιωματούχους, είναι ότι οι υπουργοί Οικονομικών που μετέχουν στο Eurogroup ζήτησαν μια καλύτερη πρόταση από την ελληνική πλευρά. Επικαλούμενο κοινοτικές πηγές, το Γαλλικό Πρακτορείο μετέδωσε ότι θα υπάρξει νέο Euro Working Group την Παρασκευή, έτσι ώστε να προετοιμαστεί το νέο Eurogroup, που ενδέχεται να πραγματοποιηθεί το Σάββατο.

Και θυμήθηκα τη χθεσινή «προφητεία» μου για ένα νέο, ως γνωστόν, αδιέξοδο στις διαπραγματεύσεις της ελληνικής κυβέρνησης με τους δανειστές.

Θυμήθηκα ξανά το δέκατο δραματικά προφητικό για την επί δεκαετίες σκληρή ελληνική πραγματικότητα στίχο του «Ύμνου της Ελευθερίας» του μεγάλου μας εθνικού ποιητή Διονυσίου Σολωμού:

«Μοναχή το δρόμο επήρες,
εξανάλθες μοναχή.
Δεν είν' εύκολες οι θύρες,
εάν η χρεία τες κουρταλεί»

26 ΙΟΥΝΙΟΥ (1)

Τί θα έλεγε ο Εμμανουήλ Ροΐδης σήμερα για τη Ρένα Δούρου

Σήμερα (26 Ιουνίου 2015) διάβασα ότι η περιφερειάρχης Αττικής Ρένα Δούρου (του ΣΥΡΙΖΑ) προχώρησε στην πρόσληψη 139 μόνιμων υπαλλήλων και 127 εποχικών με 8μηνη σύμβαση εργασίας για την κάλυψη των άμεσων αναγκών της, ενώ με άλλες, πάμπολλες αποφάσεις, ανακοινώθηκε πλημμυρίδα αποφάσεων για προσλήψεις σε Δήμους και σε δημόσιες επιχειρήσεις και οργανισμούς.

Και θυμήθηκα ότι η Ρένα Δούρου μόλις πριν από λίγους μήνες απέρριπτε κατηγορηματικά την πρόσληψη συμβασιούχων, τονίζοντας ότι διαφωνεί με αυτή τη σχέση εργασίας που κατά την άποψη της είναι εκμετάλλευση.

Θυμήθηκα ότι πάντοτε οι δημόσιες επιχειρήσεις και οργανισμοί αποτελούσαν «λάφυρο» για τις εκάστοτε ελληνικές κυβερνήσεις που κατακτούσαν την εξουσία μετά τις εκλογές για να «πληρωθώσι» για μιαν ακόμη φορά τα υπό του μεγάλου Εμμανουήλ Ροΐδη ρηθέντα:

– «Ο πολύς πληθυσμός της Ελλάδος συνίσταται εκ πεντήκοντα χιλιάδων ανθρώπων γνωριζόνων ανάγνωσιν και ανορθογραφίαν και τρεφομένων υπό ενός εκατομμυρίου αγραμμάτων φορολογουμένων».

– «Εν και ήμισυ εκατομμύριον νοήμονος και φιλοπόνου λαού, οικούντος χώραν ευλογημένων, οία η Ελλάς, κατηνάλωσεν ολόκληρον τεσσαρακονταετίαν εις αγόνους συζητήσεις περί κομμάτων και κομματαρχών. Άπαν δε το χρήμα του λαού, αντί έργων χρησίμων, προς πόλεμον ή προς ειρήνην, εδαπάνησεν εις συντήρησιν κοπαδίου κομματικών κηφήνων, χάριν των οποίων στέργει την πενίαν, την κακοπραγίαν, την ασημότητα και τους εμπαιγμούς του κόσμου όλου».

– Αν υπήρχε λεξικόν της νεοελληνικής γλώσσης, νομίζομεν ότι ο ορισμός της λέξεως «κόμμα» ήθελεν είναι ο ακόλουθος: «Ομάς ανθρώπων ειδότων ν΄ αναγινώσκουσι και να ν΄ ανορθογραφώσι, εχόντων χείρας και πόδας υγιείς, αλλά μισούντων πάσαν εργασίαν, οίτινες, ενούμενοι υπό έναν ιονδήποτε αρχηγόν, ζητούσι ν΄αναβιβάσωσιν αυτόν δια παντός μέσου εις την έδραν του πρωθυπουργού, ίνα παράσχη αυτοίς τα μέσα να ζώσι χωρίς να σκάπτωσι».

– «Κατά τον πολύ Μοντέσκιον, έκαστος υπουργός, λαμβάνων την εξουσία, φροντίζει κατά με τον πρώτον έτος περί εαυτού, κατά δε το δεύτερον περί της επαρχίας του, και έπειτα, τέλος πάντων, και περί του έθνους εν γένει. Ουδόλως, λοιπόν, πρέπει να δυσανασχετώμεν κατά των ημετέρων πολιτικών, αν δεν προφθάνοσυ να πράξωσι το παραμικρόν υπέρ του τόπου, αφού ουδέ τα; Ιδίας υποθέσεις αφήνομεν αυτοίς καιρόν να τελειώσωσιν».

Η συνέχεια (λόγω του συνεχιζόμενου επί αιώνες πολιτικού δράματος και κομματικής λεηλασίας στο επόμενο σημείωμα

26 ΙΟΥΝΙΟΥ (2)

Η εκκωφαντική φωνή του Ροΐδη: «Αναγκαζόμεθα να δανειζώμεθα ακαταπαύστως» για να πληρώνουμε τους κομματικούς μισθοφόρους

Σήμερα (26 Ιουνίου 2015) διάβασα ότι με σωρεία κυβερνητικών αποφάσεων προωθείται πλημμυρίδα προσλήψεων στην τοπική αυτοδιοίκηση πρώτου και δεύτερου βαθμού και σε δημόσιες επιχειρήσεις και οργανισμούς.

Και θυμήθηκα πάλι τον Ροΐδη και τα όσα εκκωφαντικά έχει πει προ πολλών δεκαετιών, αλλά επί ματαίω, αφού για τους λόγους αυτούς και πάμπολλους άλλους έφθασε σήμερα η χώρα στο χείλος του γκρεμού:

– «Η θέσις των παρ᾽ ημίν πολιτευομένων πολύ ομοιάζει την αυτών αυτοκρατόρων της βυζαντινής Ρώμης, οίτινες προς κατάληψιν του θρόνου συνεμάχουν μετά Φράγκων, Τούρκων και Βουλγάρων, εις ούς αυτοί τε και οι ημέτεροι φατριάρχαι, προς σχηματισμόν ή ενίσχυσιν κόμματος, εστρατολόγουν εκ των τριόδων μισθοφόρους, ους επλήρωνον δια δημοσίων χρημάτων, ήτοι δια θέσεων περιττών. Των τοιούτων μισθοφόρων επί τοσούτον επολλαπλασιάσθη προϊόντος του χρόνου ο αριθμός και το θράσος, ώστε κατέστησαν σήμερον η μόνη αξιόμαχος δύναμις της Ελλάδος, προ της οποίας και βασιλεία και κυβέρνησης και βουλή και ολόκληρον το έθνος κύπτει το γόνυ μετά τρόμου.

– «Εσφαλμένως, νομίζομεν, παρωμοίασάν τινες τους ημετέρους κομματάρχας προς αρχηγούς ληστρικών συμμοριών. Το πταίσμα αυτών είναι ότι εδημιούργησαν τας συμμορίας, σήμερον όμως αντί να είναι αρχηγοί αυτών, κατήντησαν απλοί μεσίται, δια των οποίων αι συμμορίαι αύται διαπραγματεύονται προς το έθνος τα λύτρα, ανθ᾽ ων συγκατανεύουσι να παραχωρήσωσιν αυτώ ασφάλεια ζωής και περιουσίαν. Τα λύτρα ταύτα καλούνται κατ᾽ ευφημισμόν προϋπολογισμός.

– «Το δε όντως λυπηρόν είναι ότι και οι υποτασσόμενοι εις πάσαν ταπείνωσιν και κακουχίαν, στέργοντες να μένωμεν άοπλοι και εις πάσαν ύβριν εκτιθέμενοι, πάλιν δεν κατορθούμεν να πληρώνωμεν ολοσχερώς τα κατ᾽ έτος εξογκούμενα ημών λύτρα, αναγκαζόμενοι να δανειζώμεθα ακαταπαύστως και ίσως μετ᾽ ου πολύ να παραστήσωμεν το πρωτοφανές εν τη ιστορία θέαμα έθνους χρεωκοπούντος άνευ παρασκευών, άνευ πολέμου, άνευ επαναστάσεως ή άλλης τινός εκ των μέχρι τούδε γνωστών προφάσεων χρεωκοπίας».

– «Τούτο πάντες βλέπομεν, η δε επιστήμη το κηρύττει δια του στόματος του κ. Σούτζου (σημείωση δική μου: τότε της Πολιτικής Οικονομίας στο Πανεπιστήμιο Αθηνών την εποχή του Ροΐδη), υποδεικνύοντος τας οικονομίας ως την μόνην σωτηρίαν οδόν. Προς ταύτην όμως ουδείς πολιτευόμενος τολμά να τραπή, ουχί εξ ελλείψεως πατριωτισμού, αλλά διότι καλώς γνωρίζει ότι αδύνατον είναι να προχωρήση επ᾽ αυτής, χωρίς να προσκρούση ανά παν βήμα εις συμφέροντα προσωπικά, άτινα θέλουσιν ορθωθή κατ᾽ αυτού ως έχιδναι φαρμακεραί, των οποίων επατήθη η θυρά».

27 ΙΟΥΝΙΟΥ (1)

Δημοψήφισμα: Από τις (δικαιολογημένες) πιέσεις των δανειστών στις μοιραίες δαγκάνες του προεκλογικού κομματικού λαϊκισμού

Σήμερα (27 Ιουνίου 2015) διάβασα ότι ο πρωθυπουργός Αλέξης Τσίπρας, ανακοίνωσε τηλεοπτικά ότι εισηγήθηκε τη διενέργεια δημοψηφίσματος στις 5 Ιουλίου 2015, αναφέροντας, μεταξύ άλλων, τα εξής:

«Εδώ και έξι μήνες, η ελληνική κυβέρνηση δίνει μια μάχη μέσα σε συνθήκες πρωτοφανούς οικονομικής ασφυξίας προκειμένου να εφαρμόσει τη δική σας εντολή της 25ης του Γενάρη. Την εντολή διαπραγμάτευσης με τους εταίρους μας για να τερματιστεί η λιτότητα και να επανέλθει στη χώρα μας η ευημερία και η κοινωνική δικαιοσύνη. Για μια βιώσιμη συμφωνία που θα σέβεται, τόσο τη Δημοκρατία, όσο και τους κοινούς ευρωπαϊκούς κανόνες και θα οδηγεί στην οριστική έξοδο από την κρίση. Σε όλο αυτό το διάστημα των διαπραγματεύσεων, μάς ζητήθηκε να εφαρμόσουμε τις μνημονιακές συμφωνίες που συνήψαν προηγούμενες κυβερνήσεις, παρόλο που αυτές καταδικάστηκαν κατηγορηματικά από τον ελληνικό λαό στις πρόσφατες εκλογές. Ωστόσο, ούτε μία στιγμή δεν σκεφτήκαμε να υποκύψουμε, να προδώσουμε δηλαδή τη δική σας εμπιστοσύνη. Μετά από πέντε μήνες σκληρής διαπραγμάτευσης, οι Εταίροι μας, δυστυχώς, κατέληξαν στο προχθεσινό Eurogroup σε μια πρόταση–τελεσίγραφο προς την Ελληνική Δημοκρατία και τον ελληνικό λαό. Ένα τελεσίγραφο που αντίκειται στις ιδρυτικές αρχές και αξίες της Ευρώπης, στις αξίες του κοινού Ευρωπαϊκού μας οικοδομήματος. Ζητήθηκε από την ελληνική κυβέρνηση να αποδεχτεί μια πρόταση που συσσωρεύει νέα δυσβάσταχτα βάρη στον ελληνικό λαό, και υπονομεύει την ανάκαμψη την ανάκαμψη της ελληνικής κοινωνίας και της οικονομίας, όχι μόνο συντηρώντας την αβεβαιότητα, αλλά και διογκώνοντας ακόμη περισσότερο τις κοινωνικές ανισότητες. Η πρόταση των Θεσμών, δυστυχώς, περιλαμβάνει μέτρα που οδηγούν στην περαιτέρω απορρύθμιση της αγοράς εργασίας, περικοπές συντάξεων, νέες μειώσεις στους μισθούς του δημόσιου τομέα, καθώς και αύξηση του ΦΠΑ στα τρόφιμα, στην εστίαση, τον τουρισμό, με ταυτόχρονη κατάργηση των ελαφρύνσεων στην νησιωτική Ελλάδα. Οι προτάσεις αυτές που παραβιάζουν ευθέως το ευρωπαϊκό κοινωνικό κεκτημένο και τα θεμελιώδη δικαιώματα στην εργασία, την ισότητα και την αξιοπρέπεια, αποδεικνύουν ότι στόχος κάποιων εκ των Εταίρων και των Θεσμών δεν είναι μια βιώσιμη και επωφελής συμφωνία για όλα τα μέρη, αλλά στόχος είναι, ίσως, και η ταπείνωση ενός ολόκληρου λαού. Οι προτάσεις αυτές αποδεικνύουν την εμμονή, κυρίως του Διεθνούς Νομισματικού Ταμείου στη σκληρή και τιμωρητική λιτότητα και κάνουν πιο επίκαιρη από ποτέ την ανάγκη, οι ηγετικές ευρωπαϊκές δυνάμεις να αρθούν στο ύψος των περιστάσεων και να πάρουν πρωτοβουλίες που θα δίνουν επιτέλους ένα οριστικό τέλος στην ελληνική κρίση δημόσιου χρέους, μια κρίση που αγγίζει και άλλες ευρωπαϊκές χώρες, απειλώντας το ίδιο το μέλλον της ευρωπαϊκής ενοποίησης. ... Και δεσμεύομαι προσωπικά ότι θα σεβαστώ το αποτέλεσμα της δημοκρατικής σας επιλογής όποιο και εάν είναι αυτό...»

Καταγράφεται κι αυτό για την ιστορία...

27 ΙΟΥΝΙΟΥ (2)

Ο Τσίπρας ανακοίνωσε δημοψήφισμα, ενώ ως αντιπολίτευση κατήγγελλε λυσσαλέα ανάλογο του Γιώργου Παπανδρέου το 2011!!!

Τα διάβασα όλα αυτά σήμερα (27 Ιουνίου 2015) και ένιωσα πόσο είμαι προδομένος, όπως και σύμπας ο ελληνικός λαός από τους Έλληνες πολιτικούς «ηγέτες».

Και θυμήθηκα, λοιπόν, τί είχε πει ο πρόεδρος του ΣΥΡΙΖΑ και σημερινός πρωθυπουργός Αλέξης Τσίπρας το Νοέμβριο του 2011, όταν ο τότε πρωθυπουργός Γιώργος Παπανδρέου είχε «απειλήσει» με διεξαγωγή δημοψηφίσματος για το ίδιο περίπου θέμα. Ιδού:

– «Έχω την αίσθηση ότι ο πρωθυπουργός βρίσκεται σε απελπιστική κατάσταση και βγάζει από το μανίκι έναν υποτιθέμενο άσσο και το γνωρίζαμε καιρό και δεν ήταν κάτι καινούργιο για εμάς. Όλες οι δημοσιογραφικές πληροφορίες και οι έγκριτες πηγές γνώριζαν και εσείς το έχετε γράψει ότι υπήρχε αυτή η ύστατη σκέψη στο πίσω μέρος του μυαλού του για να αποφύγει την προσφυγή στη λαϊκή ετυμηγορία. Θέλω λοιπόν να σας πω ότι πρόκειται για ένα τρικ το οποίο έχει σαν απώτερο στόχο να κερδίσει ο πρωθυπουργός λίγο ακόμα χρόνο στην εξουσία. Πρόκειται για ένα τρικ το οποίο έχει σαν στόχο να αποφύγει ο κ. Παπανδρέου την άστατη πτώση. Να αποφύγει δηλαδή το να πάει άμεσα σε εκλογές και να βρεθεί μπροστά στην οργή του λαού και ιδίως του κόσμου που τον ψήφισε πριν από δυο χρόνια και του έδωσε 44% και να πάρει ένα ιστορικά χαμηλό και εξευτελιστικό ποσοστό για τον ίδιο και για το κόμμα το οποίο ίδρυσε ο αείμνηστος Α. Παπανδρέου.

– «Αυτή η υπεκφυγή συνοδεύεται και από μια απόπειρα ανασυγκρότησης του μετώπου, του μπλοκ του μνημονίου. Δηλαδή, αντί να πάει σε εκλογές ως ΠΑΣΟΚ και να πάρει κάτω από 20%, όπως λένε όλες οι δημοσκοπήσεις. Θέλει ενδεχομένως να πάει σε μια αναμέτρηση, αν τα καταφέρει και φτάσει έως εκεί γιατί την τοποθετεί κάποια στιγμή το Γενάρη, όπου δεν θα υπάρχει πια ΠΑΣΟΚ, αλλά θα υπάρχει το νέο κόμμα που μας κυβερνά και είναι το κόμμα του μνημονίου. Θέλει δηλαδή να συσπειρώσει σε αυτό το μνημονιακό μπλοκ και άλλες δυνάμεις.

– «Το κρίσιμο ερώτημα που θέτω ρητορικά είναι το εξής. Ας υποθέσουμε ότι πηγαίνουμε τελικά σε δημοψήφισμα. Και ας υποθέσουμε ότι ακόμα και σε εκβιαστικά διλήμματα εκφράζει ο λαός μας την οργή του απέναντι σε αυτές τις επιλογές που τον έχουν οδηγήσει σε μια κόλαση. Διότι το Γενάρη θα έχουμε νέο μισθολόγιο, θα έχουμε πάνω από 30.000 στην εφεδρεία, θα έχουμε 25% ανεργία, 40% ανεργία στους νέους, χαράτσια δεξιά και αριστερά. Το πιο πιθανό λοιπόν που αν συμβεί αυτό εμείς θα το επιδιώξουμε είναι να υπάρξει μια συντριπτική υπεροχή του ΟΧΙ στην υποτέλεια και στη μιζέρια. Τί θα κάνει μετά; Θα συνεχίσει να είναι πρωθυπουργός και να κυβερνά τη χώρα μια κυβέρνηση μειοψηφίας ή θα παραιτηθεί; Αυτό δεν μας το είπε

– «Αν είναι έτσι όπως τα λέτε, τότε πρόκειται για μια πολύ επικίνδυνη ζαριά όχι για τον πρωθυπουργό, αλλά για τη χώρα. Αν πρόκειται για μια απόπειρα οχυρωματικών έργων και ανασυγκρότησης του μπλοκ του μνημονίου, τότε ούτως ή άλλως έχει κοντά ποδάρια. Αν πρόκειται για μια προσπάθεια φυγής χωρίς την άστατη πρόσκρουση στην εκλογική διαδικασία του ίδιου του πρωθυπουργού, τότε δεν αφορά τη χώρα. Αφορά τον ίδιο και καλύτερο θα ήταν για όλους μας να το προγραμματίσει αυτό με τον πιο οργανωμένο τρόπο. Να παραιτηθεί και να οδηγηθεί η χώρα στη λαϊκή ετυμηγορία...»

Θυμήθηκα την εφιαλτική ρήση του Κικέρωνα: o tempora, o mores...= Ω, καιροί, ω ήθη...

27 ΙΟΥΝΙΟΥ (3)

Τώρα και το «στρίβειν δια δημοψηφίσματος»!

Σήμερα (27 Ιουνίου 2015) διάβασα ότι ο Α. Τσίπρας καλεί τον ελληνικό λαό να απαντήσει με ένα «ΟΧΙ» ή με ένα «ΝΑΙ» στην πρόταση των «εκβιαστών» και «ανάλγητων» δανειστών και όχι στη δική του αντιπρόταση προς τους «θεσμούς» κόστους 7, 9 δισ. ευρώ για τα ελληνικά νοικοκυριά!

Και θυμήθηκα το γνωστό απαρέμφατο «στρίβειν» του ρήματος «στρίβω», το οποίο αποτελούσε ανέκαθεν «εργαλείο» για όλες τις κυβερνήσεις που δεν ήθελαν να προωθήσουν ουσιαστικές και αναγκαίες μεταρρυθμίσεις.

Θυμήθηκα και σημειώνω ότι τώρα ο Τσίπρας χρησιμοποιεί το «στρίβειν δια του δημοφηφίσματος» για να μην εκτεθεί το κόμμα από τη μη τήρηση των προεκλογικών «αντιμνημονιακών» υποσχέσεων.

Θυμήθηκα ότι το ίδιο έκαναν και όλοι οι προηγούμενοι πρωθυπουργοί με το «στρίβειν δι᾽ επιτροπών», το «στρίβειν για κοινωνικών διαλόγων» κλπ.

27 ΙΟΥΝΙΟΥ (4)

Στις 5 Ιουλίου του όγδοο δημοψήφισμα στη χώρα μας

Σήμερα (27 Ιουνίου 2015) διάβασα ότι ο πρωθυπουργός Αλέξης Τσίπρας εισηγήθηκε στο υπουργικό συμβούλιο δημοψήφισμα για να αποφασίσει ο ελληνικός λαός ποια λιτότητα προτιμά. Εκείνη των 7, 9 δισ. ευρώ που προτείνει η ελληνική κυβέρνηση ή εκείνη των 8, 5 δισ. ευρώ που αντιπροτείνουν οι «θεσμοί»!

Και θυμήθηκα ότι το δημοψήφισμα αυτό είναι το όγδοο που διενεργείται στη χώρα μας μετά τον Α᾽ Παγκόσμιο Πόλεμο.

Θυμήθηκα ότι το δημοψήφισμα αυτό είναι το μοναδικό έως τώρα που αφορά ερώτημα για την Ευρώπη.

Θυμήθηκα ότι όλα τα προηγούμενα επτά δημοψηφίσματα είχαν ένα καθαρό «ΝΑΙ» ή «ΟΧΙ», ενώ εκείνο της 5ης Ιουλίου 2015, χαρακτηρίζεται από ψευδεπίγραφο δίλημμα.

Θυμήθηκα ότι πρώτο δημοψήφισμα στις 22 Νοεμβρίου 1920 είχε θεωρηθεί ως πλεονασμός, καθότι στις προηγηθείσες εκλογές της 1ης Νοεμβρίου είχε επικρατήσει το Λαϊκό Κόμμα, το οποίο είχε ταχθεί υπέρ της επανόδου του βασιλιά Κωνσταντίνου (είχε παραιτηθεί υπέρ του γιου του Αλέξανδρου το 1917) και το αντιπολιτευόμενο Κόμμα των Φιλελευθέρων είχε παραδεχτεί ότι το δυναστικό είχε λυθεί. Τώρα, ο ΣΥΡΙΖΑ που επικράτησε στις εκλογές διενεργεί δημοψήφισμα, μολονότι είναι νωπή η εντολή του ελληνικού λαού για διαπραγματεύσεις με τους ευρωπαϊκούς εταίρους και παραμονής ης χώρας μας στο ευρώ!

Θυμήθηκα από τα επτά έως τώρα δημοψηφίσματα τα έξι αφορούσαν το πολιτειακό (Βασιλευόμενη ή Αβασίλευτη Δημοκρατία) και το ένα την έγκριση Συντάγματος, ενώ τα τρία διενεργήθηκαν από δικτατορικές κυβερνήσεις. Εν συντομία, το χρονικό των έως σήμερα επτά δημοψηφισμάτων:

- Πρώτο Δημοψήφισμα (22 Νοεμβρίου 1920) για τη βασιλική Δυναστεία.

- Δεύτερο Δημοψήφισμα (13 Απριλίου 1924) για ανακήρυξη της Δημοκρατίας

- Τρίτο Δημοψήφισμα (3 Νοεμβρίου 1935) για «Βασιλευόμενη Δημοκρατία»

- Τέταρτο Δημοψήφισμα (1η Σεπτεμβρίου 1946) για επάνοδο της Βασιλείας

- Πέμπτο (νόθο) Δημοψήφισμα (29 Σεπτεμβρίου 1968) για νέο Σύνταγμα της χούντας

- Έκτο Δημοψήφισμα (29 Ιουλίου 1973) της χούντας για κατάργηση της μοναρχίας και εγκαθίδρυση της Προεδρικής Κοινοβουλευτικής Δημοκρατίας

- Έβδομο Δημοψήφισμα (8 Δεκεμβρίου 1974) για την επάνοδο της Δημοκρατίας στην Ελλάδα

27 ΙΟΥΝΙΟΥ (5)

Οι Έλληνες χαρακτήριζαν ανέκαθεν τις τράπεζες ή τους δανειστές ως «εκβιαστές» ή «ανάλγητους» μετά τη λήψη των... δανείων!

Σήμερα (27 Ιουνίου 2015) διαβάζω και ακούω ότι οι δανειστές μας, τους οποίους παρακαλούσαμε επί δεκαετίες για να χρηματοδοτούν τις σπατάλες όλων των μεταπολιτευτικών κυβερνήσεων, χαρακτηρίζονται από πολλούς (κυρίως αντιμνημονιακούς) ως «εκβιαστές» ή «ανάλγητοι»!

Και θυμήθηκα ότι στις δεκαετίες του 1960, του 1970 και του 1980 πολλοί Έλληνες παρακαλούσαν ή «έβαζαν» πολιτικό μέσο για να πάρουν ένα επιχειρηματικό ή στεγαστικό ή αναπτυξιακό δάνειο από τις τράπεζες.

Θυμήθηκα ότι όταν όλοι σχεδόν αυτοί έπαιρναν το δάνειο... διαμαρτύρονταν ότι «τους πίνει το αίμα» η τράπεζα, ότι οι τράπεζες είναι «εκβιαστικές», ότι οι τράπεζες είναι «ανάλγητες».

Θυμήθηκα μάλιστα ότι πολλές ορισμένες κατηγορίες δανειοληπτών είχαν ιδρύσει και... «Συλλόγους» για να πιέζουν τις εκάστοτε κυβερνήσεις να... χαρισθούν τα δάνεια ή τα χρέη.

Θυμήθηκα ότι τότε είχαν ιδρυθεί ο «Σύλλογος Αγροτών Δανειοληπτών». Όλοι αυτοί οι δανειολήπτες αγρότες, μαζί με τη γνωστή ΠΑΣΕΓΕΣ, είχαν κατορθώσει να γίνονται επανειλημμένες ρυθμίσεις ή διαγραφές αγροτικών χρεών προς την τάλαινα κρατική τότε Αγροτική Τράπεζα για κομματικά οφέλη των κυβερνήσεων που προωθούσαν τέτοιες εναγείς διαδικασίες.

Θυμήθηκα ότι τότε είχε ιδρυθεί και «Σύλλογος Δανειοληπτών Στεγαστικών Δανείων» από την Κτηματική Τράπεζα και τον Οργανισμό Εργατικής Κατοικίας, ο οποίος, με τη βοήθεια όλων των κυβερνήσεων, είχαν πετύχει να μη πληρώνουν τις σχετικές δόσεις για τα δάνεια που είχαν πάρει παρακαλώντας και εκλιπαρώντας τις εκάστοτε κυβερνήσεις.

Θυμήθηκα ότι έτσι σιγά–σιγά δημιουργήθηκε το τεράστιο κύμα των Ελλήνων «Τζαμπατζήδων» ή «Μπαταξήδων» και απλώθηκε σε όλη τη χώρα με τις γνωστές μάλιστα κομματικές παροτρύνσεις ή συνθήματα «Δεν Πληρώνω».

Θυμήθηκα, λοιπόν, ότι, τουλάχιστον κατά την τελευταία πενταετία, η νοοτροπία αυτή του «τζάμπα» φούσκωσε και το «αντιμνημονιακό» κύμα, αντί να εγκαλούνται οι εκάστοτε κυβερνήσεις να κάνουν τη χώρα συνεπή προς τις υποχρεώσεις και να πιέζονται να κάνουν συνετή χρήση των δανειακών πόρων...

28 ΙΟΥΝΙΟΥ

Στέλεχος του ΣΥΡΙΖΑ και σύντροφος της Ρένας Δούρου του ΣΥΡΙΖΑ διορίσθηκε διευθύνων σύμβουλος της δημόσιας επιχείρησης ΕΥΔΑΠ

Σήμερα (28 Ιουνίου 2015) διάβασα ότι, ενώ η χώρα οδηγείται στο γκρεμό και στην απομόνωση, ο σύντροφος της περιφερειάρχη Αττικής Ρένας Δούρου (στέλεχος του ΣΥΡΙΖΑ) Ιωάννης Μπενίσης, σημαντικό κι αυτός στέλεχος του ΣΥΡΙΖΑ, διορίζεται διευθύνων σύμβουλος στην δημόσια επιχείρηση ΕΥΔΑΠ, με απόφαση η οποία υπογράφεται από τη λαλίστατη επί παντός κομματικού, πολιτικού και κυβερνητικού επιστητού πρόεδρο της Βουλής Ζωή Κωνσταντοπούλου. Διάβασα, λοιπόν, ότι στον ιστότοπο της Κοινοβουλευτικής Διαφάνειας, ένα λεπτό μετά τα μεσάνυχτα της 27ης Ιουνίου, αναρτήθηκε η πρόσκληση της κοινοβουλευτικής επιτροπής ΔΕΚΟ προς τον Ιωάννη Μπενίση, προκειμένου να επικυρώσει το διορισμό του στην ΕΥΔΑΠ. Όπως διάβασα, η νέα περιφερειάρχης Αττικής Ρένα Δούρου ζη εδώ και 3, 5 χρόνια στην Πεντέλη με το μέλος της κεντρικής επιτροπής του ΣΥΡΙΖΑ, Γιάννη Μπενίση, ο οποίος έχει σπουδάσει μαθηματικός, αλλά μια από τις επιχειρηματικές του δραστηριότητες ήταν οι εναλλακτικές μορφές ενέργειας και ιδίως τα φωτοβολταϊκά. Διατηρούσε επίσης κατάστημα εστίασης στην Αγία Παρασκευή. Με τη Δούρου έχει υπογράψει σύμφωνο συμβίωσης εδώ και 3, 5 χρόνια.

Και θυμήθηκα τη γνωστή ατάκα του Κώστα Χατζηχρήστου «Αμ, πώς»!

Θυμήθηκα πάλι την ιοβόλα ρήση του Εμμανουήλ Ροΐδη για το κόμμα:

«Αν υπήρχε λεξικόν της νεοελληνικής γλώσσης, νομίζομεν ότι ο ορισμός της λέξεως «κόμμα» ήθελεν είναι ο ακόλουθος: «Ομάς ανθρώπων ειδότων ν᾽ αναγινώσκουσι και να ν᾽ ανορθογραφώσι, εχόντων χείρας και πόδας υγιείς, αλλά μισούντων πάσαν εργασίαν, οίτινες, ενούμενοι υπό έναν ιονδήποτε αρχηγόν, ζητούσι ν᾽ αναβιβάσωσιν αυτόν δια παντός μέσου εις την έδραν του πρωθυπουργού, ίνα παράσχη αυτοίς τα μέσα να ζώσι χωρίς να σκάπτωσι».

28 ΙΟΥΝΙΟΥ (2)

Τσίπρας: Δώστε χρήματα στον «υπερήφανο» .. ικέτη ελληνικό λαό!

Σήμερα (28 Ιουνίου 2015) άκουσα την τηλεοπτική δήλωση του πρωθυπουργού Αλέξη Τσίπρα, με την οποία καταγγέλλει «τη χθεσινή απόφαση του Eurogoup να μην εγκρίνει το αίτημα της ελληνικής κυβέρνησης για ολιγοήμερη παράταση του προγράμματος, ώστε να αποφανθεί ο λαός με δημοψήφισμα για το τελεσίγραφο των δανειστών, το οποίο αποτελεί μια πρωτοφανή για τα ευρωπαϊκά δεδομένα πράξη αμφισβήτησης του δικαιώματος ενός κυρίαρχου λαού στη δημοκρατική επιλογή, στο ύψιστο και ιερό δικαίωμα έκφρασης γνώμης».

Πρόκειται για την απόφαση που οδήγησε σήμερα την Ευρωπαϊκή Κεντρική Τράπεζα να μην αυξήσει τη ρευστότητα των ελληνικών τραπεζών και ανάγκασε τη Τράπεζα της Ελλάδας να εισηγηθεί την ενεργοποίηση μέτρων τραπεζικής αργίας και περιορισμού στις τραπεζικές αναλήψεις. «Είναι πλέον περισσότερο από σαφές, ότι αυτή η απόφαση δεν έχει κανέναν άλλο στόχο πέρα από το να εκβιάσει τη βούληση του ελληνικού λαού και να παρεμποδίσει την ομαλή δημοκρατική διαδικασία του δημοψηφίσματος», τονίζει ο Τσίπρας.

Και συνεχίζει: «Δεν θα τα καταφέρουν. Οι κινήσεις αυτές θα επιφέρουν το ακριβώς αντίθετο αποτέλεσμα. Θα πεισμώσουν ακόμη περισσότερο τον ελληνικό λαό στην επιλογή του να απορρίψει τις απαράδεκτες μνημονιακές προτάσεις και τα τελεσίγραφα των δανειστών. Ένα πράγμα όμως παραμένει βέβαιο: η άρνηση της ολιγοήμερης παράτασης και η απόπειρα ακύρωσης μιας κορυφαίας δημοκρατικής διαδικασίας, αποτελεί πράξη προσβολής και μέγιστη ντροπή για τη δημοκρατική παράδοση της Ευρώπης. Για το λόγο αυτό έστειλα σήμερα εκ νέου το αίτημα σύντομης παράτασης, αυτή τη φορά στον πρόεδρο του Ευρωπαϊκού Συμβουλίου και στους 18 αρχηγούς των κρατών της Ευρωζώνης, καθώς και στους επικεφαλής της ΕΚΤ, της Κομισιόν και του Ευρωπαϊκού Κοινοβουλίου…».

Και η δήλωση καταλήγει ως εξής: «Και να θυμάστε : τούτες τις κρίσιμες ώρες, που αναμετριόμαστε όλοι με το ανάστημα της ιστορίας μας, ο μόνος μας φόβος είναι ο φόβος. Δε θα τον αφήσουμε να μας κερδίσει. Θα τα καταφέρουμε. Η αξιοπρέπεια των Ελλήνων απέναντι στους εκβιασμούς και στο άδικο, θα στείλει μήνυμα ελπίδας και περηφάνειας σε ολόκληρη την Ευρώπη».

Και θυμήθηκα τη γνωστή φράση της Καινής Διαθήκης (Κατά Λουκάν, Κεφάλαιο 1): «Ουδείς οικέτης δύναται δυσί κυρίοις δουλεύειν· ή γάρ τον ἕνα μισήσει καὶ τὸν ἕτερον ἀγαπήσει, ἢ ἑνὸς ἀνθέξεται καὶ τοῦ ἑτέρου καταφρονήσει. Οὐ δύνασθε Θεῷ δουλεύειν καὶ μαμωνᾷ».

Δηλαδή: Κανείς υπηρέτης δεν δύναται να υπηρετεί ως δούλος σε δύο κυρίους. Γιατί ή τον ένα θα μισήσει και τον άλλο θα αγαπήσει, ή στον ένα θα προσκολληθεί και τον άλλο θα καταφρονήσει. Δε δύναστε να υπηρετείτε ως δούλοι στο Θεό και στο Μαμωνά.

Θυμήθηκα ότι δεν μπορεί κανείς που είναι ικέτης να υβρίζει εκείνους των οποίων τη θύρα «κουρταλεί» για χρήματα, όπως μάς έχει διδάξει ο μέγας Διονύσιος Σολωμός...

29 ΙΟΥΝΙΟΥ (1)

Καταπέλτης για την κυβέρνηση το πλήρες κείμενο της Ευρωπαϊκής Επιτροπής για τα «συμφωνηθέντα» το βράδυ στις 26 Ιουνίου 2015

Σήμερα (29 Ιουνίου 2015) διάβασα ότι η Ευρωπαϊκή Επιτροπή έδωσε στη δημοσιότητα το τελευταίο, μεταφρασμένο κείμενο της πρότασης των Θεσμών, «για την ενημέρωση του ελληνικού λαού και σε πνεύμα διαφάνειας», όπως τονίζεται. Όπως επισημαίνεται στο κείμενο, η τελευταία πρόταση των Θεσμών – συμφωνήθηκε από Ευρωπαϊκή Επιτροπή, Ευρωπαϊκή Κεντρική Τράπεζα, Διεθνές Νομισματικό Ταμείο – βασίζεται στις προτάσεις των ελληνικών αρχών της 8ης, 14ης, 22ας και 25ης Ιουνίου 2015, αλλά και τις συνομιλίες σε πολιτικό και τεχνικό επίπεδο καθ' όλη τη διάρκεια της εβδομάδας.

Στο εισαγωγικό κείμενο των μεταφρασμένων, ανά τομέα, προτάσεων, τονίζεται ότι, υπήρχε συναντίληψη όλων των εμπλεκομένων πλευρών ότι, η τελευταία σύνοδος του Eurogroup, «θα επιτύγχανε μια συνολική συμφωνία για την Ελλάδα, η οποία όχι μόνο θα είχε συμπεριλάβει τα μέτρα προς κοινή συμφωνία, αλλά θα κάλυπτε και τις μελλοντικές χρηματοδοτικές ανάγκες, όπως και τη βιωσιμότητα του ελληνικού χρέους».

Επίσης – σύμφωνα με το ίδιο κείμενο – περιελάμβανε την υποστήριξη ενός πακέτου, «για μια νέα αρχή για την ανάπτυξη και την απασχόληση με τη πρωτοβουλία της Επιτροπής που θα υποστήριζε την ανασυγκρότηση και τις επενδύσεις στη πραγματική οικονομία, όπως είχε συζητηθεί και υιοθετηθεί στη συνεδρίαση του Κολλεγίου των Επιτρόπων της Τετάρτης 24 Ιουνίου 2015».

Και το κείμενο αυτό καταλήγει ως εξής: «Παρόλα αυτά, δεν έγινε εφικτή η τυπική ολοκλήρωση και παρουσίαση στο Eurogroup της τελικής εκδοχής αυτού του εγγράφου, ούτε της περίληψης μιας συνολικής συμφωνίας, λόγω της μονομερούς απόφασης των ελληνικών αρχών να εγκαταλείψουν τη διαδικασία το βράδυ της 26ης Ιουνίου 2015».

Και θυμήθηκα ότι έως χθες η κυβέρνηση χαρακτήριζε την πρόταση αυτή ως «τελεσίγραφο»

Θυμήθηκα ότι η κυβέρνηση έλεγε ότι είναι «ανύπαρκτο» το έγγραφο αυτό για συμφωνία.

Θυμήθηκα ότι χθες είδα τον υπουργό Επικρατείας Νίκο Παππά να φωτογραφίζεται με το «ανύπαρκτο» αυτό κείμενο, το οποίο ανάρτησε στο Twitter, λέγοντας ότι «μάς ζητάνε να πούμε ΝΑΙ σε όλα»!!!

Θυμήθηκα ότι μέχρι τη δημοσιοποίηση του κειμένου αυτού από την Ευρωπαϊκή Επιτροπή, η κυβέρνηση έλεγε ότι δεν εστάλη ποτέ σε αυτήν...

29 ΙΟΥΝΙΟΥ (2)

Τα ήθελε και ο «κωλαράκος μας»...

Σήμερα (29 Ιουνίου 2015) διάβασα ότι ο ευρωβουλευτής του ΣΥΡΙΖΑ Κώστας Χρυσόγονος έδωσε στη δημοσιότητα επιστολή που είχε στείλει στις 19 Μαρτίου 2015 στον πρωθυπουργό Αλέξη Τσίπρα. Με την επιστολή αυτή ο Χρυσόγονος είχε ήδη προειδοποιήσει τον Τσίπρα «για τις ολέθριες συνέπειες», τονίζοντας πως «έχει ήδη διαφανεί ότι η προεκλογική μας ρητορική, περιλαμβανομένου και του «προγράμματος της Θεσσαλονίκης», βρισκόταν σε μεγάλη απόσταση από τη δυσάρεστη πραγματικότητα, την οποία υποχρεωνόμαστε τώρα να αντιμετωπίσουμε». Ο ευρωβουλευτής του ΣΥΡΙΖΑ επισημαίνει μεταξύ άλλων ότι δεν έλαβε ποτέ κάποια απάντηση από τον Έλληνα πρωθυπουργό.

Συγκεκριμένα αναφέρει στο μπλογκ μεταξύ άλλων τα εξής: «Με μεγάλη του λύπη υποχρεώνομαι να δώσω σήμερα στη δημοσιότητα την από 19 Μαρτίου 2015 επιστολή μου προς τον πρωθυπουργό, στην οποία δεν έχω λάβει καμία απάντηση παρά την πάροδο τριών και πλέον μηνών. Στην επιστολή εκείνη προέβλεπα τις σημερινές ολέθριες εξελίξεις, ότι «η «λύση» της παύσης πληρωμών και ενδεχομένως της εξόδου από την ευρωζώνη, για την οποία έχει γίνει τόσος λόγος μέσα και έξω από τον ΣΥΡΙΖΑ, κατ᾽

ουσίαν δεν υφίσταται...», ότι «...νομισματικό «έμφραγμα» θα μας επιβάλει αναμφίβολα η ΕΚΤ αν κάνουμε παύση πληρωμών προς την ίδια και/ή το ΔΝΤ», ότι «η ρήξη με τους δανειστές είναι μια ανέφικτη επιλογή και αν επιχειρηθεί η κατάληξη θα είναι η χώρα να επιστρέψει στον μνημονιακό εγκλωβισμό υπό χειρότερους όρους (σαν τον κρατούμενο που επιχειρεί απόδραση και αφού αποτύχει καταλήγει στην απομόνωση της φυλακής). Οφείλουμε να αγωνισθούμε μέσα στα υπάρχοντα ευρωπαϊκά και διεθνή (=ΔΝΤ) πλαίσια, όπως άλλωστε έχουμε υποσχεθεί στον ελληνικό λαό. Η λαϊκή εντολή προς την κυβέρνηση είναι εντολή για σκληρή διαπραγμάτευση και όχι για χρεοκοπία και έξοδο από την ευρωζώνη και ενδεχομένως και την Ένωση» και ότι «η λεκτική κλιμάκωση είναι μια παγίδα της άλλης πλευράς στην οποία δεν πρέπει να εγκλωβιζόμαστε»».

Και θυμήθηκα το δικαστικό όρο: «Έγκλημα εκ προ μελέτης»

Θυμήθηκα ότι, για το λόγο αυτό, επί πέντε περίπου μήνες η ελληνική κυβέρνηση «όλο κοσκίνιζε, διότι δεν ήθελε να ζυμώσει».

Θυμήθηκα ότι ίσως σε αυτήν την απόφαση οδηγήθηκε μετά το μέγα σάλο για αύξηση στην τιμή των... μακαρονιών και τις επιπτώσεις στον τουρισμό στα νησιά...

Θυμήθηκα τη γνωστή ρήση «τα ήθελε ο ...κωλαράκος μας».

29 ΙΟΥΝΙΟΥ (3)

Αλιβιζάτος για Τσίπρα: «Εκτροπή» – Μακιαβέλι για Τσίπρα: «Ο σκοπός αγιάζει τα (κομματικά) μέσα».

Σήμερα (29 Ιουνίου 2015) διάβασα στην εφημερίδα «Καθημερινή» άρθρο του καθηγητή του Συνταγματικού Δικαίου στο Πανεπιστημίου Αθηνών Νίκου Αλιβιζάτου υπό τον τίτλο «Η εκτροπή συνεχίζεται», στο οποίο επισημαίνει, μεταξύ άλλων, τα εξής:

«Με την πράξη νομοθετικού περιεχομένου που μόλις εξέδωσε (ΦΕΚ Α'64/28.6.2015), η κυβέρνηση μεταβάλλει μονομερώς και προς το συμφέρον της τους κανόνες του παιχνιδιού που ίσχυαν για τη διεξαγωγή δημοψηφίσματος: όπως ορίζεται επί λέξει, «εάν δεν είναι δυνατή η συγκρότηση μιας μόνο Επιτροπής Υποστήριξης για το «ναι» ή το «όχι», λόγω ιδεολογικών ή πολιτικών ή άλλων διαφωνιών, αυτό ανακοινώνεται [στον αρμόδιο υπουργό] από τον εκπρόσωπο του πρώτου σε κοινοβουλευτική δύναμη κόμματος, μεταξύ αυτών που υποστηρίζουν κάθε επιλογή». Στην περίπτωση αυτή διατίθενται τα 2/3 του προεκλογικού χρόνου στα κόμματα και το 1/3 στους λοιπούς φορείς που συντάσσονται με κάθε επιλογή.

Με άλλα λόγια, επειδή προφανώς δεν επιθυμεί να συγκροτήσει κοινή Επιτροπή Υποστήριξης με την Χρυσή Αυγή, ο κ. Τσίπρας εξασφαλίζει το δικαίωμά του να βγαίνει μόνος στην τηλεόραση για το μεγαλύτερο μέρος του διατιθέμενου ραδιοτηλεοπτικού χρόνου.

Αν αυτό ίσχυε μόνο για τον ίδιο (και για τον κ. Καμμένο) θα επιβεβαίωνε απλώς την κομματική ερμηνεία του Συντάγματος που του είναι τόσο οικεία. Όμως η νέα ρύθμιση επιβάλλει τον κανόνα των 2/3 και του 1/3 και για τους υποστηρικτές της άλλης επιλογής, ακόμη και αν αυτοί δεν το θέλουν.

Η τροποποίηση αυτή επήλθε μετά την προκήρυξη του Δημοψηφίσματος, κάτι που ούτως ή άλλως την καθιστά νομικά προβληματική. Σε κάθε περίπτωση, η συγκεκριμένη ρύθμιση είναι κραυγαλέα παράνομη, αφού προσαρμόζει τους κανόνες του παιχνιδιού στις ανάγκες του κυβερνώντος κόμματος: όχι μόνο θέλει να κρύψει τη σύμπλευση του ΣΥΡΙΖΑ με ένα κόμμα που διώκεται ως «εγκληματική συμμορία», αλλά εμποδίζει και τους υποστηρικτές της ευρωπαϊκής προοπτικής (δηλαδή του «ναι») να εμφανισθούν ενωτικά, πάνω από κομματικούς πατριωτισμούς. Πρόκειται για ανεπίτρεπτη παρέμβαση στην στρατηγική του αντιπάλου για ιδιοτελείς σκοπούς. Έτσι η εκτροπή συνεχίζεται...»

Και θυμήθηκα αυτά που γνωρίζει πολύ καλά ο «σοφός» καθηγητής Νίκος Αλιβιζάτος και που έλεγε ο μέγας Νικολό Μακιαβέλι: «Η υπόσχεση που δόθηκε ήταν μια αναγκαιότητα του παρελθόντος. Ο λόγος που δεν κρατήθηκε είναι μια αναγκαιότητα του παρόντος». «Ο σκοπός αγιάζει τα μέσα». «Σε ένα ηγεμόνα δεν λείπουν ποτέ οι νόμιμοι λόγοι για να παραβεί μια υπόσχεση».

29 ΙΟΥΝΙΟΥ (4)

Ο σημερινός πρόεδρος της Δημοκρατίας Προκόπης Παυλόπουλος υπέγραψε για ένα δημοψήφισμα που κατήγγελλε το 2011 ως βουλευτής

Σήμερα (29 Ιουνίου 2015) διάβασα ότι φουντώνει το κλίμα αμφισβήτησης των χειρισμών του προέδρου της Δημοκρατίας Προκόπη Παυλόπουλου για τις κυβερνητικές ενέργειες σχετικά με το δημοψήφισμα. Πολλοί συνταγματολόγοι, είτε δημοσίως είτε κατ’ ιδίαν εκφράζουν έντονη δυσφορία για την ευκολία με την οποία ο Παυλόπουλος αποδέχθηκε και ενέκρινε όλες τις κυβερνητικές αποφάσεις. Μετά τον Ευάγγελο Βενιζέλο και ο Νίκος Αλιβιζάτος, όπως σημειώσαμε πιο πάνω, άσκησε έντονη κριτική στην κυβέρνηση, την οποία κατηγόρησε για εκτροπή! Σε αντίστοιχο πνεύμα κινείται και ο τέως πρόεδρος της Δημοκρατίας Κάρολος Παπούλιας, ο οποίος έχει την άποψη ότι ο διάδοχός του στο ύπατο αξίωμα «έπρεπε να είχε προφυλάξει τη χώρα».

Και θυμήθηκα τη στάση που είχε τηρήσει ο Προκόπης Προβόπουλος, ως βουλευτής τότε της ΝΔ, στο θέμα του δημοψηφίσματος που είχε αναγγείλει ο Γιώργος Παπανδρέου.

Θυμήθηκα ότι σε δηλώσεις του μάλιστα στο Κανάλι 1 είχε αποδομήσει το εγχείρημα του τότε πρωθυπουργού. Συγκεκριμένα, τότε σημείωνε ότι "το Σύνταγμα δεν προβλέπει την διεξαγωγή δημοψηφίσματος για θέματα που αφορούν τα δημοσιονομικά και, συνεπώς, παραμένει το ερώτημα ποιο θα μπορούσε να είναι το ερώτημα που θα ετίθετο στο δημοψήφισμα".

Θυμήθηκα ότι είχε κατηγορήσει την τότε κυβέρνηση ότι έθετε «ψευτοδιλήμματα, όταν φέρνει προς ψήφιση νέα μέτρα, αλλά δεν έχει καταφέρει να εφαρμόσει αυτά που έχει ήδη «περάσει». 30 Ιουνίου (1)

Κορύφωση της εθνικής τραγωδίας, ύστερα από το πολιτικό και οικονομικό δράμα σαράντα ετών

Σήμερα (30 Ιουνίου 2015) διάβασα ότι με τη φράση «ο Αλέξης Τσίπρας την Κυριακή θα ψηφίσει Όχι» το Μαξίμου απέρριψε την πρωτοβουλία του Ζαν Κλωντ Γιούνκερ για επανέναρξη των διαπραγματεύσεων και προσπάθεια επίτευξης συμφωνίας. Κυβερνητικές πηγές επιβεβαίωσαν ότι η ελληνική κυβέρνηση πήρε ένα μήνυμα, δηλαδή μια πρόταση τελευταίας ευκαιρίας, από τον πρόεδρο της Κομισιόν Ζαν Κλωντ Γιούνκερ. Επίσης, οι κυβερνητικές πηγές που επιβεβαίωσαν την πρόταση εξηγούν ότι αυτή περιείχε το να γίνει αποδεκτό το κείμενο των θεσμών. Αξίωνε ο Τσίπρας να ζητήσει από τον κόσμο να ψηφίσει «ΝΑΙ», διαβεβαίωνε ότι οι θεσμοί θα αποδέχονταν μια αλλαγή στο κείμενό τους και ζητούσαν από την κυβέρνηση να ζητήσει έκτακτο Eurogroup. Κυβερνητικές πηγές ανέφεραν ακόμη ότι «η ελληνική κυβέρνηση βαδίζει προς την κάλπη, ότι ακούει με ενδιαφέρον ότι λέγεται και γράφεται και εργάζεται για λύση».

Και θυμήθηκα ότι επί σαράντα χρόνια μιλούσα και έγραφα άρθρα και σχόλια στις εφημερίδες, όπου εργαζόμουνα ή διηύθυνα και έγραφα πολλά βιβλία για τη «μεγάλη φούσκα της ελληνικής οικονομίας».

Θυμήθηκα ότι επί σαράντα χρόνια μιλούσα και έγραφα άρθρα και σχόλια στις εφημερίδες, όπου εργαζόμουνα ή διηύθυνα και έγραφα πολλά βιβλία για το ατέλειωτο «πολιτικό δράμα της Ελλάδος».

Τώρα σημειώνω ότι από αύριο η Ελλάδα είναι εκτός κοινοτικών προγραμμάτων με κλειστές τράπεζες, κλειστό Χρηματιστήριο, ρημαγμένη οικονομία.

Τώρα σημειώνω ότι σήμερα κορυφώνεται η εθνική τραγωδία με άγνωστο το χρόνο κάθαρσης.

30 ΙΟΥΝΙΟΥ (2)

**Νέα πρόταση Τσίπρα προς δανειστές, λίγο μετά το «βροντερό ΟΧΙ»
του στην ύστατη προσπάθεια του Γιουνγκέρ**

Σήμερα (30 Ιουνίου 2015 και τελευταία ημέρα του δεύτερου μνημονιακού προγράμματος) διάβασα, μετά από το πριν από λίγες ώρες βροντερό «ΟΧΙ» Τσίπρα προς τους θεσμούς για την ύστατη ευκαιρία (βλέπε πιο πάνω), το ακόλουθο κείμενο της ελληνικής πρότασης μεταφρασμένο:

«Προς τον πρόεδρο του Eurogroup και τον επικεφαλής του συμβουλίου κυβερνητών του ESM

Αγαπητοί πρόεδροι,

Εκ μέρους της Ελληνικής Δημοκρατίας, σας παρουσιάζω μία πρόταση για στήριξη με βάσει τα άρθρα 12 και 16 του κανονισμού του ESM.

Όπως γνωρίζετε η Δημοκρατία αντιμετώπισε ισχυρές πιέσεις στο β' εξάμηνο του 2015 και (θα αντιμετωπίσει) για το σύνολο του 2016, με δεδομένο ότι:

– δεν υπήρξαν εκταμιεύσεις κεφαλαίων από το δεύτερο πρόγραμμα στήριξης από τον Ιούλιο του 2014,

– η Δημοκρατία δεν έχει πρόσβαση σε χρηματοδότηση από τις αγορές, όπως υποδεικνύεται στο Άρθρο 1 της «Οδηγίας προς δανεισμό» του ESM,

– το πρόγραμμα ολοκληρώνεται στις 30 Ιουνίου 2015 και το αίτημά μας για παράταση του προγράμματος δεν έγινε δεκτή,

– ο ELA δεν αυξήθηκε από την ΕΚΤ και ως εκ τούτου η επιβολή capital controls ήταν επιβεβλημένη προκειμένου να διατηρηθεί η χρηματοοικονομική σταθερότητα στην Ευρωζώνης.

Με δεδομένα τα παραπάνω και και με δεδομένο ότι σήμερα, 30 Ιουνίου 2015, είναι το *deadline* βάσει του *Eurogroup* της 20ής Φεβρουαρίου 2015, η Ελλάδα ζητά οικονομική στήριξη από τον *ESM* υπό τη μορφή μία διετούς δανειακής συμφωνίας, και βάσει των συνθηκών που ισχύουν σύμφωνα με το Άρθρο 13 του *ESM* και των όρων στο Άρθρο.

Το δάνειο θα χρησιμοποιηθεί αποκλειστικά για την αποπληρωμή του χρέους της Ελλάδας είτε προς το εξωτερικό είτε προς το εσωτερικό.

Σε σύνδεση με το δάνειο, η Ελλάδα ζητά την αναδιάρθρωση των χρεών της στον *EFSF* βάσει των προτάσεων που έγιναν από την Κομισιόν και προκειμένου να διασφαλιστεί ότι το ελληνικό χρέος θα καταστεί βιώσιμο σε μακροπρόθεσμο ορίζοντα. Έως το πέρας του δανείου ή νωρίτερα η Ελλάδα έχει στόχο να κερδίσει εκ νέου την πρόσβαση προς τις διεθνείς αγορές, ούτως ώστε να καλύψει τις μελλοντικές χρηματοδοτικές της ανάγκες.

Έως ότου αυτό το δάνειο συμφωνηθεί η Ελλάδα ζητά από το *Eurogroup* την παράταση για ένα μικρό διάστημα του υπάρχοντος προγράμματος, ούτως ώστε να μην υπάρξει τεχνική χρεοκοπία της χώρας.

Η Ελλάδα δεσμεύεται πλήρως να εξυπηρετήσει το εξωτερικό της χρέος με τέτοιο τρόπο ώστε να διασφαλίζεται η βιωσιμότητα της ελληνικής οικονομίας, η ανάπτυξή της αλλά και η κοινωνική συνοχή».

Για την ιστορία κι αυτό...

30 ΙΟΥΝΙΟΥ (3)

Ιησούς προς Τσίπρα: «Σκληρόν σοι προς κέντρα λακτίζειν...»

Σήμερα (30 Ιουνίου 2015) διάβασα όλο το non paper που εκδόθηκε από το Μαξίμου με το κείμενο της συμφωνίας, που έχει ως εξής:

«Από την πρώτη στιγμή είχαμε ξεκαθαρίσει πως η απόφαση για διεξαγωγή δημοψηφίσματος δεν αποτελεί το τέλος, αλλά η συνέχεια της διαπραγμάτευσης με καλύτερους όρους για τον ελληνικό λαό. Η Ελλάδα παραμένει στο τραπέζι της διαπραγμάτευσης. Η ελληνική κυβέρνηση πρότεινε σήμερα διετή συμφωνία με τον Ευρωπαϊκό Μηχανισμό Σταθερότητας (ESM) για την πλήρη κάλυψη των χρηματοδοτικών της αναγκών και με ταυτόχρονη αναδιάρθρωση του χρέους. Η ελληνική κυβέρνηση μέχρι τέλους θα διεκδικήσει βιώσιμη συμφωνία εντός του ευρώ. Αυτό θα είναι και το μήνυμα του ΟΧΙ σε μια κακή συμφωνία στο δημοψήφισμα της Κυριακής».

Επίσης, διάβασα ότι ψυχρή έως αρνητική ήταν η πρώτη αντίδραση των δανειστών στη νέα ελληνική πρόταση. Χωρίς να λένε ότι πρόκειται για μια ιδέα «φτου κι απ' την αρχή» που υπεβλήθη από την ελληνική κυβέρνηση μόνο και μόνο για να παρουσιαστεί επικοινωνιακά στην ελληνική κοινή γνώμη ότι προσπαθούν ακόμη για επίτευξη συμφωνίας, πηγές των δανειστών τονίζουν ότι για να υλοποιηθούν οι νέες ελληνικές ιδέες απαιτείται νέο μνημόνιο. «Ο ESM έχει κανόνες και η χρηματική βοήθεια που δίνει είναι υπό όρους, άρα απαιτείται νέο μνημόνιο και καινούρια μέτρα», απαντούν στελέχη των θεσμών.

Και θυμήθηκα τα γνωστά λόγια του Ιησού προς τη Μάρθα, τα οποία θα έλεγε και στον (άθεο) Τσίπρα: «Σκληρόν σοι προς κέντρα λακτίζειν...»

Θυμήθηκα την αιώνια εκκωφαντική κραυγή του σοφού γέρου Νέστορα, βασιλιά της Πύλου (Ιλιάς, Α 254), ο οποίος είχε δει στη ζωή του τρεις γενεές, όταν ξέσπασε ο καυγάς ανάμεσα στον Αχιλλέα και τον Αγαμέμνονα μπροστά στην Τροία, κραυγή που προειδοποιεί για μεγάλη συμφορά που απειλεί την πατρίδα: «Ω, πόποι, ή μέγα πένθος Αχαιίδα γαίαν ικάνει»= «Ω, τί κακό που πλάκωσε μεγάλο την πατρίδα».

30 ΙΟΥΝΙΟΥ (4)

Εθνική ντροπή: Η Ελλάδα χρεοκόπησε και είναι χωρίς χρηματοδοτικό πρόγραμμα

Σήμερα (30 Ιουνίου 2015 και ώρα 24.00) «αυτοκαταργήθηκαν» τα Μνημόνια και η Ελλάδα χρεοκόπησε με τη στάση πληρωμών στο εσωτερικό και το εξωτερικό (τελικά δεν καταβλήθηκε η δόση των 1, 6 δισ. ευρώ στο Διεθνές Νομισματικό Ταμείο).

Σημειώνω ότι ο Ευρωπαϊκός Μηχανισμός Σταθερότητας (EFSF) εξέδωσε σήμερα ανακοίνωση με την οποία ανακοίνωνε ότι τελειώνει το πρόγραμμα σήμερα τα μεσάνυχτα. Ειδικότερα: «Το ελληνικό πρόγραμμα οικονομικής βοήθειας του Ευρωπαϊκού Ταμείου Χρηματοπιστωτικής Σταθερότητας (EFSF) λήγει απόψε τα μεσάνυχτα (CET).

Ως εκ τούτου, η τελευταία δόση του δανείου του EFSF ύψους 1, 8 δισ. ευρώ δεν θα είναι πλέον διαθέσιμη για την Ελλάδα και τα 10, 9 δισ. ευρώ σε τίτλους του EFSF για την κάλυψη του δυνητικού κόστους της ανακεφαλαιοποίησης ή της εξυγίανσης των τραπεζών στην Ελλάδα θα ακυρωθούν».

Και θυμήθηκα ότι το πρόγραμμα του EFSF ξεκίνησε στις 21 Φεβρουαρίου 2012. Αρχικά επρόκειτο να λήξει στις 31 Δεκεμβρίου 2014, αλλά παρατάθηκε δύο φορές, κατόπιν αιτήματος της ελληνικής κυβέρνησης. Στο πλαίσιο του προγράμματος, το EFSF εκταμίευσε 141, 8 δισ. ευρώ για την Ελλάδα. Περιελάμβανε 48, 2 δισεκατομμύρια για να καλυφθούν τα έξοδα της εξυγίανσης και της ανακεφαλαιοποίησης των τραπεζών. Από το ποσό αυτό, 10, 9 δισ. ευρώ σε τίτλους του EFSF δεν ήταν απαραίτητα και αργότερα επέστρεψαν στο EFSF. Κατά συνέπεια, το ανεξόφλητο ποσό του δανείου ανέρχεται σε 130, 9 δισ. ευρώ. Αυτό καθιστά με μεγάλη διαφορά τον EFSF το μεγαλύτερο πιστωτή της Ελλάδας.

Θυμήθηκα ότι το πρόγραμμα χρηματοδοτικής βοήθειας της Ελλάδας ήταν μοναδικό από πολλές απόψεις. Λόγω της σοβαρότητας των διαρθρωτικών αδυναμιών της χώρας και των αναγκών προσαρμογής, ήταν το μεγαλύτερο πρόγραμμα του EFSF ή του ESM που έχει υπάρξει. Επίσης είχε μακράν τους πιο ευνοϊκούς όρους δανεισμού που δόθηκαν ποτέ σε χώρα που βρέθηκε σε πρόγραμμα του EFSF ή του ESM. Περιελάμβανε συμμετοχή του ιδιωτικού τομέα με σημαντικές απώλειες για τους ιδιώτες επενδυτές. Η Ελλάδα επωφελείται από μια μέση διάρκεια δανείου πάνω από 30 χρόνια. Η χώρα δεν πληρώνει ούτε τα επιτόκια, ούτε χρεολύσια για το μεγαλύτερο μέρος των δανείων του EFSF μέχρι το 2023. Αυτές οι ευνοϊκές συνθήκες δανεισμού προσέφεραν στην Ελλάδα δημοσιονομική εξοικονόμηση άνω των 16 δισ. ευρώ συνολικά για το 2013 και το 2014. Αυτό αντιστοιχεί σε ένα ποσό πάνω από το 4% του ελληνικού ΑΕΠ για καθένα από τα δύο αυτά χρόνια.

Θυμήθηκα όμως ότι μετά το 2010 και παρά την άφθονη και φθηνή αυτή χρηματοδότηση έγινε η μεγαλύτερη λεηλασία της ελληνικής οικονομίας και των ελληνικών νοικοκυριών εξαιτίας της ανικανότητας όλων των κυβερνήσεων να αξιοποιήσουν όλα αυτά τα χρηματοδοτικά πακέτα για κομματικούς κυρίως λόγους.

ΙΟΥΛΙΟΣ

Η ιστορία
εμφανίζεται
ως ιλαροτραγωδία

1 ΙΟΥΛΙΟΥ (1)

Πρώτη ημέρα χωρίς... Μνημόνια και δανειστές, όπως είχε υποσχεθεί προεκλογικά... ο Α. Τσίπρας!!!

Σήμερα (1η Ιουλίου 2015) είναι η πρώτη ημέρα που η Ελλάδα δεν έχει πια ... Μνημόνια και δανειστές, αλλά στάση πληρωμών γενικώς (χρεοκοπία), αφού χθες τα μεσάνυχτα έληξε το Δεύτερο Χρηματοδοτικό Πρόγραμμα (Μνημόνιο), όπως ήδη έγραψα στο Ημερολόγιό μου.

Και θυμήθηκα ξανά την προεκλογική ομιλία του προέδρου του ΣΥΡΙΖΑ Αλέξη Τσίπρα στην Αθήνα στις 22 Ιανουαρίου 2015.

Θυμήθηκα ότι ο Τσίπρας έκανε αυτό που... υποσχέθηκε προεκλογικά στη Θεσσαλονίκη και στην Αθήνα.

Θυμήθηκα ότι τότε υποσχόταν ότι ο ΣΥΡΙΖΑ θα ... απαλλάξει τον υπερήφανο ελληνικό λαό από... Μνημόνια και δανειστές.

Παραθέτω (για την ιστορία... πάντοτε) μερικά χαρακτηριστικά αποσπάσματα από την ομιλία αυτή, παραβιάζοντας τις «αρχές» του «Ημερολογίου» μου για την έκταση των σημειωμάτων:

- Ο κύβος ερρίφθη. Η Ελλάδα σηκώνεται στα πόδια της ξανά. Με περηφάνια.

- Με σιγουριά. Με αξιοπρέπεια. Ο λαός μας τη Κυριακή θα γράψει ιστορία.

- Ο φόβος τελείωσε. Η τελευταία ελπίδα του κου Σαμαρά, ο φόβος, τελείωσε.

- Και μέσα και έξω από την Ελλάδα. Η Ευρώπη αλλάζει, η Ελλάδα προχωράει

- Η ελπίδα έφτασε και θα γράψει ιστορία. Κανείς πια δε μπορεί να τη σταματήσει! Την Κυριακή δε θα έχουμε απλά μια νίκη του ΣΥΡΙΖΑ. Θα έχουμε έναν ιστορικό θρίαμβο του λαού μας. Που θα νικήσει το φόβο και το πόνο. Που θα τιμωρήσει τους τρομοκρατημένους τρομοκράτες του. Τη Κυριακή δεν αλλάζουμε απλά σελίδα.

- Όλοι μαζί γιατί η φτώχεια δεν κάνει διακρίσεις. Η ανεργία δεν κάνει διακρίσεις. Η απόγνωση δεν κάνει διακρίσεις. Τα λουκέτα δεν κάνουν διακρίσεις.

- Όλοι μαζί, γιατί ΛΑΟΣ ΕΝΩΜΕΝΟΣ, ΠΟΤΕ ΝΙΚΗΜΕΝΟΣ.

- Την Κυριακή κάνουμε το πρώτο μεγάλο βήμα: ΑΥΤΟΔΥΝΑΜΟΣ ΣΥΡΙΖΑ, ΑΥΤΟΔΥΝΑΜΗ ΕΛΛΑΔΑ ΣΤΗΝ ΕΥΡΩΠΗ.

- ΑΥΤΟΔΥΝΑΜΟΣ ΣΥΡΙΖΑ για τη Κοινωνική Σωτηρία, την αξιοπρέπεια, τη διεκδίκηση με ασφάλεια στην Ευρώπη.

- Δε μπορεί ο λαός να λεηλατείται και το πάρτι να συνεχίζεται. Από Δευτέρα τελειώνει το πάρτι και επιστρέφουμε στη νομιμότητα. Για όλους, χωρίς διακρίσεις, όσο ψηλά κι αν βρίσκονται. Από Δευτέρα, όμως, τελειώνουμε και με την εθνική ταπείνωση. Με τις έξωθεν εντολές και με τη διακυβέρνηση της χώρας μέσω ηλεκτρονικής αλληλογραφίας. Κανείς δεν μπορεί να φοβίσει ή να εκβιάσει έναν λαό πληγωμένο, προδομένο, ταπεινωμένο. Γιατί την Κυριακή δε μιλάνε οι δανειστές και οι εκπρόσωποί τους στην Ελλάδα. Τη Κυριακή μιλάει ο ελληνικός λαός. Και θα δώσει τη πιο καθαρή απάντηση.

- Μνημόνια τέλος, υποτέλεια τέλος, εκβιασμοί τέλος!

- Θέλουμε να σας μιλήσουμε καθαρά και με το χέρι στην καρδιά. Εμείς στο πιλοτήριο αντιπροσώπους των απόψεων της κ. Μέρκελ, δε πρόκειται να δεχθούμε. Καθαρά και ξάστερα. Δεν έχουμε σκοπό να συγκυβερνήσουμε παρέα με τους εντεταλμένους των μνημονίων. Παλαιότερους ή και νεότερους. Γιατί κάτι τέτοιο μόνο αστάθεια, μόνο ανωμαλία, και απογοήτευση θα προκαλούσε.

- Έχουμε όραμα η πατρίδα μας να ξαναγίνει κοιτίδα του πολιτισμού και της δημιουργίας. Και κάθε πολίτης να ζει με ασφάλεια και ίσα δικαιώματα.

- Έχουμε όραμα στη πατρίδα μας η ευημερία όλων να είναι συνάρτηση της ευημερίας καθενός ξεχωριστά. Και η Πολιτεία να μεριμνά ισότιμα για την ευημερία του κάθε πολίτη ξεχωριστά.

- Αυτό είναι το όραμά μας, για να οικοδομήσουμε μια νέα Ελλάδα. Μια χώρα ισότιμη στο ευρωπαϊκό γίγνεσθαι. Και έναν λαό που δε θα αισθάνεται ντροπή αλλά περηφάνια να ζει στην Ελλάδα.

- Αυτό είναι το όραμά μας, αλλά δεν μένουμε μόνο στο όραμα. Έχουμε και σχέδιο. Έχουμε πρόγραμμα που μετατρέπει το όραμα σε πράξη. Υπολογισμένη, κοστολογημένη, ρεαλιστική πράξη. Ψύχραιμες, μελετημένες, δεσμεύσεις, που θα υλοποιήσουμε από τη πρώτη κιόλας μέρα, για να γίνει το όραμα πραγματικότητα. Έχουμε σχέδιο και δεσμευόμαστε: Η Ελλάδα να διεκδικήσει ξανά τη θέση του ισότιμου εταίρου στην Ευρώπη. Έχουμε σχέδιο και δεσμευόμαστε: Να αρνηθούμε την κηδεμονία, απ' όπου κι αν προέρχεται. Να τελειώνουμε με τα μνημόνια και να διαπραγματευτούμε σκληρά με μόνο γνώμονα το συμφέρον του λαού μας.

• Έχουμε σχέδιο και δεσμευόμαστε: Να επιδιώξουμε κοινό αγώνα με τους λαούς του Νότου αλλά και με τους λαούς ολόκληρης της Ευρωπαϊκής Ένωσης. Για να απελευθερωθούμε από τη θηλιά της λιτότητας. Για να υπάρξει οριστική και βιώσιμη λύση στο πρόβλημα του χρέους.

• Έχουμε σχέδιο και δεσμευόμαστε: Για την αξιοπρέπεια όλων των Ελλήνων.

• Για τις εγγυημένες καταθέσεις των πολιτών στις τράπεζες. Για αξιοπρεπείς συντάξεις. Για τις εγγυημένες αγροτικές επιδοτήσεις. Για το κράτος δικαίου.

• Για τη σταθερότητα και τη σιγουριά κάθε Ελληνίδας και κάθε Έλληνα.

• Έχουμε σχέδιο και δεσμευόμαστε: Να προστατέψουμε το 99% της κοινωνίας που λεηλατήθηκε από το μνημόνιο.

• Σήμερα ενώπιόν σας δεσμευόμαστε ότι το πρόγραμμα της Θεσσαλονίκης θα το αναγνώσουμε αυτούσιο την επόμενη εβδομάδα στη Βουλή, στις Προγραμματικές δηλώσεις της Νέας Κυβέρνησης. Δεσμευόμαστε όλοι, να μετατρέψουμε το όραμα της κοινωνικής αλληλεγγύης και δικαιοσύνης σε κυβερνητική πράξη. Κι έχουμε τη θέληση να το εφαρμόσουμε. Και θα το πράξουμε. Γιατί δεν έχουμε καμιά δέσμευση απέναντι στην ολιγαρχία, στο παλιό καθεστώς, στις μικρές και μεγάλες εξουσίες του χρήματος. Έχουμε δέσμευση μόνο απέναντι στον ελληνικό λαό. Και θα συγκρουστούμε αν χρειαστεί με μεγάλα συμφέροντα. Με κατεστημένες νοοτροπίες. Με τζάκια και κυκλώματα. Αλλά το πρόγραμμά μας, οι δεσμεύσεις μας απέναντί σας θα υλοποιηθούν. Γιατί αυτή τη Κυριακή μας δίνετε εντολή διακυβέρνησης. Αυτή την Κυριακή εσείς αποφασίζετε αν θέλετε τη συνέχεια των μνημονίων ή το Πρόγραμμα του ΣΥΡΙΖΑ. Τις δεσμεύσεις του κου Σαμαρά προς την τρόικα ή τις δεσμεύσεις του ΣΥΡΙΖΑ προς τον κυρίαρχο ελληνικό λαό.

• Η Ελλάδα με κυβέρνηση του ΣΥΡΙΖΑ, θα διεκδικήσει αποφασιστικά το ανεκπλήρωτο χρέος. Το κατοχικό δάνειο και τις πολεμικές αποζημιώσεις που η Γερμανία της οφείλει. Και που το διεθνές δίκαιο επιβάλλει να της αποδοθούν.

- Ζητάμε από τον ελληνικό λαό να σταθεί στο πλάι μας. Όρθιος και ενωμένος Με την ψήφο και με τη συμμετοχή του, να μας δώσει αποφασιστική ώθηση στην αναμέτρηση με το παλιό. Το αύριο είναι στα χέρια σας Η πατρίδα είναι στα χέρια σας. Σηκώστε την ψηλά με θάρρος. Με αρετή και τόλμη.

- Θέλει αρετήν και τόλμη η ελευθερία Θα νικήσουμε.

- Γεια σας!

Γεια σου! Και καλά κρασιά…

1 ΙΟΥΛΙΟΥ (2)

Η Ραχήλ Μακρή σε πρωινή τηλεοπτική εκπομπή χωρίς τα 100 δισ. ευρώ που είχε υποσχεθεί προεκλογικά ότι θα τύπωνε η Ελλάδα

Σήμερα (1η Ιουλίου 2015) είδα να ομιλεί σε πρωινή τηλεοπτική εκπομπή η βουλευτής του ΣΥΡΙΖΑ Ραχήλ Μακρή με φόντο τις ουρές των «περήφανων γηρατειών» μπροστά στις πόρτες των τραπεζών και τα «μηχανήματα» για να εισπράξουν τη σύνταξη των 60 ή 50 ή 120 ευρώ, όπως έχει ανακοινώσει η κυβέρνηση, αφού δεν υπάρχουν πια τα αναγκαία χρήματα.

Και θυμήθηκα όσα είχε πει προεκλογικά ως υποψήφια η βουλευτής του ΣΥΡΙΖΑ Ραχήλ Μακρή στο στούντιο τηλεοπτικής εκπομπής στον Flash Κοζάνης στις 15 Ιανουαρίου 2015.

Θυμήθηκα ότι είχε υποστηρίξει πως δεν υπάρχει περίπτωση να σταματήσει η χρηματοδότηση από τους Ευρωπαίους. «Τι εννοείτε; Θα μας διακόψει την χρηματοδότηση η Ευρωπαϊκή Κεντρική Τράπεζα; Αφού δεν προβλέπεται», είπε τότε η Μακρή κατά τη διάρκεια της αντιπαράθεσης που είχε με τον ανθυποψήφιό της.

Θυμήθηκα ότι τότε συμπλήρωσε: «Δεν πειράζει. Θα ενεργοποιηθεί το emergency του ELA και θα μπορούμε να κόψουμε μόνοι μας ευρώ στην Τράπεζα της Ελλάδος μέχρι τα 100 δισ. ευρώ».

Θυμήθηκα ότι συνομιλητής της παρατήρησε: «Αυτή είναι η θέση σας; Ότι θα κόψουμε μόνοι μας 100 δισ. ευρώ; Αυτό είναι πρωτοφανές. Χωρίς νομισματικό αντίκρισμα;»

Θυμήθηκα την απάντησή της: «Δεν είναι πρωτοφανές. Προβλέπεται από τη συνθήκη της ευρωζώνης»…

Πάντως, δεν είδα και δεν άκουσα να υπενθυμίζει όλα αυτά στη Μακρή κάποιος από τους συνομιλητές της στη σημερινή τηλεοπτική εκπομπή…

1 ΙΟΥΛΙΟΥ (3)

Τάδε έφη Στρατούλης: «Πανικοβλήθηκαν οι δανειστές από τη μη καταβολή της δόσης στο ΔΝΤ»!

Σήμερα (1η Ιουλίου 2015) διάβασα ότι σε δηλώσεις του στην ΕΡΤ ο αναπληρωτής υπουργός Κοινωνικών Ασφαλίσεων Δημήτρης Στρατούλης «τρόμαξε» τους δανειστές. «Οι δανειστές πολλά μπορούν να χάσουν (από τα δάνεια που έχουν δώσει στην Ελλάδα. Ήδη δεν πήραν τη δόση στο ΔΝΤ και τους έχει πιάσει πανικός», δήλωσε. Κάλεσε μάλιστα το λαό να δείξει αλληλοβοήθεια για να μπορέσουμε να φτάσουμε στο δημοψήφισμα, και εκεί οι πολίτες να πουν το «μεγάλο Όχι». Επίσης, ο Στρατούλης κατήγγειλε πως οι πιστωτές διεξάγουν πολιτικοοικονομικό πόλεμο εναντίον της Ελλάδας και κάλεσε «το λαό να αντισταθεί, όπως έκανε απέναντι στα τανκς».

Και θυμήθηκα τη γνωστή θυμόσοφη λαϊκή ρήση ολίγον παραλλαγμένη: «Ο κόσμος το 'χει τούμπανο και ο Στρατούλης φανερό καμάρι», που χρεοκόπησε ο «κυρίαρχος ελληνικός λαός» και οι συνταξιούχοι έμειναν χωρίς λεφτά από τις συντάξεις τους…

1 ΙΟΥΛΙΟΥ (4)

Το νέο σημερινό διάγγελμα Τσίπρα ως σημαντικό υλικό για μελέτη από κοινωνιολόγους, πολιτειολόγους, ψυχολόγους, συνταξιούχους

Σήμερα την αποφράδα ημέρα για την πατρίδα (1η Ιουλίου 2015) είδα και άκουσα το νέο διάγγελμα του πρωθυπουργού Αλέξη Τσίπρα, ο οποίος απαντά αρνητικά στις παραινέσεις των εταίρων για ακύρωση του δημοψηφίσματος της προσεχούς Κυριακής ή την υπεράσπιση του «ναι» από την κυβέρνηση. Στο διάγγελμά του ο πρωθυπουργός κάλεσε τους πολίτες να ψηφίσουν «όχι», γεγονός που αυτομάτως μεταθέτει το ενδεχόμενο συνέχισης των διαπραγματεύσεων για μετά την Κυριακή, όπως οι εταίροι έχουν καταστήσει σαφές. Παράλληλα, με σαφώς συγκρουσιακή διάθεση, επέρριψε συνολικά τις ευθύνες για την κατάσταση που έχει δημιουργηθεί από το κλείσιμο των τραπεζών στους εταίρους, ενώ επιχείρησε να καθησυχάσει τις ανησυχίες των πολιτών και την αγωνία τους για την επόμενη ημέρα.

Για την ιστορία και, φυσικά, ως υλικό χρήσιμο για πολιτειολόγους, ψυχολόγους, κοινωνιολόγους, οικονομολόγους και προστάτες των συνταξιούχων μετά τη Δευτέρα (Δημοψήφισμα) και το μέλλον, παραθέτω το πλήρες κείμενο της δήλωσης Τσίπρα:

«Ελληνίδες, Έλληνες, βρισκόμαστε σε μια κρίσιμη καμπή που αφορά το μέλλον του τόπου. Το δημοψήφισμα της Κυριακής δεν αφορά την παραμονή ή όχι της χώρας μας στην ευρωζώνη. Αυτή είναι δεδομένη και κανείς δε μπορεί να την αμφισβητήσει.

Την Κυριακή επιλέγουμε αν θα αποδεχτούμε τη συγκεκριμένη συμφωνία ή θα διεκδικήσουμε άμεσα, και με δεδομένη τη λαϊκή ετυμηγορία, μια βιώσιμη λύση. Σε κάθε περίπτωση θέλω να διαβεβαιώσω τον ελληνικό λαό ότι σταθερή πρόθεση της κυβέρνησης είναι η επίτευξη μιας συμφωνίας με τους εταίρους, με όρους βιωσιμότητας και προοπτικής.

Ήδη, μετά την απόφασή μας για δημοψήφισμα έπεσαν στο τραπέζι καλύτερες προτάσεις για το χρέος και την αναγκαία αναδιάρθρωσή του, από αυτές που είχαμε μέχρι τη Παρασκευή. Δεν τις αφήσαμε να πέσουν κάτω. Αμέσως καταθέσαμε τις αντιπροτάσεις μας ζητώντας βιώσιμη λύση και εξ΄ αυτού του λόγου συνεκλήθη εκτάκτως, χθες, το Eurogroup το οποίο και θα συζητήσει εκ νέου σήμερα το απόγευμα.

Αν υπάρξει θετική κατάληξη θα ανταποκριθούμε άμεσα. Σε κάθε περίπτωση η ελληνική κυβέρνηση παραμένει στο τραπέζι των διαπραγματεύσεων και θα παραμείνει μέχρι τέλους. Και θα είναι εκεί και τη Δευτέρα, αμέσως μετά το δημοψήφισμα με καλύτερους όρους για την ελληνική πλευρά. Γιατί πάντοτε η λαϊκή ετυμηγορία είναι πολύ ισχυρότερη από τη βούληση μιας κυβέρνησης.

Και θέλω να επαναλάβω ότι η δημοκρατική επιλογή βρίσκεται στον πυρήνα των ευρωπαϊκών παραδόσεων. Σε πολύ σημαντικές στιγμές της ευρωπαϊκής ιστορίας, οι λαοί με δημοψηφίσματα έπαιρναν κρίσιμες αποφάσεις. Αυτό συνέβη στη Γαλλία και σε πολλές άλλες χώρες με το δημοψήφισμα για το ευρωσύνταγμα. Αυτό συνέβη στην Ιρλανδία όπου το δημοψήφισμα ακύρωσε προσωρινά τη Συνθήκη της Λισαβώνας και οδήγησε σε επαναδιαπραγμάτευση, όπου η Ιρλανδία κέρδισε καλύτερους όρους. Δυστυχώς, στην περίπτωση της Ελλάδας είχαμε άλλα μέτρα και σταθμά.

Προσωπικά δεν θα περίμενα ποτέ η δημοκρατική Ευρώπη να μην αντιλαμβάνεται την ανάγκη να δώσει χώρο και χρόνο σε έναν λαό προκειμένου να επιλέξει κυρίαρχα για το μέλλον του. Η επικράτηση ακραίων συντηρητικών κύκλων είχε ως συνέπεια την απόφαση να οδηγηθούν οι τράπεζες της χώρας σε ασφυξία. Με προφανή στόχο να περάσουν τον εκβιασμό από την κυβέρνηση, σε κάθε πολίτη ξεχωριστά.

Είναι πράγματι απαράδεκτο σε μια Ευρώπη της αλληλεγγύης και του αλληλοσεβασμού να έχουμε αυτές τις εικόνες της ντροπής. Να κλείνουν τις τράπεζες, ακριβώς επειδή η κυβέρνηση αποφάσισε να δοθεί ο λόγος στο λαό. Και να οδηγούν σε ταλαιπωρία χιλιάδες ανθρώπους ηλικιωμένους που η κυβέρνηση παρά τη χρηματοδοτική ασφυξία, φρόντισε και εξασφάλισε η σύνταξή τους να καταβληθεί κανονικά στους λογαριασμούς τους.

Απέναντι σε αυτούς τους ανθρώπους οφείλουμε μια εξήγηση. Για να προστατεύσουμε τις δικές σας συντάξεις δίνουμε τη μάχη τόσους μήνες. Για να προστατεύσουμε το δικαίωμά σας σε μια αξιοπρεπή σύνταξη και όχι σε ένα απλό φιλοδώρημα. Οι προτάσεις που μας ζήτησαν εκβιαστικά να υπογράψουμε ήθελαν τη συντριπτική μείωση των συντάξεων. Και γι' αυτό αρνηθήκαμε. Και γι' αυτό σήμερα μας εκδικούνται.

Στην ελληνική κυβέρνηση δόθηκε ένα τελεσίγραφο για την εφαρμογή ακριβώς της ίδιας συνταγής και όλων των εκκρεμοτήτων του μνημονίου που δεν εφαρμόστηκαν. Και μάλιστα χωρίς καμία πρόβλεψη για το χρέος και τη χρηματοδότηση. Το τελεσίγραφο δεν έγινε αποδεκτό.

Η αυτονόητη διέξοδος ήταν να απευθυνθούμε στο λαό γιατί η δημοκρατία δεν έχει αδιέξοδα. Και αυτό πράττουμε. Γνωρίζω πολύ καλά ότι αυτές τις ώρες οι σειρήνες της καταστροφής οργιάζουν. Σας εκβιάζουν και σας καλούν να ψηφίσετε ΝΑΙ σε όλα τα μέτρα που ζητούν οι δανειστές και μάλιστα χωρίς κανένα αντίκρισμα εξόδου από την κρίση. Να πείτε κι εσείς όπως έλεγαν εκείνες τις κακές μέρες του κοινοβουλίου, που έχουμε αφήσει πίσω μας, ΝΑΙ σε όλα. Να γίνετε και εσείς ένα με αυτούς. Συνένοχοι στη διαιώνιση των μνημονίων. Από την άλλη μεριά το ΟΧΙ δεν αποτελεί απλά ένα σύνθημα. Το ΟΧΙ είναι αποφασιστικό βήμα για μια καλύτερη συμφωνία που στοχεύουμε να υπογραφεί αμέσως μετά το αποτέλεσμα της Κυριακής.

Αποτελεί την ξεκάθαρη επιλογή του λαού για το πώς θα ζήσει την επόμενη ημέρα. ΟΧΙ δε σημαίνει ρήξη με την Ευρώπη, αλλά επιστροφή στην Ευρώπη των αξιών.

ΟΧΙ σημαίνει: ισχυρή πίεση για μια οικονομικά βιώσιμη συμφωνία, που θα δίνει λύση στο χρέος, δε θα το εκτινάσσει, δε θα υπονομεύει στο διηνεκές την προσπάθειά μας για την ανόρθωση της ελληνικής οικονομίας και κοινωνίας.

Όχι σημαίνει πίεση ισχυρή για μια συμφωνία κοινωνικά δίκαιη, που θα κατανέμει τα βάρη στους "έχοντες" και όχι στους μισθωτούς και τους συνταξιούχους.

Μια συμφωνία που θα οδηγεί δηλαδή σε σύντομο χρονικό διάστημα τη χώρα ξανά στις διεθνείς χρηματαγορές, ώστε να τερματισθεί η εποπτεία και η επιτροπεία.

Μια συμφωνία που θα περιέχει τις μεταρρυθμίσεις εκείνες που θα τιμωρήσουν, μια για πάντα, τους θύλακες της διαπλοκής που τροφοδότησαν όλα αυτά τα χρόνια το πολιτικό σύστημα.

Και θα αντιμετωπίζει ταυτόχρονα την ανθρωπιστική κρίση, θα δημιουργεί δηλαδή ένα συνολικό δίχτυ ασφαλείας για όσους βρίσκονται σήμερα στο περιθώριο εξαιτίας ακριβώς αυτών των πολιτικών που εφαρμόστηκαν τόσο χρόνια στην πατρίδα μας.

Ελληνίδες, Έλληνες,

Έχω πλήρη επίγνωση των δυσκολιών.

Δεσμεύομαι προσωπικά ότι θα κάνω ότι περνά από το χέρι μου ώστε αυτές οι δυσκολίες να είναι προσωρινές. Επιμένουν κάποιοι να συνδέουν το αποτέλεσμα του δημοψηφίσματος με την παραμονή της χώρας στο ευρώ. Λένε, μάλιστα, ότι έχω κρυφό σχέδιο, αν ψηφιστεί το ΟΧΙ, να βγάλουμε τη χώρα από την ΕΕ.

Λένε εν γνώσει τους ψέματα. Όσοι τα λένε, είναι οι ίδιοι που τα έλεγαν και στο παρελθόν. Όσοι τα λένε προσφέρουν πολύ κακή υπηρεσία και στο λαό και στην Ευρώπη. Άλλωστε γνωρίζετε, ήμουν εγώ ο ίδιος πριν από ένα χρόνο, υποψήφιος για την προεδρία της Κομισιόν στις ευρωεκλογές.

Ενώπιον των Ευρωπαίων και τότε διατύπωσα τη θέση ότι οι πολιτικές λιτότητας πρέπει να σταματήσουν, ότι τα μνημόνια δεν είναι ο δρόμος για την έξοδο από την κρίση. Ότι το πρόγραμμα που εφαρμόστηκε στην Ελλάδα ήταν αποτυχημένο.

Ότι η Ευρώπη πρέπει να πάψει να φέρεται αντιδημοκρατικά. Λίγους μήνες μετά τον Γενάρη του 2015, ο λαός μας επισφράγισε αυτή την εκτίμηση. Δυστυχώς ορισμένοι στην Ευρώπη επιμένουν να αρνούνται να το κατανοήσουν, να αρνούνται να παραδεχτούν.

Όσοι θέλουν μια Ευρώπη κολλημένη σε λογικές αυταρχισμού, σε λογικές μη σεβασμού στη δημοκρατία, όσοι θέλουν την Ευρώπη μια επιδερμική ένωση με συγκολλητική ουσία το ΔΝΤ, δεν είναι οραματιστές για την Ευρώπη. Είναι άτολμοι πολιτικοί, που αδυνατούν να σκεφτούν ως Ευρωπαίοι.

Κοντά σε αυτούς, από δίπλα, το εγχώριο πολιτικό σύστημα, αφού οδή-

γησε τη χώρα στη χρεοκοπία, τώρα σχεδιάζει να ρίξει τα βάρη σε εμάς που προσπαθούμε να σταματήσουμε την πορεία της καταστροφής. Και, μάλιστα, ονειρεύονται και την ολική τους επαναφορά.

Τη σχεδίαζαν και τη σχεδιάζουν, είτε αποδεχόμασταν το τελεσίγραφο, αφού ζητούσαν δημόσια δοτό πρωθυπουργό για να την εφαρμόσει, είτε τώρα που δίνουμε το λόγο στο λαό.

Μιλούν για πραξικόπημα. Η δημοκρατία όμως δεν είναι πραξικόπημα, οι δοτές κυβερνήσεις είναι πραξικόπημα.

Ελληνίδες, Έλληνες,

Θέλω από καρδιάς να σας ευχαριστήσω για τη νηφαλιότητα και την ψυχραιμία που επιδεικνύετε κάθε ώρα αυτής της δύσκολης εβδομάδας.

Θέλω να σας διαβεβαιώσω ότι η κατάσταση αυτή δεν θα συνεχιστεί για πολύ. Θα είναι πρόσκαιρη. Οι μισθοί και οι συντάξεις δεν θα χαθούν. Οι καταθέσεις των πολιτών που επέλεξαν να μη φυγαδεύσουν τα χρήματά τους στο εξωτερικό δεν θα χαθούν στον βωμό των σκοπιμοτήτων και των εκβιασμών.

Εγώ, προσωπικά, αναλαμβάνω την ευθύνη της άμεσης λύσης αμέσως μετά τη δημοκρατική διαδικασία. Ταυτόχρονα όμως, σας καλώ να ενισχύσετε αυτή τη διαπραγματευτική προσπάθεια, σας καλώ να πούμε ΟΧΙ στις συνταγές των μνημονίων που καταστρέφουν την Ευρώπη. Σας καλώ να απαντήσουμε καταφατικά στην προοπτική μιας βιώσιμης λύσης. Να ανοίξουμε μια λαμπρή σελίδα δημοκρατίας. Και μια βέβαιη ελπίδα για μια καλύτερη συμφωνία. Είναι η ευθύνη μας προς τους γονείς μας, προς τα παιδιά μας, προς τους εαυτούς μας. Είναι το χρέος μας απέναντι στην ιστορία».

Και θυμήθηκα την αντιπρόταση Τσίπρα προς τους θεσμούς λίγο πριν από τη μονομερή αποχώρηση από τις διαπραγματεύσεις στις 25 Ιουνίου 2015 με έναν πίνακα φοροεισπρακτικών κυρίως παρεμβάσεων κόστους 8 δισ. ευρώ.

Θυμήθηκα τη χθεσινή επιστολή για πρόταση προς τους θεσμούς εφαρμογής τρίτου μνημονίου ποσού 30 περίπου δισ. ευρώ.

2 ΙΟΥΛΙΟΥ (1)

Ντάισελμπλουμ προς Τσίπρα: Ες Δευτέραν τα σπουδαία...

Σήμερα (2 Ιουλίου 2015) διάβασα ότι σε επιστολή του προς τον Αλέξη Τσίπρα ο πρόεδρος του Eurogroup Γερούν Ντάισελμπλουμ αναφέρει πως το αίτημα για νέο πακέτο βοήθειας θα εξετασθεί βάσει του πώς θα ψηφίσουν οι Έλληνες στο δημοψήφισμα της Κυριακής. Ο Ολλανδός πολιτικός αναφέρει ότι οι υπουργοί Οικονομικών της ευρωζώνης συζήτησαν στο Eurogroup της 30ης Ιουνίου και 1ης Ιουλίου το αίτημα παράτασης του παλαιού προγράμματος από τον EFSF και το αίτημα για ένα νέο πρόγραμμα από τον ESM, που υπέβαλε με επιστολές του ο Έλληνας πρωθυπουργός. Όπως τονίζει, όσον αφορά την παράταση του παλαιού προγράμματος από τον EFSF, το Eurogroup της 30ης Ιουνίου επαναβεβαίωσε την απόφαση της 27ης Ιουνίου ότι δεν θα εγκρίνει την παράταση, εκτιμώντας πως οι συνθήκες που οδήγησαν στην απόφαση αυτή «παραμένουν αμετάβλητες». Το πρόγραμμα του EFSF έληξε στις 30 Ιουνίου, καθώς επίσης και οι συμφωνίες που συνδέονται με αυτό, συμπεριλαμβανομένων των επιστροφών των κερδών από τα SMPs και τα ANFAs από τις χώρες της ευρωζώνης, τονίζει.

Επιπλέον, στην επιστολή του προς τον Αλέξη Τσίπρα, ο Γερούν Ντάισελμπλουμ υπενθυμίζει ότι στις 20 Φεβρουαρίου οι ελληνικές αρχές είχαν δεσμευτεί κατηγορηματικά ότι θα τιμήσουν τις δανειακές τους υποχρεώσεις προς όλους τους πιστωτές της χώρας, πλήρως και έγκαιρα. Η επιστολή του κ. Ντάισελμπλουμ καταλήγει ως εξής: «Θα επανέλθουμε στο αίτημά σας για χρηματοοικονομική στήριξη από τον ESM μόνο κατόπιν και επί τη βάσει του αποτελέσματος του δημοψηφίσματος».

Και θυμήθηκα ότι στις 20 Φεβρουαρίου 2015 η νέα ελληνική κυβέρνηση του Αλέξη Τσίπρα είχε δεσμευτεί κατηγορηματικά ότι θα τιμήσουν τις δανειακές τους υποχρεώσεις προς όλους τους πιστωτές της χώρας, πλήρως και έγκαιρα. Α, δε!

Θυμήθηκα ότι δεν είναι η μοναδική δέσμευση του Αλέξη Τσίπρα που δεν τηρήθηκε...

2 ΙΟΥΛΙΟΥ (2)

Εδώ η χώρα χάνεται και ο Λαφαζάνης επαναπροσλαμβάνει υπαλλήλους...

Σήμερα (2 Ιουλίου 2015) που τα «περήφανα γηρατειά» στενάζουν έξω από τις τράπεζες και τα ΑΤΜ για να πάρουν 60 ή 120 ευρώ από τις συντάξεις τους, αποκαλυπτικές είναι οι αποφάσεις στη Διαύγεια του υπουργού Παραγωγικής Ανασυγκρότησης Παναγιώτη Λαφαζάνη, βάσει των οποίων επιστρέφουν στο υπουργείο τις τελευταίες εβδομάδες πάνω από 70 υπάλληλοι που είχαν μπει σε καθεστώς διαθεσιμότητας.

«Την ώρα που η χώρα καταρρέει, που οι συνταξιούχοι σχηματίζουν ουρές έξω από τράπεζες για να πάρουν μέρος της σύνταξής τους, που κάθε επιχειρηματική δραστηριότητα έχει νεκρώσει, η Κυβέρνηση αντί να ασχοληθεί με την κατάσταση συντριβής που έχει προκαλέσει στη χώρα μας, αναλώνεται σε απεγνωσμένες προσπάθειες ενίσχυσης του πελατειακού κράτους», αναφέρει σε ανακοίνωσή του ο Λευτέρης Αυγενάκης, αρμόδιος του τομέα Υποδομών της ΝΔ.

Και θυμήθηκα τα γνωστά τερτίπια «του πελατειακού κράτους» και των κομμάτων μόλις ανέβαιναν στην εξουσία.

Θυμήθηκα ότι οι νέες κυβερνήσεις της Νέας Δημοκρατίας επαναπροσλάμβαναν τους κομματικούς φίλους της που είχαν απολυθεί από το ΠΑΣΟΚ!

Θυμήθηκα ότι οι νέες κυβερνήσεις του ΠΑΣΟΚ επαναπροσλάμβαναν τους κομματικούς φίλους τους που είχαν απολυθεί από τη Νέα Δημοκρατία.

3 ΙΟΥΛΙΟΥ

Ελευθέριος Βενιζέλος προς Τσίπραν: «Οι Ευρωπαίοι δεν εννοούν τον όρον ελληνικά δίκαια»...

Σήμερα (3 Ιουλίου 2015) άκουσα και διάβασα το χαιρετισμό του πρωθυπουργού Αλέξη Τσίπρα στη διαδήλωση υπέρ του «ΟΧΙ» στο Σύνταγμα. Μεταξύ πολλών άλλων γνωστών και επαναλαμβανόμενων σε κάθε ευκαιρία ο Αλέξης Τσίπρας είπε: «Για έναν λαό, μικρό λαό που πολεμά δίχως σπαθιά και βόλια. Που πολεμά όμως έχοντας στα χέρια, το πιο δυνατό όπλο από όλα τα όπλα που υπάρχουν στον πλανήτη: Το δίκιο. Έχουμε το δίκιο με το μέρος μας. Έχουμε το δίκιο. Θα νικήσουμε. Κανείς δεν μπορεί αυτό να το κρύψει. Κανείς δεν μπορεί να κρύψει ότι έχουμε το δίκιο με το μέρος μας...» Και ξαναθυμήθηκα ξανά τις γνωστές παρακαταθήκες του Ελευθερίου Βενιζέλου, τις οποίες, όπως φαίνεται, αγνοεί πλήρως και ο Τσίπρας.

Θυμήθηκα ότι, μιλώντας στους δημοσιογράφους έπειτα από την υπογραφή της Συνθήκης των Σεβρών, ο Βενιζέλος τόνισε ότι οι Ευρωπαίοι δεν κατανοούν τις λέξεις «τα ελληνικά δίκαια», αλλά τα «ελληνικά συμφέροντα».

Παραθέτω ξανά τις άγνωστες αυτές παρακαταθήκες προς γνώσιν και συμμόρφωσιν όλων των Ελλήνων κομματαρχών, δημαγωγών και λαϊκιστών όλων των εποχών:

«Ειλικρίνεια και αλήθεια, ιδού η μέθοδός μου. Μη ομιλείτε περί ιστορικών δικαίων, δεν κάνουν εντύπωσιν εις τους ευρωπαίους. Εγώ, κατά την διάρκειαν των Συνδιασκέψεων, έθεσα ως βάσιν των αξιώσεων της Ελλάδος τον εθνολογικόν και ουχί τον ιστορικόν χαρακτήρα των εδαφών, τα οποία εζήτησα. Άλλα έθνη, προβάλλοντα ιστορικάς απαιτήσεις, απέτυχον. Τας περισσοτέρας ιστορικάς απαιτήσεις θα ημπορούσε να έχει η Ελλάς. Αλλά η Ευρώπη δεν λαμβάνει υπ' όψιν τοιαύτας αξιώσεις. Ουδέποτε έκαμα χρήσιν των ιστορικών δικαιωμάτων μας. Εζήτησα την Θράκην, διότι πλειοψηφεί εκεί το ελληνικόν στοιχείον, εζήτησα την Ιωνίαν, διότι πλειοψηφούν οι Έλληνες εκεί. Η αξίωσίς μας διά την Κωνσταντινούπολιν είναι βεβαίως και ιστορική, η Κωνσταντινούπολις ήτο, άλλωστε, πρωτεύουσα του βυζαντινού κράτους. Αλλά, κυρίως, η αξίωσίς μας βασίζεται επί του σημερινού πληθυσμού της Κωνσταντινουπόλεως. Εάν η Κωνσταντινούπολις δεν είχε τον ελληνικόν πληθυσμόν της, εάν οι Έλληνες δεν πλειοψηφούσαν εν Θράκη και Ιωνία, ως δημοκρατικός άνθρωπος δεν ηδυνάμην και δεν εδικαιούμην να εγείρω επ' αυτών αξιώσεις. Αλλά και κάτι άλλο: εις τα υπομνήματά μου και τα προφορικά μου διαβήματα, ουδέποτε έκαμα χρήσιν του όρου «ελληνικά δίκαια». Ο όρος αυτός είναι αισθηματολογικός, οι δε ευρωπαίοι δεν τον εννοούν. Ο όρος μου ήταν «ελληνικά συμφέροντα», «δίκαια ελληνικά συμφέροντα». Αλλά και συμφέροντα της Ανθρωπότητος, όχι αποκλειστικώς της Ελλάδος».

4 ΙΟΥΛΙΟΥ (2)

Διονύσιος Σολωμός: «Το έθνος πρέπει να μάθη ότι εθνικόν είναι το αληθές» και όχι το... κόμμα!

Σήμερα (4 Ιουλίου 2015, μία ημέρα πριν από το αλλόκοτο «δημοψήφισμα», διάβασα ότι ο υπουργός Διεθνών Οικονομικών Σχέσεων και συντονιστής της ομάδας διαπραγμάτευσης της κυβέρνησης Ευκλείδης Τσακαλώτος δήλωσε στον ΣΚΑΪ ότι η απόφαση για το δημοψήφισμα ελήφθη διότι, εάν ερχόταν προς ψήφιση στη Βουλή το πρόγραμμα, θα έπεφτε η κυβέρνηση. Σημειώνεται ότι με ανάρτησή του στο προσωπικό του λογαριασμό στο twitter και μετά τη λήξη της εκπομπής ο Τσακαλώτος έσπευσε να εξηγήσει το περιεχόμενο της δήλωσής του. Έτσι, με βάση την παραδοχή αυτή του Τσακαλώτου, ο πρωθυπουργός Αλέξης Τσίπρας εμφανίζεται να έχει κάνει τις επιλογές του με κριτήριο τη διατήρηση της κομματικής ενότητας και την παράταση, έστω κατά μία εβδομάδα, του κυβερνητικού βίου.

Και ξαναθυμήθηκα τη γνωστή ρήση του μεγάλου μας εθνικού ποιητή Διονυσίου Σολωμού: «Το έθνος θα πρέπει να μάθη ότι Εθνικόν είναι το αληθές».

Θυμήθηκα όμως ότι σε την πολιτική ιστορία της Ελλάδος, οι κομματάρχες θεωρούσαν εθνικό ό, τι ωφελούσε το κόμμα, δηλαδή την πάση θυσία κατάληψη της εξουσίας ή την πάση θυσία διατήρησή της «ίνα εσθίωσι χωρίς να σκάπτωσιν» οι κομματικοί φίλοι, όπως έλεγε ο μέγας Εμμανουήλ Ροΐδης.

4 ΙΟΥΛΙΟΥ

Ο Κωστής Παλαμάς για τη νέα εθνική ντροπή: «Και μην έχοντας πιο κάτου άλλο σκαλί να κατρακυλήσει, πιο βαθειά στου κακού τη σκάλα...»

Σήμερα (4 Ιουλίου 2015, παραμονές του αλλόκοτου «δημοψηφίσματος»), διάβασα ότι η Κομισιόν (Ευρωπαϊκή Επιτροπή) επιβεβαιώνει με έγγραφό της προς την κυβέρνηση το δικαίωμα του EFSF να κηρύξει άμεσα απαιτητά τα δάνεια προς την Ελλάδα. Στο έγγραφο, μεταξύ άλλων, αναφέρεται ότι «οι δανειστές μπορούν με γραπτή ειδοποίηση προς τον οφειλέτη να ακυρώσουν τη διευκόλυνση ή να κηρύξουν το ποσό του δανείου άμεσα εξοφλητέο». Η επιστολή αυτή καταλήγει ως εξής:

«Η Επιτροπή ενεργώντας εκ μέρους των πιστωτών ενημερώνει την ελληνική δημοκρατία ότι οι πιστωτές διατηρούν το δικαίωμά τους να εφαρμόσουν το άρθρο 8 (1) της συμφωνίας σε σχέση με την αποτυχία της κυβέρνησης να πληρώσει εκπρόθεσμα τη δόση, . Σύμφωνα με την υπάρχουσα συμφωνία. Αυτή η διατήρηση των δικαιωμάτων είναι χωρίς καμία να εγκαταλείπονται μελλοντικά τέτοια δικαιώματα».

Και ξαναθυμήθηκα σήμερα και όλες αυτές τις ημέρες που οι συνταξιούχοι στενάζουν σε ουρές μπροστά στα ΑΤΜ των τραπεζών για να πάρουν 60 ευρώ από τη σύνταξή τους και οι οικογενειάρχες στα σούπερ μάρκετ για να πάρουν γάλα για παιδιά τους, τον μεγάλο μας ποιητή Κωστή Παλαμά.

Θυμήθηκα τους «σπαραχτικούς» στίχους από τον «Προφητικό» του που ανήκει στο «Δωδεκάλογο του γύφτου» και είναι γραμμένος ύστερα από τον πόνο και τη ντροπή του 1897.

5 ΙΟΥΛΙΟΥ (1)

Τραμπουκισμοί από τους υποστηρικτές του «ΟΧΙ» για τη «Δημοκρατία» κατά του αντιπάλου τους Σταύρου Θεοδωράκη!

Σήμερα (5 Ιουλίου 2015, ημέρα του παράξενου δημοψηφίσματος του ΣΥΡΙΖΑ, διάβασα ότι άντρες με μαύρες μπλούζες και ξυρισμένα κεφάλια επιτέθηκαν φραστικά κατά του προέδρου του «Ποταμιού» Σταύρου Θεοδωράκη φωνάζοντας: «Μην ξαναμιλήσεις, ρεμάλι, για τον Καμμένο», αποκαλώντας τον «τουρκόσπορο». Ο επικεφαλής του «Ποταμιού» προσπάθησε να κάνει διάλογο μαζί τους, ωστόσο το μένος τους ήταν τόσο μεγάλο που δεν τα κατάφερε, οπότε τούς ανταπάντησε να πάνε να πληρωθούν «από τον Καμμένο». Το «Ποτάμι» υποστηρίζει, όπως διάβασα, ότι ήταν οπαδοί του ΣΥΡΙΖΑ, των Ανεξάρτητων Ελλήνων και της «Χρυσής Αυγής».

Και θυμήθηκα ότι όλοι αυτοί υποστηρίζουν το «ΟΧΙ» στο σημερινό δημοψήφισμα για τη «Δημοκρατία και την Αξιοπρέπεια»…

Θυμήθηκα ότι όλοι αυτοί επικαλούνται συνεχώς τη «Δημοκρατία» και έχουν εντελώς διαφορετική «ιδεολογία»…

5 ΙΟΥΛΙΟΥ (2)

Η Ελλάδα πάλι πανηγυρίζουσα και μεθύσκουσα» από το «ΟΧΙ», όπως το 1885, το 1981 και τις επόμενες εκλογές, υπό χρεοκοπία...

Σήμερα αργά το βράδυ (5 Ιουλίου 2015) ανακοινώθηκαν τα οριστικά αποτελέσματα του «πονηρού» δημοψηφίσματος με «ΟΧΙ» στην πρόταση των δανειστών 61, 3% και «ΝΑΙ» 38, 7%. Το συντριπτικό «ΟΧΙ» συνοδεύθηκε από πανηγυρισμούς και χορούς έξω από τη Βουλή. Χιλιάδες κόσμου συγκεντρώθηκαν στην πλατεία Συντάγματος, μπροστά από το ελληνικό κοινοβούλιο για να γιορτάσουν το αποτέλεσμα.

Και θυμήθηκα ότι με πανηγυρισμούς, χορούς και τραγούδια στην Αθήνα και σε όλη την Ελλάδα συνοδεύθηκε η συντριπτική νίκη του Ανδρέα Παπανδρέου (ΠΑΣΟΚ) στις 18 Οκτωβρίου του 1981. Και ακολούθησε η λιτότητα και ο υπερδανεισμός!

Θυμήθηκα ότι στις 6 Φεβρουαρίου του 1885 στην Αθήνα ξετυλίχθηκαν σκηνές που σε όλες τις επόμενες δεκαετίες έως σήμερα επαναλαμβάνονται μετά την πτώση κάθε κυβέρνησης και ανάδειξη του άλλου κόμματος στην εξουσία, δηλαδή χοροί, τραγούδια, συγκεντρώσεις και αλαλαγμοί των νικητών κομματικών οπαδών.

Θυμήθηκα ότι τότε η Αθήνα μετατράπηκε σε «Μενίδι πανηγυρίζον και μεθύσκον». Πίπιζες, νταούλια, χάλαζα πυροβολισμών, αλαλαγμοί χαράς, έξαλλοι πανηγυρισμοί στους δρόμους. Τί είχε συμβεί; Η κυβέρνηση Τρικούπη μόλις είχε ανατραπεί στη Βουλή με ψήφους 108 έναντι 104. Έτσι, ο αντιτρικουπισμός, υπό την ηγεσία του Θ. Δηλιγιάννη, έκανε την πρώτη σημαντική εμφάνιση στο δημόσιο βίο της χώρας, με την ιστορία πάντοτε να επαναλαμβάνεται ως ...ιλαροτραγωδία.

Θυμήθηκα ότι δύο χρόνια νωρίτερα, στις 3 Ιουλίου του 1883, είχε αρχίσει δικομματισμός, που επισώρευσε πολλά δεινά στη χώρα μας. Ο πρώτος δικομματισμός άρχισε το 1883, όταν, μετά την ουσιαστική μεταβολή του λαϊκού φρονήματος στις δημοτικές εκλογές της 3ης Ιουλίου, το σύνολο σχεδόν των αντιφρονούντων προς τον Τρικούπη συγκεντρώθηκαν γύρω από τον Θεόδωρο Δηλιγιάννη. Ο πρώτος αυτός δικομματισμός κράτησε 15 χρόνια, με τη σύγκρουση του «Νεωτερικού» κόμματος (Τρικούπης) και του «Εθνικού» κόμματος (Δηλιγιάννης), όπως ονομάζονται. Ο τελευταίος ελληνικός δικομματισμός άρχισε ουσιαστικά μετά τη μεταπολίτευση και διαρκεί σχεδόν έως σήμερα με τη σύγκρουση αρχικά του «φιλελεύθερου» κόμματος και του «σοσιαλιστικού» και μετά τις εκλογές στις 25 Ιανουαρίου 2015 με τη σύγκρουση της αριστεράς (ΣΥΡΙΖΑ) με τους «φιλελεύθερους» και «σοσια-λιστές» και τη συμμαχία με «εθνικά» ή «εθνικιστικά» κόμματα!

5 ΙΟΥΛΙΟΥ (3)

Νέες διαβεβαιώσεις Τσίπρα για απεγκλωβισμό από τη λιτότητα

Σήμερα το βράδυ (5 Ιουλίου 2015) άκουσα και διάβασα την ομιλία του πρωθυπουργού Αλέξη μετά την ανακοίνωση των αποτελεσμάτων του δη-μοψηφίσματος και την επικράτηση του «όχι». Παραθέτω χαρακτηριστικά αποσπάσματα από την ομιλία αυτή έτσι για την ιστορία:

–Χρέος μας είναι να κάνουμε ότι καλύτερο μπορούμε για να ξεπερά-σουμε αυτή τη κρίση και να ξανασηκώσουμε την Ελλάδα ψηλά. Διαφυ-λάττοντας ως κόρη οφθαλμού την εθνική ενότητα, αποκαθιστώντας τη κοινωνική συνοχή αλλά και την οικονομική σταθερότητα.

–Σήμερα, με δεδομένες τις δυσμενείς συνθήκες που διαμορφώθηκαν την προηγούμενη εβδομάδα, κάνατε μια πολύ γενναία επιλογή. Ωστόσο, έχω πλήρη συνείδηση ότι η εντολή που μου δίνετε δεν είναι εντολή ρήξης με την Ευρώπη αλλά εντολή ενίσχυσης της διαπραγματευτικής μας δύνα-μης για την επίτευξη βιώσιμης συμφωνίας. Με όρους κοινωνικής δικαιο-σύνης, με όρους προοπτικής και απεγκλωβισμού από τον φαύλο κύκλο της λιτότητας. Και αυτή την εντολή θα την υπηρετήσω χωρίς χρονοτριβή.

–Γνωρίζουμε όλοι πως εύκολες λύσεις δεν υπάρχουν. Υπάρχουν όμως δίκαιες λύσεις. Υπάρχουν βιώσιμες λύσεις. Αρκεί να το επιδιώκουν και οι δύο πλευρές.

– Ο Ελληνικός λαός σήμερα έδωσε απάντηση στο ερώτημα: Ποια Ευ-ρώπη θέλουμε. Και απάντησε γενναία : θέλουμε την Ευρώπη της αλληλεγ-γύης και της δημοκρατίας.

–Από αύριο η Ελλάδα θα προσέλθει στο τραπέζι της διαπραγμάτευ-σης. Άμεση προτεραιότητά μας η τάχιστη αποκατάσταση της λειτουργίας του τραπεζικού μας συστήματος, η αποκατάσταση της οικονομικής μας σταθερότητας. Και είμαι βέβαιος ότι η ΕΚΤ κατανοεί πλήρως όχι μόνο τη γενική οικονομική κατάσταση αλλά και την ανθρωπιστική διάσταση που έχει πάρει η κρίση στη χώρα μας.

–Ταυτόχρονα είμαστε ήδη έτοιμοι να συνεχίσουμε τη διαπραγμάτευ-ση. Με ένα πλάνο αξιόπιστης χρηματοδότησης. Με ένα σχέδιο αξιόπιστων μεταρρυθμίσεων, που θα έχουν την αποδοχή της ελληνικής κοινωνίας. Με κριτήριο πάντα την κοινωνική δικαιοσύνη και τη μεταφορά των βαρών από τους αδύναμους στους οικονομικά ισχυρούς. Και με ένα αξιόπιστο σχέδιο άμεσων αναπτυξιακών επενδύσεων, σε συνεργασία με την Ευρωπαϊκή Επιτροπή.

–Ταυτόχρονα, όμως, αυτή τη φορά στο τραπέζι της διαπραγμάτευσης θα βρίσκεται και το θέμα του χρέους, η αναγκαία αναδιάρθρωση του χρέους προκειμένου να καταλήξουμε σε μια βιώσιμη λύση οριστικής εξόδου από την κρίση, τόσο για την Ελλάδα όσο και για την Ευρώπη.

–Αμέσως μετά θα επικοινωνήσω με τον Πρόεδρο της Δημοκρατίας και θα του ζητήσω αύριο το πρωί τη Σύγκληση του Συμβουλίου Πολιτικών Αρχηγών, προκειμένου να ενημερώσω για τις άμεσες πρωτοβουλίες της κυβέρνησης, αλλά και να ακούσω τις δικές τους προτάσεις.

5 ΙΟΥΛΙΟΥ (4)

Σαμαράς και Στεφανόπουλος «διδάσκουν» ότι όποιος φεύγει από τη ΝΔ και ιδρύει κόμμα γίνεται πρόεδρος της Δημοκρατίας ή πρωθυπουργός!

Σήμερα (5 Ιουλίου 2015) αργά το βράδυ άκουσα τη δήλωση του προέδρου της Νέας Δημοκρατίας και πρώην πρωθυπουργού Αντώνη Σαμαρά ότι παραιτείται από την αρχηγία του κόμματος μετά το συντριπτικό «ΟΧΙ» των πολιτών στο γνωστό παράξενο δημοψήφισμα που διενήργησε ο Αλέξης Τσίπρας.

Και θυμήθηκα την επιστολή που έστειλε στις 15 Μαρτίου 1993 ο Αντώνης Σαμαράς στον τότε πρωθυπουργό Κωνσταντίνο Μητσοτάκη με βαριά υπονοούμενα.

Θυμήθηκα ότι η επιστολή αυτή τελείωνε ως εξής: «Θα απαντηθεί από την ίδια την παράταξη, ποιος εκ των δύο –εσείς ή εγώ– είμαστε υπέρ ή κατά της Νέας Δημοκρατίας»!...

Θυμήθηκα ότι στις 30 Ιουνίου 1993 τελικά επήλθε η μεγάλη ρήξη. Τότε, ο Αντώνης Σαμαράς αποχώρησε από τη Νέα Δημοκρατία και ίδρυσε νέο πολιτικό κόμμα: την Πολιτική Άνοιξη.

Θυμήθηκα ότι τη Δευτέρα 6 Σεπτεμβρίου 1993 ο Αντώνης Σαμαράς έκανε την ακόλουθη δήλωση: «Η Πολιτική Άνοιξη θεωρεί ότι η κατολίσθηση της χώρας σε εθνικό, οικονομικό, θεσμικό και κοινωνικό επίπεδο ξεπέρασε πλέον τα όρια του πολιτικού συναγερμού....»

Θυμήθηκα ότι ο τότε πρωθυπουργός Κωνσταντίνος Μητσοτάκης αντέδρασε με την ακόλουθη δήλωση: «Ο Αντώνης Σαμαράς έκανε απόψε το βήμα προς τη μεγάλη προδοσία του 47% του ελληνικού λαού...»

Θυμήθηκα ότι την Τρίτη 7 Σεπτεμβρίου 1993, ο τότε βουλευτής της Νέας Δημοκρατίας Στέφανος Στεφανόπουλος, στενός φίλος του Σαμαρά, παρέδωσε επιστολή στον πρόεδρο της Βουλής Αθανάσιο Τσαλδάρη, με την οποία τον ενημέρωνε ότι καθίσταται πλέον ανεξάρτητος.

Θυμήθηκα ότι ο τότε κυβερνητικός εκπρόσωπος Βασίλης Μαγγίνας κατηγόρησε τον Στέφανο Στεφανόπουλο ότι «αποφάσισε να ακολουθήσει το δρόμο της προδοσίας»...

Θυμήθηκα ότι από τους δύο πρωταγωνιστές των ημερών αυτών του Σεπτεμβρίου του 1993 και στελέχη της Νέας Δημοκρατίας που αποχώρησαν από το κόμμα και ίδρυσαν μάλιστα και δικό τους κόμμα, ο μεν Κωστής Στεφανόπουλος έγινε και... πρόεδρος της Δημοκρατίας, ο δε Αντώνης Σαμαράς και...πρωθυπουργός το 2012!!! Ε, τί λέτε; 6 Ιουλίου Το Eurogroup δεν προχωρούσε σε συμφωνία επί εξάμηνο, όπως το Συνέδριο της Βιέννης το 1814–1815, που μόνο «χόρευε»!

Σήμερα (6 Ιουλίου 2015), την επόμενη ημέρα του δημοψηφίσματος, συγκλήθηκε, το Συμβούλιο των Πολιτικών Αρχηγών υπό τον πρόεδρο της Δημοκρατίας Προκόπη Παυλόπουλο, το οποίο διήρκεσε επτά... ώρες!

Σύμφωνα με το κοινό ανακοινωθέν, το οποίο υπέγραψαν οι πολιτικοί αρχηγοί, πλην του γενικού γραμματέα του ΚΚΕ Δημήτρη Κουτσούμπα, την ευθύνη για την συνέχιση των διαπραγματεύσεων, ώστε να υπάρξει συμφωνία με τους δανειστές, αναλαμβάνει η κυβέρνηση.

Κοινός στόχος, όπως αναφέρεται, είναι η επιδίωξη λύσης, η οποία θα διασφαλίζει την επαρκή κάλυψη των χρηματοδοτικών αναγκών της χώρας, αξιόπιστες μεταρρυθμίσεις, με κριτήριο τη δίκαιη κατανομή των βαρών και προώθηση της ανάπτυξης, με τις κατά το δυνατόν λιγότερες υφεσιακές επιπτώσεις, ισχυρό, εμπροσθοβαρές, αναπτυξιακό πρόγραμμα, πρωτίστως για την καταπολέμηση της ανεργίας και την ενθάρρυνση της επιχειρηματικότητας και δέσμευση για την έναρξη ουσιαστικής συζήτησης ως προς την αντιμετώπιση του προβλήματος της βιωσιμότητας του ελληνικού δημόσιου χρέους.

Άμεση προτεραιότητα αποτελεί επίσης, όπως αναφέρεται στο ανακοινωθέν, η αποκατάσταση της ρευστότητας στο χρηματοπιστωτικό σύστημα, σε συνεννόηση με την ΕΚΤ.

Και θυμήθηκα το Συνέδριο Ειρήνης της Βιέννης, του οποίου οι εργασίες ξεκίνησαν επίσημα στις 19 Σεπτεμβρίου του 1814, υπό την προεδρία του Αυστριακού πολιτικού Μέττερνιχ, και έληξαν στις 9 Ιουνίου του 1815. Σκοπός του συνεδρίου αυτού ήταν αφενός μεν η αναζήτηση ενός πραγματικού συστήματος ισορροπίας μεταξύ των Δυνάμεων που είχαν εμπλακεί και από τις δύο πλευρές στους Ναπολεόντειους πολέμους, και αφετέρου η δικαία ρύθμιση των χωροταξικών προβλημάτων που είχαν αναδυθεί μεταξύ των Βασιλικών Οίκων της Ευρώπης, της περιόδου εκείνης.

Θυμήθηκα ότι τότε στη Βιέννη, την πρωτεύουσα του τότε ευρωπαϊκού κλασικισμού, διεξάγονταν παράλληλα και μεγάλες περίλαμπρες εορτές και στρατιωτικές τελετές με επιδείξεις και παρελάσεις για τις οποίες η αυστριακή κυβέρνηση δαπάνησε τεράστια ποσά. Το εξάμηνο μετά τις εκλογές στις 25 Ιανουαρίου 2015 και το σχηματισμό κυβέρνησης ΣΥΡΙΖΑ – ΑΝΕΛ με πρωθυπουργό τον Αλέξη Τσίπρα με τις επανειλημμένες συγκλήσεις του Eurogroup και του Ευρωπαϊκού Κοινοβουλίου, καθώς και η σημερινή επτάωρη συνεδρίαση του Συμβουλίου Πολιτικών Αρχηγών μού θύμισαν το μεγάλης διάρκειας (εννέα μήνες!), με άγονες συζητήσεις, προτάσεις και αντιπροτάσεις, Συνέδριο της Βιέννης και το ακόλουθο χαριτωμένο που έχει μείνει στη διπλωματική γλώσσα και το Διεθνές Δίκαιο: «Το Συνέδριο δεν προχωράει, χορεύει»!

7 ΙΟΥΛΙΟΥ (1)

«Αυτομαστίγωση» του «μονόφρονος» Μ. Γλέζου με την επίκληση του Θωμά του Ακινάτη για την επίμονη μονομέρεια ή ιδεοληψία!

Σήμερα (7 Ιουλίου 2015) διάβασα ότι ο ευρωβουλευτής του ΣΥΡΙΖΑ Μανώλης Γλέζος χρησιμοποίησε ρήσεις στα αρχαία ελληνικά και στα λατινικά σε παρέμβασή του στο Ευρωκοινοβούλιο. Αρχικά χρησιμοποίησε λόγια του Θησέα από το έργο του Ευριπίδη «Ικέτιδες» και συγκεκριμένα τα ακόλουθα:

«Πρῶτον μὲν ἤρξω τοῦ λόγου ψευδῶς, ξένε, ζητῶν τύραννον ἐνθάδ'· οὐ γὰρ ἄρχεται ἑνὸς πρὸς ἀνδρὸς ἀλλ' ἐλευθέρα πόλις. δῆμος δ' ἀνάσσει διαδοχαῖσιν ἐν μέρει ἐνιαυσίαισιν, οὐχὶ τῷ πλούτῳ διδοὺς τὸ πλεῖστον ἀλλὰ χὠ πένης ἔχων ἴσον». Στα νέα ελληνικά τα παραπάνω σημαίνουν: «Πρώτα–πρώτα, ξένε, άρχισες το λόγο σου μ' ένα λάθος, όταν ζητάς δυνάστη εδώ· η πόλη αυτή δεν εξουσιάζεται από έναν άνδρα, είναι ελεύθερη. Εδώ κυβερνούν οι πολλοί που εναλλάσσονται στα αξιώματα χρόνο το χρόνο· δεν δίνουν πιο πολλά στον πλούτο, και ο φτωχός έχει τα ίδια».

Και θυμήθηκα ότι πράγματι στην τότε Αθήνα εναλλάσσονταν πολλοί στην εξουσία, αλλά, όπως και στη σημερινή Ελλάδα, όπου «ο πολύς πληθυσμός της Ελλάδος συνίσταται εκ πεντήκοντα χιλιάδων ανθρώπων γνωριζόντων ανάγνωσιν και ανορθογραφίαν και τρεφομένων υπό ενός εκατομμυρίου αγραμμάτων φορολογουμένων», όπως έλεγε ο μέγας Εμμανουήλ Ροΐδης.

Θυμήθηκα κι άλλες μαστιγωτικές επισημάνσεις του μεγάλου Ροΐδη ως απάντηση στον Γλέζο:

– «Εν και ήμισυ εκατομμύριον νοήμονος και φιλοπόνου λαού, οικούντος χώραν ευλογημένων, οία η Ελλάς, κατηνάλωσεν ολόκληρον τεσσαρακονταετίαν εις αγόνους συζητήσεις περί κομμάτων και κομματαρχών. Άπαν δε το χρήμα του λαού, αντί έργων χρησίμων, προς πόλεμον ή προς ειρήνην, εδαπάνησεν εις συντήρησιν κοπαδίου κομματικών κηφήνων, χάριν των οποίων στέργει την πενίαν, την κακοπραγίαν, την ασημότητα και τους εμπαιγμούς του κόσμου όλου».

– «Αν υπήρχε λεξικόν της νεοελληνικής γλώσσης, νομίζομεν ότι ο ορισμός της λέξεως «κόμμα» ήθελεν είναι ο ακόλουθος: «Ομάς ανθρώπων ειδότων ν΄ αναγινώσκουσι και να ν΄ ανορθογραφώσι, εχόντων χείρας και πόδας υγιείς, αλλά μισούντων πάσαν εργασίαν, οίτινες, ενούμενοι υπό έναν οιονδήποτε αρχηγόν, ζητούσι ν΄ αναβιβάσωσιν αυτόν δια παντός μέσου εις την έδραν του πρωθυπουργού, ίνα παράσχη αυτοίς τα μέσα να ζώσι χωρίς να σκάπτωσι».

Επίσης, διάβασα ότι μετά ο Γλέζος είπε στα λατινικά τα λόγια του Θωμά του Ακινάτη «Timeo hominem unius libri», που σημαίνουν «να φοβάσαι τον άνθρωπο του ενός βιβλίου». Η φράση αυτή αφορά την απόλυτη προσήλωση του ατόμου στη μονομέρεια, που έχει ως συνέπεια τη μονοφροσύνη, η οποία, κάτω από κατάλληλες συνθήκες, οδηγεί στο φανατισμό και στη σύγκρουση.

Και θυμήθηκα τη μόνιμη «μονοφροσύνη» του Γλέζου και μυρίων άλλων Ελλήνων, η οποία έχει εξελιχθεί σε ιδεοληψία, δηλαδή σε μια νοσηρή κατάσταση που εκδηλώνεται με την επίμονη εμφάνιση στη συνείδηση έμμονων ιδεών ή σε υπερβολική εμμονή σε ιδεολογικά δόγματα, τα οποία θεωρούνται ως τα μόνα... αληθινά!

7 ΙΟΥΛΙΟΥ (2)

«Επιτάφιος Θρήνος» σήμερα για την Ελλάδα

Σήμερα (7 Ιουλίου 2015) αργά το βράδυ ολοκληρώθηκε και η έκτακτη Σύνοδος Κορυφής της Ευρωπαϊκής Ένωσης, μετά τη συνεδρίαση του Eurogroup που προηγήθηκε με μοναδικό πάλι θέμα της ελληνική κρίση. Αλλά, όπως διάβασα, η ελληνική κυβέρνηση πήγε στις συνεδριάσεις αυτές πάλι χωρίς... καμία πρόταση. Και έτσι, όπως πάλι άκουσα και διάβασα, και οι δύο αυτές συνεδριάσεις συνοδεύθηκαν με σκληρές δηλώσεις από επιφανείς Ευρωπαίους ηγέτες, με τελεσίγραφο για την κατάθεση από την ελληνική κυβέρνηση αξιόπιστης πρότασης έως το πρωί της Παρασκευής, με νέα συνεδρίαση του Eurogroup το Σάββατο και τη σύγκληση της Συνόδου Κορυφής όλων των ηγετών της Ευρωπαϊκής Ένωσης την Κυριακή, και με την επίδειξη στον Έλληνα πρωθυπουργό για πρώτη φορά του «μαύρου σεναρίου» για την έξοδο της Ελλάδος από το ευρώ. Δηλαδή, με την προειδοποίηση ότι την προσεχή Κυριακή θα υπάρξει συμφωνία με δεσμεύσεις και σκληρά προαπαιτούμενα ή Grexit (αυτό ειπώθηκε για πρώτη φορά).

Και θυμήθηκα ότι ο Τσίπρας στις 3 Ιουλίου 2015, δηλαδή δύο ημέρες πριν από άφρον δημοψήφισμα που αποφάσισε και διενήργησε στις 5 Ιουλίου 2015, είχε διαβεβαιώσει τον ελληνικό λαό ότι θα «υπάρχει συμφωνία εντός 48 ωρών μετά το δημοψήφισμα». Και «με ζώσανε τα φίδια»!

Θυμήθηκα τον «Επιτάφιον Θρήνον» για τον Ιησού, που τώρα ταιριάζει απόλυτα για την Ελλάδα με ελαφρές παραλλαγές (εντός παρενθέσεων) και αφορά σε όλες τις «ελληνοκτόνες» κυβερνήσεις μετά το 1974 με τις ασύστολες σπατάλες, το ακατάπαυστο λαϊκισμό και την καταστροφική δημαγωγία:

"... Ω της παραφροσύνης» (και της Ελλαδοκτονίας)!

Ως άφρων υπηρέτης προδέδωκεν ο μύστης την άβυσσον σοφίας.

Πεπλάνηται ο πλάνος, ο πλανηθείς λυτρούται σοφία ση, Θεέ μου.

Φρίττουσιν οι νόες την ξένην και φρικτήν ταφήν σου (Ελλάς) του πάντων κτίστου».

Και λοιπόν; Τα κόμματα να είναι καλά και οι κομματικοί κηφήνες, όπως θα έλεγεν ο Ροΐδης. 8 Ιουλίου (1)

Νέα οργισμένη διάψευση από Γιούνγκερ του Τσίπρα για αυτά που λέει σχετικά με πρόταση των δανειστών για μείωση μισθών

Σήμερα (8 Ιουλίου 2015) πραγματοποιήθηκε συνεδρίαση του Ευρωκοινοβουλίου με θέμα (ποιο άλλο;) την Ελλάδα και την ελληνική κρίση. Κατά την ομιλία του στο Ευρωκοινοβούλιο ο Έλληνας πρωθυπουργός Αλέξης Τσίπρας επανέλαβε, μεταξύ άλλων, τα γνωστά μετά από κάθε «ναυάγιο» στις διαπραγματεύσεις με τους «θεσμούς» επί πέντε μήνες και την εβδομάδα πριν από το δημοψήφισμα, ότι δηλαδή οι δανειστές προτείνουν μείωση των μισθών και συντάξεων.

Στη συνέχεια, κατά την ομιλία του στο Ευρωκοινοβούλιο ο πρόεδρος της Ευρωπαϊκής Επιτροπής Ζαν–Κλωντ Γιούνκερ εξαπέλυσε επίθεση κατά του Τσίπρα διαψεύδοντάς τον για πολλοστή φορά. «Δεν προτάθηκε ποτέ μείωση των συντάξεων και μείωση των μισθών στην Ελλάδα. Δεν προτάθηκαν τέτοια μέτρα από εμάς. Δεν μπορεί κανείς να με κατηγορήσει για αυτό. Πρέπει τα πράγματα να μεταφέρονται όπως πρέπει, ακόμη και όταν οι συζητήσεις γίνονται κεκλεισμένων των θυρών. Πρέπει να υπάρξει μια πολιτική για να προκύψει ανάκαμψη», δήλωσε ο Ζαν Κλωντ Γιούνκερ. Επίσης, πρόσθεσε και τα ήδη γνωστά από την καταγραφή στο «Ημερολόγιό» μου για το πακέτο των 35 δισ. ευρώ για επενδύσεις, το οποίο, όπως ήδη έχω σημειώσει απέρριψε ο Τσίπρας.

Και η κορύφωση της ομιλίας του Γιούνγκερ ήταν η ακόλουθη επισήμανση: «Τού ζήτησα μάλιστα να λέει όχι μόνο όσα δεν έγιναν στις προσωπικές συζητήσεις, αλλά και όλα όσα έγιναν».

Και θυμήθηκα τη γνωστή θυμόσοφη λαϊκή ρήση ολίγον ελλιπή: «Ο ψεύτης τον πρώτο χρόνο χαίρεται»…

Ε, και; Καλά κρασιά…

8 ΙΟΥΛΙΟΥ (2)

Ο Α. Τσίπρας στρέβλωσε και τη ρήση του Θεμιστοκλή στο Ευρωκοινοβούλιο: «Πρώτα χτυπήστε μας και μετά ακούστε μας…»

Σήμερα (8 Ιουλίου 2015) άκουσα τον Έλληνα πρωθυπουργό Αλέξη Τσίπρα κατά την ομιλία του στο Ευρωκοινοβούλιο να λέει: «Άκουσον μεν, πάταξον δε» και ένιωσα να τρίζουν τα κόκαλα του Πλουτάρχου και του Θεμιστοκλή.

Θυμήθηκα ότι, όπως αναφέρει ο Πλούταρχος («Θεμιστοκλής» 11), ο

Θεμιστοκλής στο Συμβούλιο της Σαλαμίνας το 480 π.Χ. απάντησε στον Σπαρτιάτη ναύαρχο Ευρυβιάδη ως εξής: «Πάταξον μεν, άκουσον δε».

Θυμήθηκα ότι την απάντηση αυτή έδωσε στον Ευρυβιάδη ο Θεμιστοκλής όταν ο πρώτος θέλησε να χτυπήσει τον δεύτερο, επειδή ο Θεμιστοκλής υποστήριζε ότι η ναυμαχία έπρεπε να γίνει στα νερά της Σαλαμίνας και όχι στον Ισθμό, όπως πρότεινε ο Ευρυβιάδης.

Θυμήθηκα ότι η φράση αυτή έγινε παροιμιακή και λέγεται για να δείξει την ηρεμία και τη σταθερότητα που κρατάει μέσα σε οξυμένη συζήτηση, όποιος αποβλέπει να βρεθεί η αλήθεια και να γίνει το σωστό.

Θυμήθηκα ότι εκών άκων ο Τσίπρας στρέβλωσε και την περίφημη αυτή αρχαιοελληνική φράση, αφού έτσι όπως την είπε σημαίνει το... αντίθετο!!!

Θυμήθηκα ότι σε ελεύθερη μετάφραση και σε απλά ελληνικά ο πρωθυπουργός μας αντί να προτρέψει τους ξένους πρώτα να μάς ακούσουν και μετά να μάς χτυπήσουν, πρότεινε πρώτα να μάς χτυπήσουν και μετά να μάς ακούσουν!

8 ΙΟΥΛΙΟΥ (3)

Σήμερα αποδείχθηκε ότι, πράγματι, οι Ευρωπαίοι είναι «κουτόφραγκοι» και «βλάκες του Βορρά» και οι Έλληνες... «έξυπνοι»!

Σήμερα (8 Ιουλίου 2015) άκουσα τις ομιλίες όλων σχεδόν ηγετών της Ευρωπαϊκής Ένωσης και των «θεσμών» στο Ευρωκοινοβούλιο, οι οποίοι, στη συντριπτική πλειοψηφία, εμφανίσθηκαν ερεθισμένοι από τους γνωστούς χαρακτηρισμούς κυβερνητικών κυρίως στελεχών, οι οποίοι πύκνωσαν κατά την εβδομάδα προ του δημοψηφίσματος, όπως «ανάλγητοι δανειστές», «εκβιαστές», «τρομοκράτες»! Κι ενώ δεν είχαν καταλαγιάσει οι οργισμένες επιθέσεις πολλών Ευρωπαίων ηγετών κατά της Ελλάδος για τους χαρακτηρισμούς αυτούς, σήμερα, αργά το βράδυ διάβασα ότι, τη στιγμή της δραματικής κορύφωσης των συζητήσεων και διαπραγματεύσεων με τους εταίρους και τους εκπροσώπους των «θεσμών» για εξεύρεση λύσης, η πρόεδρος της Βουλής στέλνει τετρασέλιδη επιστολή στον πρόεδρο του Ευρωπαϊκού Κοινοβουλίου Μάρτιν Σούλτς, μέσω της οποίας –μεταξύ άλλων– τον καλεί να απέχει από δηλώσεις με «υπονοούμενα» για τιμωρία του ελληνικού λαού και «αυθαίρετες και λανθασμένες ερμηνείες», όπως χαρακτηριστικά αναφέρει. Την επιστολή της η Κωνσταντοπούλου συνοδεύει με αντίγραφο του προκαταρκτικού πορίσματος της Επιτροπής που έχει συστήσει, με την παράλληλη σημείωση: «Η Επιτροπή έκρινε πως το ελληνικό χρέος είναι αθέμιτο, παράνομο, επονείδιστο και μη βιώσιμο», παρεμβαίνοντας και με αυτό τον τρόπο στις υπό εξέλιξη ευαίσθητες συζητήσεις της κυβέρνησης με τους συνομιλητές της ακριβώς για το συγκεκριμένο ζήτημα.

Και θυμήθηκα το γνωστό χαρακτηρισμό «Κουτόφραγκοι». Μήπως είναι έτσι;

Θυμήθηκα έναν άλλο χαρακτηρισμό κατά τη δεκαετία του 1960: «Υψηλόξανθοι βλάκες του Βορρά».

Μήπως, συνεπώς, είναι πράγματι, «κουτόφραγκοι», είναι «βλάκες» που ανέχονται τέτοιες παρεμβάσεις και τέτοιους χαρακτηρισμούς που καταστρέφουν τη χώρα;

9 ΙΟΥΛΙΟΥ (1)

Αίτημα Α. Τσίπρα για ένταξη στον Ευρωπαϊκό Μηχανισμό Στήριξης, όπως στις 23 Απριλίου 2010 από τον Γιώργο Παπανδρέου

Σήμερα (9 Ιουλίου 2015) διάβασα ότι χθες η ελληνική κυβέρνηση έστειλε στην Ευρωπαϊκή Επιτροπή αίτημα για νέο τριετές πρόγραμμα στον Ευρωπαϊκό Μηχανισμό Σταθερότητας (ESM), όπως είχε δεσμευτεί ο νέος υπουργός Οικονομικών Ευκλείδης Τσακαλώτος στο Eurogroup της Τρίτης, ξεκινώντας επίσημα τη διαδικασία που θα κρίνει την παραμονή της χώρας στην Ευρωζώνη. Δηλαδή, υποβλήθηκε αίτημα για ένα τρίτο Μνημόνιο, που υποτίθεται ότι θα καταργούσε ο ΣΥΡΙΖΑ!

Και θυμήθηκα ότι πριν από πέντε χρόνια και τρεις μήνες, στις 23 Απριλίου του 2010 ο τότε πρωθυπουργός Γιώργος Παπανδρέου ανακοίνωσε από το Καστελόριζο την ένταξη της χώρας μας στον Ευρωπαϊκό Μηχανισμό Στήριξης, δηλαδή στο πρώτο Μνημόνιο.

«Μετά από έναν πραγματικό μαραθώνιο, διεκδικήσαμε και καταφέραμε να οδηγηθούμε σε μια ισχυρή απόφαση της Ε.Ε. για τη στήριξη της χώρας μας, με ένα πρωτόγνωρο, για την ιστορία και τα δεδομένα της Ε.Ε., μηχανισμό», τόνισε στη σχετική δήλωσή του τότε, την ημέρα της ονομαστικής του εορτής, του Αγίου Γεωργίου του «Τροπαιοφόρου».

Θυμήθηκα ότι αφού κι εκείνος, όπως τώρα ο Αλέξης Τσίπρας, επιδείνωσε τα δημοσιονομικά προβλήματα και την ελληνική οικονομία επί έξι μήνες με τη «μάχη» του κατά των «διεθνών κερδοσκόπων», τελικά τάχα αναγκάστηκε (ενώ στην πραγματικότητα εκλιπαρούσε!) να «υποκύψει» και να ζητήσει τη βοήθεια της Ευρωπαϊκής Ένωσης και του Διεθνούς Νομισματικού Ταμείου.

Θυμήθηκα ότι, παρά τη «φιλολογικού» περιεχομένου ανακοίνωσή του, με παραπομπές στην Οδύσσεια και την Ιθάκη (όπως χθες στο Ευρωκοινοβούλιο ο Τσίπρας με αναφορές στον Θεμιστοκλή και τον Σοφοκλή!) και τους «λεονταρισμούς» του (όπως επί έξι μήνες τώρα ο σημερινός πρωθυπουργός) υπέβαλε αίτημα για την ένταξη της χώρας μας στον Ευρωπαϊκό Μηχανισμό Στήριξης, δηλαδή το πρώτο Μνημόνιο.

Θυμήθηκα ότι στην αρχή μας της ομιλίας του στο Καστελόριζο παρουσίαζε την τραγική οικονομική κατάσταση (το ίδιο τροπάριο ακούμε συνεχώς τα τελευταία τριάντα πέντε χρόνια από τις εκάστοτε νέες κυβερνήσεις!) με τις φράσεις «ακατανόητα λάθη, παραλείψεις, εγκληματικές επιλογές και καταιγίδα των προβλημάτων που μας κληροδότησε η προηγούμενη κυβέρνηση και άλλα ηχηρά...

9 ΙΟΥΛΙΟΥ (2)

Τώρα η Λαγκάρντ προτείνει αναδιάρθρωση του ελληνικού χρέους, την οποία λυσσαλέα πολεμούσε μετά το 2010!

Σήμερα (9 Ιουλίου 2015) διάβασα ότι η επικεφαλής του Διεθνούς Νομισματικού Ταμείου Κριστίν Λαγκάρντ σε τοποθέτησή της στο ινστιτούτο Brookings είπε, μεταξύ άλλων, πως το ΔΝΤ έχει εμπλακεί στο ελληνικό πρόγραμμα επειδή ζητήθηκε από την Ελλάδα, και όταν εμπλέκεται πρέπει να ακολουθεί τους κανόνες του. Όπως τόνισε, «από την αρχή του προγράμματος, εκτός από τις μεταρρυθμίσεις και τη δημοσιονομική προσαρμογή, το ΔΝΤ πίστευε ότι χρειάζεται και βιωσιμότητα του χρέους». Όπως κατέστησε σαφές, «δεν έχει αλλάξει η εκτίμηση του Ταμείου ότι χρειάζεται αναδιάρθρωση του χρέους», αν και, όπως τόνισε, «ίσως χρειασθεί να αναθεωρηθούν οι αριθμοί».

Και θυμήθηκα (όπως και οι αναγνώστες μου από τα σχετικά σημειώματα στο «Ημερολόγιό» μου και τα σχετικά συνεχή άρθρα στο ιστολόγιό μου) ότι όλες οι ελληνικές κυβερνήσεις μετά το 2010 και το Διεθνές Νομισματικό Ταμείο, η Ευρωπαϊκή Επιτροπή και η Ευρωπαϊκή Κεντρική Τράπεζα βροντοφώναζαν σε όλους τους τόνους ότι δεν πρόκειται να γίνει και δεν είναι επιθυμητή μια τέτοια διαδικασία. Μόνο ο γράφων με πέντε άρθρα πρότεινε επίμονα και σχεδόν μοναχικά αναδιάρθρωση του δημόσιου χρέους.

Ξαναθυμήθηκα ότι ο τότε ο επίτροπος Οικονομικών και Νομισματικών Υποθέσεων της ΕΕ, Όλι Ρεν, σε άρθρο του στη Wall Street Journal με τίτλο «Ελληνική Αναγέννηση». Είχε χαρακτηρίσει ως αβάσιμες τις ανησυχίες για αναδιάρθρωση του χρέους. «Γνωρίζω ότι οι ελληνικές μεταρρυθμίσεις δεν έχουν δώσει τέλος στις ανησυχίες πως η Αθήνα θα αναγκαστεί να αναδιαρθρώσει το χρέος της. Όμως, για πολλούς αλληλένδετους λόγους, βρίσκω αυτές τις ανησυχίες αβάσιμες», επισημαίνει ο Ρεν. Τα ίδια υποστήριζαν η ελληνική κυβέρνηση, ο τότε σύμβουλος του Γιώργου Παπανδρέου και μετέπειτα πρωθυπουργός Λουκάς Παπαδήμος και η Ευρωπαϊκή Κεντρική Τράπεζα.

Θυμήθηκα ότι στην έκθεσή του, που δόθηκε στη δημοσιότητα στις 17 Μαρτίου 2012, το Διεθνές Νομισματικό Ταμείο τόνιζε, μεταξύ άλλων, ότι η χώρα θα αντιμετωπίσει «άτακτη έξοδο» από την ευρωζώνη χωρίς χρηματοοικονομική στήριξη από την Ευρώπη, το ΔΝΤ και την Ευρωπαϊκή Κεντρική Τράπεζα, χωρίς να κάνει καμιά αναφορά σε αναδιάρθρωση του χρέους.

Θυμήθηκα ότι αργότερα, στις 27 Ιουλίου 2012, το ΔΝΤ είχε αρχίσει να καλοβλέπει μιαν αναδιάρθρωση του ελληνικού δημόσιου χρέους. Συγκεκριμένα, είχα διαβάσει ότι ο Dow Jones Newswires ανέφερε, μεταξύ άλλων, τα εξής: «Το ΔΝΤ βλέπει θετικά εμπλοκή της ΕΚΤ στην αναδιάρθρωση του χρέους».

10 ΙΟΥΛΙΟΥ

Συζητείται σήμερα στο Eurogroup το τρίτο Μνημόνιο για την παραμονή ή μη της Ελλάδος στην Ευρωζώνη

Σήμερα (10 Ιουλίου 2015) συζητείται στο Eurogroup το πακέτο μέτρων, το οποίο απέστειλε στους θεσμούς ο υπουργός Οικονομικών Ευκλείδης Τσακαλώτος και για το οποίο πήρε «εξουσιοδότηση» σήμερα στις 3 το... πρωί η κυβέρνηση από τη Βουλή με 251 «ΝΑΙ» και 17 διαρροές από το ΣΥΡΙΖΑ (κυρίως από στελέχη που ανήκουν στη λεγόμενη «αριστερή πλατφόρμα»).

Και θυμήθηκα τα γνωστά σκληρά πακέτα του 2010 (Πρώτο Μνημόνιο) και του 2012 (Δεύτερο Μνημόνιο), με τα οποία λεηλατήθηκαν η ελληνική οικονομία και τα ελληνικά νοικοκυριά, διότι ουδέποτε σχεδόν τηρήθηκαν οι δεσμεύσεις των αντίστοιχων κυβερνήσεων προς την τρόικα ή τους δανειστές, και τα οποία πολεμούσαν λυσσαλέα και οι δύο σημερινοί κυβερνητικοί εταίροι!

Με αυτό το τρίτο πακέτο μέτρων η «αντιμνημονιακή» κυβέρνηση του ΣΥΡΙΖΑ– Ανεξάρτητων Ελλήνων ζητά να κλείσει μία συμφωνία–μαμούθ για ένα τρίτο Μνημόνιο, δηλαδή για:

– Χρηματοδότηση των δανειακών αναγκών της χώρας από την 01/07/2015 έως τις 30/06/2018, για τρία δηλαδή χρόνια. Το ακριβές ποσό τελεί υπό διαπραγμάτευση αλλά μπορεί να φτάνει και στα 70 δισ. ευρώ.

– Ρύθμιση του ελληνικού χρέους ώστε να μην απαιτηθούν ξανά νέα μέτρα.

– Ενα τεράστιο και εμπροσθοβαρές αναπτυξιακό πακέτο για τη χώρα μας, ύψους 35 δισ. ευρώ.

Θυμήθηκα τις προτάσεις Γιούνκερ της 28ης Ιουνίου 2015, οι οποίες δεν αποσόβησαν το παράξενο δημοψήφισμα της 5ης Ιουλίου 2015. Ουσιαστικά δεν υπάρχουν αποκλίσεις σε σχέση με τις προτάσεις αυτές, ωστόσο το νέο πακέτο προτάσεων περιλαμβάνει και «ρήτρες» σε περίπτωση που πέσουν έξω τα μέτρα που προτείνει η ελληνική πλευρά. Αν δεν επιτευχθούν οι προβλεπόμενες εισπράξεις φόρων, τότε θα ληφθούν μέτρα όπως:

– Αύξηση του φορολογικού συντελεστή στα έσοδα από ενοίκια, σε 15% αντί 11% για εισοδήματα έως 12.000 ευρώ ετησίως για πρόσθετα έσοδα 160 εκατομμύρια ευρώ σε 35% από 33% στα εισοδήματα πάνω από 12.000 ευρώ, για επιπλέον έσοδα 40.000.000 ευρώ.

– Ο φόρος εισοδήματος νομικών προσώπων θα αυξηθεί κατά επιπλέον ποσοστιαία μονάδα (δηλαδή από 28% έως 29%).

11 ΙΟΥΛΙΟΥ

Η δημαγωγική «γλώσσα κόκαλα δεν έχει και κόκαλα τσακίζει» στο σημερινό κρίσιμο Eurogroup!

Σήμερα (Σάββατο) αργά το βράδυ (11 Ιουλίου 2015 ματαίως περίμενα ευχάριστα νέα από το κρίσιμο Eurogroup. Διαβάζω ότι οι εταίροι στο τραπέζι του Eurogroup ζητούν άμεση ψήφιση των προαπαιτούμενων, ενώ πιέζουν για περαιτέρω σκληρά μέτρα και συγκεκριμενοποίηση των υπαρχόντων. Μέχρι στιγμής (1 η ώρα πρωινή της 12ης Ιουλίου 2015) που γράφονται οι γραμμές αυτές, αν και σκληρή η διαπραγμάτευση, προχωρά, έστω και με αργούς ρυθμούς. Το βασικό πρόβλημα είναι το έλλειμμα αξιοπιστίας της ελληνικής κυβέρνησης, ιδιαίτερα μετά το δημοψήφισμα. Ο υπουργός Οικονομικών Ευκλείδης Τσακαλώτος βρέθηκε αντιμέτωπος με μια σειρά παρατηρήσεων από ομολόγους του, με κοινό τόπο την αμφισβήτηση της ικανότητας και της προθυμίας της ελληνικής κυβέρνησης να υλοποιήσει τις μεταρρυθμίσεις, ακόμα και αυτές που η ίδια έχει συμπεριλάβει στην πρότασή της. Όπως διαβάζω, ζητείται μετ' επιτάσεως από την Αθήνα να συγκεκριμενοποιήσει τις προτάσεις της και να μην είναι σε ένα κομμάτι χαρτί, αλλά μέρος ενός δεσμευτικού action plan, Μέσω αυτής της διαδικασίας, η κυβέρνηση καλείται να απαντήσει στο έλλειμμα εμπιστοσύνης που σκιάζει την προσπάθεια για συμφωνία.

Επιτακτικό πρόβλημα, που χρήζει άμεσης αντιμετώπισης και συζητήθηκε εκτενώς στο τραπέζι του Eurogroup, είναι το ομόλογο της ΕΚΤ, που λήγει μόλις σε εννέα ημέρες. Η συζήτηση επεκτάθηκε και σε συγκεκριμένες μεταρρυθμίσεις, όπως η εφαρμογή της εργαλειοθήκης του ΟΟΣΑ, που έχει προκαλέσει κυβερνητικούς τριγμούς τα τελευταία δύο χρόνια, όπως η μεταρρύθμιση στην αγορά γάλακτος, στα αρτοποιεία, η απελευθέρωση των φαρμακείων κλπ.

Μέχρι τη στιγμή που γράφεται το σημείωμα αυτό, η συζήτηση συνεχίζεται, σε μια προσπάθεια να μορφοποιηθούν όλα τα ζητήματα, καθώς έχουν διατυπωθεί πολλές διαφορετικές προσεγγίσεις.

Και θυμήθηκα, ύστερα από όλα αυτά, τη γνωστή θυμόσοφη λαϊκή ρήση «η γλώσσα κόκαλα δεν έχει και κόκαλα τσακίζει».

Θυμήθηκα, δηλαδή, όλα αυτά τα γνωστά κατά προεκλογική περίοδο του Ιανουαρίου 2015, την εβδομάδα πριν από το δημοψήφισμα και τη Ζωή Κωνσταντοπούλου με τη ομιλία της στη Βουλή κατά τη συζήτηση στο Κοινοβούλιο της «εξουσιοδότησης» προς την κυβέρνηση για τη σύναψη μιας συμφωνίας που αποτρέπει το grexit, η οποία «έλουσε» με τα χειρότερα κοσμητικά επίπεδα τους «θεσμούς», τους οποίους εκλιπαρούμε σήμερα για βοήθεια. Ω, της παραφροσύνης...

12 ΙΟΥΛΙΟΥ

Ες ...σήμερον τα σπουδαία για νέο Eurogroup που δεν αποφάσισε χθες για την Ελλάδα...

Σήμερα (1:20 (πρωινή ώρα της Κυριακής) 12 Ιουλίου 2015 διαβάζω ότι χωρίς τη σύνταξη κοινού ανακοινωθέντος ολοκληρώθηκε το βράδυ του Σαββάτου η συνεδρίαση του Eurogroup για την Ελλάδα. Οι υπουργοί Οικονομικών της ευρωζώνης θα συνεδριάσουν εκ νέου στις 12:00 ώρα Ελλάδας την Κυριακή (12 Ιουλίου 2015), ενώ η Σύνοδος Κορυφής έχει προγραμματισθεί για τις 16:00.

Όπως διαβάζω, στο αποψινό Eurogroup προκλήθηκε εμπλοκή λόγω των αντιρρήσεων για ένα νέο πακέτο που εξέφρασαν η Φινλανδία, η Σλοβακία και η Μάλτα. Πάντως, όπως επισημαίνω και στο προηγούμενο σημείωμά μου, η επιφυλακτική στάση των υπουργών Οικονομικών της ευρωζώνης απέναντι στην Ελλάδα είχε αποκαλυφθεί πριν από την έναρξη της συνεδρίασης, καθώς στην πλειοψηφία τους οι υπουργοί δήλωναν ότι έχει πλέον χαθεί η εμπιστοσύνη στην ελληνική κυβέρνηση.

Ωστόσο, σημειώνω ότι λίγες ώρες πριν από την έναρξη της συνεδρίασης του πιο κρίσιμου Eurogroup, οι θεσμοί χαρακτήριζαν την ελληνική πρόταση θετική ως βάση για διαπραγματεύσεις προειδοποιώντας όμως ταυτόχρονα ότι δεν έχει τελειώσει η διαδικασία για τη συμφωνία. Υπενθυμίζω ότι τα ξημερώματα του Σαββάτου ο Αλέξης Τσίπρας εξασφάλισε ισχυρή, ευρεία στήριξη στη Βουλή (251 ψήφοι) για συνέχιση και ολοκλήρωση της διαπραγμάτευσης με τους εταίρους.

Περιμένομεν...

13 ΙΟΥΛΙΟΥ

Συμφωνία για ένα τρίτο Μνημόνιο με σκληρούς όρους και ότι, επιτέλους, θα εφαρμοστεί

Σήμερα (13 Ιουλίου 2015) μόλις τώρα διάβασα ότι, ύστερα από μαραθώνια συζήτηση 17 ωρών (με διακοπές και παράλληλες συνεννοήσεις) οι ηγέτες των χωρών –μελών της ευρωζώνης υπέγραψαν τη συμφωνία της Ελλάδος με τους δανειστές. Το κείμενο της συμφωνίας στην οποία κατέληξαν σήμερα οι Ευρωπαίοι ηγέτες, αλλά και το κείμενο με τα προαπαιτούμενα που κατατέθηκε την περασμένη Παρασκευή στη Βουλή, θα πρέπει να γίνουν νόμος του κράτους μέχρι την Τετάρτη προκειμένου να ξεκινήσει και η διαδικασία ψήφισης από τα υπόλοιπα Ευρωπαϊκά Κοινοβούλια. Η ελληνική Βουλή, όπως αναφέρεται και στο κείμενο της συμφωνίας, θα πρέπει να ψηφίσει:

Τα μέτρα για τον ΦΠΑ (αύξηση συντελεστών, διεύρυνση φορολογικής βάσης κλπ).

Τα πρώτα μέτρα για τις συντάξεις που θα αποτελέσουν τμήμα ευρύτερης μεταρρύθμισης του ασφαλιστικού (πρακτικά θα είναι τα μέτρα για τις πρόωρες συντάξεις, η αύξηση της εισφοράς για την υγεία κλπ).

Η ανεξαρτητοποίηση της Ελληνικής Στατιστικής Αρχής.

Η θέσπιση του κανόνα για αυτόματη προσαρμογή των δημοσίων δαπανών σε περίπτωση που δεν επιτυγχάνονται οι δημοσιονομικοί στόχοι (σ.σ το πρωτογενές πλεόνασμα του 1% έως 3, 5% για την περίοδο μέχρι και το 2018).

Μέχρι τις 22 Ιουλίου, θα πρέπει να ψηφιστεί και ο νέος Κώδικας Πολιτικής Δικονομίας με στόχο την επίτευξη στις διαδικασίες απονομής δικαιοσύνης. Επίσης, μέχρι τις 22 Ιουλίου θα πρέπει να ενσωματωθεί και στο ελληνικό δίκαιο η κοινοτική οδηγία για τη διαδικασία εκκαθάρισης μιας τράπεζας (σ.σ είναι η οδηγία που προστατεύει τις καταθέσεις μέχρι το ύψος των 100.000 ευρώ).

Η ελληνική πλευρά, θα πρέπει να πάρει ισοδύναμα μέτρα προκειμένου να αναπληρώσει το κόστος που θα προκύψει από το γεγονός ότι το Συμβούλιο της Επικρατείας έκρινε παράνομες τις περικοπές που έγιναν στις συντάξεις μετά το 2012.

Θα πρέπει να ψηφιστούν όλα τα μέτρα που περιλαμβάνονται στην εργαλειοθήκη του ΟΟΣΑ μεταξύ των οποίων και το άνοιγμα των καταστημάτων τις Κυριακές, το ιδιοκτησιακό καθεστώς των φαρμακείων κλπ. Ειδική μέριμνα θα υπάρχει για τις ακτοπλοϊκές συγκοινωνίες και φαρμακευτικά προϊόντα.

Θα πρέπει να ιδιωτικοποιηθεί ο ΑΔΜΗΕ εκτός και αν βρεθεί ισοδύναμο μέτρο.

Με την ψήφιση των προαπαιτούμενων, ουσιαστικά θα ανάψει το πράσινο φως για να ξεκινήσουν οι διαπραγματεύσεις για την επίτευξη της συμφωνίας προκειμένου να χορηγηθεί το δάνειο. Αυτό θα χρειαστεί χρόνο.

Για να καλυφθούν όμως οι άμεσες ανάγκες, το Eurogroup θα συμφωνήσει ενδεχόμενα και σήμερα, το περιεχόμενο ενός προγράμματος–γέφυρα. Το κείμενο της συμφωνίας κάνει λόγο για ένα ποσό της τάξεως των 7 δισεκατομμυρίων ευρώ μέχρι τις 20 Ιουλίου και επιπλέον 5 δισεκατομμύριων ευρώ μέσα στον Αύγουστο. Αυτά τα χρήματα θα χρησιμοποιηθούν κυρίως για το ΔΝΤ και για την ΕΚΤ.

Υπάρχει δέσμευση για ανάκληση των νόμων που ψηφίστηκαν από την κυβέρνηση Τσίπρα το πρώτο εξάμηνο. Σε αυτό αναφέρθηκε η Γερμανίδα καγκελάριος, εξαιρώντας μόνο τον νόμο για την ανθρωπιστική κρίση. Πράγματι υπάρχει ρητή αναφορά στο κείμενο της συμφωνίας. Πρέπει να επανεξεταστούν ακόμη και να καταργηθούν, όλα τα νομοσχέδια που ψηφίστηκαν τους τελευταίους έξι μήνες με εξαίρεση το νομοσχέδιο για την ανθρωπιστική κρίση. Κρίσιμα είναι τα νομοσχέδια για τις προσλήψεις στο δημόσιο, για την ΕΡΤ και για την ρύθμιση των 100 δόσεων.

Στο νέο πρόγραμμα θα συμμετέχει και το Διεθνές Νομισματικό Ταμείο

Στο πακέτο, περιλαμβάνεται συμφωνία για την ανακεφαλαιοποίηση των τραπεζών ενώ γίνεται ιδιαίτερη αναφορά στη λήψη μέτρων για τα κόκκινα δάνεια. Το ποσό για την ανακεφαλαιοποίηση των τραπεζών θα κυμανθεί από τα 10 έως τα 25 δισεκατομμύρια ευρώ εκ των οποίων τα 10 δισεκατομμύρια ευρώ θα διατεθούν άμεσα.

Συστήνεται νέο Ταμείο για τη διαχείριση των περιουσιακών στοιχείων της χώρας. Θα εδρεύει στην Αθήνα, θα έχει ανεξάρτητη διοίκηση και ουσιαστικά θα διαδεχτεί το ΤΑΙΠΕΔ. Μέσω του Ταμείου, θα πρέπει να αποκρατικοποιηθούν περιουσιακά στοιχεία ύψους 50 δισεκατομμυρίων ευρώ. Το χρονοδιάγραμμα εντός του οποίου θα γίνουν αυτές οι αποκρατικοποιήσεις, δεν έχει ακόμη διευκρινισθεί. Από τα 50 δισεκατομμύρια ευρώ τα 25 θα πάνε για την αποπληρωμή του δανείου που θα δοθεί για την ανακεφαλαιοποίηση των τραπεζών, τα υπόλοιπα 12, 5 για την αποπληρωμή χρέους και τα 12, 5 δισ. ευρώ για ανάπτυξη.

Δέσμευση για μέτρα περικοπής του κόστους λειτουργίας του δημοσίου.

Οι εκπρόσωποι των θεσμών θα επιστρέψουν στην Ελλάδα και πλέον η αξιολόγηση της πορείας του προγράμματος θα γίνεται όπως στο πρώτο και στο δεύτερο μνημόνιο.

Για το χρέος, υπάρχει επανάληψη των δεσμεύσεων του Νοεμβρίου του 2012 για την αναδιάρθρωση του χρέους εφόσον χρειαστεί όπως αναφέρεται χαρακτηριστικά. Το κείμενο μιλάει για επιμήκυνση ή περίοδο χάριτος ενώ αποκλείει ενδεχόμενο κουρέματος. Το θέμα του χρέους θα εξεταστεί μετά την ολοκλήρωση της πρώτης αξιολόγησης του νέου δανειακού πακέτου.

Τμήμα της συμφωνίας αποτελεί και το πακέτο Γιούνκερ, ύψους 35 δισεκατομμυρίων ευρώ για τα επόμενα τρία έως πέντε χρόνια. Μέρος αυτών των χρημάτων θα διατεθούν και για τις μικρομεσαίες επιχειρήσεις. Γίνεται αναφορά σε διαδικασίες εξπρές για άμεση εκταμίευση ενός δισεκατομμυρίου ευρώ.

14 ΙΟΥΛΙΟΥ

«Άρχισαν τα όργανα» από τους κρατικομονοπωλιακούς συνδικαλιστές, όπως πάντα, για το «αμύνεσθαι περί πάρτης»

Σήμερα (14 Ιουλίου 2015), μόλις την επόμενη ημέρα της υπογραφής της πολυπόθητης συμφωνίας με τους δανειστές μας, διάβασα ότι οι φαρμακοποιοί της χώρας μετά από ομόφωνη απόφαση που ελήφθη από το ΔΣ του Πανελλήνιου Φαρμακευτικού Συλλόγου (ΠΦΣ) σε χθεσινή τηλεδιάσκεψη θα προχωρήσουν αύριο (Τετάρτη, 15 Ιουλίου 2015) σε 24ωρη απεργία, ως αντίδραση στη συμφωνία στις Βρυξέλλες.

Σήμερα (14 Ιουλίου 2015), μόλις την επόμενη ημέρα της υπογραφής της πολυπόθητης συμφωνίας τους δανειστές μας, διάβασα ότι η Εκτελεστική Επιτροπή της Πανελλήνιας Ομοσπονδίας Εργαζομένων Οργανισμών Τοπικής Αυτοδιοίκησης (ΠΟΕ–ΟΤΑ) αποφάσισε την πραγματοποίηση 24ωρης πανελλαδικής απεργίας στους δήμους, την ημέρα ψήφισης στη Βουλή των νέων μέτρων» για την ανατροπή της λιτότητας και τη διαγραφή του χρέους», τονίζεται στην ανακοίνωση.

Σήμερα (14 Ιουλίου 2015), μόλις την επόμενη ημέρα της υπογραφής της πολυπόθητης συμφωνίας τους δανειστές μας, διάβασα ότι ο πρόεδρος της ΓΕΝΟΠ–ΔΕΗ Γιώργος Αδαμίδης εξέφρασε κατά την ομιλία του στη γενική συνέλευση των μετόχων της ΔΕΗ την αντίθεσή του στην ιδιωτικοποίηση του ΑΔΜΗΕ.

Σήμερα (14 Ιουλίου 2015), μόλις την επόμενη ημέρα της υπογραφής της πολυπόθητης συμφωνίας τους δανειστές μας, διάβασα ότι αύριο Τετάρτη θα απεργήσουν οι εργαζόμενοι στον ΟΣΕ και τον Προαστιακό, στο Μετρό, στα μέσα μαζικής μεταφοράς (λεωφορεία κλπ), στα νοσοκομεία και στη Δημόσια Διοίκηση (ΑΔΕΔΥ).

Και θυμήθηκα τη γνωστή θυμόσοφη λαϊκή απορία: «Λείπει ποτέ ο Μάρτης από τη σαρακοστή», το γνωστό : «άρχισαν τα όργανα», την άλλη γνωστή θυμόσοφη λαϊκή ρήση: «Κι εκείνοι το βιολί τους» και μιαν άλλη:

«Εδώ καράβια χάνονται (η χώρα μας), βαρκούλες αρμενίζουν».

Θυμήθηκα αυτό που διάβασα πριν από μερικές ημέρες, όταν οι συνταξιούχοι στέναζαν έξω από τις τράπεζες, δηλαδή στις 2 Ιουλίου 2015, ότι με απόφαση του υπουργού Παραγωγικής Ανασυγκρότησης Παναγιώτη Λαφαζάνη επιστρέφουν στο υπουργείο τις τελευταίες εβδομάδες πάνω από 70 υπάλληλοι που είχαν μπει σε καθεστώς διαθεσιμότητας.

Θυμήθηκα ότι οι ίδιοι και οι ίδιοι συνδικαλιστές και «προστάτες» των συμφερόντων των εργαζομένων, οι ίδιοι άρχισαν το «αμύνεσθαι περί πάρτης»! Τα ίδια Παντελάκη μου, τα ίδια Παντελή μου; Θα δούμε...

15 ΙΟΥΛΙΟΥ (1)

15 Ιουλίου 1965: «Φιλελεύθερη» αποστασία από την «προοδευτική» κυβέρνηση της Ένωσης Κέντρου.

15 Ιουλίου 2015: Αριστερή αποστασία από την αριστερή κυβέρνηση του ΣΥΡΙΖΑ.

Σήμερα το απόγευμα (15 Ιουλίου 2015) βλέπω στην τηλεόραση να έχει μετατραπεί σε πεδίο μάχης το Σύνταγμα με αντιεξουσιαστές να δημιουργούν ένα εκρηκτικό κλίμα, πετώντας βόμβες μολότοφ, βάζοντας φωτιά σε αυτοκίνητα και κάδους και προκαλώντας εκτεταμένες ζημιές σε καταστήματα και ΑΤΜ, αφού κατάφεραν να παρεισφρήσουν στη συγκέντρωση διαμαρτυρίας στην Πλατεία Συντάγματος κατά της επικύρωσης της συμφωνίας Αθήνας – δανειστών και άρχισαν να επιτίθενται σε άνδρες των ΜΑΤ.

Και θυμήθηκα την πολιτική κρίση, η οποία άρχισε το Μάιο και κορυφώθηκε στις 15 Ιουλίου του 1965 και η οποία έχει μείνει στην ιστορία ως «αποστασία». Τότε ήμουνα φοιτητής επί πτυχίω και άκουγα από το μικρό ραδιόφωνό μου (τρανζίστορ) τα δραματικά γεγονότα (πορείες, τραυματισμοί, θάνατος) που συγκλόνιζαν τότε όλη την Ελλάδα και ιδιαίτερα την Αθήνα.

Θυμήθηκα ότι τότε μία ομάδα στελεχών της κυβέρνησης της Ένωσης «Κέντρου υπό τον πρωθυπουργό Γεώργιο Παπανδρέου, τον επονομαζόμενο «Γέρο της Δημοκρατίας», με την προτροπή ή σχέδιο των Ανακτόρων (τότε βασιλεύς ήταν ο νεαρός Κωνσταντίνος) προχώρησαν σε αποστασία και έριξαν την κυβέρνηση, η οποία σχηματισθήκε μετά τις εκλογές του 1963.

Θυμήθηκα, λοιπόν, ότι τότε «κάηκε» η Αθήνα και μεγάλες πόλεις της χώρας μας με μεγάλες συγκεντρώσεις ως αντίδραση για την αποστασία, ως αντίδραση κατά των (φιλελεύθερων) στελεχών της «αριστερής» κυβέρνησης του Κέντρου που επεχείρησαν να «ρίξουν» το νόμιμα πρωθυπουργό Γεώργιο Παπανδρέου.

Θυμήθηκα ότι από την ημέρα αυτή η χώρα μπήκε σε εφιαλτικές περιπέτειες, οι οποίες κορυφώθηκαν με το πραξικόπημα των «Συνταγματαρχών» στις 21 Απριλίου του 1967.

Θυμήθηκα τη γνωστή ρήση του Μάρξ «Η ιστορία επαναλαμβάνεται την πρώτη φορά ως τραγωδία και τη δεύτερη φορά ως φάρσα».

Θυμήθηκα τη ρήση αυτή διότι σήμερα το βράδυ, ύστερα ακριβώς από πενήντα χρόνια, καιγόταν το κέντρο της Αθήνας για μην πουν «ΝΑΙ» στο πολυνομοσχέδιο της κυβέρνησης και να «ρίξουν» την αριστερή» κυβέρνηση όχι φιλελεύθεροι βουλευτές ή βουλευτές άλλων κομμάτων, αλλά υπουργοί και βουλευτές του κυβερνώντος ΣΥΡΙΖΑ, δηλαδή να... αποστατήσουν!!!!

15 ΙΟΥΛΙΟΥ (2)

Κωνσταντίνος Μητσοτάκης: Πώς είδα εγώ τα «Ιουλιανά» του 1965

Σήμερα (15 Ιουλίου 2015) ανέτρεξα στο αρχείο μου, όπου διαπίστωσα ότι υπάρχουν σχετικές δηλώσεις ή εκμυστηρεύσεις ενός εκ των πρωταγωνιστών κατά την πολιτική κρίση στις 15 Ιουλίου 1965, του πρώην πρωθυπουργού Κωνσταντίνου Μητσοτάκη.

Και θυμήθηκα ότι το κείμενο που ακολουθεί είναι μια «αποδελτίωση» της γνώμης του πρώην πρωθυπουργού, η οποία στηρίζεται, κυρίως, σε όσα μού είπε κατά τις κατ' ιδίαν πάμπολλες συζητήσεις και, κυρίως, κατά την παρουσίαση του βιβλίου μου «Η Μεγάλη Φούσκα της Οικονομίας, 1981 – 2001» στη Στοά του Βιβλίου του 2002 και στον πρόλογό του στο βιβλίο μου «Το Πολιτικό Δράμα της Ελλάδος, 1981 – 2005»:

– Για την ελληνική οικονομία μετά το 1963: «Να σας θυμίσω ότι, όταν η Ένωση Κέντρου κέρδισε τη σχετική πλειοψηφία και πήρε την κυβέρνηση το φθινόπωρο του 1963, εγώ παρέλαβα το υπουργείο των Οικονομικών και έκαμα τη λεγόμενη πολιτική των παροχών που ήταν πράγματι πολιτική παροχών, διότι ο Καραμανλής είχε αφήσει περιθώρια και κινήθηκα μέσα στα πραγματικά περιθώρια της οικονομίας και βοηθήσαμε να πάρουμε τις εκλογές, το θρίαμβο του Φεβρουαρίου του 1964. Όταν όμως συνήντησα τον Γεώργιο Παπανδρέου και με ρώτησε «τι θα κάνουμε τώρα από εδώ και πέρα», του είπα «κ. πρόεδρε τέρμα στις παροχές, το είχατε πει άλλωστε και προεκλογικά». Και το είχε πει προεκλογικά «τέρμα στις παροχές» και όμως δεν δέχθηκε αυτή την πολιτική. Ήταν η μεγάλη μου διαφωνία μαζί του, η οποία από εκεί και πέρα οδήγησε τελικά σε επιδείνωση της οικονομικής κατάστασης, σε μια δυσκολία μεγάλη του 1965.

– Για την κρίση του Ιουλίου 1965: «Πεποίθησή μου αποτελεί ότι η κρίση του 1965 προκλήθηκε από τον Γεώργιο Παπανδρέου, διότι δεν είχε τα περιθώρια να κάνει αντιδημοτική, αντιλαϊκή πολιτική και να αναμαζέψει την οικονομία την οποία εν τω μεταξύ την είχαμε αφήσει να πάρει τον κατήφορο. Να θυμίσω και να αποδώσω δικαιοσύνη ότι ο Κωνσταντίνος Καραμανλής υπήρξε πάντοτε νοικοκύρης σε όλες τις περιόδους που η κυβέρνηση δεν έκανε ποτέ λαϊκίστικη πολιτική και το ίδιο βεβαίως έκανε και μετά τη μεταπολίτευση και η κυβέρνηση Γεωργίου Ράλλη, την οποία πολύ αναθεματίζουν. Εγώ είχα πάψει να έχω την ευθύνη της οικονομίας, ήμουν πλέον υπουργός Εξωτερικών κατά παράκληση και επιθυμία του Κωνσταντίνου Καραμανλή, αλλά έχω χρέος να πω ότι ναι έγιναν λάθη, τα ομολόγησε άλλωστε και ο ίδιος ο Γεώργιος Ράλλης παρά τη δική μου αντίδραση τότε, ήμουν και τότε απόλυτα αντίθετος προς αυτές τις παροχές. Αυτό που παραδώσαμε εμείς στο ΠΑΣΟΚ, η κυβέρνηση Ράλλη του 1981, ήταν μια οικονομία, η οποία πληρούσε τα κριτήρια του Μάαστριχ στο ακέραιο με εξαίρεση τον πληθωρισμό, ο οποίος όμως και τότε ήταν διπλάσιος από τον μέσο όρο του ευρωπαϊκού πληθωρισμού και σας θυμίζω απλώς για να μην ξεχνιόμαστε ότι και σήμερα είναι και πάλι διπλάσιος ο ελληνικός πληθωρισμός, από τον ευρωπαϊκό πληθωρισμό, από το μέσο όρο. Θέλω να πω με αυτά ότι η οικονομία επηρεάζει αποφασιστικά την πολιτική πάντοτε σε όλες τις εποχές και χαίρομαι γιατί αυτό το πράγμα έγινε κατανοητό και στην Ελλάδα. Θα ήθελα να πω δύο μόνο πράγματα. Το πρώτο είναι ότι όταν κάνεις πολιτική μπορείς να έχεις όποιες απόψεις θέλεις για την οργάνωση της οικονομίας. Ένα πράγμα όμως πρέπει να έχεις πάντα υπόψη σου ότι, όταν κάνεις πολιτική διανομής, όταν δίδεις θα πρέπει να δώσεις αυτά που έχεις. Δεν μπορείς να δώσεις αυτά που δεν έχεις, δεν μπορείς να κάνεις πολιτική υποθηκεύοντας το μέλλον, το ψωμί των παιδιών μας. Είναι μια πολύ απλή αλήθεια, την οποία όμως τον τελευταίο καιρό την έχουμε παντελώς ξεχάσει και αυτό αποτελεί και την αιτία της φούσκας, την απαρχή από το 1981 και πέρα. Στην Ελλάδα παλαιότερα ήταν αδιανόητο ότι μπορούσε να γίνουν δαπάνες κοινωνικές, κοινωνικές παροχές με δανεικά. Το κράτος δεν δανειζόταν, το κράτος ήταν νοικοκυρεμένο κράτος, δεν δανειζόταν ακόμα ούτε για επενδύσεις, εάν δεν ήταν συναλλαγματοφόρες, αν δεν έφερναν συνάλλαγμα. Γι' αυτό συνεχώς επισημαίνω ότι το πολιτικό δράμα της Ελλάδος δεν άρχισε το 1981. Απλώς κορυφώθηκε μετά το 1981.

Το πολιτικό δράμα της χώρας μας άρχισε από το 1965, όταν επιχειρήθηκε να συνεχισθεί από την τότε κυβέρνηση, στην οποία συμμετείχα ως υπουργός Οικονομικών, η ίδια επεκτατική οικονομική πολιτική, η οποία όμως εδικαιολογείτο από τα γεμάτα δημόσια ταμεία που μας είχε αφήσει ο πρωθυπουργός της προηγούμενης κυβέρνησης, ο αείμνηστος Κωνσταντίνος Καραμανλής».

– Για την εμπειρία του ως υπουργού Οικονομικών το 1966: «Υπήρξα υπουργός των Οικονομικών σε πολλές εποχές. Θα σας πω το 1966, το ήμισυ ενός πολύ σημαντικού προϋπολογισμού των δημοσίων επενδύσεων προήρχετο από πόρους του προϋπολογισμού του 1966 και μόνο το μισό το δανειζόμαστε. Αν σκεφτείτε ότι από το 1981 ίσαμε σήμερα εισέρευσαν στην Ελλάδα χάρη στην Ευρώπη, στην πολιτική μας την ευρωπαϊκή, 100 τρισ., μυθικό ποσό, απίστευτο ποσό, και παρά ταύτα το κράτος δανείζεται και το δημόσιο χρέος ανεβαίνει. Και αν σκεφτείτε ότι φτάσαμε στο σημείο το οποίο είναι απαράδεκτα πολιτικά, αλλά και ηθικά και από κοινωνικής πλευράς να μιλούμε για παροχές, χωρίς να ρωτούμε αν έχουμε τα χρήματα, θα καταλάβετε αμέσως γιατί έφτασε η Ελλάδα εκεί που έφτασε και αυτό ήταν το μεγάλο λάθος του ΠΑΣΟΚ...»

16 ΙΟΥΛΙΟΥ

Σήμερα, συνεχίζεται η ιστορία ως... φάρσα για τους μαρξιστές του ΣΥΡΙΖΑ, όπως την είχε «προφητέψει» ο «σύντροφός» τους Μαρξ

Σήμερα (16 Ιουλίου 2015) διάβασα ότι στις πρωινές ώρες το νομοσχέδιο, μέσω του οποίου κυρώνεται η συμφωνία με τους εταίρους–δανειστές, εγκρίθηκε με μεγάλη πλειοψηφία από τη Βουλή (229 «ναι», 64 «όχι» και έξι «παρών»). Όμως, η κοινοβουλευτική αυτή νίκη αποδείχθηκε πύρρειος για την κυβερνώσα πλειοψηφία, αφού είδε 39 βουλευτές του ΣΥΡΙΖΑ να θέτουν εαυτούς απέναντι στον πρωθυπουργό: 32 καταψήφισαν, 6 δήλωσαν «παρών», ενώ μία ήταν απούσα. Πάντως, οι βουλευτές που διαφοροποιήθηκαν από την κεντρική κυβερνητική επιλογή δεν έφτασαν τους 40, αριθμός που είχε τεθεί από το πρωθυπουργικό περιβάλλον ως καταλύτης για τη βιωσιμότητα της κυβέρνησης, η οποία διαθέτει 162 βουλευτές και χάνει τη δεδηλωμένη εάν σε σχετική ψηφοφορία λάβει, επί των παρόντων, κάτω από 121 ψήφους.

Ανάμεσα στα «όχι» ήταν και εκείνα των υπουργών Π. Λαφαζάνη, Δ. Στρατούλη και Κ. Ήσυχου, ενώ χθες παραιτήθηκε η Νάντια Βαλαβάνη. Ο

Λαφαζάνης, πάντως, δήλωσε ότι στηρίζει την κυβέρνηση, ενώ πρόσθεσε ότι εφόσον το ζητήσει ο πρωθυπουργός, θα παραιτηθεί.

Στην ομιλία της, όπως ήταν αναμενόμενο, η Ζωή Κωνσταντοπούλου έκανε χρήση βαρύτατων εκφράσεων, προκειμένου για ακόμα μία φορά να καταδείξει τη διαφωνία της στην κυβερνητική και πρωθυπουργική επιλογή. Ενδεικτικό είναι ότι μεταξύ άλλων έκανε λόγο για «μαύρη μέρα για τη Δημοκρατία», «ενταφιασμό της κοινοβουλευτικής λειτουργίας» και «κοινωνική γενοκτονία».

Και (μια και το ζητάει η «μαρξιστική ημέρα») θυμήθηκα την παραπάνω ρήση του Μαρξ. Την επαναλαμβάνω: «Η ιστορία επαναλαμβάνεται την πρώτη φορά ως τραγωδία και τη δεύτερη φορά ως φάρσα».

Θυμήθηκα, ως επίρρωση της ρήσης αυτής του «συντρόφου» Μαρξ τις δηλώσεις του Λαφαζάνη ότι «στηρίζει την κυβέρνηση, αλλά όχι τα μέτρα της».

Θυμήθηκα, ως επίρρωση της ρήσης αυτής του «συντρόφου» Μάρξ, τις παραπάνω φράσεις της Ζωής Κωνσταντοπούλου για «μαύρη Δημοκρατία», για «ενταφιασμούς» και γενοκτονίες» που γυρίζουν εναντίον της ...

Θυμήθηκα ότι όλα αυτά στην αρχαία ελληνική τραγωδία λέγονταν «τραγική ειρωνεία», δηλαδή οι πρωταγωνιστές αγνοούσαν την αλήθεια ή εκλάμβαναν κάτι ψευδές ως αληθές, ενώ οι θεατές γνώριζαν τις αληθείς πραγματικές διαστάσεις του θέματος και συνέπασχαν... 17 Ιουλίου (1)

Τρία ελληνικά μετάλλια σε Διεθνή Μαθηματική Ολυμπιάδα, αφιερωμένα στον αρνητικό για τέτοια Αριστείδη Μπαλτά!

Σήμερα (17 Ιουλίου 2015) διάβασα ότι η ελληνική αποστολή επιστρέφει με τρία μετάλλια από τη 56η Διεθνή Μαθηματική Ολυμπιάδα. Ειδικότερα, ο Πέτρος Ντούνης από την Αθήνα πήρε αργυρό μετάλλιο, ο Παναγιώτης Μισιακός από την Αθήνα χάλκινο μετάλλιο, ο Νέστορας Χαχάμης από την Αιτωλοακαρνανία χάλκινο μετάλλιο, ενώ εύφημη μνεία πήραν ο Απόστολος Παναγιωτόπουλος από την Θεσσαλονίκη και ο Δημήτρης Μελάς από την Αθήνα. Η 56η Διεθνής Μαθηματική Ολυμπιάδα πραγματοποιήθηκε στην πόλη Chiang Mai της Ταϊλάνδης από 4 έως 16 Ιουλίου. Σημειώνω ότι οι Διεθνείς Μαθηματικές Ολυμπιάδες είναι ένας θεσμός υψηλοτάτου επιστημονικού επιπέδου, όπου συμμετέχουν τα μεγαλύτερα ταλέντα στο χώρο των μαθηματικών από όλο σχεδόν τον κόσμο και εφέτος τα έξοδα της ελληνικής αποστολής καλύφθηκαν με χορηγία του Κοινωφελούς Ιδρύματος Αλέξανδρος Σ. Ωνάσης (και απορώ πώς δεν απορρίφθηκε και η χορηγία αυτή, όπως άλλες προηγούμενες!!)).

Και θυμήθηκα ότι η «αλλεργία» της σημερινής ηγεσίας του υπουργείου

Παιδείας για «αξιολογήσεις» και «διαγωνισμούς» είχε εκδηλωθεί ήδη από τις πρώτες ημέρες διακυβέρνησης της χώρας μας από τον ΣΥΡΙΖΑ–ΑΝΕΛ.

Θυμήθηκα ότι (βλέπε «Ημερολόγιό» μου 7 Μαρτίου 2015) στις 7 Μαρτίου 2015 είχα διαβάσει πως η Ελλάδα κινδυνεύει με αποβολή από τον διαγωνισμό PISA του ΟΟΣΑ, αφού ο νυν υπουργός Παιδείας Αριστείδης Μπαλτάς και ο αναπληρωτής του Τάσος Κουράκης –πανεπιστημιακοί και οι δύο– δείχνουν να μην ενδιαφέρονται γι' αυτόν. Σημειώνεται ότι η έρευνα PISA «αξιολογεί κατά πόσο οι γνώσεις και οι δεξιότητές των 15χρονων μαθητών στην Κατανόηση Κειμένου, τα Μαθηματικά και τις Φυσικές Επιστήμες είναι σημαντικές για την πλήρη και ενεργό συμμετοχή τους στις σύγχρονες κοινωνίες» όπως αναφέρει ο ΟΟΣΑ.

Θυμήθηκα ότι στις 26 Μαΐου σε έγγραφό του προς τις ενώσεις Μαθηματικών (ΕΜΕ), Χημικών, Φυσικών, Επιστημόνων Η/Υ και Πληροφορικής, Βιοεπιστημόνων, Αστρονομίας και Διαστήματος και τον Οργανισμό Εκπαιδευτικής Ρομποτικής και Επιστήμης, ο γενικός γραμματέας του υπουργείου Παιδείας Δημήτρης Χασάπης ανακοίνωνε ότι «το υπουργείο αδυνατεί να καλύψει δαπάνες μετάβασης ή συμμετοχής σε Διεθνείς ή Βαλκανικές Ολυμπιάδων λόγω περικοπών συνεπεία της δημοσιονομικής συγκυρίας» και τους προτρέπει να αναζητήσουν χορηγίες. Την επόμενη ημέρα, και λόγω των οξύτατων αντιδράσεων που προκλήθηκαν, το υπουργείο ανασκεύασε λέγοντας ότι «παρά τη δύσκολη οικονομική συγκυρία, με απόφαση του υπουργού Αριστείδη Μπαλτά, το υπουργείο θα προχωρήσει στην περικοπή άλλων δαπανών για τη μετάβαση ή συμμετοχή των μαθητών σε Διεθνείς ή Βαλκανικές Ολυμπιάδες».

Θυμήθηκα σήμερα όλα αυτά που έγινε ανασχηματισμός της κυβέρνησης του ΣΥΡΙΖΑ –ΑΝΕΛ και οι Μπαλτάς και Κουράκης παρέμειναν στις θέσεις τους...

17 ΙΟΥΛΙΟΥ (2)

Των οικιών ημών και των δασών ημών εμπιμπραμένων και σήμερον, ημείς συνεχώς άδομεν...

Σήμερα (17 Ιουλίου 2015) βλέπω και διαβάζω ότι βρέθηκαν σε πύρινο κλοιό πολλές περιοχές της Ελλάδας από τα ξημερώματα, καθώς πυρκαγιές ξέσπασαν σε Υμηττό, Λακωνία, Μαλακάσα, Αργολίδα, Εύβοια και Μεσσηνία, με τις δυνάμεις της πυροσβεστικής να αντιμετωπίζουν συνολικά μέσα στην ημέρα πάνω από 50 πύρινα μέτωπα, ενώ αρκετά από αυτά παραμένουν ενεργά.

Και θυμήθηκα ότι πριν από δύο ημέρες ή νύχτες (από το απόγευμα έως το βράδυ στις 15 Ιουλίου 2015) είχε μετατραπεί σε πεδίο μάχης το Σύνταγμα με αντιεξουσιαστές να δημιουργούν ένα εκρηκτικό κλίμα, πετώντας βόμβες μολότοφ, βάζοντας φωτιά σε αυτοκίνητα και κάδους και προκαλώντας εκτεταμένες ζημιές σε καταστήματα και ΑΤΜ, αφού κατάφεραν να παρεισφρήσουν στη συγκέντρωση διαμαρτυρίας στην Πλατεία Συντάγματος κατά της επικύρωσης της συμφωνίας Αθήνας – δανειστών και άρχισαν να επιτίθενται σε άνδρες των ΜΑΤ.

Θυμήθηκα πάλι τη γνωστή φράση από τους μύθους του Αισώπου «Κοχλία»: «Των οικιών υμών εμπιμπραμένων αυτοί άδετε;». Υπενθυμίζω ότι αυτή ήταν η απάντηση ενός παιδιού στα σαλιγκάρια, όταν τα άκουσε να τσιρίζουν πάνω στη φωτιά...

18 ΙΟΥΛΙΟΥ (1)

Τα Δημοτικά και τα Γυμνάσια κλείνουν το ένα μετά το άλλο, αλλά οι ελλείψεις σε εκπαιδευτικούς είναι, λένε, τεράστιες!!!

Σήμερα (18 Ιουλίου 2015) διάβασα ότι στελέχη του υπουργείου Παιδείας ανέφεραν χθες στην εφημερίδα «Καθημερινή ότι «τα κενά υπολογίζονται πάνω από 25.000 σε πρωτοβάθμια και δευτεροβάθμια εκπαίδευση, και προφανώς οι μεγάλες ελλείψεις την επόμενη χρονιά θα είναι σε δασκάλους και φιλολόγους, φυσικούς και μαθηματικούς», δηλαδή σε βασικές ειδικότητες.

Ειδικότερα, τα στοιχεία της ΟΛΜΕ και της ΔΟΕ δείχνουν ότι την περίοδο 2010–2014 από την πρωτοβάθμια εκπαίδευση έχουν αποχωρήσει περισσότεροι από 10.000 δάσκαλοι και νηπιαγωγοί, από τη δευτεροβάθμια περί τους 15.000 καθηγητές, ενώ για φέτος αναμένονται άλλες 5.000 συνταξιοδοτήσεις.

Στον αντίποδα, την ίδια περίοδο έχουν γίνει ελάχιστοι διορισμοί, και το ίδιο αναμένεται και φέτος. Για φέτος, το υπουργείο Παιδείας έχει «πάρει» συνολικά 4.000 προσλήψεις σε όλες τις εκπαιδευτικές βαθμίδες. Όμως, εξ αυτών οι 1.500 θα δοθούν στους διαθέσιμους καθηγητές τεχνικής εκπαίδευσης και διοικητικούς υπαλλήλους των πανεπιστημίων, που θα επιστρέψουν στις θέσεις τους.

Έτσι, απομένουν περί τις 2.500 θέσεις, με αποτέλεσμα η ανάγκη για χιλιάδες προσλήψεις αναπληρωτών για την κάλυψη των κενών να μην αμφισβητείται.

Και θυμήθηκα ότι όλα αυτά, δηλαδή μεγάλες ελλείψεις εκπαιδευτικών στα ελληνικά σχολεία, παρατηρούνται σε μια περίοδο κατά την οποία συνεχίζεται το κλείσιμο δημοτικών και γυμνασίων σε μιαν ελληνική ύπαιθρο, όπου κυριαρχεί εφιαλτική «ερημία» λόγω του δημογραφικού προβλήματος. Ειλικρινά, θα περίμενα ότι όλοι αυτές οι χιλιάδες εκπαιδευτικών που συνταξιοδοτήθηκαν δεν θα αντικαθιστούνταν με καμία νέα πρόσληψη και ότι έτσι θα ανακουφιζόταν ο πάντα ελλειμματικός κρατικός προϋπολογισμός από τις τεράστιες δαπάνες για το γνωστό «χαβαλέ» στην ελληνική παιδεία. Εκτός αν ο συνεχώς μειούμενος πληθυσμός Ελληνοπαίδων στα σχολεία αναπληρώνεται από παιδιά αλλοδαπών...

18 ΙΟΥΛΙΟΥ (2)

Συνεχίζεται η «προθυμία» για αποκρατικοποιήσεις μέχρι να πάρουμε ξανά τη «δόση»!

Σήμερα (18 Ιουλίου 2015) διάβασα ότι η διοίκηση του Ταμείου Αποκρατικοποιήσεων (ΤΑΙΠΕΔ) ετοιμάζεται ήδη «να βγάλει από την κατάψυξη» τις εκκρεμείς αποκρατικοποιήσεις. Σημειώνεται ότι η κυβέρνηση έχει δεσμευθεί (μέσω του Τρίτου Μνημονίου!) στους πιστωτές της πως θα προχωρήσει άμεσα και χωρίς άλλες καθυστερήσεις όλες τις εκκρεμείς αποκρατικοποιήσεις. Όπως διαβάζω, πρόκειται για τις αποκρατικοποιήσεις των περιφερειακών αεροδρομίων, του Ελληνικού, των ΟΛΠ/ΟΛΘ, Τραινοσέ / ΕΕΣΤΥ, αλλά και άλλων μικρότερων.

Και θυμήθηκα ότι επί σχεδόν έξι μήνες δεν έγινε ούτε ένα βήμα εμπρός για όλες τις προαναφερόμενες αποκρατικοποιήσεις.

Θυμήθηκα ότι μέλη της σημερινής κυβέρνησης ΣΥΡΙΖΑ–ΑΝΕΛ όχι μόνο δεν ήταν πρόθυμα να γίνει κάποιο βήμα προς αυτήν την κατεύθυνση, αλλά με δηλώσεις τους «ξόρκιζαν» λυσσαλέα αποκρατικοποιήσεις μερικών από τις παραπάνω δημόσιες επιχειρήσεις.

Θυμήθηκα ότι η μόνη αποκρατικοποίηση που προχώρησε ήταν αυτή του Ιπποδρομιακού Στοιχήματος. Ωστόσο, και αυτό συνέβη περισσότερο επειδή απειλούνταν με «λουκέτο» ο Ιππόδρομος!

18 ΙΟΥΛΙΟΥ (3)

Πλήρης δικαίωση του Αριστοτέλη για τον «ψευδή λόγο» σχετικά με τις αποκρατικοποιήσεις!

Σήμερα (18 Ιουλίου 2015) που διάβασα όλα αυτά για τις αποκρατικοποιήσεις θυμήθηκα και άλλα πολλά.

Και ξαναθυμήθηκα τη ρήση του Αριστοτέλη για το «πρώτον ψεύδος», το αρχικό ψέμα, που δεν έχει, στη συνέχεια, τελειωμό. «Ο δε ψευδής λόγος γίνεται παρά το πρώτον ψεύδος», έλεγε ο Αριστοτέλης για να προφυλάξει από τα κακά συμπεράσματα που ακολουθούν μια πλανεμένη βασική σκέψη. Σήμερα, η φράση αυτή λέγεται για ψέμα που μπορεί να έχει ως επακόλουθα κι άλλα πολλά! Και είχε πάμπολλα...

Θυμήθηκα ότι από τις αρχές έως τα μέσα του 2010, η τότε κυβέρνηση, στην προσπάθειά της να «εκπλήξει» θετικά τις αγορές και να δελεάσει την τρόικα και τους δανειστές, ανέβαζε συνεχώς τον «πήχυ» (η λέξη είναι του τότε κυβερνητικού εκπροσώπου Γιώργου Πεταλωτή) των εσόδων από αποκρατικοποιήσεις. Στην αρχή ανακοίνωσε ότι στόχος είναι η είσπραξη 3 δισ. ευρώ «την ερχόμενη τριετία»(έως το 2013).

Θυμήθηκα ότι στη συνέχεια, για την ίδια περίοδο, ο τότε υπουργός Οικονομικών Γιώργος Παπακωνσταντίνου ανακοίνωσε ότι το ποσό αυτό αυξάνεται σε 7 δισ. ευρώ.

Θυμήθηκα πάλι ότι προκειμένου η τότε κυβέρνηση να αποσπάσει τη χρηματοδότηση (δόσεις) από την τρόικα, ανέβασε τον «πήχυ» αυτόν στο ποσό των 50 δισ. ευρώ από αποκρατικοποιήσεις έως το 2015, προκαλώντας μιαν αβάσταχτη ελαφρότητα λαϊκισμού και πολιτικής υποκρισίας. τρόικα για εξασφάλιση ποσού 50 δισ. ευρώ είναι κυβερνητική επιλογή!

Θυμήθηκα στη συνέχεια ότι από την ενδιάμεση Έκθεση της Τράπεζας της Ελλάδος για τη Νομισματική Πολιτική του 2011 προέκυπτε ότι ο στόχος αυτός έγινε για έσοδα 19 δισ. ευρώ το 2015.

Θυμήθηκα ότι ο στόχος για έσοδα σωρευτικά 45 –46 δισ. ευρώ μετατέθηκε για την περίοδο έως και το 2020.

Θυμήθηκα ότι ο στόχος για σωρευτικά έσοδα από αποκρατικοποιήσεις 50 δισ. ευρώ μετατέθηκε για την περίοδο έως και το 2022.

Θυμήθηκα ξανά ότι, τελικά, όλοι αυτοί οι «πλούσιοι» στόχοι συρρικνώθηκαν το 2011 για έσοδα μόνο 1 δισ. ευρώ (Κρατικός προϋπολογισμός του 2011 σελίδα 150). Τα έσοδα αυτά, έως το τέλος του 2011 ανήλθαν τελικά σε 1, 6 δισ. ευρώ, έναντι του αναθεωρημένου στόχου για 1, 7 δισ. ευρώ!

18 ΙΟΥΛΙΟΥ (4)

Ιστορίες πενταετούς τρέλας και «στρίβειν» για τις αποκρατικοποιήσεις

Σήμερα (18 Ιουλίου 2015) διάβασα ότι στο νέο πρόγραμμα αποκρατικοποιήσεων περιλαμβάνονται περιφερειακά αεροδρόμια, λιμάνια, ΤΡΑΙΝΟΣΕ κλπ.

Και θυμήθηκα ότι αυτές οι δημόσιες επιχειρήσεις περιλαμβάνονταν και σε αντίστοιχο πρόγραμμα πριν από... πέντε χρόνια, δηλαδή το 2010 και το 2012.

Θυμήθηκα ότι στο Μεσοπρόθεσμο Πλαίσιο Δημοσιονομικής «Στρατηγικής» αναφερόταν ότι τα αναμενόμενα έσοδα από αποκρατικοποιήσεις την περίοδο 2013 –2016 θα είναι αθροιστικά 9.515 εκατ. ευρώ από τα οποία 2.586 εκατ. ευρώ το 2013, 2.347 εκατ. ευρώ το 2014, 1.141 εκατ. ευρώ το 2015 και 3.441 εκατ. ευρώ το 2016.

Θυμήθηκα ότι ο τότε πρωθυπουργός Αντώνης Σαμαράς έδωσε εντολή προς τους αρμόδιους υπουργούς για επίσπευση 22 αποκρατικοποιήσεων, που είχαν ανακοινωθεί και το ...2010!

Θυμήθηκα ξανά ότι στις 6 Απριλίου 2015 ο αντιπρόεδρος της κυβέρνησης Γιάννης Δραγασάκης κατά την επίσκεψή του στο Πεκίνο είχε δηλώσει ότι η διαγωνιστική διαδικασία για την ιδιωτικοποίηση του Οργανισμού Λιμένος Πειραιώς θα ολοκληρωθεί μέσα στις επόμενες εβδομάδες, δήλωσε στο Πεκίνο ο αντιπρόεδρος της κυβέρνησης Γιάννης Δραγασάκης. Προσέθεσε μάλιστα πως η Cosco, η οποία συμμετέχει στον διαγωνισμό και θεωρείται από πολλές πλευρές το φαβορί, «μπορεί να καταθέσει μια πολύ ανταγωνιστική προσφορά».

Θυμήθηκα ξανά την αντίδραση του αναπληρωτή υπουργού Ναυτιλίας Θοδωρή Δρίτσα (παρέμεινε στην ίδια θέση και μετά την πρόσφατο ανασχηματισμό!) στις δηλώσεις αυτές του Δραγασάκη, ο οποίος χαρακτήρισε «σαφή» τη θέση της κυβέρνησης για την ιδιωτικοποίηση του ΟΛΠ, σημειώνοντας πως δεν έχει αλλάξει κάτι από τις εξαγγελίες στις προγραμματικές δηλώσεις της.

Θυμήθηκα ξανά ότι Δρίτσας είχε προαναγγείλει τον τερματισμό της διαδικασίας ιδιωτικοποίησης του ΟΛΠ στις 27 Ιανουαρίου. «Τα δημοσιεύματα αυτά δεν μπορούν να επιβεβαιώσουν μεταβολή της θέσης της κυβέρνησης αναφορικά με το θέμα του λιμανιού του ΟΛΠ», πρόσθεσε.

Θυμήθηκα ξανά ότι στα τέλη Ιανουαρίου 2015 ο Δρίτσας είχε αναφέρει ότι «ο δημόσιος χαρακτήρας του λιμανιού παραμένει, η ιδιωτικοποίηση του ΟΛΠ σταματάει εδώ».

19 ΙΟΥΛΙΟΥ (1)

Όταν ο Ζακ Ντελόρ, πρόεδρος της Κομισιόν (1985–1994), δεν ήθελε να στενοχωρεί με παρατηρήσεις το φίλο του Ανδρέα Παπανδρέου

Σήμερα (19 Ιουλίου 2015) διάβασα ότι ο Ζακ Ντελόρ, πρώην πρόεδρος της Ευρωπαϊκής Επιτροπής (1985–1994), που οι Γάλλοι σήμερα θεωρούν ως «τον σοφό οραματιστή» της Ευρώπης, κλείνει τα 90 του χρόνια, όπως μας θυμίζει η εφημερίδα JDD σε αφιέρωμά της. Από καιρό ο Ζακ Ντελόρ, είχε προειδοποιήσει ότι «η Ευρώπη κλυδωνίζεται ανάμεσα στην επιβίωση και στην παρακμή», τονίζει η εφημερίδα. Αναφορικά με την ελληνική κρίση, ο Ζακ Ντελόρ επισημαίνει στα λατινικά την έλλειψη αλληλεγγύης : «Αυτή η κρίση λέει πολλά για την έλλειψη «affectio societatis» (κοινωνικής στοργής), στην Ευρώπη του σήμερα», τονίζει. «Για την ώρα, αποφεύχθηκε το χειρότερο, προσθέτει. Η Ευρώπη όμως δεν είναι πλέον μια ηθική εξουσία. Πρέπει να αποκαταστήσουμε την ηθική δύναμη που αποτέλεσε τη δύναμη της Ευρώπης σε άλλες περιόδους, όπως σε αυτήν της πτώσης του τείχους του Βερολίνου», προσθέτει..

Και θυμήθηκα ξανά ότι μόνο το Μάρτιο του 1991 ο Ζακ Ντελόρ έστειλε, κατά σχήμα πρωθύστερον, μια δραματική επιστολή στον «αθώο της χρεοκοπίας» τότε πρωθυπουργό της Οικουμενικής Κυβέρνησης Ξενοφώντα Ζολώτα για τη θλιβερή κατάσταση της ελληνικής οικονομίας και το «μόνιμο κίνδυνο υπονόμευσης της πορείας της χώρας σας προς την Ενιαία Αγορά, την Οικονομική και Νομισματική Ένωση και την ευρωπαϊκή ενοποίηση», όπως τόνιζε.

Θυμήθηκα ξανά ότι μόνο περί τα τέλη του 1984 και τις αρχές του 1985 «ανησύχησε» κάπως ο Ντελόρ και η Ευρωπαϊκή Επιτροπή και πίεσε τον Ανδρέα Παπανδρέου να εφαρμόσει μιαν άλλη οικονομική πολιτική και να «πάρει πίσω» όλα όσα έδωσε με τη φιλολαϊκή πολιτική που εφάρμοζε και με τις παροχές από άδεια δημόσια ταμεία. Έτσι, στις 12 Οκτωβρίου 1985 αναγκάσθηκε να εξαγγείλει, μαζί με τον τότε υπουργό Εθνικής Οικονομίας Κώστα Σημίτη, το πιο σκληρό έως τότε πρόγραμμα λιτότητας για να πάρει (όπως έκανε ο γιος του!) τη δεύτερη δόση του κοινοτικού δανείου που είχε δώσει ο Ζακ Ντελόρ για να μη χρεοκοπήσει η Ελλάδα!

Θυμήθηκα ξανά ότι και το πρόγραμμα όμως σκληρής λιτότητας, που το πλήρωσαν ακριβά οι Έλληνες εργαζόμενοι (τότε σημειώθηκε η μεγαλύτερη μείωση των αμοιβών) διήρκεσε δύο περίπου χρόνια. Στις 27 Νοεμβρίου ο Ανδρέας Παπανδρέου κατάργησε, με δηλώσεις του στη Βουλή, το πρόγραμμα αυτό και ανάγκασε σε παραίτηση τον Κώστα Σημίτη με αποστολή μιας επιστολής, η οποία αποτελεί μνημείο της εγκληματικής πολιτικής που εφαρμοζόταν τότε στη χώρα μας και των αιτίων που οδήγησαν τη χώρα μας σε αυτό το θλιβερό κατάντημα. Διότι, μετά την κατάργηση του προγράμματος αυτού... ήχησε η γνωστή προεκλογική κραυγή στο Περιστέρι «Τσοβόλα δώστ᾽ όλα». Και φυσικά δεν έμεινε τίποτε όρθιο.

19 ΙΟΥΛΙΟΥ (2)

Η δραματική επιστολή Ντελόρ προς τον Ξενοφώντα Ζολώτα το 1990

Σήμερα (19 Ιουλίου 2015) που διαβάζω για το αφιέρωμα στον Ζακ Ντελόρ θυμήθηκα κι άλλα.

Θυμήθηκα ξανά ότι όλα αυτά τα έβλεπε ο Ζακ Ντελόρ, αλλά δεν έλεγε σχεδόν τίποτε δημοσίως. Μόνον όταν έφυγε από την πρωθυπουργία ο Ανδρέας Παπανδρέου «λύθηκε η γλώσσα» του και τα «πλήρωσε» ο πρωθυπουργός της Οικουμενικής Κυβέρνησης Ξενοφών Ζολώτας με την επιστολή, την οποία του έστειλε, υπό ημερομηνία, 19 Μαρτίου 1990, ο τότε πρόεδρος της Ευρωπαϊκής. Δημοσιεύουμε, μερικά αποσπάσματα της επιστολής αυτής:

«Καθόλου το διάστημα από την είσοδο της χώρας σας στις Ευρωπαϊκές Κοινότητες και μετά, η Κοινότητα κατέβαλε κάθε προσπάθεια για να διευκολύνει την ενσωμάτωση της Ελλάδας, και να τη βοηθήσει να φτάσει στο επίπεδο των πιο ανεπτυγμένων οικονομιών. Η αλληλεγγύη αυτή εκφράστηκε με σημαντικές περιφερειακές και διαρθρωτικές βοήθειες _ όπως συνέβη και με άλλες χώρες σε ανάλογες περιπτώσεις _ αλλά και με τη μορφή μεσοπρόθεσμου δανείου χρηματοδοτικής αρωγής που χορηγήθηκε το 1985 και 1986 για να βοηθήσει την Ελλάδα να εξέλθει από μια δυσκολότατη κατάσταση στην εποχή εκείνη. Το δάνειο αυτό, τη χορήγηση του οποίου η Επιτροπή είχε τότε υποστηρίξει, στήριζε πρόγραμμα οικονομικής σταθεροποίησης, που είχε σαν στόχο του τη μείωση του υπερβολικού ελλείμματος του δημόσιου τομέα και τη βελτίωση των αποτελεσμάτων στους τομείς του πληθωρισμού και του ισοζυγίου πληρωμών...

Οι σημαντικότεροι διαθέσιμοι οικονομικοί δείκτες, καθώς και οι πληροφορίες που συνέλεξε η πρόσφατη αποστολή της Επιτροπής στην Αθήνα, δείχνουν πράγματι ότι η κατάσταση έγινε πολύ ανησυχητική...

Η κατάσταση αυτή επιβάλλει τη λήψη, χωρίς καθυστέρηση, δραστικών μέτρων και την εκπόνηση και εφαρμογή πολυετούς προγράμματος ανόρθωσης της οικονομίας το ταχύτερο δυνατό. Αν δεν γίνει αυτό η χώρα σας διατρέχει δύο σοβαρούς κινδύνους: Από τη μια πλευρά το μέγεθος και η αύξηση του δημοσίου χρέους και του εξωτερικού χρέους της χώρας σας κινδυνεύουν να βλάψουν τη φερεγγυότητα της Ελλάδας. Από την άλλη πλευρά η σοβαρή διαφορά που διαπιστώνεται ανάμεσα στην οικονομική εξέλιξη της Ελλάδας κι εκείνη των άλλων χωρών της Κοινότητας κινδυνεύει να υπονομεύσει μόνιμα την πορεία της χώρας σας προς την Ενιαία Αγορά, την Οικονομική και Νομισματική Ένωση και την ευρωπαϊκή ενοποίηση.

Όσο για την Επιτροπή, θα βρισκόταν στη δύσκολη θέση να έχει συμμετάσχει και συνδέσει την ίδια την αξιοπιστία της σε απόφαση δανείου του οποίου οι όροι δεν τηρήθηκαν από τον οφειλέτη. Για το λόγο αυτό θεωρούμε απαραίτητη τη λήψη σύντομα δραστικών μέτρων που θα επέτρεπαν να διαφανεί η σαφής πρόθεση της χώρας σας να μειώσει μόνιμα τις ανισορροπίες.

Γνωρίζουμε ότι παρόμοια μέτρα θα απαιτήσουν σοβαρές προσπάθειες από την πλευρά του συνόλου της διοίκησης, των επιχειρήσεων και των ιδίων των πολιτών της χώρας σας. Μας φαίνονται όμως τα μόνα που θα επέτρεπαν στην Ελλάδα να επανακτήσει μια αρμονική ανάπτυξη, προς όφελος όλων των πολιτών της στους κόλπους της Ευρωπαϊκής Οικονομικής Κοινότητας».

20 ΙΟΥΛΙΟΥ (1)

Καταστροφή της οικονομίας με Μνημόνια επί πέντε χρόνια και χωρίς Μνημόνιο επί πέντε μήνες!

Σήμερα (20 Ιουλίου 2015) διάβασα στην «Καθημερινή» ένα αναλυτικό άρθρο του συνάδελφου Σωτήρη Νίκα υπό τον τίτλο «Μέσα σε πέντε μήνες χάθηκαν όλα...», όπου γίνεται μια αποτίμηση των επιπτώσεων στην ελληνική οικονομία από τις επιλογές της κυβέρνησης στο πεδίο των διαπραγματεύσεων κατά τη διάρκεια του τελευταίου πενταμήνου και των capital controls «πάγωσαν» και τις ελάχιστες δραστηριότητες που υπήρχαν το τελευταίο εικοσαήμερο. Παραθέτω συνοπτικά τα σχετικά στοιχεία:

• **ΑΕΠ:** Μόνο από την επιβολή των capital controls και το κλείσιμο των τραπεζών, το ΑΕΠ θα είναι κατά 8 δισ. ευρώ λιγότερο, από το σύνολο των 11 δισ. ευρώ σε σχέση με τις αρχές του έτους, ενώ προβλεπόταν αύξηση του ΑΕΠ κατά 2, 5% το 2015.

• **Νέο δάνειο:** Στις 2 Ιουλίου το ΔΝΤ υπολόγιζε ότι η Ελλάδα χρειάζεται ένα μεγάλο δάνειο, περίπου 59 δισ. ευρώ, για το διάστημα Ιουλίου 2015 – Δεκεμβρίου 2018. Ωστόσο, τώρα, το ύψος του νέου δανείου έχει αυξηθεί στα 85 δισ. ευρώ για την τριετία Αυγούστου 2015 – Ιουλίου 2018. Δηλαδή, έχει αυξηθεί κατά 26 δισ. ευρώ μέσα σε λιγότερο από 20 ημέρες.

• **Χρέος:** Πριν από το δημοψήφισμα το ΔΝΤ ανέβασε την εκτίμηση στο 169, 7% του ΑΕΠ. Αυτή την εβδομάδα, όμως, την αναθεώρησε στα επίπεδα του 200% του ΑΕΠ. Μόνο τις τελευταίες 15 ημέρες το χρέος αυξήθηκε κατά 30 ποσοστιαίες μονάδες του ΑΕΠ (περί τα 50 δισ. ευρώ).

• **Τραπεζικές καταθέσεις:** Πέρυσι τον Νοέμβριο το ύψος των καταθέσεων ήταν 164 δισ. ευρώ. Πλέον, οι καταθέτες έχουν διαμορφωθεί περίπου στα 120 δισ. ευρώ. Στην πράξη, η περίοδος της διαπραγμάτευσης «έβγαλε» από το τραπεζικό σύστημα 44 δισ. ευρώ.

• **Έσοδα προϋπολογισμού:** Στο πρώτο εξάμηνο του έτους, τα καθαρά έσοδα του κρατικού προϋπολογισμού καταγράφουν «μαύρη τρύπα» 1, 6 δισ. ευρώ. Τα δε φορολογικά έσοδα παρουσιάζουν υστέρηση άνω των 2 δισ. ευρώ.

• **Στάση πληρωμών:** Η ανάγκη για διασφάλιση επαρκών ταμειακών διαθεσίμων ώστε να πληρώνονται μισθοί και συντάξεις οδήγησε την κυβέρνηση σταδιακά στην πλήρη στάση πληρωμών όλων των άλλων υποχρεώσεων του Δημοσίου.

• **Ρευστότητα φορέων του Δημοσίου:** Για να εξυπηρετεί τις υποχρεώσεις του Δημοσίου, η κυβέρνηση «στέγνωσε» από ρευστό όλους τους κρατικούς φορείς. Στο τέλος Μαΐου είχε δανειστεί από αυτούς 10, 7 δισ. ευρώ.

Και θυμήθηκα ότι η καταστροφή αυτή έγινε επί ένα πεντάμηνο χωρίς... Μνημόνιο!

Θυμήθηκα όμως και την καταστροφή που έγινε αμέσως μετά την εφαρμογή του Πρώτου Μνημονίου και που την αποτιμούσα σε άρθρα μου, όταν «έσπαγαν» συνεχώς σε ένα χρόνο τα ρεκόρ δεκαετιών στην ύφεση, την ανεργία, τις αποδοχές, το χρέος και τον πληθωρισμό.

20 ΙΟΥΛΙΟΥ (2)

«Αχτύπητη» επί δεκαετίες η διαφθορά στο δημόσιο τομέα

Σήμερα (20 Ιουλίου 2015) διάβασα την έκθεση του γενικού επιθεωρητή Δημόσιας Διοίκησης Λέανδρου Ρακιντζή, όπου περιγράφονται ουκ ολίγες υποθέσεις υπαλλήλων που «έπεσαν στα μαλακά», παρά τα σοβαρά παραπτώματα στα οποία υπέπεσαν.

Και θυμήθηκα τον τότε πρωθυπουργό Γιώργο Παπανδρέου, ο οποίος από το βήμα της ανοικτής συζήτησης των εξαγωγέων στην Αθήνα με τον τότε υπουργό Περιφερειακής Ανάπτυξης και Ανταγωνιστικότητας Μ. Χρυσοχοΐδη, δήλωσε το 2010 ότι οι υπηρεσίες του Δημοσίου έχουν γίνει ''κλειστά μαγαζάκια'' και φέουδα λειτουργώντας ως ''μήτρα διαφθοράς''.

Θυμήθηκα ότι στις 14 Ιανουαρίου 2008 πραγματοποιήθηκε στο Μέγαρο Μουσικής ημερίδα με θέμα «Κράτος και διαφθορά, πώς θα κόψουμε τον ομφάλιο λώρο» στην οποία παρουσιάστηκε σοκαριστική έρευνα της Public Issue και στην οποία παραβρέθηκαν και ο τότε πρωθυπουργός Κώστας Καραμανλής και ο τότε αρχηγός της αξιωματικής αντιπολίτευσης και μετέπειτα πρωθυπουργός Γιώργος Παπανδρέου, οι οποίοι τα άκουσαν όλα, τα είδαν όλα και είπαν πάλι τα δικά τους (πάλι διαπιστώσεις!).

Θυμήθηκα ότι στις 9 Δεκεμβρίου του 2009 παρουσιάσθηκαν στις Βρυξέλλες εφιαλτικά στοιχεία του Ευρωβαρόμετρου, τα οποία αναδείκνυαν την Ελλάδα σε «πρωταθλήτρια» στη διαφθορά! Η δημοσκόπηση του Ευρωβαρόμετρου διενεργήθηκε κατά την περίοδο Σεπτεμβρίου – Οκτωβρίου 2008 σε όλες τις χώρες της Ευρώπης των 27.

Θυμήθηκα ότι τα ίδια σοκαριστικά στοιχεία για τη διαφθορά στο δημόσιο τομέα παρουσιάζει κάθε χρόνο ο Ρακιντζής στις εκθέσεις του και τις ίδιες διαπιστώσεις για τα πειθαρχικά συμβούλια, που αποτελούνται κυρίως από συνδικαλιστές, των οποίων οι κρίσεις είναι πάντα αθωωτικές και στις αξιολογήσεις των δημοσίων υπαλλήλων που πάντα φέρουν τον χαρακτηρισμό «εξαίρετος».

Θυμήθηκα τα στοιχεία έρευνας της Διεθνούς Διαφάνειας για το 2008 στην Ελλάδα: Τα «φακελάκια» προς τον δημόσιο τομέα το 2007 κυμάνθηκαν συνολικά μεταξύ 350 και 400 εκατ. ευρώ, ενώ προς τον ιδιωτικό τομέα μεταξύ 200 και 256 εκατ. ευρώ.

Θυμήθηκα ότι στον δημόσιο τομέα στην κορυφή της «μίζας», σύμφωνα με τη Διεθνή Διαφάνεια για την Ελλάδα, βρίσκονται νοσοκομεία, πολεοδομίες και εφορίες, όπως και στη νέα έκθεση του Ρακιντζή.

Θυμήθηκα τη δήλωση που είχε κάνει στον «Οικονομικό Ταχυδρόμο» το 1990, ως απάντηση στον γράφοντα, ο τότε υπουργός Δημόσιας Διοίκησης Νίκος Θέμελης. «Οι δημόσιοι υπάλληλοι δεν διώκονται ποτέ για οποιαδήποτε πειθαρχικά παραπτώματα»!

21 ΙΟΥΛΙΟΥ (1)

Η ξορκισμένη από το ΣΥΡΙΖΑ τρόικα ξανά στην Αθήνα για έλεγχο!

Σήμερα (21 Ιουλίου 2015) διάβασα ότι η επιστροφή της τρόικας στην Αθήνα και η ψήφιση του δεύτερου νομοσχεδίου προαπαιτούμενων μέτρων την είναι τα δύο σημαντικότερα γεγονότα της εβδομάδας, η οποία αποτελεί την αρχή του δρόμου για την ολοκλήρωση του νέου Μνημονίου έως τις 8 Αυγούστου. Όπως διάβασα, από σήμερα θα ξεκινήσουν να καταφθάνουν στην πρωτεύουσα τεχνικά κλιμάκια των θεσμών με στόχο μέσα στις επόμενες 20 ημέρες να έχει κλείσει μία από τις κρισιμότερες διαπραγματεύσεις μεταξύ Αθήνας και δανειστών. Οι «θεσμοί», δηλαδή η τρόικα, έχουν δηλώσει ότι οι διαπραγματεύσεις σε ξενοδοχεία και μόνο με εκπροσώπους της γραφειοκρατίας των υπουργείων δεν μπορεί να συνεχιστούν, ειδικά τώρα που ο χρόνος πιέζει για άμεσα αποτελέσματα. Πάντως, το πλαίσιο του νέου προγράμματος, που θα πρέπει να έχει ολοκληρωθεί έως τις 8 Αυγούστου, έχει ήδη τεθεί από τη Σύνοδο Κορυφής.

Και θυμήθηκα αυτά που έλεγε ο Τσίπρας και οι σύντροφοί του για το τέλος των Μνημονίων και της τρόικας στην Αθήνα.

θυμήθηκα την προεκλογική ομιλία του Αλέξη Τσίπρα στην Αθήνα στις 22 Ιανουαρίου 2015.

Θυμήθηκα ξανά, για παράδειγμα, ότι είπε τότε: «Ο κύβος ερίφθη. Η Ελλάδα σηκώνεται στα πόδια της ξανά. Με περηφάνια. Με σιγουριά. Με αξιοπρέπεια. Ο λαός μας τη Κυριακή θα γράψει ιστορία. Ο φόβος τελείωσε. Η τελευταία ελπίδα του κου Σαμαρά, ο φόβος, τελείωσε. Και μέσα και έξω από την Ελλάδα. Η Ευρώπη αλλάζει, η Ελλάδα προχωράει. Η ελπίδα έφτασε και θα γράψει ιστορία. Κανείς πια δε μπορεί να τη σταματήσει!»

Θυμήθηκα ανά που είπε: «Από Δευτέρα, όμως, τελειώνουμε και με την εθνική ταπείνωση. Με τις έξωθεν εντολές και με τη διακυβέρνηση της χώρας μέσω ηλεκτρονικής αλληλογραφίας...»

Θυμήθηκα ξανά ακόμα που είπε: «Ζητάμε μια πρώτη ευκαιρία στον ΣΥΡΙΖΑ. Ίσως μια τελευταία ευκαιρία για την Ελλάδα. Και ζητάμε αυτή την ευκαιρία καθαρή για να έχουμε τη δύναμη απέναντι στο φθαρμένο σύστημα και στους αυτουργούς των μνημονίων. Γιατί τις τελευταίες ημέρες γίνεται μεγάλη μάχη, όχι για να ηττηθεί ο ΣΥΡΙΖΑ αλλά για να στερηθεί τη πλειοψηφία στην επόμενη Βουλή. Και γίνεται ένας διαγκωνισμός για το ποιος θα καθίσει μαζί μας στο πιλοτήριο, προκειμένου να επιβάλει στο αεροσκάφος τα σχέδια πτήσης του Βερολίνου και των δανειστών. Θέλουμε να σας μιλήσουμε καθαρά και με το χέρι στη καρδιά. Εμείς στο πιλοτήριο αντιπροσώπους των απόψεων της κ. Μέρκελ, δε πρόκειται να δεχθούμε. Καθαρά και ξάστερα. Δεν έχουμε σκοπό να συγκυβερνήσουμε παρέα με τους εντεταλμένους των μνημονίων. Παλαιότερους ή και νεότερους. ..»

Θυμήθηκα ξανά πάλι που είπε: «Στην ακατάσχετη κινδυνολογία περί Grexit, απάντησαν άλλωστε οι ίδιοι οι Ευρωπαίοι αξιωματούχοι. Απάντησε ο ευρωπαϊκός Τύπος. Απάντησαν οικονομολόγοι και ειδικοί με διεθνές κύρος...»

Θυμήθηκα ξνά που είπε: «Έχουμε σχέδιο και δεσμευόμαστε: Να αρνηθούμε την κηδεμονία, απ' όπου κι αν προέρχεται. Να τελειώνουμε με τα μνημόνια και να διαπραγματευτούμε σκληρά με μόνο γνώμονα το συμφέρον του λαού μας...»

21 ΙΟΥΛΙΟΥ (2)

Και ο Τσίπρας εφαρμόζει την τακτική του... «στρίβειν» για τα δύσκολα με τη συμφωνία

Σήμερα (21 Ιουλίου 2015) διάβασα ότι, τελικά, αύριο θα έρθει στη Βουλή η δεύτερη δέσμη των προαπαιτούμενων για να πάρουμε τις δόσεις από τους «θεσμούς» χωρίς τις δύσκολες ρυθμίσεις για τη φορολόγηση των αγροτών και για τις πρόωρες συντάξεις. Από το Μέγαρο Μαξίμου έσπευσαν χθες να ανακοινώσουν ότι η αυριανή ψηφοφορία αφορά τον Κώδικα Πολιτικής Δικονομίας και την ενσωμάτωση της οδηγίας BRRD για την ασφάλεια των καταθέσεων και τις διαδικασίες εξυγίανσης των πιστωτικών ιδρυμάτων.

Και θυμήθηκα τη γνωστή λαϊκή ρήση «Άλλα λόγια ν' αγαπιόμαστε», ενώ είναι σίγουρο ότι θα πρέπει σχετικά σύντομα να έρθουν στη Βουλή και αυτές οι ρυθμίσεις.

Θυμήθηκα το γνωστό κινηματογραφικής κωμωδίας «στρίβειν δια του αρραβώνος».

Θυμήθηκα ότι ανέκαθεν, μετά τη λήψη μιας δόσης κοινοτικού ή άλλου μνημονιακού δανείου (όπως έγινε τώρα με την «αρπαγή των 7, 16 δισ. ευρώ!!!) και την απομάκρυνση των ελεγκτών από την Αθήνα, όλες οι κυβερνήσεις «ξεχνούσαν» αμέσως τις συμβατικές δεσμεύσεις και τις υποσχέσεις τους και επιδίδονταν στο γνωστό «στρίβειν» δια πολλών μέσων και ευρηματικών τρόπων, με αποτέλεσμα να έρχεται στη συνέχεια το «παγόβουνο» των ισοδύναμων μέτρων, για τα οποία πάντοτε «έφταιγαν οι ανάλγητοι δανειστές»!

Θυμήθηκα ότι, επειδή ανέκαθεν οι αγρότες ήταν εύκολη «δεξαμενή» ψήφων για τους δημαγωγούς και λαϊκιστές, όλες οι ελληνικές κυβερνήσεις και όλες οι αντιπολιτεύσεις «χάιδευαν τ' αφτιά» τους με κάθε τρόπο και σε κάθε ευκαιρία, όπως με διαγραφή χρεών, με ρυθμίσεις χρεών, με φορολογικές απαλλαγές και άλλα ηχηρά κομματικά και δημαγωγικά παρόμοια.

Θυμήθηκα ότι ανέκαθεν το μόνιμα «άρρωστο», ελλειμματικό και υπό κατάρρευση ασφαλιστικό –συνταξιοδοτικό σύστημα αποτελούσε «καυτή πατάτα» (για να μεταχειριστώ την ίδια φράση του νέου υφυπουργού Κοινωνικής Ασφάλισης Παύλου Χαϊκάλη) και όλες οι κυβερνήσεις απέφευγαν, όπως ο διάβολος το λιβάνι, κάθε σκέψη έστω για σωστή μεταρρύθμιση.

Θυμήθηκα ότι οσάκις μερικές κυβερνήσεις τόλμησαν να προωθήσουν κάποια μεταρρύθμιση έγινε χαλασμός από τις εκάστοτε συμπολιτεύσεις ή αντιπολιτεύσεις ή «καιγόταν η χώρα» από τις κομματικές και, κυρίως, συνδικαλιστικές αντιδράσεις.

Θυμήθηκα ότι αυτές οι αναγκαίες μεταρρυθμίσεις στο ασφαλιστικό – συνταξιοδοτικό σύστημα αποφεύγονταν με το «στρίβειν δι 'επιτροπών», με το «στρίβειν δια κοινωνικών διαλόγων» και άλλων απίστευτα ευρηματικών υπεκφυγών.

22 ΙΟΥΛΙΟΥ

Σήμερα δεν πήρα ούτε τη... μισή επικουρική σύνταξη που μού είχαν «αφήσει» με τα «κουρέματα» τα δύο πρώτα Μνημόνια!

Σήμερα (22 Ιουλίου 2015) με ειδοποίησε ο ασφαλιστικός μου οργανισμός, ο Ενιαίος Δημοσιογραφικός Οργανισμός Επικουρικής Ασφάλισης και Περίθαλψης (ΕΔΟΕΑΠ), ότι η επικουρική σύνταξη των συναδέλφων μου και, φυσικά, η δική μου του Αυγούστου θα καταβληθεί μετά τις 24 Ιουλίου (την ημέρα αυτή κατετίθετο ανέκαθεν στον τραπεζικό λογαριασμό!) στους ασφαλισμένους του ΕΔΟΕΑΠ. Με την ανακοίνωσή του το Ταμείο μου εξήγησε πως αυτό συμβαίνει λόγω «έλλειψης ρευστότητας». Δηλαδή λόγω χρεοκοπίας!

Και θυμήθηκα ότι με το Πρώτο και το Δεύτερο Μνημόνιο το κράτος άρπαξε από τα αποθεματικά του Ταμείου μου (χωρίς να έχει εισφέρει ποτέ το κράτος σ' αυτό ούτε μία δραχμή!) δεκάδες εκατομμύρια ευρώ.

Θυμήθηκα ότι με το Πρώτο και το Δεύτερο Μνημόνιο «κουρεύτηκε» η κύρια και η επικουρική σύνταξή μου σχεδόν κατά το ήμισυ για να πληρωθούν οι δανειστές και οι αμέτρητοι δημόσιοι υπάλληλοι.

Θυμήθηκα ότι ο ασφαλιστικός μου οργανισμός ήταν μέχρι την αρπαγή των αποθεματικών του ακμαίος οικονομικά, χάρις στις εισφορές μου επί 40 σαράντα χρόνια ως εργαζόμενου σε μεγάλες εφημερίδες και περιοδικά των Αθηνών. Αλλά, τώρα, επί τρίτου Μνημονίου (που μόλις αρχίζει!) δεν καταβλήθηκε ούτε η μισή επικουρική μου σύνταξη... 24 Ιουλίου (1)

Η κυβέρνηση του ΣΥΡΙΖΑ ζητά την κηδεμονία του ΔΝΤ που προεκλογικά ξόρκιζε λυσσαλέα!

Σήμερα (24 Ιουλίου 2015) διάβασα ότι η ελληνική κυβέρνηση απέστειλε το βράδυ την επιστολή προς το Διεθνές Νομισματικό Ταμείο και την επικεφαλής του Κριστίν Λαγκάρντ, με την οποία ζητά νέα δανειακή σύμβαση. Για την ιστορία, παραθέτω το πλήρες κείμενο της επιστολής αυτής, που υπογράφει ο υπουργός Οικονομικών Ευκλείδης Τσακαλώτος:

«Οι ελληνικές αρχές έχουν δεσμευθεί να εφαρμόσουν μία σειρά από πολιτικές, οι οποίες θα ενδυναμώσουν τη δημοσιονομική βιωσιμότητα, θα ενισχύσουν τη χρηματοοικονομική σταθερότητα, τη μακροπρόθεσμη ανάπτυξη και, κυρίως, θα κατανείμουν το κόστος της οικονομικής προσαρμογής με τρόπο δίκαιο, διορθώνοντας έτσι τις αδικίες του παρελθόντος.

Βεβαίως, κάποια από αυτά τα μέτρα έχουν ήδη νομοθετηθεί. Εκτιμούμε, όμως, ότι θα χρειαστεί αρκετός χρόνος πριν η ελληνική οικονομία μπορέσει να ανταποκριθεί και να επιστρέψει σε ένα δυναμικό και βιώσιμο δρόμο ανάπτυξης με δικαιοσύνη και κοινωνική συνοχή.

Με βάση τα παραπάνω και με στόχο να ανταποκριθούμε σε αυτές τις προκλήσεις, έχουμε αιτηθεί μίας νέας τριετούς δανειακής σύμβασης, η οποία έχει ήδη γίνει κατ' αρχήν δεκτή, και οι όροι της οποίας είναι σήμερα υπό διαπραγμάτευση.

Ως εκ τούτου, και κατ' εφαρμογή της απόφασης της Συνόδου Κορυφής της 12ης Ιουλίου 2015, σας ενημερώνουμε ότι αιτούμεθα μίας νέας δανειακής διευκόλυνσης από το Διεθνές Νομισματικό Ταμείο. Προσδοκούμε τη συνέχιση της συνεργασίας μας με το Ταμείο»

Και θυμήθηκα πόσο λυσσαλέα ξόρκιζε ο ΣΥΡΙΖΑ, ο Αλέξης Τσίπρας, την τρόικα, το ΝΔΤ, τη Λαγκάρντ!

Θυμήθηκα, πέρα από το πρόγραμμα του ΣΥΡΙΖΑ στη Θεσσαλονίκη, την προεκλογική ομιλία του Τσίπρα στις 22 Ιανουαρίου στην Αθήνα...».

Θυμήθηκα που έλεγε, μεταξύ άλλων: «Από Δευτέρα, τελειώνουμε και με την εθνική ταπείνωση. Με τις έξωθεν εντολές και με τη διακυβέρνηση της χώρας μέσω ηλεκτρονικής αλληλογραφίας...».

Θυμήθηκα που έλεγε, μεταξύ άλλων: «Την Κυριακή δε μιλάνε οι δανειστές και οι εκπρόσωποί τους στην Ελλάδα. Τη Κυριακή μιλάει ο ελληνικός λαός. Και θα δώσει τη πιο καθαρή απάντηση. Μνημόνια τέλος, υποτέλεια τέλος, εκβιασμοί τέλος!»

Θυμήθηκα που έλεγε, μεταξύ άλλων: «Γιατί τις τελευταίες ημέρες γίνεται μεγάλη μάχη, γίνεται ένας διαγκωνισμός για το ποιος θα καθίσει μαζί μας στο πιλοτήριο, προκειμένου να επιβάλει στο αεροσκάφος τα σχέδια πτήσης του Βερολίνου και των δανειστών...»

Θυμήθηκα που έλεγε, μεταξύ άλλων: «Εμείς στο πιλοτήριο αντιπροσώπους των απόψεων της κ. Μέρκελ, δε πρόκειται να δεχθούμε. Καθαρά και ξάστερα. Δεν έχουμε σκοπό να συγκυβερνήσουμε παρέα με τους εντεταλμένους των μνημονίων. Παλαιότερους ή και νεότερους...»

24 ΙΟΥΛΙΟΥ (2)

Δεκάδες μετακλητοί και ειδικοί σύμβουλοι στα υπουργεία και της σημερινής κυβέρνησης!

Σήμερα (24 Ιουλίου 2015) διάβασα ότι ο υπουργός Επικρατείας Νίκος Παππάς έδωσε στη δημοσιότητα στοιχεία για τον αριθμό των μετακλητών υπαλλήλων και των ειδικών συνεργατών βουλευτών, υπουργών και γενικών γραμματέων. Παραθέτω τα στοιχεία αυτά για την ιστορία:

– Στη Γενική Γραμματεία του Πρωθυπουργού υπηρετούν 5 μετακλητοί υπάλληλοι, 22 διορισμένοι και 9 αποσπασμένοι ως ειδικοί σύμβουλοι/συνεργάτες. Σύνολο 36.

– Στη Γενική Γραμματεία της Κυβέρνησης υπηρετούν 1 μετακλητός υπάλληλος και 7 ειδικοί σύμβουλοι συνεργάτες. Σύνολο 8.

– Στο πολιτικό γραφείο του Αντιπροέδρου της Κυβέρνησης υπηρετούν 3 μετακλητοί υπάλληλοι και 7 ειδικοί σύμβουλοι/συνεργάτες. Σύνολο 10.

– Στο πολιτικό γραφείο του υπουργού Επικρατείας Νίκου Παππά, υπηρετούν 6 μετακλητοί, 3 ειδικοί σύμβουλοι και συνεργάτες, 1 με παράλληλη άσκηση και 1 αποσπασμένος. Σύνολο 11.

– Στο πολιτικό γραφείο του Γενικού Γραμματέα Ενημέρωσης και Επικοινωνίας Ελευθερίου Κρέτσου υπηρετεί ως ειδικός σύμβουλος/συνεργάτης 1 αποσπασμένος υπάλληλος. Απασχολούνται επίσης 4 συνεργάτες με σύμβαση ιδιωτικού δικαίου. Σύνολο 5.

– Στο Γραφείο του υφυπουργού στον Πρωθυπουργό υπηρετούν: 2 μετακλητοί και 4 ειδικοί σύμβουλοι/συνεργάτες. Σύνολο 6.

– Στη Γενική Γραμματεία Συντονισμού υπηρετούν 2 ειδικοί σύμβουλοι/συνεργάτες. Σύνολο 2.

– Στο πολιτικό γραφείο του υπουργού Επικρατείας υπηρετούν 4 μετακλητοί και 2 ειδικοί σύμβουλοι/συνεργάτες. Σύνολο 6.

– Στο πολιτικό γραφείο του υφυπουργού στον Πρωθυπουργό Τέρενς Κούικ υπηρετεί 1 αποσπασμένος στη θέση του Διευθυντή και 3 ειδικοί σύμβουλοι/συνεργάτες. Σύνολο 4.

– Σύμφωνα με έγγραφο του υπουργού Επικρατείας Παναγιώτη Νικολούδη, στο πολιτικό του γραφείο υπηρετούν 4 μετακλητοί, 1 υπάλληλος (σε θέση διευθυντή) με απόσπαση, 1 ειδικός συνεργάτης με παράλληλη ανάθεση καθηκόντων και 1 αποσπασμένος. Σύνολο 7.

– Στο Γραφείο του Γενικού Γραμματέα Καταπολέμησης Διαφθοράς υπηρετούν δύο ειδικοί σύμβουλοι/συνεργάτες και κανείς μετακλητός. Σύνολο 2.

Και θυμήθηκα ότι με την προηγούμενη κυβέρνηση και σύμφωνα με κάποια από τα στοιχεία του Ιανουαρίου του 2014 που είχαν διαβιβαστεί στη Βουλή ο συνολικός αυτός αριθμός των μετακλητών και ειδικών συμβούλων ανέρχονταν σε 116 άτομα, έναντι 97 σήμερα! Σημειώνεται ότι στους 97 δεν συμπεριλαμβάνονται στοιχεία, που έχουν διαβιβάσει επίσης τα υπουργεία Εξωτερικών, Δικαιοσύνης, Οικονομίας, Υποδομών, Ναυτιλίας και Τουρισμού, Εργασίας, Κοινωνικής Ασφάλισης και Κοινωνικής Αλληλεγγύης και το Παραγωγικής Ανασυγκρότησης, Περιβάλλοντος και Ενέργειας. Συνεπώς, ο αριθμός αυτός των 97 πρέπει να είναι σημαντικά μεγαλύτερος...

25 ΙΟΥΛΙΟΥ

Μερικές, έως τώρα, «ιστορίες αριστερής κυβερνητικής τρέλας»….

Σήμερα (25 Ιουλίου 2015) διαπίστωσα ότι έχουν περάσει πέντε ημέρες από τον τελευταίο ανασχηματισμό και την τελετή παράδοσης και παραλαβής των υπουργείων, αλλά ο διοικητής του ΙΚΑ Γ. Ρωμανιάς δεν έχει ακόμη παραιτηθεί, όπως είχε δηλώσει μετά τη συμφωνία της αριστερής κυβέρνησης του ΣΥΡΙΖΑ–ΑΝΕΛ για το τρίτο Μνημόνιο.

Και θυμήθηκα, με την ευκαιρία αυτή, πολλές άλλες «ιστορίες αριστερής κυβερνητικής τρέλας» τις οποίες παραθέτω μαζεμένες σήμερα:

Θυμήθηκα τη δήλωση του Ρωμανιά: «Τους εξήγησα ότι για λόγους συνέπειας με τον εαυτό μου δεν μπορώ να μείνω στο υπουργείο. Είναι η έσχατη ταπείνωση για μένα. Το πρωί, στις 11 που είναι η τελετή (σ.σ. παραλαβής και παράδοσης του υπουργείου), εγώ θα παραιτηθώ».

Θυμήθηκα ότι ο Ρωμανιάς όταν ρωτάται πώς συνεχίζει να ανέχεται αυτή «την έσχατη ταπείνωση» απαντά: «Η παραίτησή μου είναι ισχυρή. Αλλά αυτό δεν σημαίνει πως θα φύγω αύριο το πρωί».

Θυμήθηκα ότι η παραιτηθείσα αναπληρώτρια υπουργός Οικονομικών Νάντια Βαλαβάνη έλεγε πως θα παραδώσει την έδρα της στον πρώτο επιλαχόντα, αλλά μέχρι τη στιγμή αυτή δεν έκανε τη χάρη στον αναμένοντα συνάδελφό της, διότι, όπως λέει «αφού είπε ο κ. Γεωργιάδης (σ.σ. ο Άδωνις) πως πρέπει να παραδώσω την έδρα μου, εγώ δεν την παραδίδω!».

Θυμήθηκα τον Παναγιώτη Λαφαζάνη της «Αριστερής Πλατφόρμας», ο οποίος είπε τα εξής παραδίδοντας το υπουργείο του μετά τον πρόσφατο ανασχηματισμό: «Θέλω να σας πω ότι φεύγω, αλλά συνεχίζω να είμαι παρών»!

Θυμήθηκα τον άλλο πρώην υπουργό, τον Δ. Στρατούλη που έλεγε και λέει: «Το όχι μου στη Βουλή δεν αναιρεί τη στήριξή μου στην κυβέρνηση», αλλά αυτό δεν τον εμποδίζει να καταψηφίζει τα μέτρα της κυβέρνησής του που... στηρίζει!!!

Θυμήθηκα τον πρώην πάλι υπουργό Γιάνη Βαρουφάκη, ο οποίος την επομένη του δημοψηφίσματος έλεγε πως «είναι μεγάλη ανακούφιση που ξεφορτώθηκα το υπουργείο», αλλά έξι μέρες μετά δήλωσε πως «τώρα είμαι έτοιμος να επιστρέψω!».

27 ΙΟΥΛΙΟΥ

Ο Φλαμπουράρης, ο Δημόκριτος και η συμφορά από ανόητους

Σήμερα (27 Ιουλίου 2015) διάβασα ότι για το μείζον πάλι θέμα σχετικά με το πού θα φιλοξενηθούν οι επικεφαλής των ελεγκτών της τρόικας και την απίστευτη νέα κωλυσιεργία – «καψόνι», που κάνει η κυβέρνηση στους ελεγκτές των δανειστών, ο υπουργός Επικρατείας Αλέκος Φλαμπουράρης έδωσε την ακόλουθη εξήγηση σε ενημερωτική εκπομπή του ΣΚΑΪ:

«Ε, καλοκαίρι είναι... Δεν θα κάνει μπάνια;». Ήταν η απάντηση σχετικά με τα σχέδια της κυβέρνησης να στείλει τους ελεγκτές μακριά από το κέντρο της Αθήνας, απόφαση που έχει προκαλέσει, δικαιολογημένα, την έντονη αντίδραση των δανειστών. Μάλιστα, υποστήριξε ότι η απόφαση της κυβέρνησης να στείλει τους ελεγκτές σε απόσταση 45 λεπτών από το κέντρο της Αθήνας είναι «ευμενής μεταχείριση να μπορείς να πας σε ένα μέρος που είναι resort και να μπορείς να κάνεις τα μπάνια σου καλοκαιριά-τικα», παρά το γεγονός ότι η τρόικα μετ' επιτάσεως ζήτησε να βρίσκεται σε απόσταση αναπνοής από τα υπουργεία προκειμένου να έχει επαφές στο υψηλότερο δυνατό επίπεδο.

Και θυμήθηκα τη γνωστή θυμόσοφη λαϊκή ρήση: «Μας δουλεύουν και μάλιστα με ψιλό γαζί»!

Θυμήθηκα ότι οι άνθρωποι αυτοί της σημερινής κυβέρνησης έχουν «μαύρο χιούμορ».

Θυμήθηκα το ρηθέν του Δημόκριτου: «Νηπίοισιν ου λόγος, αλλά ξυμ-φορή γίνεται διδάσκαλος» = Για τους ανοήτους, δάσκαλος δεν είναι η λο-γική, αλλά η συμφορά.

Θυμήθηκα με τρόμο και διερωτώμαι: Κι άλλη συμφορά;

28 ΙΟΥΛΙΟΥ (1)

Κωλυσιεργία και σήμερα στην έλευση των ελεγκτών των δανειστών

Σήμερα (28 Ιουλίου 2015) διάβασα ότι η δημόσια συζήτηση για τις διαπραγματεύσεις με τους δανειστές έχει επικεντρωθεί στο πότε θα έρθουν στην Αθήνα, πού θα και με ποιο τρόπο θα διεξαχθούν οι συζητήσεις. Ωστόσο, τα πρώτα δείγματα δεν είναι ενθαρρυντικά, καθώς φαίνεται ότι ο διαθέσιμος χρόνος για να κλείσει η συμφωνία ίσως να αποδειχτεί λίγος, ενώ οι δανειστές επιμένουν στην ψήφιση νέου πακέτου προαπαιτούμενων μέτρων εντός Αυγούστου. Επίσης, διάβασα ότι μέχρι τώρα έχει συμφωνη-θεί οι συναντήσεις να γίνονται στο ξενοδοχείο διαμονής των δανειστών, οι οποίοι όμως θα έχουν πρόσβαση στο Γενικό Λογιστήριο του Κράτους. Σύμφωνα με πληροφορίες, οι δανειστές ζητούν να έχουν πρόσβαση σε όλα τα υπουργεία (πλην ΓΛΚ, υπουργείου Οικονομικών και υπουργείου Οικο-νομίας που θα έχουν), ενώ επιθυμούν να έχουν συναντήσεις και με τους υπουργούς και τους γενικούς γραμματείς.

Και θυμήθηκα ότι όλες οι «μνημονιακές» κυβερνήσεις σήμαναν «συνα-γερμό» ή κωλυσιεργούσαν λίγες ημέρες πριν από την έλευση στην Αθήνα των ελεγκτών των δανειστών για την πορεία της υλοποίησης των υπεσχημένων.

Θυμήθηκα ότι στις 18 Φεβρουαρίου 2013, όπως σημείωμα και σε σχετι-κό άρθρο μου στον ιστότοπό μου, το Μέγαρο Μαξίμου βρισκόταν, τάχα, σε κατάσταση συναγερμού, ενόψει της νέας έλευση της τρόικας στην Αθήνα, μετά τη διαπίστωση ότι η κυβέρνηση Σαμαρά έως τότε δεν είχε προωθήσει τίποτε από τα υπεσχημένα προς την τρόικα, εκτός από τη νέα εξαγγελία του ανεξάρτητου γενικού γραμματέα Εσόδων του υπουργείου Οικονομικών και για νέα, 34η, περαίωση εκκρεμών φορολογικών υποθέσεων!

28 ΙΟΥΛΙΟΥ (2)

Όταν οι ελεγκτές της τρόικας διαπίστωναν αβάσταχτη ανικανότητα και ανευθυνότητα των ελληνικών «μνημονιακών» κυβερνήσεων

Σήμερα (28 Ιουλίου 2015) διάβασα ότι ότι μέχρι τώρα έχει συμφωνηθεί οι συναντήσεις των ελεγκτών της τρόικας να γίνονται στο ξενοδοχείο διαμονής των δανειστών, αλλά όμως θα έχουν πρόσβαση στο Γενικό Λογιστήριο του Κράτους και στα υπουργεία.

Και θυμήθηκα ότι το Φεβρουάριο του 2013, επί κυβερνήσεως Αντώνη Σαμαρά, ξανάρθε η τρόικα και μετά από λίγες ημέρες διαπίστωσε τα ακόλουθα:

Πρώτον, ότι η υστέρηση που κατεγράφη τον Ιανουάριο δεν είναι συγκυριακή και ότι μπορεί να οδηγήσει τους επόμενους μήνες σε σημαντικές αποκλίσεις στον κρατικό προϋπολογισμό, λόγω της μακαριότητας, ανικανότητας, ανεπάρκειας και αδυναμιών του φοροεισπρακτικού και φοροελεγκτικού μηχανισμού.

Δεύτερον, ότι η αποδοτικότητα στην είσπραξη φόρων είναι 0, 51, ενώ στις υπόλοιπες χώρες του ΟΟΣΑ είναι 0, 71!

Τρίτον, ότι κι αυτή η απελπιστική αποδοτικότητα βαίνει συνεχώς μειούμενη κατά τα τρία τελευταία χρόνια της οικονομικής κρίσης και της λεηλασίας των ελληνικών νοικοκυριών και αναγκάζονται οι κυβερνήσεις για να καλύπτουν τις αποκλίσεις του κρατικού προϋπολογισμού από τους στόχους να προβαίνουν σε νέες παρεμβάσεις με περικοπές μισθών και συντάξεων και φοροεισπρακτικές επιθέσεις που εμβαθύνουν εφιαλτικά την ύφεση!

Τέταρτον, ότι η φορολογική αυτή αποδοτικότητα από 0, 51 το 2008 έχει συρρικνωθεί το 2011 στο 0, 45;

Πέμπτον, ότι αν η Ελλάδα διατηρούσε η Ελλάδα την αποδοτικότητα συλλογής εσόδων από ΦΠΑ του 2008 (0, 51) με τους τρέχοντες συντελεστές ΦΠΑ θα είχε επιπλέον ετήσιες εισπράξεις ΦΠΑ ύψους περίπου 2, 3 δισ. ευρώ ή 1, 1% του ΑΕΠ και, συνεπώς, δεν θα υπήρχαν υστερήσεις!

Έκτον, ότι εάν ήταν εφικτό να πετύχαινε η Ελλάδα τη μέση αποδοτικότητα των χωρών του ΟΟΣΑ (0, 71), τότε θα είχε υψηλότερες ετήσιες εισπράξεις ΦΠΑ ύψους περίπου 9, 8 δισ. ευρώ ή 4, 6 % του ΑΕΠ και, συνεπώς, δεν θα χρειαζόταν να εξαγγείλει νέα δέσμη μέτρων και περικοπών, αλλά μέτρα επιστροφής ποσών της λεηλασίας στα ελληνικά νοικοκυριά!

Και διερωτώμαι, λοιπόν; Φταίει η τρόικα, όταν θα φύγει για μιαν ακόμη φορά απογοητευμένη και θα ζητήσει ξανά νέα επώδυνα «ισοδύναμα» μέτρα, όπως το 2012, το 2013 και το 2014;

29 ΙΟΥΛΙΟΥ (1)

Το ΔΝΤ επανέλαβε τις ίδιες συστάσεις, όπως πριν από 30 χρόνια!

Σήμερα (29 Ιουλίου 2015) διάβασα ότι το Διεθνές Νομισματικό Ταμείο στην έκθεσή του για την ευρωζώνη απευθύνει συστάσεις προς την ελληνική κυβέρνηση για τις εργασιακές αλλαγές και την προώθηση μεταρρυθμίσεων. Συγκεκριμένα, προτείνει τα ακόλουθα:

– Να μην κάνει πίσω η κυβέρνηση σε καμιά από τις μεταρρυθμίσεις που έχουν εφαρμοστεί

– Να μην αλλάξει τον κατώτατο μισθό, καθώς ακόμα και σήμερα είναι ανάμεσα στους υψηλότερους στην Ευρώπη, σε βάση κατά κεφαλήν ΑΕΠ

– Να διατηρήσει τον ειδικό, χαμηλότερο κατώτατο μισθό για νέους ως 25 ετών, με δεδομένο ότι η ανεργία σε αυτές τις ηλικίες είναι η υψηλότερη στην Ευρωπαϊκή Ένωση

– Να νομοθετήσει με βάση τις βέλτιστες ευρωπαϊκές πρακτικές για τις ομαδικές απολύσεις και τις απεργιακές κινητοποιήσεις

– Να συνεχιστεί η απελευθέρωση των επαγγελμάτων

– Να εφαρμοστούν οι μεταρρυθμίσεις που είχε προτείνει ο ΟΟΣΑ και δεν έχουν προχωρήσει για τη μείωση των βαρών στην ανταγωνιστικότητα

– Να συνεχιστεί η μείωση των διοικητικών βαρών

– Να μειωθεί το κόστος έναρξης νέων επιχειρήσεων.

Και θυμήθηκα ότι ήδη από τη δεκαετία του 1980 είχε «μαλλιάσει η γλώσσα» του διεθνούς οργανισμού να κάνει τις ίδιες συστάσεις και προειδοποιήσεις.

Θυμήθηκα τη (συμπληρωματική) έκθεση του ΔΝΤ που δόθηκε στη δημοσιότητα περί τα μέσα Ιουνίου του 1990, δηλαδή λίγο μετά τα οικονομικά μέτρα που είχε εξαγγείλει η τότε κυβέρνηση του Κων. Μητσοτάκη, η οποία περιελάμβανε πολλές σκληρές προτάσεις, που επαναλήφθηκαν και τα επόμενα χρόνια, όπως απόλυση των υπεράριθμων εργαζομένων στο δημόσιο τομέα, σημαντική μείωση των δημοσίων δαπανών, διεύρυνση της φορολογικής βάσης και πάταξη της φοροδιαφυγής κλπ.

Θυμήθηκα την ενδιάμεση έκθεσή του ΔΝΤ στις 17 Μαρτίου 2013, στην οποία επισημαίνει η ανάγκη να ανοίξουν τα κλειστά επαγγέλματα, να μην υπάρχουν υπερχρεωμένες δημόσιες επιχειρήσεις, να γίνει εξυγίανση του ΟΣΕ, περαιτέρω βελτίωση ειδικότερα στους τομείς της υγείας και της κοινωνικής ασφάλισης, επιτάχυνση και εμβάθυνση των μεταρρυθμίσεων.

29 ΙΟΥΛΙΟΥ (2)

Ποια είναι η διαφορά μεταξύ «σκίζω τα Μνημόνια» και «καταργώ τα Μνημόνια»

Σήμερα (29 Ιουλίου 2015) διάβασα ότι ο πρωθυπουργός Αλέξης Τσίπρας σε συνέντευξή του στο ραδιοφωνικό σταθμό «Στο Κόκκινο», απαντώντας, σε ερώτηση σχετικά με τη δέσμευσή του ότι «θα σκίσει τα μνημόνια» ανέφερε ότι «πριν από τις εκλογές, εγώ δεν είπα ότι θα σκιστούν τα μνημόνια με έναν νόμο και κανένας δεν το είπε».

Και θυμήθηκα όλες τις προεκλογικές ομιλίες του Αλέξη Τσίπρα, ο οποίος σε όλες και σε κάθε ευκαιρία τόνιζε ότι με κυβέρνηση ΣΥΡΙΖΑ δεν θα υπάρχουν μνημόνια.

Θυμήθηκα, για παράδειγμα, το εκλογικό πρόγραμμα του ΣΥΡΙΖΑ που ανακοινώθηκε στις 29 Απριλίου 2012.

Θυμήθηκα που έλεγε τότε ο Τσίπρας: «Μας λένε ότι το δίλημμα είναι Μνημόνιο ή έξοδος από το ευρώ και από την Ευρωπαϊκή Ένωση. Το δίλημμα είναι πλαστό. Οι ίδιοι έχουν ομολογήσει ότι το δικό τους κόστος θα είναι τότε πολύ μεγαλύτερο».

Θυμήθηκα που έλεγε: «Οι δύο συνέταιροι του δικομματισμού, ΠΑΣΟΚ και ΝΔ, προσπαθούν να μας εκφοβίσουν: «Μνημόνιο ή καταστροφή!», μας λένε.

Θυμήθηκα που έλεγε: «Δεσμευόμαστε –με την καθημερινή συμπαράσταση και κινητοποίηση του λαού– να ακυρώσουμε τα μνημόνια, τις δανειακές Συμβάσεις, το καθεστώς επιτροπείας από την Ευρωπαϊκή Ένωση και το Διεθνές Νομισματικό Ταμείο και να ανακόψουμε την καταστροφική πορεία που εξοντώνει την κοινωνία και λεηλατεί τη χώρα».

Θυμήθηκα που έλεγε: «Μας λένε ότι δεν υπάρχουν πόροι. Λένε ψέματα! Πόροι μπορούν να απελευθερωθούν: Με αναστολή της εξυπηρέτησης του χρέους, διαπραγμάτευση για τη διαγραφή μεγάλου μέρους του και εξυπηρέτηση του υπόλοιπου με ρήτρα ανάπτυξης και απασχόλησης, με επαρκή φορολόγηση του πλούτου, των μεγάλων περιουσιών και εισοδημάτων, με μείωση των εξοπλισμών, με πάταξη της διαφθοράς»

Θυμήθηκα που έλεγε: «Με αυτά τα μέσα μπορούν να εισρεύσουν στα δημόσια ταμεία δεκάδες δισεκατομμύρια κάθε χρόνο…».

Θυμήθηκα, φυσικά, και το πρόγραμμα του ΣΥΡΙΖΑ που εξαγγέλθηκε στη Θεσσαλονίκη και την προεκλογική ομιλία του Αλέξη Τσίπρα στην Αθήνα στις 22 Ιανουαρίου 2015. Κι έτσι, ο ΣΥΡΙΖΑ με αυτόν τον δημαγωγικό λόγο έγινε κυβέρνηση και εμείς ζούμε εφιαλτικά χειρότερα…

30 ΙΟΥΛΙΟΥ

**Αν ζούσε ο Φρύνιχος θα έγραφε τώρα την τραγωδία
«Ελλάδος Άλωσις»!**

Σήμερα (30 Ιουλίου 2015) διάβασα την έκθεση του Γραφείου Προϋπολογισμού της Βουλής που δόθηκε στη δημοσιότητα και ομολογώ ότι απογοητεύθηκα πλήρως για την εφιαλτική πορεία της Ελλάδος και το μέλλον της με τις ακόλουθες, μεταξύ άλλων, δυσοίωνες προβλέψεις της (απώλειες 4–10 δισ. ευρώ στο ΑΕΠ της χώρας το 2015, μεγάλη ζημιά που επιφέρουν στην οικονομία τα capital controls, η μείωση του εβδομαδιαίου ΑΕΠ αγγίζει τα 2, 8 δισ. ευρώ με capital controls για την περίοδο Ιουλίου – Σεπτεμβρίου, ενδέχεται να καταγραφεί πρωτογενές έλλειμμα 1% του ΑΕΠ φέτος, με το πρωτογενές πλεόνασμα να έχει εξαλειφθεί, η κατάσταση της οικονομίας το πρώτο εξάμηνο του 2015 επιδεινώθηκε, καθώς η χώρα επανήλθε σε υφεσιακή τροχιά κλπ)

Και θυμήθηκα τον Φρύνιχο, ένα από τους αρχαιότερους τραγικούς ποιητές, του οποίου τα θέματα των τραγωδιών δεν τα αντλούσε από τη μυθολογία αλλά από την επικαιρότητα.

293

Θυμήθηκα ότι αν ζούσε σήμερα ο Φρύνιχος και διάβαζε όλα αυτά που αναφέρει το Γραφείο Προϋπολογισμού της Βουλής θα έγραφε μιαν άλλη τραγωδία, της οποίας ο τίτλος δεν θα ήταν πάλι «Μιλήτου Άλωσις», αλλά «Ελλάδος Άλωσις».

Θυμήθηκα ότι όταν οι Αθηναίοι παρακολούθησαν την παράσταση της τραγωδίας «Μιλήτου Άλωσις», ο Φρύνιχος τιμωρήθηκε με ένα πρόστιμο χιλίων δραχμών καθώς και με απαγόρευση του έργου, διότι, σύμφωνα με πληροφορίες του Ηροδότου, ξέσπασαν σε δάκρυα διότι θύμιζε «οικεία κακά», δηλαδή την καταστροφή της Μιλήτου το 494π.Χ., όταν οι Ίωνες της Μ. Ασίας επαναστάτησαν, από τους Πέρσες και διότι και οι ίδιοι οι Αθηναίοι είχαν τις ευθύνες τους.

Πάντως, δεν διάβασα ακόμη αν η πρόεδρος της Βουλής Ζωή Κωνσταντοπούλου θα επιβάλει πρόστιμο... 1.000 δραχμών στο Γραφείο Προϋπολογισμού της Βουλής για τα «οικεία κακά» που παρουσιάζει εξαιτίας και της εφιαλτικής κυβέρνησης του Αλέξη Τσίπρα και των «παράλογων και σουρεαλιστών» συντρόφων του», όπως χαρακτήρισε τα μέλη της «Αριστερής Πλατφόρμας» σήμερα ο ίδιος ο πρωθυπουργός στην ομιλία στην Κεντρική Επιτροπή του ΣΥΡΙΖΑ...

ΑΥΓΟΥΣΤΟΣ

Συνεχίζονται
οι δεκάδες «Μαύρες Μέρες»
στην Ελλάδα

2 ΑΥΓΟΥΣΤΟΥ

Ξανανοίγει αύριο το ελληνικό Χρηματιστήριο που είχε κλείσει άλλες οκτώ φορές από την ίδρυσή του το 1875

Σήμερα (2 Αυγούστου 2015) διάβασα ότι εκδόθηκε η υπουργική απόφαση για την επαναλειτουργία του Χρηματιστηρίου αύριο, Δευτέρα, 3 Αυγούστου 2015, ύστερα από πέντε εβδομάδες αργίας, δηλαδή μετά την επιβολή των ελέγχων κεφαλαίων, στις 26 Ιουνίου 2015

Και θυμήθηκα ότι είναι η ένατη φορά από το 1875, όταν ιδρύθηκε, που παραμένει κλειστό το ελληνικό Χρηματιστήριο.

Θυμήθηκα ότι το πρώτο μικρό κλείσιμο της ελληνικής χρηματιστηριακής αγοράς ήταν στα Λαυρεωτικά, με το Σκάνδαλο των Λαυρεωτικών του Ανδρέα Συγγρού. Σημειώνεται, πάντως, ότι με την πτώχευση κατά τη διάρκεια της πρωθυπουργίας του Χ. Τρικούπη (1893) το ελληνικό Χρηματιστήριο αδράνησε, αλλά, τελικά δεν είχε κλείσει ούτε μία ημέρα.

Θυμήθηκα ότι το δεύτερο κλείσιμο του ελληνικού Χρηματιστηρίου έγινε στις 16 Ιουλίου 1914 λόγω του Α΄ Παγκοσμίου Πολέμου. Τότε, το ελληνικό Χρηματιστήριο έμεινε κλειστό μέχρι τις 19 Ιανουαρίου 1915, όταν και ξεκίνησε πάλι τη λειτουργία του.

Θυμήθηκα ότι κατά τη διάρκεια της Μικρασιατικής Καταστροφής παρέμεινε κλειστό από τις 22 Σεπτεμβρίου 1922 έως και τις 8 Οκτωβρίου 1922.

Θυμήθηκα ότι κατά τη διάρκεια του μεσοπολέμου, το ελληνικό Χρηματιστήριο έκλεισε για ένα μήνα τον Ιούνιο 1924 λόγω χρηματιστηριακού πανικού και κραχ.

Θυμήθηκα ότι έκλεισε τον Απρίλιο 1926 λόγω χρηματιστηριακού πανικού.

Θυμήθηκα ότι η εισβολή των Γερμανών στην Ελλάδα οδήγησε σε κλείσιμο του ελληνικού Χρηματιστηρίου στις 18 Απριλίου 1941 έως τις 15 Φεβρουαρίου 1942. Πάντως, σημειώνεται ότι δεν έκλεισε κατά τη διάρκεια των Δεκεμβριανών του 1944.

Θυμήθηκα ότι κατά τη διάρκεια της μεταπολεμικής περιόδου, το ελληνικό Χρηματιστήριο έκλεισε για ένα μήνα (Ιούλιο 1974) κατά τη διάρκεια της εισβολής στην Κύπρο.

Θυμήθηκα ότι τον Οκτώβριο του 1987 το ελληνικό χρηματιστήριο έκλεισε για δέκα ημέρες εξαιτίας της «Μαύρης Δευτέρας» στις ΗΠΑ, που παρέσυρε όλες τις χρηματιστηριακές αγορές του κόσμου.

Θυμήθηκα ότι το ελληνικό Χρηματιστήριο έκλεισε τρεις ημέρες τον Δεκέμβριο του 1997 με το «λουκέτο» στη ΔΕΛΤΑ Χρηματιστηριακή.

3 ΑΥΓΟΥΣΤΟΥ (1)

Οι δεκάδες άλλες «Μαύρες Μέρες» του ελληνικού Χρηματιστηρίου

Σήμερα (3 Αυγούστου 2015) διάβασα ότι ο γενικός δείκτης τιμών του Χρηματιστηρίου Αθηνών σημείωσε πτώση κατά 16, 23% και διαμορφώθηκε στις 668, 06 μονάδες. Έτσι, η σημερινή ημέρα χαρακτηρίσθηκε ως «Η Μαύρη Δευτέρα» του Χρηματιστηρίου.

Και θυμήθηκα πολλές τέτοιες «Μαύρες Μέρες» της ελληνικής, αλλά και της διεθνούς χρηματιστηριακής αγοράς, όπως παρατίθενται στο ογκώδες βιβλίο μου «Της Σοφοκλέους το Κάγκελο, 1970 – 2000», Αθήνα 2000, Εκδόσεις Παπαζήση.

Θυμήθηκα τη «Μαύρη Πέμπτη» διεθνώς της 28ης Οκτωβρίου 1929.

Θυμήθηκα τη «Μαύρη Παρασκευή» διεθνώς της 29ης Οκτωβρίου 1929. όταν οι χρηματιστές πηδούσανε από τα παράθυρα και αυτοκτονούσαν!

Θυμήθηκα τη «Μαύρη Δευτέρα» της 19ης του 1987, όταν το ελληνικό Χρηματιστήριο, λόγω του «κραχ» έμεινε κλειστό έως τις 26 Οκτωβρίου 1987.

Θυμήθηκα τη «Μαύρη 26η Νοεμβρίου1987» με πτώση των τιμών κατά 11, 99%.

Θυμήθηκα τη «Μαύρη 7η Δεκεμβρίου 1987» με πτώση του δείκτη κατά 15, 03%.

Θυμήθηκα τη «Μαύρη Τρίτη» του Φεβρουαρίου του 1999, μετά τη σύλληψη του Οτσαλάν στις 15 Φεβρουαρίου 1999.

Θυμήθηκα τη «Μαύρη 17η και 27η Σεπτεμβρίου 1999», όταν ολοκληρώθηκε το «έγκλημα» του Χρηματιστηρίου.

Θυμήθηκα τη «Μαύρη 17η Απριλίου 2000», όταν σημειώθηκε πτώση κατά 9, 17%.

Θυμήθηκα τη «Μαύρη 24η Οκτωβρίου 2008», όταν σημειώθηκε πτώση των τιμών των μετοχών κατά 9, 71%.

Θυμήθηκα τη «Μαύρη 23η Ιουλίου 2012», με σημαντική πάλι πτώση.

Θυμήθηκα τη «Μαύρη 9η Δεκεμβρίου 2014», όταν σημειώθηκε πτώση του γενικού δείκτη τιμών μετοχών κατά 12, 78%.

4 ΑΥΓΟΥΣΤΟΥ

Κι άλλη φοροεισπρακτική καταιγίδα τον Αύγουστο του 1993

Σήμερα, το Ημερολόγιό μου δείχνει 4 Αυγούστου 2015.

Και θυμήθηκα τη φοβερή φοροεισπρακτική καταιγίδα λόγω... μπάχαλου και Μάαστριχτ στις 4 Αυγούστου του 1992!

Θυμήθηκα ότι σαν σήμερα, στις 4 Αυγούστου του 1992, δηλαδή πριν ακριβώς από... 23 χρόνια (αλήθεια, πώς θα μπορούσε να αντέξει ακόμα αυτή η χώρα!) ανακοινώθηκαν και εφαρμόστηκαν τα πιο σκληρά, μετά τον Οκτώβριο του 1985, φοροεισπρακτικά μέτρα για να αποφευχθούν... Μνημόνια της εποχής! Τα σκληρά αυτά φοροεισπρακτικά μέτρα συνίσταντο σε μεγάλες αυξήσεις έμμεσων φόρων ιδίως στα καύσιμα, με την επίκληση του Μάαστριχτ!

Θυμήθηκα ότι το ECOFIN στη συνεδρίασή του τον Ιούλιο του 1992 συζήτησε το θέμα της κοινοτικής εναρμόνισης των ειδικών φόρων κατανάλωσης καυσίμων, αλλά δεν πήρε αποφάσεις, ώστε να δημιουργούνται υποχρεώσεις για τη χώρα μας, ενώ τα όρια εναρμόνισης που συζητήθηκαν ήταν πολύ χαμηλά και, συνεπώς, δεν δικαιολογούσαν τη φοροεισπρακτική αυτή επιδρομή.

Θυμήθηκα ότι για το θέμα αυτό ο πρώην πρωθυπουργός Κωνσταντίνος Μητσοτάκης σε μιαν κατ΄ ιδίαν σχετική συζήτηση μού εκμυστηρεύθηκε τα εξής: «Κύριε Στεργίου, στη δραματική σχετική συζήτηση για το θέμα αυτό μερικά στελέχη της Τράπεζας της Ελλάδος μού παρουσίασαν ένα πακέτο μέτρων που κι εγώ... τρόμαξα. Ήταν ακόμα πιο σκληρό. Και, φυσικά, το απέρριψα χωρίς άλλη συζήτηση»!

Θυμήθηκα ότι στο βιβλίο μου «Η μεγάλη φούσκα της οικονομίας, 1981– 2001» (Εκδόσεις Παπαζήση, Αθήνα 2002) παραθέτω από το αντίστοιχο κεφάλαιο υπό τον τίτλο «4 Αυγούστου 1992: Η φοβερή φοροεισπρακτική καταιγίδα και οι επιπτώσεις» σε περίληψη μερικά αποσπάσματα με τα επιχειρήματα που επικαλούνταν οι σχεδιαστές των μέτρων για να υιοθετηθούν από τον τότε πρωθυπουργό Κων. Μητσοτάκη, από τα οποία διαπιστώνεται για μιαν ακόμη φορά πώς επαναλαμβάνεται η ιστορία στη χώρα ως ιλαροτραγωδία.

Θυμήθηκα ότι, τελικά, επελέγησαν και ανακοινώθηκαν στο Ζάππειο (είδατε πώς επαναλαμβάνεται η ιστορία;) από τον τότε υπουργό Εθνικής Οικονομίας Στέφανο Μάνο τα γνωστά φοροεισπρακτικά μέτρα με τις σημαντικές αυξήσεις στα καύσιμα.

7 ΑΥΓΟΥΣΤΟΥ

Είδες τί επεδίωκε ο Στρατούλης και η παρέα του με το «στρίβειν» και τη «δημιουργική ασάφεια»;

Σήμερα (7 Αυγούστου 2015) διάβασα ότι Παναγιώτης Λαφαζάνης, με αρχηγική εμφάνιση, στη Θεσσαλονίκη έστειλε ξεκάθαρο μήνυμα στην κυβέρνηση ότι ο ίδιος και όσοι βουλευτές αναφέρονται στην Αριστερή Πλατφόρμα δεν θα ψηφίσουν ένα νέο, τρίτο Μνημόνιο.

Επίσης, διάβασα ότι τη «σκυτάλη» πήρε ο Δημήτρης Στρατούλης, ο οποίος μίλησε σε εκδήλωση στο Βόλο, με αφορμή τα πέμπτα «γενέθλια» της ιστοσελίδας iskra.gr. Μιλώντας, μεταξύ πολλών άλλων, για το κυβερνητικό έργο, τόνισε ότι έγιναν «σημαντικά πολιτικά λάθη, όπως η συμφωνία στο Eurogroup στις 20 Φεβρουαρίου και η πληρωμή υποχρεώσεων οκτώ δισ. στους δανειστές, την ίδια στιγμή μάλιστα που δεν μας έδιναν καμία χρηματοδότηση του δημοσίου χρέους της χώρας μας, με αποτέλεσμα ν' αδειάσουν γρήγορα τα δημόσια ταμεία και να μπορούν πιο εύκολα να μας εκβιάζουν».

Και συνέχισε: «Η κυβέρνηση «φυσικά και αντιστάθηκε και έδωσε μάχη στις διαπραγματεύσεις με τους δανειστές. Το βασικό, όμως, λάθος της, και μάλιστα στρατηγικού χαρακτήρα, ήταν ότι δεν είχε αποδεχτεί και δεν φρόντισε έγκαιρα να έχει έτοιμη και επεξεργασμένη, και να έχει ετοιμάσει και το λαό να την αποδεχτεί, μια εναλλακτική λύση, η οποία, όταν φτάσαμε στους αμείλικτους εκβιασμούς των δανειστών και στο πραξικόπημα που έκαναν σε βάρος της, θα της έδινε δυνατότητα διαφυγής».

Αναφερόμενος στις εναλλακτικές λύσεις ο Στρατούλης υποστήριξε ότι υπάρχουν πολλές. «Ένα εναλλακτικό σχέδιο, που θα περιλαμβάνει την αμφισβήτηση και διαγραφή του μεγαλύτερου μέρους του δημοσίου χρέους, την εθνικοποίηση των τραπεζών, τη φορολόγηση των υψηλών κερδών και του μεγάλου πλούτου, τον έλεγχο των συστημικών μέσων μαζικής ενημέρωσης, τη μη ιδιωτικοποίηση, αλλά θωράκιση και αξιοποίηση ως μοχλού ανάπτυξης

των δημόσιων επιχειρήσεων και υποδομών της χώρας, τον ενεργειακό πλου-
ραλισμό, τις πολυμερείς διεθνείς σχέσεις, οικονομικές συμφωνίες εντός και
εκτός ΕΕ, τη χρηματοδότηση αναπτυξιακού σχεδίου για την παραγωγική
ανασυγκρότηση της χώρας και κυρίως τον τερματισμό της λιτότητας και
την αποκατάσταση των λεηλατημένων από τα μνημόνια εργασιακών και
κοινωνικών δικαιωμάτων».

Και θυμήθηκα ότι οι Λαφαζάνης, Στρατούλης, Βαρουβάκης, Βαλαβά-
νη ήταν επικεφαλής σημαντικών οικονομικών–παραγωγικών υπουργείων.

Θυμήθηκα ότι όλες αυτές οι «εμπλοκές», οι «επιπλοκές», οι «λεονταρι-
σμοί» της κυβέρνησης έναντι των θεσμών, ήταν, με τη «δημιουργική ασάφεια»
του Βαρουφάκη, «στρίβειν», όπως ήδη έχω σημειώσει στο "Ημερολόγιό" μου.

Θυμήθηκα, δηλαδή, ότι οι άνθρωποι αυτοί ετοίμαζαν, αναλώμασι της
χώρας και της οικονομίας της, τα γνωστά εφιαλτικά σχέδια επιστροφής
στη δραχμή και στο... μαρξισμό!

9 ΑΥΓΟΥΣΤΟΥ

Νέα δικαίωση των παρανομούντων με την επιστροφή των πινακίδων κυκλοφορίας

Σήμερα (9 Αυγούστου 2015) διάβασα ότι ο αναπληρωτής υπουργός
Προστασίας του Πολίτη Γιάννης Πανούσης αποφάσισε την επιστροφή
των πινακίδων κυκλοφορίας και των αδειών οδήγησης εν όψει του Δε-
καπενταύγουστου. Σύμφωνα με σχετική ανακοίνωση, η απόφαση τίθεται
σε ισχύ από τις 12 Αυγούστου, προκειμένου να διευκολυνθούν όσοι θε-
λήσουν να μετακινηθούν κατά την εορταστική περίοδο του Δεκαπενταύ-
γουστου. Από την παραπάνω απόφαση εξαιρούνται οι παραβάσεις, όπως
η οδήγηση υπό την επήρεια μέθης, η υπέρβαση του ορίου ταχύτητας, η
παραβίαση ερυθρού σηματοδότη, η κυκλοφορία ανασφάλιστου οχήματος
και η κίνηση στο αντίθετο ρεύμα.

Και θυμήθηκα ότι, μετά τη μεταπολίτευση, όλες σχεδόν οι κυβερνή-
σεις αποφάσιζαν, σχεδόν στερεότυπα, την επιστροφή των πινακίδων κυ-
κλοφορίας και των αδειών οδήγησης «εν όψει» όλων των μεγάλων εορ-
τών, όπως των Χριστουγέννων, του Πάσχα και του Δεκαπενταύγουστου.

Θυμήθηκα, δηλαδή, ότι με τέτοιες αποφάσεις, καθώς και με τις γνω-
στές «περαιώσεις» εκκρεμών φορολογικών υποθέσεων, δικαιώνονται συ-
νεχώς οι παρανομούντες...

10 ΑΥΓΟΥΣΤΟΥ

Δραματική κατάρρευση της απασχόλησης στον ιδιωτικό τομέα, ενώ στο Δημόσιο λένε ότι υπάρχουν κενά... δεκάδων χιλιάδων υπαλλήλων!

Σήμερα (10 Αυγούστου 2015) διάβασα ότι αρνητικό ρεκόρ 15ετίας παρουσίασαν οι απολύσεις τον Ιούλιο, εξαιτίας κυρίως των capital controls . Μέσα σε ένα μόνο μήνα, η απασχόληση μειώθηκε κατά 16.658 θέσεις εργασίας. Τα στοιχεία του πληροφοριακού συστήματος "Εργάνη" κατέγραψαν αυτό που προεξοφλούσε η αγορά, την κατάρρευση δηλαδή της μισθωτής απασχόλησης και το μαζικό κύμα απολύσεων, κατά τον μήνα επιβολής των κεφαλαιακών ελέγχων στις τράπεζες.

Και θυμήθηκα ότι, όπως πάντα, η κατάρρευση αυτή της μισθωτής απασχόλησης έγινε μόνο στον ιδιωτικό τομέα, βεβαίως, βεβαίως.

Θυμήθηκα μάλιστα ότι πριν από μερικές ημέρες, η κυβέρνηση ανακοίνωνε ότι υπάρχουν... ελλείψεις, υπάρχουν... κενά στο δημόσιο τομέα, όπως στην εκπαίδευση, βεβαίως, βεβαίως!

Θυμήθηκα αυτό που συνεχώς έγραφα: ότι, δηλαδή, έτσι, δεν μας σώζει ούτε ένα εικοστό Μνημόνιο, βεβαίως, βεβαίως...

11 ΑΥΓΟΥΣΤΟΥ

Στη Ρωσία και την Ελλάδα του «υπαρκτού σοσιαλισμού» εργάζονται περισσότερο από τους άλλους Ευρωπαίους, αλλά...

Σήμερα (11 Αυγούστου 2015) διάβασα ότι Έλληνες και Ρώσοι εργάζονται πολύ περισσότερο από τους λοιπούς Ευρωπαίους, αλλά υστερούν σε παραγωγικότητα, σύμφωνα με σχετικό άρθρο του ειδησεογραφικού πρακτορείου Bloomberg.

Όπως αναφέρει, οι Έλληνες εργάζονται 2.034 ώρες ετησίως και οι Ρώσοι 1.982 ώρες (στοιχεία ΟΟΣΑ). Από τη σύγκριση των στοιχείων αυτών προκύπτει ότι οι Έλληνες και οι Ρώσοι, που βρίσκονται στην πρώτη και τη δεύτερη θέση αντίστοιχα, εργάζονται σκληρότερα από όλους, αλλά με κριτήριο την παραγωγικότητά τους έχουν την προτελευταία και τελευταία θέση στη Γηραιά Ήπειρο. Με μέσο όρο παραγωγικότητας τις 50 μονάδες για το ΑΕΠ ανά ώρα εργασίας στην Ε.Ε., η Ελλάδα είναι προτελευταία με 36, 2 μονάδες και η Ρωσία τελευταία με 25, 9 μονάδες, όπως αναφέρει ο ΟΟΣΑ. Είναι χαρακτηριστικό αυτό που αναφέρει το Bloomberg, ότι, εάν αναλογιστεί κανείς τα χαμηλά στοιχεία της παραγωγικότητας, ίσως ο αγώνας να μην αξίζει να κερδηθεί.

Και θυμήθηκα ότι η Ρωσία ήταν επί Σοβιετικής Ένωσης, χώρα του υπαρκτού σοσιαλισμού.

Θυμήθηκα όμως η Ελλάδα ήταν ανέκαθεν και εξακολουθεί να είναι η «τελευταία χώρα του υπαρκτού σοσιαλισμού», όπως επεσήμαιναν στη δεκαετία του 1980 σημαίνοντες Έλληνες δημοσιογράφοι και αρθρογράφοι, όπως ο Πέτρος Ευθυμίου, μετέπειτα υπουργός κυβερνήσεων του ΠΑΣΟΚ!

Θυμήθηκα, σε επίρρωση όλων αυτών, αυτά που είχε γράψει στο «Βήμα» (16 Νοεμβρίου 1986) ο αείμνηστος καθηγητής, ακαδημαϊκός και πρωθυπουργός Ξενοφών Ζολώτας: «Η Ελλάδα είναι από τις αναπτυσσόμενες χώρες στον κόσμο, όπου από τις 365 ημέρες το χρόνο δουλεύουμε μόνο 130 ημέρες κι απ᾽ αυτές πραγματικά όχι περισσότερες από έξι ώρες την ημέρα...».

Θυμήθηκα ότι, σύμφωνα με άρθρο του πρώην υπουργού κυβερνήσεων του ΠΑΣΟΚ Γιάννη Ποττάκη στον Οικονομικό Ταχυδρόμο», «στη Δημόσια Διοίκηση παρατηρείται υψηλή... παραγωγικότητα στην κατασκευή... πλεκτών»!

17 ΑΥΓΟΥΣΤΟΥ

«Επιστροφή», με τον ΣΥΡΙΖΑ και ΑΝΕΛ, της οικονομίας στη... δραχμή!

Σήμερα (17 Αυγούστου 2015) διάβασα ότι πολλά από τα βασικά οικονομικά μεγέθη έχουν ήδη επιστρέψει ή αναμένεται να επιστρέψουν το επόμενο διάστημα στο... 2001, τελευταίο έτος κατά το οποίο στη χώρα μας χρησιμοποιούσαμε το εθνικό μας νόμισμα.

Και θυμήθηκα ότι, όπως προκύπτει από τα διαχρονικά στατιστικά στοιχεία που έχω καταγράψει για την περίοδο 1961–2011, σε ένα χρόνο εφαρμογής του πρώτου (σοσιαλιστικού) Μνημονίου «έσπαγαν» το ένα μετά το άλλο όλα τα αρνητικά ρεκόρ δεκαετιών στην ύφεση, την ανεργία, τις αποδοχές και τον πληθωρισμό.

Θυμήθηκα ότι το τρίτο τρίμηνο του 2010 σημειώθηκε ο υψηλότερος αρνητικός ρυθμός ανάπτυξης την τελευταία 35ετία (ΑΕΠ: –4, 6%).

Θυμήθηκα το τρίτο τρίμηνο του 2010 σημειώθηκε το υψηλότερο ποσοστό ανεργίας την τελευταία πεντηκονταετία.

Θυμήθηκα ότι το τρίτο τρίμηνο του 2010 οι αποδοχές μειώθηκαν κατά 6, 1% σε σχέση με το αντίστοιχο τρίμηνο του 2009, που αποτελεί ρεκόρ μετά τη διετή λιτότητα των ετών 1985– 1987.

Θυμήθηκα ότι ο πληθωρισμός επανήλθε το 2010 στα επίπεδα πριν από την ένταξη στην Οικονομική και Νομισματική Ένωση (1999), δηλαδή στο 4, 6%.

Θυμήθηκα ότι αρνητικές ήταν την ίδια περίοδο και εξελίξεις σε παράγοντες που προσδιορίζουν τη μεταβολή του ΑΕΠ. Συγκεκριμένα, οι ακαθάριστες επενδύσεις παγίου κεφαλαίου μειώθηκαν κατά 20, 0% σε σχέση με το τρίτο τρίμηνο του 2009. Οι κατοικίες μειώθηκαν κατά 17, 1%, οι λοιπές κατασκευές κατά 10, 4%, ο μηχανολογικός εξοπλισμός κατά 25, 4%, και ο εξοπλισμός μεταφορών κατά 33, 2%. Επίσης, η συνολική καταναλωτική δαπάνη παρουσίασε μείωση κατά 5, 5% σε σχέση με το τρίτο τρίμηνο του 2009. Μείωση καταγράφεται τόσο στη δημόσια κατανάλωση κατά 4, 7% όσο και στην ιδιωτική κατανάλωση κατά 5, 8%.

Θυμήθηκα ότι όλα αυτά τα αρνητικά ρεκόρ του πρώτου (σοσιαλιστικού) Μνημονίου έγιναν αρνητικότερα με το δεύτερο (φιλελεύθερο) και, σήμερα, με το τρίτο (αριστερό) σχεδόν δεν έχει μείνει σχεδόν τίποτε όρθιο στην ελληνική οικονομία και τα ελληνικά νοικοκυριά.

18 ΑΥΓΟΥΣΤΟΥ

Εγκρίθηκε το τρίτο επαχθές Μνημόνιο με μεταρρυθμίσεις που δεν έγιναν με τα δύο προηγούμενα

Σήμερα (18 Αυγούστου 2015) διάβασα ότι ολοκληρώθηκε η διαδικασία έγκρισης της δανειακής σύμβασης μεταξύ Ελλάδας και Ευρωπαϊκού Μηχανισμού Σταθερότητας (ESM) – και τίθεται επίσημα σε ισχύ – έπειτα από τηλεδιάσκεψη του Συμβουλίου των Διοικητών του ESM, που αποτελείται από τους υπουργούς Οικονομικών των χωρών της ευρωζώνης. Το δάνειο, διάρκειας 32, 5 ετών, μπορεί να ανέλθει μέχρι 86 δισ. ευρώ, συμπεριλαμβανομένου ποσού έως 25 δισ. ευρώ για την ανακεφαλαιοποίηση των τραπεζών, ανάλογα με τις ανάγκες που θα προκύψουν. Σε πρώτη φάση 10 δισ. ευρώ είναι άμεσα διαθέσιμα για το σκοπό αυτό.

Η πρώτη εκταμίευση, που θα γίνει στις 20 Αυγούστου, ανέρχεται σε 13 δισ. ευρώ, από τα οποία περίπου 12 δισ. ευρώ θα κατευθυνθούν σε ειδικό λογαριασμό αποπληρωμής του χρέους (ΕΚΤ, ΔΝΤ, δάνειο - γέφυρα). Δηλαδή, σχεδόν 1 δισ. ευρώ θα διατεθεί στο ελληνικό Δημόσιο, ποσό που μπορεί να χρησιμοποιηθεί μεταξύ άλλων για την αποπληρωμή ληξιπρόθεσμων οφειλών.

Και θυμήθηκα ότι το τρίτο (αριστερό) Μνημόνιο περιλαμβάνει μεταρρυθμίσεις για τις συντάξεις και τη φορολογία που είναι αναγκαίες από καιρό, διαρθρωτικές μεταρρυθμίσεις για την τόνωση της ανάπτυξης και των επενδύσεων, ένα ενισχυμένο πρόγραμμα ιδιωτικοποιήσεων, καθώς και μέτρα σχεδιασμένα για να κάνουν πιο αποδοτική τη δημόσια διοίκηση.

Θυμήθηκα ότι, αν γίνονταν όλα αυτά που περιλαμβάνονταν στο πρώτο (σοσιαλιστικό), δεν θα πήγαινε η χώρα σε δεύτερο (φιλελεύθερο) και τρίτο (αριστερό) Μνημόνιο. Ίδωμεν! 19 Αυγούστου

Επί τρία χρόνια «στρίβειν» για την αξιολόγηση στο Δημόσιο, παρά τα Μνημόνια!

Σήμερα (19 Αυγούστου 2015) διάβασα ότι ουδέποτε πραγματοποιήθηκε η μεταρρύθμιση αξιολόγησης στο Δημόσιο, την οποία επιμόνως ζητούσε η τρόικα και η οποία εξαγγελλόταν συνεχώς από τους αρμόδιους υπουργούς.

Και θυμήθηκα ότι νομοσχέδια επί νομοσχεδίων ουδέποτε έφτασαν στη Βουλή λόγω εκλογών, ανασχηματισμών και άλλων πολιτικών εξελίξεων.

Θυμήθηκα ότι επί υπουργίας Αντώνη Μανιτάκη, ο οποίος «έστριψε» με τη μέθοδο ερωτηματολογίων, η οποία απέτυχε παταγωδώς, με αποτέλεσμα ο ίδιος να αναστείλει τη διαδικασία.

Θυμήθηκα ότι στη συνέχεια, ο Μανιτάκης αντικαταστάθηκε από τον Κυριάκο Μητσοτάκη, για τον οποίο, όπως έλεγε, η εκκίνηση ενός νέου συστήματος αξιολόγησης αποτελούσε προτεραιότητα για τον νέο υπουργό Διοικητικής Μεταρρύθμισης.

Θυμήθηκα ότι ο Κυριάκος Μητσοτάκης αντιμετώπισε έντονες αντιδράσεις και πολιτικές αντιξοότητες για τη θέσπισή του. Ο ΣΥΡΙΖΑ, η ΟΛΜΕ, η ΠΟΕ - ΟΤΑ και η ΑΔΕΔΥ υπήρξαν πολέμιοί του, υποστηρίζοντας μεταξύ άλλων ότι το νέο σύστημα αποτελεί «όχημα για απολύσεις».

Θυμήθηκα ότι τότε αποσοβήθηκε η κυβερνητική κρίση με μια τροπολογία στην οποία αναφερόταν ρητώς ότι η κακή βαθμολογία δεν θα είχε δυσμενείς επαγγελματικές ή οικονομικές συνέπειες, ούτε θα οδηγούσε σε απόλυση, αλλά οι αντιδράσεις ήταν πάλι έντονες.

Θυμήθηκα ότι τελικώς το σχέδιο καταρτίστηκε, τέθηκε σε δημόσια δια-βούλευση και επρόκειτο να κατατεθεί στη Βουλή τον περασμένο Δεκέμβριο. Για άλλη μία φορά όμως παρέμεινε στο συρτάρι καθώς εξαγγέλθηκαν εκλογές.

Θυμήθηκα ότι μετά τη νίκη του ΣΥΡΙΖΑ, τον Κυριάκο Μητσοτάκη δι-αδέχθηκε στο υπουργείο Διοικητικής Μεταρρύθμισης ο Γιώργος Κατρού-γκαλος, ο οποίος με τη σειρά του κατάρτισε ένα καινούργιο νομοσχέδιο, απορρίπτοντας αυτό του προκατόχου του.

Θυμήθηκα ότι ούτε και τότε όμως αυτό έφτασε μέχρι τη Βουλή, καθώς μεσολάβησαν σφοδρότατες πολιτικές εξελίξεις, capital controls, και ένας ακόμη ανασχηματισμός, ο οποίος είχε ως αποτέλεσμα τη μετακίνηση του Κατρούγκαλου στο υπουργείο Εργασίας και την αντικατάστασή του από Χριστόφορο Βερναδάκη, ο οποίος έχει προαναγγείλει ότι θα καταθέσει το σχετικό νομοσχέδιο εντός του Σεπτεμβρίου. Εκτός και αν γίνουν εκλογές...

20 ΑΥΓΟΥΣΤΟΥ

Νέο «στρίβειν δι᾽ επιτροπών» και εκλογών στο ασφαλιστικό

Σήμερα (20 Αυγούστου 2015) διάβασα ότι ο νέος υπουργός Εργασί-ας Γιώργος Κατρούγκαλος δήλωσε ότι θα επιδιώξει την υλοποίηση μιας άλλης, διαφορετικής μεταρρύθμισης στο ασφαλιστικό και ότι εντός της εβδομάδας θα ανακοινωθούν η σύσταση και τα μέλη της επιτροπής ειδι-κών που θα επιδιώξει να συγκεκριμενοποιήσει και να ολοκληρώσει την πρόταση, προσαρμόζοντάς την παράλληλα, στις δημοσιονομικές απαιτή-σεις των δανειστών. Οι βασικές αρχές της «εναλλακτικής» αυτής μεταρ-ρύθμισης έχουν εγκριθεί από τον πρωθυπουργό Αλέξη Τσίπρα.

Και θυμήθηκα ότι το νέο (τρίτο) Μνημόνιο που ψηφίστηκε από την κυβέρνηση την προηγούμενη εβδομάδα περιλαμβάνει συγκεκριμένη δέ-σμη μέτρων, με περικοπές συντάξεων, αυξήσεις εισφορών και στόχο, εντός του 2016, όλα τα ασφαλιστικά ταμεία να ενταχθούν κάτω από μία, ενιαία δομή, στα πρότυπα του ΙΚΑ.

Θυμήθηκα την πρόβλεψη του Μνημονίου, ότι όλες οι παραμετρικές και δομικές παρεμβάσεις που καθορίστηκαν κατά τη Σύνοδο Κορυφής της 12ης Ιουλίου μπορούν να αντικατασταθούν από άλλες, πάντα μετά από συνεννόηση με τους εκπροσώπους των θεσμών.

Θυμήθηκα όμως ότι αυτό που παραμένει αδιαπραγμάτευτο είναι η δέσμευση της ελληνικής κυβέρνησης για τη λήψη μέτρων που θα οδηγήσουν στη μείωση της δημοσιονομικής επιβάρυνσης από το ασφαλιστικό, κατά 0, 25% του ΑΕΠ το τρέχον έτος και 1% το 2016. Ωστόσο, σύμφωνα με τον Κατρούγκαλο, η αναγκαιότητα της μεταρρύθμισης υπαγορεύεται από το γεγονός ότι όλοι οι προηγούμενοι μνημονιακοί νόμοι για το ασφαλιστικό, τους οποίους καλείται το υπουργείο Εργασίας να εφαρμόσει άμεσα, αλλά και οι μελλοντικές αλλαγές που περιγράφονται στο νέο Μνημόνιο, δεν μπορούν να εφαρμοστούν και δεν λύνουν το ζήτημα της βιωσιμότητας του ασφαλιστικού συστήματος

Θυμήθηκα ότι για να αξιοποιηθεί αυτή η διαφορετική πρόταση, θα πρέπει εντός του χρονοδιαγράμματος που προβλέπει το Μνημόνιο, να συνοδευτεί με μια πλήρως στοιχειοθετημένη αναλογιστική μελέτη, ώστε στη συνέχεια να εγκριθεί από τους εκπροσώπους των θεσμών, να λάβει τη μορφή σχεδίου νόμου και να ψηφιστεί από το ελληνικό κοινοβούλιο, πριν από την αξιολόγηση του Οκτωβρίου.

Θυμήθηκα, πάντως, την ίδια ημέρα όλοι μιλούσαν για εκλογές τον προσεχή Σεπτέμβριο, οπότε δεν θα χρειαστεί μάλλον το νέο «στρίβειν δι᾽ επιτροπών» στο ασφαλιστικό...

Τρέχα, γύρευε, δηλαδή...

21 ΑΥΓΟΥΣΤΟΥ

Κι όμως, οι επαναπροσλήψεις δημόσιων υπαλλήλων «πάνε σύννεφο»!

Σήμερα (21 Αυγούστου 2015) διάβασα ότι συνεχίζονται, εν μέσω έντονης πολιτικής ρευστότητας και άτυπης προεκλογικής περιόδου, οι εξαγγελθείσες από την κυβέρνηση επαναπροσλήψεις δημοσίων υπαλλήλων. Συνολικά, μετά την ολοκλήρωση της διαδικασίας, θα έχουν επιστρέψει στις θέσεις τους περίπου 7.000 δημόσιοι υπάλληλοι.

Και θυμήθηκα ότι, βάσει του μνημονίου, προβλέπεται η ανάκληση των μονομερών ενεργειών, στις οποίες συγκαταλέγονται και οι επαναπροσλήψεις δημοσίων υπαλλήλων. Ωστόσο, η συμφωνία δίνει τη δυνατότητα στην κυβέρνηση να τις διατηρήσει, ορίζοντας ισοδύναμα μέτρα, αφού οι επαναπροσλήψεις επιβαρύνουν το κρατικό προϋπολογισμό με δεκάδες εκατ. ευρώ.

Θυμήθηκα ότι, με ένα τρίτο Μνημόνιο σε εξέλιξη, στις 17 Αυγούστου, ο νέος υπουργός Εργασίας Γιώργος Κατρούγκαλος, ζήτησε την άμεση δημοσίευση στο ΦΕΚ των διαπιστωτικών πράξεων για την επαναπρόσληψη 431 «διαθέσιμων» στο ΙΚΑ–ΕΤΑΜ και τον ΟΑΕΔ.

Θυμήθηκα ότι, εν αρχή του νέου (τρίτου) Μνημονίου, στις 18 και 19 Αυγούστου, ξεκίνησαν να δημοσιεύονται στο ΦΕΚ οι διαπιστωτικές πράξεις, σηματοδοτώντας την επιστροφή και των τελευταίων από τους 7.000 «διαθέσιμους» και απολυμένους (33 επαναπροσλήψεις στο ΙΚΑ–ΕΤΑΜ, 4 επαναπροσλήψεις στο ΕΤΕΑ, 22 στον ΟΑΕΔ και 1 στον ΟΑΕΕ).

Θυμήθηκα ότι στις 18 Αυγούστου επανήλθαν σε προσωποπαγείς θέσεις του υπουργείου 16 «διαθέσιμοι» και απολυμένοι. Επίσης, ολοκληρώθηκε σχεδόν η επαναπρόσληψη 1.817 εκπαιδευτικών των ΕΠΑΛ και 1.174 διοικητικών υπαλλήλων πανεπιστημίων.

Θυμήθηκα ότι οι επαναπροσλήψεις ξεκίνησαν με τις 600 καθαρίστριες του υπουργείου Οικονομικών, ενώ ακολούθησε η επαναλειτουργία της ΕΡΤ, όπου θα επαναπροσληφθούν 1.559 υπάλληλοι.

Θυμήθηκα ότι επαναπροσλήφθηκαν οι περίπου 1.300 σχολικοί φύλακες και οι 1.500 δημοτικοί αστυνομικοί, 61 υπάλληλοι του ΕΟΤ, 59 υπάλληλοι του υπουργείου Αγροτικής Ανάπτυξης και 29 υπάλληλοι στο υπουργείο Υποδομών, Ναυτιλίας και Τουρισμού.

22 ΑΥΓΟΥΣΤΟΥ

Ο Λαφαζάνης συνεχίζει τις υποσχέσεις και δεσμεύσεις Τσίπρα!

Σήμερα (22 Αυγούστου 2015) διάβασα ότι με θέσεις που παραπέμπουν στο πρόγραμμα που είχε παρουσιάσει ο Αλέξης Τσίπρας στον πολυχώρο «Αθηναΐδα», την 1η Ιουνίου 2012, για εθνικοποίηση τραπεζών, ακύρωση μνημονίου και διαγραφή του χρέους, εμφανίσθηκε ο Παναγιώτης Λαφαζάνης, ως επικεφαλής της Λαϊκής Ενότητας, απευθυνόμενος στο 61, 3% του ΟΧΙ στο δημοψήφισμα και αφήνοντας σαφώς να εννοηθεί ότι εκφράζει τον ορθόδοξο ΣΥΡΙΖΑ.

Και θυμήθηκα τη γνωστή θυμόσοφη λαϊκή ρήση: «Τα παθήματα δεν γίνονται μαθήματα».

Θυμήθηκα, δηλαδή, όλα αυτά που είπε ο Τσίπρας παρουσιάζοντας το πρόγραμμα του ΣΥΡΙΖΑ την 1η Ιουνίου 2012.

Θυμήθηκα που έλεγε ότι «πρώτη πράξη της κυβέρνησης της Αριστεράς θα είναι η ακύρωση του Μνημονίου και των εφαρμοστικών νόμων..»

Θυμήθηκα που έλεγε ότι «θα διεκδικηθεί νέα αναδιαπραγμάτευση του χρέους, με στόχο τη δραστική μείωσή του, ή ένα μορατόριουμ για το χρέος και αναστολή πληρωμών των τόκων ...»

Θυμήθηκα που έλεγε ότι «θα καταργηθεί άμεσα η Πράξη Υπουργικού Συμβουλίου με αριθμό 6–28/2/2012, με την οποία μειώθηκαν ο κατώτερος μισθός κατά 22% (32% για τους νέους μέχρι 25 ετών)...»

Θυμήθηκα ξανά που ο Τρίπρας μίλησε «για επαναφορά του κατώτατου μισθού στα 751 ευρώ και το επίδομα ανεργίας στα 461, 5 ευρώ...»

Θυμήθηκα που έλεγε ότι «θα καταργηθούν όλες οι ειδικές επιβαρύνσεις (χαράτσια).»

Θυμήθηκα που υποσχέθηκε «σταδιακή μείωση συντελεστών ΦΠΑ και ελαχιστοποίησή τους στα διατιμημένα τρόφιμα (ψωμί, γάλα, κλπ)»

Θυμήθηκα που έλεγε ότι «στόχος του προγράμματος είναι η εθνικοποίηση των τραπεζών που ανακεφαλαιοποιούνται από το Ταμείο Χρηματοπιστωτικής Σταθερότητας, οι οποίες θα τεθούν υπό δημόσιο κοινωνικό και διαφανή έλεγχο...»

Θυμήθηκα που δεσμεύθηκε «για το «πάγωμα» όλων των ιδιωτικοποιήσεων των στρατηγικής σημασίας δημόσιων Οργανισμών που έχουν ενταχθεί στο Ειδικό Ταμείο Αξιοποίησης και για την επαναφορά υπό δημόσιο έλεγχο στρατηγικών επιχειρήσεων που είτε βρίσκονται σε πορεία ιδιωτικοποίησης, είτε έχουν ιδιωτικοποιηθεί (ΔΕΗ, ΟΤΕ, ΟΣΕ, ΕΛΤΑ, ΕΥΔΑΠ, Μέσα Μεταφοράς κ.λπ.).

Θυμήθηκα που μίλησε «για ολική ή μερική διαγραφή των δανειακών υποχρεώσεων των υπερχρεωμένων νοικοκυριών και των υπερχρεωμένων επιχειρήσεων...»

Θυμήθηκα που έλεγε ότι «ο ελληνικός λαός δεν ζητάει χρήματα ως επαίτης, αλλά εργασία για να αποκτήσει τα προς το ζην», διαβεβαιώνοντας ότι «πόροι μπορούν να εξοικονομηθούν, χωρίς τις στυγνές περικοπές του Μνημονίου...».

Αυτά...

24 ΑΥΓΟΥΣΤΟΥ

Σύμπλευση με τον αριστερό Λαφαζάνη και του πλούσιου Αλέκου Αλαβάνου

Σήμερα (24 Αυγούστου 2015) διάβασα ότι ο πρόεδρος του νέου κόμματος «Λαϊκή Ενότητα» (είναι γνωστή «Αριστερή Πλατφόρμα, που αποσχίσθηκε από τον ΣΥΡΙΖΑ) Παναγιώτης Λαφαζάνης ανακοίνωσε τη σύμπλευσή του με τον Αλέκο Αλαβάνο (πρώην και πολλάκις ευρωβουλευτής του ΚΚΕ, πρώην ευρωβουλευτής του Συνασπισμού και πρώην βουλευτής και πρόεδρος του ΣΥΝ και ιδρυτής του κόμματος «Σχέδιο Β΄»).

Και θυμήθηκα ότι ο Αλέκος Αλαβάνος είναι ο πιο πλούσιος πολιτικός, αλλά αυτό δεν είναι κακό. Απλώς διερωτήθηκα αν έχει διαβάσει τους στόχους της «Λαϊκής Ενότητας» του αριστερού Λαφαζάνη για εθνικοποίηση τραπεζών, πάγωμα ιδιωτικοποιήσεων, ακύρωση μνημονίου, διαγραφή του χρέους, προστασία των φτωχών και άλλα που έλεγε ο ΣΥΡΙΖΑ του Τσίπρα και έγιναν όλα μια θεαματική "κωλοτύμπα».

Θυμήθηκα, όπως προκύπτει από τη «Δήλωση Πόθεν Έσχες των βουλευτών» για τη χρήση του 2007 (ήταν ήδη πρόεδρος του ΣΥΝ από το Δεκέμβριο του 2004), ότι, μαζί με τη σύζυγό, δήλωσε συνολικό εισόδημα 193.237 ευρώ και ότι τότε είχε πολλά ακίνητα στην Ελλάδα και τις Βρυξέλλες, χιλιάδες μετοχές σε εννέα εταιρίες και καταθέσεις, μαζί με τη σύζυγό του, 510.550 ευρώ, ενώ μαζί με τη σύζυγό του διέθεταν δύο αυτοκίνητα 1600 κ.ε και 1400 κ.ε.

Θυμήθηκα ότι στη δεύτερη θέση βρισκόταν ο πρωθυπουργός και «δεξιός" Κώστας Καραμανλής, ο οποίος δήλωνε συνολικό εισόδημα 124.426 ευρώ (η σύζυγος του Νατάσα 18.980 ευρώ), και είχε τότε πολλά ακίνητα στην Ελλάδα, αμοιβαία κεφάλαια, μετοχές και καταθέσεις 76.233 ευρώ συν 9.371 δολάρια από κοινού με τη μητέρα του Αλίκη, καθώς και 59.296 ευρώ από κοινού με τη σύζυγο του Νατάσα, 13.217 ευρώ, 524 λίρες Αγγλίας και μικρά ποσά με τα παιδιά του, ενώ είχε ένα αυτοκίνητο 1800 κ ε και ένα φουσκωτό σκάφος χωρητικότητας 8 ατόμων από κοινού, με τη σύζυγο του.

Θυμήθηκα ότι στην τρίτη θέση, πάντα σε σχέση με το δηλωθέν εισόδημα, ήταν ο τότε πρόεδρος ΠΑΣΟΚ και «σοσιαλιστής» Γιώργος Παπανδρέου.

25 ΑΥΓΟΥΣΤΟΥ (1)

Επί δεκαετίες το ΙΚΑ καταφεύγει σε δανεισμό, ενώ οι ανείσπρακτες εισφορές πάνε... σύννεφο!

Σήμερα (25 Αυγούστου 2015) διάβασα ότι τα ασφαλιστικά ταμεία καταφεύγουν στη λύση των δανεικών. Αντίστοιχο αίτημα, για επιπλέον 180 εκατ. ευρώ έχει εγκριθεί και από το διοικητικό συμβούλιο του ΙΚΑ. Όλα αυτά προωθούνται μετά την υπουργική απόφαση που υπεγράφη στις 6 Αυγούστου από τον υπουργό Εργασίας Γιώργο Κατρούγκαλο και τον αναπληρωτή υπουργό Οικονομικών Δημήτρη Μάρδα.

Και θυμήθηκα ότι στις 10 Μαρτίου του 1994 (όταν η ελληνική οικονομία ήταν τάχα «ισχυρή»!), εκτιμάτο ότι το ΙΚΑ έχανε κάθε χρόνο από εισφοροδιαφυγή πάνω από 90 δισ. δραχμές ή πάνω από 260 εκατ. ευρώ, με τη δικαιολογία ότι η απώλεια αυτή οφειλόταν στην τεράστια έλλειψη σε εξειδικευμένο προσωπικό! Και έτσι κατέφυγε σε δυσβάσταχτο δανεισμό.

Θυμήθηκα ότι τότε διορίζονταν σωρηδόν υπάλληλοι στο ΙΚΑ, εφαρμόσθηκαν, τάχα, σύγχρονα προγράμματα αναδιοργάνωσής του με τεράστιο κόστος, αλλά η εισφοροδιαφυγή πήγαινε συνεχώς... σύννεφο...

Θυμήθηκα ότι τον Δεκέμβριο του 1996 (όταν η ελληνική οικονομία ήταν τάχα «ισχυρή»!) η τότε διοίκηση του ΙΚΑ αποφάσισε να ανακυκλώσει δύο δάνεια 50 περίπου δισ. δραχμών που είχε πάρει από την Εθνική Τράπεζα και την AlphaBank με την εγγύηση του Δημοσίου, επειδή δεν μπορούσε να εισπράξει ένα μεγαλοπρεπές «φέσι» 900 δισ. δραχμών από εισφοροδιαφυγή και βεβαιωμένες οφειλές!

Θυμήθηκα ότι περί τα τέλη του Απριλίου του 1997 ο τότε πρόεδρος της Ομοσπονδίας Υπαλλήλων των Ασφαλιστικών ταμείων αποκάλυπτε ότι οι οφειλές από βεβαιωμένες εισφορές στο ΙΚΑ ανέρχονταν σε 650 δισ. δραχμές, το οργανικό έλλειμμα του ΙΚΑ σε 140 δισ. δραχμές και οι μη καλυπτόμενες δαπάνες για επενδύσεις σε 15 δισ. δραχμές.

Θυμήθηκα ξανά ότι στις αρχές Ιουνίου του 1997, ο τότε υπουργός Εργασίας και Κοινωνικών Ασφαλίσεων Μιλτιάδης Παπαϊωάννου ανακοίνωσε ότι θα καταθέσει στη Βουλή πολυνομοσχέδιο που προβλέπει τη λήψη αυστηρών, τάχα, μέτρων εναντίον ιδιωτικών και δημόσιων επιχειρήσεων που χρωστούν στο ΙΚΑ.

Θυμήθηκα ξανά όμως ότι τότε, μεταξύ των είκοσι μεγαλύτερων οφειλετών του ΙΚΑ (1 τρις. δραχμές), πρώτο και καλύτερο ήταν το ίδιο το κράτος με τις ζημιογόνες και προβληματικές επιχειρήσεις του!

25 ΑΥΓΟΥΣΤΟΥ (2)

Συνεχής, επί χρόνια, η «λειτουργική αναδιοργάνωση του ΙΚΑ, αλλά και ο δανεισμός

Σήμερα (25 Αυγούστου 2015) διάβασα όλα αυτά, και ξαναθυμήθηκα κι άλλα πολλά.

Θυμήθηκα ότι στα μέσα Ιουλίου του 1997, ο τότε υπουργός εργασίας και Κοινωνικών Ασφαλίσεων Μιλτιάδης Παπαϊωάννου βρήκε «λύσεις» παγκόσμιας ιδιαιτερότητας για την είσπραξη οφειλών του ευρύτερου δημόσιου τομέα προς το ΙΚΑ.

Θυμήθηκα ότι η λύση αυτή ήταν, με έγκριση του υπουργείου Εθνικής Οικονομίας, ο «καθ᾿ υπέρβασιν δανεισμός» 25 δισ. δραχμών των επιχειρήσεων που χρωστούσαν στο ΙΚΑ με εγγύηση του Δημοσίου και εξόφληση των οφειλών των προβληματικών επιχειρήσεων στο ΙΚΑ με τα έσοδα από τη... μετοχοποίηση του ΟΤΕ.

Θυμήθηκα ότι το Σεπτέμβριο του 1997 καταρτίσθηκε νομοσχέδιο από το υπουργείο Εργασίας και Κοινωνικών Ασφαλίσεων με τίτλο «Μέτρα κατά τις εισφοροδιαφυγής, διασφάλιση εσόδων ΙΚΑ και άλλα θέματα».

Θυμήθηκα ότι με το νομοσχέδιο αυτό ρυθμίζονταν, σύμφωνα με την Εισηγητική Έκθεση που το συνόδευε, θέματα που αφορούσαν στην οργάνωση και τη λειτουργική αναβάθμιση του ΙΚΑ και των εποπτευόμενων από το υπουργείο λοιπών ασφαλιστικών οργανισμών, για την εξασφάλιση της απρόσκοπτης λειτουργίας τους προς το συμφέρον των ασφαλισμένων και συνταξιούχων τους!

Θυμήθηκα ότι όλα αυτά τα παχιά λόγια κοστολογούνταν από το Γενικό Λογιστήριο του Κράτους με 15 δισ. δραχμές! Τόσο θα κόστιζε η τάχα «λειτουργική και οργανωτική αναβάθμιση του ΙΚΑ».

Θυμήθηκα ότι τον Δεκέμβριο του 1997, από έρευνα που διενήργησε το Εργατικό Κέντρο Πειραιά προέκυψε ότι το 30% των επιχειρήσεων είναι αδήλωτες στο ΙΚΑ και από το 1987 δεν έχουν ελεγχθεί από το ΙΚΑ 1.436 επιχειρήσεις.

Θυμήθηκα ότι και τον Δεκέμβριο του 2012, πάλι προέκυψε από ελέγχους ότι η... αδήλωτη εργασία στη χώρα μας βρισκόταν στο ίδιο περίπου ποσοστό! 26 Αυγούστου

Συνεχίζεται και το 2015 ο «καταργημένος» Ενιαίος Φόρος Ιδιοκτησίας Ακινήτων (ΕΝΦΙΑ)!

Σήμερα (26 Αυγούστου 2015) διάβασα ότι στα τέλη Σεπτεμβρίου αναρτώνται στο Διαδίκτυο τα εκκαθαριστικά σημειώματα για την πληρωμή της πρώτης δόσης του Ενιαίου Φόρου Ιδιοκτησίας Ακινήτων (ΕΝΦΙΑ), η οποία θα πρέπει να καταβληθεί μέχρι τις 31 Οκτωβρίου. Συνολικά, οι ιδιοκτήτες ακινήτων καλούνται να πληρώσουν στο ελληνικό Δημόσιο το ποσό των 3, 2 δισ. ευρώ (εκ των οποίων τα 2, 65 δισ. ευρώ θεωρούνται εισπράξιμα) σε πέντε δόσεις με την τελευταία να καταβάλλεται στα τέλη Φεβρουαρίου 2016.

Και θυμήθηκα, εγώ ο βλαξ, που πίστευα στις προεκλογικές υποσχέσεις του ΣΥΡΙΖΑ ότι ως κυβέρνηση θα καταργούσε τον ΕΝΦΙΑ.

Θυμήθηκα ξανά ότι η κυβέρνηση του ΣΥΡΙΖΑ μάς έλεγε πως ο ΕΝΦΙΑ του 2015 δεν θα έχει καμία αλλαγή για τους ιδιοκτήτες ακινήτων σε σχέση με το φόρο που πλήρωσαν το 2014, ενώ μάς διαβεβαίωνε ότι υπάρξουν ελαφρύνσεις.

Θυμήθηκα ξανά ότι στις 3 Απριλίου 2015 η τότε αναπληρώτρια υπουργός Οικονομικών, Νάντια Βαλαβάνη προανήγγελλε, μετά τη συνάντηση που είχε με την Πανελλήνια Ομοσπονδία Ιδιοκτητών Ακινήτων (ΠΟΜΙΔΑ), κατάργηση του Ενιαίου Φόρου Ιδιοκτησίας Ακινήτων (ΕΝΦΙΑ).

Θυμήθηκα ξανά ότι τότε από το Μέγαρο Μαξίμου ανέφεραν ότι ο ΕΝΦΙΑ θα καταργηθεί μέσα στο 2015 και θα αντικατασταθεί από τον Φόρο Μεγάλης Ακίνητης Περιουσίας.

Τι να κάνω; Όλα τα ξαναθυμάμαι, διότι, είπαμε, η ιστορία επαναλαμβάνεται συνεχώς ως … ιλαροτραγωδία...

30 ΑΥΓΟΥΣΤΟΥ

Περνάμε συνεχώς "κάβους" επί 35 χρόνια...

Σήμερα (30 Αυγούστου 2015) διάβασα ότι ο πρόεδρος του ΣΥΡΙΖΑ Αλέξης Τσίπρας, ανοίγοντας τις εργασίες της Πανελλαδικής Συνδιάσκεψης του κόμματος, είπε, μεταξύ πολλών άλλων, τα εξής: «Παρά τις δυσκολίες θα καταφέρουμε να περάσουμε τον δύσκολο κάβο, για να υπερασπιστούμε τις μεγάλες αξίες, τους εργαζόμενους τους ανέργους».

Και θυμήθηκα όλα αυτά που είναι γνωστά από άλλα σημειώματά μου, ότι δηλαδή όλοι σχεδόν οι Έλληνες πρωθυπουργοί μιλούσαν για «κάβους» που τάχα θα περνούσαν!

Θυμήθηκα ότι για «κάβους» είχε μιλήσει πάλι ο Αλέξης Τσίπρας ως πρωθυπουργός, κατά τη συνάντησή του με τον τότε πρόεδρο της Δημοκρατίας Κάρολο Παπούλια στις 18 Φεβρουαρίου 2015. «Είμαστε σε κρίσιμη καμπή. Καταθέτουμε προτάσεις και ευελπιστούμε να περάσουμε αυτόν τον κάβο», τόνισε τότε ο Τσίπρας ως πρωθυπουργός.

Θυμήθηκα ότι περί τα τέλη του 1990 ο τότε πρωθυπουργός Κωνσταντίνος Μητσοτάκης είχε δηλώσει: «προωθούμε μέτρα και πολιτικές για να διαβούμε τους κάβους»

Θυμήθηκα ότι ο τότε πρωθυπουργός Αντώνης Σαμαράς σε συνέντευξή του στην «Καθημερινή» στις 16 Οκτωβρίου 2012 τόνισε ότι «η χώρα διέρχεται τον τελευταίο κάβο», επαναλαμβάνοντας δηλαδή αυτό που είχε πει πριν από 22 χρόνια ο Κωνσταντίνος Μητσοτάκης, τον οποίο ανέτρεψε το 1993!

Θυμήθηκα γιατί είναι «στοιχειωμένοι οι κάβοι» αυτοί για την Ελλάδα επί 35 χρόνια!

Θυμήθηκα όλα αυτά που είχα γράψει σε άρθρο μου στον «Οικονομικό Ταχυδρόμο» (1 Οκτωβρίου 1990) για τους «κάβους» στην Ελλάδα επί πολλά χρόνια, υπό τις εκκωφαντικές σειρήνες του λαϊκισμού, τα οποία παρέθεσα στο «Ημερολόγιό» μου στις 18 Φεβρουαρίου 2015.

31 ΑΥΓΟΥΣΤΟΥ

Νέα δικαίωση του Αριστοτέλη για το «πρώτον ψεύδος» του ΣΥΡΙΖΑ κι αυτά που ακολούθησαν

Σήμερα (31 Αυγούστου 2015) διάβασα στην «Καθημερινή» άρθρο όπου απαριθμούνται τα επτά ψέματα, που είπε ο Αλέξης Τσίπρας και οι επιτελείς του από τις εκλογές της 25ης Ιανουαρίου 2015 (όταν και τις κέρδισε) έως την υπογραφή του Τρίτου Μνημονίου. Πρόκειται για όλα αυτά που έκανε ο Τσίπρας ως πρωθυπουργός και που κατήγγελλε ως αρχηγός της αξιωματικής αντιπολίτευσης («Ξεχάστε κάθε σκέψη για εκλογές και δημοψήφισμα» έλεγε στις 13 Ιουνίου σε στενούς συνεργάτες του, Πράξεις Νομοθετικού Περιεχομένου, κατάργηση μνημονίων της λιτότητας, «δεν υφίσταται κανένας κίνδυνος για μισθούς και συντάξεις», αγώνας κατά της διαφθοράς, «δεν υπάρχει καμία περίπτωση για capital controls», «η Ελλάδα δεν έχει υποχρέωση να υλοποιήσει υφεσιακά μέτρα»).

Και θυμήθηκα ξανά το σημείωμά μου στο «Ημερολόγιο» στις 27 Ιανουαρίου 2015, δηλαδή δύο ημέρες μετά τις εκλογές και την ανάδειξη του Αλέξη Τσίπρα ως πρωθυπουργού για τη δικαίωση του Αριστοτέλη. Παραθέτω το σημείωμα αυτό υπό τον τίτλο «Το πρώτον ψεύδος Τσίπρα και τα επόμενα, κατά τον Αριστοτέλη»!

«Σήμερα (27 Ιανουαρίου 2015)διάβασα την επίσημη ανακοίνωση της νέας κυβέρνησης από την οποία προκύπτει, τελικά, ότι είναι ίσως η πολυπληθέστερη κυβέρνηση όλων των εποχών, ενώ προηγουμένως υπόσχονταν ολιγομελή!

Και θυμήθηκα τη ρήση του Αριστοτέλη για το «αρχικόν ψεύδος» (Αναλυτικά, πρότ . 66α. 16): «Ο δε ψευδής λόγος γίνεται παρά το πρώτον ψεύδος», με την οποία ήθελε να προφυλάξει από τα κακά συμπεράσματα που ακολουθούν μια πλανεμένη βασική σκέψη και πού αφορά ένα ψέμα που μπορεί να έχει για επακόλουθα και άλλα ψέματα.

Θυμήθηκα ότι έως τώρα (και «θεός φυλάξοι» πάλι και για τη συνέχεια) έχει δικαιωθεί πλήρως ο μέγας Αριστοτέλης από τα ψέματα του Γιώργου Παπανδρέου ως πρωθυπουργού (για να αναφερθώ στα πιο «φρέσκα», αφού των άλλων είναι γνωστά από την υπερτεσσερακονταετή πορεία μου στη δημοσιογραφία και τα βιβλία).

Θυμήθηκα, για παράδειγμα, ότι στις 13 Νοεμβρίου 2010 ο Γιώργος Παπανδρέου είχε υποσχεθεί: «Όχι σε απολύσεις και σε επιπλέον επιβάρυνση μισθωτών και συνταξιούχων»!

Θυμήθηκα ότι στις 25 Μαρτίου 2011 ο Γιώργος Παπανδρέου είχε τονίσει: «Το Σύμφωνο για το ευρώ, που υιοθέτησαν οι αρχηγοί κρατών και κυβερνήσεων, για την Ελλάδα δε συνεπάγεται την υιοθέτηση νέων μέτρων. Έχουμε λάβει πολλά σημαντικά μέτρα»!

Θυμήθηκα ότι λίγες μόνο εβδομάδες ή ημέρες από τις συνεχείς διαβεβαιώσεις ότι δεν θα ληφθούν πρόσθετα φορολογικά μέτρα, ανακοινώνονταν τα ακριβώς αντίθετα...

Σταματάω, διότι ο κατάλογος είναι μακρύς και σίγουρα θα επανέλθω σε αυτόν με τα επόμενα ψεύδη του ΣΥΡΙΖΑ, όπως και των άλλων...»

Και συνεπής στην υπόσχεσή μου, παρέθεσα άλλα επτά ψέματα...

ΣΕΠΤΕΜΒΡΙΟΣ

Τρίζουν συνεχώς
τα κόκαλα Μακρυγιάννη
και Ελ. Βενιζέλου

1 ΣΕΠΤΕΜΒΡΙΟΥ (1)

Όταν πριν από 28 ζητούσαν στάση εργασίας για την επέτειο έναρξης του Β΄ Παγκόσμιου Πολέμου

Σήμερα, το Ημερολόγιό μου δείχνει 1η Σεπτεμβρίου 2015.

Και θυμήθηκα ότι τα ξημερώματα της 1ης Σεπτεμβρίου του 1939 η ναζιστική Γερμανία εισέβαλε στην Πολωνία. Με μία σαρωτική στρατιωτική επιχείρηση, από ξηρά και αέρα, ο ναζιστικός στρατός αιφνιδιάζει τους Πολωνούς και μέσα σε μια εβδομάδα διέλυσε σχεδόν την άμυνα τους. Στο τέλος του μήνα η Βαρσοβία θα παραδοθεί. Είναι η επίθεση που θα σημάνει την έναρξη του Β΄ Παγκοσμίου Πολέμου...

Θυμήθηκα ότι, πριν από 28 χρόνια, στο τεύχος Ιουλίου – Αυγούστου 1987 του Δελτίου του Συνδέσμου Βιομηχανιών Θεσσαλίας και Κεντρικής Ελλάδος, δημοσιεύθηκε μια... εξώδικη δήλωση σωματείου σε μια περίοδο κατά την οποία όλοι στην Ελλάδα οραματιζόμαστε τάχα την «Ανάπτυξη το 1992».

Θυμήθηκα ότι διάβασα το εξής: Με εξώδικη δήλωσή της η Πανελλήνια Ομοσπονδία Εργατοϋπαλλήλων Ιματισμού μας γνωστοποίησε ότι: «Η Εκτελεστική Επιτροπή της διοίκησης της Ομοσπονδίας μας αποφάσισε στη συνεδρίασή της 19ης Αυγούστου 1987 την προκήρυξη μιας ώρας στάσης εργασίας για την 1η Σεπτεμβρίου 1987, ημέρα Τρίτη και ώρες 11 π.μ. έως 12 μ.μ. και 6 μ.μ. έως 7 μ.μ. για την επέτειο έναρξης του Β΄ Παγκοσμίου Πολέμου».

Θυμήθηκα ότι η εξώδικη αυτή δήλωση συνοδεύθηκε από καυστικό χιούμορ του συντάκτη του προαναφερθέντος Δελτίου, το οποίο κατέληγε ως εξής: «Προτείνουμε όπως εξετασθεί και στη συνέχεια αναληφθούν οι απαιτούμενες ενέργειες και κινητοποιήσεις για τον εορτασμό της μάχης των Θερμοπυλών, της ναυμαχίας της Σαλαμίνας, της ενάρξεως και λήξεως του Πελοποννησιακού Πολέμου, της μάχης των Γαυγαμήλων, της καταλήψεως της Κωνσταντινούπολης από τους πρώτους σταυροφόρους, της μάχης των Δερβενακίων κλπ»

Κακό πράμα η φιλοπονία και η φιλεργατικότητα, όπως πάντοτε τις παρουσίαζαν κυρίως οι «προοδευτικοί» μεταπολιτευτικά στη χώρα μας

1 ΣΕΠΤΕΜΒΡΙΟΥ (2)

Συνεχίσθηκαν και από την αριστερή κυβέρνηση τα παράδοξα ρουσφέτια στο υπουργείο Παιδείας

Σήμερα (1η Σεπτεμβρίου 2015) διάβασα ότι ο υπουργός Παιδείας Αριστείδης Μπαλτάς και ο αναπληρωτής του Τάσος Κουράκης έσπευσαν προεκλογικά να αποσπάσουν την ίδια καθηγήτρια σε διαφορετικές ημερομηνίες και σε διαφορετικές υπηρεσίες και μάλιστα χωρίς μοριοδότηση των εκπαιδευτικών, ούτε μέσω των αρμόδιων Υπηρεσιακών Συμβουλίων. Οι δύο υπουργικές αποφάσεις είναι αναρτημένες στη Διαύγεια. Επίσης, διάβασα ότι χθες η Πανελλήνια Ένωση Εκπαιδευτικών Φυσικής Αγωγής, σε επιστολή προς την υπηρεσιακή υπουργό Φρόσω Κιάου επισημαίνει ότι για την προετοιμασία νέου θεσμικού πλαισίου για τα Αθλητικά Σχολεία δημιουργήθηκε πενταμελής επιτροπή, στην οποία μόνο ένα μέλος είναι γυμναστής. Από τα υπόλοιπα, οι δύο είναι διοικητικοί υπάλληλοι του υπουργείου Παιδείας και οι άλλοι δύο είναι εκπαιδευτικοί γαλλικών.

Και θυμήθηκα ότι πολλά τέτοια ρουσφέτια ή παράδοξα είχαν γίνει και πριν από 25 χρόνια στο υπουργείο Παιδείας και σε άλλες δημόσιες υπηρεσίες.

Θυμήθηκα ότι στις 24 Μαΐου 1990 ο τότε πρόεδρος του Παιδαγωγικού Τμήματος Δημοτικής Εκπαίδευσης καθηγητής Δ.Χ. Παναγιωτακόπουλος, εκ μέρους των άλλων προέδρων απέστειλε επιστολή του στον «Οικονομικό Ταχυδρόμο» στην οποία εξέφραζε, μεταξύ άλλων, την ανησυχία «για το γεγονός ότι χιλιάδες πτυχιούχοι παιδαγωγικών ακαδημιών της αλλοδαπής, χωρίς ελληνική παιδεία, εγγράφονται στην επετηρίδα για διορισμό στην ευαίσθητη πρωτοβάθμια εκπαίδευση»!

Θυμήθηκα, με αφορμή την (άσχετη) πενταμελή επιτροπή για τα αθλητικά, ότι στις 20 Ιουνίου 1990, ο τότε βουλευτής και σήμερα πρόεδρος της Νέας Δημοκρατίας Ευάγγελος Μεϊμαράκης κατήγγειλε στη Βουλή περιπτώσεις ρουσφετολογικών διορισμών. Διαβάστε μερικές:

–Στις 11 Μαρτίου 1989 (προεκλογικό έτος) προσλήφθηκαν στο Κέντρο Περίθαλψης Παιδιών Λεχαινών 68 υπάλληλοι χωρίς να υπάρχουν στο Κέντρο... παιδιά και το Μάϊο μετά βίας μάζεψαν... επτά παιδιά!

–Στο Κέντρο Άμεσης Βοήθειας Βέροιας για τέσσερα ασθενοφόρα υπηρετούσαν 14 οδηγοί και προσλήφθηκαν παράνομα άλλοι 11, οι οποίοι μονιμοποιήθηκαν με το Νόμο 1759/89.

–Σε υποκατάστημα ΙΚΑ Βορείου Ελλάδος προσλήφθηκαν πέντε τηλεφωνήτριες χωρίς να υπάρχει... τηλεφωνικό κέντρο!

3 ΣΕΠΤΕΜΒΡΙΟΥ (1)

Τρίζουν συνεχώς τα κόκκαλα του Μακρυγιάννη

Σήμερα, το Ημερολόγιό μου δείχνει 3 Σεπτεμβρίου 2015.

Και θυμήθηκα το πολιτικοστρατιωτικό κίνημα, που εκδηλώθηκε στην Αθήνα στις 3 Σεπτεμβρίου 1843, με σκοπό την παραχώρηση Συντάγματος από τον Όθωνα.

Θυμήθηκα ότι ο Όθωνας αντιλήφθηκε ότι ήταν πλήρως απομονωμένος και προς στιγμήν σκέφθηκε να παραιτηθεί. Τελικά, αναγκάστηκε να αποδεχθεί τα αιτήματα των επαναστατών και τα ξημερώματα της ίδιας ημέρας υπέγραψε τα αναγκαία διατάγματα για τη σύγκληση Εθνοσυνελεύσεως.

Θυμήθηκα ότι ένας από τους τρεις πρωτεργάτες του κινήματος ήταν ο στρατηγός Ιωάννης (με δύο ν) Μακρυγιάννης (οι άλλοι δύο ήταν ο Κεφαλλονίτης αγωνιστής και διπλωμάτης Ανδρέας Μεταξάς και ο Αιγιώτης αγωνιστής Ανδρέας Λόντος).

Θυμήθηκα τη διαθήκη του στρατηγού Μακρυγιάννη που έκανε την ίδια ημέρα και που είναι η εξής: «Εις δόξαν του δίκιου και μεγάλου Θεού. Κύριε Παντοδύναμε! Εσύ, Κύριε, θα σώσης αυτό το αθώο έθνος. Είμαστε αμαρτωλοί, είσαι Θεός! Ελέησέ μας, φώτισέ μας και κίνησέ μας εναντίον του δόλου και της απάτης, της συστηματικής τυραγνίας της πατρίδος και της θρησκείας. Εις δόξαν Σου, Κύριε, σηκώνεται απόψε η σημαία της λευτεριάς αναντίον της τυραγνίας! Πατριώτες! Πεθαίνω διά την πατρίδα. Στέκω εις τον όρκον μου τον πρώτον. Δεν μπορώ, πατρίδα, να σε βλέπω τοιούτως και των σκοτωμένων τα παιδιά και οι γριγές να διακονεύουν και τις νιες να τις βιάζουν διά κομμάτι ψωμί εις την τιμή τους οι απατεώνες της πατρίδος. Γιομάτες οι φυλακές από αγωνιστές και στα σοκάκια σου διακονεύουν αυτείνοι οι αγωνισταί, οπού χύσανε το αίμα τους διά να ξαναειπωθή «πατρίδα Ελλάς». Είτε ελευτερία κατά τους αγώνες μας και θυσίες μας, είτε θάνατος σ' εμάς! Πεθαίνω εγώ πρώτος απόψε. Έχετε γεια, πατριώτες, και εις την άλλην ζωήν σμίγομεν, εκεί οπούναι και οι άλλοι συναγωνισταί μας, εις τον κόρφον του αληθινού Βασιλέως, του μεγάλου Θεού, του αληθινού. Πατρίδα, σ' αφήνω ανήλικα παιδιά και γυναίκα, αν τ' αφήσουνε ζωντανά, τ' αφήνω εις την προστασίαν σου. Κοίταξε ότ' είναι παιδιά του τίμιου αγωνιστή Μακρυγιάννη. Ποτές αυτός δεν σε ψύχρανε εις τα δεινά σου και τώρα πρόθυμος να πεθάνη διά σένα για να σε ιδούνε τα παιδιά του ελεύτερη Ελλάδα κι όχι παλιόψαθα της τυραγνίας και των κολάκων της. Διά τα παιδιά μου αφήνω κηδεμόνες τον κύριον Μιχαήλ Σκινά, Μελά, Δόσιον, Καλλεφουρνά, γυναικάδελφόν μου Σκουζέ και τη γυναίκα μου. Και νακολουθήσετε κατά την παλιά μου διαθήκη ό, τι διαλαμβάνει, κι αν αμελήσετε εις την άλλην ζωή θα μου δώσετε λόγον. Βιαστικός γράφω με τη σημαία μου στο χέρι. Έχετε γεια όλοι και την τυραγνία να μην την αφήσετε να φωλιάση εις την πατρίδα, να μην ντροπιάσετε τόσα αίματα οπού χύθηκαν".

Και θυμήθηκα ότι πριν από μερικούς μήνες οι κυβερνώντες δεν έδωσαν θρησκευτικό όρκο!

Θυμήθηκα που έλεγε ακόμη ο Μακρυγιάννης: «Πατρίδα, πατρίδα, ήσουνε άτυχη από ανθρώπους να σε κυβερνήσουν»!

Θυμήθηκα που έλεγε: «Αν είναι η πατρίδα μου αχαμνά, δέκα μάτια να' χω στραβός θανά είμαι».

Και θυμήθηκα ότι όλοι οι Έλληνες πολιτικοί όλων των εποχών βάλθηκαν να δικαιώσουν τον Μακρυγιάννη...

3 ΣΕΠΤΕΜΒΡΙΟΥ (2)

Πώς και πόσο πλήρωσαν «χρυσό» οι φορολογούμενοι το «Ναυπηγείο του Λαού» το 1985!

Σήμερα, το Ημερολόγιο μου δείχνει 3 Σεπτεμβρίου 2015.

Και θυμήθηκα ότι στις 3 Σεπτεμβρίου του 1985, ολοκληρώθηκε η εξαγορά, υπό την πίεση των συνδικαλιστών και χιλιάδων εργαζόμενων σε αυτά, των σφόδρα και τότε ζημιογόνων Ελληνικών Ναυπηγείων του Σταύρου Νιάρχου, με την καταβολή 14 εκατ. «ζεστών» δολαρίων στον εφοπλιστή ιδιοκτήτη τους. Το προσύμφωνο είχε υπογραφεί στις 24 Αυγούστου του 1985.

Θυμήθηκα ότι, όπως προκύπτει από τα βιβλία μου για το άγος αυτό και από ρεπορτάζ των εφημερίδων της 24ης και 25ης Αυγούστου του 1985, όταν υπεγράφη το προσύμφωνο, έγιναν, μεταξύ άλλων, τα ακόλουθα:

–«Με κυρίαρχα συνθήματα οι εργάτες στηρίζουν την Αλλαγή», «Το ναυπηγείο ανήκει στο λαό» και «Αυτή η πολιτική είναι Αλλαγή», χιλιάδες εργαζόμενοι στα Ναυπηγεία Σκαραμαγκά πανηγύρισαν χτες το πρωί την υπογραφή του προσυμφώνου εξαγοράς των Ναυπηγείων από το κράτος». Το κείμενο κοσμούσε μια σχετικά μεγάλη σε μέγεθος έγχρωμη φωτογραφία με το «πανηγύρι» και το σχετικό πανό.

–Και συνεχίζει το ρεπορτάζ: «Ιδιαίτερα εντυπωσιακή ήταν η ατμόσφαιρα που δημιούργησαν οι εργαζόμενοι στη χτεσινή συγκέντρωση των ναυπηγείων. Πολλές φορές διέκοπταν τους ομιλητές (σημείωση σημερινή: μεταξύ των οποίων και ο πάλι επίκαιρος, τότε υφυπουργός Εθνικής Οικονομίας, Παν. Ρουμελιώτης) φωνάζοντας διάφορα συνθήματα, όπως «Ο αγώνας τώρα δικαιώνεται, «Δουλειά, ειρήνη, δημοκρατία», «Οι εργάτες στηρίζουν την Αλλαγή» και άλλα.

–Τις ομιλίες στη συγκέντρωση έκλεισε ο τότε πρόεδρος των εργαζομένων στα Ναυπηγεία Σκαραμαγκά Γ. Κοντάκης, ο οποίος εξέφρασε τη βεβαιότητα ότι τα Ναυπηγεία Σκαραμαγκά σύντομα θα είναι το καλύτερο ναυπηγείο της Ευρώπης. «Εμείς για μια ακόμα φορά, συνέχισε ο Γ. Κοντάκης, διαβεβαιώνουμε τον ελληνικό λαό πως θα συνεχίσουμε τον αγώνα στον τομέα της αύξησης της παραγωγικότητας, έτσι ώστε να διασφαλιστούν τα χρήματα του ελληνικού λαού με τον καλύτερο τρόπο».

Θυμήθηκα όμως ότι το άγος αυτό συνεχίσθηκε, αφού ύστερα από δέκα χρόνια, στις 11 Δεκεμβρίου του 1995, η τότε κυβέρνηση με μιαν ελληνικής επινόησης «ιδιωτικοποίηση» έδωσε άλλα 140 δισ. δραχμές από άδεια πάλι δημόσια ταμεία για το «Ναυπηγείο του Λαού». Αυτό προκύπτει από την Έκθεση του Γενικού Λογιστηρίου του Κράτους, η οποία κατατέθηκε στη Βουλή στις 11 Δεκεμβρίου του 1995 με την ευκαιρία της τροπολογίας του τότε υπουργού Βιομηχανίας Αναστασίου Πεπονή για τους όρους και τις προϋποθέσεις «ιδιωτικοποίησης» (μεταβίβαση του 49% των μετοχών των Ναυπηγείων Σκαραμαγκά στους εργαζόμενους σε αυτά και διατήρηση του... 51% των μετοχών από το κράτος μέσω της ΕΤΒΑ!!!). Πρόκειται για μια τροπολογία «κόστους» 138, 4 δισ. δραχμών!

4 ΣΕΠΤΕΜΒΡΙΟΥ

Τριάντα χρόνια μαζί με τον αείμνηστο Χρήστο Λαμπράκη

Σήμερα (4 Σεπτεμβρίου 2015) ξύπνησα με ένα έντονο όνειρο με τον πρόεδρο του Δημοσιογραφικού Οργανισμού Λαμπράκη (ΔΟΛ ΑΕ) και πρόεδρό μου επί τριάντα χρόνια, τον αείμνηστο Χρήστο Λαμπράκη, να είμαστε σε μια σύσκεψη και να συμβουλεύει τα στελέχη του.

Και θυμήθηκα ότι είχα την τύχη και την τιμή να συνεργαστώ με τον τελευταίο ίσως μεγάλο και πραγματικό εκδότη της χώρας μας επί πάνω από τριάντα χρόνια ανελλιπώς.

Θυμήθηκα ότι από την πρώτη στιγμή διαπίστωσα πως δεν ήταν απλώς ένας μεγάλος δάσκαλος της δημοσιογραφίας, αλλά και άνθρωπος. Είχε αναγάγει τη δημοσιογραφία σε θεσμό, όλα (πάμπολλα) τα έντυπα του Δημοσιογραφικού Οργανισμού Λαμπράκη, του οποίου ήταν πρόεδρος, σε πηγή σωστής ενημέρωσης, με πρωταρχικό στόχο το σεβασμό των αναγνωστών και την αξιοπρέπεια των συντακτών και όλων των εργαζομένων στο μεγάλο του εκδοτικό συγκρότημα.

Θυμήθηκα ότι ήταν νηφάλιος στη σκέψη του, ήρεμος σε επισημάνσεις, ολιγόλογος και λιτός σε όλα, στο ντύσιμό του και στη διατροφή του.

Θυμήθηκα ότι τα σημειώματά του ήταν ιδιόχειρα, λιτά. Απεχθάνονταν τα πολλά λόγια και τα μακροσκελή κείμενα. Ήθελε πάντοτε την ουσία το θέματος που ερχόταν προς συζήτηση. Και το κυριότερο: δεν έκανε ποτέ «λογοκρισία», δεν εγκαλούσε ποτέ κανένα συντάκτη ακόμα και για τα πιο σκληρά άρθρα που προκαλούσαν αντιδράσεις. Για το λόγο αυτό και όλοι οι συνάδελφοί μου στον «Οικονομικό Ταχυδρόμο», με το διευθυντή μας Γιάννη Μαρίνο, μεγάλο δάσκαλο και άνθρωπο, κάναμε «εύκολη» δημοσιογραφία, γιατί γράφαμε ελεύθερα, δεν βασανίζαμε τις λέξεις, αλλά κοιτάζαμε κατάματα μόνο τον αναγνώστη. Κι αυτό οφειλόταν αποκλειστικά και μόνο στον πρόεδρό μας, τον Χρήστο Λαμπράκη.

Θυμήθηκα ότι προσλήφθηκα στο Δημοσιογραφικό Οργανισμό Λαμπράκη στις αρχές της δεκαετίας του 1970 ως συντάκτης του «Οικονομικού Ταχυδρόμου και συντάκτης των εφημερίδων «Το Βήμα» και «Τα Νέα».

Θυμήθηκα ότι πολύ νωρίς (το 1977), μού εμπιστεύθηκε (ύστερα από πρόταση του διευθυντή μου Γιάννη Μαρίνου), τη θέση του αρχισυντάκτη και στη συνέχεια του διευθυντή Σύνταξης.

Θυμήθηκα, για παράδειγμα, ότι κατά την πρώτη συνάντησή μας για να με γνωρίσει μου είχε πει ρητώς και κατηγορηματικώς ότι η απασχόληση συντάκτη στον ΔΟΛ είναι ασυμβίβαστη με την προσφορά υπηρεσιών (Γραφεία Τύπου κλπ) σε υπουργεία, δημόσιες υπηρεσίες και δημόσιες επιχειρήσεις και οργανισμούς, διότι, όπως μού είπε, «ουδείς δύναται δυσί κυρίοις δουλεύειν».

5 ΣΕΠΤΕΜΒΡΙΟΥ (1)

Όργιο προεκλογικών προσλήψεων και πριν από 26 χρόνια!

Σήμερα, το Ημερολόγιό μου γράφει 5 Σεπτεμβρίου 2015 και η χώρα μας είναι πάλι σε προεκλογική περίοδο!

Και θυμήθηκα ότι στις 5 Σεπτεμβρίου 1989 πραγματοποιήθηκε στη Βουλή συζήτηση για την κατάσταση της ελληνικής οικονομίας.

Θυμήθηκα ότι από τις ομιλίες των αρμόδιων υπουργών και άλλων ομιλητών προέκυψαν τα εξής:

– Το ΠΑΣΟΚ ξόδεψε 290 εκατ. δραχμές από το... Πρόγραμμα Δημόσιων Επενδύσεων για να εκτυπώσει δήθεν ενημερωτικά φυλλάδια για έργα, ενώ επρόκειτο για ωμή κομματική προπαγάνδα.

– Η κρατική Ολυμπιακή Αεροπορία χορήγησε 31.000 δωρεάν εισιτήρια μόνο στο πρώτο εξάμηνο του 1989, όταν βούλιαζε από τα χρέη!

– Το ΙΚΑ προσέλαβε λίγους μήνες πριν από τις εκλογές 1.500 νέους υπαλλήλους και ολόκληρο το Δημόσιο 100.000 υπαλλήλους!

– Ο υπεύθυνος της ΠΡΟΜΕΤ (κρατικής εταιρείας) εξαφανίσθηκε στο εξωτερικό μαζί με ένα σεβαστό ποσό από τα ταμεία της εταιρείας κι ακόμα αναζητούνταν!

– Ένα δημόσιο χρέος στο 117% του ΑΕΠ σήμαινε ότι θα έπρεπε όλοι οι Έλληνες να δουλεύουν τζάμπα παραπάνω από ένα χρόνο για να μπορέσουμε να εξοφλήσουμε αυτό το έλλειμμα!

– Στο υπουργείο Βιομηχανίας διαπιστώθηκε ότι προσλήφθηκαν 1.455 άτομα από την 1.1.1989 έως τις εκλογές της 18ης Ιουνίου 1989, ενώ γίνονταν προσλήψεις ακόμα και την ημέρα των εκλογών!

– Στο υπουργείο Υγείας εργάζονταν τότε 89.000 υπάλληλοι. Αυτή η δύναμη αυξήθηκε μέσα σε τέσσερις μήνες, πριν από τις εκλογές της 18ης Ιουνίου 1989, κατά 9.046 άτομα!

– Μεθοδεύονταν πωλήσεις στο εξωτερικό σε τιμές κάτω του κόστους. Αλλά, δεν τους ενδιέφερε το κόστος ή το κέρδος της δημόσιας επιχείρησης, αλλά πώς να εισπράξουν το 3% του ειδικού λογαριασμού προώθησης εξαγωγών!!! Για παράδειγμα, ο διευθύνων σύμβουλος μιας ζημιογόνας (προβληματικής) κρατικής επιχείρησης εισέπραξε με δική του πρωτοβουλία 10 εκατ. δραχμές και με έγκριση του Διοικητικού Συμβουλίου άλλα 7, 5 εκατ. δραχμές, δηλαδή σύνολο 17, 5 εκατ. δραχμών από... ζημιογόνες εξαγωγές!!!

– Οι έως τότε μετοχοποιήσεις των ζημιών δημόσιων επιχειρήσεων είχαν φθάσει στα 204 δισ. δραχμές. «Μιλάμε για δισεκατομμύρια σαν να πρόκειται για τάληρα», είπε ο αρμόδιος υπουργός!

5 ΣΕΠΤΕΜΒΡΙΟΥ (2)

Σπατάλη δισ. δραχμών στο Δημόσιο την προεκλογική περίοδο του 1989

Σήμερα, το Ημερολόγιό μου γράφει 5 Σεπτεμβρίου 2015.

Και θυμήθηκα κι άλλα τέρατα και σημεία που γίνονταν στον ευρύτερο (ζημιογόνο και προβληματικό) δημόσιο τομέα, που ήταν το «λάφυρο» του «κοπαδίου κομματικών κηφήνων», όπως έλεγε ο Ροΐδης, των εκάστοτε κομμάτων που κέρδιζαν τις εκλογές και σχημάτιζαν κυβέρνηση

Θυμήθηκα ότι από την παραπάνω συζήτηση στη Βουλή για την οικονομία αποκαλύφθηκαν, μεταξύ άλλων, και τα ακόλουθα:

– Σε άλλη προβληματική (κρατική) επιχείρηση γίνονταν προμήθειες χωρίς διαφανείς διαδικασίες, δίδονταν μεγάλες εκπτώσεις κατά σύστημα σε συγκεκριμένους πελάτες, χρησιμοποιούνταν υπεργολάβοι που πληρώνονταν χωρίς να... εκτελούν έργο!

– Υπάρχουν και περιπτώσεις που διοικητικά στελέχη έπαιρναν χρήματα από προβληματικές επιχειρήσεις χωρίς να... επιστραφούν! Για παράδειγμα, τέως πρόεδρος προβληματικής κρατικής εταιρείας πήρε το 1987 περίπου 1, 9 εκατ. δραχμές, τα οποία, σύμφωνα με αίτηση ορκωτού λογιστή, δεν είχαν επιστραφεί έως το τέλος Ιουλίου του 1989!

- Σε προβληματική κρατική επιχείρηση (σημείωση: όλες αυτές οι επιχειρήσεις κατονομάζονται στη Βουλή), στις 26 Ιουνίου 1989, δηλαδή σε ημερομηνία μεταξύ της διεξαγωγής των εκλογών και του σχηματισμού της νέας κυβέρνησης, απολύθηκε μεγάλο διευθυντικό στέλεχος, το οποίο πήρε αποζημίωση 8.300.000 δραχμών και την επομένη επαναπροσλήφθηκε με σύμβαση έργου! «Απορώ, τηλεφωνώ και ζητώ εξηγήσεις», τόνιζε με αγανάκτηση ο αρμόδιος υπουργός. «Μου απαντάνε: Μα, αυτή είναι η συνήθης τακτική της επιχείρησης». «Δηλαδή, ρωτώ, πόσους φιλοδωρήσατε έτσι με 8.500.000 δραχμές»! Σημειώνεται ότι την επιχείρηση αυτή ο ελληνικός λαός πλήρωνε με 1, 2 δισ. δραχμές το μήνα!!!

- Σε άλλη προβληματική, ζημιογόνα κρατική επιχείρηση, το 1988 οι εργαζόμενοι εισέπραξαν όλη την αποζημίωσή τους, 366 εκατ. δραχμών, η οποία πληρώθηκε από τον σφόδρα ζημιογόνο Οργανισμό... Ανασυγκρότησης Επιχειρήσεων! Σε λίγες ημέρες... επαναπροσλαμβάνονται όλοι με δίμηνες συνεχώς ανανεούμενες συμβάσεις, στο πλαίσιο της τακτικής των προεκλογικών παροχών και ομηρείας! Περιττό να αναφερθεί ότι ο κατάλογος τέτοιων περιπτώσεων ζημιογόνων κρατικών επιχειρήσεων σπατάλης που παρουσιάσθηκε στη Βουλή είναι ατέλειωτος. 8 Σεπτεμβρίου

Νέα άρνηση ιδιωτικής χορηγίας για καλλιτεχνικές δραστηριότητες από «προοδευτικούς»!

Σήμερα (8 Σεπτεμβρίου 2015) διάβασα ότι σε χθεσινή συνέντευξη Τύπου στο Εθνικό Θέατρο ο καλλιτεχνικός διευθυντής Στάθης Λιβαθινός ανακοίνωσε, μεταξύ άλλων, την ίδρυσης και τον τρόπο λειτουργίας του Τμήματος Σπουδών Σκηνοθεσίας στη Δραματική Σχολή του Εθνικού, με αρωγό και χορηγό σε αυτή την πρωτοβουλία τη Μαριάννα Λάτση, με 280 χιλ. ευρώ, στη μνήμη του Νίκου Κούρκουλου. Στη συνέχεια είπε στους δημοσιογράφους ότι δεν κατάφερε να πείσει το Διοικητικό Συμβούλιο να εγκρίνει τη χορηγία αυτή της Μαριάννας Λάτση!

Και θυμήθηκα ξανά πόσο «μιασμένα» είναι τα «καπιταλιστικά» λεφτά για μερικούς «προοδευτικούς»!.

Θυμήθηκα ξανά ότι και πριν από λίγο καιρό αρνήθηκε το υπουργείο Πολιτισμού χορηγία Λάτση για αρχαιολογικές έρευνες!

Θυμήθηκα ξανά ότι το 1976 η χώρα μας κατόρθωσε να πάρει από το ΝΑΤΟ ένα κονδύλι 2 εκατ. δολαρίων για την ίδρυση στην Κοζάνη ενός Κέντρου Ερευνών Λιγνίτη.

Θυμήθηκα ξανά όμως ότι τότε εκδηλώθηκε μια λυσσώδης αντίδραση από τις τότε «δημοκρατικές και λοιπές προοδευτικές δυνάμεις και ματαίωσαν την προσπάθεια αυτή, διότι τα χρήματα αυτά δίδονταν από τους...

«ιμπεριαλιστές»!

Θυμήθηκα ξανά όμως ότι τον Ιούλιο του 1989, ο τότε πρόεδρος των Ηνωμένων Πολιτειών Μπους, κατά την επίσκεψή του στην Ουγγαρία ανακοίνωσε, μεταξύ άλλων, και τη δωρεάν 5 εκατ. δολαρίων για την ίδρυση ενός Κέντρου Ερευνών για την Προστασία του Περιβάλλοντος.

Θυμήθηκα ξανά όμως ότι τότε η «κουμμουνιστική» Ουγγαρία αποδέχθηκαν τη δωρεά αυτή του Μπους με ευχαριστίες, σε αντίθεση με τη δημοκρατική Ελλάδα!

Θυμήθηκα ξανά ότι, σε μια τόσο δύσκολη συγκυρία, με μειωμένους ή με μη εκταμιευμένους (για πολλούς δημόσιους φορείς) προϋπολογισμούς, δικαιώνεται για μιαν ακόμη φορά ο Αριστοτέλης, ο οποίος έλεγε ότι οι χορηγίες γίνονται μόνο από την ιδιωτική πρωτοβουλία, αλλά δεν είχε προβλέψει ότι δεν θα γίνονταν δεκτές από «προοδευτικούς» εκπροσώπους του Δημοσίου... 9 Σεπτεμβρίου

Μια ακόμα προκλητική «τηλεωραιολογία» και απαράδεκτη «τηλεμαχία», όπως και πριν από... έξι χρόνια!

Σήμερα (9 Σεπτεμβρίου 2015) από τις 9 το βράδυ παρακολουθώ το «ντιμπέιτ» (debate) των επτά πολιτικών αρχηγών (Φώφη Γεννηματά, Πάνος Καμμένος, Δημήτρης Κουτσούμπας, Σταύρος Θεοδωράκης, Παναγιώτης Λαφαζάνης, Βαγγέλης Μεϊμαράκης και Αλέξης Τσίπρας) στην ΕΡΤ με συντονίστρια τη Μαρία Χούκλη.

Και θυμήθηκα το προεκλογικό debate που έγινε στην ΕΡΤ στις 30 Σεπτεμβρίου 2009 μεταξύ του τότε πρωθυπουργού Κώστα Καραμανλή και του τότε αρχηγού της αξιωματικής αντιπολίτευσης Γιώργου Παπανδρέου.

Θυμήθηκα την προκλητική «τηλεωραιολογία» και την απαράδεκτη «τηλεμαχία» κατά τη διάρκεια των 75 λεπτών του debate αυτού.

Θυμήθηκα πάλι τους παράλληλους μονολόγους και χωρίς ουσία απαντήσεις των πολιτικών αρχηγών σε εξίσου «άνοστες» ερωτήσεις μερικών συναδέλφων μου.

Θυμήθηκα αυτό που έγραφα σε όλα σχεδόν τα προεκλογικά μου άρθρα μου, παραφράζοντας τη γνωστή ρήση του Περικλέους στον «Επιτάφιο» του Θουκυδίδη: «Εκλογολογούμεν συνεχώς μετ᾽ ευτελείας (με τη σημερινή έννοια) και κυβερνώμεν μετά μαλακίας (με τη σημερινή έννοια)».

Θυμήθηκα ότι στην Ελλάδα έχουμε συνεχώς και παντού εκλογές, όπως στους δικηγόρους, στους μηχανικούς, στους συνεταιρισμούς, στα σχολεία, στους δημόσιους οργανισμούς κλπ.

Θυμήθηκα, δηλαδή, ότι στην Ελλάδα έχουμε συνεχώς εκλογές για την ανάδειξη κυβερνήσεων που συνεχώς μας «φεσώνουν»... 10 Σεπτεμβρίου

Μερικές μετεκλογικές αθλιότητες το 1990

Σήμερα, το Ημερολόγιό μου δείχνει 10 Σεπτεμβρίου 2015 και συνεχίζεται ο προεκλογικός πυρετός των κομμάτων.

Και θυμήθηκα ότι στις 10 Σεπτεμβρίου 1990 ο τότε πρόεδρος του ΠΑΣΟΚ και τέως τότε πρωθυπουργός Ανδρέας Παπανδρέου με ομιλία του κατά την έναρξη της συνδιάσκεψης για την Τοπική Αυτοδιοίκηση, την οποία οργάνωσε στη Θεσσαλονίκη η νομαρχιακή οργάνωση του ΠΑΣΟΚ, επετέθη σφοδρότατα στην τότε κυβέρνηση του Κωνσταντίνου Μητσοτάκη.

Θυμήθηκα ότι τότε είπε, μεταξύ άλλων, τα εξής:

– «Υπόσχεται δύο ακόμα χρόνια ξεθεμελιώματος του οικονομικού και κοινωνικού χάρτη, επιδείνωσε τις κρίσεις, υπόσχεται συνέχεια της σκληρότητας με την οποία αντιμετωπίζει τους εργαζόμενους, τους μικρομεσαίους επιχειρηματίες και τους συνταξιούχους, ενώ δείχνει ανικανότητα να χαράξει μια συνεπή αναπτυξιακή πολιτική..."

– "Προσφέρει την ιδιωτικοποίηση, τον αφελληνισμό, την απρόσκοπτη λειτουργία των νόμων της αγοράς που βοηθούν την κερδοσκοπία και την αισχροκέρδεια, τη βάναυση ανακατανομή του εθνικού εισοδήματος σε βάρος των εργαζομένων και των μικρομεσαίων, για να εξυπηρετηθούν καλύτερα τα συμφέροντα της οικονομικής ολιγαρχίας..."

– "Ενώ ομιλεί για επενδύσεις οδηγεί τη χώρα μας στο στασιμοπληθωρισμό και την ανεργία και εξαπολύει μια μετωπική επίθεση ενάντια στις κατακτήσεις του λαού μας, τα ασφαλιστικά ταμεία και τις συντάξεις και ακολουθεί μια νομισματική και συναλλαγματική πολιτική, που έχει οδηγήσει σε άκρως υψηλά επιτόκια, ώστε να είναι αδύνατον να υπάρξουν παραγωγικές επενδυτικές επενδύσεις..."

– "Είναι ασύστολο ψεύδος ότι για όλα ευθύνεται το ΠΑΣΟΚ. Το ΠΑΣΟΚ παρέδωσε τον Ιούνιο του 1989 μια ζωντανή αναπτυσσόμενη οικονομία με πληθωρισμό στο μισό από εκείνο που παραλάβαμε το ΄81 και μηδενικό καθαρό δανεισμό από το εξωτερικό. Ας συγκρίνει ο κ. Μητσοτάκης το δημόσιο χρέος της χώρας μας ως ποσοστό του ΑΕΠ με εκείνο ορισμένων εταίρων μας στην ΕΟΚ..."

– "Στα πλαίσια των μαζικών απολύσεων που προωθεί η κυβέρνηση προωθούνται οι ημέτεροι και διώκονται ανηλεώς όσοι δεν προσκυνούν τη Νέα Δημοκρατία. Οι διωγμοί στο δημόσιο τομέα προχωρούν με γρήγορους ρυθμούς. Το ΠΑΣΟΚ δεσμεύεται να συμπαρασταθεί στους διωκόμενους και να αποκαταστήσει εκείνους που θυσιάστηκαν στο βωμό των κομματικών σκοπιμοτήτων της Νέας Δημοκρατίας».

Και θυμήθηκα ότι τότε διερωτήθηκα: «Πώς μπόρεσε μια (νέα) κυβέρνηση να κάνει όλα αυτά μόλις σε... δύο περίπου μήνες;»

11 ΣΕΠΤΕΜΒΡΙΟΥ (1)

Εικόνα «Κόλασης» στην Ελλάδα το Σεπτέμβριο του 1990 από την αντιπολίτευση και τους συνδικαλιστές...

Σήμερα και καθώς η χώρα βρίσκεται στην αιχμή μιας νέας προεκλογικής περιόδου, το Ημερολόγιό μου δείχνει 11 Σεπτεμβρίου 2015.

Και θυμήθηκα ότι την ίδια ημέρα, στις 11 Σεπτεμβρίου 1990, τα πρωτοσέλιδα των εφημερίδων παρουσίαζαν τη χώρα μας ως... επίγεια κόλαση.

Θυμήθηκα ότι τότε οι εφημερίδες, παρασυρμένες από τις ανακοινώσεις των κομμάτων της αντιπολίτευσης και συνδικαλιστικών οργανώσεων του κρατικομονοπωλιακού τομέα, παρουσίαζαν την Ελλάδα ως εξής:

«Νεκρώνει η χώρα»
«Μάχη θανάτου»
«παραλύει η χώρα»
«Χάος»
«Έρχεται θύελλα»
«Χείμαρρος (απεργιακός)»

Και θυμήθηκα έτσι για μιαν ακόμη φορά πώς φθάσαμε στα επαίσχυντα Μνημόνια...

12 ΣΕΠΤΕΜΒΡΙΟΥ

Η ΕΡΤ των... 100 κηπουρών πριν από 26 χρόνια και των επτά πολιτικών αρχηγών σήμερα

Σήμερα (12 Σεπτεμβρίου 2015) διάβασα στις εφημερίδες τη συνέχεια των ρεπορτάζ και των σχολίων για το προχθεσινό προεκλογικό debate των επτά πολιτικών αρχηγών στην ΕΡΤ.

Και ξαναθυμήθηκα ότι στην «Καθημερινή» (12 Σεπτεμβρίου 1989) δημοσιεύθηκε το ακόλουθο σχόλιο: «Το ερώτημα που θα πρέπει να απασχολήσει την κοινή γνώμη είναι με ποιο δικαίωμα η ΠΡΟΣΠΕΡΤ (συνδικαλιστική οργάνωση της ΕΡΤ) των 100 κηπουρών, των απειράριθμων φυλάκων, θυρωρών και δακτυλογράφων που δεν ξέρουν να γράφουν στη γραφομηχανή, αποστερεί από μας, τον ελληνικό λαό το δικαίωμά του να παρακολουθούμε τηλεοπτικές εκπομπές για τις οποίες πληρώνουμε αδρά και υποχρεωτικά την ΕΡΤ με τους λογαριασμούς της ΔΕΗ. Μήπως έφθασε επιτέλους η στιγμή να πάψουμε να ανεχόμαστε τους εκβιασμούς των κάθε είδους συντεχνιών».

Θυμήθηκα ξανά ότι η απάντηση δόθηκε από την προηγούμενη κυβέρνηση Σαμαρά με τη μετατροπή σε ΝΕΡΙΤ, αλλά στη συνέχεια η κυβέρνηση ΣΥΡΙΖΑ–ΑΝΕΛ την έκανε πάλι... ΕΡΤ...

Και θυμήθηκα για μιαν ακόμη φορά γιατί φτάσαμε στα... Μνημόνια...

13 ΣΕΠΤΕΜΒΡΙΟΥ

Ενώ οι δάσκαλοι αυξάνονται ιλιγγιωδώς από το 1965 και οι μαθητές και τα σχολεία μειώνονται δραματικά, 150 σχολεία είναι κλειστά...

Σήμερα (13 Σεπτεμβρίου 2015) διάβασα ότι συνολικά περί τα 150 σχολεία σε όλη τη χώρα παρέμειναν κλειστά κατά την ημέρα του αγιασμού για τη νέα σχολική χρονιά.

Και θυμήθηκα πολλά παλιά που επιβεβαιώνουν αυτό και πολλά άλλα παράξενα στην ελληνική εκπαίδευση.

Θυμήθηκα ότι το 1965, πριν από 50 χρόνια δηλαδή, οι σχολικές μονάδες στην πρωτοβάθμια εκπαίδευση (κυρίως Δημοτικά σχολεία καθώς δεν υπήρχαν τότε πολλά Νηπιαγωγεία!) ανέρχονταν σε 10.822, σύμφωνα με τα στατιστικά στοιχεία για την εκπαίδευση.

Θυμήθηκα όμως σήμερα (στατιστικά στοιχεία για το σχολικό έτος 2012–2013) οι σχολικές αυτές μονάδες είναι λιγότερες (10.539), δηλαδή έχουν κλείσει πολλά Δημοτικά Σχολεία και Νηπιαγωγεία κυρίως στην επαρχία, παρά τη συνεχιζόμενη εισροή ξένων οικονομικών μεταναστών.

Θυμήθηκα πάλι ότι το 1965, οι δάσκαλοι ανέρχονταν 27.376, σύμφωνα με τα ίδια στατιστικά στοιχεία.

Θυμήθηκα όμως ότι σήμερα (στατιστικά στοιχεία για το σχολικό έτος 2012/2013) οι δάσκαλοι (Δημοτικών Σχολείων και Νηπιαγωγείων) ανέρχονται σε... 77.467, δηλαδή είναι αυξημένοι κατά 183%, μολονότι ο αριθμός των σχολικών μονάδων μειώθηκε κατά 3, 2%!

Θυμήθηκα ακόμη ότι το 1965, σύμφωνα με τα ίδια στατιστικά στοιχεία) ο αριθμός των μαθητών στην πρωτοβάθμια εκπαίδευση ανερχόταν σε 975.869.

Θυμήθηκα όμως σήμερα (στατιστικά στοιχεία για το σχολικό έτος 2012/2013), οι μαθητές στην πρωτοβάθμια εκπαίδευση ανέρχονται συνολικά σε 794.722, δηλαδή παρουσιάζουν μείωση κατά... 181.147 μαθητές ή κατά 18, 6%!

Και ξαναθυμήθηκα, ύστερα από όλα αυτά, ότι, παρά τη μείωση των μαθητών και την ιλιγγιώδη αύξηση των δασκάλων, η ελληνική παιδεία συνεχώς διαλύεται και ο λειτουργικός αναλφαβητισμός των Ελλήνων μαθητών συνεχώς επιδεινώνεται...

14 ΣΕΠΤΕΜΒΡΙΟΥ

Ξέχασε ξανά ο Α. Τσίπρας τις παρακαταθήκες του Ελευθερίου Βενιζέλου

Σήμερα (14 Σεπτεμβρίου 2015) άκουσα τον πρόεδρο του ΣΥΡΙΖΑ Αλέξη Τσίπρα να επαναλαμβάνει στο debate στην ΕΡΤ με τον πρόεδρο της Νέας Δημοκρατίας Ευάγγελο Μεϊμαράκη ότι «μόνη μας έγνοια ήταν να κρατήσουμε το δίκιο του ελληνικού λαού».

Και θυμήθηκα ξανά τις γνωστές παρακαταθήκες του Ελευθερίου Βενιζέλου, τις οποίες έχω καταγράψει σε άλλο σημείωμά μου στο Ημερολόγιο αυτό.

Θυμήθηκα ξανά τί είπε ο Βενιζέλος στους δημοσιογράφους έπειτα από την υπογραφή της Συνθήκης των Σεβρών και προς εμπέδωσή τους τα ξαναπαραθέτω:

«Ειλικρίνεια και αλήθεια, ιδού η μέθοδός μου. Μη ομιλείτε περί ιστορικών δικαίων, δεν κάνουν εντύπωσιν εις τους Ευρωπαίους. Εγώ, κατά την διάρκειαν των Συνδιασκέψεων, έθεσα ως βάσιν των αξιώσεων της Ελλάδος τον εθνολογικόν και ουχί τον ιστορικόν χαρακτήρα των εδαφών, τα οποία εζήτησα. Άλλα έθνη, προβάλλοντα ιστορικάς απαιτήσεις, απέτυχον. Τας περισσοτέρας ιστορικάς απαιτήσεις θα ημπορούσε να έχει η Ελλάς. Αλλά η Ευρώπη δεν λαμβάνει υπ' όψιν τοιαύτας αξιώσεις. Ουδέποτε έκαμα χρήσιν των ιστορικών δικαιωμάτων μας. Εζήτησα την Θράκην, διότι πλειοψηφεί εκεί το ελληνικόν στοιχείον, εζήτησα την Ιωνίαν, διότι πλειοψηφούν οι Έλληνες εκεί. Η αξίωσίς μας διά την Κωνσταντινούπολιν είναι βεβαίως και ιστορική, η Κωνσταντινούπολις ήτο, άλλωστε, πρωτεύουσα του βυζαντινού κράτους. Αλλά, κυρίως, η αξιωσίς μας βασίζεται επί του σημερινού πληθυσμού της Κωνσταντινουπόλεως. Εάν η Κωνσταντινούπολις δεν είχε τον ελληνικόν πληθυσμόν της, εάν οι Έλληνες δεν πλειοψηφούσαν εν Θράκη και Ιωνία, ως δημοκρατικός άνθρωπος δεν ηδυνάμην και δεν εδικαιούμην να εγείρω επ' αυτών αξιώσεις. Αλλά και κάτι άλλο: εις τα υπομνήματά μου και τα προφορικά μου διαβήματα, ουδέποτε έκαμα χρήσιν του όρου «ελληνικά δίκαια». Ο όρος αυτός είναι αισθηματολογικός, οι δε ευρωπαίοι δεν τον εννοούν. Ο όρος μου ήταν «ελληνικά συμφέροντα», «δίκαια ελληνικά συμφέροντα». Αλλά και συμφέροντα της Ανθρωπότητος, όχι αποκλειστικώς της Ελλάδος».

Θυμήθηκα όμως ότι η ακατάσχετη δημαγωγία και ο ολέθριος λαϊκισμός των πολιτικών μας όλων των εποχών δεν άφηνε περιθώρια για τέτοιες ρεαλιστικές προσεγγίσεις. 15 Σεπτεμβρίου

Σε λίγα χρόνια δεν θα υπάρχουν Έλληνες στην Ελλάδα!

Σήμερα (15 Σεπτεμβρίου 2015) διάβασα ότι, με βάση τις τωρινές τάσεις, η Eurostat προβλέπει πληθυσμό της Ελλάδας, το 2060, στα 8, 6 εκατ., δηλαδή ότι θα μειωθεί μέχρι τότε κατά 22%. Το 2060, ο πληθυσμός εργάσιμης ηλικίας, 20–64 ετών, θα μειωθεί κατά 36%, από 6, 6 εκατ. σήμερα, σε 4, 2 εκατ. Και το ποσοστό εξάρτησης πληθυσμού (ηλικίες 65+/15–64) από 31%, σε 61%. Ο δείκτης γονιμότητας, με 1, 3 παιδιά ανά γυναίκα (2012), από το 1981 βρίσκεται σταθερά κάτω από το 2, 3 που θεωρείται αναγκαίο για την αναπλήρωση του πληθυσμού.

Και θυμήθηκα ότι στις αρχές της δεκαετίας του 1990 δημοσιεύθηκε στον «Οικονομικό Ταχυδρόμο» μια έρευνα του καθηγητή στις ΗΠΑ Μιχάλη Γκιόκα με εφιαλτικές διαπιστώσεις για το ελληνικό δημογραφικό πρόβλημα: Σε λίγα χρόνια δεν θα υπάρχουν Έλληνες στην Ελλάδα! Και, δυστυχώς, η διαπίστωση αυτή επιβεβαιώνεται κάθε φορά από τα στοιχεία της γενικής απογραφής του πληθυσμού της χώρας μας και ιδιαίτερα από την τελευταία (το 2011).

Θυμήθηκα ότι πάντοτε σημείωνα πως το δημογραφικό πρόβλημα στη χώρα μας έχει εξελιχθεί σε «ωρολογιακή βόμβα» κυρίως μετά το 1980. Από τότε άρχισαν να επιδεινώνονται όλοι οι δείκτες γονιμότητας, να ερημώνει η ελληνική ύπαιθρος, να κλείνουν σχολεία στην περιφέρεια και να προκαλούνται έντονοι τριγμοί στο κοινωνικοασφαλιστικό σύστημα της χώρας μας.

Θυμήθηκα ότι ο δείκτης γονιμότητας (αριθμός παιδιών ανά μητέρα) είχε συρρικνωθεί, σύμφωνα με μελέτη της Eurostat, σε 1, 29 το 2004, έναντι 2, 21 το 1980. Σημειώνεται ότι το 1980, ο δείκτης αυτός βρισκόταν περίπου στα επίπεδα του επιθυμητού δείκτη για την επιβίωση του έθνους, που είναι 2, 3 παιδιά ανά μητέρα, ενώ ο ιδανικός δείκτης είναι 2, 73 παιδιά ανά μητέρα. Με το πρόβλημα αυτό ασχολήθηκε την περίοδο 1991 – 1993 μια Διακομματική Επιτροπή της Βουλής, η οποία κατέθεσε ομόφωνο πόρισμα το Φεβρουάριο του 1993, αλλά...

Θυμήθηκα ότι τον υψηλότερο – ρεκόρ– δείκτη γονιμότητας (γεννήσεις ανά 1.000 κατοίκους) είχε η χώρα μας τις δεκαετίες 1831 – 1840 και 1841 – 1850 (52 και 52, 3 γεννήσεις). Οι γεννήσεις ανά 1.000 κατοίκους συρρικνώθηκαν στις 17, 9 στη δεκαετία 1961 – 1970, στις 15, 5 γεννήσεις στη δεκαετία 1971 – 1980, στις 11, 8 γεννήσεις στη δεκαετία 1981– 1990, στις 9, 7 γεννήσεις στη δεκαετία 1991 – 2000 και στις 9, 4 γεννήσεις το 2004, σύμφωνα με στοιχεία της Eurostat.

16 ΣΕΠΤΕΜΒΡΙΟΥ

Τα Μνημόνια συνέτριψαν το υψηλό, τάχα, βιοτικό επίπεδο των Ελλήνων

Σήμερα (16 Σεπτεμβρίου 2015) διάβασα ότι, σύμφωνα με στοιχεία ειδικής έκθεσης του Οργανισμού Οικονομικής και Ανάπτυξης (ΟΟΣΑ) για την οικονομική κατάσταση των νοικοκυριών στις χώρες–μέλη του, από το 2007 έως το πρώτο τρίμηνο του 2015 το διαθέσιμο κατά κεφαλήν εισόδημα στην Ελλάδα μειώθηκε κατά 27, 5%, με τους καταναλωτές να χάνουν περισσότερο από το ένα τέταρτο του εισοδήματός τους, ενώ εξίσου πτωτική ήταν η πορεία των δαπανών τους και της αποταμίευσης.

Την ίδια ώρα που το διαθέσιμο εισόδημα των ελληνικών νοικοκυριών συρρικνωνόταν, στις χώρες του ΟΟΣΑ καταγράφονταν σημαντική αύξηση. Κατά μέσο όρο το κατά κεφαλήν ΑΕΠ αυξήθηκε κατά 3, 3% στο πρώτο τρίμηνο του 2015 έναντι του 2007 στις χώρες του ΟΟΣΑ, ενώ το κατά κεφαλήν διαθέσιμο εισόδημα αυξήθηκε κατά 8, 1%.

Επίσης, εκτιμάται ότι και στις άλλες δύο χώρες της ευρωζώνης όπου εφαρμόστηκε μνημόνιο, οι επιπτώσεις ήταν πολύ πιο περιορισμένες από ό, τι στην Ελλάδα. Στην Πορτογαλία το κατά κεφαλήν διαθέσιμο εισόδημα από το 2007 έως τις αρχές του 2015 μειώθηκε κατά 5, 4% και στην Ιρλανδία κατά 4, 9%.

Και θυμήθηκα πόσο επαίρονταν όλες οι ελληνικές κυβερνήσεις μετά το 1974 για τη βελτίωση του βιοτικού επιπέδου του ελληνικού λαού με συνεχή δανεικά.

Θυμήθηκα πόσο βαυκαλίζονταν όλες οι ελληνικές κυβερνήσεις μετά το 2000 για «ισχυρή ελληνική οικονομία» με την εισροή κοινοτικών πόρων και φορομπηχτισμό.

Θυμήθηκα τη γνωστή «διαπίστωση» του τότε προέδρου του ΠΑΣΟΚ και αρχηγού της αξιωματικής αντιπολίτευσης Γιώργου Παπανδρέου κατά την προεκλογική περίοδο του 2009 ότι «λεφτά υπάρχουν»...

17 ΣΕΠΤΕΜΒΡΙΟΥ

Είκοσι έξι χρόνια με τον Γιάννη Μαρίνο στον «Οικονομικό Ταχυδρόμο»

Σήμερα (17 Σεπτεμβρίου 2015) με ξύπνησε ένα όνειρο με τον επί δεκαετίες διευθυντή του «Οικονομικού Ταχυδρόμου, πραγματικό άνθρωπο και πολύτιμο δάσκαλό μου Γιάννη Μαρίνο.

Τον είδα να με καλεί να συζητήσουμε συγκεκριμένα... επίκαιρα δημοσιογραφικά θέματα για τον «Οικονομικό Ταχυδρόμο», που έχει κλείσει από το 2001! Επικοινώνησα αμέσως και μού είπε ότι είναι πολύ καλά στην υγεία του και ότι όλο διαβάζει και γράφει.

Και θυμήθηκα ότι με τον Γιάννη Μαρίνο συνεργάσθηκα στενά και μοναδικά ως συντάκτης του «Οικονομικού Ταχυδρόμου» από το 1970 έως το 1977, όταν τότε με τίμησαν εκείνος και ο αείμνηστος πρόεδρος του Δημοσιογραφικού Οργανισμού Λαμπράκη (ΔΟΛ) Χρήστος Λαμπράκης με την απόφασή τους να με αναδείξουν στη θέση του αρχισυντάκτη του περιοδικού.

Θυμήθηκα ότι ως αρχισυντάκτης συνεργάσθηκα σε σχεδόν ολοήμερη βάση με τον Γιάννη Μαρίνο έως την αποχώρησή του από τη διεύθυνση του «Οικονομικού Ταχυδρόμου» το 1996. Δηλαδή, με τον Γιάννη Μαρίνο έζησα επί 26 περίπου χρόνια χαρές από επιτυχίες, αγωνίες και ανησυχίες για τη συνεχή βελτίωση και περαιτέρω καταξίωση του «Οικονομικού Ταχυδρόμου» ως «θεσμού», όπως τον είχε χαρακτηρίσει ο ίδιος ο Χρήστος Λαμπράκης σε ένα εισαγωγικό του σημείωμα στη μνημειώδη ειδική έκδοση για τα 60 χρόνια του «Οικονομικού Ταχυδρόμου», η οποία κυκλοφόρησε στις 30 Απριλίου 1987.

Θυμήθηκα ότι ο Γιάννης Μαρίνος με είχε τιμήσει με την προτροπή και παράκληση, απίστευτη για ένα διευθυντή περιοδικού ή εφημερίδας, να διαβάζω τα άρθρα του και να τον ενημερώνω για τυχόν προσθήκες ή παρατηρήσεις πριν δημοσιευθούν. Επίσης, μια άλλη, σπάνια για διευθυντή περιοδικού ή εφημερίδας, συμπεριφορά του Μαρίνου ήταν εκείνη να συγκαλεί τα βασικά στελέχη του «Οικονομικού Ταχυδρόμου» και να διαβάζει σε σύσκεψη όσα άρθρα του θεωρούσε κρίσιμα ή σκληρά πριν δημοσιευθούν και να τα αποδελτιώνω, καταχωρίζοντάς τα στο Αρχείο μου.

Θυμήθηκα ότι με συγκίνηση και μεγάλη χαρά παρέλαβα πριν από τρία χρόνια το νέο βιβλίο του που τιμητικά μού έστειλε υπό τον τίτλο «Ας προσέχαμε», το οποίο κυκλοφορεί από τις Εκδόσεις Παπαζήση.

Θυμήθηκα ότι με συγκίνησε η αφιέρωσή του «Στον Δημήτρη Στεργίου, πολύτιμο συνεργάτη στον «Οικονομικό Ταχυδρόμο» και πιστό φίλο». Ύστερα, με ενθουσίασε η πρωτοβουλία του να γράψει το νέο αυτό βιβλίο του στο οποίο εγκιβωτίζει σημαντικά άρθρα του με τις αυτονόητες επισημάνσεις, έντονες προειδοποιήσεις και επίμονες προτάσεις για την αντιμετώπιση της ολοένα σοβούσης, κυρίως, μετά το 1980, οικονομικής κρίσης στη χώρα μας.

18 ΣΕΠΤΕΜΒΡΙΟΥ

Δεν είχα δικαίωμα ψήφου στις εκλογές της «βίας και νοθείας» του 1961

Σήμερα το βράδυ (18 Σεπτεμβρίου 2015) τελείωσε η προεκλογική περίοδος με την κεντρική ομιλία του προέδρου του ΣΥΡΙΖΑ Αλέξη Τσίπρα στο Σύνταγμα. Προηγήθηκαν τις προηγούμενες ημέρες οι ομιλίες των άλλων πολιτικών αρχηγών.

Και θυμήθηκα το προεκλογικό κλίμα μεταπολεμικών βουλευτικών εκλογών στην Αθήνα, όταν ήμουνα φοιτητής Πανεπιστημίου.

Θυμήθηκα τις εκλογές στις 29 Οκτωβρίου 1961, ενώ περίμενα τα αποτελέσματα των εισαγωγικών εξετάσεων στο Πανεπιστήμιο!

Θυμήθηκα ότι στις 20 Σεπτεμβρίου του 1961 ο τότε πρωθυπουργός Κωνσταντίνος Καραμανλής έγινε δεκτός από τον βασιλιά Παύλο, στον οποίο υπέβαλε επίσημα την παραίτηση της κυβέρνησης της Ε.Ρ.Ε. και εισηγήθηκε το διορισμό υπηρεσιακής κυβέρνησης, παρά την προσωπική του αντιπάθεια προς το θεσμό, λόγω επιμονής της αντιπολίτευσης.

Θυμήθηκα ότι οι εκλογές αυτές έγιναν στις 29 Οκτωβρίου 1961 από την υπηρεσιακή κυβέρνηση του Κωνσταντίνου Δόβα και σε κλίμα μεγάλης έντασης και με πολλά επεισόδια..

Θυμήθηκα την προεκλογική ομιλία του τότε πρωθυπουργού και αρχηγού της ΕΡΕ Κωνσταντίνου Καραμανλή στο Σύνταγμα στις 27 Οκτωβρίου 1961, το κύμα των οπαδών του που μετέβαινε με πλαστικές σημαίες και συνθήματα, μέσω των κεντρικών οδών της Αθήνας, στο Σύνταγμα.

Θυμήθηκα όσα έλεγαν και έγραφαν τότε, πως δηλαδή η τότε κυβέρνηση Καραμανλή, τα σώματα ασφαλείας και ο στρατός κατηγορήθηκαν ότι προέβησαν προεκλογικά σε εκτεταμένη τρομοκρατία εναντίον των κομμάτων του Κέντρου και της Αριστεράς αλλά και σε νοθεία του εκλογικού αποτελέσματος και για τους λόγους αυτούς χαρακτηρίσθηκαν ως «εκλογές βίας και νοθείας».

Θυμήθηκα ότι η νοθεία έγινε με ψευδείς εγγραφές στους εκλογικούς καταλόγους και διπλοψηφίες.

Θυμήθηκα ότι τότε έλεγαν ή έγραφαν πως βρέθηκαν εγγεγραμμένοι 218 χωροφύλακες να δηλώνουν διεύθυνση κατοικίας την ίδια διώροφη μονοκατοικία.

Θυμήθηκα ότι στις εκλογές αυτές δεν πήγα στο χωριό για να ψηφίσω, διότι δεν είχα δικαίωμα ψήφου μολονότι ήμουνα άνω των 19 ετών!

Θυμήθηκα ότι η νέα κυβέρνηση του Κωνσταντίνου Καραμανλή ορκίσθηκε την 1η Νοεμβρίου 1961.

20 ΣΕΠΤΕΜΒΡΙΟΥ (1)

Πρώτο πάλι κόμμα στις σημερινές εκλογές ο πρώην «αντιμνημονιακός» και τώρα σφόδρα... «μνημονιακός» ΣΥΡΙΖΑ του Αλέξη Τσίπρα!!!

Σήμερα (20 Σεπτεμβρίου 2015) διεξήχθησαν νέες, κατά το τελευταίο επτάμηνο, βουλευτικές εκλογές στη χώρα μας, οι οποίες ανέδειξαν πάλι ως πρώτο κόμμα τον ΣΥΡΙΖΑ με πρόεδρο τον Αλέξη Τσίπρα, με ποσοστό 35, 5% και 145 έδρες, μολονότι πριν από τις εκλογές και συγκεκριμένα τον περασμένο Αύγουστο εμφανίσθηκε σφόδρα... μνημονιακός, αφού υπέγραψε το τρίτο δυσβάσταχτο Μνημόνιο! Δεύτερο κόμμα αναδείχθηκε πάλι η Νέα Δημοκρατία με (προσωρινό) πρόεδρο τον Ευάγγελο Μεϊμαράκη, με ποσοστό 28, 10% και 75 έδρες.

Και θυμήθηκα ότι στις προηγούμενες βουλευτικές εκλογές, που έγιναν πριν από οκτώ μήνες, στις 25 Ιανουαρίου 2015, ο ΣΥΡΙΖΑ του Αλέξη Τσίπρα, ήταν σφόδρα «αντιμνημονιακός» και υποσχόταν ότι θα «σκίσει» αμέσως, μόλις σχηματίσει κυβέρνηση, το επαίσχυντο Δεύτερο Μνημόνιο που είχε υπογράψει το 2012 ο τότε πρωθυπουργός Αντώνης Σαμαράς (Νέα Δημοκρατία).

Θυμήθηκα ότι με το αντιμνημονιακό αυτό μένος και με πολλές άλλες απίστευτες υποσχέσεις για «λαγούς και πετραχήλια», ο ΣΥΡΙΖΑ αναδείχθηκε, παρόλα αυτά, στις εκλογές αυτές πρώτο κόμμα με ποσοστό 36, 34% και 149 έδρες.

Θυμήθηκα ότι τότε αμέσως έσπευσε και σχημάτισε κυβέρνηση με το επίσης σφόδρα αντιμνημονιακό, αλλά εκ διαμέτρου αντίθετο, τάχα ιδεολογικά, κόμμα των Ανεξάρτητων Ελλήνων με πρόεδρο των Πάνο Καμμένο, το οποίο έλαβε ποσοστό ψήφων 4, 75% και 13 έδρες.

Θυμήθηκα ότι κατά τη διάρκεια της εφιαλτικής επτάμηνης διακυβέρνησης της χώρας από τον Αλέξη Τσίπρα ως πρωθυπουργό, με τη συμμετοχή των Ανεξάρτητων Ελλήνων, όχι μόνο δεν «σκίστηκε» το δεύτερο Μνημόνιο του Αντώνη Σαμαρά, αλλά η χώρα και οι κάτοικοί της πέρασαν εφιαλτικές στιγμές και εμφανίσθηκαν εικόνες ντροπής στην ελληνική ιστορία και κοινωνία.

Θυμήθηκα ότι τον περασμένο Αύγουστο η κυβέρνηση ΣΥΡΙΖΑ –ΑΝΕΛ υπέγραψε ένα ακόμα σκληρότερο, τρίτο, Μνημόνιο, το οποίο καλείται τώρα να το εφαρμόσει, μολονότι, όπως έλεγε ο Αλέξης Τσίπρας, δεν το ήθελε...

20 ΣΕΠΤΕΜΒΡΙΟΥ (2)

Παρέλαση απόψε νέων «σωτήρων» της Ελλάδος!

Σήμερα (20 Σεπτεμβρίου 2015) το βράδυ είδα στις τηλεοράσεις τον νικητή των σημερινών εκλογών Αλέξη Τσίπρα (ΣΥΡΙΖΑ) και τον Πάνο Καμμένο (Ανεξάρτητοι Έλληνες) που έλαβε ποσοστό μόλις 3, 69% και 10 έδρες, να σφιχταγκαλιάζονται και να θριαμβολογούν, καταδεικνύοντας τη θέληση για το σχηματισμό μαζί νέας κυβέρνησης, όπως και μετά τις εκλογές στις 25 Ιανουαρίου 2015.

Και θυμήθηκα την παρέλαση όλων των «σωτήρων» πολιτικών αρχηγών και ελληνικών κομμάτων, τα οποία, κυρίως μετά το 1980, κατελάμβαναν την εξουσία με μια καταστροφική για τη χώρα δημαγωγία και λαϊκισμό και με υποσχέσεις – δόλωμα που γίνονταν στη συνέχεια δηλητήριο για τον πάντα ευκολόπιστο και πάντα προδομένο ελληνικό λαό και τη δύσμοιρη αυτή χώρα.

Θυμήθηκα τις «γλυκειές» προεκλογικές υποσχέσεις, συνθήματα και (πάντα ηχηρά) παρόμοια των κομμάτων εξουσίας κατά τις ακόλουθες εκλογές:

– **Βουλευτικές Εκλογές 18 Οκτωβρίου 1981:** Ήδη από τις πρώτες μεταπολιτευτικές εκλογές το 1974 είχε αρχίσει το ΠΑΣΟΚ του Ανδρέα Παπανδρέου να ταράσσει την πολιτική ζωή της χώρας μας με τα γνωστά συνθήματα «Αλλαγή», «Έξω από το ΝΑΤΟ», «Έξω από την ΕΟΚ», «Εδώ και τώρα αλλαγή», «Ο λαός δεν ξεχνά τί σημαίνει δεξιά» και «Η Ελλάδα ανήκει τους Έλληνες», αντιγράφοντας τον Μακιαβέλι που είχε πει «Η Ιταλία ανήκει στους Ιταλούς» κλπ. Έτσι, στις εκλογές του Οκτωβρίου του 1981 το ΠΑΣΟΚ κατήγαγε περιφανή νίκη, λαμβάνοντας 2.725.395 ψήφους, ποσοστό: 48, 06% και 172 έδρες. Η Νέα Δημοκρατία (Γ. Ράλλης) έλαβε 2.034.496 ψήφους, ποσοστό: 35, 88 και 115 έδρες.

– **Βουλευτικές εκλογές 2 Ιουνίου 1985:** Πριν από τις εκλογές στις 2 Ιουνίου 1985, στις 2 Οκτωβρίου 1984, σχολιάζοντας την ανάληψη της ηγεσίας της Νέας Δημοκρατίας από τον Κωνσταντίνο Μητσοτάκη ο Ανδρέας Παπανδρέου τόνισε: «Χθες η ΝΔ ανέδειξε στην ηγεσία της έναν Εφιάλτη». Στο τέλος της προεκλογικής ομιλίας για τις εκλογές αυτές, ο Ανδρέας Παπανδρέου σήκωσε στην αγκαλιά του τη μικρή Αννούλα, ένα 7χρονο κοριτσάκι, που πρωταγωνιστούσε στην προεκλογική αφίσα: «ΠΑΣΟΚ: Για ακόμη καλύτερες μέρες». Επίσης, σε όλες τις προεκλογικές συγκεντρώσεις την εποχή αυτή κυριαρχούσαν τα συνθήματα: «Το ΠΑΣΟΚ στην κυβέρνηση, ο λαός στην εξουσία» και «Ανδρέα, προχώρα σε θέλει όλη η χώρα»! Στις εκλογές αυτές το ΠΑΣΟΚ του Ανδρέα Παπανδρέου, όπως αναφέρθηκε, υποσχόταν με αφίσες σε όλη την Επικράτεια «ΠΑΣΟΚ: Για ακόμη καλύτερες ημέρες», υπενθυμίζοντας ότι «Το ΠΑΣΟΚ είναι εδώ, ενωμένο, δυνατό» Κέρδισε τότε και τις εκλογές αυτές λαμβάνοντας 2.916.735 ψήφους, ποσοστό 45, 82% και 161 έδρες. Η Νέα Δημοκρατίας έλαβε 2.599.681 ψήφους, ποσοστό 40, 84% και 126 έδρες.

Τελικά, οι «καλύτερες αυτές ημέρες» έγιναν οι σκληρότερες στην οικονομική ιστορία της χώρας μας, αφού στις 12 Οκτωβρίου 1985 ανακοίνωσε το πιο σκληρό πακέτο μέτρων λιτότητας για να πάρει τη δεύτερη δόση του κοινοτικού δανείου!

– **Βουλευτικές εκλογές 18 Ιουνίου 1989:** Κατά την προεκλογική αυτή περίοδο σε ομιλία του ο Ανδρέας Παπανδρέου στο Περιστέρι είπε το περιβόητο και επαίσχυντο «Τσοβόλα δώστ᾽ όλα», το οποίο κόστισε εκατοντάδες δισ. δραχμές στον ελληνικό λαό με τα απίστευτα κομματικά ρουσφέτια, τα οποία, ωστόσο, δεν ανέδειξαν ξανά πρώτο κόμμα το ΠΑΣΟΚ. Επίσης, κυριαρχούσε το σύνθημα «Μαζί». Στις εκλογές αυτές η Νέα Δημοκρατία του Κωνσταντίνου Μητσοτάκη, ο οποίος συνεχώς τόνιζε το σύνθημα «Κάθαρση» (είχε προηγηθεί το γνωστό σκάνδαλο Κοσκωτά) έλαβε 2.887.488 ψήφους, ποσοστό 44, 28% και 145 έδρες, ενώ το ΠΑΣΟΚ έλαβε 2.551.518 ψήφους, ποσοστό 39, 13% και 125 έδρες.

– **Βουλευτικές εκλογές 5 Νοεμβρίου 1989:** Επειδή στις προηγούμενες εκλογές δεν εξασφαλίσθηκε η αναγκαία πλειοψηφία για σχηματισμό κυβέρνησης, προκηρύχθηκαν νέες εκλογές εντός του έτους και συγκεκριμένα στις 5 Νοεμβρίου 1989, με τη Νέα Δημοκρατία να προβάλλει το γνωστό σύνθημα «Κάθαρση» και «Νέες Ιδέες» και το ΠΑΣΟΚ τα προηγούμενα, δηλαδή «Το ΠΑΣΟΚ είναι εδώ, ενωμένο, δυνατό» και «Μαζί». Στις εκλογές αυτές, η Νέα Δημοκρατία του Κωνσταντίνου Μητσοτάκη έλαβε 3.093.479 ψήφους, ποσοστό 46, 19% και 148 έδρες και το ΠΑΣΟΚ του Ανδρέα Παπανδρέου 2.724.334 ψήφους, ποσοστό 40, 68% και 128 έδρες.

– **Βουλευτικές εκλογές 8 Απριλίου 1990:** Ύστερα από το σχηματισμό κυβέρνησης συνεργασίας και Οικουμενικής υπό τον καθηγητή και ακαδημαϊκό Ξενοφώντα Ζολώτα, προκηρύχθηκαν νέες εκλογές για τις 8 Απριλίου 1990 με τα ίδια συνθήματα και τις ίδιες προεκλογικές υποσχέσεις, αλλά με συνετότερο τον αρχηγό της Νέας Δημοκρατίας Κωνσταντίνο Μητσοτάκη. Στις εκλογές αυτές η Νέα Δημοκρατία του Κωνσταντίνου Μητσοτάκη έλαβε 3.088.137 ψήφους, ποσοστό 46, 89% και 150 έδρες, ενώ το ΠΑΣΟΚ έλαβε 2.543.042 ψήφους, ποσοστό 38, 61% και 123 έδρες. Τότε, μετά τη δήλωση βουλευτή της Δημοκρατικής Ανανέωσης (ΔΗΑΝΑ) του Κωστή Στεφανόπουλου ότι θα στηρίξει τη Νέα Δημοκρατία ο Κωνσταντίνος Μητσοτάκης σχημάτισε κυβέρνηση.

- **Βουλευτικές εκλογές 10 Οκτωβρίου 1993:** Μετά την εγκατάλειψη της Νέας Δημοκρατίας από τον Αντώνη Σαμαρά και την ίδρυση από τον ίδιο του κόμματος «Πολιτική Άνοιξη», προκηρύχθηκαν εκλογές για τις 10 Οκτωβρίου 1993 με τα ίδια δελεαστικά συνθήματα, υποσχέσεις και παροχές σε όλους! Σημειώνεται ότι ο Αντώνης Σαμαράς, σε συνέντευξη του στην «Καθημερινή» (4 Ιουλίου 1993) και στον Αντώνη Καρκαγιάννη είχε «διαβεβαιώσει»: «Δεν πρόκειται να επιστρέψω στη Νέα Δημοκρατία, ακόμα αν με καλέσουν για αρχηγό της...». Αμ δε! Το 2009, έγινε πρόεδρος της Νέας Δημοκρατίας και το 2012 (όπως θα σημειώσω πιο κάτω) πρωθυπουργός! Στις εκλογές αυτές, το ΠΑΣΟΚ του Ανδρέα Παπανδρέου έλαβε 3.235.017 ψήφους, ποσοστό 46, 88% και 170 έδρες, ενώ η Νέα Δημοκρατία του Κωνσταντίνου Μητσοτάκη έλαβε 2.711.737 ψήφους, ποσοστό 39, 30% και 111 έδρες και παραιτήθηκε! Το νέο κόμμα του «αποστάτη» Αντώνη Σαμαρά ανταμείφθηκε με 336.460 ψήφους, ποσοστό 4, 88% και 10 έδρες και κατέλαβε την τρίτη θέση στη Βουλή!

- **Βουλευτικές εκλογές 22 Σεπτεμβρίου 1996:** Ο Κωνσταντίνος Σημίτης, μετά την παραίτηση του ασθενούς Ανδρέα Παπανδρέου, ανέλαβε την πρωθυπουργία και προκήρυξε νέες εκλογές για τις 22 Σεπτεμβρίου 1996, με σύνθημα και υπόσχεση για «εκσυγχρονισμό» της χώρας! Από την άλλη μεριά, η Νέα Δημοκρατία με προεκλογικές αφίσες και προεκλογικά σποτ, όπως Ώρα για δουλειά» και «Νέο ΘΑΣΟΚ, θα το ψηφίσεις;» (βασιζόταν σε ομιλία του Κώστα Σημίτη τον Σεπτέμβριο του 1996 στο Περιστέρι, όπου η Νέα Δημοκρατία εντόπισε 35 «ΘΑ»!!!), προσπαθούσε να αυξήσει τις ψήφους. Στις εκλογές αυτές, το ΠΑΣΟΚ του Κωνσταντίνου Σημίτη έλαβε 2.814.779 ψήφους, ποσοστό 41, 49% και 162 έδρες, ενώ η Νέα Δημοκρατία του Μιλτιάδη Έβερτ έλαβε 2.586.089 ψήφους, ποσοστό 38, 12% και 108 έδρες.

- **Βουλευτικές εκλογές 9 Απριλίου 2000:** Στις εκλογές αυτές κυριαρχούσε πάλι η ιαχή για τον «εκσυγχρονισμό», για «ισχυρή οικονομία» και «ένταξη της Ελλάδος στην ONE–ευρώ» του Κώστα Σημίτη και από την άλλη μεριά από τη Νέα Δημοκρατία η λεηλασία με τη «φούσκα» του Χρηματιστηρίου το 1999 και το σποτ ή αφίσα «Υπάρχει καλύτερη Ελλάδα και τη θέλουμε». Στις εκλογές αυτές το ΠΑΣΟΚ του Κώστα Σημίτη έλαβε 3.008.081 ψήφους, ποσοστό 43, 80% και 158 έδρες, η Νέα Δημοκρατία του Κώστα Καραμανλή (είχε παραιτηθεί ο Μιλτιάδης Έβερτ) 2.934.048 ψήφους, ποσοστό 42, 73% και 125 έδρες και ο Συνασπισμός της Αριστεράς και της Προόδου του Νίκου Κωνσταντόπουλου (πατέρας της Ζωής) 219.988 ψήφους, ποσοστό 3, 2% και 6 έδρες!

- **Βουλευτικές εκλογές 7 Μαρτίου 2004:** Στις εκλογές αυτές μονομάχησαν πάλι το ΠΑΣΟΚ του Κώστα Σημίτη, επικαλούμενο την επιτυχία της ένταξης της χώρας στο ευρώ, και η Νέα Δημοκρατία του Κώστα Καραμανλή κηρύσσοντας τον πόλεμο στους «Νταβατζήδες», τις «συντεχνίες». Θα δείξουμε μηδενική ανοχή στη διαφθορά» είχε πει ο Κώστας Καραμανλής στο 2004. Σημειώνω ότι στις 6 Οκτωβρίου 2014 ο Κώστας Καραμανλής στο εστιατόριο «Μπαραϊκτάρης» είχε πει: «Δεν θα αφήσουμε πέντε νταβατζήδες και πέντε συντεχνίες να χειραγωγήσουν την πολιτική ζωή της χώρας»., υποσχόμενος «μηδενική ανοχή για τη διαπλοκή. «Θα δείξουμε μηδενική ανοχή στη διαπλοκή και τη διαφθορά», είχε πει το 2004. Πάντως, στις εκλογές αυτές, η Νέα Δημοκρατία του Κώστα Καραμανλή έλαβε 3.360.424 ψήφους, ποσοστό 45, 36 και 165 έδρες και το ΠΑΣΟΚ του Γιώργου Παπανδρέου 3.003.988 ψήφους, ποσοστό 40, 55% και 117 έδρες.

– Βουλευτικές εκλογές 16 Σεπτεμβρίου 2007: Στις εκλογές αυτές η Νέα Δημοκρατία "πήγαινε" με το γνωστή προτροπή του Κώστα Καραμανλή «Σεμνά και ταπεινά» και το ΠΑΣΟΚ με τα ίδια σχεδόν συνθήματα και υποσχέσεις. Στην εκλογική αυτή αναμέτρηση, η Νέα Δημοκρατία του Κωνσταντίνου Καραμανλή έλαβε 2.994.979 ψήφους, ποσοστό 41, 84% και 152 έδρες και το ΠΑΣΟΚ 2.727.279 ψήφους, ποσοστό 28, 10% και 102 έδρες.

– Βουλευτικές εκλογές 4 Οκτωβρίου 2009: Κατά την προεκλογική αυτή περίοδο το ΠΑΣΟΚ του Γιώργου Παπανδρέου δεσμευόταν για «τη δημιουργία μιας Ελλάδος που θέλουμε» και, φυσικά, συνεχώς επαναλάμβανε το γνωστό «Λεφτά υπάρχουν». Επίσης, πορεύθηκε προς τις εκλογές με το σύνθημα «Δημοκρατική Παράταξη» (που αντέγραψε στις τελευταίες εκλογές η Φώφη Γεννηματά!) και «Συμμετοχική Δημοκρατία»! Σημειώνω χαρακτηριστικά ένα στιγμιότυπο από την κεντρική προεκλογική ομιλία του Γιώργου Παπανδρέου: Κουμπώνει τα μανιτετόκουμπα, φοράει το σακάκι του και προτρέπει «ΠΑΜΕ»! Και πήγε για το πρώτο Μνημόνιο!!! Από την άλλη μεριά, η Νέα Δημοκρατία δεν έταζε σχεδόν τίποτε, διότι έβλεπε να επιδεινώνεται η κρίση που είχε χτυπήσει τη χώρα μας ήδη από το 2008, αλλά η τότε κυβέρνηση του Κώστα Καραμανλή μάς διαβεβαίωνε ότι «η ελληνική οικονομία είναι θωρακισμένη»! Υπενθυμίζω κι ένα ακόμα σποτ της Νέας Δημοκρατίας κατά την προεκλογική αυτή περίοδο, το οποίο είχε προκαλέσει μεγάλη έκπληξη και το οποίο αποδείχθηκε... προφητικό! Το σποτ ήταν: «Καταστροφή! Φόροι! Φόροι! Θα χάσεις το σπίτι! Θα μείνεις χωρίς δουλειά». Με το σποτ αυτό η Νέα Δημοκρατία απαντούσε στο σποτ του ΠΑΣΠΚ για τα «πράσινα παπαγαλάκια» που σπέρνουν τον πανικό, τονίζοντας: «Εσύ ξέρεις την Αλήθεια: Νέα Δημοκρατία»! Στις εκλογές αυτές, το ΠΑΣΟΚ έλαβε 2.995.978 ψήφους, ποσοστό 43, 94% και 160 έδρες και η Νέα Δημοκρατία 2.283.562 ψήφους, ποσοστό 33.49% και 91 έδρες.

– Βουλευτικές εκλογές 6 Μαΐου 2012: Για τις εκλογές αυτές θυμάμαι τις ομιλίες και τις υποσχέσεις του τότε προέδρου της Νέας Δημοκρατίας Αντώνη Σαμαρά στο Ζάππειο, ο οποίος κατήγγελλε το Μνημόνιο που υπέγραψε ο Γιώργος Παπανδρέου και σρνούνταν συγκυβέρνηση με το ΠΑΣΟΚ. Πάντως, δεν θα ξεχάσω ποτέ ένα πάλι προφητικό βίντεο, που παρουσίασε η ΚΝΕ εν όψει της εκλογικής αναμέτρησης του 2014, όπου παρουσίαζε τη θέση του ΣΥΡΙΖΑ για το Μνημόνιο: «Ο ΣΥΡΙΖΑ θα σκίσει τα Μνημόνια», ήταν η ατάκα που έκανε ένα μωρό, το οποίο ξεκαρδιζόταν στα γέλια... Επίσης, θυμάμαι ένα πάλι παρ' ολίγον προφητικό βίντεο της Νέας Δημοκρατίας κατά την προεκλογική περίοδο του 2012. «Και η Ελλάδα, κύριε; Δεν είναι; Γιατί;»,αναρωτιόταν μια μαθήτρια απευθυνόμενη στον δάσκαλό της που παρέθετε τις χώρες της ΕΕ. Θυμάμαι ότι το βίντεο αυτό είχε προκαλέσει μεγάλη αίσθηση το 2012 με τη Νέα Δημοκρατία να υπογραμμίζει ότι «με το μέλλον των παιδιών μας δεν παίζουμε»! Στις εκλογές αυτές η Νέα Δημοκρατία του Αντώνη Σαμαρά έλαβε 1.192.103 ψήφους, ποσοστό 18, 85$ και 108 έδρες, ο ΣΥΡΙΖΑ του Αλέξη Τσίπρα 1.061.929 ψήφους, ποσοστό 16, 79% και 52 έδρες και το ΠΑΣΟΚ 833.452 ψήφους, ποσοστό 13, 18% και 41 έδρες.

– Βουλευτικές εκλογές 17 Ιουνίου 2012: Στις εκλογές αυτές, οι οποίες διεξήχθησαν υπό το βάρος του πρώτου Μνημονίου και με την Ελλάδα χωρισμένη σε «μνημονιακούς» (ΠΑΣΟΚ) και «αντιμνημονιακούς» (ΝΔ, ΔΗΜΑΡ, Ανεξάρτητοι Έλληνες κλπ), η Νέα Δημοκρατία έλαβε 1.825.514 ψήφους, ποσοστό 29, 66% και 129 έδρες, ο ΣΥΡΙΖΑ 1.655.042 ψήφους, ποσοστό 26, 89% και 71 έδρες. Έτσι, ο Αντώνης Σαμαράς, ο οποίος προεκλογικά ξόρκιζε το Μνημόνιο του ΠΑΣΟΚ και αρνούνταν συγκυβέρνηση με το Γιώργο Παπανδρέου, πήρε την εντολή ως αρχηγός πρώτου κόμματος για το σχηματισμό κυβέρνησης και ... συνεργάσθηκε με το ΠΑΣΟΚ που έλαβε 756.045 ψήφους, ποσοστό 12, 28% και 33 έδρες και τη μικρή ΔΗΜΑΡ του Φώτη Κουβέλη.

Για το προεκλογικό κλίμα και τις απερίγραπτες σε δημαγωγία και λαϊκισμό υποσχέσεις εν όψει των εκλογών της 25ης Ιανουαρίου 2015 και της 20ής Σεπτεμβρίου 2015 ήδη γράψαμε στην αρχή του σημειώματος αυτού.

Επειδή συνεχώς ακούω επί εξήντα χρόνια ότι ο ελληνικός λαός κάθε φορά ψηφίζει «σοφά» και «έξυπνα», θέλω να κλείσω τις σημειώσεις μου σήμερα διερωτώμενος μελαγχολικά. Όταν το γνωστό θυμόσοφο γνωμικό λέει ότι «το δις εξαμαρτείν ουκ ανδρός σοφού», τι πρέπει να λέμε σήμερα για το «πολλάκις εξαμαρτείν» του ελληνικού λαού; Ότι είναι, τάχα, «σοφός»;

21 ΣΕΠΤΕΜΒΡΙΟΥ

«Καυτή» η επόμενη ημέρα για τη νέα... αριστερή... μνημονιακή κυβέρνηση

Σήμερα (21 Σεπτεμβρίου 2015) διάβασα ότι σχηματίζεται υπό τον Αλέξη Τσίπρα, με τη σύμπραξη των Ανεξάρτητων Ελλήνων, νέα κυβέρνηση, η οποία πρέπει να εφαρμόσει το νέο, τρίτο, αριστερό, Μνημόνιο, που υπέγραψε.

Και θυμήθηκα τον «Γολγοθά», τον πόνο, τη λύπη και τους στεναγμούς που περιμένει όχι τόσο τη νέα κυβέρνηση (αυτή θα βρει κάποια στιγμή κάποια δικαιολογία για το γνωστό «στρίβειν») όσο τον δύσμοιρο, ευκολόπιστο και πάντα προδομένο ελληνικό λαό και δύσμοιρη Ελλάδα.

Θυμήθηκα εκατοντάδες μέτρα, που πρέπει να προωθήσει η νέα κυβέρνηση σε ελάχιστο σχεδόν χρόνο.

Θυμήθηκα ότι έως το τέλος του έτους, δηλαδή μέσα σε 95 ημέρες, η νέα κυβέρνηση θα πρέπει να ολοκληρώσει επτά δράσεις του Μνημονίου ή το 56, 4% του προγράμματος, ενώ οι δανειστές έχουν προγραμματίσει την επιστροφή τους στην Αθήνα στα μέσα Οκτωβρίου για να προχωρήσουν οι διαδικασίες του πρώτου και κρισιμότερου ελέγχου.

Θυμήθηκα ότι τα μεγαλύτερα «αγκάθια» που έχει να αντιμετωπίσει η κυβέρνηση, και μάλιστα άμεσα, είναι επτά: Ανακεφαλαιοποίηση τραπεζών, Ασφαλιστικό, Εργασιακές αλλαγές, εφαρμογή εργαλειοθηκών ΟΟΣΑ., Νέο Ταμείο Αποκρατικοποιήσεων, νέος προϋπολογισμός, ρύθμιση χρέους.

Θυμήθηκα ότι μία από τις πρώτες προτεραιότητες της νέας κυβέρνησης θα πρέπει να είναι ο καθορισμός των προαπαιτούμενων μέτρων (milestones) που θα «ξεκλειδώσουν» την εκταμίευση των υποδόσεων των 3 δισ. ευρώ. Θυμήθηκα ότι τα 3 δισ. ευρώ είναι απαραίτητο να διατεθούν έως τα τέλη Νοεμβρίου, για να ανταποκριθεί η χώρα στις υποχρεώσεις της προς το ΔΝΤ και γενικά για την εξυπηρέτηση του χρέους της, αφού τα ταμειακά διαθέσιμα θα βρίσκονται στο «κόκκινο» τον Δεκέμβριο.

Αλλά, ημείς άδομεν γενικώς...

22 ΣΕΠΤΕΜΒΡΙΟΥ

Σήμερα (22 Σεπτεμβρίου 2015) όλη η χώρα περιμένει τάχα με αγωνία την ανακοίνωση για τη σύνθεση της νέας αριστεροδεξιάς κυβέρνησης, δηλαδή του «αριστερού», τάχα, ΣΥΡΙΖΑ, με πρωθυπουργό τον Αλέξη Τσίπρα, και των Ανεξάρτητων Ελλήνων του «δεξιού», τάχα, Πάνου Καμμένου.

Και θυμήθηκα τη γνωστή παλιά παραγγελιά στα εστιατόρια: «Μια από τα ίδια»

Θυμήθηκα το γνωστό ρητό «το δις εξαμαρτείν ουκ ανδρός σοφού».

Θυμήθηκα ξανά τον εθνικό ποιητή Κωστή Παλαμά, τον προφητικό του «Δωδεκάλογο του γύφτου».

23 ΣΕΠΤΕΜΒΡΙΟΥ

Κοινωνικό διάλογο για την Παιδεία ανακοίνωσε και ο νέος υπουργός Νίκος Φίλης για το «στρίβειν» από τα πραγματικά προβλήματα

Σήμερα (23 Σεπτεμβρίου 2015) από όλες τις δηλώσεις κατά την παράδοση και παραλαβή των υπουργείων, μετά την ορκωμοσία της νέα κυβέρνησης, ξεχώρισα τη δήλωση του νέου υπουργού Παιδείας, Έρευνας και Θρησκευμάτων Νίκου Φίλη, ο οποίες τόνισε, μεταξύ άλλων, ότι "θα οργανωθεί εθνικός κοινωνικός διάλογος" για την Παιδεία, ώστε να αναδειχθούν οι προοπτικές, τα προβλήματα, αλλά και οι «δρόμοι για τις λύσεις τους.

Και θυμήθηκα ότι και ο αριστερός Νίκος Φίλης συνέχισε την «πεπατημένη» όλων σχεδόν των υπουργών Παιδείας όλων των εποχών, οι οποίοι εξήγγελλαν την "οργάνωση εθνικών κοινωνικών διαλόγων" ή «επιτροπών» για τη βελτίωση της ελληνικής παιδείας.

Θυμήθηκα ότι όλες αυτές οι εξαγγελίες γίνονταν για «το στρίβειν» από την προώθηση ουσιαστικών και αναγκαίων μέτρων στην ελληνική εκπαίδευση.

Θυμήθηκα, παράδειγμα, ότι ο υπουργός Παιδείας του ΠΑΣΟΚ Αντώνης Τρίτσης είχε συστήσει μιαν «Ομάδα Εργασίας», η οποία είχε προτείνει πολλά σχέδια, τα οποία προωθούσαν τότε ορισμένοι κύκλοι της λεγόμενης εκπαιδευτικής πρωτοπορίας στο όνομα διάφορων σοσιαλιστικών ιδεωδών, βιωματικών οραματισμών και ισοπεδωτικών παιδαγωγικών συστημάτων, τα οποία οδηγούσαν την ελληνική παιδεία συνεχώς στην καταστροφή.

Θυμήθηκα ότι τότε ο Τρίτσης, μπροστά στις αντιδράσεις που προκάλεσαν τα σχέδια αυτά, υποσχέθηκε για μιαν ακόμη φορά κοινωνικό – εθνικό διάλογο πριν από την τελική διατύπωση των προεδρικών διαταγμάτων.

Θυμήθηκα ότι στο πλαίσιο του εθνικού αυτού διαλόγου έγινε μια σημαντική πρόταση από τους μαθητές, η οποία συνίστατο στην επαναφορά των κανονικών διαγωνισμών στα γυμνάσια, με την επισήμανση ότι «η κατάργησή τους τόσο στην κατώτερη εκπαίδευση όσο και στη μέση οι μαθητές φθάνουν στο Λύκειο χωρίς ζόρι, όπου για πρώτη φορά μετά από εννιά χρόνια στα θρανία καλούνται να διαγωνισθούν και, φυσικά, να τους φαίνονται βουνό οι διαγωνισμοί...»

Θυμήθηκαξανά όμως ότι λίγους μήνες αργότερα και συγκεκριμένα τον Οκτώβριο του 1988 τότε υπουργός παιδείας Γιώργος Παπανδρέου «σάρωσε» και τα τελευταία θετικά απομεινάρια στο ελληνικό εκπαιδευτικό σύστημα με ένδεκα επαίσχυντα προεδρικά διατάγματα και κανονιστικές αποφάσεις.

Θυμήθηκα ξανά ότι τότε ο Γιώργος Παπανδρέου επεσήμανε ότι τα ολέθρια αυτά για την παιδεία προεδρικά διατάγματα βασίζονται σε πορίσματα ειδικών... επιτροπών και ότι φέρουν ουσιαστικές δημοκρατικές αλλαγές στη σχολική ζωή...

24 ΣΕΠΤΕΜΒΡΙΟΥ

Οι επιλεκτικές ευαισθησίες του Τμήματος Δικαιωμάτων του ΣΥΡΙΖΑ για Δ. Καμμένο και Μ. Μπόλαρη, αλλά όχι και για τον Ν. Φίλη!

Σήμερα (24 Σεπτεμβρίου 2015) διάβασα ότι το Τμήμα Δικαιωμάτων του ΣΥΡΙΖΑ καταδικάζει με ανακοίνωση την υπουργοποίηση του Δημήτρη Καμμένου, ο οποίος ήδη αποπέμφθηκε από τη θέση του υφυπουργού Υποδομών, και του Μάρκου Μπόλαρη ως αναπληρωτή υπουργό Αγροτικής Ανάπτυξης και Τροφίμων. Αναλυτικά, στην ανακοίνωση αναφέρονται τα ακόλουθα:

«Το Τμήμα Δικαιωμάτων του ΣΥΡΙΖΑ εκφράζει την έκπληξη, την απογοήτευση και την αγανάκτησή του για την υπουργοποίηση του Δημήτρη Καμμένου και του Μάρκου Μπόλαρη. Δεν θεωρούμε, βέβαια, ότι ρόλος του Τμήματος είναι να εκφέρει κρίσεις, να εκφράζει τη συμφωνία ή την απαρέσκειά του σχετικά με τα πρόσωπα που συνθέτουν ένα κυβερνητικό σχήμα. Παρά ταύτα, στις δύο αυτές περιπτώσεις είμαστε αναγκασμένοι να τοποθετηθούμε, και μάλιστα δημόσια, καθώς η πολιτεία των δύο συγκεκριμένων προσώπων προσβάλλει έντονα τα δικαιώματα και τις αξίες μας.

Ο Δημήτρης Καμμένος κατ' επανάληψη έχει προβεί σε σχόλια ακραία ομοφοβικά, επιθετικά εναντίον των γκέι και αντισημιτικά. Δεν μπορούμε, για λόγους στοιχειώδους αξιοπρέπειας να τα αναπαράγουμε εδώ. Θα δώσουμε μόνο μια εικόνα, για να γίνει αντιληπτό τι λέμε: twitter που χαρακτηρίζουν το σύμφωνο συμβίωσης «αναγκαστικό αλλοδαπό πουστροδίκαιο» ή λένε ότι όλοι οι Εβραίοι που εργάζονταν στους Δίδυμους Πύργους απουσίαζαν στις 9/11 και έτσι δεν σκοτώθηκε κανένας, είναι τουλάχιστον ανατριχιαστικά. Και δεν ήταν εξαίρεση, επαναλαμβάνονταν συστηματικά.

Ο Μάρκος Μπόλαρης ήταν υφυπουργός Υγείας το 2012, με υπουργό υγείας τον Α. Λοβέρδο, όταν εξελίχθηκε η φρικτή υπόθεση διαπόμπευσης των οροθετικών – υπόθεση, βέβαια, που τότε καταγγέλλαμε με οργή.

Η υπουργοποίηση και των δύο θεωρούμε ότι προσβάλλει ευθέως τα δικαιώματα, τις αξίες, τις πολιτικές μας αρχές και προτεραιότητες. Πρόσωπα με τέτοια στάση και απόψεις δεν έχουν θέση σε οποιαδήποτε δημοκρατική κυβέρνηση, και πολύ περισσότερο της Αριστεράς».

Και ξαναθυμήθηκα ότι ο σημερινός υπουργός Παιδείας και Θρησκευμάτων Νίκος Φίλης τον περασμένο Μάιο από τη θέση του κοινοβουλευτικού εκπροσώπου του ΣΥΡΙΖΑ είχε καταφερθεί με οξύτατες δηλώσεις κατά της μεταφοράς του λειψάνου της Αγίας Βαρβάρας σε νοσοκομεία, ώστε να μπορέσουν να το προσκυνήσουν ασθενείς, χαρακτηρίζοντας τη θρησκευτική αυτή εκδήλωση ως «εμπόριο λειψάνων».

Θυμήθηκα ξανά ότι, από την άλλη πλευρά, ο διευθυντής Τύπου της Αρχιεπισκοπής Χάρης Κονιδάρης τόνισε: «Εμπόριο λειψάνων κάνει ο κ. Φίλης. Εμπορεύεται τα λείψανα ενός δήθεν αριστερού αντικληρικαλισμού, ο οποίος και παραπέμπει σε περιόδους Μεσαίωνα, αφού επιδιώκει να περιορίσει την ελευθερία της θρησκείας».

Θυμήθηκα ξανά ότι η «Αριστερά» πάντα είχε επιλεκτικές ευαισθησίες ή «αλλεργίες. ιδιαίτερα όσες αφορούν τη θρησκεία… 25 Σεπτεμβρίου

Να εφαρμόσει τώρα ο Παύλος Πολάκης, ως υπουργός Υγείας, αυτά για τα οποία «έτρωγε ξύλο» ως συνδικαλιστής!!!

Σήμερα (25 Σεπτεμβρίου 2015) διάβασα ότι στην ομιλία του κατά την τελετή παραλαβής στο υπουργείο Υγείας, στην Αριστοτέλους, ο άλλοτε συνδικαλιστής εντατικολόγος και νυν αναπληρωτής υπουργός Υγείας Παύλος Πολάκης τόνισε, μεταξύ άλλων, τα εξής: «Στο χώρο αυτό ερχόμουν συχνά, μέχρι και το 2010, ως συνδικαλιστής σε πορείες και κινητοποιήσεις. Έχω παίξει αρκετό ξύλο στην πόρτα του υπουργείου».

Επίσης, διάβασα ότι καθισμένος με άνεση στο βήμα της αίθουσας εκδηλώσεων του υπουργείου ο Κρητικός γιατρός μοιράστηκε με τους διαπιστευμένους συντάκτες και το λιγοστό κοινό τα συναισθήματά του, καθώς είπε ότι αισθάνεται παράξενα για τη θέση του υπουργού Υγείας.

Και θυμήθηκα πολλά προβλήματα που συνεχώς επιδεινώνονται, παρά "το ξύλο που έφαγε (κι άρα τα γνωρίζει) ως συνδικαλιστής.

Θυμήθηκα ότι οι πολίτες έχουν φτάσει στα όριά τους και απαιτούν πλέον αλλαγές στο χώρο της υγείας.

Θυμήθηκα ότι απαιτούν να έχουν πρόσβαση σε δημόσιες μονάδες υγείας, στα πρώην Πολυϊατρεία του ΙΚΑ και στις περίφημες και ολοένα εξαγγελλόμενες μονάδες του Πρωτοβάθμιου Εθνικού Δικτύου Υγείας (ΠΕΔΥ), αλλά και σε δημόσια νοσοκομεία.

Θυμήθηκα, δηλαδή, ότι πρέπει να έχουν πρόσβαση σε νοσοκομεία με κλινικές «ζωντανές», που δεν αραχνιάζουν και μένουν ανοιχτές μόνο λόγω τοπικών ή επαγγελματικών συμφερόντων. Σε νοσοκομεία που το προσωπικό βάζει στο επίκεντρο τον ασθενή και τις ανάγκες του. Σε νοσοκομεία που διαθέτουν μηχανοργάνωση, στοιχεία για τις εισαγωγές, τα περιστατικά, τις επιπλοκές, τις απώλειες, ό, τι μπορεί να καταγραφεί και να μετρηθεί με τρόπο επιστημονικό. Σε νοσοκομεία που μπορούν να προμηθευτούν τα αναγκαία, από τρόφιμα μέχρι φάρμακα, χωρίς χρονοβόρες, αδιαφανείς και κοστοβόρες διαδικασίες.

Θυμήθηκα, επίσης, ότι το ΕΣΥ στο οποίο θα προΐσταται ο Πολάκης καταρρέει.

Θυμήθηκα ότι τα νοσοκομεία οφείλουν στους προμηθευτές τους πάνω από 1 δισ. ευρώ και δυσκολεύονται να προμηθευτούν τα απαραίτητα, από τρόφιμα μέχρι υλικά.

Θυμήθηκα την οικονομική στενότητα στην οποία βρίσκονται τα δημόσια νοσοκομεία.

Θυμήθηκα ότι από το 1, 38 δισ. ευρώ της προβλεπόμενης ετήσιας κρατικής επιχορήγησης, έχουν εισπράξει εφέτος μόλις 500 εκατ. ευρώ.

Θυμήθηκα ότι οι περίφημες 4.500 προσλήψεις που εξαγγέλθηκαν ξανά και ξανά από την κυβέρνηση ΣΥΡΙΖΑ – ΑΝΕΛ από τον περασμένο Ιανουάριο, δεν έγιναν ποτέ, αλλά ο συνδικαλιστής Πολάκης πρόταξε στο δημόσιο επίσημο λόγο του ως μέτρο επείγον και αναγκαίο για το ΕΣΥ το διορισμό νέων διοικήσεων στα νοσηλευτικά ιδρύματα!

Θυμήθηκα το γνωστό «ιδού η Ρόδος, ιδού και το πήδημα», κύριε σκληρέ συνδικαλιστά, που γίνατε, όπως και δεκάδες άλλοι «αγωνιστές», με όλα αυτά και άλλα, και υπουργός, όπως και άλλοι, πάμπολλοι μετά το 1974...!

Καλή επιτυχία, κύριε πρώην συνδικαλιστά...

26 ΣΕΠΤΕΜΒΡΙΟΥ (1)

Ολέθριοι ήταν οι εκλογικοί κύκλοι στην οικονομία από το 1974

Σήμερα (26 Σεπτεμβρίου 2015) διάβασα ότι ο κρατικός προϋπολογισμός κατέγραψε «μαύρη τρύπα» 4, 1 δισ. ευρώ στο οκτάμηνο Ιανουαρίου – Αυγούστου, με τα 3, 3 δισ. να είναι υστέρηση από τα φορολογικά έσοδα. Την ίδια ώρα, το Δημόσιο έχει προχωρήσει σε πλήρη στάση πληρωμών με τις δαπάνες να είναι 4, 7 δισ. ευρώ λιγότερες από τις προβλεπόμενες.

Και θυμήθηκα τη μόνιμη ολέθρια επίδραση στα δημοσιονομικά όλων των εκλογικών κύκλων μετά τη μεταπολίτευση, μετά το 1974, η οποία το 2015 έγινε εφιαλτική με τις τρεις εκλογικές αναμετρήσεις.

Θυμήθηκα την εγκληματική επεκτατική πολιτική που εφάρμοζαν όλες σχεδόν οι κυβερνήσεις μετά το 1974 για να κρατηθούν στην εξουσία ή εξήγγελλαν όλες σχεδόν οι αξιωματικές, κυρίως, αντιπολιτεύσεις για να καταλάβουν την εξουσία.

Θυμήθηκα τις οκτώ προηγούμενες ισάριθμες περιπτώσεις «Καμένης Γης» που άφησαν στη χώρα οι οκτώ κυριότεροι εκλογικοί κύκλοι μετά το 1974.

Θυμήθηκα ξανά ότι η «Πρώτη Καμένη Γη» στην οικονομία επισημάνθηκε το 1980 από τον τότε πρόεδρο του ΠΑΣΟΚ Ανδρέα Παπανδρέου και επιβεβαιώθηκε μετά τις εκλογές της 18ης Οκτωβρίου 1981. Η κυβέρνηση του ΠΑΣΟΚ, η οποία προέκυψε από τις εκλογές αυτές, διαπίστωσε, με αριθμούς, την πρώτη μείζονα εγκατάλειψη της δημοσιονομικής σωφροσύνης και τις ολέθριες συνέπειες της αλόγιστης επέκτασης την περίοδο 1980 – 1981 της κυβέρνησης της Νέας Δημοκρατίας εν όψει της προοπτικής εκλογικής ήττας της.

Θυμήθηκα ξανά ότι η «Δεύτερη Καμένη Γη» διαπιστώθηκε στις 13 Οκτωβρίου 1985, όταν η τότε κυβέρνηση του ΠΑΣΟΚ αναγκάστηκε, υπό την πίεση της ΕΟΚ και την ανάγκη λήψης της δεύτερης δόσης του κοινοτικού δανείου, να εξαγγείλει το πιο σκληρό πακέτο μέτρων λιτότητας. Είχε προηγηθεί η αλόγιστη μετεκλογική επέκταση της νέας κυβέρνησης του ΠΑΣΟΚ κατά την περίοδο 1982 – 1985. Μετά τις εκλογές του 1985 όλοι οι μακροοικονομικοί δείκτες βρίσκονταν σε τραγική κατάσταση και η ελληνική οικονομία υπό κατάρρευση.

Θυμήθηκα ξανά ότι η «Τρίτη Καμένη Γη» σηματοδοτήθηκε από τη γνωστή πρωθυπουργική ιαχή στο Περιστέρι «Τσοβόλα δώστα όλα» και χαρακτηρίσθηκε από την περίοδο οικονομικής αστάθειας.

26 ΣΕΠΤΕΜΒΡΙΟΥ (2)

Ο Α. Τσίπρας παρέλαβε από τον... εαυτόν του τη δέκατη «Καμένη Γη» στην οικονομία από τους ολέθριους εκλογικούς κύκλους μετά το 1974

Σήμερα (26 Σεπτεμβρίου 2015) διάβασα όλα αυτά τα εφιαλτικά μετεκλογικά στοιχεία για τη δημοσιονομική κατάσταση της χώρας μας και μελαγχόλησα.

Και θυμήθηκα ξανά ότι η «Τέταρτη Καμένη Γη» επιβεβαιώθηκε από τη φοροεισπρακτική καταιγίδα στις 3 Αυγούστου 1992 και την εφαρμογή νέου σταθεροποιητικού προγράμματος, το οποίο στηριζόταν στην επιβολή πρόσθετων έμμεσων φόρων και ασφαλιστικών εισφορών, την επιτάχυνση των ιδιωτικοποιήσεων και τη συμπίεση των μισθολογικών αυξήσεων στο δημόσιο τομέα.

Θυμήθηκα ξανά ότι η «Πέμπτη Καμένη Γη» διαπιστώθηκε από την Eurostat αρχικά το 2003 και στη συνέχεια με την «Απογραφή» που έκανε η νέα κυβέρνηση της Νέας Δημοκρατίας μετά το Μάρτιο του 2004 και την αναθεώρηση πολύ προς τα πάνω βασικών μακροοικονομικών μεγεθών και ιδιαίτερα των ελλειμμάτων και του δημόσιου χρέους.

Θυμήθηκα ξανά ότι η «Έκτη Καμένη Γη» επισημοποιήθηκε πανηγυρικά με τη φοροεισπρακτική καταιγίδα του Σεπτεμβρίου του 2008, η οποία θυμίζει εκείνη της 4ης Αυγούστου του 1992 και στις 4 Οκτωβρίου 2009 «παραδόθηκε» στη νέα κυβέρνηση του ΠΑΣΟΚ για τα περαιτέρω με το σύνθημα «Λεφτά Υπάρχουν!»

Θυμήθηκα ξανά ότι η "Έβδομη Καμένη Γη» σηματοδοτήθηκε με την ένταξη της χώρας μας στο πρώτο επαχθές Μνημόνιο το 2010 από τον τότε πρωθυπουργό του ΠΑΣΟΚ Γιώργο Παπανδρέου.

Θυμήθηκα ότι η «Όγδοη Καμένη Γη» επισημοποιήθηκε με την υπογραφή το 2012 από τότε πρωθυπουργό και πρώην «αντιμνημονιακό» Αντώνη Σαμαρά της Νέας Δημοκρατίας του δεύτερου επαχθούς Μνημονίου.

Θυμήθηκα ξανά ότι η "Ένατη Καμένη Γη" προέκυψε με εντυπωσιακά περιπετειώδη τρόπο με την υπογραφή τον Αύγουστο του 2015 του τρίτου επονείδιστου Μνημονίου από τον σφόδρα αντιμνημονιακό Αλέξη Τσίπρα (πρωθυπουργό) του ΣΥΡΙΖΑ.

Τώρα, ο τελευταίος, δέκατος, εκλογικός κύκλος είχε ως συνέχεια τη «Δέκατη Καμένη Γη» με τον αντίστοιχο δέκατο και ίσως αφόρητα επώδυνο εκτροχιασμό των δημόσιων οικονομικών...

27 ΣΕΠΤΕΜΒΡΙΟΥ (1)

Η αναπληρώτρια υπουργός Παιδείας εφαρμόζει το... δικό της Σύνταγμα για την εθνική παιδεία!

Σήμερα (27 Σεπτεμβρίου 2015) διάβασα ότι σε δηλώσεις της η αναπληρώτρια αναπληρώτρια υπουργός Παιδείας Σία Αναγνωστοπούλου αναφέρθηκε στην απλοποίηση της διαδικασίας απαλλαγής από τη διδασκαλία των Θρησκευτικών, των μαθητών οι οποίοι επιθυμούν.

Και θυμήθηκα ότι το Σύνταγμά μας, το οποίο εφαρμόζει κανείς όπως θέλει ή δεν εφαρμόζει όταν δεν το θέλει, αναφέρει ότι η παιδεία μας πρέπει να είναι εθνική, χριστιανική, ελληνοχριστιανική παιδεία.

Θυμήθηκα, δηλαδή, ότι η Σία Αναγνωστοπούλου πρέπει να εφαρμόσει όλα αυτά που λέει όταν θα είναι πάλι αναπληρώτρια υπουργός Παιδείας και όταν θα έχει... αλλάξει το Σύνταγμα.

Θυμήθηκα τη θυμόσοφη ελληνική ρήση ότι «όποιος βιάζεται σκοντάφτει»...

27 ΣΕΠΤΕΜΒΡΙΟΥ (2)

Ο αρχιεπίσκοπος Αθηνών και πάσης Ελλάδος «λαμπαδιάζει» την Σία Αναγνωστοπούλου

Σήμερα (27 Σεπτεμβρίου 2015) κι ενώ δεν είχε στεγνώσει η μελάνη για το σχόλιό μου σχετικά με τα τερτίπια της Σίας Αναγνωστοπούλου, της αναπληρώτριας υπουργού Παιδείας, δηλαδή, διάβασα τη ρηξικέλευθη παρέμβαση του αρχιεπισκόπου Αθηνών και πάσης Ελλάδος Ιερωνύμου με την οποία τη «λαμπαδιάζει», δικαιώνοντας και τον γράφοντα.

Παραθέτω τη δήλωση του αρχιεπισκόπου που έκανε στο Σιδηρόκαστρο για την κυρία Σία Αναγνωστοπούλου:

«Δεν είναι του υπουργείου, αλλά κάποιας κυρίας που έχει ορισμένες ιδέες στο μυαλό της. Αρμόδιο είναι το Σύνταγμα. Πρέπει οι Έλληνες επιτέλους να σοβαρευτούμε και να μην ακούμε τις ανοησίες του ενός και τους άλλου. Το Σύνταγμα κανονίζει ποια είναι πορεία αυτού του κράτους και λέει το Σύνταγμα ότι η παιδεία μας πρέπει να είναι εθνική, χριστιανική, ελληνοχριστιανική παιδεία. Δεν μπορεί ο καθένας να λέει ό, τι θέλει. Αν θέλουμε να τα αλλάξουμε αυτά τα πράγματα, θα αλλάξει το Σύνταγμα. Αλλά στο Σύνταγμα δεν αλλάζει μια λέξη, θα περάσει πρώτα από τις καρδιές μας και τις καρδιές των Ελλήνων. Αν δεν θέλουν παπάδες, αρχιερείς, αν δεν θέλουν θρησκευτικά, αν δεν θέλουν όλο αυτόν τον πολιτισμό που έχουμε, την ιστορία μας κλπ. Οι Έλληνες, λοιπόν, θα αποφασίσουν και αν το αποφασίζουν στην αλλαγή του Συντάγματος, τότε τα κουβεντιάζουμε πάλι».

27 ΣΕΠΤΕΜΒΡΙΟΥ (3)

«Τρέχα γύρευε» για την απόλυση «επίορκων» δημόσιων υπαλλήλων

Σήμερα (27 Σεπτεμβρίου 2015) διάβασα ότι μέσα σε έξι μήνες θα απολύονται οι δημόσιοι υπάλληλοι που έχουν πειθαρχικά καταδικασθεί σε οριστική παύση, καθώς με απόφαση του Συμβουλίου Επικρατείας κρίθηκε συνταγματική η διάταξη του Υπαλληλικού Κώδικα, η οποία προβλέπει ότι μπορεί να απολυθεί δημόσιος υπάλληλος που τού έχει επιβληθεί η πειθαρχική ποινή της παύσης, σε περίπτωση κατά την οποία η προσφυγή του στο Συμβούλιο της Επικρατείας δεν εκδικαστεί μέσα σε έξι μήνες. Αυτό πρακτικά σημαίνει πως η απόλυση θα είναι εφικτή εντός έξι μηνών, μια και με τα σημερινά δεδομένα και τον όγκο των αποφάσεων που εκκρεμούν στο ΣτΕ, απόφαση εντός εξαμήνου είναι κάτι πρακτικά ανέφικτο.

Και θυμήθηκα ότι το πρόβλημα στην περίπτωση αυτή είναι πώς και πότε μπορεί να φθάσει μια τέτοια υπόθεση στο Συμβούλιο της Επικρατείας.

Θυμήθηκα το έγγραφο προς το Γραφείο του Πρωθυπουργού τον Απρίλιο του 2013 του γενικού επιθεωρητή Δημόσιας Διοίκησης Λέανδρου Ρακιντζή –όπως καταγράφεται στην ετήσια έκθεση του 2013– στο οποίο επισημαίνονταν σχετικά με το ζήτημα της απομάκρυνσης των λεγομέ-νων «επίορκων» δημοσίων υπαλλήλων, μεταξύ άλλων, τα εξής: «Η απο-μάκρυνση των «επίορκων» υπαλλήλων είναι μια αυτονόητη υποχρέωση της ευνομούμενης Πολιτείας, πρέπει να συντελείται σε διαρκή χρόνο και εντός των προβλεπομένων διαδικασιών, ρυθμίσεων και προβλέψεων του πειθαρχικού δικαίου, δεν μπορεί όμως να αποδώσει απτά και άμεσα αποτε-λέσματα σε συντετμημένο και επείγοντα χρόνο. Το ποινικό και πειθαρχικό δικανικό μας σύστημα κινείται με ιδιαίτερα βραδείς ρυθμούς και διαθέτει πολλαπλές δικονομικές δυνατότητες παρακώλυσης σε κάθε στάδιο, ώστε να καθίσταται απροσδιόριστος ο χρονικός ορίζοντας παραγωγής τελε-σίδικων, πολλώ δε μάλλον αμετάκλητων αποφάσεων που θα οδηγούσαν στην οριστική απομάκρυνση των «επίορκων». Η απόδοση της ποινικής, ιδιαίτερα, δικαιοσύνης γίνεται με τόσο βραδείς ρυθμούς, που οδηγούν σε ουσιαστική αρνησιδικία. Η πειθαρχική δικαιοσύνη, από την προβληματική κατάσταση των παλαιών συνθέσεων των Πειθαρχικών Συμβουλίων που αθώωναν ή επέβαλλαν απαράδεκτα χαμηλές ποινές, στο πλαίσιο της κα-κώς νοούμενης συναδελφικής αλληλεγγύης, οδηγείται σε νέα αδιέξοδα, με τους δικαστές είτε, λόγω φόρτου εργασίας, να καθυστερούν, είτε να κωλυσιεργούν, ή ακόμη και να αρνούνται τη συμμετοχή τους, και με τη Διοίκηση σε ουσιαστική αδυναμία να επιβάλει την επιτάχυνση της πει-θαρχικής διαδικασίας.... Από το 2007 μέχρι και το 2012 ζητήσαμε, τοιου-τοτρόπως, την πειθαρχική δίωξη 1300 υπαλλήλων για 2200 περιπτώσεις. Όλες αυτές οι περιπτώσεις είναι διαφόρων βαθμών παραβατικότητας και βρίσκονται σε διάφορα στάδια της πειθαρχικής και ποινικής διαδικασίας, ώστε δεν είναι αμέσου αποδόσεως και είναι παρακινδυνευμένη και αυθαί-ρετη οποιαδήποτε εκτίμηση για τον χρόνο και τον τελικό αριθμό αυτών που θα παυθούν τελεσίδικα και αμετάκλητα από το Δημόσιο».

«Τρέχα, γύρευε, δηλαδής», όπως λένε στο χωριό μου...

28 ΣΕΠΤΕΜΒΡΙΟΥ (1)

Γιατί δεν μας σώζουν ούτε... εκατό... Μνημόνια

Σήμερα, το Ημερολόγιό μου δείχνει 28 Σεπτεμβρίου 2015.

Και θυμήθηκα μια συνέντευξή στον «Οικονομικό Ταχυδρόμο» (28 Σεπτεμβρίου 1989) του τότε προέδρου του Συνδέσμου Προώθησης Εξαγωγών Γιώργου Κασιμάτη, ο οποίος αποκάλυπτε ότι ο οργανισμός αυτός δαπάνησε 20 εκατ. δραχμές για να εξαχθούν στις ΗΠΑ 400 ζεύγη παπουτσιών!

Θυμήθηκα ότι από υπολογισμούς προέκυπτε ότι κάθε ζεύγος παπουτσιών που εξήχθη κόστισε... 50.000 δραχμές!

Θυμήθηκα αυτό το απίστευτο και όμως αληθινό για να καταδείξω για μιαν ακόμη φορά πως τη χώρα μας δεν τη σώζουν ούτε... εκατό Μνημόνια...

28 ΣΕΠΤΕΜΒΡΙΟΥ (2)

**Ο Αλέξης Τσίπρας μαζί με τον Μπιλ Κλίντον που «πολεμούσε»
πριν από 16 χρόνια!**

Σήμερα (28 Σεπτεμβρίου 2015) διάβασα ότι χθες (27 Σεπτεμβρίου 2015) ο πρωθυπουργός Αλέξης Τσίπρας είχε συζήτηση με τον πρώην πρόεδρο των Ηνωμένων Πολιτειών στο πλαίσιο του ετήσιου συνεδρίου Clinton Global Initiative στη Νέα Υόρκη (Pics+Vids)

Και θυμήθηκα ότι πριν από 16 χρόνια ο Αλέξης Τσίπρας συμμετείχε στις μαζικές διαδηλώσεις κατά του Μπιλ Κλίντον, όταν εκείνος είχε επισκεφθεί την Αθήνα.

Θυμήθηκα ότι στις 17 Νοεμβρίου 1999 ο Μπιλ Κλίντον πραγματοποιούσε τριήμερη επίσημη επίσκεψη στην ελληνική πρωτεύουσα και μαζικές διαδηλώσεις κυριαρχούσαν στην Αθήνα.

Θυμήθηκα ότι, μετά από πολλά χρόνια, ήταν η πρώτη φορά που η Αστυνομία απαγόρευσε τις συγκεντρώσεις και τις πορείες. Οι διαδηλωτές δεν κατάφεραν να προσεγγίσουν το χώρο της δεξίωσης, με αποτέλεσμα να ξεσπάσουν επεισόδια σε όλο το κέντρο της Αθήνας.

Θυμήθηκα ότι τότε ο Αλέξης Τσίπρας ήταν γραμματέας της Νεολαίας του Συνασπισμού. Μαζί με τον Νίκο Σοφιανό, μίλησαν στις 22 Νοεμβρίου 1999 σε κοινή συνέντευξη Τύπου πολιτικών νεολαιών ενάντια στην άγρια καταστολή της πορείας.

29 ΣΕΠΤΕΜΒΡΙΟΥ

Σωκράτης: Δεν μπορεί να σταθεί όρθια μια Πολιτεία, όταν ποδοπατούνται αποφάσεις του ΣτΕ από τον... Μπαλτά!

Σήμερα (29 Σεπτεμβρίου 2015) διάβασα ότι οι Αρχιτεκτονικές Σχολές του Εθνικού Μετσόβιου Πολυτεχνείου (ΕΜΠ) και του Αριστοτελείου Πανεπιστημίου Θεσσαλονίκης (ΑΠΘ) θα αναγκαστούν να εγγράψουν για το 2015–2016 τους φοιτητές, κατά της μετεγγραφής των οποίων είχαν προσφύγει στο Συμβούλιο της Επικρατείας, υποτασσόμενες στη ρουσφετολογική απόφαση του υπουργείου Παιδείας και πιεζόμενες από τις έντονες προεκλογικές πιέσεις του ΣΥΡΙΖΑ, στον οποίο είχαν προσφύγει οι γονείς των «κομμένων» φοιτητών!

Και θυμήθηκα ότι με απόφασή του το Συμβούλιο της Επικρατείας ακύρωσε τις μετεγγραφές φοιτητών στις Αρχιτεκτονικές ΕΜΠ και ΑΠΘ το 2014–15.

Θυμήθηκα ότι, με το Νόμο 4264/2014 επί υπουργίας Κωνσταντίνου Αρβανιτόπουλου απελευθερώθηκαν οι μετεγγραφές και αυξήθηκε ιλιγγιωδώς ο αριθμός των φοιτητών λόγω μετεγγραφών ανά τμήμα.,

Θυμήθηκα ότι οι παραπάνω σχολές κατέθεσαν προσφυγή στο Συμβούλιο της Επικρατείας κατά των υπουργικών αποφάσεων, το οποίο και τις δικαίωσε.

Θυμήθηκα ότι όταν εκδόθηκε η απόφαση του ΣτΕ στην κυβέρνηση είχε ανέλθει ο ΣΥΡΙΖΑ και ο υπουργός Παιδείας Αριστείδης Μπαλτάς δέχθηκε τις διαμαρτυρίες, αλλά και παρακλήσεις των γονέων των φοιτητών.

Θυμήθηκα ότι στον νόμο 4332 περί ιθαγενείας, που ψηφίστηκε τον περασμένο Ιούλιο, προστέθηκε το άρθρο 22 που ορίζει ότι οι δύο αρχιτεκτονικές σχολές πρέπει να δεχθούν το 15% όσων πέρυσι έκαναν αίτηση για μετεγγραφή (40 για το ΕΜΠ, 20 για το ΑΠΘ).

Θυμήθηκα όμως ότι οι αρχιτεκτονικές σχολές διαμαρτυρήθηκαν στις 30/7/2015 στο ΣτΕ, διότι το ανώτατο δικαστήριο είπε «για ανώτατο όριο μετεγγραφών έως 10% επί των εισακτέων», αλλά ο Αρ. Μπαλτάς... το έκανε «τουλάχιστον 15%».

Θυμήθηκα, ύστερα από όλα αυτά και πολλά άλλα, το, επί ματαίω, εκκωφαντικό επί αιώνες, ερώτημα του Σωκράτη προς τον Κρίτωνα: «Ή νομίζεις πώς είναι δυνατόν να σταθεί όρθια μια Πολιτεία και να μην ανατραπεί, όπου οι αποφάσεις των δικαστηρίων δεν έχουν κανένα κύρος, αλλά ματαιώνονται και ποδοπατούνται από τους πολίτες;» (Πλάτωνος, «Κρίτων», 11).

30 ΣΕΠΤΕΜΒΡΙΟΥ

Κυριάκος Μητσοτάκης: «Γερασμένο κόμμα η ΝΔ» – Κωνσταντίνος Μητσοτάκης το 1979: «Γερασμένες οι ελληνικές τράπεζες»

Σήμερα (30 Σεπτεμβρίου 2015) διάβασα ότι ο υποψήφιος πρόεδρος της Νέας Δημοκρατίας Κυριάκος Μητσοτάκης μιλώντας στον τηλεοπτικό σταθμό MEGA τόνισε ότι «Η ΝΔ είναι ένα γερασμένο κόμμα που έχει πάρει διαζύγιο από μεγάλες κατηγορίες πολιτών».

Και θυμήθηκα ότι το μητσοτακέικο τα βλέπει όλα «γερασμένα».

Θυμήθηκα ότι την ίδια μετοχή είχε χρησιμοποιήσει και ο πατέρας του Κυριάκου, ο πρώην πρωθυπουργός Κωνσταντίνος Μητσοτάκης ως υπουργός Συντονισμού το 1979 στην κυβέρνηση του Κωνσταντίνου Καραμανλή.

Θυμήθηκα ότι τότε είχε δηλώσει ότι είναι «οι ελληνικές τράπεζες είναι γερασμένες», εννοώντας την Εθνική Τράπεζα.

Θυμήθηκα ότι τότε ανάγκασε σε παραίτηση τον τότε διοικητή της Εθνικής Τράπεζας καθηγητή και ακαδημαϊκό Άγγελο Αγγελόπουλο.

Θυμήθηκα ότι τότε έγραψα και δημοσιεύθηκε στον «Οικονομικό Ταχυδρόμο» άρθρο υπό τον τίτλο «Σκοτώνουν τις τράπεζες όταν γεράζουν»...

ΟΚΤΩΒΡΙΟΣ

Συνεχή ραπίσματα
και παθήματα
χωρίς μαθήματα

2 ΟΚΤΩΒΡΙΟΥ

Δικαίωση του Δημήτρη Σιούφα για τον ΑΜΚΑ μετά 22 χρόνια...

Σήμερα (2 Οκτωβρίου 2015) διάβασα ότι το υπουργείο Εσωτερικών σχεδιάζει την επέκταση του Αριθμού Μητρώου Κοινωνικής Ασφάλισης (ΑΜΚΑ) στα Δελτία Ταυτότητας και τον Αριθμό Φορολογικού Μητρώου και ότι η καθιέρωση αυτής της καινοτομίας θα αποτελέσει σημαντικό βήμα εκσυγχρονισμού των λειτουργιών του κράτους.

Και θυμήθηκα ότι η καθιέρωση του ΑΜΚΑ αποτελεί μια από τις σημαντικότερες καινοτομίες της ασφαλιστικής μεταρρύθμισης της Νέας Δημοκρατίας της περιόδου 1990 –1993.

Θυμήθηκα ότι ο αριθμός αυτός καθιερώθηκε με το άρθρο του 64 του Νόμου. 2084/92, τον οποίο εισηγήθηκε τότε στη Βουλή, ως αρμόδιος υπουργός Υγείας, ο Δημήτρης Σιούφας, ο οποίος διετέλεσε και πρόεδρος της Βουλής των Ελλήνων κατά την περίοδο 2007–2009.

Θυμήθηκα ότι ο Δημήτρης Σιούφας δεν έπαψε να παρακολουθεί την εφαρμογή της ρύθμισης αυτής και να υποστηρίζει συνεχώς την επέκτασή της, ως ενιαίου και μοναδικού αριθμού για κάθε πολίτη, τόσο για την κοινωνική ασφάλιση – υγεία όσο και για το Δελτίο Ταυτότητας και τον Αριθμό Φορολογικού Μητρώου.

Θυμήθηκα τις τελευταίες δηλώσεις που έκανε ο Δημήτρης Σιούφας στις 9 Ιανουαρίου 2013, ως πρώην πρόεδρος της Βουλής Δημήτρης, με αφορμή τις σχετικές δηλώσεις του τότε διοικητή του Ι.Κ.Α Ροβέρτου Σπυρόπουλου για διασταυρώσεις και έλεγχο των συντάξεων που καταβάλλονται από το Ι.Κ.Α αλλά και από άλλους ασφαλιστικούς φορείς, στη βάση του Αριθμού Μητρώου Κοινωνικής Ασφάλισης.

Θυμήθηκα ότι στις δηλώσεις αυτές ο Δημήτρης Σιούφας επεσήμανε, μεταξύ άλλων, τα εξής: «Επαναφέρω, για μια ακόμη φορά, την πρότασή μου για τη χρήση του ενός και μοναδικού αριθμού για κάθε πολίτη, ο οποίος να καλύπτει την κοινωνική ασφάλιση – υγεία, το φορολογικό μητρώο και το δελτίο ταυτότητας. Και ο αριθμός αυτός δεν μπορεί να είναι άλλος από τον Α.Μ.Κ.Α... Στο σχέδιό μου, προβλεπόταν να εξελιχθεί ο Α.Μ.Κ.Α. σε μοναδικό αριθμό για κάθε πολίτη, όπως συμβαίνει στις Η.Π.Α, αλλά και σε άλλες χώρες όπου ο ίδιος αριθμός ισχύει τόσο για την Κοινωνική Ασφάλιση – υγεία, την Αστυνομική Ταυτότητα και για το Φορολογικό Μητρώο. Η θεσμοθέτηση ενός και μοναδικού αριθμού για όλες τις συναλλαγές των πολιτών με το Δημόσιο και με οποιοδήποτε τρίτο θα έχει άμεσες και ευεργετικές επιπτώσεις στην καταπολέμηση της φοροδιαφυγής και της εισφοροδιαφυγής θα ενισχύσει τη διαφάνεια των εμπορικών και οικονομικών συναλλαγών και θα περιορίσει αποτελεσματικά τη γραφειοκρατία... Είναι η απλούστερη λύση με πολλαπλά οφέλη για την Πολιτεία και τους Πολίτες».

3 ΟΚΤΩΒΡΙΟΥ

Ο αβάσταχτος λαϊκισμός του ΦΠΑ: 23% ΦΠΑ στα ιδιωτικά το 2015, αλλά 6% στις σκυλοτροφές και... 18% στις παιδικές τροφές το 1987!

Σήμερα (2 Οκτωβρίου 2015) διάβασα ότι με απόφαση της κυβέρνησης (όχι, βεβαίως, βεβαίως, με Νόμο!) αναστέλλεται η εφαρμογή του ΦΠΑ 23% για τα ιδιωτικά σχολεία, η οποία έχει προκαλέσει τις τελευταίες εβδομάδες λυσσαλέες αντιδράσεις, οι οποίες οδήγησαν στην υπαναχώρηση τάχα της νέας κυβέρνησης από την υπόσχεσή της για τα προαπαιτούμενα για να συνεχισθεί η χρηματοδότηση από την τρόικα.

Και θυμήθηκα ότι δεν είναι πρώτη φορά που η επιβολή χαμηλών ή υψηλών συντελεστών ΦΠΑ είναι καθαρά θέμα κομματικών ή λαϊκίστικων σκοπιμοτήτων. Διότι, ο γράφων θα περίμενε ότι ο υψηλός αυτός συντελεστής ΦΠΑ για τα ιδιωτικά σχολεία θα ικανοποιούσε πολλούς φορολογούμενους, οι οποίοι προτιμούν, για να μην πληρώνουν, να πάνε παιδιά τους σε δημόσια σχολεία, αλλά και να μην πληρώνουν, παράλληλα, τις δαπάνες για τη λειτουργία των ιδιωτικών σχολείων.

Θυμήθηκα ότι κατά την πρώτη εισαγωγή και εφαρμογή του ΦΠΑ στη χώρα μας, ο τότε υπουργός Οικονομικών *Δημήτρης Τσοβόλας* είχε αποφασίσει να καθορίσει το χαμηλότερο ΦΠΑ (6%) για τις σκυλοτροφές και τον υψηλότερο (τότε) συντελεστή ΦΠΑ (18%) στις παιδικές τροφές!

Θυμήθηκα, δηλαδή, ότι ενώ όλοι νομίζαμε ότι ήταν τυπογραφικό λάθος της απόφασης, ωστόσο από συζήτηση στη Βουλή στις αρχές Φεβρουαρίου 1987 προέκυψε πως η επιλογή αυτή, η οποία εξασφάλιζε φθηνότερη τροφή για σκυλιά και γάτες από ό, τι στα παιδιά μας, καθορίζοντας συντελεστή ΦΠΑ 6% έναντι 18% αντίστοιχα στις παιδικές τροφές, ήταν ηθελημένη!!!

Θυμήθηκα την ακόλουθη εκπληκτική στιχομυθία στη Βουλή για το θέμα αυτό, την οποία διέσωσε το «Ποντίκι» (6 Φεβρουαρίου 1987) και έχει ως εξής:

Σ. Δήμας (ΝΔ): Υποθέτω ότι το διορθώσατε αυτό που είδαμε, ότι δηλαδή οι σκυλοτροφές πήγαν στο συντελεστή 6% και οι παιδικές τροφές στο 18%.

Δ. Τσοβόλας (υπουργός Οικονομικών): Δεν διόρθωσα και ούτε θα το διορθώσω! Γιατί, ενώ είχαμε εισαγωγή σκυλοτροφών κατά 100% άρχισαν να γίνονται κι εδώ βιομηχανίες. Πρέπει ή δεν πρέπει να ενισχύσουμε αυτήν προσπάθεια;

Σ. Δήμας (ΝΔ): Ας σημειώσουμε, λοιπόν, ότι η παραγωγή εγχώριων σκυλοτροφών είναι από τις προτεραιότητες της κυβέρνησης.

Π. Κρητικός (από την έδρα του προεδρείου της Βουλής με χιούμορ): Μα δεν υπάγονται τα σκυλάδικα στις σκυλοτροφές!

4 ΟΚΤΩΒΡΙΟΥ

Σκασιαρχείο: Η νέα ξενόφερτη παιδαγωγική... φιλοσοφία... «χαβαλέ»!

Σήμερα (4 Οκτωβρίου 2015) διάβασα στην εφημερίδα «Καθημερινή» ένα άρθρο στο οποίο ο Χαράλαμπος Μπαλτάς, δάσκαλος, επισημαίνει ότι «Ανοιχτό προς τα έξω σχολείο σημαίνει ότι γεμίζουμε" το παιδί με πιο πολλούς χώρους, έτσι ώστε να πάψει να βλέπει τα κάγκελα της αυλής σαν τα όρια του σχολείου του», επικαλούμενος «ένα δάσκαλο που άφηνε τα παιδιά να ονειρεύονται», δηλαδή τον «ριζοσπάστη» Γάλλο παιδαγωγό Σελεστέν Φρενέ (1896–166), ο οποίος αφιέρωσε τη ζωή του στην οικοδόμηση του δημόσιου σχολείου, του «σχολείου του λαού». Όπως διάβασα, κάτω από την ομπρέλα αυτής της φιλοσοφίας, δημιουργήθηκε τρία χρόνια πριν (2012) η παιδαγωγική ομάδα «Σκασιαρχείο – Πειραματικοί ψηλαφισμοί για ένα σχολείο της κοινότητας». «Ήταν το αποτέλεσμα της τυχαίας συνάντησης μιας ομάδας ανθρώπων με κοινούς προβληματισμούς, ιδέες και προτάσεις για το δημόσιο σχολείο, το οποίο διαπνέεται από τις αρχές της παιδαγωγικής του Σελεστέν Φρενέ. Απώτερος στόχος; Ένα ελεύθερο και δημοκρατικό σχολείο, που ενθαρρύνει τη συνεργατική μάθηση και τη σύνδεση με την κοινότητα, ένα σχολείο ανοιχτό στη ζωή και στην κοινωνία», εξηγεί η Σοφία Λάχλου, εκπαιδευτικός της Πρωτοβάθμιας στη διδασκαλία της γαλλικής γλώσσας, δρ Διδακτικής Μεθοδολογίας.

Και θυμήθηκα ότι όλα αυτά αποτελούσαν τότε, όταν ήμουνα μαθητής του (τότε) εξαταξίου Γυμνασίου της Παλαμαϊκής Σχολής Μεσολογγίου (1955–1961), ... «χαβαλέ». Δηλαδή η λέξη «Σκασιαρχείο» ήταν συνώνυμη με την «κοπάνα», η οποία, σε πολλές περιπτώσεις, ενείχε και την σκοπιμότητα που προσδίδουν οι Σελεστέν Φρενέ και οι παραπάνω δάσκαλοι στη σημασία ενός σχολείου έξω από τα κάγκελά του, αλλά δημιουργούσε και μαθητές... «μπουμπούνες»!

Θυμήθηκα, δηλαδή, ότι μερικοί συμμαθητές μου «έκαναν κοπάνα», αλλά για να βοηθήσουν του γονείς τους να μαζέψουν ελιές, να μαζέψουν σταφύλια, να πάνε στο λιμάνι για να ψαρεύουν και να εξασφαλίσουν το ημερήσιο φαγητό της οικογενείας τους.

Θυμήθηκα ότι όλων αυτών των συμμαθητών, ως απουσιολόγος, σημείωνα στο απουσιολόγιο τις (αδικαιολόγητες) απουσίες τους (όχι όλες!), διότι υπήρχε ο κίνδυνος να «μείνουν στην ίδια τάξη".

Θυμήθηκα ότι μερικοί συμμαθητές μου, που ήταν... αδιάβαστοι, περίμεναν πώς και πώς κάποια λιακάδα για να πάμε... εκδρομή και να γλιτώσουμε τα μαθήματα και, φυσικά, την... εξέτασή τους ή την.. ξορκισμένη (όπως χαρακτηρίζεται σήμερα), αξιολόγηση.

Θυμήθηκα ότι η τότε παιδαγωγική – εκπαιδευτική διαδικασία είχε ένα συγκεκριμένο πρόγραμμα και στόχους: Τη μάθηση. Σήμερα τι έχει; Μάλλον... ένα χρυσοπληρωμένο από τους φορολογούμενους... χαβαλέ, που προτείνεται να γίνεται κι έξω από τα ...κάγκελα των σχολείων!!!

5 ΟΚΤΩΒΡΙΟΥ

Πώς στέκονταν όρθιοι στην Ελλάδα οι Γερμανοί με 102.000 «αντιστασιακούς» που πήραν και... σύνταξη;

Σήμερα, το Ημερολόγιό μου δείχνει 5 Οκτωβρίου 2015.

Και θυμήθηκα ότι την ίδια ημέρα, πριν από 26 χρόνια, επισημαινόταν στον «Οικονομικό Ταχυδρόμο» (5 Οκτωβρίου 1989) πως έως τότε οι συνταξιοδοτούμενοι ως αντιστασιακοί ανέρχονταν σε 60.000 άτομα.

Θυμήθηκα ότι τότε επισημαινόταν πάλι πως παρουσιάσθηκαν με αιτήσεις άλλοι 42.000 νέοι «δικαιούχοι» σύνταξης αντιστασιακού αγωνιστή!

Θυμήθηκα ότι τότε ευλόγως όλα αυτά συνοδεύονταν από το ακόλουθο εύστοχο σχόλιο: Με τόσο στρατό, αλήθεια, πώς στεκόντουσαν οι Γερμανοί στην Ελλάδα;

Θυμήθηκα, τελικά, πώς τελικά φθάσαμε στα συνεχόμενα... Μνημόνια μετά το 2010...

6 ΟΚΤΩΒΡΙΟΥ

Άσχετες τροπολογίες για προνομιούχους με συναίνεση όλων των κομμάτων ή πώς φθάσαμε στα ατέλειωτα... Μνημόνια!

Σήμερα, το Ημερολόγιό μου δείχνει 6 Οκτωβρίου 2015.

Και θυμήθηκα ότι την ημέρα αυτή, πριν από 26 χρόνια, στις 6 Οκτωβρίου 1989, η Βουλή, με άσχετες τροπολογίες, βόλεψε προνομιούχες συντεχνίες, φυσικά με τη συναίνεση όλων των κομμάτων!

Θυμήθηκα ότι τότε αποφασίσθηκε να χρηματοδοτηθεί από τον κρατικό προϋπολογισμό με 1 δισ. δραχμές η προεκλογική εκστρατεία των κομμάτων.

Θυμήθηκα ότι οι δικηγόροι κατόρθωσαν δια του τότε υπουργού Δικαιοσύνης Φώτη Κουβέλη να περάσουν με τροπολογίες ρυθμίσεις προς όφελός τους (επαναπρόσληψη έμμισθων δικηγόρων), αλλά και ρύθμιση ασφαλιστικών εισφορών και επίδομα στους συμβολαιογράφους, μισθολογική εξέλιξη στους ειρηνοδίκες, μετάταξη δικαστικών υπαλλήλων κλπ.

7 ΟΚΤΩΒΡΙΟΥ

Το πνεύμα πρόθυμον, αλλά η σαρξ ασθενής για τον περιορισμό της φοροδιαφυγής

Σήμερα (7 Οκτωβρίου 2015) διάβασα ότι ο αναπληρωτής υπουργός Οικονομικών Τρύφων Αλεξιάδης δήλωσε, μεταξύ πολλών άλλων, από το βήμα της Βουλής πως για την κυβέρνηση αποτελεί προτεραιότητα η πάταξη της μεγάλης φοροδιαφυγής, αναφέροντας πως πρότυπό του είναι η Γερμανία όπου ξημερώματα εκατοντάδες ελεγκτές μπήκαν σε επιχείρηση για έλεγχο, προσθέτοντας πως, «τέτοιες σκηνές θα δούμε και στην Ελλάδα». Και, φυσικά, εμειδίασα!

Και θυμήθηκα ότι σε ένα Δελτίο Τύπου της πρεσβείας της τότε Ομοσπονδιακής Δημοκρατίας της Γερμανίας στην Αθήνα (Δεκέμβριος 1989) διάβασα πως στη Γερμανία των... «Κουτόφραγκων» υπήρχαν μόνο 300 υπάλληλοι, οι οποίοι δεν έλεγχαν μόνο τις εισπράξεις και τις δαπάνες... 600 δισ. μάρκων ή 60 περίπου τρισ. δραχμών, των υπουργείων, των σιδηροδρόμων, των ταχυδρομείων, της κοινωνικής ασφάλισης και άλλων οργανισμών, αλλά και την προσήκουσα αποτελεσματικότητα και οικονομικότητα, τη σωστή σχέση ανάμεσα στο κόστος και στην απόδοση, ενώ σε πολλές περιπτώσεις συμβούλευαν μάλιστα να γίνει προσπάθεια για χαμηλότερο κόστος!

Θυμήθηκα ότι τότε στην Ελλάδα, όπου απασχολούνταν μόνο για την είσπραξη εσόδων χιλιάδες υπάλληλοι (εφοριακοί, ταμίες κλπ), παρέμεναν ανείσπρακτοι φόροι 1 τρισ. δραχμών (όπως κατήγγελλαν οι ίδιοι οι... εφοριακοί και προφανώς και ο Τρύφων Αλεξιάδης!)...

Θυμήθηκα ακόμη, μια και ο Τρύφων Αλεξιάδης είναι πρώην εφοριακός συνδικαλιστής, πως στις 21 Απριλίου του 1994 δημοσιεύθηκε στον «Οικονομικό Ταχυδρόμο» συνέντευξη του τότε υπουργού Οικονομικών Αλέκου Παπαδόπουλου στον Γιάννη Μαρίνο, τον γράφοντα, τον Γιάννη Ζωγράφο και τον Παύλο Κλαυδιανό, ο οποίος επεσήμαινε, μεταξύ άλλων το εξής: «Μόνον αφελείς μπορεί να πιστεύουν ότι η σημερινή ΥΠΕΔΑ (σημείωση: υπηρεσία ελέγχου του υπουργείου Οικονομικών) με τους υπαλλήλους που έχουν γνώσεις Λυκείου ή και γενικές Πανεπιστημίου, μπορεί να ελέγξει μια μεγάλη βιομηχανία με τα τελειότερα λογιστικά συστήματα...».

Θυμήθηκα αυτά που έγραψα τότε σχολιάζοντας τη διαπίστωση αυτή στη στήλη μου «Η άλλη όψη» στην εφημερίδα «Τα Νέα» την ίδια ημέρα: «Ακριβώς εδώ εντοπίζεται μια ακόμη πτυχή της κακοδαιμονίας του κρατικού προϋπολογισμού. Διότι, αυτό ακριβώς είναι η αχίλλειος πτέρνα του ελληνικού συστήματος διοίκησης των φόρων, της βεβαίωσης των πραγματικών φόρων...»

8 ΟΚΤΩΒΡΙΟΥ

Νέο «καμπανάκι» του ΔΝΤ, όπως και πριν από 30 χρόνια!

Σήμερα (8 Οκτωβρίου 2015) διάβασα ότι το Διεθνές Νομισματικό Ταμείο (ΔΝΤ) στην ετήσια έκθεσή του για τις προοπτικές της παγκόσμιας οικονομίας (World Economic Outlook), στέλνει μήνυμα προς όλους ότι οι κίνδυνοι γύρω από την Ελλάδα δεν έχουν εξαλειφθεί με την υπογραφή του τρίτου Μνημονίου, αν δεν προωθηθούν οι αναγκαίες μεταρρυθμίσεις..

Και θυμήθηκα ότι τα ίδια εκκωφαντικά μηνύματα, «καμπανάκια», προειδοποιήσεις και συστάσεις έστελνε το ΔΝΤ (και όχι μόνο) σε όλες τις ελληνικές κυβερνήσεις επί δεκαετίες.

Θυμήθηκα την έκθεση του ΔΝΤ, η οποία δόθηκε στη δημοσιότητα τον Απρίλιο του 1989 και στην οποία επισημαινόταν ότι «οι ελληνικές αρχές διαβεβαίωσαν το Ταμείο πως ένα πρόγραμμα αναθεώρησης των υποχρεώσεων της κυβέρνησης, ως προς το σκέλος των δαπανών, της επέκτασης της φορολογικής βάσης και της αναδιάρθρωσης των οργανισμών κοινωνικής ασφάλισης και των δημόσιων επιχειρήσεων και οργανισμών, βρίσκεται ήδη σε ετοιμασία και θα εφαρμοσθεί στην περίοδο 1990–1992». Αμ δε!

Θυμήθηκα τη συμπληρωματική έκθεση του ΔΝΤ για την ελληνική οικονομία, η οποία δόθηκε στη δημοσιότητα περί τα μέσα Ιουνίου 1990 και στην οποία πρότεινε αλλαγές στο... συνταξιοδοτικό σύστημα της χώρας μας και απόλυση υπεράριθμων εργαζόμενων στο δημόσιο τομέα, σημαντική μείωση των δημόσιων δαπανών, διεύρυνση της φορολογικής βάσης και πάταξη της φοροδιαφυγής. Αμ δε!

Θυμήθηκα τις σκληρές επισημάνσεις και συστάσεις του ΔΝΤ που περιέχονταν στα «εμπιστευτικά» προκαταρκτικά συμπεράσματά του για τις διαβουλεύσεις για το 1997 (βάσει του άρθρου IV) και που τάραξαν για μιαν ακόμη φορά την ελληνική κυβερνητική μακαριότητα και τις γνωστές «χαζοχαρούμενες» προβλέψεις για τις προοπτικές της ελληνικής οικονομίας. Ο εκτεταμένος «εξάψαλμος» της έκθεσης αυτής αποτελεί ένα ακόμη μνημείο για το πολιτικό και οικονομικό δράμα της Ελλάδος!

Θυμήθηκα τη νέα πολυσέλιδη έκθεση του ΔΝΤ για την Ελλάδα το 2001, η οποία είναι νέος κόλαφος για τη χώρα μας και την οικονομική πολιτική που εφαρμοζόταν (υψηλά ελλείμματα, υψηλές δημόσιες δαπάνες, πολύπλοκο φορολογικό σύστημα) και η οποία πρότεινε εξυγίανση της κοινωνικής ασφάλισης, εξυγίανση της αγοράς εργασίας, ιδιωτικοποιήσεις κλπ.

Θυμήθηκα και όλες τις επόμενες εκθέσεις με συστάσεις, προτάσεις και προειδοποιήσεις του ΔΝΤ προς την Ελλάδα, που χτυπούσαν απλώς «κουφού πόρτα».

9 ΟΚΤΩΒΡΙΟΥ

Ιδού πώς κατέρρευσαν το ΙΚΑ και τα άλλα ασφαλιστικά ταμεία

Σήμερα (9 Οκτωβρίου 2015) διάβασα ότι με το πολυνομοσχέδιο για τα «προαπαιτούμενα» εφαρμογής του τρίτου Μνημονίου, πέρα από φοροκαταιγίδα, προβλέπει και νέες περικοπές στις συντάξεις, οι οποίες θα είχαν αποφευχθεί, αν το κοινωνικοασφαλιστικό σύστημα της χώρας δεν είχε μετατραπεί από τις εκάστοτε κυβερνήσεις, αντιπολιτεύσεις και συνδικαλιστές σε εφαλτήριο για να διατηρήσουν την εξουσία ή να καταλάβουν ή ανακαταλάβουν την εξουσία ή να γίνουν βουλευτές και στη συνέχεια υπουργοί και υφυπουργοί, με χαριστικές προεκλογικές κυρίως διατάξεις σε νομοσχέδια ή άλλες τροπολογίες της ντροπής (ένταξη σωρηδόν επαγγελμάτων στα βαρέα και ανθυγιεινά, αποφάσεις για πρόωρες και αναπηρικές συντάξεις κλπ)

Και θυμήθηκα, για του λόγου το αληθές, μια συζήτηση που έγινε στη Βουλή στις 11 Ιανουαρίου 1990 μεταξύ του Γιώργου Γεννηματά (ΠΑΣΟΚ) και Γιώργου Σουφλιά (ΝΔ) για το ΙΚΑ και άλλα ελλειμματικά ασφαλιστικά ταμεία.

Θυμήθηκα ότι τότε ο Γιώργος Σουφλιάς επεσήμανε ότι το ΙΚΑ επιβαρύνθηκε το 1989 με 134 δισ. δραχμές και το 1990 με 158 δισ. δραχμές, διότι εντάχθηκαν σε αυτό ηθοποιοί, αρτεργάτες, κεραμεργάτες, πρόσφυγες, Αιγυπτιώτες και άλλοι, οι οποίοι δεν είχαν πληρώσει ούτε δραχμή ως εισφορά στον ασφαλιστικό οργανισμό.

Θυμήθηκα ότι τότε ο Γιώργος Σουφλιάς ανέφερε ότι το ΝΑΤ είχε 21.211 ασφαλισμένους και 49.358 συνταξιούχους από τους οποίους μόνο 18.000 ήταν πραγματικοί... ναυτικοί!

Θυμήθηκα ότι τότε ο Γιώργος Γεννηματάς είπε ότι η Νέα Δημοκρατία μείωσε το όριο ηλικίας συνταξιοδότησης των ναυτικών στα 50 έτη, ενώ, κάνοντας αυτοκριτική, είπε ότι ο ίδιος μείωσε το όριο ηλικίας συνταξιοδότησης των οικοδόμων στα 58 έτη, ενώ η κυβέρνηση Τζαννετάκη μείωσε το καλοκαίρι του 1989 το όριο ηλικίας συνταξιοδότησης ορισμένων εργαζομένων, όπως π.χ. της ΔΕΗ! Επίσης, ο αριθμός των αναπήρων συνταξιούχων του ΙΚΑ αυξήθηκε από το 1981 έως το 1989 κατά 55, 6% και στο ΙΚΑ κατά 46%, λες κι έγινε πόλεμος! 10 Οκτωβρίου

Ικανοποίηση όλων των αιτημάτων συνδικαλιστών και απεργών σε βάρος του ΙΚΑ

Σήμερα (10 Οκτωβρίου 2015) διάβασα ότι με το ίδιο πολυνομοσχέδιο επέρχονται μεγάλες ανατροπές στις συντάξεις, με μείωσή τους και αύξηση του ορίου συνταξιοδότησης

Και θυμήθηκα ότι πριν από πάνω από δύο δεκαετίες όλες οι κυβερνήσεις και οι αντιπολιτεύσεις ικανοποιούσαν όλα τα αιτήματα των συνδικαλιστών ή προέβαιναν σε κοινωνικοασφαλιστικές παροχές σαν να ήταν γεμάτα τα δημόσια και τα ασφαλιστικά ταμεία!

Θυμήθηκα ότι την 1η Φεβρουαρίου 1990 ικανοποιήθηκαν ασμένως και από τα τρία κόμματα, που στήριζαν τότε την Οικουμενική Κυβέρνηση του Ξενοφώντα Ζολώτα, τα τέσσερα από τα πέντε αιτήματα των οικοδόμων (επίδομα ασθενείας που θα υπολογιζόταν ότι θα κόστιζε στο ΙΚΑ 300 εκατ. δραχμές το χρόνο, ασφαλιστική κάλυψη από το ΙΚΑ και των οικοδόμων που εργάζονται κατ᾽ αποκοπήν, αναγνώριση, χωρίς αίτηση (!), των ενσήμων του ΙΚΑ για όλες τις ημέρες εργασίας και στην επικουρική σύνταξη και αναγνώριση του χρόνου προϋπηρεσίας στη ρύθμιση για τα βαρέα και ανθυγιεινά επαγγέλματα).

Θυμήθηκα ότι το 1988, η τότε κυβέρνηση ικανοποίησε όλα τα αιτήματα των απεργών υπαλλήλων της Επιχείρησης Αστικών Συγκοινωνιών, τα οποία ήταν τα εξής: Σύνταξη για τους οδηγούς στα 58 χρόνια και 37, 5 ώρες εργασίας, συνυπολογισμός του χρόνου της στρατιωτικής θητείας στα χρονοεπιδόματα και τα μισθολογικά κλιμάκια, αύξηση τουλάχιστον κατά 2, 1% στους βασικούς μισθούς!

Θυμήθηκα ότι δημοσιεύθηκε στον «Οικονομικό Ταχυδρόμο» (18 Ιουλίου 1988) μια επιστολή του τότε διοικητή του ΙΚΑ Φοίβου Ιωαννίδη, στην οποία επισημαινόταν, μεταξύ άλλων, ότι το 1970, το σύνολο των συνταξιούχων αναπηρίας του ΙΚΑ στην Ελλάδα ανερχόταν στα 48.170 άτομα και αντιπροσώπευαν το 22, 35% του συνόλου των συνταξιούχων (215.514 άτομα). Το 1986 (τελευταία στοιχεία για τότε) το σύνολο των συνταξιούχων αναπηρίας ανερχόταν στα 137.885 άτομα ή 27% του συνόλου των συνταξιούχων (510.059 άτομα).

11 ΟΚΤΩΒΡΙΟΥ

Δεκάδες χιλιάδες συνταξιούχοι «μαϊμού» κατασπαράζουν επί δεκαετίες το δύσμοιρο ΙΚΑ

Σήμερα (11 Οκτωβρίου 2015) συνέχιζα να διαβάζω το περιεχόμενο του ίδιου πολυνομοσχεδίου και ιδιαίτερα τις διατάξεις με τις οποίες επιχειρείται να... συμμαζευθούν τα ασυμμάζευτα δεκαετιών στο ταλαίπωρο κοινωνικοασφαλιστικό σύστημα.

Και θυμήθηκα ότι τον Δεκέμβριο του 1988 διαπιστώθηκε ότι ορισμένοι από τους υπαλλήλους (αρκετές εκατοντάδες!) των Ελληνικών Μονοπωλίων, τα οποία καταργήθηκαν, προσλήφθηκαν σε διάφορους δημόσιους οργανισμούς, ενώ για τους υπόλοιπους βρέθηκε η λύση του... ΙΚΑ!

Θυμήθηκα ότι, όπως δημοσιεύθηκε στον «Οικονομικό Ταχυδρόμο» (1 Δεκεμβρίου 1988), άνθρωπος 37 ετών, νέος, γερός και με κάποιες γραμματικές γνώσεις έπαιρνε σύνταξη από το ΙΚΑ περίπου 60.000 δραχμών!

Θυμήθηκα ότι σε σχόλιό μου στην εφημερίδα «Τα Νέα» (22 Οκτωβρίου 1991) και στη στήλη «Η Άλλη Όψη» αποκάλυπτα τα ακόλουθα για τους αιώνιους συνταξιούχους «μαϊμού»:

–Από τον Κοινωνικό Προϋπολογισμού προέκυπτε ότι οι συνταξιούχοι του ΙΚΑ ήταν 650.000 άτομα, από τους οποίους οι 304.000 λόγω γήρατος και 161 λόγω αναπηρίας.

–Από τους 746.000 συνταξιούχους του ΟΓΑ, οι 564.000 περίπου ήταν λόγω γήρατος και οι... 182.000 περίπου λόγω αναπηρίας!

–Μόνο στο ΙΚΑ και τον ΟΓΑ οι συνταξιούχοι λόγω αναπηρίας είναι πάνω από... 340.000 άτομα ή αντιπροσώπευαν ποσοστό 25% του συνόλου των συνταξιούχων ή επιβάρυναν το ΙΚΑ με 70 περίπου δισ. δραχμές και τον ΟΓΑ με 13 δισ. δραχμές το χρόνο!

Θυμήθηκα ότι το Μάρτιο του 1988 κατά τη συζήτηση στη Βουλή αποκαλύφθηκε ότι, με απόφαση των κυβερνήσεων, εντάχθηκαν για συνταξιοδότηση στο ΙΚΑ 70.000 Έλληνες πρόσφυγες από τις Ανατολικές χώρες, οι οποίοι έπαιρναν συντάξεις και κόστιζε έκαστος 500.000 δραχμές χωρίς, κατά πάγια ασφαλιστική αρχή, να έχουν πληρώσει ούτε μια δραχμή ως ασφαλιστική εισφορά!

12 ΟΚΤΩΒΡΙΟΥ

**Επέτειος της δεύτερης, από τις πέντε έως σήμερα,
κοινωνικοοικονομικής καταιγίδας το 1985**

Σήμερα (12 Οκτωβρίου 2015) διάβασα ότι με το περιβόητο πολυνομοσχέδιο επέρχεται μία ακόμα φοροκαταιγίδα στη χώρα μας.

Και θυμήθηκα το υπό το Καρόλου Μαρξ ρηθέν ότι «η ιστορία επαναλαμβάνεται την πρώτη φορά ως τραγωδία και τη δεύτερη φορά ως φάρσα».

Θυμήθηκα ότι σήμερα (12 Οκτωβρίου 2015) είναι η τριακοστή επέτειος της πρώτης, μετά τη μεταπολίτευση, οικονομικοκοινωνικής «καταιγίδας», η οποία εμφανίσθηκε με τη μορφή λεηλασίας των ελληνικών νοικοκυριών, χωρίς να βάζουμε ποτέ μυαλό έως σήμερα!

Θυμήθηκα ότι στις 12 Οκτωβρίου 1985 ο τότε πρωθυπουργός Ανδρέας Παπανδρέου και ο τότε υπουργός Εθνικής Οικονομίας Κωνσταντίνος Σημίτης ανακοίνωσαν ένα πρωτόγνωρα σκληρό πακέτο μέτρων για να ληφθεί, όπως και τώρα, η δεύτερη δόση του κοινοτικού δανείου!

Θυμήθηκα ότι η δεύτερη φοροεισπρακτική καταιγίδα (χωρίς να βάζουμε ποτέ μυαλό κατά τις αμέτρητες εκλογικές αναμετρήσεις, όταν ψηφίζαμε κόμματα - κυβερνήσεις για να μάς φεσώνουν!) εκδηλώθηκε στις 3 Αυγούστου 1992 με την εφαρμογή νέου σταθεροποιητικού προγράμματος από την τότε κυβέρνηση Κωνσταντίνου Μητσοτάκη.

Θυμήθηκα ότι τρίτη φοροεισπρακτική καταιγίδα (χωρίς να βάζουμε ποτέ μυαλό κατά τις αμέτρητες εκλογικές αναμετρήσεις, όταν ψηφίζαμε κόμματα - κυβερνήσεις για να μάς φεσώνουν!) εκδηλώθηκε το Σεπτέμβριο του 2008 από την τότε κυβέρνηση του Κώστα Καραμανλή, με το ΠΑΣΟΚ να υποστηρίζει ότι «Λεφτά Υπάρχουν!»

Θυμήθηκα ότι η τέταρτη φοροεισπρακτική καταιγίδα– λεηλασία της οικονομίας και των ελληνικών νοικοκυριών ενέσκηψε με την ένταξη της χώρας μας στο πρώτο επαχθές Μνημόνιο το 2010 (χωρίς να βάζουμε ποτέ μυαλό κατά τις αμέτρητες εκλογικές αναμετρήσεις, όταν ψηφίζαμε κόμματα - κυβερνήσεις για να μάς φεσώνουν!), το οποίο υπέγραψε η τότε κυβέρνηση του Γιώργου Παπανδρέου (ΠΑΣΟΚ)

Θυμήθηκα ότι η πέμπτη φοροεισπρακτική καταιγίδα (χωρίς να βάζουμε ποτέ μυαλό κατά τις αμέτρητες εκλογικές αναμετρήσεις, όταν ψηφίζαμε κόμματα - κυβερνήσεις για να μάς φεσώνουν!), χτύπησε με μανία την ελληνική οικονομία και τα ελληνικά νοικοκυριά με την υπογραφή το 2012 του δεύτερου επαχθούς Μνημονίου από την κυβέρνηση Σαμαρά –ΠΑΣΟΚ

13 ΟΚΤΩΒΡΙΟΥ

Και με Μνημόνια εισιτήρια χαμηλά ή δωρεάν μετακινήσεις με λεωφορεία

Σήμερα (13 Οκτωβρίου 2015) διάβασα ότι ο υπουργός Υποδομών, Μεταφορών και Δικτύων Χρήστος Σπίρτζης μιλώντας στο ραδιοσταθμό «Βήμα FM», ανέφερε ότι «προγραμματίζουμε να κρατήσουμε χαμηλά την κάρτα απεριορίστων διαδρομών που χρησιμοποιούν καθημερινά οι πολίτες που πηγαίνουν στις δουλειές με τα μέσα μεταφοράς και να επιβαρυνθεί λίγο περισσότερο το απλό εισιτήριο, το οποίο χρησιμοποιούν περιστασιακά τουρίστες ή άλλοι». Επίσης, είπε ότι «η μείωση της τιμής του εισιτηρίου που έγινε από την κυβέρνηση Σαμαρά, δημιούργησε πολύ μεγάλη υστέρηση εσόδων και ελλείμματα στον ΟΑΣΑ και ότι «οι δύο εβδομάδες δωρεάν μετακινήσεων για τους πολίτες –κατά την περίοδο των capital controls– στοίχισαν 10 εκατ. ευρώ»

Και θυμήθηκα αυτό που επαναλάμβανα σχεδόν σε όλα τα άρθρα μου, τα σχόλιά μου και τις αναλύσεις για τη σπατάλη των εθνικών πόρων με τη μορφή «δωρεάν παιδείας», «δωρεάν υγείας», «δωρεάν εισιτηρίων» κλπ, ότι «δεν υπάρχει πιάτο δωρεάν στην οικονομία, αφού πάντα κάποιος το πληρώνει".

Θυμήθηκα ότι το Φεβρουάριο του 1983, η τότε κυβέρνηση του ΠΑΣΟΚ εφάρμοσε, στο πλαίσιο του «κοινωνικού μισθού», τη δωρεάν μετακίνηση στα αστικά λεωφορεία τις πρωινές ώρες, ενώ εκτιμάτο ότι για να καλύπτονταν κατά κάποιο τρόπο τα μεγάλα ελλείμματα των αστικών συγκοινωνιών της Αθήνας, θα έπρεπε κανονικά να αυξάνονταν τα εισιτήρια το λιγότερο κατά 30 δραχμές!

Θυμήθηκα ότι σε μια συζήτησή μου με τον τότε υπουργοί Συγκοινωνιών και Επικοινωνιών Γιώργο Παπαδημητρίου («Οικονομικός Ταχυδρόμος» 30 Οκτωβρίου 1986), αναφέρθηκε ότι το μέτρο αυτό κόστισε στον κρατικό προϋπολογισμό 9, 6 δισ. δραχμές!

Θυμήθηκα ότι σε σχόλιό μου στην εφημερίδα «Νέα» (3 Ιανουαρίου 1992), επεσήμαινα ότι για να μην είχαν ζημιές οι αστικές συγκοινωνίες της Αθήνας έπρεπε το εισιτήριο να είχε καθορισθεί στις 360 δραχμές, δηλαδή πάνω από ένα σημερινό ευρώ!

Θυμήθηκα ότι για το λόγο αυτό ακριβώς τότε στον κρατικό προϋπολογισμό του 1992 υπήρχε πρόβλεψη για επιχορήγηση των συγκοινωνιακών φορέων (ΕΑΣ, ΗΛΠΑΠ κλπ) πάλι κατά 29 δισ. δραχμές για να πληρωθεί το τάχα «δωρεάν πιάτο»!

14 ΟΚΤΩΒΡΙΟΥ

Δεκάδες Επιτροπές «Σοφών» για το ασφαλιστικό, ως «στρίβειν»!

Σήμερα (14 Οκτωβρίου 2015) διάβασα ότι η Επιτροπή Σοφών για την αναμόρφωση του κοινωνικοασφαλιστικού συστήματος παρέδωσε το πόρισμά της στον υπουργό Εργασίας Γιώργο Κατρούγκαλο.

Και θυμήθηκα ότι είναι μία από τις... δεκάδες που συγκροτήθηκε τα τελευταία εξήντα χρόνια, σε εφαρμογή της γνωστής τακτικής του «στρίβειν δι᾿ επιτροπών ή κοινωνικών διαλόγων» για να μη... λαμβάνονται αποφάσεις ή να λαμβάνονται ... αντίθετες αποφάσεις από εκείνα που προτείνονται!

Θυμήθηκα ότι η πρώτη Επιτροπή είχε συγκροτηθεί το ... 1958 και τα συμπεράσματά της δόθηκαν στη δημοσιότητα το 1959 σε 264 σελίδες!

Θυμήθηκα την Επιτροπή Φακιολά το 1992, επί κυβερνήσεως Κωνσταντίνου Μητσοκάκη, η οποία προκάλεσε «χαλασμό» σε όλη τη χώρα από τις έντονες αντιδράσεις του ΠΑΣΟΚ και των συνδικαλιστών.

Θυμήθηκα την Επιτροπή Τζουμάκα το 1992 (συμμετείχαν μόνο στελέχη του ΠΑΣΟΚ), η οποία προκάλεσε εσωκομματικές αντιδράσεις για τις προτάσεις.

Θυμήθηκα την Επιτροπή Σπράου το 1996 και την ειδική Επιτροπή που ανακοίνωσαν ο τότε υπουργός Εθνικής Οικονομίας Γιάννος Παπαντωνίου και ο υφυπουργός Εργασίας και Κοινωνικών Ασφαλίσεων Μιλτιάδης Παπαϊωάννου την 1η Απριλίου 1999.

Θυμήθηκα ότι τον Ιούνιο του 2001 ο τότε υπουργός Εργασίας Τάσος Γιαννίτσης είχε προχωρήσει στη συγκρότηση ειδικής επιτροπής εμπειρογνωμόνων για το ασφαλιστικό, ενώ η μεταρρύθμιση που προωθούσε προκάλεσε νέο «χαλασμό»!

Θυμήθηκα ότι στις 13 Φεβρουαρίου 2002 ο τότε υπουργός Εθνικής Οικονομίας Νίκος Χριστοδουλάκης ανακοίνωσε ότι «ξεκινάει ο διάλογος για τα ασφαλιστικά ταμεία το Μάρτιο».

Θυμήθηκα ότι τον Ιούνιο του 2006 ο τότε υπουργός Οικονομίας και

Οικονομικών Γιώργος Αλογοσκούφης ανακοίνωσε τη σύσταση ειδικής επιτροπής για την ασφαλιστική μεταρρύθμιση.

Θυμήθηκα ότι στις 26 Οκτωβρίου 2009 ο τότε υπουργός Εργασίας Ανδρέας Λοβέρδος ανακοίνωσε τη συγκρότηση Ειδικής Επιτροπής για την επιτάχυνση της απόδοσης των συντάξεων προς τους δικαιούχους από τα ταμεία.

Θυμήθηκα ότι το 2012 ο τότε υπουργός Εργασίας Γιώργος Κουτρουμάνης ανακοίνωσε τη σύσταση Ειδικής επιτροπής για όλα τα κοινωνικά-προνοιακά επιδόματα.

15 ΟΚΤΩΒΡΙΟΥ

Ημέρα μεγαλόστομων υποσχέσεων του Ανδρέα Παπανδρέου πριν από 34 χρόνια

Σήμερα το Ημερολόγιό μου δείχνει 15 Οκτωβρίου 2015.

Και θυμήθηκα ότι η ημέρα αυτή είναι σημαδιακή για την Ελλάδα, τους κατοίκους της και το μέλλον της.

Θυμήθηκα ότι στις 15 Οκτωβρίου του 1981, δηλαδή τρεις μόλις ημέρες πριν από την κρίσιμη εκλογική αναμέτρηση της 18ης Οκτωβρίου 1981, ακούσθηκαν, όπως πάντοτε, «πονόψυχες» κραυγές για τους εργαζόμενους, τους μισθούς, τις συντάξεις, τους ανέργους, την ανάπτυξη.

Θυμήθηκα ότι τότε, στις «15 Οκτώβρη» (ω, τί «σκότωμα» της ελληνικής γλώσσας!) ο πρόεδρος του ΠΑΣΟΚ Ανδρέας Παπανδρέου στην κεντρική προεκλογική ομιλία του προς το λαό των Αθηνών παρουσίασε έναν ποταμό υποσχέσεων, τις οποίες αναδημοσιεύω από το βιβλίο μου «Η μεγάλη φούσκα της οικονομίας 1981 – 2001» (σελίδες 43 –47):

– Θα ανακοπεί ο κατήφορος της οικονομίας (σημείωση: αντιθέτως, επιδεινώθηκε ακόμα περισσότερο, υπενθυμίζοντας τη λιτότητα του 1985 και τα ολοένα καλπάζοντα δημόσια ελλείμματα και δημόσιο χρέος).

– Θα αλλάξουν οι βάσεις για μιαν αυτοδύναμη ανάπτυξη.

– Η νέα οικονομική πολιτική του ΠΑΣΟΚ θα στηριχτεί στην ενεργό συμμετοχή του ελληνικού λαού, στην ενεργό συμμετοχή των παραγωγικών τάξεων.

– Θα εξυγιανθεί η δημόσια οικονομία με ριζική αναδιάρθρωση των κρατικών εσόδων. «Είναι απαράδεκτο οι έμμεσοι φόροι να αποτελούν το 70% των εσόδων της πολιτείας», επεσήμανε ο Ανδρέας Παπανδρέου.

– Στόχος του ΠΑΣΟΚ είναι φορολογική δικαιοσύνη. Θα παταχθεί η φοροδιαφυγή και όλοι οι Έλληνες θα συμμετάσχουν στα φορολογικά βάρη ανάλογα με το εισόδημά τους.

– Θα καταργηθούν οι χαριστικές εξαιρέσεις του μεγάλου κεφαλαίου, όπου αυτό δεν συμβάλλει στην οικονομική ανάπτυξη.

– Θα τιμαριθμοποιηθούν οι συντελεστές φορολογίας εισοδήματος για να παύσει η λήστεψη από την πολιτεία εις βάρος των εργαζομένων και ιδιαίτερα των μισθωτών (σημείωση: μόνο μια φορά θεσπίστηκε η τιμαριθμοποίηση κλιμακίων ή συντελεστών)

– Θα στηριχτεί το αγροτικό εισόδημα «είτε το θέλει είτε δεν το θέλει η ΕΟΚ», τόνισε ο Ανδρέας Παπανδρέου.

– «Ο μέγας ασθενής είναι οι δημόσιες επιχειρήσεις, που είναι σήμερα φέουδα της Νέας Δημοκρατίας. Δεν πρόκειται να γίνουν φέουδα του ΠΑΣΟΚ».

– «Βασικός στόχος της κυβέρνησης του ΠΑΣΟΚ θα είναι μια ανθηρή ελληνική οικονομία, μια οικονομία ευημερίας του λαού και πλήρους απασχόλησης».

Κατακαημένε ελληνικές λαέ...

16 ΟΚΤΩΒΡΙΟΥ

Από το «ζιβάγκο» του Ανδρέα Παπανδρέου στην εξαφάνιση της γραβάτας του Δ. Βίτσα

Σήμερα (16 Οκτωβρίου 2015) διάβασα και είδα ότι παραβρέθηκε στην έκθεση αμυντικών κι εξοπλιστικών συστημάτων AUSA 2015, στην Ουάσινγκτον των ΗΠΑ, παρουσία όλων των πάλαι ποτέ ονομαζόμενων «γερακιών» της αμυντικής βιομηχανίας της Αμερικής, ο αναπληρωτής υπουργός Εθνικής Άμυνας Δημήτρης Βίτσας και μάλιστα με... γραβάτα. Η εμφάνιση αυτή του υπουργού προκάλεσε σε πολλούς έκπληξη, αφού, παρά το συνηθισμένο –μέχρι τώρα– στιλ του να μην φορά γραβάτα (όπως και όλα σχεδόν τα στελέχη του ΣΥΡΙΖΑ!) και κοστούμια, παρουσιάστηκε με «κυριλέ» ένδυμα, να κόβει την κορδέλα μαζί με τον πρέσβη της Ελλάδος στην Ουάσινγκτον Χρήστο Παναγόπουλο, τον πρόεδρο της AUSA στρατηγό Gordon Sullivan και τον πρόεδρο του Ελληνο–Αμερικανικού Επιμελητηρίου Σίμο Αναστασόπουλο.

Και θυμήθηκα ότι τέτοιες «οβιδιακές» μεταμορφώσεις «προοδευτικών» έχουν γίνει και στο παρελθόν από την «Κίρκη» της εξουσίας.

Θυμήθηκα το «ζιβάγκο» του Ανδρέα Παπανδρέου από την ίδρυση του ΠΑΣΟΚ στις 3 Σεπτεμβρίου 1974 έως την άνοδο στην εξουσία μετά τις τροπαιοφόρες εκλογές της 18ης Οκτωβρίου 1981.

Θυμήθηκα τη φωτογραφία της πρώτης κυβέρνησης του ΠΑΣΟΚ μετά τις 18 Οκτωβρίου 1981, όπου οι περισσότεροι υπουργοί εμφανίζονται με τεράστια... μουστάκια, τα οποία σιγά–σιγά... ξυρίστηκαν...

17 ΟΚΤΩΒΡΙΟΥ

Ελλάς: Ένα απέραντο «εκτροφείο» παρανόμων!

Σήμερα (17 Οκτωβρίου 2015) είδα τις έντονες «φιλανθρωπικές» ευαισθησίες που προκλήθηκαν από το «απίστευτο», όπως χαρακτηρίσθηκε, περιστατικό στην Κόρινθο, όπου ένας οδηγός λεωφορείου ΚΤΕΛ αρνήθηκε να επιβιβάσει μαθητή επειδή δεν είχε να πληρώσει το εισιτήριο.

Και θυμήθηκα ότι το περιστατικό αυτό είναι μόνο η κορυφή του παγόβουνου σε μια χώρα που έχει γίνει, από αποφάσεις και παραλείψεις των κυβερνήσεων όλων των εποχών, εκτροφείο τζαμπατζήδων, παρανόμων, ασυνεπών, φοροφυγάδων, εισιτηριοφυγάδων, λαθρεπιβατών, παραοικονομούντων και αυθαιρετούντων.

Θυμήθηκα, για του λόγου το αληθές, πολλές τέτοιες «ταΐστρες» του εκτροφείου αυτού.

Θυμήθηκα ότι από το 1978 έως σήμερα, όπως αναλυτικά παρουσιάζω στο βιβλίο μου «Εγώ ο Βλαξ!», το υπουργείο Οικονομικών έχει ανακοινώσει πάνω από 40 αποφάσεις για «περαίωση εκκρεμών φορολογικών υποθέσεων»! Πρόκειται για μιαν επονείδιστη τακτική, η οποία αποτελεί θρίαμβο των φοροφυγάδων και εμπαιγμό των «βλακών» συνεπών φορολογουμένων, όπως συνεχώς επισημαίνει η Τράπεζα της Ελλάδος σε κάθε σχεδόν ετήσια έκθεσή της.

Θυμήθηκα τις γνωστές αποφάσεις για νομιμοποίηση αυθαιρέτων οικοπέδων και κτισμάτων που ενσωματώνουν πάλι τέτοιες προσδοκίες, με τα γνωστά θλιβερά αποτελέσματα.

Θυμήθηκα τη γνωστή «κοινωνική» πολιτική με την καθιέρωση «δωρεάν» μετακινήσεων με τις αστικές συγκοινωνίες κατά τις πρωινές ώρες, όπως το 1983 και κατά τα δημοψηφίσματα, όπως το τελευταίο, η οποία δημιουργεί μιαν «έξιν» για «γλυκειά» λαθρεπιβίβαση.

Θυμήθηκα ότι από το 1972 ψηφίσθηκαν πολλοί νόμοι που πρόβλεπαν προκλητικές ρυθμίσεις χρεών από στεγαστικά δάνεια του Οργανισμού Εργατικής Κατοικίας, οι οποίοι αγνοήθηκαν επιδεικτικά από τους χρεοφειλέτες, που είχαν μάλιστα ιδρύσει και «Σύλλογο Δανειοληπτών», που παρότρυνε τα μέλη να μην πληρώνουν τα χρέη!

Θυμήθηκα τις συνεχείς αποφάσεις για διαγραφή ή ρυθμίσεις χρεών αγροτών και αγροτικών συνεταιριστικών οργανώσεων, οι οποίες, πέρα από την «έξιν» για το «τζάμπα», προκαλούσαν και τεράστιες ζημιές στη δύσμοιρη, «αείμνηστη» πια, Αγροτική Τράπεζα και στον κρατικό προϋπολογισμό.

Θυμήθηκα τις αποφάσεις για επιστροφή πινακίδων αυτοκινήτων τις παραμονές μεγάλων εορτών!

Χρειάζεται να συνεχίσω την «ταΐστρα» του εκτροφείου αυτού;

18 ΟΚΤΩΒΡΙΟΥ

Σημαδιακή ημέρα «Αλλαγής» το 1981 προς το …χειρότερο!

Σήμερα, το Ημερολόγιό μου δείχνει 18 Οκτωβρίου 2015.

Και θυμήθηκα πάλι ότι η ημέρα αυτή είναι σημαδιακή για την Ελλάδα και το πολιτικό δράμα της χώρας μας.

Θυμήθηκα ότι κατά την περίοδο από το 1974 έως τις εκλογές της 18ης Οκτωβρίου 1981 είχαν ακουστεί τα γνωστά ηχηρά «ΕΟΚ και ΝΑΤΟ, το ίδιο Συνδικάτο», η επίμονη πρόταση του Ανδρέα Παπανδρέου για «Ειδική Σχέση με την ΕΟΚ», η συγκρότηση Εξεταστικής των Πραγμάτων Επιτροπής για τα τραπεζικά δάνεια για παραγωγικές επενδύσεις, για «κοινωνικοποιήσεις» για «έλεγχο των τιμών» κλπ επί κυβερνήσεως της Νέας Δημοκρατίας!

Θυμήθηκα ότι στις 18 Οκτωβρίου του 1981 το ΠΑΣΟΚ κατήγαγε περιφανή εκλογική νίκη και είδε την επόμενη μέρα να προβάλλει η σκληρή οικονομική πραγματικότητα, η οποία δεν είχε καμιά σχέση με τη σημερινή του ιλιγγιώδους δημόσιου χρέους (ανερχόταν μόλις στο 34, 5% του ΑΕΠ), του υψηλού δημόσιου ελλείμματος (ανερχόταν το 1980 μόλις στο −2, 6% του ΑΕΠ και το 1981 διαμορφώθηκε στο −9, 1% του ΑΕΠ), της εφιαλτικής ανεργίας (ανερχόταν τότε μόλις στο 4%).

Θυμήθηκα ότι ακολούθησαν οι προγραμματικές δηλώσεις της νέας κυβέρνησης στις 22 Νοεμβρίου 1981, οι οποίες αποτέλεσαν τη βάση των νέων οικονομικών μέτρων που, λόγω της σκληρής αυτής πραγματικότητας, ανακοινώθηκε με τη μορφή δύο δεσμών. Η πρώτη δέσμη ανακοινώθηκε στις 13 Δεκεμβρίου 1981 κι αφορούσε κυρίως τη νέα εισοδηματική πολιτική (Αυτόματη Τιμαριθμική Αναπροσαρμογή, μεγάλες αυξήσεις σε μισθούς και συντάξεις και άλλα). Η δεύτερη δέσμη ανακοινώθηκε στις 31 Δεκεμβρίου 1981 και αφορούσε κυρίως «διόρθωση» της «γενναιόδωρης» εισοδηματικής πολιτικής, έξοδο της οικονομίας από το φαύλο κύκλο του στασιμοπληθωρισμού, τη χάραξη μιας ανοδικής και κοινωνικά δίκαιης πορείας και την «υπέρβαση της στενωπού του 1982», όπως τόνισε τότε ο νέος πρωθυπουργός Ανδρέας Παπανδρέου.

Θυμήθηκα το άγχος και η αγωνία του τότε πρωθυπουργού κατά την ανακοίνωση από τα ραδιοτηλεοπτικά μέσα από τον ίδιο της δεύτερης δέσμης μέτρων: «Ο ελληνικός λαός, με το αλάνθαστο αισθητήριό του, είμαι βέβαιος ότι αντιλαμβάνεται όλες τις δυσκολίες που αντιμετωπίζουμε σαν αποτέλεσμα της κατάστασης που κληρονομήσαμε και της γενικότερης παγκόσμιας οικονομικής κρίσης. Και είμαι βέβαιος ότι όλοι θα δείξουν την απαραίτητη αυτοσυγκράτηση στην προβολή κλαδικών αιτημάτων που δεν προωθούν το κοινωνικό και το εθνικό συμφέρον...».

Τα όσα, θλιβερά, επώδυνα και επονείδιστα, επακολούθησαν είναι γνωστά (κι αξέχαστα)...

19 ΟΚΤΩΒΡΙΟΥ

Η Ελλάδα εγκαλείται ξανά για το πάντα άφαντο Κτηματολόγιο

Σήμερα (19 Οκτωβρίου 2015) διάβασα ότι σε δημοσίευμά του το Reuters σχολιάζει την έλλειψη εθνικού κτηματολογίου στη χώρα μας, υποστηρίζοντας πως όταν η Ελλάδα υπέβαλε αίτηση για το πρώτο σχέδιο διάσωσης το 2010 (πρώτο Μνημόνιο), μόνο η ίδια και η Αλβανία δεν διέθεταν Κτηματολόγιο.

Και θυμήθηκα ότι η γραφειοκρατία, οι πελατειακές σχέσεις, η νομική πολυπλοκότητα, η δημοσιονομική αβεβαιότητα, τα συμφέροντα του κατεστημένου, η εξαπάτηση και η φοροδιαφυγή είναι οι κυριότεροι παράγοντες που εμποδίζουν την ολοκλήρωση του εθνικού κτηματολογίου.

Θυμήθηκα ότι πριν από... 29 χρόνια ήρθε στην επικαιρότητα το επί... δεκαετίες πάντα άφαντο Κτηματολόγιο.

Θυμήθηκα ότι τον Ιούνιο του 1986, ανακοινώθηκε πως αντιμετωπίσθηκε η αιτία για την καθυστέρηση της εφαρμογής του Κτηματολογίου στη χώρα μας, δηλαδή δεν υπήρχε Οργανισμός Κτηματολογίου και Χαρτογραφήσεων Ελλάδος, και για το λόγο αυτό κατατέθηκε αμέσως στη Βουλή νομοσχέδιο για την ίδρυσή του.

Θυμήθηκα ότι τότε ανακοινώθηκε πως υπήρχε κι άλλη αιτία, δηλαδή ο εξοστρακισμός του Κτηματολογίου σε μια απλή Υπηρεσία του υπουργείου Χωροταξίας και Δημόσιων Έργων και για το λόγο αυτό η κυβέρνηση, όπως ανακοινώθηκε, θα προχωρούσε στη σύσταση ειδικού αυτού «Οργανισμού Κτηματολογίου»!

Θυμήθηκα ότι τότε αυτή η... αιτία προβαλλόταν για την καθυστέρηση επί... επτά μήνες (η διαδικασία είχε αρχίσει από τις αρχές του 1986) της προώθησης του Κτηματολογίου!

Θυμήθηκα ότι στην τότε εισηγητική έκθεση του νομοσχεδίου αναφερόταν πως από τη σύσταση του Ελληνικού Κράτους είχαν ψηφισθεί περίπου 450 Νόμοι και Διατάγματα και είχαν εκδοθεί 800 περίπου αποφάσεις του Συμβουλίου της Επικρατείας και του Αρείου Πάγου και άλλων χωρίς να μπορέσουν να προστατεύσουν και ούτε να αξιοποιήσουν σωστά τη δημόσια γη.

Θυμήθηκα ότι δύο περίπου μήνες αργότερα είχα διαβάσει στην εφημερίδα «Τα Νέα» (1 Αυγούστου 1986) το εξής εξωφρενικό: «Τα αυθαίρετα κτίσματα που έγιναν πριν από το 1955 και ειδικά σε στάσιμους οικισμούς μέχρι την 31-1-1983, δεν υπάγονται στις διατάξεις περί αυθαιρέτων του Νόμου 1337/1983 και οι ιδιοκτήτες τους μπορούν να πάρουν άδεια οικοδομής για προσθήκη χωρίς να πληρώσουν πρόστιμα...».

Θυμήθηκα ότι, για τους λόγους αυτούς, μολονότι η Ευρωπαϊκή Ένωση έχει χορηγήσει εκατοντάδες εκατομμύρια ευρώ για την παροχή βοήθειας, ωστόσο η χώρα μας δεν έχει καταφέρει ακόμα να ολοκληρώσει το Κτηματολόγιο.

Λοιπόν; Η εξουσία στην... παρανομία.

20 ΟΚΤΩΒΡΙΟΥ

Πολλές έκτακτες εισφοράς μετά το 1974 για το «Γάμο του Καραγκιόζη»!

Σήμερα (20 Οκτωβρίου 2015) διάβασα ότι η Ολομέλεια του Συμβουλίου της Επικρατείας έκρινε πως η επιβολή της έκτακτης εισφοράς δεν είναι αντίθετη στα άρθρα περί ισότητας και νομιμότητας φόρου, υπογραμμίζοντας ότι κατά τις επιταγές των άρθρων 4 και 78 του Συντάγματος, «ο φόρος δεν αποκλείεται να βαρύνει ορισμένο μόνο κύκλο προσώπων ή πραγμάτων, εφόσον πλήττει ορισμένη φορολογητέα ύλη, η οποία, κατ᾽ αυτό τον τρόπο, επιτρέπει την επιβάρυνση του συγκεκριμένου αυτού κύκλου φορολογουμένων βάσει γενικών και αντικειμενικών κριτηρίων που τελούν σε συνάφεια με το ρυθμιζόμενο θέμα».

Και θυμήθηκα ότι, παρόλα αυτά, η επιβολή της έκτακτης εισφοράς έχει εξελιχθεί σε «θεσμό» από το 1974 έως σήμερα και δεν έχει πλήξει έως τώρα μόνο μια συγκεκριμένη κατηγορία φορολογητέας ύλης και δεν έχει επιβαρύνει έως τώρα μόνο ένα συγκεκριμένο κύκλο φορολογουμένων, αλλά... όλες και όλους!

Θυμήθηκα τη θλιβερή διαπίστωση ότι όλες οι έκτακτες εισφορές που έχουν επιβληθεί από το 1974 έως σήμερα πήγαν «για το γάμο του... Καραγκιόζη»! Τρανή απόδειξη είναι τα συνεχώς διογκούμενα δημόσια ελλείμματα, το συνεχώς αυξανόμενο δημόσιο χρέος και τα... τρία επαχθή Μνημόνια.

Θυμήθηκα (και υπομειδιάστε!) την έκτακτη εισφορά στις επιχειρήσεις για το 1988, με έσοδα που θα κάλυπταν τις ζημιές μιας μόνο προβληματικής τότε (και νυν και αεί...) επιχείρησης, της ΛΑΡΚΟ!

Θυμήθηκα (και υπομειδιάστε!) την έκτακτη εισφορά το 1991 στους ιδιοκτήτες σπιτιών και εμπορικών καταστημάτων άνω των 50 τετραγωνικών μέτρων!

Θυμήθηκα (και υπομειδιάστε) την έκτακτη εισφορά το 1993, στα ακίνητα.

Θυμήθηκα (και υπομειδιάστε πάλι!) τη νέα έκτακτη εισφορά στα μεγάλα κέρδη των επιχειρήσεων και στη μεγάλη ακίνητη περιουσία το 2006.

Θυμήθηκα (και υπομειδιάστε ξανά!) τη με το Νόμο 4002/2011 συνεχιζόμενη έκτακτη εισφορά Κοινωνικής... Αλληλεγγύης στους συνταξιούχους!

Θυμήθηκα την έκτακτη εισφορά στα εισοδήματα άνω των 12.000 ευρώ του Νόμου 4172/13.

Θυμήθηκα την έκτακτη εισφορά επί εισερχομένου συναλλάγματος το 2013!

Θυμήθηκα την έκτακτη εισφορά σε εισοδήματα άνω των 30.000 ευρώ το 2015!

Και η ιστορία των έκτακτων εισφορών συνεχίζεται πια ως... τραγωδία!

21 ΟΚΤΩΒΡΙΟΥ

Συνέχιση της σπατάλης με κατάργηση δικαστικού ελέγχου κρατικών δαπανών

Σήμερα (22 Οκτωβρίου 2015) διάβασα ότι οι δικαστές του Ελεγκτικού Συνεδρίου χαρακτηρίζουν, ευστόχως και δικαίως, ως αντισυνταγματική και αμφίβολης σκοπιμότητας τη ρύθμιση που περιλαμβάνεται στο πολυνομοσχέδιο με την οποία καταργείται κάθε δυνατότητα προληπτικού ελέγχου από το Δικαστήριο των κρατικών δαπανών. Επίσης, δικαιολογημένες είναι και έντονες αντιρρήσεις τους, επισημαίνοντας τους κινδύνους για την έξαρση φαινομένων διαφθοράς και αδιαφάνειας στις κρατικές δαπάνες και τη σωρεία παρανομιών, αφού κάθε χρόνο «κόβουν» έξοδα και κονδύλια καταφανώς παράνομα.

Και θυμήθηκα, με τρόμο, είναι αλήθεια, ότι το 1984, με το Νόμο 1489/1984, άρθρο 34, καταργήθηκε, κατά πρώτον, ο δικαστικός έλεγχος της νομιμότητας των δημόσιων δαπανών πριν από την πληρωμή τους, που είχε κατοχυρωθεί συνταγματικά πριν από πολλές δεκαετίες, και, κατά δεύτερον, με το άρθρο 10 του Νόμου 1816/1988, ο εναπομείνας έλεγχος επί των δαπανών των νομικών προσώπων δημοσίου δικαίου από τους παρέδρους (ασκούμενος από 1.1.1989 από τους δικαστικούς υπαλλήλους του Ελεγκτικού Συνεδρίου).

Θυμήθηκα ότι και οι δύο αυτές καταργητικές διατάξεις θεωρήθηκαν και τότε από την Ολομέλεια του Ελεγκτικού Συνεδρίου ως αντισυνταγματικές, αλλά φευ! Διότι, από τότε και λίγα χρόνια μετά ήρθε η συντέλεια στους κρατικούς προϋπολογισμούς από τη «βροχή» επιδομάτων, κοινωνικών παροχών, κυρίως για κομματικές σκοπιμότητες.

Θυμήθηκα μερικές διαπιστώσεις Πρακτικών της 27ης γενικής συνεδρίασης της Ολομέλειας του Ελεγκτικού Συνεδρίου που παρουσιάσθηκαν στη Βουλή στις 15 Νοεμβρίου 1989 για τον Απολογισμό και το Γενικό Ισολογισμό του κράτους του οικονομικού έτους 1988, αλλά επί ματαίω.

Θυμήθηκα ότι, μεταξύ πολλών άλλων, επισημαινόταν πως καθ' όλη τη διάρκεια του 1988 δίδονταν υποσχέσεις, αναλαμβάνονταν υποχρεώσεις και πραγματοποιούνταν δεσμεύσεις για δαπάνες, για τις οποίες όμως τα εντάλματα και οι πληρωμές πραγματοποιούνταν τον Ιανουάριο και το Φεβρουάριο του... επόμενου έτους.

Θυμήθηκα ότι στην οικονομική διαχείριση του 1988, με 12 αντισυνταγματικές υπουργικές αποφάσεις εκδόθηκαν έντοκα γραμμάτια ύψους 492 δισ. δραχμών, από τα οποία μόνο τα 439 δισ. δραχμές ... εμφανίσθηκαν στα έσοδα του προϋπολογισμού και ότι έγιναν πληρωμές και επιστροφές 58, 5 δισ. δραχμών «που δεν κατονομάζονται και, συνεπώς, κρίνονται παράνομες».

23 ΟΚΤΩΒΡΙΟΥ

Ήδη, από το 1990 μελετούσαν το Grexit λόγω χρέους 80, 7% του ΑΕΠ!!!

Σήμερα (23 Οκτωβρίου 2015) διάβασα ότι, ύστερα από πέντε χρόνια, όταν όλοι, εντός και εκτός της Ελλάδος, ελληνικές κυβερνήσεις και τρόικα, αντιδρούσαν σε κάθε αναφορά για αναδιάρθρωση ή ρύθμιση του ελληνικού χρέους, τελευταία όλοι, με προεξάρχον το Διεθνές Νομισματικό Ταμείο, προτείνουν ως λύση στο ελληνικό πρόβλημα την ελάφρυνσή του. Κάλλιο αργά παρά ποτέ. Διότι, αν η διαδικασία για αναδιάρθρωση του ελληνικού χρέους είχε προωθηθεί όχι μόνο από το 2008 ή το 2009 ή το 2010, όταν όλοι σχεδόν «σεληνιάζονταν» από την κάθε τέτοια σχετική πρόταση, αλλά ήδη από το 1990, τότε ίσως η χώρα μας να είχε αποφύγει τα Μνημόνια και τη λεηλασία της οικονομίας και των νοικοκυριών, υπό την προϋπόθεση, βεβαίως, ότι θα σταματούσαν όλες οι ελληνικές κυβερνήσεις να εφαρμόζουν τάχα «κοινωνική πολιτική» με ξένα... κόλλυβα!

Και θυμήθηκα ότι και πριν από 25 χρόνια, το Μάρτιο του 1990, όπως και τώρα, οι διεθνείς εξελίξεις προβλημάτιζαν έντονα τους τότε αρμόδιους του εξωτερικού δανεισμού και του εξωτερικού χρέους της χώρας μας, οι οποίοι διαπίστωναν ότι, αν θα συνεχίζονταν οι τότε δυσμενείς τάσεις και προβλήματα στο δημόσιο χρέος, η Ελλάδα θα υποχρεωνόταν να προχωρήσει σε μερική τουλάχιστον αναδιαπραγμάτευσή του.

Θυμήθηκα ότι όλοι αυτοί οι προβληματισμοί άρχισαν ήδη από το 1985 και κορυφώθηκαν το 1990, όταν το ελληνικό δημόσιο χρέος ήταν στο 80, 7% του ΑΕΠ και το προηγούμενο έτος ήταν 69, 9% του ΑΕΠ! Κι όμως τότε προτεινόταν ή επιβαλλόταν μια αναδιαπραγμάτευση ή αναδιάρθρωση του ελληνικού δημόσιου χρέους, ενώ όταν το 2009 ξεπερνούσε το 129% του ΑΕΠ, κάθε σχετική πρόταση προκαλούσε αντιδράσεις...

Θυμήθηκα ότι την ίδια χρονιά, όπως αποκάλυπτε ρεπορτάζ του συνάδελφου Θανάση Παπανδρόπουλου στον «Οικονομικό Ταχυδρόμο» (15 Φεβρουαρίου 1990), δύο χώρες – μέλη της Ευρωπαϊκής Κοινότητας επεδίωκαν το Grexit. Με εμπιστευτικό υπόμνημα ζητούσαν να μάθουν, αν υπάρχουν τρόποι αποκλεισμού της χώρας μας από την ευρωπαϊκή οικογένεια, ως «μαύρου πρόβατου»

Θυμήθηκα ξανά ότι το Φεβρουάριο του 1991 διαπιστωνόταν με στοιχεία πως κι αν ακόμα δούλευαν όλοι οι Έλληνες εργατοϋπάλληλοι τζάμπα επί ένα χρόνο, και πάλι κάθε ελληνικό νοικοκυριό θα εξακολουθούσε να επιβαρύνεται από το δημόσιο χρέος με 341.000 δραχμές!!!

Αλήθεια, πώς αντέξαμε 24 χρόνια από τότε; Θαύμα, θαύμα...

24 ΟΚΤΩΒΡΙΟΥ

Νέα άρνηση ιδιωτικής χορηγίας για καλλιτεχνικές δραστηριότητες από «προοδευτικούς»!

Σήμερα (24 Φεβρουαρίου 2015) διάβασα ότι τον περασμένο Απρίλιο οι Γιώργος Καρακατσιώτης και Βαγγέλης Πτερνέας, δύο από τους καλύτερους προγραμματιστές της χώρας, ιδρυτές της εταιρείας παραγωγής λογισμικού LightBuzz και οι άνθρωποι πίσω από το πολυβραβευμένο Acropolis Rock, έναν πρωτοποριακό ηλεκτρονικό ξεναγό της Ακρόπολης, επισκέφθηκαν το υπουργείο Πολιτισμού και το ενημέρωσαν ότι επιθυμούν να δωρίσουν την υπηρεσία στο κράτος. Για αντάλλαγμα, δεν ζητούσαν απολύτως τίποτα. Αμ δε! Η δωρεά... απορρίφθηκε από το Ταμείο Αρχαιολογικών πόρων ύστερα από πέντε μήνες, στις αρχές Σεπτεμβρίου!

Και θυμήθηκα ξανά πόσο «μιασμένα» είναι τα «καπιταλιστικά» λεφτά για μερικούς «προοδευτικούς»!, αφού το ελληνικό κράτος πολλάκις αρνήθηκε στο παρελθόν τέτοιες δωρεές!

Θυμήθηκα ξανά ότι στις 8 Σεπτεμβρίου 2015 ανακοινώθηκε ότι το Διοικητικό Συμβούλιο του Εθνικού Θεάτρου αρνήθηκε χορηγία 280.000 ευρώ της Μαριάννας Λάτση, στη μνήμη του Νίκου Κούρκουλου, για την ίδρυση και τον τρόπο λειτουργίας του Τμήματος Σπουδών Σκηνοθεσίας στη Δραματική Σχολή του.

Θυμήθηκαξανά ότι και πριν από λίγο καιρό αρνήθηκε το υπουργείο Πολιτισμού χορηγία Λάτση για αρχαιολογικές έρευνες!

Θυμήθηκα ξανά ότι το 1976 η χώρα μας κατόρθωσε να πάρει από το ΝΑΤΟ ένα κονδύλι 2 εκατ. δολαρίων για την ίδρυση στην Κοζάνη ενός Κέντρου Ερευνών Λιγνίτη. Όμως, τότε εκδηλώθηκε μια λυσσώδης αντίδραση από τις τότε «δημοκρατικές και λοιπές προοδευτικές δυνάμεις», οι οποίες ματαίωσαν την προσπάθεια αυτή, διότι τα χρήματα αυτά δίδονταν από τους... «ιμπεριαλιστές»!

Θυμήθηκα ξανά ότι τον Ιούλιο του 1989, ο τότε πρόεδρος των Ηνωμένων Πολιτειών Μπους, κατά την επίσκεψή του στην Ουγγαρία ανακοίνωσε, μεταξύ άλλων, και τη δωρεάν 5 εκατ. δολαρίων για την ίδρυση ενός Κέντρου Ερευνών για την Προστασία του Περιβάλλοντος. Όμως, τότε η «κουμμουνιστική» Ουγγαρία αποδέχθηκε τη δωρεά αυτή του Μπους με ευχαριστίες, σε αντίθεση με τη δημοκρατική Ελλάδα!

Θυμήθηκα ξανά ότι, σε μια τόσο δύσκολη συγκυρία, με μειωμένους ή με μη εκταμιευμένους (για πολλούς δημόσιους φορείς) προϋπολογισμούς, δικαιώνεται για μιαν ακόμη φορά ο Αριστοτέλης, ο οποίος έλεγε ότι οι χορηγίες γίνονται μόνο από την ιδιωτική πρωτοβουλία, αλλά δεν είχε προβλέψει ότι δεν θα γίνονταν δεκτές από «προοδευτικούς» εκπροσώπους του Δημοσίου...

Και μετά διερωτώνται πολλοί γιατί επαναλαμβάνονται συνεχώς οι χρεοκοπίες της χώρας μας από τα συνεχή δάνεια που άρχισαν ήδη από το … 1824!!!

25 ΟΚΤΩΒΡΙΟΥ

Ξανά… αποσύνδεση δημοσιοϋπαλληλικού μισθού από το βαθμό, όπως και πριν από 31 χρόνια!

Σήμερα (24 Οκτωβρίου 2015) διάβασα ότι οι εκπρόσωποι των δανειστών (τρόικα, είναι το όνομά τους!) δέχονται, ως προς τα τεχνικά χαρακτηριστικά, τη βασική αρχή, η οποία αφορά στην αποσύνδεση του μισθολογίου από το βαθμολόγιο. Αυτό πρακτικά σημαίνει ότι οι μισθολογικές αυξήσεις θα αποδίδονται βάσει των ετών προϋπηρεσίας και όχι βάσει του βαθμού κάθε υπαλλήλου. Αντίστοιχα, η βαθμολογική εξέλιξη θα αφορά μόνο τη δυνατότητα που θα έχουν οι εργαζόμενοι να αναλάβουν θέσεις ευθύνης και όχι αύξηση στις μισθολογικές απολαβές.

Και θυμήθηκα ξανά ότι το, κατ᾽ ευφημισμόν, «ενιαίο» μισθολόγιο του τότε υπουργού Προεδρίας Αποστόλου Λάζαρη, το οποίο ψηφίσθηκε στη Βουλή το 1984 πρόβλεπε, μεταξύ άλλων, την αποσύνδεση βαθμού και μισθού στη Δημόσια Διοίκηση.

Θυμήθηκα ξανά ότι τότε αναπληρωτής υπουργός Οικονομικών Δημήτρης Τσοβόλας, μετά την κατάθεση στη Βουλή του σχετικού νομοσχεδίου το Μάιο του 1984, χαρακτήρισε το νέο, τότε, ενιαίο μισθολόγιο ως «επαναστατικό», προφανώς διότι πρόβλεπε... υπερδιπλασιασμό των βασικών μισθών και ετήσιο δημοσιονομικό κόστος 17 δισ. δραχμών!

Θυμήθηκαξανά ότι τότε στις ίδιες δηλώσεις ο Δημήτρης Τσοβόλας τόνισε ότι με την αποδέσμευση του μισθού από το βαθμό «εξομαλύνεται κάθε μισθολογική ανωμαλία και ελευθερώνεται η ενεργητικότητα του υπαλλήλου από την αντιπαραγωγική βαθμολογική εξάρτηση», δηλαδή από την... παραγωγικότητα, την ικανότητα και τις γνώσεις!!!

Θυμήθηκα τον τότε υπουργό Προεδρίας αείμνηστο Μιλτιάδη Έβερτ, ο οποίος σε μια πολυσέλιδη εισήγησή του για τη Δημόσια Διοίκηση τόνιζε, μεταξύ πολλών άλλων, ότι «τα μισθολόγια –βαθμολόγια είναι έτσι φτιαγμένα, που όχι μόνο δεν προάγουν την έφεση για συνεργασία, αλλά αντίθετα αποτελούν τροχοπέδη και παράγοντα μείωσης της παραγωγικότητας...»

Θυμήθηκα τις ακόλουθες μελαγχολικές διαπιστώσεις που περιέχονταν στην εισηγητική έκθεση επί του προϋπολογισμού του 1979 (σελίδα 207), δηλαδή πριν από... 36 χρόνια! «Ο δημόσιος τομέας υποφέρει από χαμηλή παραγωγικότητα, μη ορθολογική οργάνωση και κατανομή των υπαλλήλων. Είναι χαρακτηριστικό ότι με βάση τους 72.000 υπαλλήλους, η ανάλυση έδειξε την ανάγκη να μην πραγματοποιηθούν κατ᾽ αρχήν νέες προσλήψεις, να καταργηθούν περισσότερες από 4.000 υπάρχουσες θέσεις (ποσοστό 6%), να αναδιοργανωθούν περισσότερες από 90 διευθύνσεις, να απλοποιηθεί μεγάλος αριθμός διαδικασιών... με τελικό αποτέλεσμα την εξοικονόμηση τουλάχιστον 6, 5 δισ. δραχμών σε πρώτη φάση, σε σύνολο δαπανών 44 δισ. δραχμών ή 15% περίπου...».

Αλλά, δυστυχώς, από τότε συνεχώς ακούμε μόνο για «ενιαία» μισθολόγια και «δίκαια» βαθμολόγια και προσλήψεις...

29 ΟΚΤΩΒΡΙΟΥ

Ανακεφαλαιοποιήσεις: Κορύφωση της ολέθριας σχέσης κράτους και τραπεζών

Σήμερα (29 Οκτωβρίου 2015) διάβασα ότι προωθήθηκε στη Βουλή για συζήτηση και ψήφιση το νομοσχέδιο για τη νέα (και τελευταία;) δυσβάσταχτη ανακεφαλαιοποίηση των ελληνικών τραπεζών.

Και θυμήθηκα ότι η νέα ανακεφαλαιοποίηση των τραπεζών αποτελεί μια «ιερή» εκδίκηση των οικονομικών νόμων για τα εγκλήματα που έχουν γίνει τα τελευταία σαράντα χρόνια στην ελληνική οικονομία και το ελληνικό τραπεζικό σύστημα και σηματοδοτεί μια ολέθρια σχέση μεταξύ ενός «τραπεζοβίωτου» Δημοσίου και ενός «κρατικοδίαιτου» τραπεζικού συστήματος.

Θυμήθηκα την προκλητικά μελαγχολική διαδρομή, η οποία χαρακτηρίζεται από τη χρησιμοποίηση των τραπεζών από το Δημόσιο ως ενός δεύτερου κρατικού προϋπολογισμού με τις δεσμεύσεις καταθέσεων των αποταμιευτών, με την έκδοση εντόκων γραμματίων και ομολόγων για τη χρηματοδότηση της απίστευτης κομματικής σπατάλης, με τις επιλεκτικές ενισχύσεις κομματικών πελατών, με διαγραφές χρεών και ρυθμίσεις και με κρατικές επιχορηγήσεις («μπόνους»λέγονταν τότε!) για την κάλυψη ετήσιων ζημιών πιστωτικών ιδρυμάτων.

Θυμήθηκα ότι για την «προσφορά» αυτή το ελληνικό τραπεζικό σύστημα διεκδικούσε την «αποζημίωσή» του με την κάλυψη κάθε χρόνο από την Τράπεζα της Ελλάδος των ζημιών των ισολογισμών με τη χορήγηση του πιο πάνω «εθιμικού» «μπόνους»!

Θυμήθηκα ότι η περιπέτεια του ελληνικού τραπεζικού συστήματος μετά το 2008 και οι κρατικές ενισχύσεις – ανακεφαλαιοποιήσεις με δεκάδες δισ. ευρω καταδεικνύουν πως επί πολλές δεκαετίες δεν είχε συνειδητοποιηθεί από καμιάν ελληνική κυβέρνηση η ανάγκη για ορθολογική οργάνωση του χρηματοπιστωτικού συστήματος.

Θυμήθηκα ότι ματαίως προσπαθούσα επί τέσσερις περίπου δεκαετίες, κυρίως μετά το 1968, να υπενθυμίζω με συνεχή άρθρα, έρευνες, σχόλια και ετήσιες ειδικές εκδόσεις, κυρίως στον «Οικονομικό Ταχυδρόμο» και τις εφημερίδες «Τα Νέα» και "Το Βήμα", το ρόλο αυτό του ελληνικού τραπεζικού συστήματος και της ελληνικής οικονομίας.

Θυμήθηκα ότι πολλοί ικανοί εκάστοτε επικεφαλής ιδιωτικών και κρατικών τραπεζών (Γιάννης Κωστόπουλος, Κωνσταντίνος Καψάσκης,

Αδαμάντιος Πεπελάσης, Γεώργιος Μίρκος, Ευθύμιος Χριστοδούλου, Θεό-
δωρος Καρατζάς, Κωνσταντίνος Καρατζάς, Βασίλης Ράπανος και άλλοι),
συνεχώς έκρουαν τον κώδωνα του κινδύνου που απειλούσε συνεχώς το
«αρχαϊκό» ελληνικό τραπεζικό σύστημα, αλλά ματαίως...

30 ΟΚΤΩΒΡΙΟΥ

**Μόνιμοι δημοσιονομικοί εκτροχιασμοί από το 1898 παρά το ανελέητο
φορομπηχτισμό!**

Σήμερα (30 Οκτωβρίου 2015) διάβασα ότι το Γραφείο της Βουλής
στη νέα έκθεσή του για την παρακολούθηση της εκτέλεσης του Κρατικού
Προϋπολογισμού κατά το τρίμηνο Ιουλίου– Σεπτεμβρίου 2015 επισημαίνει
τον πλήρη εκτροχιασμό της ελληνικής οικονομίας από τις αρχές του 2015,
με μια μαύρη «τρύπα» 6, 4 δισ. ευρώ, την οποία θα κληθούν να καλύψουν
ξανά τα ήδη υπερφορολογούμενα ελληνικά νοικοκυριά και επιχειρήσεις,
και τον «υπαρκτό κίνδυνο να διολισθήσει η χώρα σε βαθύτερη ύφεση ή και
σε μακροχρόνια στασιμότητα».

Και θυμήθηκα ότι στην Ελλάδα υπήρχε μόνιμος δημοσιονομικός
εκτροχιασμός, παρά τις επιτηρήσεις από τους ξένους δανειστές και την
υπερφορολόγηση των ελληνικών νοικοκυριών.

Θυμήθηκα ότι απλώς η εκάστοτε νέα κυβέρνηση αποκάλυπτε τους
εκροχιασμούς αυτούς με τις γνωστές εκδικητικές (κατά της ηττηθείσας
στις εκλογές κυβέρνησης!) «Απογραφές» ή αποκαλύπτονταν ύστερα από
τις γνωστές επίμονες παρεμβάσεις της Eurostat.

Θυμήθηκα την «επιτήρηση» της χώρας μας με την υπαγωγή στον Διε-
θνή Οικονομικό Έλεγχο το 1898 και επί δεκαετίες (έως το 1977!)

Θυμήθηκα την «επιτήρηση» της ελληνικής οικονομίας από την τότε
ΕΟΚ το 1985 και την πίεση προς τον τότε πρωθυπουργό Ανδρέα Παπαν-
δρέου να ανακοινώσει το σκληρό πακέτο μέτρων λιτότητας τον Οκτώβριο
του 1985 για να πάρει τη δεύτερη δόση του κοινοτικού δανείου.

Θυμήθηκα το δημοσιονομικό εκτροχιασμό που προκάλεσαν η ιαχή
«Τσοβόλα δώστ' όλα» το 1989, η κυβέρνηση Συνεργασίας και η Οικουμε-
νική κυβέρνηση το 1990.

Θυμήθηκα τα άγρια φοροεισπρακτικά μέτρα του Αυγούστου του 1992
για να αντιμετωπισθεί ο τότε δημοσιονομικός εκτροχιασμός.

Θυμήθηκα ότι υπό επιτήρηση της Ευρωπαϊκής Κοινότητας μπήκε η χώρα μας και το 1994 για τους ίδιους λόγους.

Θυμήθηκα ότι η αναξιοπιστία της χώρας μας είχε γίνει «βούκινο» στην Eurostat ήδη από τις αρχές της δεκαετίας του 2000 με τα στοιχεία που αποστέλλονταν με βάση την περιβόητη «Δημιουργική Λογιστική»!

Θυμήθηκα ότι τον Ιούνιο του 2002 παρενέβη η Eurostat και αναθεώρησε τα «ωραιοποιημένα» βασικά δημοσιονομικά μεγέθη μετά το 1999.

Θυμήθηκα την επιτήρηση της χώρας μας από την Ευρωπαϊκή Επιτροπή μετά τις εκλογές της 4ης Οκτωβρίου 2009, διότι, όπως ανακοίνωσε, η Ελλάδα «δεν έλαβε τα αναγκαία μέτρα» για τη συρρίκνωση του δημοσιονομικού ελλείμματός της, όπως τής είχε συστήσει το Συμβούλιο από την άνοιξη του 2008, και κατόπιν τούτου πρότεινε την υπαγωγή της χώρας στις διαδικασίες του άρθρου 104, παράγραφος 8 της Συνθήκης του Μάαστριχτ.

31 ΟΚΤΩΒΡΙΟΥ

Από 1996 δεν υπήρχαν περιθώρια για νέους φόρους, αλλά...

Σήμερα (31 Οκτωβρίου 2015) διάβασα τη μελαγχολική διαπίστωση, η οποία καταγράφεται στο εβδομαδιαίο δελτίο του Συνδέσμου Ελληνικών Βιομηχανιών (ΣΕΒ), ότι οι εισφορές και οι φόροι είναι από τους υψηλότερους (60%) τόσο στην Ευρωπαϊκή Ένωση όσο και στον Οργανισμό Οικονομικής Συνεργασίας και Ανάπτυξης (ΟΟΣΑ), με την υπογράμμιση των οδυνηρών συνεπειών στις επενδύσεις και την προώθηση της ανάπτυξης.

Και θυμήθηκα ότι την ίδια διαπίστωση είχε κάνει ο ΟΟΣΑ και πριν από... 25 χρόνια, αλλά, παρά τον έντονο φορολογικό ανταγωνισμό στην Ευρώπη την ίδια περίοδο, στην Ελλάδα οι κυβερνήσεις ανταγωνίζονταν η μια την άλλη σε... φορμπηχτισμό.

Θυμήθηκα ότι η διαπίστωση αυτή καταδεικνύει για μιαν ακόμη φορά το πρωτοφανές ξεγύμνωμα όλης της ελληνικής οικονομίας! Μετά τα νοικοκυριά, εξοντώθηκε με την υψηλή φορολογία όλη η οικονομική και επιχειρηματική δραστηριότητα, με την ύφεση να «τσακίζει κόκαλα» και τα «περήφανα γερατειά» να εξωθούνται συνεχώς στο περιθώριο.

Θυμήθηκα τη διαπίστωση του αείμνηστου καθηγητή μου Άγγελου Αγγελόπουλου ότι οι οικονομικοί νόμοι είναι φιλέκδικοι. Έτσι, η βάναυση κακοποίησή τους και με την υπερφορολόγηση προκαλεί τη «μήνιν» τους και τιμωρούνται σκληρά όχι εκείνοι που τους παραβιάζουν, αλλά ολόκληρη η οικονομία, οι εργαζόμενοι και οι συνταξιούχοι, οι επιχειρήσεις και οι φορολογούμενοι.

Θυμήθηκα ότι, ενώ από τις αρχές ήδη της δεκαετίας του 1990 δεν υπήρχαν περιθώρια για επιβολή νέων φόρων ή αύξηση υφισταμένων, συνεχώς έως και σήμερα τα φοροεισπρακτικά μέτρα «πάνε σύννεφο», γονατίζοντας έτσι οικονομία και νοικοκυριά.

Θυμήθηκα (και παραθέτω για του λόγου του αληθές) ένα σχετικό απόσπασμα από την ετήσια Έκθεση του διοικητή της Τράπεζας της Ελλάδος για τη χρήση του 1996 (σελίδα 44):

«Μετά τις τελευταίες ρυθμίσεις περιορίζονται σημαντικά τα περιθώρια επιβολής νέων φόρων (ή αύξησης υφισταμένων) λαμβανομένων υπόψη και των επιπτώσεων της φορολογίας στην ανταγωνιστικότητα της ελληνικής οικονομία. Σημειωτέον ότι ούτε το φορολογικό σύστημα της χώρας ούτε οι φορολογικοί συντελεστές διαφέρουν σημαντικά από τα αντίστοιχα συστήματα και τους συντελεστές στις άλλες χώρες της Ευρωπαϊκής Ένωσης. Εν τούτοις, τα έσοδα του ευρύτερου κυβερνητικού τομέα, ως ποσοστό του ΑΕΠ, υπολείπονται του μέσου όρου της Ευρωπαϊκής Ένωσης κατά 8 εκατοστιαίες μονάδες, λόγω της εκτεταμένης φοροδιαφυγής στη χώρα μας....».

Θυμήθηκα ότι για όλα αυτά φταίνε όλες σχεδόν οι κυβερνήσεις, διότι απέφευγαν την τήρηση των οικονομικών νόμων, δηλαδή τα δύσκολα, και έτσι περιορίζονταν στα εύκολα, τα οποία ήταν και είναι η λήψη φοροεισπρακτικών μέτρων με τα οποία ανακουφιζόταν μόνο πρόσκαιρα ο κρατικός προϋπολογισμός με τα βραχυπρόθεσμα έσοδα που εξασφαλίζονταν, αφού συνέχιζαν τις σπατάλες...

ΝΟΕΜΒΡΙΟΣ

Ατέλειωτο όργιο
κομματικών προσλήψεων
και σπατάλης

1 ΝΟΕΜΒΡΙΟΥ

Οι παράξενες παλινωδίες του ΔΝΤ για το χρέος και τα ελληνικά ευτράπελα

Σήμερα (1η Νοεμβρίου 2015) διάβασα ότι ο εκπρόσωπος του Διεθνούς Νομισματικού Ταμείου (ΔΝΤ) Τζέρι Ράις επανέλαβε την επίμονη τους τελευταίους κυρίως μήνες πρόταση της γενικής διευθύντριας του διεθνούς οργανισμού Κριστίν Λαγκάρντ για ελάφρυνση του ελληνικού δημόσιου χρέους ως προϋπόθεση συμμετοχής του στο νέο πρόγραμμα χρηματοδοτικής στήριξης της Ελλάδος.

Και θυμήθηκα ότι πριν ακριβώς από πέντε χρόνια το Διεθνές Νομισματικό Ταμείο ήταν σφόδρα αντίθετο με οποιαδήποτε σκέψη ή πρόταση για αναδιάρθρωση ή ελάφρυνση του ελληνικού δημόσιου χρέους.

Θυμήθηκα ότι στις 20 Οκτωβρίου 2010, κορυφαίο στέλεχος του διεθνούς οργανισμού, ο επικεφαλής του ευρωπαϊκού τμήματος του ΔΝΤ Ατζάι Τσόπρα, είχε δηλώσει κατά τη διάρκεια συνέντευξης ότι «το Διεθνές Νομισματικό Ταμείο είναι σύμφωνο με την ελληνική κυβέρνηση και τους Ευρωπαίους εταίρους της ότι το κόστος αναδιάρθρωσης είναι μακράν υπέρτερο τυχόν οφέλους». Τότε μάλιστα ο Τσόπρα είχε προσθέσει ότι «η πορεία δημοσιονομικής προσαρμογής της Ελλάδας είναι ορθή, αλλά ότι απαιτεί περισσότερη δουλειά»!

Θυμήθηκα ότι, αντίθετα, στις 17 Μαρτίου του 2012 η Κριστίν Λαγκάρντ παρουσιαζόταν να ασκεί ισχυρότατη πίεση προς τους εταίρους της ευρωζώνης και προς την Ευρωπαϊκή Κεντρική Τράπεζα για αναδιάρθρωση του δημόσιου χρέους, για επιμήκυνση του ελληνικού προγράμματος και για ηπιότερη εφαρμογή των μέτρων λιτότητας, που με πείσμα απέρριπτε πριν από δύο ακριβώς χρόνια, δηλαδή πριν από την άλωση της χώρας μας και τη συνέχιση της λεηλασίας της ελληνικής οικονομίας μετά το 2010.

Θυμήθηκα μάλιστα ότι τότε η γενική διευθύντρια του Διεθνούς Νομισματικού Ταμείου επεσήμαινε ότι «το Ταμείο καθιστά σαφές ότι αν δεν καλυφθούν οι χρηματοδοτικές ανάγκες του ελληνικού προγράμματος είτε μέσω νέας χρηματοδότησης, είτε μέσω νέας αναδιάρθρωσης του ελληνικού δημοσίου χρέους, τότε δεν πρόκειται να συναινέσει στην καταβολή της επόμενης δόσης». Αυτά λέει και σήμερα, αλλά κατόπιν σφαγής...

Θυμήθηκα ξανά ότι την αναδιάρθρωση του ελληνικού δημόσιου χρέους απέρριπταν με πείσμα η τότε κυβέρνηση του Γιώργου Παπανδρέου, ο τότε σύμβουλός του και μετέπειτα πρωθυπουργός Λουκάς Παπαδήμος, όλοι υπουργοί της τότε κυβέρνησης και η... Νέα Δημοκρατία!

Θυμήθηκα ότι στις 31 Οκτωβρίου 2010, ο τότε εκπρόσωπος της Νέας Δημοκρατίας Πάνος Παναγιωτόπουλος εξαπέλυσε επίθεση στον τότε πρωθυπουργό Γιώργο Παπανδρέου και στον αντιπρόεδρο της κυβέρνησης Θόδωρο Πάγκαλο, με αφορμή τις δηλώσεις του τελευταίου περί πιθανής αναδιάρθρωσης του χρέους, ζητώντας μάλιστα την αποπομπή του!!!

2 ΝΟΕΜΒΡΙΟΥ

Αναζητούνται «ισοδύναμα» μέτρα για νέα λεηλασία

Σήμερα (2 Νοεμβρίου 2015) διάβασα ότι, καθώς η ελληνική οικονομία απειλείται με νέα, βαθύτερη, ύφεση, οι άφρονες νέοι, όπως και όλοι οι προηγούμενοι, διαχειριστές των εθνικών, κοινοτικών, δανειακών πόρων, αναζητούν νέα, πρόσθετα, «ισοδύναμα» για να καλυφθούν οι μαύρες «τρύπες» ενός οιονεί Πίθου των Δαναΐδων δημόσιου τομέα. Δηλαδή, συνεχίζουν αγριότερα τη λεηλασία των ελληνικών νοικοκυριών, της ελληνικής επιχείρησης και της εθνικής αποταμίευσης, που είναι οι καταθέσεις.

Και θυμήθηκα το «δις εξαμαρτείν ουκ ανδρός σοφού», που έλεγαν οι αρχαίοι ημών πρόγονοι, πολύ περισσότερο το τρις εξαμαρτείν, δηλαδή τη συνεχιζόμενη λεηλασία της οικονομίας με το τρίτο Μνημόνιο.

Θυμήθηκα ότι, για την αντιμετώπιση της ολοένα αυξανόμενης οικονομικής κρίσης, η συνετή διαχείριση θα επέβαλλε την αναζήτηση «ισοδύναμων» μέτρων για την ενίσχυση των βασικών παραγόντων που προσδιορίζουν κάθε χρόνο τη μεταβολή του ΑΕΠ, την ανάπτυξη δηλαδή.

Θυμήθηκα ότι όλοι αυτοί οι παράγοντες, όπως η ιδιωτική και η δημόσια κατανάλωση, οι επενδύσεις (κατασκευές, εξοπλισμός) και οι εξαγωγές συνετρίβησαν όλοι σχεδόν μετά το 2009.

Θυμήθηκα ότι έτσι, από την πρώτη στιγμή, έγιναν εφιαλτικά τα αποτελέσματα της λεηλασίας των ελληνικών νοικοκυριών και των επιχειρήσεων στην οικονομία, αφού ήδη από το 2009 η ύφεση είναι μόνιμη.

Θυμήθηκα ότι, επίσης, αμέσως μετά την εφαρμογή του πρώτου Μνημονίου το 2010 άρχισαν να καταρρίπτονται όλα τα αρνητικά ρεκόρ δεκαετιών σε βασικά μεγέθη της οικονομίας, όπως ανεργία, επενδύσεις, κατανάλωση, αμοιβές, φορολογία κλπ.

Θυμήθηκα τα στοιχεία του υπουργείου Οικονομικών, σύμφωνα με τα οποία μόνο τη διετία 2010–2011(σήμερα η εικόνα είναι πιο εφιαλτική!) περίπου 368.000 επιτηδευματίες, επιχειρήσεις και ελεύθεροι επαγγελματίες (από τους συνολικά 1.000.572 που το 2009 είχαν ενεργό μητρώο στην εφορία) διέκοψαν τη λειτουργία τους και μαζί με τα υποκαταστήματα ο συνολικός αριθμός έφτασε τις 432.309!

Και, ω της αφροσύνης: συνεχίζεται αμείωτο το φαγοπότι στον σπάταλο δημόσιο τομέα...

3 ΝΟΕΜΒΡΙΟΥ

Δεν με τρομάζει η κρίση έως το... 2034, αλλά οι πολιτικοί που μάς «εμπαίζουν» μέσα από τις διαδοχικές κρίσεις...

Σήμερα (3 Νοεμβρίου 2015) διάβασα ότι ο επικεφαλής οικονομολόγος της Prognos AG, Μίχαελ Μπέμερ, μιλώντας στην Die Welt, εκτιμά ότι η Ελλάδα θα επιστρέψει στα προ κρίσης επίπεδα το... 2034!

Και θυμήθηκα ότι έχω διαβάσει για εκατοντάδες κρίσεις από την αρχαιότητα έως σήμερα.

Θυμάμαι ότι εμείς στον «Οικονομικό Ταχυδρόμο», διεύθυνση, στελέχη, συντάκτες, συνεργάτες, ασχολούμασταν συνεχώς με τις κρίσεις σε άρθρα μας, σχόλια, αναλύσεις, έρευνες, ειδικές εκδόσεις. Όχι, δεν είχαμε καμιά έμμονη ιδέα. Παρουσιάζαμε την πραγματικότητα, η οποία ήταν κάθε πέρσι και καλύτερα. Διότι η κρίση ήταν μόνιμη: κρίση οικονομική, κρίση εθνική, κρίση κοινωνική, κρίση δημογραφική, κρίση εκπαιδευτική, κρίση στη δημόσια διοίκηση, κρίση στην οικογένεια, κρίση θεσμών και αξιών.

Θυμήθηκα αυτό που γίνεται και σήμερα: Δημαγωγία, λαϊκισμός, μακιαβελισμός. Όλα θυσία στο βωμό της εξουσίας, των κομματικών σκοπιμοτήτων, αναλώμασι της χώρας, της αξιοπρέπειας της χώρας, του έθνους, της συνέχισης του έθνους. Τα ίδια και τα ίδια. Αλλά, εμείς, όλοι, «άδομεν» και μάλιστα των «οικιών ημών εμπιπραμένων» συνεχώς και ιδιαίτερα σήμερα.

Θυμήθηκα ότι στον «Οικονομικό Ταχυδρόμο» της 3ης Ιουνίου 1993 δημοσιεύθηκε ένα μνημειώδες ένθετο υπό τον τίτλο «Κρίσεις και Πρόοδος», ένα ιστορικό οδοιπορικό με επιμέλεια του Σαράντου Καργάκου και δημοσιογραφική επιμέλεια του γράφοντος. Στο ένθετο αυτό παρουσιάζονταν αναλυτικά, με στοιχεία και «διδάγματα» η ιστορία των οικονομικών κρίσεων. Οι κρίσεις κατά την αρχαιότητα, κατά τους μέσους χρόνους, κατά τους νεώτερους χρόνους, στο σύγχρονο ελληνικό κράτος.

Θυμήθηκα ότι στο φύλλο της 30ής Δεκεμβρίου 1993 κυκλοφόρησε ένα άλλο ένθετο υπό τον τίτλο «Ζώντας τα χρόνια της κρίσης...» σε μια προσπάθεια ερμηνείας της και με προτάσεις για την αντιμετώπισή της. Αμ δε! Παραθέτω μερικά σημεία από την εισαγωγή: «Αν θεωρήσει κανείς ότι η εγκατάσταση μέσα στην κρίση μπορεί να λειτουργήσει μόνιμα σαν τρόπος ζωής των κοινωνικών ή εθνικών συνόλων, πλανάται πλάνην επικίνδυνη... Αποδεχθήκαμε» το στασιμοπληθωρισμό, εμβολιασθήκαμε στην ιδέα των ελλειμμάτων και του χρέους, και είναι σαφές τί έχει απομείνει στην οικονομία. Οι πολιτικοί μας μάς «παίζουν» και μάς «εμπαίζουν» μέσα από τις διαδοχικές κρίσεις, και ιδού τί απέμεινε ως πολιτική τάξη στη χώρα μας ...».

Θυμήθηκα ότι κλείναμε την εισαγωγή με κάποια δόση αισιοδοξίας, αλλά μάς «βγήκε ξινή»! Όλα αυτά το 1993. Όπως και το... το 1898, το 1973, το 1981, το 1983, το 1985, το 1989, το 1992, το 1994, το 2008 και πάει λέγοντας... Αυτά με τρομάζουν... Η απίστευτη ανευθυνότητα και μανία να .... πριονίζουμε όλοι και μάλιστα με... ηδονή το κλαρί όπου καθόμαστε.

4 ΝΟΕΜΒΡΙΟΥ

Οι «παράλληλοι» λογαριασμοί Δραγασάκη ως εφιαλτικοί αγωγοί σπατάλης

Σήμερα (4 Νοεμβρίου 2014) διάβασα ότι ο αντιπρόεδρος της κυβέρνησης Γιάννης (με δύο «ν»!) Δραγασάκης έκανε στη βουλή τις ακόλουθες, μεταξύ άλλων, αναφορές: «Η ανακεφαλαιοποίηση είναι αναγκαία, αλλά δεν είναι επαρκής. Πρέπει να σκεφτούμε με όρους μιας νέας αρχιτεκτονικής του τραπεζικού μας συστήματος ευρύτερα, πρέπει να συζητήσουμε για ένα νέο ρόλο τον τραπεζών σε σχέση με την κοινωνία, την ανάπτυξη κλπ. Αυτό δεν είναι θέμα αυτού του νόμου. Θα έχουμε την ευκαιρία να το δούμε και αλλού. Δεύτερον, πρέπει να δημιουργήσουμε ένα παράλληλο σύστημα τραπεζών που να μην είναι υπό την εποπτεία της Ευρωπαϊκής Κεντρικής Τράπεζας και που να μην κάνει το σύστημα τόσο συγκεντρωτικό όσο είναι σήμερα...»

Και θυμήθηκα ότι τέτοια ηχηρά, «ψυχοπονετικά» και «κοινωνικά ευαίσθητα» με ξένα κόλλυβα λέγονταν κατά κόρον από κυβερνητικά στελέχη όλων των κομμάτων κατά τις δεκαετίες του 1980, του 1990 και του 2000.

Θυμήθηκα ότι όλες αυτά και άλλα ηχηρά παρόμοια ακούγονταν όταν δεν υπήρχε ακόμα το ευρώ, δεν υπήρχε ακόμα η Οικονομική και Νομισματική Ένωση (ΟΝΕ), δεν υπήρχε ακόμα εσυρωζώνη, δεν είχε ακόμα υποκαταστήσει τις εθνικές κεντρικές τράπεζες η Ευρωπαϊκή Κεντρική Τράπεζα και κάναμε ό, τι... γουστάραμε με λεφτά των δανειστών μας, βεβαίως, βεβαίως!

Θυμήθηκα ότι τότε δημιουργούνταν ή εφευρίσκονταν διάφορα περιβόητα και πολυώνυμα παράλληλα συστήματα, παράλληλοι προϋπολογισμοί, παράλληλοι «ειδικοί» λογαριασμοί», παράλληλα ειδικά αποθεματικά, παράλληλοι λογαριασμοί «κοινωνικών δαπανών», που είχαν εξελιχθεί σε αγωγούς σπατάλης όλων των εθνικών, δανεικών και κοινοτικών πόρων. Αναφέρω μερικούς τέτοιους «παράλληλους» αγωγούς ενδεικτικά:

– Παράλληλος κρατικός προϋπολογισμός μέσω του τραπεζικού συστήματος.

– Κοινωνικοί Προϋπολογισμοί για την ενίσχυση τάχα του «κοινωνικού μισθού".

– Λογαριασμός «Κοινωνικών Δαπανών» για την επιχορήγηση του... ΙΚΑ, του ΟΓΑ, των συγκοινωνιών, των λιπασμάτων κλπ.

– «Ειδικό Αποθεματικό Κεφάλαιο» για τη χρηματοδότηση …. συνδικάτων!

-Θυμήθηκα ότι το 36% του Προγράμματος Δημόσιων Επενδύσεων ήταν… «κοινωνικές δαπάνες» και «βαπτίζονταν» ως αναπτυξιακές!

-Θυμήθηκα έναν ολόκληρο γαλαξία επιδοτήσεων ή επιδομάτων, όπως του επίκαιρου θέρμανσης, ενοικίου, επιτοκίου στεγαστικών δανείων, επιτοκίου αγροτικών δανείων, που δεν είχαν καμιά σχέση με μιαν υπεύθυνη και συνετή δημοσιονομική διαχείριση.

5 ΝΟΕΜΒΡΙΟΥ

«Προστάτες» αυθαιρέτων: «Αν το Σύνταγμα αλώσεις, θα το σώσεις»!

Σήμερα (5 Νοεμβρίου 2015) διάβασα ότι με την αγαστή συνεργασία – συμμαχία «ηρώων» υπουργών, βουλευτών, δημάρχων, πολιτών και... μαθητών με τους παρανομούντες στα δάση της τάλαινας Αττικής, η κυβέρνηση αποφάσισε να αναστείλει όλες τις κατεδαφίσεις στα δάση. Το εκπληκτικό είναι ότι η «ηρωική αντίσταση» των «προστατών» των παρανομούντων είναι ότι τα αυθαίρετα που πήγε να κατεδαφίσει η Αποκεντρωμένη Διοίκηση Αττικής τα είχαν εγκαταλείψει οι παρανομήσαντες, αφού δεν τους δικαίωσε κανένα δικαστήριο!

Και θυμήθηκα ότι είμαστε στο ίδιο έργο θεατές επί εξήντα χρόνια, από το 1955, όταν εμφανίσθηκε η πρώτη γενιά αυθαιρέτων στη μεταπολεμική Ελλάδα και αποφασίσθηκε η πρώτη νομιμοποίησή τους. Και από τότε ποιος είδε τους καταπατητές και δεν τους φοβήθηκε. Κανείς! Αντίθετα, συνεχώς ανταμείβονταν με τη γνωστή πρόσκληση – πρόκληση των κυβερνήσεων «αν το δηλώσεις μπορεί να το σώσεις».

Θυμήθηκα ότι από τη σύσταση του ελληνικού κράτους έως σήμερα έχουν ψηφισθεί πάνω από 500 Νόμους και Διατάγματα και έχουν εκδοθεί πάνω από 900 αποφάσεις του Συμβουλίου της Επικρατείας και του Αρείου Πάγου και άλλων δικαστηρίων χωρίς να μπορέσουν να προστατεύσουν τα δάση.

Θυμήθηκα όλα τα υπό του μεγάλου Εμμανουήλ Ροΐδη σχετικά ρηθέντα πριν από περίπου 150 χρόνια και συνεχώς δικαιωθέντα έως σήμερα:

– «Χωρίς την παραβίασιν του Συντάγματος δεν μπορεί να ζήση ουδεμία κυβέρνησης επί μίαν ημέραν».

– «...Τα ημέτερα δένδρα, μάλλον δυσφύλακτα, πλειόνων δασοφυλάκων. Τα ημέτερα πλοία, μάλλον δύσπλοια, πλειόνων πλοιάρχων. Αι ημέτεραι αλυκαί πλειόνων αλατοαποθηκαρίων. Τα ημέτερα δικαστήρια απειράκις πλειόνων δικαστικών γραφέων. Οι ημέτεροι φόρων πλειόνων φοροφάγων».

– «Το πταίσμα των κομματαρχών είναι ότι εδημιούργησαν τας συμμορίας, σήμερον όμως αντί να είναι αρχηγοί αυτών, κατήντησαν απλοί μεσίται, δια των οποίων αι συμμορίαι αύται διαπραγματεύονται προς το έθνος τα λύτρα. ...Απόδειξις είναι η δουλική ευπείθεια, μεθ᾽ ης ολόκληρος η Βουλή, σιγώσης της αντιπολιτεύσεως, σπεύδει να καταβάλη άνευ συζητήσεως εις τον εισπράκτορα της κατισχυούσης συμμορία, καλώς γνωρίζουσα ότι πάσα αντίστασις ή απόπειρα ελαττώσεως αυτών ήθελε τιμωρηθεί δι᾽ αντιστάσεως την επιούσαν».

Και η ελληνική ιστορία επαναλαμβάνεται ως... φάρσα, όπως έλεγε ο Μαρξ.

6 ΝΟΕΜΒΡΙΟΥ

«Άλλα λόγια ν' αγαπιόμαστε» για την εκκλησιαστική περιουσία

Σήμερα (6 Νοεμβρίου 2015) διάβασα ότι κατά τη συνάντηση του πρωθυπουργού Αλέξη Τσίπρα με τον αρχιεπίσκοπο Αθηνών Ιερώνυμο στο Μέγαρο Μαξίμου «ξεχάσθηκε» για δεύτερη φορά η «Εταιρεία Αξιοποίησης Εκκλησιαστικής Ακίνητης Περιουσίας Α.Ε.» (ΕΑΕΑΠ), η οποία έχει συσταθεί πριν από πολλούς μήνες και στην οποία μετέχουν με 50% η Ιερά Αρχιεπισκοπή Αθηνών και 50% το ελληνικό Δημόσιο, με στόχο να διαχειρίζεται ακίνητα της Αρχιεπισκοπής υψηλής αξίας. Τώρα, συμφωνήθηκε να επανασυσταθεί η Μεικτή Επιτροπή Κράτους – Εκκλησίας για το ίδιο θέμα.

Και θυμήθηκα ότι η πρώτη φορά ήταν όταν ο πρωθυπουργός στην επιστολή του στον αρχιεπίσκοπο παρέπεμπε το ζήτημα της αξιοποίησης της εκκλησιαστικής περιουσίας στην «επιτροπή για τη μελέτη και επίλυση θεμάτων που απασχολούν την Εκκλησία της Ελλάδος», ενώ ήδη είχε συσταθεί η «Εταιρεία Αξιοποίησης Εκκλησιαστικής Ακίνητης Περιουσίας Α.Ε.» (ΕΑΕΑΠ).

Θυμήθηκα ότι το θέμα αυτό έχει σκανδαλίσει πολλούς Έλληνες τα τελευταία 84 χρόνια, αφού από τα 40 εκατ. στρέμματα που είχε η Εκκλησία προπολεμικά, είχαν απομείνει το 1977 μόνο 2 εκατ. στρέμματα!!!

Θυμήθηκα την ίδρυση το 1931 του Οργανισμού Διαχειρίσεως Εκκλησιαστικής Περιουσίας (ΟΔΕΠ) και τη σύμβαση με την Εθνική Τράπεζα για απογραφή της εκκλησιαστικής περιουσίας, η οποία δεν έγινε ποτέ!

Θυμήθηκα το μεγάλο σκάνδαλο ατασθαλιών και κλοπών που αποκάλυψε έλεγχος για την περίοδο 1956 – 1962, στο μοναστήρι της Πεντέλης.

Θυμήθηκα ότι το 1969 ιδρύθηκε ο Οργανισμός Διοικήσεως και Διαχειρίσεως της Εκκλησιαστικής Περιουσίας (ΟΔΔΕΠ), δηλαδή με δύο «Δ» τώρα!

Θυμήθηκα ότι το 1972, ιδρύθηκε η Εταιρεία Προγραμματισμού και Αναπτύξεως.

Θυμήθηκα ότι το 1977, ο τότε υπουργός Παιδείας Γεώργιος Ράλλης συνέστησε ειδική επιτροπή για τη μελέτη της εκκλησιαστικής περιουσίας, αλλά ουδέποτε υπέβαλε σχετικό πόρισμα, τουλάχιστον φανερά...

Θυμήθηκα ότι στις 19 Ιουλίου του 2000, ο τότε κυβερνητικός εκπρόσωπος Τηλέμαχος Χυτήρης δήλωσε ότι «ήρθε η ώρα για την εκκλησιαστική περιουσία» και ότι «Θα πρέπει να συζητηθεί σε ένα θεσμικό διάλογο, που πρέπει να γίνει και μάλιστα όσο το δυνατόν συντομότερα».

7 ΝΟΕΜΒΡΙΟΥ

Συνεχίζεται το πολιτικό αίσχος με τις προσλήψεις και επαναπροσλήψεις

Σήμερα (7 Νοεμβρίου 2015) διάβασα ότι ο βουλευτής του «Ποταμιού» Χάρης Θεοχάρης κατέθεσε ερώτηση στη Βουλή για το θέμα των προσλήψεων ή επαναπροσλήψεων σε υπουργεία, ενώ δημοσιεύματα σε μέσα μαζικής επικοινωνίας παρουσιαζόταν ένας μεγάλος αριθμός ατόμων που επαναπροσλήφθηκαν ως υπάλληλοι καθαριότητας και έχουν μεταταγεί σε άλλες υπηρεσίες.

Και θυμήθηκα ότι, κυρίως στην κρίσιμη δεκαετία του 1990, απολύονταν εκείνοι που είχαν διορισθεί από το αντίπαλο κόμμα (κομματικοί φίλοι της ΝΔ) και ότι επαναπροσλαμβάνονταν εκείνοι που είχαν διορισθεί από το ΠΑΣΟΚ (κομματικοί φίλοι του ΠΑΣΟΚ) και απολύθηκαν από τη Νέα Δημοκρατία!

Θυμήθηκα ότι το πολιτικό αυτό άγος κορυφώθηκε τον Ιανουάριο του 1989, που ήταν προεκλογικό έτος (οι εκλογές έγιναν τον Ιούνιο) και είχαν αρχίσει οι εξαγγελίες για χιλιάδες ρουσφετολογικούς διορισμούς.

Θυμήθηκα ότι ο τότε πρόεδρος της Νέας Δημοκρατίας Κωνσταντίνος Μητσοτάκης δήλωσε ότι «όλοι οι μετά την 1.1.1989 διορισμοί θα επανεξετασθούν με κριτήριο τη νομιμότητα και την ωφελιμότητά τους για το Δημόσιο».

Θυμήθηκα ότι η δήλωση αυτή συνοδεύθηκε από το μεγαλύτερο ίσως στην πολιτική ιστορία της Ελλάδος κομματικό αίσχος το Μάιο του 1989. Τότε, ΠΑΣΟΚ και ΝΔ συναγωνίζονταν σε μια πρωτοφανή πολιτική αγυρτεία και κοντά και ο Συνασπισμός της Αριστεράς με ένα όψιμο λαϊκισμό για την υπεράσπιση εργατικών συμφερόντων για τη μη απόλυση ή τη μονιμοποίηση 47.000 εκτάκτων δημόσιων υπαλλήλων.

Θυμήθηκα ότι το πολιτικό αυτό αίσχος είχε συνέχεια και μάλιστα και με …Νόμο, με το Νόμο 2190/1994, το γνωστό «Νόμο Πεπονή, ο οποίος περιελάμβανε και διατάξεις για την… απόλυση κομματικών φίλων της Νέας Δημοκρατίας και την… επαναπρόσληψη κομματικών φίλων του ΠΑ-

ΣΟΚ, οι οποίοι απολύθηκαν από την κυβέρνηση της Νέας Δημοκρατίας.

Θυμήθηκα ότι πριν από την επαναπρόσληψη των καθαριστριών του υπουργείου Οικονομικών, με το «μαύρο» στην ΕΡΤ ΑΕ και την ίδρυση της ΝΕΡΙΤ ΑΕ αποζημιώθηκαν όλοι οι υπάλληλοι της δημόσιας τηλεόρασης που απολύθηκαν και που τώρα με την κυβέρνηση Τσίπρα επαναπροσλήφθηκαν μετά την επανίδρυση της ΕΡΤ!

8 ΝΟΕΜΒΡΙΟΥ

Ατομικά αξιοπρεπής ο Γιάννης Πανούσης επί 26 χρόνια!

Σήμερα (8 Νοεμβρίου 2015) στη συνέντευξη του πρώην υπουργού Προστασίας του Πολίτη και καθηγητή Γιάννη Πανούση στην εφημερίδα «Πρώτο Θέμα» σοβαρές καταγγελίες για απειλές που αφορούν ακόμα και την ίδια του τη ζωή. Ο καθηγητής αναφέρει ότι στο σχέδιο εμπλέκονται τόσο άνθρωποι του υποκόσμου από το χώρο των ποινικών και της τρομοκρατίας, όσο και πολιτικά πρόσωπα και κυβερνητικά στελέχη της αριστεράς.

Και θυμήθηκα ότι η πρώτη «γνωριμία» μου με τον Γιάννη Πανούση έγινε πριν από 26 χρόνια, όταν, ως καθηγητής της Νομικής Σχολής του Πανεπιστημίου Θράκης, έστειλε και δημοσίευσα, ως αρχισυντάκτης, στον «Οικονομικό Ταχυδρόμο» στις 7 Σεπτεμβρίου 1989 ένα συνοπτικό, αλλά, ζουμερότατο άρθρο του υπό τον τίτλο «Η άλλη κάθαρση: Χωρίς ατομική αξιοπρέπεια τίποτε δεν μπορεί να γίνει». Από το σύντομο αυτό άρθρο του παραθέτω μερικά σημεία, που ακούγονται και σήμερα πολύ ηχηρά για τη συνέπεια του ανδρός: Ποιος θα μάς απαλλάξει από τον μικρομεσαίο χαμαιλεοντισμό, την πρασινο–γαλαζο–κοκκινίζουσα οσφυοκαμψία, την ιδεολογία της λουφαδόρικης εξέλιξης και τη καλοσταθμισμένης ουδετερότητας; Ποιος θα μάς προστατεύσει από τους φιλόδοξους διανοούμενους της αριστεράς και της (δικής τους) προόδου που γράφουν ως μη γράφοντες και αναλύουν ως αντεστραμμένα είδωλα των ειδωλοποιημένων αντιστροφών τους;)»

Θυμήθηκα ότι έκτοτε παρακολουθούσα συνεχώς την πορεία του Γιάννη Πανούση με βάση την «ατομική αξιοπρέπεια» που τόνιζε στο άρθρο του αυτό, μέχρι που τον είδα να συμμετέχει σε μια κυβέρνηση της αριστεράς. Και δεν διέψευσε την εκτίμησή μου αυτή με τα άρθρα του ή τις συνεντεύξεις του, όταν ήταν υπουργός και όταν απομακρύνθηκε.

Θυμήθηκα ότι σε άρθρο του στην ιστοσελίδα «Ανοικτό Παράθυρο» (http://www.anoixtoparathyro.gr) στις 28 Μαΐου 2015, ο Γιάννης Πανούσης αναφέρει μεταξύ άλλων τα ακόλουθα: «Οι αντιεξουσιαστές, συνιστώσες του ΣΥΡΙΖΑ, μέλη του οργανωμένου εγκλήματος και δίκτυα μυστικών υπηρεσιών συμφωνούν σ' ένα σημείο: πρέπει να με διώξει ο Τσίπρας μέχρι το καλοκαίρι. Παράξενο; Όχι τόσο».

Θυμήθηκα ότι στο ίδιο κείμενο ο καθηγητής Γιάννης Πανούσης αναφέρει ακόμα τα εξής: «Οι τομές δεν γίνονται με "αριστερίστικα" γιουρούσια»: «Θέλει χρόνο και τρόπο η αλλαγή συνειδήσεων και στάσεων. Ούτε μόνον ο νόμος, ούτε οι υπουργικές διαταγές, ούτε βέβαια η βία των «άλλων» συμβάλλουν ώστε η αριστερή διακυβέρνηση να εμπεδώσει το αίσθημα ασφάλειας και να κατοχυρώσει τις ελευθερίες και τα δικαιώματα».

Θυμήθηκα ότι την ίδια συνέπεια προς την «ατομική αξιοπρέπεια» κατέδειξε αριστερός, κατά δικό χαρακτηρισμό, Γιάννης Πανούσης και σε άλλες παρεμβάσεις του στη συνέχεια για την «αριστεροσύνη», το άσκοπο δημοψήφισμα και τις αχρείαστες εκλογές. Αυτό σημαίνει ατομική, πολιτική, ιδεολογική και επιστημονική συνέπεια...

9 ΝΟΕΜΒΡΙΟΥ (1)

Ένα ακόμη, από τα πολλά μετά το 2010, τελεσίγραφο της τρόικας για να .... συμμορφωθούμε!

Σήμερα (9 Νοεμβρίου 2015) διάβασα ότι, μετά τη νέα εμπλοκή με τους «θεσμούς», ο πρόεδρος του Eurogroup Γερούν Ντάισελμπλουμ δήλωσε κατά τη διάρκεια συνέντευξης Τύπου, θα πρέπει μέχρι την Παρασκευή και το αργότερο έως τη Δευτέρα να υπάρξει συμφωνία με τους θεσμούς για τα προαπαιτούμενα. Σημειώνεται ότι το Eurogroup αποφάσισε την εκταμίευση της δόσης ύψους 2 δισ ευρώ μόλις ολοκληρωθεί το πρώτο σετ προαπαιτούμενων. Αυτό ήταν αναμενόμενο, διότι μετά από ένα σαββατοκύριακο συνεχών διαβουλεύσεων ανάμεσα στους θεσμούς και την ελληνική πλευρά, η έκτακτη τηλεδιάσκεψη του Euroworking group έληξε για άλλη μία φορά χωρίς συμφωνία.

Και θυμήθηκα ότι η νέα εμπλοκή στις συζητήσεις μεταξύ ελληνικής κυβέρνησης και τρόικας δεν είναι η πρώτη και ίσως ούτε η τελευταία.

Θυμήθηκα ότι, εκτός από τις συνεχείς «εμπλοκές» από την περιβόητη «δημιουργική ασάφεια» Βαρουφάκη το πρώτο εξάμηνο του 2015, η οποία κόστισε στη χώρα μας ένα δημοψήφισμα, μια νέα εκλογική αναμέτρηση και πάνω από 7 δισ. ευρώ, το ίδιο πρόβλημα προέκυπτε και σε κάθε επίσκεψη αξιολογητών των «θεσμών» στην Αθήνα μετά την υπογραφή του πρώτου Μνημονίου του 2010.

Θυμήθηκα ότι επί τρία χρόνια, από το 2010 έως το 2013, υπήρξαν δώδεκα εμπλοκές με την τρόικα για τα... ίδια (αδιόρθωτα) θέματα!

Θυμήθηκα ότι η κύρια ήταν και είναι η απίθανη «ικανότητα» όλων των κυβερνήσεων να υπογράφουν με ευκολία «Μνημόνια» και να αναλαμβάνουν με προθυμία δεσμεύσεις για να παίρνουν τις δόσεις και η απίστευτη ανικανότητα να τις υλοποιούν, σε βάρος της αξιοπρέπειας της χώρας μας και της αντοχής της ελληνικής οικονομίας και των ελληνικών νοικοκυριών.

Θυμήθηκα τη δήλωση της Ευρωπαϊκής Επιτροπής, της Ευρωπαϊκής Κεντρικής Τράπεζας και του Διεθνούς Νομισματικού Ταμείο για την εμπλοκή το 2013 και νόμισα ότι τη «διάβασα» σήμερα. Απολαύστε την: «Κλιμάκια της Ευρωπαϊκής Επιτροπής (ΕΕ), της Ευρωπαϊκής Κεντρικής Τράπεζας (ΕΚΤ) και του Διεθνούς Νομισματικού Ταμείου (ΔΝΤ) συζήτησαν, κατά τις δύο τελευταίες εβδομάδες, με τις ελληνικές αρχές στην Αθήνα ζητήματα σχετικά με την επανεξέταση του οικονομικού προγράμματος για την Ελλάδα. Σημειώθηκε σημαντική πρόοδος αλλά κάποια θέματα παραμένουν εκκρεμή. Δεδομένου ότι θα απαιτηθούν πρόσθετες, τεχνικής φύσεως, εργασίες για τον διακανονισμό των εν λόγω θεμάτων, τα κλιμάκια θα διακόψουν για σύντομο χρονικό διάστημα την επίσκεψή τους, ώστε εν τω μεταξύ να ολοκληρωθούν οι σχετικές εργασίες. Προγραμματίζουν δε να επιστρέψουν στην Αθήνα στις αρχές Απριλίου για να συνεχίσουν το έργο τους».

9 ΝΟΕΜΒΡΙΟΥ (2)

Δώδεκα εμπλοκές σε μία τριετία με την τρόικα για τα ίδια... (αδιόρθωτα) θέματα!

Με την ευκαιρία και των νέων εμπλοκών στις συζητήσεις της κυβέρνησης με την τρόικα παραθέτουμε ένα σύντομο χρονικό προηγούμενων τέτοιων επαίσχυντων «σκηνών» για την Ελλάδα:

1. Εμπλοκή λόγω ΓΕΝΟΠ –ΔΕΗ για την αγορά ενέργειας (20 Νοεμβρίου 2010): Τότε, οι συνδικαλιστές της ΔΕΗ, διεκδικώντας το δικαίωμα να ρυθμίζουν όχι μόνο το περιεχόμενο των συζητήσεων, αλλά ακόμη και τις συναντήσεις της τότε υπουργού Περιβάλλοντος και Κλιματικής Αλλαγής Τίνας Μπιρμπίλη με την τρόικα, περίμεναν τους ξένους εμπειρογνώμονες, στην είσοδο του υπουργείου, κρατώντας σακιά με λιγνίτη.

2. **Εμπλοκή για τα εργασιακά (2 Ιουνίου 2011):** Τότε σημειώθηκε ξαφνική εμπλοκή στο θέμα των εργασιακών, με αποτέλεσμα να αναβληθεί για τρεις ημέρες η συμφωνία μεταξύ της κυβέρνησης και της τρόικας, αναφορικά με το Μεσοπρόθεσμο Πρόγραμμα της ελληνικής οικονομίας για την περίοδο 2012-2015.

3. **Εμπλοκή για αύξηση των εσόδων, τις δημόσιες επιχειρήσεις, κλαδικές συμβάσεις και μετατάξεις (22 Νοεμβρίου 2010):** Για την εξασφάλιση της τρίτης δόσης του δανείου ύψους 9 δισ. ευρώ, οι δανειστές έθεταν ως προϋπόθεση έγκρισης της τρίτης και της τέταρτης δόσης την άνοιξη οριστικές αποφάσεις και χρονοδιάγραμμα για τις διαρθρωτικές αλλαγές, ενώ είχε αναβληθεί για τις επόμενες ημέρες η συνέντευξη Τύπου των εκπροσώπων της Ευρωπαϊκής Ένωσης (ΕΕ), της Ευρωπαϊκής Κεντρικής Τράπεζας (ΕΚΤ) και του Διεθνούς Νομισματικού Ταμείου (ΔΝΤ), για την πορεία υλοποίησης του τριετούς προγράμματος οικονομικής προσαρμογής, λόγω των συνεχιζόμενων συζητήσεων για τη διευκρίνιση ορισμένων τεχνικών θεμάτων, όπως καλή ώρα και τις ημέρες αυτές!

4. **Εμπλοκή με διακοπή των διαπραγματεύσεων με την τρόικα (2 Σεπτεμβρίου 2011):** Ο τότε υπουργός Οικονομικών Ευάγγελος Βενιζέλος, σε έκτακτη συνέντευξη Τύπου, μετά το αδιέξοδο στις διαπραγματεύσεις με την τρόικα τόνισε ότι η κυβέρνηση δεν πρόκειται να λάβει νέα πρόσθετα εισπρακτικά μέτρα, αφήνοντας σαφείς αιχμές για τις προβλέψεις των εταίρων μας.

5. **Εμπλοκές για ειδικά μισθολόγια και δόσεις (3 Αυγούστου 2012):** Τότε, τα θέματα προς διαπραγμάτευση αφορούσαν στη διάσωση των ειδικών μισθολογίων και στη ρύθμιση για την εξόφληση των φόρων εισοδήματος, έκτακτης εισφοράς και τέλους επιτηδεύματος σε δέκα δόσεις. Τα ισοδύναμα μέτρα ύψους 205 εκατ. ευρώ που παρουσίασε το οικονομικό επιτελείο για να γλιτώσει το ψαλίδι κατά 10% στις αποδοχές 200.000 πανεπιστημιακών, δικαστικών, γιατρών του ΕΣΥ, διπλωματικών και αρχιερέων δεν έπειθαν την τρόικα.

6. **Εμπλοκή και αποχώρηση της τρόικας από την Αθήνα (21 Σεπτεμβρίου 2012):** Σε γραπτή ανακοίνωση που εξέδωσε η τρόικα μετά το τέλος της συνάντησής της με τον τότε υπουργό Οικονομικών Γιάννη Στουρνάρα επισημαίνει ότι «οι συζητήσεις της αντιπροσωπείας της Ευρωπαϊκής Επιτροπής, της ΕΚΤ και του ΔΝΤ με τις ελληνικές αρχές με αντικείμενο την αξιολόγηση του προγράμματος θα σημειώσουν σύντομη διακοπή για να συνεχιστούν σε μια εβδομάδα».

7. Εμπλοκή για μεγαλύτερο μαχαίρι σε μισθούς, συντάξεις και επιδόματα (1 Οκτωβρίου 2012): Τότε η τρόικα επέμενε σκληρά για μεγαλύτερες περικοπές στο σκέλος των μισθών, συντάξεων, επιδομάτων που έφταναν στα 7, 5 δισ. ευρώ.

8. Εμπλοκή για την υποχρέωση των τραπεζών να επιστρέψουν μέχρι το τέλος του έτους 500 εκατ. ευρώ στο ελληνικό Δημόσιο (11 Οκτωβρίου 2012): Ξαφνική εμπλοκή σημειώθηκε τότε στις διαπραγματεύσεις του τότε υπουργού Οικονομικών Γιάννη Στουρνάρα με την τρόικα. Σημείο τριβής αποτέλεσε η υποχρέωση των τραπεζών να επιστρέψουν μέχρι το τέλος του έτους 500 εκατ. ευρώ στο ελληνικό Δημόσιο με την μορφή μερίσματος από την κρατική χρηματοδότηση που είχαν λάβει το 2008 με προνομιούχες μετοχές βάσει του νόμου Αλογοσκούφη.

9. Εμπλοκή πάλι για εργασιακά, τις περικοπές αποζημιώσεων, τις μεταρρυθμίσεις στο Δημόσιο και οι απολύσεις δημόσιων υπαλλήλων (14 Οκτωβρίου 2012): Οι εκπρόσωποι των δανειστών έθετεν ως προαπαιτούμενο της δόσης των 31, 5 δισ. ευρώ ανατροπές στα εργασιακά και τις απολύσεις στο Δημόσιο.

10. Εμπλοκή στις συζητήσεις Λυκουρέντζου και τρόικας για τον ΕΟ-ΠΥΥ και τα φάρμακα (15 Οκτωβρίου 2012): Οι δύο πλευρές συζητούσαν για τον ΕΟΠΥΥ και τις περικοπές στα φάρμακα, αλλά διαπιστώθηκε μεγάλη διάσταση απόψεων.

11. Σοβαρή εμπλοκή λόγω επίμονων αρνήσεων της τρόικας (28 Οκτωβρίου 2012): Η τρόικα ήταν αρνητική και για το επίδομα γάμου.

12. Εμπλοκή για το φορολογικό νομοσχέδιο (12 Δεκεμβρίου 2012): Η κατάθεση του φορολογικού νομοσχεδίου ήταν προαπαιτούμενο για την απόφαση της δόσης από το Eurogroup. Αλλά, ενώ ήταν έτοιμο να κατατεθεί στη Βουλή, η τρόικα και ιδιαίτερα το Διεθνές Νομισματικό Ταμείο έκανε υποδείξεις για αλλαγές.

Και θυμήθηκα τη γνωστή ρήση του Μαρξ ότι «τα ιστορικά γεγονότα παρουσιάζονται δύο φορές, τη μια σαν τραγωδία και την άλλη σαν φάρσα».

10 ΝΟΕΜΒΡΙΟΥ (1)

Πάντα «μάς δούλευαν ψιλό γαζί» οι δανειστές μας

Σήμερα (10 Νοεμβρίου 2015) διάβασα ότι σύμφωνα με τα στοιχεία έκθεσης της Ευρωπαϊκής Κεντρικής Τράπεζας, το πραγματικά διαθέσιμο εισόδημα των ελληνικών νοικοκυριών σε ετήσια βάση στο πρώτο τρίμηνο του 2015 αυξήθηκε κατά 4, 8%, λόγω της αύξησης των αμοιβών κατά 0, 8% και άλλων παραγόντων!

Και θυμήθηκα ότι (χωρίς να θέλω να αμφισβητήσω το κύρος θεσμών) με τέτοια «ωραιοποιημένα» στοιχεία μας δούλευαν «ψιλό γαζί» οι δανειστές ή εκπρόσωποι της τρόικας αμέσως μετά την υπογραφή και την εφαρμογή προηγούμενων Μνημονίων!

Θυμήθηκα τη δήλωση του υψηλόβαθμου αναλυτή του Moody's Άντονι Τόμας σε συνέδριο στη Βαρσοβία το 2010, ότι «έχουμε εντυπωσιαστεί από τις μεταρρυθμίσεις που έκανε η ελληνική κυβέρνηση», προσθέτοντας ότι «αν αυτό συνεχισθεί, ενδεχόμενη αλλαγή της αξιολόγησης θα είναι στην κατεύθυνση της αναβάθμισης».

Θυμήθηκα τα «Συγχαρητήρια» του αντιπροέδρου των ΗΠΑ Τζο Μπάιντεν υποδεχόμενος τον Έλληνα πρωθυπουργό Γιώργο Παπανδρέου, όταν λεηλατούσε την ελληνική οικονομία, στον Λευκό Οίκο: ««Συγχαίρω τον πρωθυπουργό για την εξαιρετική δουλειά που κάνει στο χειρισμό της οικονομικής κρίσης και Θεού θέλοντος θα βάλει τη χώρα του πάλι στο σωστό δρόμο...»

Θυμήθηκα και την άποψη του πρόεδρου της ΕΕ Χέρμαν Φαν Ρομπέι, ο οποίος περιχαρής σε συνέντευξή του σε εβδομαδιαία φλαμανδόφωνη πολιτική επιθεώρηση τόνισε ότι «η μείωση του ελληνικού δημόσιου ελλείμματος κατά 4% μέσα σε ένα χρόνο αποτελεί απίστευτο επίτευγμα»

Θυμήθηκα και τις «διπλωματικές «εκθέσεις» του ΔΝΤ και του ΟΟΣΑ με αισιόδοξες προβλέψεις για γρήγορη επιστροφή της Ελλάδος στην ανάπτυξη και στις αγορές!

Θυμήθηκα ότι όλες αυτές οι... διθυραμβικές δηλώσεις γίνονταν και γίνονταν όταν το δημόσιο χρέος συνεχώς εκτοξευόταν σε εφιαλτικά επίπεδα, ενώ όταν το 2009, για παράδειγμα, το δημόσιο χρέος ήταν 274, 2 δισ. ευρώ ή 115, 4% του ΑΕΠ (πριν από την αναθεώρηση, και στη συνέχεια διαμορφώθηκε στο 129,7% του ΑΕΠ), ανησυχούσαν και ζητούσαν «Μνημόνια»... Πριν από το πρώτο Μνημόνιο του 2010, το ονομαστικό εισόδημα στην Ελλάδα αντιστοιχούσε ήδη στο 80% του μέσου κοινοτικού και μόλις σε ένα χρόνο συρρικνώθηκε κατά 35 %. Και δημοσιεύονται τα στοιχεία αυτά σήμερα, όταν το κατά κεφαλήν πραγματικό διαθέσιμο εισόδημα των Ελλήνων αντιστοιχεί μόνο στο 60, 8% του αντίστοιχου εισοδήματος στην ευρωζώνη!

10 ΝΟΕΜΒΡΙΟΥ (2)

ΣΥΡΙΖΑ εναντίον ΣΥΡΙΖΑ για τη γενική απεργία!!!

Σήμερα (10 Νοεμβρίου 2015) διάβασα και παραθέτω το πλήρες (αυτούσιο) κείμενο την ανακοίνωση του Τμήματος Εργατικής Πολιτικής του ΣΥΡΙΖΑ, με την οποία καλεί σε μαζική συμμετοχή στη γενική απεργία της Πέμπτης, 12 Νοεμβρίου 2015, έτσι για την ...ιστορία:

ΤΜΗΜΑ ΕΡΓΑΤΙΚΗΣ ΠΟΛΙΤΙΚΗΣ ΣΥΡΙΖΑ

ΟΛΟΙ ΚΑΙ ΟΛΕΣ ΣΤΗΝ ΑΠΕΡΓΙΑ ΚΑΙ ΤΙΣ ΣΥΓΚΕΝΤΡΩΣΕΙΣ ΤΗΝ ΠΕΜΠΤΗ 12 ΝΟΕΜΒΡΗ. ΑΓΩΝΙΖΟΜΑΣΤΕ ΓΙΑ ΤΑ ΔΙΚΑΙΩΜΑΤΑ ΜΑΣ ΣΤΗΝ ΕΡΓΑΣΙΑ, ΤΗΝ ΑΣΦΑΛΙΣΗ ΚΑΙ ΤΗΝ ΑΞΙΟΠΡΕΠΗ ΔΙΑΒΙΩΣΗ. ΔΙΝΟΥΜΕ ΔΥΝΑΜΙΚΗ ΑΠΑΝΤΗΣΗ ΣΤΙΣ ΠΙΕΣΕΙΣ ΤΗΣ ΕΡΓΟΔΟΣΙΑΣ ΚΑΙ ΤΟΥΣ ΕΚΒΙΑΣΜΟΥΣ ΤΩΝ ΔΑΝΕΙΣΤΩΝ

Το Τμήμα Εργατικής Πολιτικής του ΣΥΡΙΖΑ καλεί τους/ις εργαζόμενους/ες, τους/ις άνεργους/ες, τους/ις συνταξιούχους, τους νέους και τις νέες να συμμετέχουν μαζικά στην 24ωρη Γενική Απεργία που προκήρυξαν τα συνδικάτα την Πέμπτη 12 Νοέμβρη.

Οι αγώνες απέναντι στις αντιλαϊκές, ακραία νεοφιλελεύθερες πολιτικές συνεχίζονται ακόμα πιο δυναμικά. Διεκδικούμε τα θεμελιώδη δικαιώματά μας στην εργασία, την ουσιαστική επαναφορά των συλλογικών συμβάσεων, τη διατήρηση του κοινωνικού και αναδιανεμητικού χαρακτήρα της Ασφάλισης, την προστασία της πρώτης κατοικίας, αξιοπρεπείς μισθούς και συντάξεις, υγεία και παιδεία για όλους.

Σήμερα, εν μέσω διαπραγματεύσεων, τα αιτήματα των εργαζομένων και συνολικά η εργατική κινητοποίηση, αποκτούν ιδιαίτερη κρισιμότητα που θα πρέπει να αξιοποιηθεί ενάντια στις νεοφιλελεύθερες πολιτικές και τους εκβιασμούς οικονομικών και πολιτικών κέντρων εντός και εκτός Ελλάδας.

Οι αγώνες για εργασιακά δικαιώματα, αξιοπρεπείς μισθούς και συντάξεις, οι αγώνες για την υπεράσπιση των κοινωνικών αγαθών, κεκτημένων και αναγκών ενάντια στην κερδοσκοπία, όχι μόνο δεν αναστέλλονται αλλά συνεχίζονται.

Οι εργαζόμενοι, με τις κινητοποιήσεις τους μπορούν να αποτελέσουν τον καταλυτικό παράγοντα για την αλλαγή των συσχετισμών, προκειμένου το κοινωνικό μέτωπο να κάμψει αξιώσεις και προαπαιτούμενα, δια-μορφώνοντας ακόμα και σε αντίξοες συνθήκες την δική του αδιαπραγμά-τευτη ατζέντα.

Το Τμήμα Εργατικής Πολιτικής του ΣΥΡΙΖΑ καλεί τους/ις εργαζό-μενους/ες, συνταξιούχους, άνεργους/ες, νέους και νέες να συμμετάσχουν στην κεντρική απεργιακή συγκέντρωση της Αθήνας στις 11.00 στην Πλα-τεία Κλαυθμώνος και στις αντίστοιχες κινητοποιήσεις και συγκεντρώσεις των εργαζομένων σε όλη τη χώρα.

Τους καλεί να δώσουν τη δική τους δυναμική απάντηση σε όλους αυ-τούς που με κάθε μέσο προσπαθούν να επιβάλλουν τη συνέχιση των πολι-τικών που οδήγησαν στην ισοπέδωση των εργασιακών και ασφαλιστικών δικαιωμάτων, τη φτωχοποίηση της κοινωνίας, τη διάλυση του κοινωνικού κράτους, την αύξηση της ανεργίας και οδήγησαν σε απόγνωση χιλιάδες συμπολίτες μας.

ΛΕΜΕ ΟΧΙ ΣΤΙΣ ΠΟΛΙΤΙΚΕΣ ΤΗΣ ΛΙΤΟΤΗΤΑΣ ΣΤΗΝ ΕΛΛΑΔΑ ΚΑΙ ΣΤΗΝ ΕΥΡΩΠΗ ΟΙ ΑΓΩΝΕΣ ΤΟΥ ΛΑΟΥ ΜΑΣ ΘΑ ΝΙΚΗΣΟΥΝ

11 ΝΟΕΜΒΡΙΟΥ

Ο Λεμπέσης και όχι ο Λένιν «μίλησε» για τη χρησιμότητα των «ηλιθίων» ή βλακών, κύριε Πανούση

Σήμερα (11 Νοεμβρίου 2015) διάβασα και απομονώνω από ανακοίνω-ση του Γιάννη Πανούση το υπ´ αριθμόν 1 Υστερόγραφο, όπου αναφέρεται στους –κατά Λένιν– "χρήσιμους ηλιθίους".

Και θυμήθηκα ότι η φράση αυτή δεν έχει αποδειχθεί ότι ανήκει στον Λένιν.

Θυμήθηκα, αντίθετα, το, μακροσκελές και στην καθαρεύουσα, έργο του μεγάλου στοχαστή Ευαγγέλου Λεμπέση «Η τεραστία κοινωνική ση-μασία των βλακών εν τω συγχρόνω βίω», το οποίο δημοσιεύθηκε αρχικά στην «Εφημερίδα των Ελλήνων Νομικών» το 1941.

Παραθέτω μερικά «δηλητηριώδη» σημεία του έργου:

– «Η φυσική αναγκαιότης είναι καθ᾽ ενὸς εὐφυοῦς· δέκα ἀνίκανοι καθ᾽ ενὸς ἱκανοῦ· δέκα ἀδύνατοι καθ᾽ ενὸς ἰσχυροῦ κ.ο.κ.».

– «Ὁ συνασπισμὸς τῶν βλακῶν ἐνταῦθα εἶναι μηχανικὴ ὀργάνωσις βάσει τῆς ἀρχῆς τῆς «ἐλαχίστης προσπαθείας» πρὸς ἀντιμετώπισιν ἰσχυροτέρας δυνάμεως εἰς τὸ πρόσωπον τῶν ὀλίγων ἢ τοῦ ἑνός. Ἡ ὀργάνωσις αὕτη περιωρισμένης ἐκτάσεως καλεῖται κοινωνιολογικῶς κλίκα (clique)»

_ «Ἡ ἔμφυτος τάσις τοῦ βλακός, ἐξικνουμένη συχνότατα εἰς ἀληθῆ μανίαν ὅπως ἀνήκῃ εἰς ἰσχυρὰς καὶ ὅσον τὸ δυνατὸν περισσοτέρας πάσης φύσεως ὀργανώσεις, ἐξηγεῖται πρῶτον μὲν ἐκ τῆς εὐκολίας τῆς ἀγελοποιήσεως, εἰς ἣν μονίμως ὑπόκειται, λόγω ἐλλείψεως ἀτομικότητος (ἐξ οὗ καὶ τὸ μῖσος τοῦ κατὰ τοῦ ἀτόμου καὶ τοῦ ἀτομικισμοῦ), δεύτερον δὲ ἐκ τοῦ ἀτομικοῦ ζωώδους πανικοῦ, ὑπὸ τοῦ ὁποίου μονίμως κατατρύχεται, ἐκ τοῦ δεδικαιολογημένου φόβου μήπως περιέλθῃ εἰς τὸ παντὸς εἴδους προλεταριάτον. Ἀποτελεῖ δὲ ἡ τάσις αὕτη ἀμάχητον σχεδὸν τεκμήριον περὶ τοῦ βαθμοῦ τῆς πνευματικῆς του ἀναπηρίας».

– «Ἡ ἀκατανίκητος ἐπίσης τάσις τῶν βλακῶν πρὸς τὰς πάσης φύσεως ἀγελαίας ἐμφανίσεις (κοσμικαὶ συγκεντρώσεις καὶ causerie τρεφομένη ἐκ τῶν περιεχομένων τῶν ἐφημερίδων καὶ τῶν ραδιοφώνων, μόδα, κλπ.) καὶ διακρίσεις (τίτλοι, διπλώματα παράσημα) εἶναι αὐτονόητος».

Καὶ τὸ συμπέρασμα τοῦ Λεμπέση: ‹Ἐξ οὗ ἕπεται τὸ ἀκλόνητον δόγμα: καὶ ἡ ἀνηθικότης εἶναι ἀποκλειστικὸν προνόμιον τῶν βλακῶν!»

12 ΝΟΕΜΒΡΙΟΥ

Τώρα, όπως και επί 30 χρόνια, και η Πορτογαλία προτείνει να είναι η Ελλάδα μοντέλο προς αποφυγήν στην ΕΕ!

Σήμερα (12 Νοεμβρίου 2015) διάβασα ρεπορτάζ στο ειδησεογραφικό πρακτορείο Bloomberg για την πολιτική κατάσταση στην Πορτογαλία μετά την ανατροπή του Κοέλιο, όπου σημειώνεται ότι η απερχόμενη κυβέρνηση της χώρας αυτής έχει μια και μοναδική συμβουλή για τον επόμενο πρωθυπουργό: Αν δεν ακολουθήσετε το οικονομικό πλάνο της Ευρώπης, θα είναι σαν να ακολουθείτε την μοίρα των Ελλήνων. «Το μόνο που πρέπει να κάνουμε είναι να κοιτάξουμε την πρόσφατη ιστορία ενός εκ των ευρωπαϊκών μας εταίρων, της Ελλάδας, και το κόστος που είχε στη χώρα το υποτιθέμενο τέλος της λιτότητας και η εξέγερση εναντίον της Ευρώπης, προκειμένου να δούμε το κόστος», είπε σε ομιλία του η απερχόμενη υπουργός Οικονομικών Μαρία Λουίζ Αλμπουκέρκι.

Και θυμήθηκα ότι πάντα η Ελλάδα εμφανιζόταν ως χώρα προς αποφυγή είτε από εκθέσεις είτε από μερίδα ξένου Τύπου.

Θυμήθηκα την έκθεση του Economist Corporate Network (τμήματος του ομίλου The Economist), υπό τον τίτλο «Μαθήματα για την Κεντρική και Ανατολική Ευρώπη από την Ισπανία, την Πορτογαλία, την Ελλάδα και την Ιρλανδία», η οποία δόθηκε στη δημοσιότητα το φθινόπωρο του 2003 και η οποία απετέλεσε νέο κόλαφο για τη χώρα μας.

Θυμήθηκα ότι στην έκθεση αυτή τονιζόταν, μεταξύ άλλων, ότι «η Ελλάδα έγινε μοντέλο για οτιδήποτε μπορεί να πάει στραβά μετά την ένταξη στην ΕΕ»!

Θυμήθηκα ότι για την επιβεβαίωση της διαπίστωσης αυτής επικαλείτο τον περιορισμένο ρυθμό ανάπτυξης (1% ετησίως) κατά την πρώτη δεκαπενταετία και την πτώση του κατά κεφαλήν ΑΕΠ από το 69% του μέσου όρου της ΕΕ την εποχή της ένταξης στο 66% το 2003, δηλαδή πίσω από Σλοβενία και όχι μακριά από την Τσεχία.

Θυμήθηκα ότι, κατά την έκθεση, το πρόβλημα εντοπιζόταν στο γεγονός ότι η οικονομία δεν ήταν έτοιμη να αντεπεξέλθει στον ανταγωνισμό εντός της ΕΟΚ.

Θυμήθηκα ότι τονιζόταν το εξής: «Η ένταξη ήταν μια πολιτική και όχι οικονομική απόφαση. Η περίπτωση της Ελλάδος δείχνει πόσο σημαντική είναι η μακροοικονομική σταθερότητα για να μετασχηματισθεί η συμμετοχή στην ΕΕ σε ανάπτυξη».

Θυμήθηκα ότι τότε, στις 29 Οκτωβρίου 2003, δόθηκε στη δημοσιότητα και η εξαμηνιαία φθινοπωρινή έκθεση της Ευρωπαϊκής Επιτροπής, η οποία αμφισβητούσε όλα τα στοιχεία για βασικά μεγέθη της ελληνικής οικονομίας και «ξέφτιζε» το «θαύμα της ισχυρής οικονομίας», όπως το παρουσίαζε ο τότε πρωθυπουργός Κώστας Σημίτης...

13 ΝΟΕΜΒΡΙΟΥ

Μπαταξήδες της ΔΕΗ με πισίνες, βίλες και γήπεδα τένις!!!

Σήμερα (13 Νοεμβρίου 2015) διάβασα ότι η ΔΕΗ, ύστερα από προσεκτική καταγραφή λογαριασμών με υψηλές καταναλώσεις και υψηλά χρέη και τη δήλωση ιδιοκτήτη ακινήτου στην Αθήνα πως τού κόπηκε η παροχή, ενώ χρήζει μηχανικής υποστήριξης, διέψευσε τους ισχυρισμούς του, ενώ, όπως αναφέρουν αρμόδια στελέχη της επιχείρησης, από την ημέρα έναρξης των διακοπών, οι περισσότεροι οικιακοί πελάτες στους οποίους έγινε διακοπή λόγω οφειλών καταφεύγουν στη συγκεκριμένη δικαιολογία ζητώντας να τους επανασυνδεθεί το ρεύμα, χωρίς να κάνουν διακανονισμό. Αναφέρουν μάλιστα ότι σε μία περίπτωση στην Κηφισιά, ύστερα από αυτοψία, διαπιστώθηκε ότι δεν συνέτρεχε κανένας λόγος επανασύνδεσης, καθώς δεν υπήρχε άτομο που να χρήζει μηχανικής υποστήριξης.

Σημειώνεται ότι γύρω από το θέμα αυτό της «κοινωνικής ευαισθησίας» έχει αναπτυχθεί «φάμπρικα» έκδοσης πλαστών πιστοποιητικών μηχανικής υποστήριξης, με αποτέλεσμα να εμφανίζονται ως δικαιούχοι «έχοντες», με βίλες πολλών τετραγωνικών, πισίνες και γήπεδα τένις, όπως βίλα στη Ν. Ερυθραία 500 τ. μ. με απλήρωτο λογαριασμό άνω των 200.000 ευρώ.

Η αρμόδια υπηρεσία της ΔΕΗ παρέπεμψε το θέμα στη Γενική Γραμματεία Εσόδων, όπου διαπιστώθηκε ότι, ενώ βάσει τεκμηρίων θα έπρεπε να δηλώνει εισόδημα 40.000 ευρώ, δήλωνε άνεργος και η βίλα των 500 τ.μ. εμφανιζόταν ως διαμέρισμα 99 τ.μ. Η ΔΕΗ έκανε αίτημα προς τη Γενική Γραμματεία Εσόδων για απένταξη από το σύστημα αυτό. Επίσης, αναφέρονται και πολλές περιπτώσεις ρευματοκλοπής...

Και θυμήθηκα ότι την ίδια «πονόψυχη» συμπεριφορά του σημερινού υπουργού Ενέργειας Π. Σκουρλέτη να παραδίδει μαθήματα «κοινωνικής ευαισθησίας» στη διοίκηση της ΔΕΗ και ζητεί από τη μια να μην υπάρχουν κοινωνικές αδικίες κι από την άλλη να μην κόβεται το ρεύμα στους αγρότες γιατί... δεν θα δουλεύουν οι συναγερμοί των εγκαταστάσεων είχαν δείξει και όλοι σχεδόν οι αρμόδιοι υπουργοί των ελληνικών κυβερνήσεων όλων των εποχών.

Θυμήθηκα ότι κυβερνήσεις και υπουργοί όλων των εποχών εμφανίζονταν ως «προστάτες» υψηλόμισθων μπαταξήδων, δημιουργώντας έτσι ένα απίστευτο «κίνημα» με τη γνωστό αρνητικό σύνθημα «Δεν πληρώνω»!

Θυμήθηκα ότι από τους 210.000 καταναλωτές με μειωμένο αγροτικό ρεύμα, μόνο 160.000 προσκόμισαν δικαιολογητικά!

14 ΝΟΕΜΒΡΙΟΥ

Από το κράτος μπαταξή στους υψηλόμισθους και με πισίνες οφειλέτες

Σήμερα (14 Νοεμβρίου 2015) διάβασα ότι υπό την απειλή της διακοπής του ρεύματος, οι καταναλωτές σπεύδουν να ρυθμίσουν τις οφειλές τους στη ΔΕΗ.

Και θυμήθηκα αυτό που έλεγε αιώνες πριν ο Πιττακός ο Μυτιληναίος, το γνωστό «ανάγκα και οι θεοί πείθονται», το οποίο επιβεβαιώνεται για μιαν ακόμη φορά σε πείσμα του ελληνικού κράτους «φιλομπαταξή»!

Θυμήθηκα αυτά πως ύστερα από όλα αυτά υπάρχουν ακόμα Έλληνες και εξακολουθούν και πληρώνουν τα χρέη και τις οφειλές τους στην εφορία, στους οργανισμούς κοινής ωφελείας, στις τράπεζες και σε όλους τους δανειστές τους και δεν χαρακτηρίζονται για μιαν ακόμη φορά ως... βλάκες.

Θυμήθηκα ότι το ελληνικό κράτος δίνει το παράδειγμα και είναι ένας από τους μεγαλύτερους μπαταξήδες με τεράστιες οφειλές προς το ΙΚΑ, στα νοσοκομεία, τα ασφαλιστικά ταμεία κλπ!

Θυμήθηκα ότι αυτή η «μπαταξίδικη» νοοτροπία ή προσδοκία έχει διαχυθεί ως λαδιά σε όλη την ελληνική οικονομία με την ίδρυση «Συλλόγου Υπερχρεωμένων Αγροτών», «Συλλόγου Δανειοληπτών Οργανισμού Εργατικής Κατοικίας», με τις συνεχείς αποφάσεις (δύο κάθε χρόνο ανά μέσον όρο το χρόνο από το 1978) για την «περαίωση εκκρεμών φορολογικών υποθέσεων», με τη διαγραφή χρεών των συνεταιριστικών οργανώσεων και αγροτών, με τη διαγραφή χρεών στο ΙΚΑ κλπ.

Θυμήθηκα ότι στις αρχές Ιουλίου του 1992 το υπουργείο Οικονομικών ανακοίνωσε ότι, τάχα, από την 1η Οκτωβρίου 1992, θα άρχιζε η εφαρμογή του μέτρου της προσωποκράτησης για χρέη προς το Δημόσιο.

Θυμήθηκα ότι οι ανακοινώσεις αυτές προκάλεσαν... χαλασμό από αντιδράσεις... πονόψυχων προς τους μπαταξήδες.

Θυμήθηκα ότι τότε με επισκέφθηκε στο γραφείο μου ένας παλιός, συνταξιούχος, διευθυντής εφορίας, ο οποίος μού είπε ότι μετά την απόφαση για προσωποκράτηση και την ενημέρωση των χιλιάδων μπαταξήδων, μόνο ένας δεν προσήλθε στην εφορία να πληρώσεις τις οφειλές τους, διότι ήταν αποδεδειγμένως, με απόφαση δικαστηρίου, «φτωχός».

Θυμήθηκα που μού έλεγε ότι όλοι οι άλλοι προσήλθαν ταχύτατα, διότι οι μπαταξήδες με τις βίλες, τις πισίνες και τα πολυτελή αυτοκίνητα δεν θα δέχονταν ποτέ να τους έβλεπε ο γείτονας να τους αναζητεί και να τους συλλαμβάνει η Αστυνομία...

15 ΝΟΕΜΒΡΙΟΥ

Μερικές ιστορίες μόνιμης, επί δεκαετίες, δημοσιοϋπαλληλικής τρέλας

Σήμερα (15 Νοεμβρίου 2015) διάβασα στην εφημερίδα «Καθημερινή» ότι υπάρχουν περίπου 200 δημόσιοι φορείς που λειτουργούν με μόλις έναν υπάλληλο. Επίσης, σύμφωνα με τα ίδια στοιχεία με δύο υπαλλήλους λειτουργούν πάνω από 100 Νομικά Πρόσωπα Δημοσίου Δικαίου (ΝΠΔΔ), ενώ άλλοι τόσοι λειτουργούν με προσωπικό τριών ατόμων. Σύμφωνα με τα ίδια στοιχεία, συνολικά το Δημόσιο έχει περίπου 2.600 τέτοιους «δορυφόρους» φορείς, οι οποίοι απασχολούν περί τις 200.000 υπαλλήλους, που αθροίζονται στις 500.000, περίπου, των υπαλλήλων της κεντρικής κυβέρνησης, δηλαδή των υπουργείων.

Και θυμήθηκα ότι η ίδια περίπου εικόνα κυριαρχεί επί δεκαετίες στο δημόσιο τομέα.

Θυμήθηκα ότι σε μια παλιά Επετηρίδα της Δημόσιας Διοίκησης, του 1992, του τότε αρμόδιου υπουργείου Προεδρίας αναφέρονταν τέτοιες ιστορίες δημοσιουπαλληλικής τρέλας, ώστε διερωτάτο κανείς πώς θα μπορούσε να μείνει όρθια για πολλά ακόμη χρόνια η ελληνική δημόσια διοίκηση και πόσο θα άντεχαν αυτό το άγος οι κρατικοί προϋπολογισμοί. Αναφέρω μόνο δύο τέτοια «τρελά» στοιχεία από την Επετηρίδα αυτή: Υπήρχε Γενική Διεύθυνση χωρίς γενικό διευθυντή, αλλά με ένα μόνον υπάλληλο. Υπήρχε Τμήμα με ένα... μοναχικό τμηματάρχη ως προϊστάμενο του... εαυτού του!

Θυμήθηκα ξανά κι άλλα τέτοια στοιχεία για τη χώρα της «φαιδράς πορτοκαλέας»:

– Σε ομιλία του στη Σάμο τον Οκτώβριο 1985 ο τότε υπουργός Γεωργίας Γιάννης Ποττάκης ανέφερε, μεταξύ άλλων: Σε μια ορεινή κοινότητα στα ορεινά της Κορινθίας με 60 οικογένειες υπήρχαν: ένας πρόεδρος κοινότητας αμειβόμενος, ένας συνταξιούχος πρόεδρος κι αυτός αμειβόμενος, ένας κλητήρας για να μεταφέρει έγγραφα που δεν υπήρχαν, ένας αγροφύλακας χωρίς έργο, ένας ιερέας που πήγαινε στην εκκλησία κάθε Κυριακή για να συναντάει τρεις ή το πολύ τέσσερις, δύο δάσκαλοι σε ένα σχολείο με λιγότερα από δέκα παιδιά...

– Σε συζήτηση στη Βουλή στις 20 Ιουνίου 1990 αποκαλύφθηκαν τα ακόλουθα: Προσλήφθηκαν σε συγκεκριμένο Κέντρο Περίθαλψης Παιδιών στην επαρχία 68 υπάλληλοι χωρίς να υπάρχουν στο Κέντρο... παιδιά! Επίσης, σε Κέντρο Άμεσης Βοήθειας σε επαρχιακή πόλη για τέσσερα ασθενοφόρα υπηρετούσαν 14 οδηγοί και προσλήφθηκαν άλλοι... 11 οι οποίοι μονιμοποιήθηκαν με το Νόμο 1759/89. Σε υποκατάστημα ΙΚΑ Βορείου Ελλάδος προσλήφθηκαν πέντε τηλεφωνήτριες χωρίς να υπάρχει... τηλεφωνικό κέντρο!

– Στην Εισηγητική Έκθεση επί του Προϋπολογισμού του 1979 επισημαινόταν ότι «ο δημόσιος τομέας υποφέρει από χαμηλή παραγωγικότητα και κακή κατανομή υπαλλήλων». Επίσης, προτεινόταν ότι με βάση τους 72.000 υπαλλήλους έπρεπε να μην πραγματοποιηθούν καθόλου νέες προλήψεις, να καταργηθούν περισσότερες από 4.000 υπάρχουσες θέσεις, να αναδιοργανωθούν περισσότερες από 90 διευθύνσεις και υπηρεσίες για να επιτευχθεί μια εξοικονόμηση πόρων πολλών δισ. δραχμών ή τουλάχιστον 15% ετησίως!

16 ΝΟΕΜΒΡΙΟΥ

Άγρια κακοποίηση των οικονομικών νόμων και στις αστικές συγκοινωνίες

Σήμερα (16 Νοεμβρίου 2015) διάβασα ότι πολλοί «πονόψυχοι» ενοχλήθηκαν από την κυβερνητική απόφαση για αύξηση του εισιτηρίου στις αστικές συγκοινωνίες από 1η Ιανουαρίου του 2016 από 1, 20 ευρώ στα 1, 40 ευρώ.

Και θυμήθηκα ότι αυτό, δηλαδή τη διαμόρφωση του εισιτηρίου σε συγκεκριμένα επίπεδα για να καλυφθεί τα κόστος, επιτάσσουν οι οικονομικοί νόμοι επιμόνως τα τελευταία σαράντα χρόνια, αλλά ματαίως. Έτσι, για μια ακόμα φορά βρίσκεται σε κίνδυνο η μισθοδοσία των εργαζομένων στις αστικές συγκοινωνίες και η αγορά ανταλλακτικών, εξαιτίας της δραματικής κατάστασης των οικονομικών των δημόσιων αυτών εταιριών.

Θυμήθηκα ότι ένας από τους βασικούς αυτούς και φιλέκδικους νόμους, όπως έχουμε σε προηγούμενα σχόλιά μας επισημάνει, είναι ότι δεν υπάρχει «δωρεάν πιάτο στην οικονομία, αλλά κάποιος τελικά το πληρώνει». Δυστυχώς, αυτός ο βασικός οικονομικός νόμος έχει πολλάκις ποδοπατηθεί άγρια από όλες τις κυβερνήσεις, από όλες τις αντιπολιτεύσεις, από όλα τα συνδικάτα και από πολλούς άφρονες ...οικογενειάρχες μετά τη μεταπολίτευση! Αναφέρω μερικά παραδείγματα:

– Η δωρεάν μετακίνηση των πολιτών κατά τις δύο πρώτες εβδομάδες των capital controls κόστισαν στον ΟΑΣΑ συνολικά 9, 5 εκατ. ευρώ.

– Φέτος διογκώθηκε ακόμα περισσότερο το, διαχρονικό, πρόβλημα της μη καταβολής των οφειλών των υπουργείων προς τον Οργανισμό, που είναι μειωμένες κατά 20, 5 εκατ. ευρώ σε σχέση με το 2014.

– Το υπουργείο Εργασίας διατηρεί οφειλές από το 2011, ενώ το 2015 δεν έχουν υπογραφεί ακόμη οι σχετικές συμβάσεις (παροχή δωρεάν ή με μειωμένο κόμιστρο μετακίνηση πληθυσμιακών ομάδων) με τα υπουργεία Εργασίας, Παιδείας, Προστασίας του Πολίτη, Ναυτιλίας και Άμυνας.

– Ακόμη ένα από τα σοβαρότατα προβλήματα που έχει διογκωθεί το τελευταίο διάστημα είναι η αδυναμία ελέγχων κομίστρου. Μετά την κατάργηση του σώματος εθελοντών ελεγκτών, που δεν αντικαταστάθηκε από άλλο μηχανισμό, δεν διεξάγονται έλεγχοι.

– Σε μία μαραθώνια συζήτησή μου με τον αείμνηστο Αιτωλοακαρνάνα πολιτικό και τότε υπουργό Μεταφορών Γιώργο Παπαδημητρίου στον «Οικονομικό Ταχυδρόμο» στις 30 Οκτωβρίου 1986 αναφέρθηκαν και τα (τότε) τεράστια ελλείμματα των αστικών συγκοινωνιών εξαιτίας κυρίως της κοινωνικής πολιτικής που εφαρμοζόταν τότε (ελευθέρας, μειωμένα εισιτήρια, από την οποία σημειώθηκε απώλεια εσόδων 10 περίπου δισ. δραχμών!.

17 ΝΟΕΜΒΡΙΟΥ

Όμηρος: «Αιέν αριστεύειν». ΣΥΡΙΖΑ: «Αιέν... ρετσινεύειν»!

Σήμερα (17 Νοεμβρίου 2015) διάβασα ότι, τελικά, «καρατομήθηκε» και ο διευθύνων σύμβουλος του Οργανισμού Αστικών Συγκοινωνιών Αττικής (ΟΑΣΑ) Γρηγόρης Δημητριάδης, ένας 37χρονος με εξειδίκευση στις διεθνείς διαπραγματεύσεις, ο οποίος είχε το 2013 είχε κατορθώσει να πείσει την τρόικα όχι μόνον να μην αυξηθεί το εισιτήριο στο 1, 80 ευρώ και να γίνουν 850 απολύσεις (αυτό όριζε το Μνημόνιο), αλλά να συμβεί το αντίθετο, αλλά να έχει προωθήσει και σημαντικές πρωτοβουλίες και σχέδια, όπως ενοποίηση των συγκοινωνιακών εταιρειών Τραμ, Μετρό, Λεωφορεία, κ.λπ., καθιέρωση του mobile ticket, ενιαία κάρτα πολλαπλών διαδρομών, μοντέλο καταπολέμησης της εισιτηριοδιαφυγής, αναστροφή της οικονομικής πορείας του ΟΑΣΑ, μείωση του εισιτηρίου στα 1, 20 ευρώ (από 1, 40 που ήταν έως τον Σεπτέμβριο), κλπ.

Θυμήθηκα όμως ότι στις 14 Οκτωβρίου 2015 είχε την «αντιλαϊκή» έμπνευση να προτείνει να συλλαμβάνονται και να φυλακίζονται οι... λαθρεπιβάτες. Θυμήθηκα ότι για αυτό το αντιλαϊκό «ανοσιούργημα» τού τηλεφώνησε ο αρμόδιος υπουργός να παραιτηθεί, ενώ τον περασμένο Απρίλιο τον είχε εγκαλέσει γιατί είχε δημοσιοποιήσει –χωρίς άδεια– τα επιτυχή οικονομικά αποτελέσματα του ΟΑΣΑ, χωρίς όμως να καταδεχθεί ο αριστερός υπουργός να απαντήσει στις δεκάδες γραπτές επισημάνσεις του Δημητριάδη για το πόσο καταστροφικές ήταν οι δωρεάν μετακινήσεις που αποφάσισε ο ΣΥΡΙΖΑ για να χρυσώσει το χάπι των capital controls.

Θυμήθηκα ότι τα ίδια «έπαθε» και ο Πέτρος Μισθός, ο οποίος, με μεταπτυχιακές σπουδές στη δημόσια διοίκηση και έχοντας πολυετή πείρα ως επιμορφωτής και διευθυντής εκπαιδευτικών μονάδων, το 2010 διεκδίκησε με το OpenGov τη μία από τις 13 θέσεις των περιφερειακών διευθυντών Εκπαίδευσης και την κέρδισε, βραβεύθηκε από τον ΟΟΣΑ και «πέτυχε» να γυρίσουν στα σχολεία 2.000 εκπαιδευτικοί της Πελοποννήσου που ήταν... εξαφανισμένοι σε σε... άλλες θέσεις. Και, φυσικά «καρατομήθηκε» στις 9 Απριλίου 2015 από τον Μπαλτά!!!

Θυμήθηκα και την πρόσφατη (10 Νοεμβρίου 2015) «καρατόμηση» του Σταύρου Σταυρόπουλου, από επικεφαλής της Διεύθυνσης Εσωτερικών Υποθέσεων της ΕΛΑΣ, ενώ είχε στείλει στη Δικαιοσύνη δεκάδες ύποπτες υποθέσεις, πολλές από τις οποίες (π.χ., της λαθρεμπορίας) παραμένουν εκκρεμείς, κατόρθωσε να μην υπάρχει καμία ανεξιχνίαστη απαγωγή στην Ελλάδα και έστειλε στη φυλακή δεκάδες κακοποιούς.

Θυμήθηκα έτσι για μιαν ακόμη φορά το υπό του ομήρου ρηθέν (Ιλιάς Ζ 208) «Αιέν αριστεύειν και υπείροχον έμμεναι άλλων = Πάντοτε πρώτος και ανώτερος από τους άλλους και να μην ντροπιάζεις τους προγόνους, το οποίο επί ΣΥΡΙΖΑ, δια στόματος Μπαλτά έγινε... «Αιέν... ρετσινεύειν»...

18 ΝΟΕΜΒΡΙΟΥ

Πώς «φάγανε» τις συντάξεις ...των παιδιών τους και των εγγόνων τους τα σημερινά «περήφανα γηρατειά» ...

Σήμερα (18 Νοεμβρίου 2015) διάβασα, μεταξύ άλλων, ότι, σύμφωνα με μελέτη του ευρωπαϊκού think tank Bruegel, οι σημερινοί εικοσάρηδες θα ανακαλύψουν, όταν θα έρθει η ώρα της συνταξιοδότησής τους, γύρω στο 2060, πως σε ολόκληρο τον εργασιακό τους βίο κατέβαλαν αυξημένες εισφορές, σε σχέση με τους σημερινούς συνταξιούχους, αλλά ότι η σύνταξη που θα πάρουν θα είναι κατά πολύ μικρότερη από αυτή που λαμβάνουν οι σημερινοί συνταξιούχοι.

Και θυμήθηκα για μιαν ακόμη φορά το γνωστό οικονομικό νόμο ότι δεν «υπάρχει δωρεάν πιάτο στην οικονομία, διότι κάποιος το πληρώνει».

Θυμήθηκα, δηλαδή, ότι πολλά χρόνια πριν από την οικονομική κρίση το ελληνικό κοινωνικοασφαλιστικό σύστημα βρισκόταν υπό κατάρρευση, παρά τις πάμπολλες ειδικές επιτροπές και τα αφυπνιστικά μέτρα που πρότειναν, αλλά...

Θυμήθηκα ότι οσάκις μερικές κυβερνήσεις τόλμησαν να προωθήσουν σημαντικές μεταρρυθμίσεις (Νόμος Σιούφα το 1992, ή αλήστου μνήμης απόπειρα για μεταρρύθμιση από τον Τάσο Γιαννίτση το 2000) έγινε «χαλασμός» στη χώρα μας από απεργίες και προκλήθηκαν εσωκομματικοί «σεισμοί»...

Θυμήθηκα, για παράδειγμα, ότι ήδη από τις αρχές της δεκαετίας του 2000, οι δαπάνες για συντάξεις ως ποσοστό του ΑΕΠ στην Ελλάδα ήταν ήδη από τις υψηλότερες μεταξύ των χωρών του ΟΟΣΑ και θα εμφανίζονταν ακόμη μεγαλύτερες εξαιτίας της γήρανσης του πληθυσμού, αλλά...

Θυμήθηκα ότι την ίδια περίοδο εμφανιζόταν ως σοβαρό πρόβλημα η επιδείνωση του «δείκτη εξάρτησης των ηλικιωμένων», δηλαδή του πληθυσμού ηλικίας 65 ετών και άνω ως ποσοστό του πληθυσμού ηλικίας 15–64 ετών, έως το 2050, αλλά...

Θυμήθηκα ότι η στρεβλή αγορά εργασίας, η γήρανση του πληθυσμού και η υψηλή ανεργία επιδείνωναν συνεχώς ακόμη περισσότερο το κοινωνικοασφαλιστικό πρόβλημα, αλλά...

Θυμήθηκα, δηλαδή, ότι με οι συνεχείς παροχές, οι πρόωρες συνταξιοδοτήσεις και η σωρηδόν υπαγωγή στα δήθεν «βαρέα και ανθυγιεινά επαγγέλματα προκάλεσαν την ακόλουθη πρωτοφανή ανισότητα: Ένας ασφαλισμένος πήρε συνολική σύνταξη, σε όλη τη ζωή, πολλαπλάσια του συνόλου των εισφορών που κατέβαλε σε όλο τον εργασιακό του βίο (συν τους τόκους), ενώ ένας άλλος ασφαλισμένος πήρε κλάσμα μόνο των συνολικών του εισφορών (έστω και αν η μηνιαία σύνταξή του ήταν μεγαλύτερη).

19 ΝΟΕΜΒΡΙΟΥ

Προϋπολογισμός 2016: ο πιο φορομπηχτικός όλων των εποχών!

Σήμερα (19 Νοεμβρίου 2015) διάβασα την Εισηγητική Έκθεση επί του Προϋπολογισμού του 2016, που κατατέθηκε στη Βουλή, όπως κάθε χρόνο τον ίδιο μήνα.

Και θυμήθηκα ότι ο Κρατικός Προϋπολογισμός για το 2016 είναι ο 41ος μετά τη μεταπολίτευση και διαπίστωσα, από τα στοιχεία που δημοσιεύονται, ότι είναι ο πιο φορομπηχτικός όλων των εποχών!

Θυμήθηκα τον επιστημονικό όρο «εισοδηματική ελαστικότητα», ο οποίος αποτυπώνεται με τη σχέση του ρυθμού αύξησης του ονομαστικού ΑΕΠ, του ρυθμού αύξησης των φορολογικών εσόδων και του ρυθμού αύξησης του φόρους προστιθεμένης αξίας, του γνωστού ως ΦΠΑ, όπως παρουσιάζεται στον πίνακα 3.8 της Εισηγητικής Έκθεσης (σελίδα 67) με τον τίτλο «Σχέση ρυθμού αύξησης του ΑΕΠ, φορολογικών εσόδων και ΦΠΑ».

Θυμήθηκα ότι με τον επιστημονικό αυτό όρο καταδεικνύεται κάθε χρόνο το αβάσταχτο βάρος που επωμίζονται τα οιονεί υποζύγια, δηλαδή οι φορολογούμενοι και οι καταναλωτές. Όταν η σχέση μεταξύ ρυθμού μεταβολής του ονομαστικού ΑΕΠ και ρυθμού μεταβολής των φορολογικών εσόδων ή ΦΠΑ είναι μεγαλύτερη από τη μονάδα, τότε το κράτος επιβάλλει φορολογία που δεν δικαιολογείται από την ανάπτυξη και, συνεπώς, είναι υπερβολική. Από τα στοιχεία που παρατίθενται στην Εισηγητική Έκθεση επί του νέου Προϋπολογισμού, προκύπτει ότι το 2016 (προβλέψεις) ο ρυθμός μεταβολής του ονομαστικού ΑΕΠ είναι –0, 7% (ύφεση δηλαδή!), ενώ ο ρυθμός αύξησης των φορολογικών εσόδων είναι 4, 7%!!! Επίσης, από τον ίδιο πίνακα προκύπτει ότι το 2016 προβλέπεται ύφεση (–0, 7%), αλλά το ίδιο έτος προβλέπεται αύξηση των εσόδων από ΦΠΑ κατά 6, 3%! Τρελά, οικονομικά, δηλαδή! Έτσι, από τη σύγκριση των στοιχείων αυτών προκύπτουν σχέσεις ή «τάσεις μεταβολής» τόσο για τα φορολογικά έσοδα όσο και για το ΦΠΑ, οι οποίες μπορούν να χαρακτηρισθούν μόνο ως «αβάσταχτος φορομπηχτισμός»!

Θυμήθηκα το προηγούμενο ρεκόρ φορομπηχτισμού, με βάση τη σχέση ονομαστικού ΑΕΠ και φορολογικών εσόδων σημειώθηκε το 2008, όταν το ονομαστικό ΑΕΠ είχε αυξηθεί κατά 4, 5% και τα φορολογικά έσοδα κατά 5, 5%.

Θυμήθηκα ότι το προηγούμενος ρεκόρ φορμπηχτισμού με βάση το ΦΠΑ είχε σημειωθεί το 2010, όταν το ονομαστικό ΑΕΠ είχε μειωθεί κατά 3, 9%, αλλά ο ΦΠΑ είχε αυξηθεί κατά... 4, 8%!!! Έτσι, το 2016, αν οι προβλέψεις του κρατικού προϋπολογισμού επιβεβαιωθούν, θα καταρριφθεί κι ένα ακόμη φορολογικό ρεκόρ: Το σύνολο των φορολογικών εσόδων θα διαμορφωθεί στο 25, 7% του ΑΕΠ, έναντι 25% που ήταν το προηγούμενο το 2014!

20 ΝΟΕΜΒΡΙΟΥ

«Μπάχαλο–προϋπολογισμός» κι αυτός του 2015!

Σήμερα (20 Νοεμβρίου 2015) συνέχισα την ανάγνωση της Εισηγητικής Έκθεσης επί του Κρατικού Προϋπολογισμού 2016.

Και θυμήθηκα τη μόνιμη διαπίστωσή μου ότι όλοι σχεδόν οι Κρατικοί Προϋπολογισμοί μετά τη μεταπολίτευση, ήταν «μπακάλικοι» ή ένα «μπάχαλο». Δυστυχώς, η ίδια διαπίστωση ισχύει και για τον Κρατικό Προϋπολογισμό του 2015 με βάση τις εκτιμήσεις για την έως τώρα εκτέλεσή του! Επιτρέψτε μου, λοιπόν, να παραθέσω μερικά στοιχεία από την ανάγνωση των επίσημων στοιχείων – εκτιμήσεων για την εκτέλεση του προϋπολογισμού του 2015:

– Τα τακτικά έσοδα του κρατικού προϋπολογισμού εκτιμάται ότι θα διαμορφωθούν το 2015 στα 46, 6 δισ. ευρώ, έναντι πρόβλεψης πέρυσι για 50,3 δισ. ευρώ!

–Οι άμεσοι φόροι θα διαμορφωθούν στα 11,8 δισ. ευρώ, έναντι πρόβλεψης πέρυσι για 13, 2 δισ. ευρώ!

– Οι έμμεσοι φόροι θα διαμορφωθούν στα 23, 6 δισ. ευρώ, έναντι πρόβλεψης πέρυσι για 25, 2 δισ. ευρώ!

– Το σύνολο των φορολογικών εσόδων θα διαμορφωθούν στα 42, 8 δισ. ευρώ έναντι πρόβλεψης για 47 δισ. ευρώ.

– Τα έσοδα από αποκρατικοποιήσεις θα ανέλθουν σε 268 εκατ. ευρώ, έναντι πρόβλεψης πέρυσι για 577 εκατ. ευρώ! Και πάλι καλά, θα μού πείτε, ύστερα από ένα δημοψήφισμα, δύο εκλογικές αναμετρήσεις και μια εξάμηνη «δημιουργική ασάφεια» κατά τις συζητήσεις με την τρόικα...

– Το δημόσιο χρέος εκτιμάται ότι θα διαμορφωθεί το 2015 180, 2% του ΑΕΠ, ενώ το 2009 ήταν στο 129,7% του ΑΕΠ και δεν... ήταν... βιώσιμο!!!

– Οι δαπάνες εξυπηρέτησης του δημόσιου χρέους θα διαμορφωθούν στα 33 δισ. ευρώ και είναι οι υψηλότερες μετά το 2012 και υπερδιπλάσιες από εκείνες του 1994!!!

– Ο εφιάλτης της ανεργίας παραμένει σε υψηλά επίπεδα (πάνω από το 25%).

– Αυξάνονται και πληθύνονται συνεχώς οι συνταξιούχοι του Δημοσίου. Από 431.988 το 2011 ανήλθαν στους 475.860 το 2015, με μόνη μείωση να παρουσιάζουν οι κληρικοί, οι της Εθνικής Αντίστασης (υπάρχουν ακόμη 10.328 και να είναι άνω των 90 ετών!!!), του ΟΣΕ και των πολέμων...

22 ΝΟΕΜΒΡΙΟΥ

Τελικά, νέα δημοσιονομικά δεινά προοιωνίζεται η νέα κατάργηση δικαστικού ελέγχου κρατικών δαπανών

Σήμερα (22 Νοεμβρίου 2015) διάβασα στη σελίδα 30 της Εισηγητικής Έκθεσης επί του προϋπολογισμού του 2016, ότι, τελικά, καταργείται ο προληπτικός έλεγχος επί των δαπανών του κράτους από το Ελεγκτικό Συνέδριο από την 1η Ιανουαρίου 2017, ενώ για τον προληπτικό έλεγχο από το Ελεγκτικό Συνέριο σε δαπάνες των Οργανισμών Τοπικής Αυτοδιοίκησης (ΟΤΑ) και λοιπών νομικών προσώπων προβλέπεται η κατάργησή του από την 1η Ιανουαρίου 2019. Στην ίδια σελίδα επισημαίνονται για το μείζον αυτό θέμα τα ακόλουθα: «Η ανωτέρω αλλαγή προϋποθέτει πλήρη ενεργοποίηση και ενίσχυση των υφιστάμενων υπηρεσιών εσωτερικού ελέγχου και εκσυγχρονισμό των διαδικασιών και των πληροφοριακών συστημάτων που τις υποστηρίζουν. Στο πλαίσιο αυτό θεσμοθετείται η ηλεκτρονική διακίνηση εγγράφων που επιφέρει σημαντικές εξοικονομήσεις χρόνου και κόστους στη διοίκηση...».

Και θυμήθηκα πάλι τα μεγάλα λόγια, όπως και επί δεκαετίες τώρα, που συνόδευαν κάθε καινοτομία ή διαδικασία του περιβόητου «εσωτερικού ελέγχου», ο οποίος, μολονότι επιστημονικώς σημαντικός και ρηξικέλευθος, ουδέποτε εφαρμόσθηκε στη χώρα μας, τουλάχιστον για το λειτουργικό εκσυγχρονισμό των δημόσιων επιχειρήσεων και οργανισμών που επιδοτούνταν και επιδοτούνται από τους Έλληνες φορολογούμενους, από τον κρατικό προϋπολογισμό.

Θυμήθηκα όσα είχα αναφέρει σε σχετικό σημείωμά μας στις 22 Οκτωβρίου 2015 υπό τον τίτλο «Συνέχιση της σπατάλης με κατάργηση δικαστικού ελέγχου κρατικών δαπανών». Στο σχόλιό μας αυτό υπενθυμίζαμε τα εφιαλτικά αποτελέσματα του Νόμου 1489/1984 με τον οποίο (άρθρο 34) καταργήθηκε, κατά πρώτον, ο δικαστικός έλεγχος της νομιμότητας των δημόσιων δαπανών πριν από την πληρωμή τους, που είχε κατοχυρωθεί συνταγματικά πριν από πολλές δεκαετίες, και, κατά δεύτερον, με το άρθρο 10 του Νόμου 1816/1988, ο εναπομείνας έλεγχος επί των δαπανών των νομικών προσώπων δημοσίου δικαίου από τους παρέδρους (ασκούμενος από 1.1.1989 από τους δικαστικούς υπαλλήλους του Ελεγκτικού Συνεδρίου).

Θυμήθηκα ξανάότι ο Νόμος αυτός, όπως και ο νέος, ψηφίσθηκε παρά τις έντονες αντιδράσεις του Ελεγκτικού Συνεδρίου, ο οποίος είχε χαρακτηρίσει ως αντισυνταγματική και αμφίβολης σκοπιμότητας τη ρύθμιση αυτή και ως εγκυμονούσα κινδύνους για την έξαρση φαινομένων διαφθοράς και αδιαφάνειας στις κρατικές δαπάνες και τη σωρεία παρανομιών, αφού κάθε χρόνο «κόβουν» έξοδα και κονδύλια καταφανώς παράνομα. Και, φευ!

Θυμήθηκα ξανά ότι από τότε και λίγα χρόνια μετά ήρθε η συντέλεια στους κρατικούς προϋπολογισμούς από τη «βροχή» επιδομάτων, κοινωνικών παροχών, κυρίως για κομματικές σκοπιμότητες... 23 Νοεμβρίου

«Τριτώνει» η προσπάθεια για δήθεν επισκόπηση δαπανών σπάταλων δημόσιων επιχειρήσεων και οργανισμών

Σήμερα (23 Νοεμβρίου 2015) διάβασα πάλι στην Εισηγητική Έκθεση επί του κρατικού προϋπολογισμού του 2016 (σελίδα 31) ότι «το υπουργείο Οικονομικών στοχεύει το 2016 στη διεξαγωγή εκτεταμένης επισκόπησης δαπανών στους φορείς Γενικής Κυβέρνησης», δηλαδή στις δημόσιες επιχειρήσεις και οργανισμούς». Ως βασικός στόχος των επισκοπήσεων δαπανών αναφέρεται «η ενδελεχής εξέταση των δαπανών των φορέων (από μηδενική βάση) προκειμένου να διασφαλισθεί η συγκράτηση ή εξάλειψη των μη παραγωγικών ή χαμηλής προστιθέμενης αξίας δημόσιων δαπανών, καθώς και η χρήση των δημόσιων πόρων σε τομείς προτεραιότητας, βάσει της ιεράρχησης που δίνουν τα ίδια τα υπουργεία...».

Και θυμήθηκα πολλά παλιά τέτοια... μπλα... μπλα!!!.

Θυμήθηκα ότι από το ελληνικό πολιτικό και οικονομικό δράμα επιβεβαιώνεται συνεχώς η γνωστή ρήση του Μαρξ πως «η ιστορία επαναλαμβάνεται την πρώτη φορά ως τραγωδία και τη δεύτερη φορά ως φάρσα».

Θυμήθηκα, δηλαδή, ότι αυτοί οι περιβόητοι «προϋπολογισμοί μηδενικής βάσης» είχαν εξαγγελθεί ήδη από το 1979, αλλά τελικά κατέληγαν να είναι... «μπακάλικοι»!

Θυμήθηκα, πάντως, ότι μετά την τελευταία, το 2008, παγκόσμια οικονομική κρίση αυξήθηκαν σημαντικά οι χώρες που προχώρησαν στη διεξαγωγή επισκοπήσεων δαπανών των κρατικών προϋπολογισμών, διότι, όπου εφαρμόζονται σωστά, επιτυγχάνεται, πράγματι, συγκράτηση δαπανών, εξοικονόμηση πόρων και αποτελεσματικότητα στη χρησιμοποίησή τους.

Θυμήθηκα ότι, δυστυχώς, αυτά ισχύουν και ευδοκιμούν σε άλλες χώρες. Διότι, και στη χώρα μας τα τελευταία τέσσερα χρόνια, ύστερα από έρευνα του ΚΕΠΕ, σε συνεργασία με το Γενικό Λογιστήριο του Κράτους και άλλα υπουργεία, διεξήχθη μεγάλη μελέτη, της οποίας οι προτάσεις περιελήφθησαν στο Μεσοπρόθεσμο Πλαίσιο Δημοσιονομικής Στρατηγικής 2013-2016, έτσι για να «παίρνουμε τις δόσεις» του Μνημονίου.

Θυμήθηκα, ακόμη, ότι μια άλλη έρευνα από έξι υπουργεία για το ίδιο θέμα πραγματοποιήθηκε στο δεύτερο εξάμηνο του 2014, αλλά και στις δύο περιπτώσεις οι επιχορηγήσεις και οι αναλήψεις χρεών δημόσιων επιχειρήσεων και οργανισμών «πήγαιναν σύννεφο» σε μια περίοδο που τα δύο Μνημόνια «τσάκιζαν κόκαλα» της οικονομίας, των ελληνικών νοικοκυριών, των συνταξιούχων, των φορολογουμένων και των επιχειρήσεων...

24 ΝΟΕΜΒΡΙΟΥ

**Νέα «έπεα πτερόεντα» με... ανεφάρμοστους νόμους
για τον εξορθολογισμό τάχα των δημόσιων οργανισμών!**

Σήμερα (24 Νοεμβρίου 2015) διάβασα στη σελίδα 39 της Εισηγητικής Έκθεσης επί του Προϋπολογισμού του 2016, μεταξύ άλλων, τα εξής: «Με τις διατάξεις των Νόμων 4270/2014 και Νόμου 4337/2015 προβλέπεται η υποχρέωση των (δημόσιων) φορέων για την υποβολή μηνιαίου προγράμματος εκτέλεσης προϋπολογισμού και τον καθορισμό τριμηνιαίων στόχων, καθιερώνοντας ένα σύστημα συνεχούς παρακολούθησης και επιβολής κυρώσεων σε περίπτωση αποκλίσεων. Στόχος είναι η προσαρμογή των δαπανών σύμφωνα με την πορεία των εσόδων, ώστε να διασφαλίζεται ότι οι αναλαμβανόμενες υποχρεώσεις είναι εντός των δυνατοτήτων των εκτελούμενων προϋπολογισμών».

Και θυμήθηκα ότι τα ίδια «έπεα πτερόεντα» μάς έλεγαν και όλοι οι άλλοι προηγούμενοι για τον «Πίθο των Δαναΐδων» των συντηρούμενων από τον κρατικό προϋπολογισμό, δηλαδή από τους φορολογούμενους, ζημιογόνων δημόσιων επιχειρήσεων και οργανισμών και μάλιστα είχαν εξελιχθεί σε... ανέκδοτα. Υπενθυμίζω μερικά:

–Με το σημαντικό Νόμο 1414/96 για τον λειτουργικό εκσυγχρονισμό των πολυπληθών δημόσιων οργανισμών που επιχορηγούνταν από τον κρατικό προϋπολογισμό επιβλήθηκε η προσαρμογή των καταστατικών τους, αλλά με... Προεδρικό Διάταγμα το Δεκέμβριο του 1996 ανεστάλη εφαρμογή του επί... ένα εξάμηνο (για το 1997).

– Το 1997, ο τότε πρωθυπουργός Κώστας Σημίτης, προσπάθησε, εξαιτίας των πιέσεων της Ευρωπαϊκής Επιτροπής, του Μάαστριχτ και του εθνικού στόχου ένταξης της χώρας μας στην Οικονομική και Νομισματική Ένωση (Ζώνη Ευρώ το 2000), να προωθήσει μερικές διαρθρωτικές μεταρρυθμίσεις στο χώρο των δημόσιων επιχειρήσεων και οργανισμών, αλλά στα... χαρτιά!. Τελικά, δεν είχε συνέχεια ούτε ο προηγούμενος ούτε ο νόμος αυτός, οι οποίοι, όπως και οι σημερινοί, πρόβλεπαν τάχα «ποινολόγιο» στην περίπτωση που δημόσιες επιχειρήσεις και οργανισμοί παρουσίαζαν ελλείμματα! Το «ποινολόγιο» πρόβλεπε απλή επίπληξη, παρακράτηση μισθού, απόλυση, εμπράγματες ασφάλειες!

– Τον Ιανουάριο του 1998, επιχειρήθηκε από την τότε κυβέρνηση του Κώστα Σημίτη αλλαγή γενικών κανονισμών προσωπικού στις ζημιογόνες δημόσιες επιχειρήσεις με αναταράξεις στη Νέα Δημοκρατία! Ο τότε πρόεδρος του κόμματος Κώστας Καραμανλής αποφασίζει να διαγράψει τρία επιφανή στελέχη της παράταξης, τους Γιώργο Σουφλιά, Στέφανο Μάνο και Βασίλη Κοντογιαννόπουλο, οι οποίοι είχαν εκφρασθεί υπέρ της ρύθμισης και κατά την ημέρα της ψηφοφορίας απουσίασαν...

Πάντως, η ρύθμιση ψηφίστηκε, αλλά, ως συνήθως, δεν εφαρμόστηκε ποτέ!

25 ΝΟΕΜΒΡΙΟΥ 2015

Νέα κυβερνητική παρέμβαση υπέρ των μπαταξήδων της ΔΕΗ!

Σήμερα (25 Νοεμβρίου 2015) διάβασα ότι συνεχίζονται οι συστάσεις «κοινωνικής ευαισθησίας» προς τη ΔΕΗ από ανώτατα στελέχη του υπουργείου Ενέργειας και Περιβάλλοντος, με αφορμή καταγγελίες καταναλωτών για διακοπή της ηλεκτροδότησής τους, ενώ οι οφειλές τους δεν ξεπερνούσαν τα 300 ευρώ.

Και θυμήθηκα ότι τα κυβερνητικά αυτά στελέχη καταγγέλλουν και απειλούν υπαλλήλους και διευθυντές της ΔΕΗ, της οποία η βιωσιμότητα απειλείται υπό το βάρος των άνω των 2, 3 δισ. ευρώ ανεξόφλητων οφειλών.

Θυμήθηκα ότι πρόκειται για τη δεύτερη δημόσια παρέμβαση του υπουργείου για το θέμα των διακοπών ρεύματος, εμφανώς υποκινούμενη από την αποφυγή του περιβόητου πολιτικού κόστους που προκαλεί ο θόρυβος από την πρώτη προσπάθεια της ΔΕΗ να περιορίσει κυρίως τα φαινόμενα των «σκοπίμως κακοπληρωτών» που εκμεταλλεύονται το κοινωνικό προφίλ της εταιρείας.

Θυμήθηκα όλα αυτά που πρόσφατα (13 Νοεμβρίου 2015) είχα σημειώσει για το θέμα αυτό υπό τον τίτλο «Μπαταξήδες της ΔΕΗ με πισίνες, βίλες και γήπεδα τένις!!!»

Θυμήθηκα ξανά ότι, όπως προέκυψε από έρευνα της ΔΕΗ, σε μία περίπτωση στην Κηφισιά, ύστερα από αυτοψία, διαπιστώθηκε ότι δεν συνέτρεχε κανένας λόγος επανασύνδεσης, καθώς δεν υπήρχε άτομο που να χρήζει μηχανικής υποστήριξης. Θυμήθηκα ξανά ότι γύρω από το θέμα αυτό της «κοινωνικής ευαισθησίας» έχει αναπτυχθεί «φάμπρικα» έκδοσης πλαστών πιστοποιητικών μηχανικής υποστήριξης, με αποτέλεσμα να εμφανίζονται ως δικαιούχοι «έχοντες», με βίλες πολλών τετραγωνικών, πισίνες και γήπεδα τένις, όπως βίλα στη Ν. Ερυθραία 500 τ. μ. με απλήρωτο λογαριασμό άνω των 200.000 ευρώ.

Θυμήθηκα ξανά ότι η αρμόδια υπηρεσία της ΔΕΗ παρέπεμψε το θέμα στη Γενική Γραμματεία Εσόδων, όπου διαπιστώθηκε ότι, ενώ βάσει τεκμηρίων θα έπρεπε να δηλώνει εισόδημα 40.000 ευρώ, δήλωνε άνεργος και η βίλα των 500 τ.μ. εμφανιζόταν ως διαμέρισμα 99 τ.μ. Η ΔΕΗ έκανε αίτημα προς τη Γ.Γ. Εσόδων για απένταξη από το σύστημα αυτό. Επίσης, αναφέρονται και πολλές περιπτώσεις ρευματοκλοπής...

Θυμήθηκα ξανά σήμερα και τότε ότι την ίδια «πονόψυχη» συμπεριφορά του σημερινού υπουργού Ενέργειας Π. Σκουρλέτη να παραδίδει μαθήματα «κοινωνικής ευαισθησίας» στη διοίκηση της ΔΕΗ και ζητεί από τη μια να μην υπάρχουν κοινωνικές αδικίες κι από την άλλη να μην κόβεται το ρεύμα στους αγρότες γιατί... δεν θα δουλεύουν οι συναγερμοί των εγκαταστάσεων είχαν δείξει και όλοι σχεδόν οι αρμόδιοι υπουργοί των ελληνικών κυβερνήσεων όλων των εποχών, δηλαδή εμφανίζονταν ως «προστάτες» υψηλόμισθων μπαταξήδων, δημιουργώντας έτσι ένα απίστευτο «κίνημα» με τη γνωστό αρνητικό σύνθημα «Δεν πληρώνω»!

26 ΝΟΕΜΒΡΙΟΥ

Ένα ανεξέλεγκτο «ξέφραγο αμπέλι» ο δημόσιος τομέας

Σήμερα (26 Νοεμβρίου 2015) διάβασα ότι 16 είναι τελικά οι υπάλληλοι της Βουλής που εντοπίστηκαν με πλαστά πτυχία και πλέον η υπόθεση βρίσκεται στον εισαγγελέα. Πρόκειται για 15 μόνιμους υπαλλήλους που εντοπίστηκαν με πλαστά πτυχία πανεπιστημίου ή παραποιημένα απολυτήρια Λυκείου μετά από έρευνα που είχε διαταχθεί επί προεδρίας Ευάγγελου Μεϊμαράκη και για έναν συμβασιούχο που «πιάστηκε» στη φάκα πρόσφατα μετά από επανεξέταση των φακέλων για ανανέωση των συμβάσεων. Ο τελευταίος, ο οποίος τέθηκε κατευθείαν εκτός Βουλής, εντοπίστηκε να εργάζεται παράλληλα και σε άλλο δημόσιο φορέα και ότι πήγαινε στη Βουλή μόνο για να πληρωθεί, ενώ από το 2008 λάμβανε και υπερωρίες!

Και θυμήθηκα μερικά συμπτώματα συντέλειας στη Δημόσια Διοίκηση, που έδωσε στη δημοσιότητα το 1990 ο τότε υπουργός Προεδρίας Νίκος Θέμελης τον Ιανουάριο του 1990. Διαβάστε και κρατηθείτε από κάπου:

– Υπάλληλος σε δημόσια υπηρεσία πληρώνει, με 500 δραχμές, κλητήρα της ίδιας υπηρεσίας για να τού «χτυπάει» την κάρτα παρουσίας!

– Υπάλληλος του υπουργείου Προεδρίας απουσίαζε από την εργασία της ή πήγαινε με καθυστέρηση– σε καθημερινή βάση– για 13 ημέρες μέσα σε ένα μήνα (Δεκέμβριος του 1989)!

– Περίπου 1.000 κλητήρες που διορίσθηκαν το καλοκαίρι στα δικαστήρια δεν είχαν πού να καθίσουν ή έκαναν βόλτες στους διαδρόμους!

– Τη μεθεπόμενη των Χριστουγέννων ένας υπουργός της τότε κυβέρνησης αναγκάσθηκε να απευθυνθεί σε εξωτερική δακτυλογράφο για να δακτυλογραφήσει υπηρεσιακό κείμενο, επειδή απουσίαζε η δακτυλογράφος του υπουργείου!

– Υπάλληλοι γυναίκες πήγαιναν συστηματικά, κατά τη διάρκεια του ωραρίου εργασίας, στο κομμωτήριο!

Θυμήθηκα γιατί επαναλαμβάνονταν και επαναλαμβάνονται όλα αυτά κι άλλα χειρότερα από τότε έως σήμερα.

Θυμήθηκα που είχα διερωτηθεί τότε, πριν από 25 χρόνια: Και τί έγινε, λοιπόν; Ίσως όλοι αυτοί να πήραν και... προαγωγή!!!

Θυμήθηκα ξανά όσα είχε επισημάνει ο ίδιος ο υπουργός σε επιστολή του στο γράφοντα («Οικονομικός Ταχυδρόμος 1 Φεβρουαρίου 1990) ότι «δεν διώκονται πια πειθαρχικά οι δημόσιοι υπάλληλοι ό, τι και να κάνουν..»!

27 ΝΟΕΜΒΡΙΟΥ

«Νεκρικοί Διάλογοι για την Παιδεία»: Από τον Τρίτση έως τον Φίλη!

Σήμερα (27 Νοεμβρίου 2015) διάβασα ότι ο υπουργός Παιδείας Νίκος

Φίλης ανακοίνωσε την έναρξη νέου εθνικού διαλόγου για την παιδεία με μιαν επιτροπή, της οποίας πάνω από τα μισά μέλη της είναι είτε κυβερνητικά στελέχη, είτε μέλη του ΣΥΡΙΖΑ, είτε φίλα προσκείμενοι στον ΣΥΡΙΖΑ!

Και θυμήθηκα τους «Νεκρικούς Διαλόγους» του Λουκιανού, που ταιριάζουν πια και με τη νεκρή ελληνική παιδεία.

Θυμήθηκα ξανά ότι συνεχίζεται η ίδια σχεδόν τακτική όλων των προηγούμενων κυβερνήσεων, δηλαδή του «στρίβειν δι᾽επιτροπών ή εθνικών διαλόγων» για την αποφυγή του γνωστού αιώνιου κομματικού κόστους κατά τη αντιμετώπιση σοβαρών, εθνικών, κοινωνικών και οικονομικών προβλημάτων.

Θυμήθηκα την εμπνευσμένη ομιλία του τότε υπουργού Παιδείας Αντώνη Τρίτση υπό τον τίτλο «Η ανάκτηση της ελληνικής παιδείας» κατά τη συνάντησή του με την ελληνική εκπαιδευτική ηγεσία στο παλαιό Πανεπιστήμιο Αθηνών στις 8 Ιουλίου 1987, όπου αναφέρθηκε και στον Εθνικό Διάλογο για την Παιδεία που ήδη είχε εγκαινιάσει από τον Μάιο. «Εκπαιδευτικό αντικείμενο του Εθνικού Διαλόγου για την Παιδεία αποτελεί και το κρίσιμο ζήτημα των αναλυτικών προγραμμάτων και του τρόπου διδασκαλίας στη βασική εκπαίδευση καθώς και η εκπαιδευτική, ερευνητική πράξη της Τριτοβάθμιας Εκπαίδευσης». Στη συνέχεια, όπως τόνισε, «θα γίνει ειδικότερη αναφορά στην Ελληνική Γλώσσα».

Θυμήθηκα που είχε επισημάνει ακόμα τα εξής: «Ήδη ο Διάλογος έχει καταλήξει σε ενδιαφέροντα πρώτα συμπεράσματα». Ωστόσο, τόνισε ότι «απαιτείται η καθολική κινητοποίηση του ακαδημαϊκού δυναμικού της χώρας, αφού δεν φθάνουν για τόσο κρίσιμα ζητήματα οι ad hoc επιτροπές και οι σημερινές περιορισμένες δυνατότητες του Παιδαγωγικού Ινστιτούτου».

Θυμήθηκα ότι είπε τότε πολλά για τα σχολικά βιβλία, για τη διδασκαλία της ελληνικής γλώσσας και άλλα. Τί έγινε; Απλώς, συνεχίσθηκε ο χαλασμός και η άλωση της ελληνικής παιδείας με τους αυτοσχεδιασμούς της λεγόμενης εκπαιδευτικής πρωτοπορίας, με κορύφωση την υποχώρηση του Τρίτση, ο οποίος χαρακτήρισε ως «νέα βόμβα» τα σχέδια που «χρησιμοποίησαν ομάδες εργασίας», υποσχόμενος για μιαν ακόμη φορά τότε διάλογο πριν από την τελική διατύπωση των προεδρικών διαταγμάτων.

Θυμήθηκα ότι ο χαλασμός «φυγείν αδύνατον», αφού ακολούθησαν τα ένδεκα προεδρικά διατάγματα του διαδόχου υπουργού Παιδείας Γιώργου Παπανδρέου το 1988.

28 ΝΟΕΜΒΡΙΟΥ

Τί θα «έλεγε» σε όλους στο Προεδρικό Μέγαρο ένας «εφιάλτης»
για το ασφαλιστικό

Σήμερα (Σάββατο, στις 12 το μεσημέρι, 28 Νοεμβρίου 2015) έβλεπα τον πρωθυπουργό και τους πολιτικούς αρχηγούς να εισέρχονται στο Προεδρικό Μέγαρο ή να είναι στο τραπέζι για συζήτηση, κυρίως, του κοινωνικοασφαλιστικού προβλήματος υπό τον πρόεδρο της Δημοκρατίας.

Και θυμήθηκα ότι όλοι τους έχουν συμβάλει στη σημερινή εφιαλτική εξέλιξη ενός σημαντικού οικονομικού και κοινωνικού θεσμού με προεκλογικές παροχές, με συνεχείς απεργίες και ρουσφέτια. Έτσι, θα ήθελα να βρισκόταν πάνω από τα κεφάλια τους ένας αόρατος «εφιάλτης», ο οποίος με εκκωφαντική φωνή θα μπορούσε να τούς υπενθύμιζε πολλά που θα γέμιζαν πολλές σελίδες. Απλώς, παραθέτω μερικά σχετικά πρόσφατα, αποσπάσματα από ετήσιες εκθέσεις των διοικητών της Τράπεζας της Ελλάδος μετά το 1997:

– «Σε σχέση με τη διεθνή εμπειρία, δίδεται η εντύπωση ότι το συνταξιοδοτικό σύστημα στη χώρα μας είναι γενναιόδωρο. Αυτός ο χαρακτηρισμός βασίζεται όχι μόνο στο ύψος των συντάξεων (σε σχέση με τις εν ενεργεία αποδοχές), αλλά και στην «ευκολία» θεμελίωσης του συνταξιοδοτικού δικαιώματος..»

– «Το 33% των συνταξιούχων στη χώρα μας λαμβάνει δύο ή περισσότερες συντάξεις...»

– «Το δικαίωμα για «πλήρη σύνταξη» θεμελιώνεται σχετικά εύκολα, στη χειρότερη περίπτωση μετά από 35 χρόνια υπηρεσία. Στη Γαλλία απαιτούνται 38 χρόνια υπηρεσίας, στη Γερμανία 40 και στην Ολλανδία 49 χρόνια υπηρεσίας. Εξαιρετικά ευνοϊκές είναι οι προϋποθέσεις συνταξιοδότησης γυναικών στη χώρα μας, ιδιαίτερα όσων έχουν ανήλικα παιδιά....»

– «Η ύπαρξη του «εφάπαξ» για πάρα πολλές κατηγορίες ασφαλισμένων, το οποίο ουσιαστικά έχει ως αποτέλεσμα την αύξηση των συντάξεων».

– «Το 40% των ασφαλισμένων στο ΙΚΑ ανήκουν στα «βαρέα και ανθυγιεινά» επαγγέλματα, με αποτέλεσμα η ηλικία θεμελίωσης του συνταξιοδοτικού δικαιώματος να μειώνεται κατά πέντε έτη..»

– «Το δικαίωμα για την «κατώτατη σύνταξη» θεμελιώνεται πολύ εύκολα (13, 5 έτη, που πρόσφατα αυξήθηκαν σε 15 έτη εργασίας) και το ποσό τη σύνταξης αυτής είναι πολύ υψηλό σε σχέση με τις εισφορές που καταβλήθηκαν. ..»

– «Η γενναιοδωρία του συστήματος αντανακλάται και στο ύψος των συσσωρευμένων απαιτήσεων των ασφαλισμένων από τα συνταξιοδοτικά ταμεία. Σύμφωνα με στοιχεία του ΟΟΣΑ, οι υποχρεώσεις των ασφαλιστικών ταμείων στην Ελλάδα υπερβαίνουν το 150% του ΑΕΠ και είναι από τις υψηλότερες ανάμεσα στις χώρες – μέλη του ΟΟΣΑ...»

Και η μόνιμη επί δεκαετίες «κραυγή» αγωνίας καταλήγει ως εξής: «Από τα ανωτέρω είναι φανερό ότι μεσομακροπρόθεσμα είναι δύσκολο να διατηρηθεί η σημερινή κατάσταση και απαιτούνται άμεσες μεταρρυθμίσεις. Οι μεταρρυθμίσεις αυτές θα είναι αναγκαστικά προς την κατεύθυνση της μείωσης των παροχών και της καθιέρωσης αυστηρότερων προϋποθέσεων για τη θεμελίωση συνταξιοδοτικού δικαιώματος...»

Θυμήθηκα ότι όλα αυτά ρίπτονταν «εις τον κάλαθον των αχρήστων»...

29 ΝΟΕΜΒΡΙΟΥ

Παγκόσμιας ιδιαιτερότητας η πρόταση για πολλοστή επιτροπή Ασφαλιστικού και μάλιστα στο Προεδρικό Μέγαρο!

Σήμερα (29 Νοεμβρίου 2015) διάβασα ότι κατά τη χθεσινή συνάντηση των πολιτικών αρχηγών στο Μέγαρο Μαξίμου υπό τον πρόεδρο της Δημοκρατίας Προκόπη Παυλόπουλο, ο πρωθυπουργός Αλέξης Τσίπρας πρότεινε, μεταξύ άλλων, τη συγκρότηση επιτροπής από ειδικούς εμπειρογνώμονες για το Ασφαλιστικό.

Και θυμήθηκα ότι η πρόταση αυτή είναι για Βραβείο Γκίνες ή διεκδικεί παγκόσμια ιδιαιτερότητα, διότι είναι συνέχεια... δεκάδων άλλων και γίνεται μάλιστα σε συζήτηση πολιτικών αρχηγών στο Προεδρικό Μέγαρο!

Θυμήθηκα ξανά και ξανά ότι επιτροπές για το Ασφαλιστικό έχουν συγκροτηθεί δεκάδες από το 1958, αλλά χρησιμοποιούνταν «ως στρίβειν» για καθυστέρηση λήψης σημαντικών αποφάσεων για το μείζον αυτό εθνικό, κοινωνικό και οικονομικό θέμα.

Θυμήθηκα ξανά και ξανά ότι όλες σχεδόν οι κυβερνήσεις προχωρούσαν στη συγκρότηση τέτοιων επιτροπών, ενώ υπάρχουν πάμπολλα στοιχεία, υπάρχουν πάμπολλα πορίσματα, υπάρχουν πάμπολλες προτάσεις για όλα τα θέματα, για όλα τα ασφαλιστικά προβλήματα από επιτροπές, από την Τράπεζα της Ελλάδος και τους διεθνείς οργανισμούς. Παραθέτω ένα σύντομο χρονικό:

– Η πρώτη επιτροπή είχε συγκροτηθεί το ... 1958 και τα συμπεράσματά της δόθηκαν στη δημοσιότητα το 1959 σε 264 σελίδες!

– Η Επιτροπή Φακιολά το 1992, η Επιτροπή Τζουμάκα το 1992 (συμμετείχαν μόνο στελέχη του ΠΑΣΟΚ), η Επιτροπή Σπράου το 1996 και η ειδική Επιτροπή που ανακοίνωσαν ο τότε υπουργός Εθνικής Οικονομίας Γιάννος Παπαντωνίου και ο υφυπουργός Εργασίας και Κοινωνικών Ασφαλίσεων Μιλτιάδης Παπαϊωάννου την 1η Απριλίου 1999.

– Τον Ιούνιο του 2001 ο τότε υπουργός Εργασίας Τάσος Γιαννίτσης είχε προχωρήσει στη συγκρότηση ειδικής επιτροπής εμπειρογνωμόνων για το ασφαλιστικό, ενώ οι αρχικές προτάσεις του υπουργείου Εργασίας είχαν προκαλέσει την έντονη αντίδραση των συνδικαλιστών.

– Τον Ιούνιο του 2006 ο τότε υπουργός Οικονομίας και Οικονομικών Γιώργος Αλογοσκούφης ανακοίνωσε τη σύσταση ειδικής επιτροπής για τη σύνταξη τεχνικής έκθεσης, η οποία θα αποτελούσε τη βάση για περαιτέρω συζήτηση γύρω από το ασφαλιστικό πρόβλημα και την ασφαλιστική μεταρρύθμιση.

– Το 2011 ο τότε υπουργός Εργασίας και Κοινωνικών Ασφαλίσεων Γιώργος Κουτρουμάνης ανακοίνωσε την απόφαση για συγκρότηση ειδικής επιτροπής για το ασφαλιστικό

30 ΝΟΕΜΒΡΙΟΥ

Σε νέα περιπέτεια σχολικά βιβλία και ελληνική ιστορία

Σήμερα (30 Νοεμβρίου 2015) και τελευταία ημέρα του φθινοπώρου διάβασα ότι ο αρνητής της Γενοκτονίας των Ποντίων υπουργός Παιδείας Νίκος Φίλης ανακοίνωσε ότι πρόεδρος της επιτροπής και επικεφαλής της αναθεώρησης του προγράμματος και των σχολικών βιβλίων αναλαμβάνει ο καθηγητής Αντώνης Λιάκος.

Και θυμήθηκα ότι ο από 25ετίας καθηγητής Νεότερης Ιστορίας στο Πανεπιστήμιο Αθηνών, με τις επιστημονικές του παρεμβάσεις και την αρθρογραφία του προσπαθεί να κατεδαφίσει «εθνικούς» μύθους.

Θυμήθηκα ότι μεταξύ των πρόσφατων θιασωτών του 68χρονου καθηγητή συγκαταλέγεται πλέον και ο πρωθυπουργός Αλέξης Τσίπρας, ο οποίος τον επικαλέσθηκε παραθέτοντας σε ομιλία του αυτούσιο τσιτάτο του.

Θυμήθηκα ότι στο παρελθόν έχει συνυπογράψει κείμενα υπέρ του Σχεδίου Ανάν, αλλά και την εκδήλωση απαίτησης από την ελληνική κυβέρνηση να λογοδοτήσουν οι Έλληνες εθελοντές που πολέμησαν στη Σρεμπρένιτσα.

Θυμήθηκα ότι ο ίδιος έχει παροτρύνει την «κατεδάφιση» διανοούμενων Ελληνικής Αριστεράς, όπως τους Κορδάτο, Σκληρό, Σβορώνο, Ψυρούκη, Θεοδωράκη, Ρίτσο, Λειβαδίτη, για «εθνικιστικό λαϊκισμό»!

Θυμήθηκα ότι ο καθηγητής αμφισβητεί ήδη από οκταετίας ανοικτά την επιταγή του Συντάγματος στο άρθρο 16, παράγραφος 2, που θέτει ως σκοπό της παιδείας την ανάπτυξη της εθνικής και θρησκευτικής συνείδησης...

Θυμήθηκα ότι. με πρόσχημα την αποδόμηση της εθνοκεντρικής ιστοριογραφίας, όπως τα δεινά των Ελλήνων της Σμύρνης και η Μικρασιατική Καταστροφή, ο καθηγητής, υπό τον αδόκιμο επιστημονικά όρο του «εθνομηδενισμού», είναι γνωστός για τις αποστροφές του περί «μεγαλόστομων πατριωτικών ανοησιών», όπως ο Χορός του Ζαλόγγου και το Κρυφό Σχολειό και για την άποψή του ότι «η πολυεθνική Οθωμανική Αυτοκρατορία» πρέπει να αντικαταστήσει τον όρο Τουρκοκρατία, μεθερμηνευόμενη ως έμμεση αναγνώριση ότι οι υπόδουλοι λαοί της περνούσαν εκεί κάτι παραπάνω από ζάχαρη.

Θυμήθηκα, τέλος, ένα πρόσφατο άρθρο του με τίτλο «Η κατασκευή της ηρωικής εικόνας του Μακεδονικού Αγώνα από την Πηνελόπη Δέλτα φωτίζεται με την έρευνα του Σπύρου Καράβα», όπου χαρακτηρίζει τους Μακεδονομάχους ως... τζιχαντιστές: Γράφει: «Με φρίκη τα διεθνή ΜΜΕ αναφέρονται στις ομαδικές εκτελέσεις αιχμαλώτων από φανατικούς εξτρεμιστές του Ισλάμ στο Ιράκ τις μέρες αυτές ή στη Συρία τους προηγούμενους μήνες. Ακόμη μεγαλύτερη φρίκη όταν πρόκειται για αμάχους. Μια παρόμοια ιστορία είναι η ένοπλη ομάδα που συμμετείχε στον Μακεδονικό Αγώνα με επικεφαλής τον Σπύρο Σπυρομήλιο»...

ΔΕΚΕΜΒΡΙΟΣ

«Μην έχοντας πιο κάτου
άλλο σκαλί να κατρακυλήσει
στου κακού τη σκάλα»

3 ΔΕΚΕΜΒΡΙΟΥ

Τα «βερεσέδια» που μάς έχουν κάνει ένα μόνιμα δυστυχή Σίσυφο

Σήμερα (3 Δεκεμβρίου 2015) διάβασα τη χιονοστιβάδα των «κρυφών χρεών» που πληρώνει ο ελληνικός λαός ή, καλύτερα, οι Έλληνες φορολογούμενοι, εσαεί και κάθε χρόνο, για τη λειτουργία δημόσιων επιχειρήσεων και οργανισμών με τη μορφή εγγυήσεων που χορηγεί το ελληνικό Δημόσιο για δάνεια, οι οποίες συνεχώς και κάθε χρόνο καταπίπτουν. Συγκεκριμένα, διάβασα ότι το 2014 το ποσό αυτό ήταν ύψους 587 εκατ. ευρώ, ενώ από το 2008 έως και σήμερα υπολογίζεται πως έχουν πληρωθεί για καταπτώσεις περί τα 5 δισ. ευρώ.

Και θυμήθηκα το ατέλειωτο μαρτύριο του δυστυχούς «Σίσυφου», του ελληνικού λαού.

Θυμήθηκα τα «βερεσέδια», όπως τα είχε χαρακτηρίσει το 1990 ο τότε πρωθυπουργός Κωνσταντίνος Μητσοτάκης, με τα οποία «φαγώθηκε» ένα μεγάλο μέρος από 2, 5 τρισ. ευρώ, τα οποία εισέρευσαν στα δημόσια ταμεία από το 1981 έως σήμερα με τη μορφή φόρων, κοινοτικών πόρων, δανείων και εσόδων από αποκρατικοποιήσεις. Δηλαδή, παίρνουμε «αιματηρά» δάνεια για να πληρώνουμε συνεχώς τα «βερεσέδια» ενός σπάταλου δημόσιου τομέα.

Θυμήθηκα ότι οι κρατικές δαπάνες ενισχύονται ακόμη και σε περιόδους κρίσης και οδυνηρής λιτότητας και σκληρότητας, εξαιτίας του πανάκριβου «θερμοκηπίου» του δημόσιου τομέα. Ακόμα και την ασφάλιση των υπαλλήλων του ΟΤΕ επιχορηγούσαν το 2010 οι Έλληνες φορολογούμενοι!

Θυμήθηκα τα ίδια στοιχεία για τις ίδιες δημόσιες επιχειρήσεις και το 2010, αλλά και το 2015, δηλαδή και ύστερα από τρία Μνημόνια, από τα οποία προκύπτει ότι το (εγγυημένο και πάντα σχεδόν καταπίπτον) ανεξόφλητο χρέος των ίδιων δημόσιων επιχειρήσεων και οργανισμών συνεχίζεται.

Τα παραθέτω (σε εκατ. ευρώ):

Α/Α	Επωνυμία	31 Δεκεμβρίου 2010	30 Ιουνίου 2015
1	ΕΑΣ	840, 7	365, 0
2	ΕΑΒ	514, 0	125, 0
3	ΟΣΕ	8.497, 2	5.488, 6
4	Αττικό Μετρό	1.861, 3	2.110, 7

5	Αττική Οδός	597, 2	110, 6
6	Διεθνής Αερολιμένας	438, 6	438, 6
7	ΔΕΗ	997, 8	2.141, 8
8	ΔΕΣΦΑ	311, 9	271, 0
9	Εθνική Βιβλιοθήκη	6, 7	4, 0
10	ΕΑΙΤΥ	5, 9	1, 0
11	ΟΜΜΑ	243, 5	209, 6
12	ΚΕΕΛΠΝΟ	232, 5	192, 6
13	ΟΣΚ	607, 8	565, 7
14	Δήμος Αθηναίων	29, 4	49, 2
15	Πληγέντες από φυσικές καταστροφές	3.055, 6	1.638, 1
16	Ιδιωτικός τομέας	1.258, 2	1.575, 1

4 ΔΕΚΕΜΒΡΙΟΥ

Να βρει μιμητές το παράδειγμα του δημάρχου Νέας Σμύρνης να πληρώνει ζημιές!!!

Σήμερα (4 Δεκεμβρίου 2015) διάβασα ότι ο δήμαρχος Νέας Σμύρνης Σταύρος Τζουλάκης έδωσε εντολή στην Οικονομική Υπηρεσία του Δήμου να πληρωθούν οι 120 εργαζόμενοι στις 10 Δεκεμβρίου 2015, τονίζοντας ότι «θα τα πληρώσει ο ίδιος»!!! Σημειώνεται ότι ο αρμόδιος επίτροπος, ο οποίος με βάση τον ισχύοντα Νόμο ελέγχει προληπτικά τις δαπάνες των Δήμων, επέστρεψε αθεώρητα τα χρηματικά εντάλματα του Δήμου Νέας Σμύρνης, που αφορούν στην πληρωμή 120 πρώην συμβασιούχων και με τελεσίδικες δικαστικές αποφάσεις, αορίστου χρόνου, πλέον, υπαλλήλους του Δήμου. Στην περίπτωση αυτή, δύο τινά, διαζευκτικά, έπρεπε να συμβούν: ή να εκτελεσθούν (παρανόμως) τα χρηματικά αυτά εντάλματα ή κάποιος να τα πληρώσει. Και αποφάσισε να τα πληρώσει ο δήμαρχος!

Και θυμήθηκα τί έχει να γίνει μετά την 1η Ιανουαρίου 2019, όταν με νόμο έχει καταργηθεί ο προληπτικός έλεγχος των δαπανών της τοπικής αυτοδιοίκησης από το Ελεγκτικό Συνέδριο, όπως μάλιστα αναφέρεται και στη σελίδα 30 της Εισηγητικής Έκθεσης επί του προϋπολογισμού του 2016.

Θυμήθηκα ξανά ότι ο επίτροπος, ο οποίος κατά το Νόμο ελέγχει σήμερα ακόμα και έως τις 31 Δεκεμβρίου 2018 τις δαπάνες των Δήμων, επισημαίνει για το θέμα αυτό τα ακόλουθα: «Εφιστάται η προσοχή σας, ως προς το ότι δεν ασκήσατε τα προβλεπόμενα ένδικα μέσα κατά των πρωτόδικων δικαστικών αποφάσεων, ως είχατε υποχρέωση, με αποτέλεσμα να καταστούν οι αποφάσεις αυτές τελεσίδικες και να υποστεί ζημία ο Δήμος»!

Θυμήθηκα ότι το Ελεγκτικό Συνέδριο, που είναι θεσμός δηλαδή, επισημαίνει ότι υπέστη ζημία ο Δήμος, την οποία θα κληθούν να πληρώσουν είτε οι δημότες είτε οι φορολογούμενοι. Και όπως έλεγε ο Σωκράτης «δεν μπορεί να σταθεί όρθια μια πολιτεία, όπου ποδοπατούνται οι νόμοι, οι θεσμοί». Κι αναφέρω όλα αυτά αναλογιζόμενος αν, μετά την κατάργηση με πρόσφατο Νόμο, από την 1η Ιανουαρίου 2019, του προληπτικού ελέγχου των δαπανών του κράτους, της τοπικής αυτοδιοίκησης και των νομικών προσώπων γενικώς από το Ελεγκτικό Συνέδιο, θα υπάρχουν άλλοι δήμαρχοι, όπως ο Σταύρος Τζουλάκης, για πληρώνουν τις ζημιές!!!

Θυμήθηκα ξανά τα εφιαλτικά αποτελέσματα του Νόμου 1489/1984 με τον οποίο (άρθρο 34) καταργήθηκε και πάλι αυτός ο προληπτικός έλεγχος...

5 ΔΕΚΕΜΒΡΙΟΥ

Επί δεκαετίες τιμωρούνται φορολογικά οι ελληνικές οικογένειες με παιδιά και η ανάπτυξη !!!

Σήμερα (5 Δεκεμβρίου 2015) διάβασα τα στοιχεία της νέας έκθεσης του Οργανισμού Οικονομικής Συνεργασίας και Ανάπτυξης (OECD's Annual Revenue Statistics) στη χώρα μας, για τον αβάσταχτο φορομπηχτισμό στην Ελλάδα κατά την περίοδο 2009–2014, αλλά και για την εφιαλτική εξέλιξη του δημογραφικού προβλήματος. Η νέα διαπίστωση του διεθνούς οργανισμού είναι ότι κατά την περίοδο 2009 – 2014 η Ελλάδα αναδείχθηκε «πρωταθλήτρια σε αύξηση της φορολογικής επιβάρυνσης, αφού κατά την παραπάνω περίοδο η φορολογία στην Ελλάδα αυξήθηκε κατά 5, 1 ποσοστιαίες μονάδες ΑΕΠ .

Και θυμήθηκα ότι η φορολογική αυτή καταιγίδα δεν δικαιολογείται σε μια περίοδο κατά την οποία η ύφεση «τσακίζει κόκαλα»!

Θυμήθηκα την πριν από πολλά χρόνια επισήμανση του ίδιου διεθνούς οργανισμού ότι η Ελλάδα έχει το υψηλότερο κόστος είσπραξης και διαχείρισης φόρων, όπερ σημαίνει ότι συρρικνώνεται σημαντικά το «καθαρό» όφελος για τον κρατικό προϋπολογισμό.

Θυμήθηκα μερικές διαπιστώσεις της έκθεσης του ίδιου διεθνούς οργανισμού τον περασμένο Απρίλιο. Παραθέτω μερικές από αυτές με τη απογοητευτική επισήμανση ότι συνεχώς και επί δεκάδες χρόνια απευθύνεται εις ώτα μη ακοούντων:

Πρώτον, οι οικογένειες με παιδιά τιμωρούνται στην Ελλάδα. Αυτό προκύπτει από τη μελέτη του Οργανισμού Οικονομικής Συνεργασίας και Ανάπτυξης (ΟΟΣΑ) για τη φορολογία σε οικογένεια στην οποία εργάζεται ο ένας γονιός με δύο παιδιά, όπου διαπιστώνονται οι υψηλότερες φορολογικές επιβαρύνσεις μεταξύ των 34 χωρών του Οργανισμού. Αυτή η διαπίστωση ισχύει ήδη από το 1992!

Δεύτερον, η Ελλάδα είναι η μόνη χώρα του ΟΟΣΑ, όπου η φορολογική επιβάρυνση μιας οικογένειας με παιδιά είναι υψηλότερη κατά τρεις ποσοστιαίες μονάδες σε σύγκριση με τα φορολογικά βάρη που επωμίζεται ένας άγαμος εργαζόμενος χωρίς παιδιά, σε αντίθεση με τα υπόλοιπα κράτη του ΟΟΣΑ, όπου η φορολογική επιβάρυνση των νοικοκυριών με δύο παιδιά είναι κατά εννέα ποσοστιαίες μονάδες χαμηλότερη σε σχέση με τον άγαμο εργαζόμενο χωρίς παιδιά, χωρίς να έχει πάρει το δημογραφικό τις εφιαλτικές διαστάσεις της Ελλάδος.

Τρίτον, από την ίδια έκθεση προκύπτει επίσης ότι στην Ελλάδα, εισφορές κοινωνικής ασφάλισης εργαζομένων και εργοδοτών αντιπροσωπεύουν το 83% της συνολικής φορολογικής επιβάρυνσης σε σύγκριση με το 63% του συνολικού μέσου όρου του ΟΟΣΑ.

Αν με όλα αυτά περιμένουμε ανάπτυξη, μείωση της ανεργίας και άμεση αντιμετώπιση του εφιαλτικού δημογραφικού προβλήματος, είμαστε βαθιά... νυχτωμένοι...

6 ΔΕΚΕΜΒΡΙΟΥ

Κι άλλα... «καλά κρασιά» από την Τράπεζα της Ελλάδος!!!

Σήμερα (6 Δεκεμβρίου 2015) διάβασα προσεκτικά, όπως κάθε φορά, τη νέα Ενδιάμεση Έκθεση της Τράπεζας της Ελλάδος για τη Νομισματική Πολιτική του 2015 και νόμιζα ότι διάβαζα παλιές Ετήσιες, στην αρχή, και παλιές Ενδιάμεσες, στη συνέχεια, από τότε που κυκλοφορούν δύο φορές το χρόνο, Εκθέσεις της Κεντρικής Τράπεζας.

Και θυμήθηκα, διαβάζοντας πάλι τις προβλέψεις της για επιστροφή στην ανάπτυξη, για ανάκαμψη της ελληνικής οικονομίας, ότι ουδέποτε σχεδόν επαληθεύθηκαν κατά την τελευταία τεσσερακονταετία!

Θυμήθηκα (και υπομειδίασα!) πολλά παλαιά και ίδια σχεδόν διαβά-
ζοντας όσα υποστηρίζει, ότι δηλαδή η προσαρμογή που απομένει να υλο-
ποιηθεί δεν πρέπει να γίνει με αύξηση των φορολογικών συντελεστών ή
των εισφορών κοινωνικής ασφάλισης που θίγουν την ανταγωνιστικότητα,
την ανάπτυξη και τις θέσεις απασχόλησης. Αντίθετα, όπως επισημαίνει,
έμφαση θα πρέπει να δοθεί «στη μείωση των μη παραγωγικών δαπανών
του Δημοσίου και του ευρύτερου δημόσιου τομέα, στη μείωση των φορο-
λογικών δαπανών με την κατάργηση των εναπομενουσών εξαιρέσεων από
τις γενικές διατάξεις της φορολογίας και της κοινωνικής ασφάλισης και
στην πραγματοποίηση ιδιωτικοποιήσεων...».

Και θυμήθηκα όλα τα παρόμοια που υποστήριζε επί δεκαετίες διαβά-
ζοντας τις προϋποθέσεις, που απαριθμεί για επιστροφή στην ανάπτυξη,
παραθέτοντας ένα δικό μου σύντομο αντίστοιχο σχόλιο:

–Αντιμετώπιση του προβλήματος των μη υπηρετούμενων δανείων
που θα πρέπει να ακολουθήσει αμέσως μετά την ανακεφαλαιοποίηση των
τραπεζών. «Χαιρετίσματα στην εξουσία»!!!

–Ταχεία εφαρμογή των μεταρρυθμίσεων στις αγορές αγαθών και υπη-
ρεσιών για τη βελτίωση του επιχειρηματικού περιβάλλοντος και της αντα-
γωνιστικότητας. «Καλά κρασιά»!!!

–Δράσεις για τη δημιουργία νέων θέσεων εργασίας που θα μειώσουν
την ανεργία. «Ζήσε μαύρε μου να φας τριφύλλι»...

–Η διατήρηση των πρωτογενών πλεονασμάτων. Μα αυτά έχουν ήδη
προ πολλού ξορκισθεί ως... μνημονιακά και ...αντιλαϊκά!!!

–Παράλληλες δράσεις για την αύξηση της αποτελεσματικότητας του
δημοσίου τομέα. Ιδιαίτερη σημασία έχει ο εκσυγχρονισμός της φορολο-
γικής διοίκησης, ο οποίος όχι μόνο θα περιορίσει τη φοροδιαφυγή και τη
διαφθορά, αλλά και θα βελτιώσει τη λειτουργία του υγιούς ανταγωνισμού.
Μήπως ζούμε σε άλλη χώρα;

Σταματώ, διότι αρχίζω πια να νιώθω ότι με δουλεύουν όλοι ψιλό γαζί...

7 ΔΕΚΕΜΒΡΙΟΥ

Συνεχίζεται επί δεκαετίες το «Έπος των Εύπορων Μπαταξήδων»!

Σήμερα (7 Δεκεμβρίου 2015) διάβασα ότι εύποροι δανειολήπτες ή δανειολήπτες που κατοικούν σε εύπορες περιοχές της χώρας (Κρήτη, Δωδεκάνησα και Ιόνια Νησιά) εμφανίζονται ως κακοπληρωτές τραπεζικών δανείων.

Και θυμήθηκα πώς επί δεκαετίες «μεγαλούργησε» το «Έπος των Εύπορων Μπαταξήδων», δηλαδή των κακοπληρωτών τραπεζικών δανείων και φόρων, δηλαδή πώς όλες οι κυβερνήσεις τούς παρότρυναν για τη «στρατηγική» αυτή με τις γνωστές ρυθμίσεις και διαγραφές χρεών.

Θυμήθηκα, απλώς, ότι όλες οι κυβερνήσεις από το 1972 έως το 1986 δεν εφάρμοζαν το Νόμο, ... συμμορφούμενες προς τις προτροπές «Συλλόγου Δανειοληπτών» (ναι, είχαν ιδρύσει και Σύλλογο!!!), οι οποίοι αρνούνταν να καταβάλλουν όχι μόνο τις ληξιπρόθεσμες δόσεις των φτηνών σχετικά δανείων του Οργανισμού Εργατικής Κατοικίας (ΟΕΚ), αλλά και εκείνες που είχαν σταλεί προς αναγκαστική είσπραξη στις εφορίες!

Θυμήθηκα ότι τα ληξιπρόθεσμα αυτά δάνεια είχαν πάρει μάλιστα, (όπως καλή ώρα και τώρα!), υψηλόμισθοι «δικαιούχοι» από το χώρο των «ρετιρέ» (δημόσιες επιχειρήσεις και οργανισμοί, τράπεζες κλπ) και ανέρχονταν σε 25 δισ. δραχμές!

Θυμήθηκα και μία λεπτομέρεια (μοιάζει με ... χιούμορ) για χαμογελάσετε περισσότερο: Τότε, οι δόσεις των δανείων αυτών δεν ξεπερνούσαν σε ποσό την αξία μιας... μπριζόλας της εποχής εκείνης! Κι όμως, αρνούνταν να πληρώσουν τις δόσεις των δανείων αυτών...

Σήμερα, όπως διάβασα, το άγος αυτό συνεχίζεται: Διαβάστε:

–Πελάτης μεγάλης τράπεζας, ιδιωτικός υπάλληλος 45 ετών, με οφειλές περίπου 5.500 ευρώ και καταθέσεις προθεσμίας 80.000 ευρώ έχει πετύχει προσωρινή διαταγή, η οποία ορίζει να καταβάλλει... 80 ευρώ μηνιαίως.

–Γιατρός με μεγάλα εισοδήματα και περιουσία μεγάλης αξίας δεν αποπληρώνει δάνεια ύψους 1, 7 εκατ. ευρώ. Προσέφυγε στον νόμο Κατσέλη, δηλώνοντας ότι οι οικογενειακές του δαπάνες είναι 4.500 ευρώ μηνιαίως.

– Ιδιοκτήτης 30 ακινήτων με οφειλές 750.000 ευρώ έκανε αίτηση για να ενταχθεί στον νόμο Κατσέλη, εξασφαλίζοντας για τρία χρόνια προστασία από την τράπεζα.

Κι όλα αυτά, παρά τη σκληρή επισήμανση της Τράπεζας της Ελλάδος ότι «η πολυπλοκότητα της νομοθεσίας οδηγεί σε αρκετές περιπτώσεις σε αποφάσεις που στην ουσία προστατεύουν δανειολήπτες, οι οποίοι δεν βρίσκονται σε αντικειμενική αδυναμία να εξυπηρετήσουν τα δάνειά τους».

8 ΔΕΚΕΜΒΡΙΟΥ

Ευθεία σύγκρουση κυβέρνησης και Κεντρικής Τράπεζας για την αύξηση των ασφαλιστικών εισφορών...

Σήμερα (8 Δεκεμβρίου 2015) διάβασα ότι η κυβέρνηση εμφανίζεται να «καλοβλέπει» αύξηση των ασφαλιστικών εισφορών κατά δύο μονάδες, προκειμένου να αποφύγει τη μείωση των κύριων συντάξεων από 60% έως και 30%! Όπως διάβασα, πεδίο σύγκρουσης θεωρείται η πρόθεση της κυβέρνησης να καλύψει σημαντικό μέρος της δέσμευσης για δημοσιονομική προσαρμογή κατά 1% του ΑΕΠ εντός του 2016 με την αύξηση των ασφαλιστικών εισφορών και δευτερευόντως με τη μείωση επικουρικών συντάξεων, εφάπαξ και μερισμάτων, χωρίς να «πειράξει» τις κύριες συντάξεις.

Και θυμήθηκα ότι ο κυβερνητικός αυτός ελιγμός έρχεται σε ευθεία αντίθεση με την Τράπεζα της Ελλάδος, η οποία άλλα προτείνει. Συγκεκριμένα, όπως επισημαίνει στην τελευταία ενδιάμεση Έκθεση για τη Νομισματική Πολιτική (Δεκέμβριος 2015) «η προσαρμογή που απομένει να υλοποιηθεί δεν πρέπει να γίνει με αύξηση των φορολογικών συντελεστών ή των εισφορών κοινωνικής ασφάλισης που θίγουν την ανταγωνιστικότητα, την ανάπτυξη και τις θέσεις απασχόλησης».

Θυμήθηκα ότι, αντίθετα, όπως επισημαίνει, «έμφαση θα πρέπει να δοθεί στη μείωση των μη παραγωγικών δαπανών του Δημοσίου και του ευρύτερου δημόσιου τομέα, στη μείωση των φορολογικών δαπανών με την κατάργηση των εναπομενουσών εξαιρέσεων από τις γενικές διατάξεις της φορολογίας και της κοινωνικής ασφάλισης και στην πραγματοποίηση ιδιωτικοποιήσεων...».

Θυμήθηκα, φευ, ότι όλα αυτά είναι δύσκολα πράγματα για κυβερνήσεις που κατήγγελλαν παρόμοιες πρακτικές. Κι έτσι, και η σημερινή κυβέρνηση, όπως και όλες οι προηγούμενες, προσφεύγει σε λύσεις με το ολιγότερο, προσωρινά, κομματικό κόστος, το οποίο έχει εξελιχθεί σεεφιαλτικό διαχρονικά για τη χώρα και τους κατοίκους της...

Θυμήθηκα ότι με τη διαπίστωση αυτή εγκιβωτίζεται το πολυετές πολιτικό και οικονομικό δράμα της Ελλάδος, το οποίο δημιουργήθηκε από «ντροπολογίες» για ρουσφέτια και για την ικανοποίηση στρατιάς «κομματικών κηφήνων», όπως θα έλεγε και σήμερα ο μέγας Εμμανουήλ Ροΐδης...

«Εν και ήμισυ εκατομμύριον νοήμονος και φιλοπόνου λαού, οικούντος χώραν ευλογημένων, οία η Ελλάς, κατηνάλωσεν ολόκληρον τεσσαρακονταετίαν εις αγόνους συζητήσεις περί κομμάτων και κομματαρχών. Άπαν δε το χρήμα του λαού, αντί έργων χρησίμων, προς πόλεμον ή προς ειρήνην, εδαπάνησεν εις συντήρησιν κοπαδίου κομματικών κηφήνων, χάριν των οποίων στέργει την πενίαν, την κακοπραγίαν, την ασημότητα και τους εμπαιγμούς του κόσμου όλου».

Ας μην αγανακτούμε, λοιπόν, για τα «Μνημόνια και το το θλιβερό κατάντημά μας...

9 ΔΕΚΕΜΒΡΙΟΥ

Το χρέος 129% του ΑΕΠ του 2009, ύστερα από... Μνημόνια, θα διαμορφωθεί στο... 150 % το... 2022!

Σήμερα (9 Δεκεμβρίου 2015) συνέχισα να διαβάζω την Ενδιάμεση Έκθεση της Τράπεζας της Ελλάδος για τη Νομισματική Πολιτική του 2015 και απογοητεύθηκα, αγανάκτησα και αμήχανα υπομειδίασα. Έφθασα στη σελίδα 107, όπου, σε κείμενο υπό τον τίτλο «Η βιωσιμότητα του δημόσιου χρέους», αναφέρονται τα ακόλουθα: «Εκτιμάται ότι το 2022 το δημόσιο χρέος θα διαμορφωθεί κοντά στο 150% του ΑΕΠ και θα αποκλιμακωθεί περαιτέρω κοντά στο 110% του ΑΕΠ το 2030»!!!

Και θυμήθηκα ότι πολλάκις είχα διερωτηθεί την τελευταία πενταετία: Μα, έπρεπε να λεηλατηθούν ελληνική οικονομία και ελληνικά νοικοκυριά, να καταρριφθούν όλα τα αρνητικά ρεκόρ στην ελληνική οικονομία (ανεργία, ΑΕΠ, αμοιβές, εισόδημα κλπ) για να... αυξηθεί το μη βιώσιμο χρέος από 129% του ΑΕΠ του 2009 στο 150% ύστερα από... δώδεκα χρόνια ή στο 110% του ΑΕΠ το 2030, όταν ίσως να μην υπάρχουν πια ...Έλληνες!!!

Θυμήθηκα ότι ήδη από το πρώτο Μνημονιακό έτος, το 2010, άρχισαν να «σπάνε» συνεχώς όλα αρνητικά ρεκόρ δεκαετιών στην ύφεση, την ανεργία, τις αποδοχές και τον πληθωρισμό. Αναφέρω ενδεικτικά:

–ΑΕΠ: Ο *υψηλότερος αρνητικός ρυθμός ανάπτυξης την τελευταία*

35ετία κατεγράφη το τρίτο τρίμηνο του 2010.

–**Ανεργία:** Το υψηλότερο ποσοστό την τελευταία πεντηκονταετία σημειώθηκε το τρίτο τρίμηνο του 2010.

–**Αποδοχές:** Κατά 6, 1% μειώθηκαν σε σχέση με το 3ο τρίμηνο του 2009, που αποτελεί ρεκόρ μετά τη διετή λιτότητα των ετών 1985– 1987.

–**Πληθωρισμός:** Η Ελλάδα επανέρχεται σε επίπεδα πριν από την απόφαση γα την Οικονομική και Νομισματική Ένωση (1999).

Θυμήθηκα ότι όλα αυτά συνέβησαν αμέσως μετά την υπογραφή του πρώτου Μνημονίου από τη σοσιαλιστική κυβέρνηση. Κι ενώ η τότε (σοσιαλιστική) κυβέρνηση του ΠΑΣΟΚ μάς «παραμύθιαζε» με τις γνωστές αισιόδοξες προβλέψεις για την οικονομία, ήρθαν στη συνέχεια οι άλλες αισιόδοξες εξαγγελίες του Σαμαρά (της φιλελεύθερης ΝΔ) στο Ζάππειο για καλύτερες ημέρες, οι οποίες, τελικά, έγιναν χειρότερες, βεβαίως, βεβαίως, όταν έγινε πρωθυπουργός...

Θυμήθηκα και τα ζω ότι τα ίδια και χειρότερα έγιναν (και συνεχίζονται) και μετά τις εκλογές του Ιανουαρίου 2015, όταν ανήλθε στην εξουσία η αριστερή κυβέρνηση του ΣΥΡΙΖΑ. Και το πολιτικό και οικονομικό δράμα της Ελλάδος συνεχίζεται...

10 ΔΕΚΕΜΒΡΙΟΥ

Μόνιμη «πρωταθλήτρια» η Ελλάδα δε διαφθορά και «φακελάκι»!

Σήμερα (10 Δεκεμβρίου 2015) διάβασα την αναφορά του γενικού επιθεωρητή Δημόσιας Διοίκησης Λέανδρου Ρακιντζή στην «Καθημερινή» ότι «το φακελάκι» ζη και βασιλεύει σε δημόσια νοσοκομεία, επικαλούμενος στοιχεία πρόσφατης μελέτης των καθηγητών Κ. Σουλιώτη, Ι. Τούντα και Λ. Λιαρόπουλου σε δείγμα 2.741 πολιτών από όλη την Ελλάδα. Όπως επισημαίνει ο Ρακιντζής, το ένα τρίτο των γιατρών απαιτεί «φακελάκι», το ένα τρίτο τσεπώνει ό, τι προσφέρεται, ενώ το άλλο ένα τρίτο δείχνει ότι το άλας δεν έχει μωρανθεί ολότελα, αφού δεν δωροδοκούνται εκ πεποιθήσεως!

Και θυμήθηκα πόσο «αθάνατη» είναι η διαφθορά στη χώρα μας, η οποία συνεχώς εξελίσσεται σε μέγα άγος για την ελληνική οικονομία και κοινωνία.

Θυμήθηκα ένα επαίσχυντο χρονικό για τη διαφθορά με ντοκουμέντα.

Υπενθυμίζω μερικά:

–Από στοιχεία έρευνας της Διεθνούς Διαφάνειας, η οποία δόθηκε στη δημοσιότητα το 2008, προκύπτει ότι στην Ελλάδα τα «φακελάκια» στον δημόσιο τομέα το 2007 κυμάνθηκαν συνολικά μεταξύ 350 και 400 εκατ. ευρώ, ενώ προς τον ιδιωτικό τομέα μεταξύ 200 και 256 εκατ. ευρώ.

–Στον δημόσιο τομέα στην κορυφή της «μίζας», σύμφωνα με τη Διεθνή Διαφάνεια για την Ελλάδα, βρίσκονται νοσοκομεία, πολεοδομίες και εφορίες. Η υψηλότερη «ταρίφα» φτάνει τα 3.660 ευρώ, ενώ η φθηνότερη στα 230 ευρώ μόνο!

– Στις 9 Δεκεμβρίου του 2009 παρουσιάσθηκαν στις Βρυξέλλες εφιαλτικά στοιχεία του Ευρωβαρόμετρου, σύμφωνα με τα οποία η Ελλάδα εμφανίζεται «πρωταθλήτρια» σε διαφθορά, δηλαδή είχε ποσοστό υψηλότερο ποσοστό από το μέσο κοινοτικό όρο. – Σύμφωνα με σοκαριστικά στοιχεία (με πολλά παραδείγματα) της ετήσιας έκθεσης του γενικού επιθεωρητή Δημόσιας Διοίκησης Λέανδρου Ρακιντζή, το 2010 οι πολεοδομίες, οι εφορίες, ο χώρος της υγείας και οι δήμοι είναι οι πρωταθλητές στη διαφθορά και στο «φακελάκι».

–Η Παγκόσμια Τράπεζα σε παλαιότερη έκθεσή της κατέληγε στο συμπέρασμα ότι ο σημαντικός περιορισμός της διαφθοράς μπορεί να οδηγήσει σε τετραπλασιασμό του κατά κεφαλήν εισοδήματος και να μειώσει την παιδική θνησιμότητα κατά 75%!

–Τέλος, η Παγκόσμια Τράπεζα πραγματοποίησε έρευνα μεταξύ ελληνικών επιχειρήσεων και προέκυψαν τα εξής εντυπωσιακά αποτελέσματα: Το 21, 6% των επιχειρήσεων θεωρεί απαραίτητο το «γρηγορόσημο» για να κάνει τη δουλειά του.

11 ΔΕΚΕΜΒΡΙΟΥ

Ελπίδες για φορολογική κλίμακα με πολλά κλιμάκια

Σήμερα (11 Δεκεμβρίου 2015) διάβασα ότι η κυβέρνηση σχεδιάζει αλλαγή του υφιστάμενου φορολογικού συστήματος με τη δομή, μεταξύ άλλων, μιας φορολογικής κλίμακας με περισσότερα κλιμάκια.

Και θυμήθηκα την επίμονη επί δεκαετίες επισήμανσή μου ότι μόνο τότε η φορολογική κλίμακα είναι δικαιότερη και προοδευτικότερη. Έτσι, θα σταματήσει το φορολογικό σοκ που έχει προκαλέσει στους φορολογούμενους τα τελευταία δέκα, κυρίως, χρόνια, το χαώδες εύρος μεταξύ των φορολογικών κλιμακίων και των οριακών φορολογικών συντελεστών.

Θυμήθηκα ότι, σύμφωνα με τη διεθνή εμπειρία και σωστή φορολογική πολιτική, μία προοδευτικότερη και δίκαιη φορολογική κλίμακα πρέπει έχει τα ακόλουθα χαρακτηριστικά:

Πρώτον, να έχει όσο το δυνατόν περισσότερα φορολογικά κλιμάκια.

Δεύτερον, να σταματήσει η αρρυθμία και η αυθαιρεσία που παρατηρείται χρόνια τώρα στο εύρος των φορολογικών κλιμακίων και των φορολογικών συντελεστών. Το ορθότερον είναι οι οριακοί φορολογικοί συντελεστές, με την αύξηση του εισοδήματος, να μεταβάλλονται κατά τις ίδιες ποσοστιαίες μονάδες και το εύρος των κλιμακίων να μεταβάλλεται κατά τον ίδιο ρυθμό. Αυτό το χαώδες εύρος μεταξύ των φορολογικών κλιμακίων και των οριακών φορολογικών συντελεστών πέρα από άδικο, προκαλεί και πρόσθετους τρόπους για φοροδιαφυγή, μετά την απότομη μετάταξη εισοδημάτων σε κλιμάκια και συντελεστές που δεν δικαιώνουν τη ανάλογη φοροδοτική ικανότητα. Επίσης, η αναπροσαρμογή των φορολογικών κλιμακίων με αμετάβλητους τους οριακούς φορολογικούς συντελεστές συνεπάγεται διατήρηση των μέσων φορολογικών συντελεστών στο ίδιο ακριβώς ύψος με εκείνο της προηγούμενης κλίμακας!

Τρίτον, η τιμαριθμική αναπροσαρμογή της φορολογικής κλίμακας έχει μόνο ευνοϊκές επιπτώσεις στους εργατοϋπαλλήλους και την οικονομία και διευκολύνει την άσκηση οικονομικής πολιτικής με συνδυασμό φορολογικής και εισοδηματικής πολιτικής.

Τέταρτον, πρέπει, επιτέλους, να αποφασισθεί μια σωστή πολιτική στο θέμα της έκπτωσης δαπανών. Το ορθόν είναι να θεσμοθετηθεί ένα μόνιμο αφορολόγητο όριο για λόγους φορολογικής δικαιοσύνης, αλλά και για την αντιμετώπιση του εφιαλτικού δημογραφικού προβλήματος.

Είναι προφανές ότι όλα αυτά που προτείναμε και προτείνουμε αποτελούν «κόκκινο πανί» για όλες τις κυβερνήσεις, αφού συνεπάγονται βραχυπρόθεσμα σημαντική απώλεια εσόδων και σημαντικό κόστος.

12 ΔΕΚΕΜΒΡΙΟΥ

Προκλητικοί αλληθωρισμοί υπέρ των δημόσιων υπαλλήλων

Σήμερα (12 Δεκεμβρίου 2015) διάβασα ότι ο αναπληρωτής υπουργός

Διοικητικής Ανασυγκρότησης Χριστόφορος Βερναδάκης ανέφερε στην Επιτροπή Οικονομικών της Βουλής κατά τη συζήτηση του πολυνομοσχεδίου για τα προαπαιτούμενα και, συγκεκριμένα, για το νέο «ενιαίο» μισθολόγιο των δημόσιων υπαλλήλων με το οποίο δίδονται αυξήσεις έως 180 ευρώ σε εκατοντάδες δημόσιους υπαλλήλους και μετακλητούς τα εξής: «Το μισθολόγιο αυτό βάζει ένα τέρμα στην κατηφόρα της πενταετίας».

Και θυμήθηκα τα στοιχεία της Τράπεζας της Ελλάδος και της μελέτης των καθηγητών Τάσου Γιαννίτση και Σταύρου Ζωγραφάκη που παρουσιάσθηκε τον περασμένο Μάιο και εξετάζει την τελευταία εξαετία με έμφαση στην περίοδο 2008–2012, από τα οποία προκύπτει ένας προκλητικός πολιτικός αλληθωρισμός.

Θυμήθηκα ότι από τα στοιχεία αυτά προκύπτει ότι το «μάρμαρο» της κρίσης πλήρωσε κυρίως ο ιδιωτικός τομέας, με το Δημόσιο να μένει σχεδόν στο απυρόβλητο και να προστατεύεται από τις κυβερνήσεις ως «ιερή αγελάδα» λόγω του πολιτικού κόστους και των ιδεοληπτικών εμμονών.

Θυμήθηκα ότι αυτό το κόστος, με τις παρενέργειες της ασύμμετρης δημοσιονομικής προσαρμογής, συνέτριψε κάθε παραγωγικό στοιχείο που θα μπορούσε να είχε μετριάσει την ύφεση και να είχε επαναφέρει την ανάκαμψη ταχύτερα, ενώ ταυτόχρονα προκαλούν ηχηρό ράπισμα στη διαπίστωση του Βεναρδάκη για «κατηφόρα» και έντονο προβληματισμό για τις πολιτικές αυτές επιλογές και τις προηγούμενες. Ιδού:

– Από τα στοιχεία της Τράπεζας της Ελλάδος προκύπτει ότι οι μισθοί στον ιδιωτικό τομέα μειώθηκαν κατά 20, 7% και μόνο στον τραπεζικό τομέα 23, 3%, όταν στο στενό Δημόσιο οι περικοπές ήταν 12, 4%. Εάν μάλιστα ληφθούν υπόψιν οι αυξήσεις που πήραν οι δημόσιοι υπάλληλοι ένα χρόνο πριν (το 2009), τότε η συνολική μείωση των μισθών στο Δημόσιο υπολογίζεται σε 7, 8% όταν στον ιδιωτικό τομέα είναι 18, 5%. Η διαπίστωση αυτή γίνεται πιο τραγική, διότι οι μειώσεις αυτές αφορούσαν κυρίως τους κατώτατους μισθούς και μάλιστα του ιδιωτικού τομέα.

– Στο Δημόσιο πριν από την αλλαγή του ενιαίου μισθολογίου, ο εισαγωγικός μισθός ήταν 711 ευρώ. Με το νέο μισθολόγιο αυξήθηκε στα 780 ευρώ. Έτσι, παρά την κατάργηση πολλών επιδομάτων στο Δημόσιο (και στον ιδιωτικό τομέα) και της προσωπικής διαφοράς, ο κατώτατος μισθός αυξήθηκε σε σχέση με τον αντίστοιχο του ιδιωτικού τομέα.

– Ένα άλλο θεωρητικό παράδειγμα είναι το εξής: άγαμος ιδιωτικός υπάλληλος με τρεις τριετίες λαμβάνει 761, 90 ευρώ και ο αντίστοιχος της δευτεροβάθμιας εκπαίδευσης στο Δημόσιο λαμβάνει γύρω στα 1.000 ευρώ τον μήνα.

- Σύμφωνα με στοιχεία του ΔΝΤ σε έναν δημόσιο υπάλληλο που διατηρείται στη θέση του, ενώ περισσεύει, απολύονται τέσσερις του ιδιωτικού τομέα.

13 ΔΕΚΕΜΒΡΙΟΥ

Οι προεκλογικές «ηρωικές» καταγγελίες ΣΥΡΙΖΑ για την ιδιωτικοποίηση των αεροδρομίων

Σήμερα (13 Δεκεμβρίου 2015) διάβασα ότι, τελικά, μετά από δέκα μήνες καθυστέρηση το ΤΑΙΠΕΔ υπέγραψε τη σύμβαση με την κοινοπραξία υπό τη Fraport για την παραχώρηση –αξιοποίηση των 14 περιφερειακών αεροδρομίων, η οποία είναι και η πρώτη ιδιωτικοποίηση της «αριστερής» κυβέρνησης του ΣΥΡΙΖΑ.

Και θυμήθηκα τις αντίθετες προεκλογικές και μετεκλογικές δηλώσεις και τους ξορκισμούς για το θέμα αυτών στελεχών του ΣΥΡΙΖΑ, από τις οποίες παραθέτω, με βάση όσα ανάφερε ο βουλευτής Ηρακλείου της ΝΔ Λευτέρης Αυγενάκης, εν συντομία μερικές:

–Γιώργος Σταθάκης, που υπέγραψε τώρα τη σύμβαση: «Η ανακοίνωση του αναδόχου για το διαγωνισμό της ιδιωτικοποίησης των περιφερειακών αεροδρομίων αποτελεί εξαιρετικά αρνητική εξέλιξη για τις προοπτικές ανάκαμψης της ελληνικής οικονομίας... Η πώληση της δημόσιας αυτής υποδομής προσβάλλει ευθέως το δημόσιο συμφέρον και ως ΣΥΡΙΖΑ δηλώνουμε κατηγορηματικά της αντίθεση μας σε αυτή» (25 Νοεμβρίου 2014 στο Σίτι του Λονδίνου).

–Πάνος Σκουρλέτης, που υπέγραψε τη σύμβαση: «Λέτε για μεταρρυθμίσεις. Να σας πω ένα παράδειγμα. Λέτε επένδυση την ιδιωτικοποίηση του αεροδρομίου των Χανίων. Για πηγαίνετε κάτω να δείτε τι επιπτώσεις θα έχει. Σύσσωμη η κοινωνία των Χανίων, εργαζόμενοι, επιχειρηματικός κόσμος εναντιώνονται. .. Αφήστε τα λοιπόν. Δεν έχετε σχέδιο. Θέλετε να εξυπηρετείτε ημετέρους και πολιτικά είστε ουραγός της Μέρκελ στην Ευρώπη» (8 Σεπτεμβρίου 2014, ως εκπρόσωπος Τύπου τότε του ΣΥΡΙΖΑ, μιλώντας στην τηλεόραση του Σκάι).

–Αλέξης Τσίπρας: «Στόχος της τρόικας δεν είναι τα δανεικά, είναι τα αεροδρόμια, τα λιμάνια, ο δημόσιος πλούτος της χώρας... Τη χώρα θέλουν να μετατρέψουν σε αποικία χρέους, να μετατρέψουν τους εργαζόμενους σε φτηνό ανασφάλιστο εργατικό δυναμικό, να καταστρέψουν τους μικρομεσαίους να καταστρέψουν το κοινωνικό κράτος, να βγάλουν από τη μύγα ξύγκι» (29 Νοεμβρίου 2014, στην ομιλία του στη Λαμία).

14 ΔΕΚΕΜΒΡΙΟΥ (1)

Κι άλλες προεκλογικά «όχι» ΣΥΡΙΖΑ γα τα αεροδρόμια

Σήμερα (14 Δεκεμβρίου 2015) συνέχισα να διαβάζω όλα αυτά για την παραχώρηση των περιφερειακών αεροδρομίων και θυμήθηκα κι άλλα που αποκάλυψε ο Αυγενάκης:

– **Αλέξης Τσίπρας: «Αναρωτιόμαστε:** τί όφελος μπορεί να έχει για την ανάπτυξη του τόπου η ιδιωτικοποίηση του αεροδρομίου στο Άκτιο; Πουλάνε ό, τι βρουν μπροστά τους και εγκαταλείπουν ότι δεν μπορούν να πουλήσουν. Ας πούμε τα πράγματα με το όνομά τους. Αυτή είναι η δική τους στρατηγική. Απέναντι στη στρατηγική αυτή, αντιπαραθέτουμε τη δική μας: την παραγωγική ανασυγκρότηση της χώρας με σοβαρό σχεδιασμό, αντίστοιχο στις κοινωνικές ανάγκες» (30 Νοεμβρίου 2014, στην ομιλία του στα Ιωάννινα).

–**Αλέξης Τσίπρας:** «Χαρακτηριστική είναι η περίπτωση του Αεροδρομίου στα Χανιά. Είναι προφανές πόσο σημαντικό είναι για την επικοινωνία της Κρήτης με την Ελλάδα και τον κόσμο. Αλλά το ΤΑΙΠΕΔ το ξεπουλάει, για να μετατραπεί σε κερδοφόρο μαγαζί. Και έτσι ένα κομμάτι από το ευρύτερο κοινωνικό συμφέρον μετατρέπεται σε ιδιωτικό κέρδος» (13 Δεκεμβρίου 2014, στο Ηράκλειο της Κρήτης, στην Περιφερειακή Σύσκεψη του ΣΥΡΙΖΑ).

–**Αλέξης Τσίπρας:** «Δεν θα επιτρέψουμε η δημόσια περιουσία και οι υποδομές να περάσουν στα νύχια του ΤΑΙΠΕΔ και των ποικιλώνυμων συμφερόντων. Τα αεροδρόμια, τα λιμάνια, ο βόρειος οδικός άξονας δεν είναι κερδοφόρα φιλέτα προς χάρισμα» (23 Ιανουαρίου 2015, στην τελευταία του προεκλογική ομιλία στην ομιλία του στο Ηράκλειο της Κρήτης).

–**Αλέξης Τσίπρας:** «Υπάρχουν, τέλος, οι μεγάλοι αγώνες για την υπεράσπιση του περιβάλλοντος, οι μεγάλοι αγώνες για να μην εκποιηθεί ο δημόσιος πλούτος, τα λιμάνια και τα αεροδρόμια» (9 Απριλίου 2014, κατά τη συνάντησή του με κοινωνικούς φορείς της Καρδίτσας).

–**Αλέξης Τσίπρας:** «Το αεροδρόμιο, τα λιμάνια, η παράκτια ζώνη, όλα πωλούνται έναντι πινακίου φακής... Ο ΣΥΡΙΖΑ θα υπερασπιστεί τη δημόσια περιουσία –δρόμους, λιμάνια, αεροδρόμια– θέτοντας ως προτεραιότητα τις ανάγκες της κοινωνίας» (21 Μαρτίου 2014, στην ομιλία του στα Ιωάννινα) –Αλέξης Τσίπρας: «Αυτό που βιώσαμε τα προηγούμενα χρόνια δεν ήταν ιδιωτικοποίηση αλλά αχαλίνωτο ξεπούλημα δημόσιας περιουσίας σε φίλους του συστήματος... Η τιμή του ενός δισεκατομμυρίου ήταν δίκαιη. Αλλά τα αεροδρόμια είναι μέρος του τουριστικού τομέα μας. Έτσι κερδίζει η Ελλάδα τα προς το ζην. Είναι και αυτό κάτι που πρέπει να επανεξετάσουμε» (18 Φεβρουαρίου 2015, σε συνέντευξή του στην ιστοσελίδα του γερμανικού περιοδικού Στερν).

–**Αλέξης Τσίπρας:** «Δεν πρόκειται να συνεχίσουμε. Δεν ήταν αξιοποίηση αυτό που γινόταν στη χώρα τα τελευταία χρόνια, αλλά ξεπούλημα δημόσιας περιουσίας και δημόσιου πλούτου. Όποιος επιθυμεί κοινοπραξίες με συμμετοχή και έλεγχο του ελληνικού Δημοσίου, όποιος έρχεται για να επενδύσει χρήματα που θα έχουν αναπτυξιακή προοπτική στην πραγματική οικονομία, θα είναι καλοδεχούμενος. Δεν είναι, κύριε Θεοδωράκη, ένα ή δύο πρόσωπα. Αναφερθήκατε στο θέμα των αεροδρομίων. Είπατε μία θέση ενδιαφέρουσα, να μην ανήκει σε έναν. Προσέξτε εδώ τί έχουμε. Αυτό που έχουμε εδώ είναι μία μεταβίβαση τίτλων ιδιοκτησίας από το ελληνικό Δημόσιο στο Δημόσιο άλλων χωρών. Ως εκ τούτου, εμείς θεωρούμε ότι όλα αυτά τα ζητήματα χρήζουν επανεξέτασης και επαναδιαπραγμάτευσης με κριτήρια» (31 Μαρτίου 2015 σε συζήτηση στη Βουλή).

15 ΔΕΚΕΜΒΡΙΟΥ

Να γυρίσουμε προς τους αγρότες, αλλά πού είναι οι αγρότες;

Σήμερα (15 Δεκεμβρίου 2015) διάβασα τη δήλωση του επικεφαλής του «Ποταμιού» Σταύρου Θεοδωράκη κατά τη συνάντησή του με αγρότες και κτηνοτρόφους του Έβρου ότι «αν δεν γυρίσουμε προς τους αγρότες–που είναι ένας από τους πυλώνες–να διευκολύνουμε την παραγωγή, η Ελλάδα θα ζη συνεχώς με δανεικά», διότι, όπως τόνισε, «χωρίς πρωτογενή τομέα, χωρίς παραγωγή, δεν υπάρχει μέλλον στη χώρα».

Και θυμήθηκα πολλά με τη δήλωση αυτή του Σταύρου Θεοδωράκη, η οποία είναι εύστοχη, υπό δύο όμως «προαπαιτούμενα» (μια και η λέξη είναι πια στη μόδα!):

Πρώτον, δεν μπορεί κανείς να γυρίσει σε κάποιους που δεν... υπάρχουν! Διότι, ας το παραδεχθούμε πια, υπάρχουν μόνον ελάχιστοι Έλληνες αγρότες, για να επιτευχθεί μια μόνιμη και δυναμική ανάπτυξη μία πραγματική– και όχι εικονική, με δανεικά– βελτίωση του βιοτικού επιπέδου στη χώρα μας.

Δεύτερον, ο ελληνικός αγροτικός τομέας ουδέποτε υπήρξε, τουλάχιστον μετά το 1966, πυλώνας της οικονομίας, δηλαδή δεν αποτελούσε ποτέ σχεδόν ένα σημαντικό προσδιοριστικό παράγοντα διαμόρφωσης του ακαθάριστου εγχώριου προϊόντος, διότι, απλούστατα, δεν τον άφησαν, όλες σχεδόν οι κυβερνήσεις, να λαμβάνει τολμηρές επενδυτικές πρωτοβουλίες, να οργανώνει σωστά την παραγωγή και να ελέγχει συστηματικά το κόστος δραστηριότητάς του, με τρεις τρόπους: με το συνεχές χάιδεμα των αυτιών (διαγραφές και ρυθμίσεις χρεών, ρουσφετολογικοί διορισμοί κλπ) για ψηφοθηρικούς λόγους, με τη συνεχή αύξηση του κόστους παραγωγής αγροτικών προϊόντων και με ανεξέλεγκτες επιδοτήσεις, που γίνονταν κυρίως... διαμερίσματα!

Θυμήθηκα, έτσι, πώς άδειασε η επαρχία και γέμισε ο δημόσιος τομέας από κομματικούς υπαλλήλους κυρίως αμέσως μετά τη μεταπολίτευση. Στις αρχές της μεταπολίτευσης, μετά το 1974, όλοι σχεδόν οι κάτοικοι της ελληνικής υπαίθρου ζητούσαν μιαν ευκαιρία για να φύγουν. Και την ευκαιρία αυτή ή την πρόκληση να φύγουν την έδιναν όλα τα κόμματα, κυρίως εξουσίας, τα οποία για να εξασφαλίζουν ψήφους διόριζαν αβέρτα αγρότες και κτηνοτρόφους στη Δημόσια Διοίκηση και σε όποια δημόσια επιχείρηση και δημόσιο οργανισμό ήθελαν, αφού ήταν «φέουδα» των εκάστοτε κυβερνήσεων.

Θυμήθηκα ότι τότε, όλα τα γραφεία υπουργών, υφυπουργών και βουλευτών κυρίως του εκάστοτε κυβερνώντος κόμματος στην Αθήνα ήταν πάντοτε γεμάτα από αγρότες και κτηνοτρόφους, οι οποίοι έρχονταν από τα χωριά τους για να γίνουν δημόσιοι υπάλληλοι...

16 ΔΕΚΕΜΒΡΙΟΥ

Με «λυπητερούς» λογαριασμούς και τα νέα «κάλαντα», όπως και πριν από μερικές... δεκαετίες!

Σήμερα (16 Δεκεμβρίου 2015) διάβασα ότι οι Έλληνες φορολογούμενοι θα υποδεχθούν την 1η Ιανουαρίου 2016 τον Άγιο Βασίλη εξουθενωμένοι από φόρους ύψους 7, 15 δισ. ευρώ που πλήρωσαν μέχρι το τέλος του έτους, όπως προβλέπει ο προϋπολογισμός, προκειμένου να μην απαιτηθούν από τους δανειστές επιπλέον μέτρα το 2016. Επίσης, τα πρωτοχρονιάτικα «κάλαντα» περιλαμβάνουν επιπροσθέτως 1 δισ. ευρώ, το οποίο αφορά την τέταρτη και πέμπτη δόση του ΕΝΦΙΑ που θα πληρωθεί στο πρώτο δίμηνο του 2016.

Και θυμήθηκα ένα άρθρο μου υπό τον τίτλο «Ο Άγιος Βασίλης έρχεται με λογαριασμούς» που δημοσιεύθηκε στην εφημερίδα «Τα Νέα» στις 27 Δεκεμβρίου 1989, δηλαδή πριν από... 26 χρόνια για το ίδιο θέμα! Το άρθρο μου αυτό άρχιζε ως εξής:

«Καθώς τρώγαμε το εφετινό χριστουγεννιάτικο τραπέζι ακριβότερο κατά 25% περίπου, σε σύγκριση με τον περσινό, ο Άη - Βασίλης μάς μηνούσε, μαζί με μερικούς άλλους... Καππαδόκες, ότι θα έρθει την 1η Ιανουαρίου 1990 όχι για να τα δώσει όλα (τον πρόλαβε, είπε, ο Τσοβόλας!) τα δώρα, αλλά για να μάς τα πάρει όλα, κυρίως από τους αθεράπευτα «γαλαντόμους» σε φοροδοσία μισθωτούς και συνταξιούχους.

Μάλιστα, μερικές πληροφορίες λένε ότι «τόνισε» στους συμπατριώτες μας κυβερνήτες... Καππαδόκες να μάς πουν και να μην το ξεχάσουν ότι αυτά που έρχεται να πάρει θα είναι πολύ– πάρα πολύ– περισσότερα από αυτά που πήραν μερικοί άλλοι «συντοπίτες» κυβερνήτες μας το 1986 και το 1987 και ότι με τη λιτότητα, που αναγκαστικά θα έρθει και θα μείνει, όπως πάντοτε, «θα κλάψουν πολλές μανούλες».

Σπεύδουμε να διευκρινίσουμε ότι με όλα αυτά, ο καλός μας Αη–Βασίλης δεν εννοεί ούτε την πρόσθετη φορολογία 5% επί των εσαεί δίκαιων, συνεπών και νομοταγών, φορολογουμένων, ούτε τις αυξήσεις των τιμολογίων των δημόσιων επιχειρήσεων και οργανισμών (ΔΕΚΟ), ούτε τις αυξήσεις στα τέλη κυκλοφορίας των αυτοκινήτων, ούτε τις αυξήσεις στη βενζίνη, διότι αυτά «μάς τά΄ παν άλλοι», αλλά και διότι όλα αυτά φαντάζουν ως κώνωψ επί κέρατος βοός μπροστά σ΄ αυτά που μάς επιφυλάσσει–αναγκαστικά, το τονίζουμε– ο νέος κι «ευτυχισμένος»– όπως λέμε στις ευχές μας– χρόνος 1990.

Σύμφωνα, λοιπόν, με «αποκλειστικές» πληροφορίες μας, ο «φουσκωμένος» σάκος του Άη–Βασίλη, που όλοι περιμέναμε με χαρές και τραγούδια, περιέχει πολλούς «λυπητερούς» λογαριασμούς...».

Θυμήθηκα ότι το άρθρο συμπληρωνόταν με ένα βαρύτατο πίνακα με τους «λυπητερούς» αυτούς λογαριασμούς, που ήταν σχεδόν οι ίδιοι με αυτούς που διάβασα σήμερα αναλυτικά για τα 8, 15 δισ. ευρώ και μάλιστα ύστερα από... 26 χρόνια!!!

Βρε, μανία με τους φόρους...

17 ΔΕΚΕΜΒΡΙΟΥ

Πώς με τα λάθη του ΔΝΤ και των ελληνικών κυβερνήσεων λεηλατήθηκε η οικονομία

Σήμερα (17 Δεκεμβρίου 2015) διάβασα ότι με τη νέα έκθεσή του το Διεθνές Νομισματικό Ταμείο (ΔΝΤ) παραδέχεται ότι έκανε λάθη στο ελληνικό πρόγραμμα – Μνημόνιο του 2010 κι ένα από αυτά είναι ότι δεν συμπεριελήφθη η αναδιάρθρωση του ελληνικού χρέους ως προϋπόθεση για τη βιωσιμότητά του.

Και θυμήθηκα ότι δεν ήταν μόνο αυτό το λάθος, δηλαδή η άρνηση, όπως γνωρίζουν οι αναγνώστες μου, όλων τότε (ελληνικής κυβέρνησης και τρόικας), πλην σχεδόν του γράφοντος, για αναδιάρθρωση του ελληνικού δημόσιου χρέους.

Θυμήθηκα και παραθέτω ξανά μερικά από τα λάθη αυτά:

– Στις 17 Μαρτίου του 2012 η επικεφαλής του διεθνούς οργανισμού Κριστίν Λαγκάρντ παρουσιαζόταν να ασκεί ισχυρότατη πίεση προς τους εταίρους της ευρωζώνης και προς την Ευρωπαϊκή Κεντρική Τράπεζα για αναδιάρθρωση του δημόσιου χρέους, για επιμήκυνση του ελληνικού προγράμματος και για ηπιότερη εφαρμογή των μέτρων λιτότητας, που με πείσμα απέρριπτε πριν από δύο ακριβώς χρόνια, δηλαδή πριν από την άλωση της χώρας μας και τη λεηλασία της ελληνικής οικονομίας.

–Τον Ιανουάριο του 2013, ο τότε επικεφαλής οικονομολόγος του διεθνούς οργανισμού Ολιβιέ Μπλανσάρ στη 43σέλιση μελέτη υπό τον τίτλο «Τα λάθη των προγνωστικών ανάπτυξης και οι δημοσιονομικοί πολλαπλασιαστές" παραδεχόταν ότι το ΔΝΤ έκανε λάθος με τον «πολλαπλασιαστή» που επέβαλε αυστηρότερη λιτότητα (περικοπές σε μισθούς και συντάξεις, με αποτέλεσμα να σημειωθεί πολύ μεγαλύτερη μείωση της εσωτερικής ζήτησης.

– Τον Ιούνιο του 2013, ο ίδιος Γάλλος οικονομολόγος δήλωνε στο γαλλικό κρατικό ραδιόφωνο «France Inter» ότι «το ΔΝΤ και οι Ευρωπαίοι έχασαν χρόνο στην οικονομική διάσωση της Ελλάδος, αρνούμενοι να μειώσουν από το 2010 το βάρος του χρέους».

– Τον Απρίλιο του 2015, λίγο πριν από τη συμφωνία της κυβέρνησης του ΣΥΡΙΖΑ με τους δανειστές, ο καθηγητής Διεθνούς Οικονομικής Πολιτικής στο Πανεπιστήμιο Princeton και διευθυντής του Ευρωπαϊκού Τμήματος Ερευνών του ΔΝΤ Ασόκα Μόντι επέκρινε συνολικά τους χειρισμούς του Ταμείου στην ελληνική κρίση, υπογραμμίζοντας ότι πρέπει να σταματήσει να ζητά περισσότερη λιτότητα και άμεση αποπληρωμή των δόσεων.

– Πρόσφατα, τον περασμένο μήνα, ο εκπρόσωπος του Ταμείου Τζέρι Ράις επανέλαβε την επίμονη τους τελευταίους κυρίως μήνες πρόταση της Κριστίν Λαγκάρντ για ελάφρυνση του ελληνικού δημόσιου χρέους.

18 ΔΕΚΕΜΒΡΙΟΥ

Από την «κοινωνικίτιδα» του ΠΑΣΟΚ στην... «παραλληλιλίτιδα» του ΣΥΡΙΖΑ

Σήμερα (18 Δεκεμβρίου 2015) διάβασα ότι η κυβέρνηση απέσυρε, ύστερα από την πίεση των δανειστών, (προσωρινά;), το νομοσχέδιο για το «Παράλληλο Πρόγραμμα» για «να αρχίσει να εφαρμόζει τις υποσχέσεις της», όπως επεσήμαινε αντιπρόεδρος της κυβέρνησης σε συνέντευξή του στο «Κόκκινο». Αλλά, «λογάριαζαν χωρίς τον... ξενοδόχο» ή, συγκεκριμένα τώρα, «χωρίς τους δανειστές»! Κι έτσι σταμάτησε (προσωρινά;) η επιδημία «παραλληλιλίτιδας» από την οποία υποφέρει η κυβέρνηση ΣΥΡΙΖΑ.

Και θυμήθηκα τη γνωστή «ιδέα» Βαρουφάκη για «παράλληλο» νόμισμα, την «ιδέα» Δραγασάκη για «παράλληλο σύστημα τραπεζών» και «ομόλογα ειδικού σκοπού».

Θυμήθηκα, μετά την «επιδημία» αυτή των «παράλληλων» του ΣΥΡΙΖΑ, την «κοινωνικίτιδα» των κυβερνήσεων ΠΑΣΟΚ με την ένταξη στους Κρατικούς Προϋπολογισμούς του «παράλληλου» Λογαριασμού «Κοινωνικών» Δαπανών, οι οποίες, όπως τονιζόταν τότε, «είναι έμμεσες ενισχύσεις του λαϊκού εισοδήματος» και καταδεικνύουν «την ευαισθησία της κυβέρνησης για τη συνεχή βελτίωση ων συνθηκών διαβίωσης των ευρύτερων λαϊκών στρωμάτων».

Θυμήθηκα ποια ήταν αυτά τα ευρύτερα «λαϊκά» στρώματα και πώς ενισχύονταν το... λαϊκό εισόδημα με το «Παράλληλο» αυτό «Κοινωνικό Πρόγραμμα». Παραθέτω τις κυριότερες από αυτές τις «κοινωνικέ» δαπάνες και τους ...«δύσμοιρους» δικαιούχους από την Εισηγητική Έκθεση επί του Προϋπολογισμού του 1988:

1) Για επιχορήγηση ΙΚΑ 137 δισ. δραχμές. 2) Για επιχορήγηση ΟΓΑ 100, 0 δισ. δραχμές. 3) Για κάλυψη ελλείμματος συγκοινωνιακών φορέων 41, 5

δισ. δραχμές. 4) Για κάλυψη ελλείμματος διαχείρισης λιπασμάτων 37, 0 δισ. δραχμές. 5) Για νοσήλια δημόσιων υπαλλήλων 27, 8 δισ. δραχμές. 6) Για κάλυψη ελλείμματος ΟΣΕ 24 δισ. δραχμές. 7) Για νοσήλια αγροτών 18 δισ. δραχμές. 8) Για κάλυψη ελλειμμάτων διαχείρισης καπνού 5, 5 δισ. δραχμές. 9) Για κάλυψη ελλειμμάτων διαχείρισης σταφίδων 2, 5 δισ. δραχμές.

Θυμήθηκα ότι αυτές οι «κοινωνικές» δαπάνες του ανέρχονταν σε 393, 3 δισ. δραχμές επί συνόλου 497, 2 δισ. δραχμών, δηλαδή τα «λαϊκά» αυτά στρώματα απορροφούσαν πάνω από το 80% του «ευαίσθητου» για το «λαϊκό εισόδημα» Λογαριασμού «Κοινωνικών Δαπανών», ο οποίος συμπληρωνόταν και με μερικά ψίχουλα για επιδότηση επιτοκίου αγροτικών δανείων, ενοικίου, άγονων γραμμών, μαθητικών κατασκηνώσεων, παιδικών εξοχών μαθητικής και φοιτητικής πρόνοιας κλπ.

Θυμήθηκα, για να είμαστε δίκαιοι, ότι την ίδια τακτική δαπανών (κάλυψη ελλειμμάτων των ίδιων σχεδόν φορέων κλπ) συνέχιζαν και όλες οι επόμενες κυβερνήσεις έως σήμερα, αλλά δεν τις βάφτιζαν «κοινωνικές», αλλά "πακέτα", "Χάρτες παροχών" κλπ!

19 ΔΕΚΕΜΒΡΙΟΥ

Υπήρχαν και υπάρχουν πολλοί «Καραγιαννίδηδες» που γράφουν στα «παλιά τους τα παπούτσια» τους πολύτεκνους...

Σήμερα (19 Δεκεμβρίου 2015) διάβασα ότι ο βουλευτής Δράμας του ΣΥΡΙΖΑ Χρήστος Καραγιαννίδης επετέθη σκληρότατα στους Έλληνες πολύτεκνους κατά τη συνεδρίαση της Διαρκούς Επιτροπής Δημόσιας Διοίκησης, Δημόσιας Τάξης και Δικαιοσύνης, συνεχίζοντας παρόμοιες εκρήξεις κι άλλων στελεχών της κυβέρνησης. Συγκεκριμένα, στην επιστολή που έστειλε η Ανωτάτη Συνομοσπονδία Πολυτέκνων Ελλάδος (ΑΣΠΕ) σχετικά με το Σύμφωνο Διαβίωσης στα ομόφυλα ζευγάρια, απάντησε στις 205.000 πολύτεκνες οικογένειες της χώρας ως εξής: «Τους έχω γραμμένους στα παλιά μου τα παπούτσια, τους απεχθάνομαι, γνωρίζοντας το πολιτικό κόστος. Οι κύριοι αυτοί μετά από μια εβδομάδα μάς καλούν να κάνουμε το ρουσφετάκι τους για το επίδομα γάμου».

Και θυμήθηκα, ως πολύτεκνος, ότι ανέκαθεν όλο σχεδόν το πολιτικό σύστημα της χώρας μας, για άγνωστους, δαιμονικούς, λόγους, συμπεριφερόταν και συμπεριφέρεται εχθρικά προς τους πολύτεκνους, δηλαδή προς αυτούς που αποτελούν έως τώρα εγγυητή της συνέχισης του Έθνους μας με τη γονιμότητα, την οποία διασφαλίζουν με σκληρές θυσίες και αρχές, και ευνοϊκά προς τους... άγαμους!

Θυμήθηκα ότι για την κορύφωση του δράματος της Ελλάδος από την εφιαλτική εξέλιξη του δημογραφικού προβλήματος, όπως καταδεικνύεται από τα στοιχεία της Ελληνικής Στατιστικής Αρχής (ΕΛΣΤΑΤ) και της Eurostat, ευθύνονται πολλοί «Καραγιαννίδηδες» που «έγραφαν το εθνικό αυτό θέμα στα παλιά τους παπούτσια»! Υπενθυμίζουμε μερικά τέτοια εναγή γεγονότα:

– Με το δημογραφικό πρόβλημα ασχολήθηκε την περίοδο 1991 – 1993 μια Διακομματική Επιτροπή της Βουλής, η οποία κατέθεσε ομόφωνο πόρισμα το Φεβρουάριο του 1993, αλλά προέκυπταν συνεχώς... «Καραγιαννίδηδες»!

– Οι πολύτεκνοι βρέθηκαν στο στόχαστρο πολλές φορές από τους εκάστοτε υπουργούς Οικονομικών μετά το 1981, αλλά μετά το 1992 πήρε προκλητικές διαστάσεις, όταν με τους αλλεπάλληλους φορολογικούς νόμους ευνοούνταν οι... άγαμοι, οι απλώς έγγαμοι και οι... υψηλόμισθοι και πλήττονταν άγρια οι... πολύτεκνοι και οι χαμηλόμισθοι! Από ένα άρθρο μου δημοσιεύθηκε στην εφημερίδα «Τα Νέα» στις 22 Απριλίου 1992 προέκυπτε ότι ένας άγαμος είχε, από τη φορολογία, αύξηση του εισοδήματός του κατά 5, 4% έως 16%, ενώ ένας έγγαμος με παιδιά ίδιου εισοδήματος, είχε μείωση κατά 1, 2% – 1, 4%!

– Από στοιχεία μελέτης του ΟΟΣΑ προκύπτει ότι τιμωρούνται οι οικογένειες με παιδιά στην Ελλάδα, αφού ένας γονιός με δύο παιδιά έχει τις υψηλότερες φορολογικές επιβαρύνσεις μεταξύ των 34 χωρών του Οργανισμού. Επίσης, σύμφωνα με στοιχεία του ίδιου διεθνούς οργανισμού η Ελλάδα είναι η μόνη χώρα του ΟΟΣΑ, όπου η φορολογική επιβάρυνση μιας οικογένειας με παιδιά είναι υψηλότερη κατά τρεις ποσοστιαίες μονάδες σε σύγκριση με τα φορολογικά βάρη που επωμίζεται ένας άγαμος εργαζόμενος χωρίς παιδιά, σε αντίθεση με τα υπόλοιπα κράτη - μέλη του ΟΟΣΑ.

19 ΔΕΚΕΜΒΡΙΟΥ

Απόφαση – κυματοθραύστης της πλημμύρας των συστηματικών κακοπληρωτών

Σήμερα (19 Δεκεμβρίου 2015) διάβασα, ότι επιτέλους, ύστερα από σαράντα χρόνια, η Τράπεζα της Ελλάδος με απόφασή της, η οποία δημοσιεύθηκε στο υπ᾽ αριθμόν 2740 Φύλλο της Εφημερίδος της Κυβερνήσεως και θα αρχίσει να εφαρμόζεται από την 1η Ιανουαρίου 2016, επιχειρεί να θέσει τέλος στο «Έπος των Συστηματικών Μπαταξήδων», αφού οι οφειλέτες θα πληρώνουν πια τις δόσεις τους ανάλογα με το οικογενειακό εισόδημα και τις δαπάνες που διαθέτουν για διατροφή, ένδυση και στέγαση.

Και θυμήθηκα πώς αυξάνονταν και πολλαπλασιάζονταν οι εύποροι κακοπληρωτές, που έως τώρα, με την έμμεση παρότρυνση όλων των κυβερνήσεων (ρυθμίσεις χρεών, διαγραφές χρεών, παράλειψη εφαρμογής νόμων!) συνεχίζουν τη γνωστή «στρατηγική» οφειλών «γιατί έτσι τους αρέσει»!

Θυμήθηκα ότι αν ήδη από το 1972 επιβαλλόταν όλοι οι οφειλέτες στεγαστικών ή μη δανείων ή φόρων να πληρώνουν τις δόσεις τους με βάση το οικογενειακό εισόδημα και τις δαπάνες για διατροφή, την υγεία και τη στέγαση:

– δεν θα δημιουργούνταν η γνωστή χιονοστιβάδα των «κόκκινων» στεγαστικών, αγροτικών και επιχειρηματικών δανείων» και των «κόκκινων φόρων»!

– δεν θα υπήρχαν οφειλέτες που θα αρνούνταν να καταβάλλουν όχι μόνο τις ληξιπρόθεσμες δόσεις των φτηνών σχετικά δανείων του Οργανισμού Εργατικής Κατοικίας (ΟΕΚ), αλλά και εκείνες που είχαν σταλεί προς αναγκαστική είσπραξη στις εφορίες.

– δεν θα υπήρχαν υψηλόμισθοι οφειλέτες από το χώρο των δημόσιων επιχειρήσεων και οργανισμών και των τραπεζών, οι οποίοι αρνούνταν με «το έτσι θέλω» να καταβάλλουν τις δόσεις, ποσού αξίας μιας... μπριτζόλας, των δανείων τους, που ανέρχονταν σε 25 δισ. δραχμές!

– δεν θα διαβάζαμε πριν από μερικές ημέρες ότι κάτοικοι εύπορων περιοχών της χώρας ή εύποροι είναι, κατά κανόνα, στρατηγικοί κακοπληρωτές ή βρίσκουν πάντοτε ευκαιρίες (ρυθμίσεις, χαλαρά κριτήρια κλπ) να μην ανταποκρίνονται στις υποχρεώσεις τους στις τράπεζες.

– δεν θα είχαμε το παράδειγμα ιδιοκτήτη 30 ακινήτων με οφειλές 750.000 ευρώ που έκανε αίτηση για να ενταχθεί στον νόμο Κατσέλη, εξασφαλίζοντας για τρία χρόνια προστασία από την τράπεζα.

Με την ελπίδα, βεβαίως, βεβαίως, ότι θα εφαρμοσθεί και η απόφαση αυτή…

20 ΔΕΚΕΜΒΡΙΟΥ

Συνεχίζεται η «βροχή» άσχετων τροπολογιών επί δεκαετίες!

Σήμερα (20 Δεκεμβρίου 2015) διάβασα ότι κατά τη συζήτηση του νομοσχεδίου για τα ομόφυλα ζευγάρια («Σύμφωνο Συμβίωσης») στην Ολομέλεια της Βουλής αρκετοί βουλευτές του ΣΥΡΙΖΑ κατέθεσαν 17 τροπολογίες από τις οποίες οι περισσότερες επανέφεραν διατάξεις του σχεδίου νόμου για το «Παράλληλο Πρόγραμμα», το οποίο, όπως είναι γνωστόν, έχει αποσυρθεί ύστερα από επίμονη απαίτηση των δανειστών.

Και θυμήθηκα τη βροχή άσχετων τροπολογιών, μιαν επονείδιστη ιστορία του ελληνικού Κοινοβουλίου, η οποία συνεχίζεται επί δεκαετίες για ψηφοθηρικές ή κομματικές ή ιδεοληπτικές σκοπιμότητες.

Θυμήθηκα ξανά τις... 100 άσχετες «τροπολογίες ντροπής» για την ελληνική Βουλή που κατατέθηκαν στις 7 Μαρτίου 1990, επί της Οικουμενικής Κυβέρνησης Ζολώτα κατά τη συζήτηση νομοσχεδίου για την περιστολή της φοροδιαφυγής κλπ».

Θυμήθηκα ξανά ότι τότε, κατά την «άγρια νύχτα των χαμένων ρουσφετιών», όπως χαρακτηρίσθηκε η συνεδρίαση αυτή, τα κείμενα των τροπολογιών έφθαναν στη Βουλή από τις διάφορες ομάδες πίεσης και μοιράζονταν αντίγραφα στους βουλευτές.

Θυμήθηκα ξανά, μάλιστα, οι περισσότερες ήταν ίδιες και απαράλλακτες από βουλευτές και των τριών κομμάτων! Παραθέτω ενδεικτικά μερικές από τις "ντροπολογίες" αυτές:

1. Πρόσθετη κρατική επιχορήγηση ύψους 900 εκατ. δραχμών προς τα κόμματα που θα πάρουν μέρος στις εκλογές.

2. Δικαίωμα συνταξιοδότησης εκείνων που θα εκλεγούν για τρεις φορές ανεξάρτητα από τον αν συμπληρώνουν τετραετία. Η σύνταξη θα είναι πλήρης.

3. Παροχή στους βουλευτές και ευρωβουλευτές του δικαιώματος να εισάγουν ατελώς αυτοκίνητα όχι πλέον των 2.000 κυβικών κατά το ανώτατο όριο, αλλά 2.500 κυβικών

4 Επέκταση του αφορολογήτου για εισόδημα από αμοιβές ελευθέριου επαγγέλματος που αποκτά δικηγόρο από παροχή υπηρεσιών.

5. Βουλευτές ή τέως βουλευτές που έχουν συμπληρώσει δωδεκαετή συντάξιμο υπηρεσία και έχουν καταστεί ανάπηροι κατά το χρόνο άσκησης των βουλευτικών τους καθηκόντων με αναπηρία 50% νόμιμα αποδεδειγμένη, αποκτούν το δικαίωμα συνταξιοδότησης, εφόσον έχουν υπερβεί το 50ό έτος της ηλικίας τους.

Και το οικονομικό και πολιτικό δράμα της Ελλάδος συνεχίζεται...

21 ΔΕΚΕΜΒΡΙΟΥ

Δυστυχώς, η διάρκεια της σημερινής κρίσης θα είναι η μεγαλύτερη μετά το 1879!

Σήμερα (21 Δεκεμβρίου 2015) πολλοί φίλοι μου και αναγνώστες μου με ρωτούν ως εξής: «Πού πάμε», πόσο θα διαρκέσει η κρίση» και πώς θα αντιμετωπισθεί, τελικά».

Και θυμήθηκα ότι η απάντηση (και σ' αυτήν παρέπεμπα όλους) βρίσκεται σε άρθρα μου και αναλύσεις μου, σε βιβλία μου και σε εφημερίδες, όπως στην εφημερίδα «Παρόν», για παράδειγμα, το 2008, δηλαδή πριν από την έλευση της κρίσης, υπό τον τίτλο «Στη δίνη ενός νέου καθοδικού οικονομικού κύκλου».

Θυμήθηκα ότι από τα στοιχεία στις αναλύσεις μου αυτές προέκυπτε ότι η μικρότερη διάρκεια των καθοδικών κύκλων μετά το 1879 είναι... 17 χρόνια και η μεγαλύτερη... 31 χρόνια! Τότε μάλιστα υπογράμμιζα ότι «ήδη, οι εξελίξεις στην ελληνική οικονομία διαγράφονται δυσμενείς και οι επιπτώσεις θα είναι οδυνηρές πάλι για τους εργατοϋπαλλήλους, τους φορολογουμένους, τους καταναλωτές και τους επενδυτές».

Θυμήθηκα, συγκεκριμένα, ότι, τότε, πολύ πριν από τις εκλογές του Οκτωβρίου 2009 και όταν ο τότε πρόεδρος του ΠΑΣΟΚ και στη συνέχεια πρωθυπουργός Γιώργος Παπανδρέου διακήρυττε ακόμα και λίγες ώρες πριν από την εκλογική αναμέτρηση ότι «υπάρχουν λεφτά», γράφαμε στην εφημερίδα «Παρόν της Κυριακής» το άρθρο αυτό το οποίο, δυστυχώς, έχει δικαιωθεί πλήρως από τις μετέπειτα εξελίξεις. Συγκεκριμένα, γράφαμε, μεταξύ άλλων, τα εξής:

«Η διαπίστωση είναι μελαγχολική: καθώς η ελληνική οικονομία απειλείται από νέα διεθνή κρίση ή διεθνή καθοδικό κύκλο, εμφανίζεται ξανά απροετοίμαστη για την αντιμετώπισή της, γιατί η χώρα μας δεν αξιοποίησε τα σημαντικά οφέλη από την ένταξή της στη ζώνη του ευρώ, τον πακτωλό των κοινοτικών πόρων και, φυσικά, το μακρόχρονο προηγούμενο ευνοϊκό ευρωπαϊκό και διεθνές οικονομικό περιβάλλον, που άρχισε μετά το 1994 και φαίνεται ότι τελείωσε το 2007... Ο νέος καθοδικός οικονομικός κύκλος χαρακτηρίζεται από ύφεση, επιβράδυνση της ανάπτυξης, πτώση των μετοχικών αξιών, αύξηση της ανεργίας και νέα απειλή του πληθωρισμού. Η αντιστροφή του κλίματος αυτού εξαρτάται από πολλές προϋποθέσεις που εμπεριέχουν υψηλή αβεβαιότητα, όπως αύξηση της καταναλωτικής ζήτησης, μείωση του πραγματικού εισοδήματος και αποδυνάμωση της κοινωνικής συνοχής».

Όλες αυτές οι προβλέψεις στηρίζονταν σε πίνακα που είχαμε καταρτίσει και είχαμε δημοσιεύσει με τις μακροχρόνιες κυκλικές διακυμάνσεις από το 1879 έως σήμερα.

26 ΔΕΚΕΜΒΡΙΟΥ

Οι διαχρονικοί χριστουγεννιάτικοι πικροί «μποναμάδες» από τις κυβερνήσεις

Σήμερα, το Ημερολόγιό μου δείχνει 26 Δεκεμβρίου 2015.

Και θυμήθηκα ότι την προηγούμενη ημέρα όλοι μας, τουλάχιστον οι μεγαλύτεροι σε ηλικία, περιμέναμε, όταν ήμασταν μικροί, τους λιτούς χριστουγεννιάτικους μποναμάδες από τους γονείς μας και τους συγγενείς μας.

Θυμήθηκα όμως ότι αργότερα, όταν μεγαλώσαμε και είχαμε μπει στην επαγγελματική και παραγωγική διαδικασία, οι «μποναμάδες» αυτοί είχαν γίνει από τις κυβερνήσεις μας ανάλγητες «λυπητερές», καθώς τις ημέρες αυτές του Δεκεμβρίου συζητούνταν και ψηφίζονταν στη Βουλή οι Κρατικοί Προϋπολογισμοί του νέου έτους, οι οποίοι εμφανίζονταν ως «βδέλλες» των ελληνικών νοικοκυριών. Παραθέτω, ενδεικτικά, μερικούς από αυτούς τους διαχρονικούς χριστουγεννιάτικους «μποναμάδες»:

– Σε περίοδο λιτότητας, δηλαδή καθήλωσης μισθών και ημερομισθίων και μηδενικής ανάπτυξης, ο κρατικός προϋπολογισμός του 1986 πρόβλεπε αύξηση των άμεσων φόρων κατά 53, 4% και των κρατικών δαπανών κατά 22, 1%.

– Τα 8, 5 δισ. δραχμές που θα εξασφαλίζονταν από την πρόσθετη (κατά 5%) φορολογία το 1988 δεν έφθαναν για να καλύψουν τρέχουσες ταμιακές ανάγκες του ΙΚΑ 23 δισ. δραχμών, άμεσες ανάγκες του Οργανισμού Ανασυγκρότησης Επιχειρήσεων 12 δισ. δραχμών, για την καταβολή συντάξεων από τον ΟΓΑ τον Δεκέμβριο του 1988 10 δισ. δραχμών και για κάλυψη ελλειμμάτων της Πειραϊκής –Πατραϊκής 13, 5 δισ. δραχμών! Τα υπόλοιπα θα τα... δανείζαμε, όπως πάντα!!!

– Κάθε Ελληνόπουλο που γεννιόταν μετά την 1η Ιανουαρίου του 1991 (δηλαδή πριν από 24 χρόνια!) αντίκριζε τη ζωή του με ένα χρέος ποσού 1.500.000 δραχμών, ενώ 206.000 περίπου δραχμές θα έπρεπε να βρει την ίδια χρονιά για να πληρωθούν τα τοκοχρεολύσια για το χρέος αυτό.

– Τη 1η Ιανουαρίου 1991(δηλαδή πριν από 24 χρόνια!!!) έγινε η μελαγχολική διαπίστωση ότι κι αν ακόμη δούλευαν τζάμπα οι Έλληνες εργατοϋπάλληλοι επί ένα χρόνο και πάλι κάθε ελληνικό νοικοκυριό θα εξακολουθούσε να επιβαρύνεται από το δημόσιο χρέος με 341.000 δραχμές, δηλαδή με 1.000 περίπου ευρώ...

– Στις 11 Ιανουαρίου 1990 (δηλαδή πριν από 25 χρόνια!!!) ο καθηγητής και ακαδημαϊκός Άγγελος Αγγελόπουλος, ως πρόεδρος της Επιτροπής Εμπειρογνωμόνων, σε εισηγητική ομιλία του τόνιζε: «Η ελληνική οικονομία περνάει σήμερα βαθειά κρίση που, αν συνεχισθεί, όπως όλοι οι δείκτες αφήνουν να εννοηθεί, η χώρα θα οδηγηθεί σε πλήρες αδιέξοδο...».

Κι έφθασε 18 χρόνια αργότερα...

27 ΔΕΚΕΜΒΡΙΟΥ

Ιδρύεται μια ΔΕΚΟ χωρίς... έργο, όπως και το θλιβερό Πετροχημικό το 1978 που δεν λειτούργησε ποτέ!

Σήμερα (27 Δεκεμβρίου 2015) διάβασα ότι ο υπουργός Ενέργειας Πάνος Σκουρλέτης στελεχώνει μια νέα δημόσια επιχείρηση, τη Δημόσια Επιχείρηση Ενεργειακών Επενδύσεων (ΔΕΠΕΝΕ), η οποία έχει ως σκοπό την κατασκευή του ελληνοτουρκικού αγωγού φυσικού αερίου, δηλαδή ενός έργου που δεν... υπάρχει, που δεν θα... γίνει, αλλά και αν υπήρχε, έπρεπε η εταιρεία αυτή να λειτουργούσε με τους κανόνες της ελεύθερης αγοράς και όχι ως δημόσια επιχείρηση ή δημόσιος οργανισμός!

Και θυμήθηκα ότι οι σπατάλες συνεχίζονται σαν να μην υπάρχει και τρίτο Μνημόνιο! Και το οικονομικό και πολιτικό δράμα συνεχίζεται χωρίς τα παθήματα να γίνονται μαθήματα. Κι έτσι η (πολιτική και οικονομική) ιστορία στην Ελλάδα επαναλαμβάνεται συνεχώς ως τραγωδία για τους φορολογούμενους και τους συνταξιούχους.

Θυμήθηκα τη θλιβερή ιστορία του Πετροχημικού Εργοστασίου, το οποίο προωθούσε το 1978 η τότε κυβέρνηση, χωρίς να έχει... πετρέλαια, αλλά και χωρίς να το δέχεται καμιά από τις περιοχές, όπου κάθε φορά αποφασιζόταν να εγκατασταθεί.

Θυμήθηκα ότι το περιβόητο αυτό Πετροχημικό Εργοστάσιο, το οποίο αποτελεί ίσως την πιο επονείδιστη σελίδα στη μεταπολιτευτική οικονομική ιστορία της χώρας μας, γινόταν «κλωτσοσκούφι», αφού από την αρχική τοποθεσία Νέα Καρβάλη (Καβάλα) «έφαγε» κλωτσιά για το Κρυονέρι Αιτωλοακαρνανίας, από εκεί για το Νεοχώρι Αιτωλοακαρνανίας και από εκεί στις... αποθήκες της Αγγλίας!!!

Θυμήθηκα ότι το 1981αγοράσθηκαν πανάκριβα μηχανήματα κόστους 41 δισ. δραχμών, χωρίς να χρησιμοποιηθούν, αφού το εργοστάσιο δεν λειτούργησε ποτέ, και πουλήθηκαν το τέλος του 1998 στην Αγγλία ως... παλιοσίδερα στην τιμή των 105 εκατ. δραχμών! Το εκπληκτικό είναι ότι σε όλη αυτή την περίοδο των δέκα επτά ετών το ελληνικό Δημόσιο πλήρωνε φύλακτρα στην John Brown 1.700 δολαρίων την ημέρα!

Θυμήθηκα ότι τότε, περί τα τέλη της δεκαετίας του 1970, η επένδυση αυτή είχε διαφημισθεί ως μία από τις μεγαλύτερες στη χώρα μας κατά τη δεκαετία του 1980, όπως κι εκείνη για την εκτροπή του Αχελώου αργότερα και όπως εκείνη πρόσφατα για τον ελληνοτουρκικό αγωγό για τον οποίο ο ΣΥΡΙΖΑ έλεγε ότι θα αποφέρει έσοδα 2 δισ. ευρώ και θα δημιουργήσει 20.000 νέες θέσεις εργασίας!

28 ΔΕΚΕΜΒΡΙΟΥ

Συνεχίζεται το όργιο προσλήψεων στο Δημόσιο, όπως επί δεκαετίες!

Σήμερα (28 Δεκεμβρίου 2015) διάβασα ότι η κυβέρνηση αποφάσισε να προσληφθούν 24.576 εποχικοί και 21.161 μόνιμοι υπάλληλοι στο Δημόσιο.

Και θυμήθηκα τη γνωστή ελληνική θυμόσοφη ρήση «όλα τα είχε η Μαριορή ο φερετζές της έλειπε»! Διότι, σε ένα χρεοκοπημένο κράτος, με πλεονάζον, στην πραγματικότητα, προσωπικό σε όλο το δημόσιο τομέα και με την απειλή να περικοπούν ξανά οι συντάξεις, η απόφαση για πρόσθετες προσλήψεις, που στη συνέχεια θα γίνει υπέρτατος αγών για μονιμοποίηση εκτάκτων ή εποχικών, μόνο άφρων μπορεί να χαρακτηρισθεί, όπως και οι εκατοντάδες άλλες στο παρελθόν.

Θυμήθηκα πολλούς τέτοιους επονείδιστους ρουσφετολογικούς σταθμούς, από τους οποίους παραθέτω μερικούς ενδεικτικά από το απέραντο αρχείου μου:

– Από τις 19 Οκτωβρίου 1981 έως τις 5 Ιουνίου του 1985 (πρώτη κυβερνητική θητεία του ΠΑΣΟΚ) διορίσθηκαν στο Δημόσιο 139.060 υπάλληλοι από τους οποίους μόνο 21.670 ήταν μόνιμοι. Μάλιστα, πριν από τις εκλογές του 1985 και σε διάστημα μόνο 17 ημερών διορίσθηκαν άλλοι 3.577 υπάλληλοι. Από την 1η Μαρτίου έως τις 5 Ιουνίου 1985 διορίσθηκαν 9.578 μόνιμοι, 14.430 αορίστου χρόνου και 30.157 ορισμένου χρόνου.

Μόνο στο ΙΚΑ το 1985 διορίσθηκαν 4.161, αν και αποχώρησαν 515!!!

– Τον Οκτώβριο του 1987, ο τότε υπουργός Προεδρίας Απόστολος Κακλαμάνης έφερε στη Βουλή νομοσχέδιο με το οποίο επαγγελλόταν μια ρύθμιση για προσλήψεις δημόσιων υπαλλήλων σε αξιοκρατική βάση και, τελικά, έγινε μονιμοποίηση 15.000 υπαλλήλων του Δημοσίου...

– Το Μάιο του 1989, λίγο πριν από τις εκλογές της 18ης Ιουνίου 1989, έγινε μια πρωτοφανής πολιτική αγυρτεία για τη μονιμοποίηση των 45.000 εκτάκτων. ΠΑΣΟΚ και ΝΔ συναγωνίζονταν και κοντά και ο Συνασπισμός της Αριστεράς με ένα όψιμο λαϊκισμό για την υπεράσπιση εργατικών συμφερόντων!

– Στις 5 Σεπτεμβρίου 1989 πραγματοποιήθηκε στη Βουλή συζήτηση για την κατάσταση της ελληνικής οικονομίας από την οποία προέκυψαν, μεταξύ άλλων, τα εξής: Το ΙΚΑ προσέλαβε λίγους μήνες πριν από τις εκλογές 1.500 νέους υπαλλήλους και ολόκληρο το Δημόσιο 100.000 υπαλλήλους! Στο υπουργείο Βιομηχανίας διαπιστώθηκε ότι προσλήφθηκαν 1.455 άτομα από την 1.1. 1989 έως τις εκλογές της 18ης Ιουνίου 1989, ενώ γίνονταν προσλήψεις ακόμα και την ημέρα των εκλογών!

– Στις 10 Ιανουαρίου 1990, η τότε διοίκηση των Ελληνικών Ταχυδρομείων (ΕΛΤΑ) αποκάλυψε ότι υπήρχαν 2.500 υπάλληλοι ανένταχτοι, δηλαδή δεν είχαν τί να... κάνουν!

Ουφ! Σταματώ. Διότι τα στοιχεία είναι ατέλειωτα και για τα επόμενα χρόνια...

29 ΔΕΚΕΜΒΡΙΟΥ

Τώρα πληρώνουμε όλα τα παλιά κομματικά «σπασμένα» για το ασφαλιστικό

Σήμερα (29 Δεκεμβρίου 2015) διάβασα ότι η περίοδος έως τις 15 Ιανουαρίου, όταν θα πρέπει να κατατεθεί (το αργότερο) το νομοσχέδιο για το ασφαλιστικό, είναι κρίσιμη για τη χώρα, για την κυβέρνηση, για την αντιπολίτευση, αφού το κοινωνικοασφαλιστικό σύστημα έχει γίνει μια «βόμβα», η οποία επί δεκαετίες αναμενόταν να εκραγεί.

Και θυμήθηκα ότι το 1988 ο τότε υπουργός Εθνικής Οικονομίας Παναγιώτης Ρουμελιώτης είχε χαρακτηρίσει το ασφαλιστικό σύστημα ως «πυρηνική βόμβα».

Θυμήθηκα ότι ενώ η «βόμβα» αυτή ήταν έτοιμη συνεχώς να εκραγεί πριν από 27 χρόνια, λίγες, αλλά θαρραλέες, ήταν οι παρεμβάσεις, ιδιαίτερα την περίοδο 1990 – 193, για την αναστροφή της καταστροφικής αυτής πορείας ενός αλλόκοτου, άδικου, προκλητικού, άνισου και χώρου άγριων ρουσφετιών κοινωνικοασφαλιστικού συστήματος.

Θυμήθηκα και παραθέτω μερικά εναγή στοιχεία από το βιβλίο του πρώην υπουργού και πρώην προέδρου της Βουλής Δημήτρη Σιούφα υπό τον τίτλο «Η ασφαλιστική μεταρρύθμιση της περιόδου 1990–1993», από τα οποία τα περισσότερα έχω ήδη σημειώσει στο "Ημερολόγιό" μου αποσπώντας τα από τα βιβλία μου και το απέραντο αρχείο μου:

– Υπήρχαν περιπτώσεις που ασφαλισμένοι έβγαιναν στη σύνταξη στα 35 τους χρόνια, στα 55 χρόνια τους, ενώ άλλοι χρειάζονταν 35 χρόνια εργασίας για να πάρουν την πολυπόθητη σύνταξη!

– Υπήρχαν περιπτώσεις που η σύνταξη ήταν ίδια είτε ο ασφαλισμένος είχε περισσότερα από 9.000 ένσημα, είτε είχε 4.000 ένσημα!

– Η καταβολή των συντάξεων με δάνεια αποτελούσε είδηση!

– Οι αναπηρικές συντάξεις αυξήθηκαν την περίοδο 1982–1989 στο ΙΚΑ και στον ΟΓΑ κατά 92%!

– Σημειώθηκε σημαντική συρρίκνωση του ορίου ηλικίας για συνταξιοδότηση και αθρόα υπαγωγή επαγγελμάτων στα βαρέα και ανθυγιεινά!

– Πρωτοφανής κατάχρηση του κοινοτικού μέτρου της πρόωρης αγροτικής σύνταξης!

– Αθρόες κοινωνικές παροχές από άδεια δημόσια και ασφαλιστικά ταμεία!

– Σκανδαλώδεις αποφάσεις για χορήγηση σύνταξη στους αγωνιστές Εθνικής Αντίστασης!

30 ΔΕΚΕΜΒΡΙΟΥ

Όταν οι βουλευτές έχουν το «μαχαίρι και το πεπόνι»…

Σήμερα (30 Δεκεμβρίου 2015) διάβασα ότι, σε χαλεπούς, για τους Έλληνες φορολογούμενους, εργαζόμενους, συνταξιούχους, άνεργους και επιχειρηματίες, καιρούς το υπουργείο Οικονομικών προωθεί στη Βουλή νομοσχέδιο, το οποίο περιλαμβάνει διάταξη με την οποία το Δημόσιο αποδέχεται δικαστικές αποφάσεις του Ελεγκτικού Συνεδρίου για αναδρομική αύξηση έως και 100.000 ευρώ ανά περίπτωση σε συνταξιούχους βουλευτές.

Και θυμήθηκα ότι υπάρχουν και άλλες δικαστικές αποφάσεις που αφορούν «αδυνάτους» της χώρας και ιδιαίτερα συνταξιοδοτικά και άλλα θέματα κατά την τελευταία εφιαλτική πενταετία, οι οποίες ωστόσο δεν εκτελούνται.

Θυμήθηκα ότι η πρόκληση αυτή δεν είναι η μοναδική, αλλά, καθώς οι βουλευτές έχουν «το μαχαίρι και το πεπόνι»,επιβεβαιώνεται η θυμόσοφη ελληνική ρήση «Γιάννης κερνά, Γιάννης πίνει».

Θυμήθηκα ξανά για παράδειγμα, τις 100 ψηφοθηρικές τροπολογίες της... ντροπής και από τα τρία κόμματα, οι οποίες περιελήφθησαν σε νομοσχέδιο, το οποίο έφερε, κατ᾽ ευφημισμόν, τον τίτλο «Μέτρα για περιστολή της φοροδιαφυγής» και το οποίο συζητήθηκε στη Βουλή στις 7 Μαρτίου 1990, επί Οικουμενικής Κυβέρνησης Ζολώτα. Παραθέτω ξανά μερικές που αφορούσαν βουλευτικά θέματα:

1. Πρόσθετη κρατική επιχορήγηση ύψους 900 εκατ. δραχμών προς τα κόμματα που θα πάρουν μέρος στις εκλογές.

2. Δικαίωμα συνταξιοδότησης των βουλευτών εκείνων που θα εκλεγούν για τρεις φορές ανεξάρτητα από τον αν συμπληρώνουν τετραετία.

3. Παροχή στους βουλευτές και ευρωβουλευτές του δικαιώματος να εισάγουν ατελώς αυτοκίνητα όχι πλέον των 2.000 κυβικών κατά το ανώτατο όριο, αλλά 2.500 κυβικών.

4. Επέκταση του μηνιαίου επιδόματος με τη μορφή εξόδων κινήσεως για το προσωπικό των Σωμάτων Ασφαλείας, που υπηρετεί στο γραφείο ασφαλείας του πρωθυπουργού, όταν αυτός δεν είναι πρόεδρος κοινοβουλευτικής ομάδας.

Επίσης, από βουλευτές κατατέθηκε και η ακόλουθη τροπολογία: «Βουλευτές ή τέως βουλευτές που έχουν συμπληρώσει έως τώρα δωδεκαετή συντάξιμο υπηρεσία και έχουν καταστεί ανάπηροι κατά το χρόνο άσκησης των βουλευτικών τους καθηκόντων με αναπηρία 50% νόμιμα αποδεδειγμένη, αποκτούν το δικαίωμα συνταξιοδότησης, εφόσον έχουν υπερβεί το 50ό έτος της ηλικίας τους».

31 ΔΕΚΕΜΒΡΙΟΥ (1)

**Με τόσες κομματικές και αντιπολιτευτικές «Μαύρες Βίβλους»,
πώς θα μπορούσε να δει άσπρη μέρα η χώρα αυτή!**

Σήμερα (31 Δεκεμβρίου 2015) διάβασα μια μακροσκελέστατη ανακοί-νωση της Νέας Δημοκρατίας υπό τον τίτλο «Η Μαύρη Βίβλος της Κυβέρ-νησης ΣΥΡΙΖΑ–ΑΝΕΛ» και διερωτήθηκα με πόνο: Μα, πώς θα μπορούσε η χώρα αυτή να έβλεπε «άσπρη» μέρα με τόσες και τόσες κομματικές ή αντιπολιτευτικές «Μαύρες Βίβλους»; Σε αυτή τη «Μαύρη Βίβλο» η Νέα Δημοκρατία απαριθμεί 25 προεκλογικές δεσμεύσεις του πρωθυπουργού Αλέξη Τσίπρα (τον Ιανουάριο και τον Σεπτέμβριο του 2015) και καταγ-γέλλει τα δύο κόμματα της συμπολίτευσης ότι και το 2015 συνέχισαν «να επαναλαμβάνουν τα ψέματα του 2014».

Και θυμήθηκα ότι με τη «Βίβλο» αυτή η Νέα Δημοκρατία «παίρνει το αίμα πίσω» για όλα αυτά που τής έκανε το ΠΑΣΟΚ ως αντιπολίτευση με τον ίδιο τρόπο, δηλαδή με «Βίβλους» και έτσι η δύσμοιρη χώρα βρίσκεται ήδη από το 2010 στο έλεος των δανειστών, οι οποίοι απαιτούν να πάρουν πίσω τα χρήματα από δάνεια που με περισσή μανία και ηδονή συνήπταν όλες οι μεταπολιτευτικές κυβερνήσεις για να τα θυσιάζουν στο βωμό των κομματικών σκοπιμοτήτων.

Θυμήθηκα ότι η πρώτη επίθεση από το ΠΑΣΟΚ, ως αντιπολίτευση, κατά της Νέας Δημοκρατίας ως κυβέρνησης, εκδηλώθηκε τον Μάρτιο του 2006, με την ευκαιρία της συμπλήρωσης δύο ετών διακυβέρνησης από τον Κώστα Καραμανλή, με ένα πολυσέλιδο φυλλάδιο υπό τον τίτλο «Βίβλος Αναξιοπιστίας– οι υποσχέσεις, τα ψέματα, οι λάθος πολιτικές» και με πα-ράθεση στο εξώφυλλο δήλωσης του τότε πρωθυπουργού στις 5 Μαρτίου 2004 ότι «δεν είπα τίποτα, μα τίποτα, το οποίο δεν είμαστε σίγουροι ότι μπορούμε να το κάνουμε». Στη «Βίβλο» αυτή τότε το ΠΑΣΟΚ, ως αντι-πολίτευση, παρέθετε 51 υποσχέσεις και στο πλάι τα αντίθετα που έκανε η Νέα Δημοκρατία ως κυβέρνηση.

Θυμήθηκα ότι το δεύτερο φυλλάδιο, υπό τον ίδιο τίτλο, «Βίβλος Ανα-ξιοπιστίας», που κυκλοφόρησε πάλι το ΠΑΣΟΚ στις 4 Μαρτίου 2007, με την ευκαιρία της συμπλήρωσης τριών ετών διακυβέρνησης της χώρας από τη Νέα Δημοκρατία. Στο εξώφυλλο παρετίθεντο πρωτοσέλιδα εφημερί-δων με τις προεκλογικές υποσχέσεις της Νέας Δημοκρατία καθώς και δύο μαύρα πλαίσια. Το ένα είχε τίτλο «3 χρόνια κυβέρνηση ΝΔ» και το άλλο «3 χρόνια εξαπάτησης του πολίτη». Στη «Βίβλο» αυτή τότε το ΠΑΣΟΚ παρουσίαζε τις προεκλογικές υποσχέσεις της Νέας Δημοκρατίας για τη

Νέα Γενιά, για τη Γυναίκα, για τον φορολογούμενο, τον μισθωτό, τον συνταξιούχο, τον ασφαλισμένο, τον άνεργο, την άνεργη, τον ασθενή και την οικογένειά του, τον κάτοικο της ελληνικής περιφέρειας, τον αγρότη, τον μικρομεσαίο επιχειρηματία, τον εκπαιδευτικό, τον δημόσιο υπάλληλο και τον αξιωματικό και άλλους, τους οποίους, όπως τόνιζε, «εξαπάτησε όλους».

Και με τούτα και με κείνα, έτσι πορεύθηκε η χώρα προς το γκρεμό...

31 ΔΕΚΕΜΒΡΙΟΥ (2)

Απορούμε που δεν τιμωρήθηκε ακόμη με πρόστιμα η «Καρέλιας» για τις παροχές προς τους εργαζομένους, όπως το 1986 και το 1987!

Σήμερα (31 Δεκεμβρίου 2015) διάβασα ότι ο διευθύνων σύμβουλος της «Καρέλια Α.Ε.) Ανδρέας Καρέλιας ανακοίνωσε ότι η εταιρεία θα μοιράσει στους εργαζόμενους το ποσό των τριών εκατ. ευρώ ως επιβράβευση για την αύξηση του κύκλου εργασιών κατά 17% «μέσα σ' έναν έντονο ανταγωνισμό και σ' αβέβαιο επιχειρηματικό περιβάλλον, με φόντο τις φήμες περί Grexit, capital controls κ.λπ.», όπως τόνισε. Πρόκειται για ένα νέο ηχηρό ράπισμα σε όλους αυτούς που με πείσμα ενοχοποιούσαν επί δεκαετίες και ενοχοποιούν την κερδοφόρα ιδιωτική επιχειρηματική δραστηριότητα και το επιχειρηματικό κέρδος, πυροδοτώντας έτσι συνδικαλιστικές αντιδράσεις που οδήγησαν σε πολλές περιπτώσεις στο κλείσιμο μεγάλων επιχειρήσεων και δεκάδες χιλιάδες εργαζόμενους στην ανεργία.

Και θυμήθηκα τη θλιβερή περίπτωση κατά την οποία το 1986 και το 1987, όταν μάλιστα κυριαρχούσαν οι συνδικαλιστές στη χώρα μας, επιβάλλονταν πρόστιμα σε όποιες ιδιωτικές επιχειρήσεις έδιναν αυξήσεις στους εργατοϋπαλλήλους υψηλότερες από εκείνες που καθορίζονταν με την εισοδηματική πολιτική, που υπερέβαιναν δηλαδή την περιβόητη «Αυτόματη Τιμαριθμική Αναπροσαρμογή»!

Θυμήθηκα ότι τον Ιανουάριο του 1989, η διοίκηση του Συνδέσμου Ελληνικών Βιομηχανιών (ΣΕΒ) ανέλαβε μια πρωτοβουλία, για να καλύψει το κενό της έλλειψης νόμιμης διοίκησης στη ΓΣΕΕ, και συνέστησε στις επιχειρήσεις να καταβάλουν αύξηση 7% από 1.1.1989 και 6% από την 1.7.1989, τουλάχιστον ως προκαταβολή μέχρι να υπογράφονταν αργότερα οι συλλογικές συμβάσεις ή διαιτητικές αποφάσεις. Όμως, όταν στις 18 Ιανουαρίου 1989 δόθηκε στη δημοσιότητα η επιστολή – πρωτοβουλία αυτή του ΣΕΒ, όλοι οι κυβερνητικοί συνδικαλιστές που τότε βρίσκονταν στα δικαστήρια αλληλοκατηγορούμενοι για απάτες και νοθεία και οι αντιπολιτευόμενοι που μοίραζαν θέσεις στη νέα διοίκηση της ΓΣΕΕ, ξέχασαν όλες τις διαφορές τους και εισέβαλαν στο γραφείο του τότε υπουργού Εργασίας Γιώργου Γεννηματά για να καταγγείλουν τη συμπαιγνία βιομηχάνων και κυβέρνησης, η οποία, όπως τόνιζαν «καταργούσε ντε φάκτο την ΑΤΑ»! Ο Γιώργος Γεννηματάς, υπό την πίεση των... συνδικαλιστών, επετέθη... κατά του ΣΕΒ χαρακτηρίζοντας ως «περίεργη και με πολιτικό περιεχόμενο» την κίνησή του αυτή για τις αυξήσεις των εργαζομένων στον ιδιωτικό τομέα. Σημειώνεται ότι την επόμενη ημέρα, σε κοινή συνέντευξη Τύπου οι τότε υπουργοί Εθνικής Οικονομίας, Οικονομικών και Εργασίας ανακοίνωσαν ότι θα εφαρμοσθεί και για τους εργαζόμενους στον ιδιωτικό τομέα η... εισοδηματική πολιτική για τους δημόσιους υπαλλήλους που εξαγγέλθηκε στις 9 Ιανουαρίου 1989, η οποία ήταν σαφώς χαμηλότερη από εκείνη του ΣΕΒ κατά 2, 5% έως 3%!!! Επίλογος

Πολύ φοβάμαι ότι το Ημερολόγιο του 2015 θα είναι επίκαιρο το 2016, το 2017, το 2018 έως και το ... 2030, όταν, όπως προβλέπεται, το δημόσιο χρέος θα μειωθεί στο 110% του ΑΕΠ, αφού, όπως είπαμε, η ιστορία στη χώρας μας επαναλαμβάνεται συνεχώς ως ... ιλαροτραγωδία. Οπότε, κι αν γράψω νέο Ημερολόγιο το 2016 και τα επόμενα χρόνια, απλώς θα είναι ... πιστή "αντιγραφή" αυτού που τώρα διαβάζετε...

Ελπίζω από καρδιάς να μη συμβούν.

Σας ευχαριστώ για την ανάγνωση,

Δημήτρης

ΠΑΡΑΡΤΗΜΑ

Αυτά που μού "έκοψαν"
οι εκδότες (τα παιδιά μου)

1 ΙΑΝΟΥΑΡΙΟΥ

Τα αλλιώτικα κάλαντα της πρωτοχρονιάς

Σήμερα, το Ημερολόγιό μου δείχνει 1η Ιανουαρίου 2015. Ήδη, από το απόγευμα της παραμονής της Πρωτοχρονιάς περίμενα με ανείπωτη χαρά, μαζί με τη σύζυγό μου, τα παιδιά μου και τα εγγόνια μου για να γιορτάσουμε όλοι μαζί, όπως άλλωστε κάθε χρόνο, τον ερχομό του νέου έτους με αναμμένο το τζάκι, με ένα ζεστό οικογενειακό παραδοσιακό τραπέζι και με μουσική και τραγούδια των ημερών των Χριστουγέννων.

Και θυμήθηκα τα παιδικά μου χρόνια στο χωριό μου. Τότε, πριν από 50–60 χρόνια, όλο το χωριό ήταν... άγρυπνο. Όλα τα μέλη της οικογένειας, πολύ πριν και αμέσως μετά τον ερχομό του νέου έτους, ήταν συγκεντρωμένα γύρω από τα τζάκι (δεν υπήρχαν τότε καλοριφέρ στα χωριά!) και περίμεναν με μεγάλη όρεξη και λαχτάρα τα κοψίδια από το γουρουνίσιο κρέας που έβγαζε από τη φωτιά ο πατέρας μας, ενώ σε όλα τα σπίτια και τις γειτονιές ακούγονταν τα κάλαντα της Πρωτοχρονιάς.

Θυμήθηκα ότι τότε, στο χωριό μου, τα κάλαντα της Πρωτοχρονιάς τα έλεγαν μόνο αγόρια και μάλιστα ανήμερα, δηλαδή μετά τις δύο το πρωί, και όχι την παραμονή. Βέβαια, δεν είχαν πάντοτε οικονομικές... επιτυχίες όλες οι επισκέψεις για τα κάλαντα, αφού πολλά νοικοκυριά, λόγω της απελπιστικής έλλειψης χρημάτων, κερνούσαν τα παιδιά... λουκούμια, γεγονός που προκαλούσε μεγάλη απογοήτευση!

Θυμήθηκα ότι ήταν ακριβώς τα κάλαντα που λέγανε σε όλη την Ελλάδα, με δύο μόνο διαφορές: Η πρώτη αφορούσε τη μουσική, που ήταν μονότονη, και η δεύτερη αφορούσε την παράλειψη του δεύτερου στίχου κάθε δίστιχου. Παραθέτουμε τα κάλαντα της πρωτοχρονιάς που λέγονταν στο χωριό μου (σε παρένθεση η παράλειψη του στίχου):

Αρχιμηνιά κι Αρχιχρονιά (ψηλή μου δεντρολιβανιά) κι αρχή καλός μας χρόνος (εκκλησιά με τ' άγιο θρόνος).

Αρχή που βγήκε ο Χριστός (άγιος και Πνευματικός), στη γη να περπατήσει (και να μας καλοκαρδίσει).

Άγιος Βασίλης έρχεται, (και δεν μας καταδέχεται), από την Καισαρεία, (συ' σαι αρχόντισσα κυρία).

κλπ.

1 ΙΑΝΟΥΑΡΙΟΥ (2)

Χαρτοπαιξία και «Σταυροκόνι» αντί... καζίνα!

Σήμερα, το Ημερολόγιό μου δείχνει 1η Ιανουαρίου 2015 και το ρολόι 1ώρα μετά τα μεσάνυχτα. Είναι, δηλαδή, ανήμερα της Πρωτοχρονιάς. Μετά το βραδινό φαγητό, με το οποίο καλωσορίσαμε το νέο έτος, ανοίξαμε τις καινούργιες τράπουλες για να παίξουμε οικογενειακώς χαρτιά, «για το καλό του χρόνου». Το απόγευμα της ίδια ημέρας η χαρτοπαιχτική συντροφιά μεγάλωσε με την προσθήκη και άλλων συγγενών μας που ήρθαν για να πουν από κοντά τις ευχές.

Και θυμήθηκα ότι στο χωριό μου, από το βράδυ, ανήμερα της Πρωτοχρονιάς, και όλες σχεδόν τις ημέρες των Χριστουγέννων οι συγχωριανοί μου χαρτόπαιζαν ακατάπαυστα και άγρυπνοι στα καφενεία, όπου ο καπνός από τα τσιγάρα πήγαινε ...σύννεφο! Συνήθως, οι νεώτεροι, αλλά και όσοι δεν ήθελαν να χαρτοπαίζουν, μαζεύονταν στους κεντρικούς δρόμους ή την πλατεία του χωριού και έπαιζαν το «σταυροκόνι».

Θυμήθηκα ότι, κυρίως, ήταν υπαίθριο τυχερό παιχνίδι κατά τις γιορτές των Χριστουγέννων και της Πρωτοχρονιάς. Μεγάλοι και μικροί που επιθυμούσαν να «παίξουν» και να κερδίσουν, σχημάτιζαν κύκλο. Με λαχνό ανελάμβανε κάποιος από τους παίχτες να ρίξει το «σταυροκόνι» (δύο μεταλλικά νομίσματα). Όλοι γύρω τοποθετούσαν μπροστά τους το ποσό που στοιχημάτιζαν.

Θυμήθηκα ότι τότε ο παίχτης που έκανε τη «μπάγκα» έριχνε ψηλά τα δύο νομίσματα (σταυροκόνι) και ανάλογα με την όψη τους μάζευε τα χρήματα ή έδινε τα αντίστοιχα χρήματα που είχαν στοιχηματίσει οι συμπαίχτες του. Κέρδιζε (και μάζευε τα χρήματα) όταν και τα δύο νομίσματα έδειχναν «κορόνα» και έχανε (και πλήρωνε τα αντίστοιχα ποσά) όταν έδειχναν «γράμματα».

Θυμήθηκα ότι πήρε την ονομασία «σταυροκόνι» (αλλού, και κυρίως στο Μεσολόγγι, λέγεται και «στριφτό») από τις δύο όψεις του νομίσματος: το κεφάλι του νομίσματος λεγόταν «εικόνα» και η αποτύπωση της δραχμής ή των γραμμάτων λεγόταν «σταυρός».

2 ΙΑΝΟΥΑΡΙΟΥ

Κυριαρχούσαν τα πρωτοχρονιάτικα έθιμα

Σήμερα, το Ημερολόγιό μου δείχνει 2 Ιανουαρίου 2015. Ήδη, έχουν φύγει τα παιδιά μου, τα εγγόνια μου, οι συγγενείς και οι φίλοι μας, αλλά το χριστουγεννιάτικο δέντρο ή το καραβάκι και τα φαντασμαγορικά πολύχρωμα φωτάκια πάνω σε αυτά, στα παράθυρα και τις πόρτες, συνέχιζαν να θυμίζουν γιορτές Χριστουγέννων και Πρωτοχρονιάς!

Και θυμήθηκα παρόμοιες ημέρες από τα παιδικά χρόνια στο χωριό μου, πριν από 50–60 χρόνια!

Θυμήθηκα τα πήλινα πιθάρια, που ήταν στη σειρά και γεμάτα από παστό κρέας, που είχε παρασκευασθεί την προπαραμονή ή παραμονή των Χριστουγέννων, τα λουκάνικα που είχαν παρασκευασθεί τις ίδιες ημέρες και κρέμονταν πάνω από το τζάκι, τα νόστιμα κουλουράκια, το χριστόψωμο και τον παραδοσιακό μπακλαβά (όλα αυτά τα θυμήθηκα και τις ημέρες των Χριστουγέννων).

Θυμήθηκα το μεγάλο κούτσουρο ή «Χριστόξυλο». Από τις παραμονές των εορτών ο νοικοκύρης διάλεγε το πιο όμορφο, το πιο γερό, το πιο χοντρό ξύλο από βελανιδιά. Είναι το ξύλο ή το κούτσουρο που θα καίει για όλο το δωδεκαήμερο των εορτών, από τα Χριστούγεννα μέχρι και τα Φώτα, στο τζάκι του σπιτιού. Η στάχτη των ξύλων αυτών προφύλαγε το σπίτι και τα χωράφια από κάθε κακό.

Θυμήθηκα ότι πριν ο νοικοκύρης φέρει το κούτσουρο, κάθε νοικοκυρά φρόντιζε να έχει καθαρίσει το σπίτι και με ιδιαίτερη προσοχή το τζάκι, ώστε να μη μείνει ούτε ίχνος από την παλιά στάχτη. Καθάριζαν ακόμη και την καπνοδόχο, για να μη βρίσκουν πατήματα να κατέβουν οι καλικάντζαροι, τα κακά δαιμόνια, όπως λένε στα παραδοσιακά χριστουγεννιάτικα παραμύθια.

Θυμήθηκα ότι το βράδυ της παραμονής των Χριστουγέννων, όταν όλη η οικογένεια ήταν μαζεμένη γύρω από το τζάκι, ο νοικοκύρης του σπιτιού άναβε την καινούρια φωτιά και έμπαινε στην εστία το κούτσουρο. Σύμφωνα με τις παραδόσεις του λαού, καθώς καίγεται το κούτσουρο, ζεσταίνεται ο Χριστός στη φάτνη Του. Σε κάθε σπιτικό, οι νοικοκυραίοι προσπαθούσαν το κούτσουρο να καίει μέχρι τα Φώτα.

3 ΙΑΝΟΥΑΡΙΟΥ

Κι άλλα πρωτοχρονιάτικα έθιμα

Σήμερα, το Ημερολόγιό μου δείχνει 3 Ιανουαρίου 2015.

Και θυμήθηκα, πέρα από το άσβεστο κούτσουρο, και άλλα πρωτοχρονιάτικα έθιμα, πού έδιναν μια ξεχωριστή οικογενειακή ζεστασιά, γαλήνη, ηρεμία και ομορφιά στο σπίτι μου, στο χωριό μου πριν από 50 –60 χρόνια. Παραθέτω μερικά από αυτά:

– Η μπόσκα (στα ελληνοβλάχικα) ή αγριοκρεμμύδα: Φυτρώνει άγριο και μοιάζει με μεγάλο κρεμμύδι. Ακόμα και να το βγάλεις απ' τη γη και να το κρεμάσεις, δεν παύει να βγάζει νέα φύλλα. Ο λαός πιστεύει ότι αυτή τη μεγάλη ζωτική του δύναμη μπορεί να τη μεταδώσει σε έμψυχα και άψυχα. Για το λόγοι αυτό οι κάτοικοι του χωριού μου, της Παλαιομάνινας Αιτωλοακαρνανίας, καθώς και κάτοικοι πολλών περιοχών της χώρας μας την Πρωτοχρονιά κρεμούσαν τη μπόσκα στα εξώθυρα των σπιτιών τους (όπως ο αρχαίος πρόγονός μας… Πυθαγόρας) και μετά την έριχναν στις κεραμοσκεπές. Ο Διοσκουρίδης την περιγράφει: "Εστί δε και αλεξιφάρμακον όλη προ των θυρών κρεμαμένη" (Περί ύλης Ιατρικής Β, 171).

– Το σπάσιμο του ροδιού: Οι γονείς μου και, φυσικά, οι συγχωριανοί μου, είχαν ιδιαίτερη προτίμηση στη χρήση του ροδιού ως συμβόλου αφθονίας, γονιμότητας και καλής τύχης. Άλλωστε, τα παλιά χρόνια δεν υπήρχε σπίτι που να μην έχει και μια ροδιά στην αυλή ή στο χωράφι! Την ώρα που άλλαζε ο χρόνος, στην εξώπορτα του σπιτιού πετούσανε και σπάζανε ένα ρόδι και έμπαιναν μέσα στο σπίτι με το δεξί, κάνοντας ποδαρικό, ώστε ο καινούριος χρόνος "να τα φέρει όλα δεξιά", όπως έλεγαν. Βρήκα ένα ρόδι από τη ροδιά του κήπου μου και το έσπασα μπαίνοντας στο σπίτι μου με το δεξί, προς αγαλλίασιν και έκπληξιν των παιδιών μου, των εγγονών μου και των συγγενών μου!

– Το πέταλο: Το κρεμούσαν στην πόρτα για... γούρι! Έ, και ο γράφων κρέμασε στην πόρτα ένα σκουριασμένο πέταλο που βρήκα στο κτήμα μου!

– Το αρνί: Όσοι είχαν αιγοπρόβατα, έσφαζαν στην εξοχή ένα αρνάκι ή κατσικάκι. Για να το μεταφέρουν όμως στα σπίτια καθαρά, μετά την εκδορά κλπ, γύριζαν το δέρμα ανάποδα και το έβαζαν ξανά σε αυτό ως θήκη. Αυτό το έθιμο απαντάται μόνο στο χωριό μου και, φυσικά, η εξήγηση μπορεί να αναζητηθεί σε πρακτικούς λόγους (ασφαλής μεταφορά και προφύλαξη από... βρωμιές!)

4 ΙΑΝΟΥΑΡΙΟΥ

Συνεχίζεται η χαρτοπαιξία στα καφενεία και στους... αχυρώνες

Σήμερα, το Ημερολόγιό μου δείχνει 4 Ιανουαρίου 2015.

Και θυμήθηκα ότι, πριν από 50–60 χρόνια στο χωριό μου όλοι σχεδόν οι άνδρες χαρτόπαιζαν νυχθημερόν κυρίως στα καφενεία και σπανίως σε σπίτια.

Θυμήθηκα ότι ο καφετζής είχε μεριμνήσει να έχει πάντοτε καινούργιες τράπουλες, μεγάλα τραπέζια στρωμένα με πράσινη τσόχα και όσο το δυνατόν αναπαυτικές καρέκλες.

Θυμήθηκα ότι οι παρέες των χαρτοπαιχτών μαζεύονταν στην αρχή χαρούμενοι γύρω από το δικό τους τραπέζι παραγγέλνοντας καφέ, που ενίσχυε συνεχώς το κάπνισμα και το ντουμάνι στο καφενείο.

Θυμήθηκα ότι οι αρχικές χαρές και τα πειράγματα συνοδεύονταν από μιαν απέραντη σιγή, ενώ οι χαρτοπαίχτες βλοσυροί, σκεπτικοί και προβληματισμένοι κοίταζαν συνεχώς τα τραπουλόχαρτά τους μεθοδεύοντας την επόμενη κίνηση.

Θυμήθηκα ότι πίσω από κάθε χαρτοπαίχτη κάθονταν γνωστοί ή φίλοι του που παρακολουθούσαν σιωπηλοί (αλίμονο σε εκείνο που θα μιλούσε έστω και σιγανά!) την «ιερή» χαρτοπαιχτική διαδικασία.

Θυμήθηκα ότι εμείς, τα παιδιά του Δημοτικού Σχολείου ή του (εξαταξίου τότε) Γυμνασίου μαζευόμασταν και χαρτοπαίζαμε κρυφά σε αχυρώνες, διότι απαγορευόταν αυστηρά από τους γονείς μας και τη Χωροφυλακή η χαρτοπαιξία από ανήλικους.

Θυμήθηκα ότι συνήθως παίζαμε στα χαρτιά αυτά τα έσοδα που εξασφαλίζαμε από τα κάλαντα των Χριστουγέννων και της Πρωτοχρονιάς.

Θυμήθηκα ότι η χαρτοπαιξία στα καφενεία και τους αχυρώνες και στους δρόμους ή την πλατεία του χωριού με το «Σταυροκόνι» ή «Στριφτό» συνεχίζονταν έως και τα Φώτα! 5 Ιανουαρίου

Έθιμα παραμονής των Φώτων

Σήμερα, το Ημερολόγιό μου δείχνει 5 Ιανουαρίου 2015 και είναι Παραμονή των Φώτων.

Και θυμήθηκα πάλι πολλές συγκινητικές στιγμές από τα παιδικά μου χρόνια στο χωριό μου πριν από 50–60 χρόνια.

Θυμήθηκα τα εξής:

– Το βράδυ της παραμονής των Φώτων στρώναμε το νηστίσιμο τραπέζι, που περιείχε κυρίως όσπρια, άγρα χόρτα, χορτόπιτα, ελιές στο λάδι και τη ρίγανη. Μετά όλοι καθόμασταν για το φαγητό στο τραπέζι και λέγαμε την προσευχή μας και κάναμε τις ευχές μας. Υπάρχει μια δοξασία του λαού μας που αναφέρει ότι το βράδυ της παραμονής των Φώτων, στις 12 τα μεσάνυχτα, ανοίγουν τα ουράνια και πραγματοποιούνται όλες οι ευχές των ανθρώπων.

– Την παραμονή των Φώτων, περνούσε ο παπάς από το σπίτι μας και το αγίαζε (μικρός αγιασμός). Ο παπάς επισκεπτόταν όλα τα σπίτια, με το σταυρό και με αγιασμό μέσα σ' ένα χάλκινο συνήθως δοχείο, που κουβαλούσε ο βοηθός του. Έπειτα, άρχιζε να ραντίζει με το άγιασμα όλους τους χώρους του σπιτιού για να φύγουν τα δαιμόνια από το σπίτι.

Θυμήθηκα ότι στη συνέχεια μαζευόταν η στάχτη από τη φωτιά που έκαιγε στο τζάκι το Δωδεκαήμερο, η φωτιά δηλαδή που ξεκίνησε με το Χριστόξυλο, όπως ήδη ανέφερα. Η στάχτη αυτή σκορπιζόταν γύρω από το σπίτι, στους στάβλους, ακόμα και στα χωράφια, αφού πιστευόταν ότι διώχνει το κακό.

6 ΙΑΝΟΥΑΡΙΟΥ

Τα κάλαντα των Φώτων

Σήμερα, το Ημερολόγιό μου δείχνει 6 Ιανουαρίου 2015 και είναι η Εορτή των Φώτων.

Και θυμήθηκα ότι τα κάλαντα των Φώτων (μικρότερης σημασίας και εισπρακτικής επιτυχίας) τα λέγαμε στο χωριό μου, πριν από 50–60 χρόνια, ανήμερα των Φώτων.

Θυμήθηκα ότι ήταν τα εξής:

Σήμερα τα φώτα κι ο φωτισμός η χαρά μεγάλη κι ο αγιασμός.

Κάτω στον Ιορδάνη τον ποταμό κάθετ' η κυρά μας η Παναγιά.

Όργανο βαστάει, κερί κρατεί και τον Αϊ-Γιάννη παρακαλεί.

Άϊ–Γιάννη αφέντη και βαπτιστή βάπτισε κι εμένα Θεού παιδί.

Θυμόμουνα ότι ποτέ δεν έριχνε ο παπάς το σταυρό σε ποτάμια ή λίμνες ή σε θάλασσα, αλλά η μητέρα μου και, φυσικά, οι συγχωριανές της, ανήμερα των Φώτων, έπαιρναν τις εικόνες που είχαμε στα σπίτια μας και τις έπλεναν στον Αχελώο ποταμό.

Θυμήθηκα ότι αυτό το πλύσιμο ήταν ιδιαίτερα επικίνδυνο και δύσκολο, διότι την εποχή αυτή η στάθμη του Αχελώου ποταμού ήταν επικίνδυνα υψηλή (πλημμύρες) και ήταν πάντοτε πολύ ορμητικός.

Θυμήθηκα ότι ανήμερα των Φώτων σε κάθε σπίτι οι νοικοκυρές ζύμωναν ψωμί, το οποίο ονομαζόταν «φωτίτσα» και παρασκεύαζαν νοστιμότατες τηγανίτες.

Θυμήθηκα με χαρά το Απολυτίκιο των Θεοφανείων, το οποίο έλεγα πάντοτε όταν μού έδινε η μητέρα μου το βάζο με το μεγάλο αγιασμό για να ραντίζω τους στάβλους και τον κήπο!

«Εν Ιορδάνη βαπτιζομένου σου Κύριε η της Τριάδος εφανερώθη προσκύνησις του γαρ Γεννήτορος η φωνή προσεμαρτύρει Σοι αγαπητόν Σε Υιόν ονομάζουσα και το Πνεύμα εν είδει περιστεράς εβεβαίου του λόγου το ασφαλές Ο επιφανείς Χριστέ ο Θεός και τον κόσμον φωτίσας, δόξα Σοι» 7 Ιανουαρίου

Πικρό τέλος των σχολικών διακοπών των Χριστουγέννων και της Πρωτοχρονιάς στο χωριό

Σήμερα, το Ημερολόγιό μου δείχνει 7 Ιανουαρίου 2015 και είναι η ημέρα της γιορτής του Αγίου Ιωάννου.

Και θυμήθηκα ότι η ημέρα αυτή ήταν «αποφράς»!

Θυμήθηκα γιατί ήταν «αποφράς». Διότι, ύστερα από 15 ημέρες διακοπών, λόγω των εορτών των Χριστουγέννων και της Πρωτοχρονιάς, αναγκαζόμουν να εγκαταλείψω τη ζεστή οικογενειακή φωλιά και να επιστρέψω στο κρύο δωμάτιο στο Μεσολόγγι, στη μαθητική ζωή στο Γυμνάσιο της Παλαμαϊκής Σχολής Μεσολογγίου.

Θυμήθηκα ότι οι γυμνασιακές σπουδές πριν από πενήντα ή εξήντα χρόνια των παιδιών από τα γύρω χωριά του Αγρινίου, του Μεσολογγίου και του Αιτωλικού απαιτούσαν έναν ικανοποιητικό οικογενειακό προϋπολογισμό, αφού συνεπάγονταν υψηλές σχετικά δαπάνες. Καθώς δεν υπήρχαν συγκοινωνιακές συνδέσεις των χωριών με τις πόλεις αυτές, όπου λειτουργούσαν γυμνάσια, οι γονείς έπρεπε να πληρώνουν ενοίκιο, να εξασφαλίζουν διατροφή των παιδιών τους σε εστιατόρια ή σε σπίτια ως οικότροφοι, να αγοράζουν όλα τα σχολικά βιβλία, να αγοράζουν το μαθητικό καπέλο με την κουκουβάγια και, φυσικά, να έχουν πιο ευπρεπή ένδυση και υπόδηση.

Θυμήθηκα ότι, για το λόγο αυτό, από τους 150 μαθητές που αποφοίτησαν το 1955 από το Δημοτικό Σχολείο του χωριού μου, της Παλαιομάνινας, πήγαν στο Γυμνάσιο και μάλιστα με εισαγωγικές εξετάσεις μόνο επτά συμμαθητές μου (ένας στο Γυμνάσιο Αγρινίου, ένας στο Γυμνάσιο Αιτωλικού και πέντε στο Γυμνάσιο της Παλαμαϊκής Σχολής Μεσολογγίου).

Θυμήθηκα ότι οι μαθητές των γυμνασίων αυτών που προέρχονταν από τα γύρω πιο απομακρυσμένα χωριά (οι μαθητές των κοντινών χωριών έρχονταν στα γυμνάσια, με κρύο και με ζέστη, με τα ποδήλατά τους!) πήγαιναν στα χωριά τους μόνο κατά τις διακοπές των Χριστουγέννων, του Πάσχα και του καλοκαιριού, όπου εργάζονταν σκληρά, μαζί με τις οικογένειές τους, στα χωράφια, στα μαντριά και σε άλλες εργασίες με το μεροκάματο για να ανακουφίσουν κάπως τον οικογενειακό προϋπολογισμό.

Θυμήθηκα ότι κατά την επιστροφή, την ημέρα αυτή, στο Μεσολόγγι μέσα στο ιδιωτικό παλιό «λεωφορείο» κυριαρχούσε η σιωπή, η συγκίνηση και το κλάμα όλων των συμμαθητών μου, διότι αποχωριζόμασταν τους γονείς μας, τα αδέρφια μας, τους φίλους μας, τα αρνάκια μας, τα άλογά μας, το σπίτι μας!

9 ΙΑΝΟΥΑΡΙΟΥ

Νηστικό γυμνασιόπαιδο!

Σήμερα (9 Ιανουαρίου 2015) διάβασα ότι, δύο ημέρες μετά την έναρξη των μαθημάτων, οι καθηγητές και οι δάσκαλοι προγραμματίζουν απεργιακές κινητοποιήσεις και οι μαθητές καταλήψεις!

Και θυμήθηκα ότι, την ίδια ημέρα, δύο ημέρες μετά τις διακοπές των Χριστουγέννων, το 1960, ως μαθητής του Γυμνασίου της Παλαμαϊκής Σχολής Μεσολογγίου, έμεινα... νηστικός, διότι οι γονείς μου δεν μού έδωσαν χρήματα (δεν είχαν!) για να πληρώσω τον εστιάτορα που κρατούσε το "τεφτέρι" με τα χρέη.

Θυμήθηκα ότι τότε, πριν από 50–60 χρόνια, η συγκοινωνιακή σύνδεση του χωριού μου με το Αγρίνιο, το Αιτωλικό και το Μεσολόγγι (απείχαν 30 – 40 χιλιόμετρα), όπου λειτουργούσαν εξατάξια γυμνάσια, ήταν υποτυπώδης.

Θυμήθηκα ότι αυτό ανάγκαζε τους γονείς μας να παίρνουν την από-φασή τους να μένουμε στο Μεσολόγγι σε ενοικιαζόμενα δωμάτια (όχι σπίτια ή διαμερίσματα!) ανά δύο μαθητές για να μοιραστεί το κόστος δι-αμονής. Όσον αφορά στο φαγητό, είχαν συνεννοηθεί οι γονείς μας με ένα από τα πολλά μαγειρεία της ιεράς πόλης να τρώμε (με λιτότητα, βεβαίως, βεβαίως!!!) «επί πιστώσει», δηλαδή με το «τεφτέρι», όπως ήδη ανέφερα!

Θυμήθηκα ότι τότε, πέρα από τα ενοίκιο του δωματίου και το εστιατόριο, πληρώναμε και εγγραφές για την επόμενη τάξη, πληρώναμε για την αγορά όλων των σχολικών βιβλίων και, φυσικά, των τετραδίων και του... πηλικίου!

Θυμήθηκα ότι έτσι γέμιζε το τεφτέρι και πήγαιναν οι γονείς μας και έδιναν μερικές προκαταβολές και, ανάλογα με την εξασφάλιση εσόδων από εποχική, πώληση αγροτικών και κτηνοτροφικών προϊόντων (στάρια, φακές, ρεβίθια, κουκιά, αμύγδαλα, καπνά, βελανίδι, αρνιά κλπ), εξοφλού-σαν, πάντα καθυστερημένα το συσσωρευμένο χρέος.

Θυμήθηκα ότι την ημέρα αυτή πήγα, όπως κάθε μέρα, το μεσημέρι, μετά το σχόλασμα από το Γυμνάσιο, στο εστιατόριο, όπου έτρωγα με το «τεφτέρι» για να... «παραγγείλω» το λιτό φαγητό μου, όπως είχα πάρει οδηγίες από το σπίτι μου!!! Κι ενώ, λοιπόν, κοίταζα τις... κατσαρόλες με τα φαγητά για να... παραγγείλω, έρχεται ο εστιάτορας και μού λέει δικαιολο-γημένα : «Δημητράκη, από σήμερα δεν έχει άλλο φαγητό για σένα από το μαγειρείο μου»!!!.

Θυμήθηκα ότι έφυγα! Πήγα στο δωμάτιό μου. Εκεί είχα ολόκληρο σχεδόν το φρέσκο ζυμωτό ψωμί, ελιές, τυρί και αυγά, που είχα φέρει, μετά τις διακοπές, από το χωριό μου. Έφαγα και χόρτασα το «φαγητό» αυτό και, ως συνήθως, το έριξα στο διάβασμα.

10 ΙΑΝΟΥΑΡΙΟΥ

Καθηγητής μου «κατσαδιάζει» τον εστιάτορα!

Σήμερα, το Ημερολόγιό μου δείχνει 10 Ιανουαρίου 2015.

Και θυμήθηκα τη συνέχεια του «επεισοδίου» αυτού με τον εστιάτορα.

Θυμήθηκα ότι την ημέρα αυτή ήρθε ο συμμαθητής μου και συγκάτοι-κός μου στο ίδιο δωμάτιο, ο Θανάσης Παππάς, ο οποίος κι αυτός έτρωγε στο ίδιο εστιατόριο και μού είπε: «Δημήτρη, σε παρακαλώ, πάμε στο εστι-ατόριο για να φας. Μη μένεις νηστικός! Σε θέλει ο εστιάτορας!". Δεν πήγα!

Θυμήθηκα ότι, όπως με πληροφόρησε ο Θανάσης Παππάς, στο βάθος της αίθουσας του εστιατορίου έτρωγε, κι εκείνος με «τεφτέρι», ένας λαμπρός καθηγητής μου, φιλόλογος – ιστορικός, εργένης τότε, Κώστας Τριανταφυλλίδης. Μού είπε πως μόλις είδε τη σκηνή αυτή με το ύφος του εστιάτορα και την απομάκρυνσή μου από το εστιατόριο ο καθηγητής μου, σηκώθηκε και πήγε κρυφά και διακριτικά στο μαγειρείο και τού είπε, όπως μού είπε, ύστερα από πολλά χρόνια, ο ίδιος ο εστιάτορας: «Ο Στεργίου, μπορεί να είναι φτωχός, αλλά είναι ο πρώτος μαθητής στην τάξη του, είναι ο σημαιοφόρος του Γυμνασίου της Παλαμαϊκής Σχολής Μεσολογγίου, είναι ο άριστος μαθητής στα μαθήματά μου (αρχαία, Νέα, Ιστορία, Λατινικά!). Σε όλα τα μαθήματα». Αυτά είπε, κι έφυγε χωρίς να τελειώσει το φαγητό του...

Θυμήθηκα ότι δεν πήγα στο εστιατόριο αυτό μέχρι που με πληροφόρησε ο εστιάτορας ότι το χρέος που αναγραφόταν στο «εφτέρι» δεν υπάρχει και, συνεπώς, με προσκάλεσε και με παρεκάλεσε να πηγαίνω να τρώω στο εστιατόριό του χωρίς προβλήματα. Μάλιστα για να με πείσει μού έδειξε και το λευκό... «τεφτέρι»...

Θυμήθηκα ότι, πραγματικά, διαπίστωσα ότι το χρέος είχε μηδενισθεί! Δεν έμαθα όμως ποτέ πώς έγινε αυτό! Ούτε ο αείμνηστος εστιάτορας μού είπε ποτέ, μολονότι ως φοιτητής πάντα περνούσα από το εστιατόριο και συζητούσαμε για όλα τα θέματα, αλλά ποτέ για τη σκηνή της άρνησης να μού δώσει φαγητό. Δεν ήθελε με τίποτε να γίνει λόγος «για τέτοια ντροπή», όπως έλεγε σε άλλους καθηγητές και συμμαθητές μου.

Θυμήθηκα ότι πάντοτε υποψιαζόμουνα ότι τουλάχιστον το 50% του πληρώθηκε από τον καθηγητή μου και αγαπητούς συμμαθητές μου, οι οποίοι ενημερώθηκαν για τη σκηνή: «Δημητράκη, από σήμερα δεν έχει άλλο φαγητό για σένα από το μαγειρείο μου»!

Αυτή η άρνηση, μετά από 55 χρόνια, ηχεί ακόμα στα αυτιά μου! Αλλά, προς θεού, όχι αρνητικά, όχι μισητά, όχι απελπιστικά, αλλά μεγάθυμα και αισιόδοξα. Γιατί; Μα, διότι δεν απετέλεσε σε καμιά περίπτωση εμπόδιο για τα οράματά μου, τους στόχους μου...Άλλωστε, είχε και δίκιο ο εστιάτορας!!!

11 ΙΑΝΟΥΑΡΙΟΥ

Ένα χειμωνιάτικο πρωινό με ζεστό και νόστιμο τραχανά

Σήμερα, 11 Ιανουαρίου 2015, το πρωί, όλος ο κήπος μου είναι σκεπασμένος από ένα τσαφ (έτσι λένε στο χωριό μου και την Ευρυτανία την πάχνη), που συνοδεύεται από παγετό. Καθάρισα το τζάκι και άναψα τα λιανόξυλα και πάνω έβαλα τα κούτσουρα (χοντρά ξύλα).

Και θυμήθηκα την αείμνηστη μητέρα μου που όλο τα χειμωνιάτικα πρωινά στη δεκαετία του 1950 (φοιτούσα στο Δημοτικό Σχολείο) σηκωνόταν νωρίς-νωρίς, έριχνε κι άλλα ξύλα στη φωτιά που ποτέ δεν έσβηνε και παρασκεύαζε τον τραχανά ή το κουρκούτι (κρέμα από καλαμποκάλευρο) ή τη μπαζίνα (καλά δουλεμένο σε μεγάλο τηγάνι καλαμποκάλευρο, πασπαλισμένο με τσιγαρισμένο ψιλοκομμένο κρεμμύδι).

Θυμήθηκα ότι τότε κάθε πρωί, πριν πάμε στο σχολείο ή στις αγροκτηνοτροφικές δουλειές, τρώγαμε τέσσερις φορές την εβδομάδα τραχανά, δύο φορές μπαζίνα και μια φορά κουρκούτι!

Θυμήθηκα ότι σιγά-σιγά πλησίαζε στο τζάκι, έβαζε την πυροστιά (μεταλλικό αντικείμενο με τρία «πόδια» και με σχήμα ισόπλευρου τριγώνου) τη χάλκινη κατσαρόλα με νερό για να βράσει. Στη συνέχεια έριχνε τον τραχανά, που τον είχε παρασκευάσει η μητέρα μου χρησιμοποιώντας δικό μας στάρι και δικό μας αγνό, γνήσιο γάλα. Το καλοκαίρι, γέμιζε ένα τσουβάλι σαράντα περίπου κιλών στάρι από την αποθήκη, το έπλυνε πολύ καλά και το άπλωνε στον ήλιο για να στεγνώσει. Στη συνέχεια, φορτώναμε το στάρι στο σαμάρι του γαϊδουριού μας και το πηγαίναμε στον παραδοσιακό μύλο του χωριού μας για να το αλέσει, αλλά σε πολύ χοντρούς κόκκους (σπασμένο). Μετά το βράσιμο η μητέρα μου έριχνε λίγο –λίγο το σπασμένο στάρι και αλάτι και ανακάτευε το μείγμα συνεχώς για να μην κολλήσει. Όταν ρουφιόταν όλο το γάλα, έβγαζε το καζάνι με το περιεχόμενό του από τη φωτιά και το άφηνε για δύο περίπου ώρες να κρυώσει και να φουσκώσει. Ακολουθούσε το «άπλωμα του τραχανά», δηλαδή το άπλωνε σε λεπτές πιτούλες στον ήλιο πάνω σε σεντόνι ή τραπεζομάντηλο και συνεχώς το γύριζε για να στεγνώσει πολύ καλά. Μόλις στέγνωνε, έτριβε τις πιτούλες σε κόσκινο και άφηνε τον τραχανά ξανά στον ήλιο για να στεγνώσει εντελώς.

Θυμήθηκα ότι, λίγο πριν βράσει καλά ο τραχανάς, η μητέρα μου έριχνε στην κατσαρόλα συμπληρωματικό γάλα, τυρί τρίμμα και τσιγαρίδες, που είχε παρασκευάσει ο αείμνηστος πατέρας μου από κρέας δικού μας γουρουνιού την προπαραμονή των Χριστουγέννων.

12 ΙΑΝΟΥΑΡΙΟΥ

Ένα χειμωνιάτικο πρωινό με πάχνη και νόστιμη... μπαζίνα!

Σήμερα (12 Ιανουαρίου 2015) «έπεσε» πάλι τσάφ (πάχνη) στον κήπο μου, ενώ το κρύο είναι τσουχτερό. Άναψα και σήμερα, όπως, άλλωστε, και όλο το χειμώνα, το τζάκι μου.

Και θυμήθηκα πολλά.

Θυμήθηκα (και «είδα» πάλι την εικόνα της) τη μητέρα μου να παρασκευάζει νωρίς –νωρίς (βαθιά χαράματα) μπαζίνα, αφού χθες μάς είχε κάνει τραχανά. Έριχνε κι άλλα ξύλα στη φωτιά για να δυναμώσει και πάνω στην πυροστιά, με πολλή θράκα (δυνατή φωτιά από ξύλα) από κάτω, έβαζε ένα μεγάλο ειδικό τηγάνι με νερό για να βράσει. Στο βραστό νερό πρόσθετε λίγο–λίγο καλαμποκίσιο αλεύρι ανακατεύοντας ταυτόχρονα ώσπου να πήξει.

Θυμήθηκα ότι ανακάτευε με μια ξύλινη κουτάλα τόσο πολύ δυνατά το καλαμπόκάλευρο μέσα στο τηγάνι, ώστε λίγο από τη μεγάλη ένταση και λίγο από τη δυνατή φωτιά, το πρόσωπό της ήταν καταϊδρωμένο! Έβγαζε το τηγάνι με το περιεχόμενό του από τη φωτιά, όταν καταλάβαινε ότι η μπαζίνα ήταν έτοιμη, δηλαδή όταν ξεκολλούσε από το τηγάνι.

Θυμήθηκα ότι στη συνέχεια έβαζε λάδι ή ξίγκι από το δικό μας χοιρινό κρέας σε ένα τηγάνι, ψιλοκομμένο κρεμμύδι και το τυρί και τα τσιγάριζε όλα μαζί μέχρι να ροδοκοκκινίσουν. Μετά πασπάλιζε με το μείγμα αυτό τον καλά δουλεμένο καλαμποκίσιο πολτό ανακατεύοντας συνεχώς για να πάει το κρεμμύδι, το λάδι και το τυρί παντού.

Θυμήθηκα ότι τη μπαζίνα δεν τη σερβίραμε σε πιάτα! Απλώς, η μητέρα μου τοποθετούσε τη μεγάλη κατσαρόλα μπροστά μας, κοντά στο τζάκι, όπου καθόμασταν οκλαδόν, και με τα κουτάλια παίρναμε ο καθένας μας κομμάτια από τη νόστιμη μπαζίνα με το τσιγαρισμένο κρεμμύδι και τυρί. Θυμάμαι ότι, καθώς πήγαινα τα πρωινά στο Δημοτικό Σχολείο, όλο το χωριό μύριζε... τσιγαρισμένο κρεμμύδι και τυρί!

Θυμήθηκα ότι, εδώ στην Αθήνα, η σφοδρή επιθυμία για μπαζίνα παρ' ολίγον να οδηγήσει σε... ανθρωποκτονία! Σε συγκέντρωση φίλων μου στο σπίτι προανήγγειλα ότι θα τρώγαμε και... μπαζίνα! Όλοι οι προσκεκλημένοι δέχθηκαν με χαρά την ενημέρωση αυτή και περίμεναν με ανυπομονησία και χαρά να γευθούνε τη μπαζίνα μου. Πράγματι, μετά το δείπνο σέρβιρα σε μια πιατέλα τη μπαζίνα μου, πασπαλισμένη με τσιγαρισμένο κρεμμύδι και τυρί. Όλος ο χώρος πλημμύρισε από μυρωδιά της μπαζίνας μου. Όλοι πήρανε τα κουτάλια τους και έσπευσαν να βάλουν στα πιάτα τους κομμάτια από τη μπαζίνα μου. Κάποια στιγμή παρατήρησα ότι τα ενθουσιώδη επιφωνήματα για τη μυρωδιά της μπαζίνας μου συνοδεύτηκαν από... άτακτον φυγήν όλων προς τον κήπο μου, βάζοντας όλοι το δάχτυλο στο στόμα τους για να ξεράσουν!!! Πλήρης αποτυχία!! Το καλαμποκάλευρο δεν ανακατεύθηκε καλά και η μπαζίνα μου έγινε ένας... θανατηφόρος πολτός...

13 ΙΑΝΟΥΑΡΙΟΥ

Ένα πρωί με παγετό και λαχταριστό κουρκούτι

Σήμερα (13 Ιανουαρίου 2015) το τσαφ (η πάχνη) ήταν ακόμα πιο κρυσταλλωμένο στον κήπο μου. Έτσι, όπως, άλλωστε, κάθε χειμώνα, έσπευσα να ανάψω το τζάκι μου ρίχνοντας τρία μεγάλα κούτσουρα μαζί με τα λιανόξυλα για να δυναμώσει γρήγορα η φωτιά.

Και θυμήθηκα («είδα» πάλι) τη μητέρα μου να παρασκευάζει με την ίδια διαδικασία το πρωινό μας, δηλαδή τον τραχανά, τη μπαζίνα και το κουρκούτι. Σήμερα, είχε σειρά το πολύ νόστιμο κουρκούτι, αφού προχθές και χθες μάς είχε κάνει τραχανά και μπαζίνα αντίστοιχα.

Θυμήθηκα ότι δυνάμωνε τη φωτιά ρίχνοντας τέσσερα κούτσουρα από την αγαπημένη μου βελανιδιά, τοποθετούσε πάνω στη θράκα την πυροστιά και πάνω σ΄ αυτήν έβαζε την κατσαρόλα με το γάλα για να βράσει. Μετά το βράσιμο έριχνε λίγο – λίγο το καλαμποκίσιο αλεύρι και το ανακάτευε συνεχώς για να μην κολλήσει. Σημειώνω ότι η παρασκευή του κουρκουτιού είναι πολύ απλή, αλλά χρειάζεται μεγάλη προσοχή για να μη κολλάει το καλαμποκάλευρο και το γάλα στην κατσαρόλα.

Θυμήθηκα ότι με το σιγανό βράσιμο και το συνεχές ανακάτωμα του περιεχομένου, το μείγμα γινόταν μια πολύ νόστιμη κρέμα. Αυτή την κρέμα σερβίραμε σε πιάτα με την κουτάλα και, όποιος ήθελε, έριχνε πάνω στην πέτσα ζάχαρη και κανέλλα.

Θυμήθηκα ότι όταν ήμουνα φοιτητής και, συνεπώς, δεν είχα τα αναγκαία μαγειρικά σκεύη και υλικά, υποκαθιστούσα το κουρκούτι με την κρέμα από «Άνθος Αραβοσίτου Γιώτης»! Τόσο πολύ το επιθυμούσα, όπως, φυσικά, τον τραχανά και τη μπαζίνα.

Θυμήθηκα ότι σε όλη τη μακρά περίοδο διαμονής μου στην Αθήνα έβραζα (μόνο τα πρωινά!) συνεχώς τραχανά και παρασκεύαζα συνεχώς κουρκούτι!

14 ΙΑΝΟΥΑΡΙΟΥ

Κακοτράχαλοι αγροτικοί δρόμοι, όπως στη δεκαετία του 1950!

Σήμερα, 14 Ιανουαρίου 2015, ύστερα από έντονες βροχές και καταιγίδες, πήγα στο κτήμα μου, στην Αττική, όπου καλλιεργώ γνήσια παραδοσιακά κηπευτικά και εκτρέφω μερικά γιδοπρόβατα, κότες και κουνέλια. Ο αγροτικός δρόμος, τριών περίπου χιλιομέτρων, που οδηγεί από τον ασφαλτοστρωμένο δρόμο προς το κτήμα, έχει γίνει σχεδόν κατσικόδρομος ή χείμαρρος από τις βροχές. Ο κίνδυνος να υποστεί μεγάλη ζημιά, για μιαν ακόμη φορά το αυτοκίνητό μου, ήταν μεγάλος. Πλήρης εγκατάλειψη από την αυτοδιοίκηση, από το κράτος, από τους διαχειριστές τεσσάρων τρισεκατομμυρίων ευρώ που εισέρρευσαν στα ελληνικά δημόσια ταμεία από το 1981 έως σήμερα με τη μορφή φόρων, δανείων και αποκρατικοποιήσεων! Η ίδια εικόνα και σε όλους τους αγροτικούς και επαρχιακούς δρόμους της χώρας, όπου λειτουργούν μάλιστα και μεγάλες και σύγχρονες αγροτοκτηνοτροφικές επιχειρήσεις, όπως και στην περιοχή όπου βρίσκεται το κτήμα μου.

Και θυμήθηκα ξανά τον επαρχιακό δρόμο που συνέδεε τότε, κατά τη δεκαετία του 1950, το χωριό μου με το Μεσολόγγι, όταν το βιοτικό επίπεδο ήταν απογοητευτικό.

Θυμήθηκα ότι στις αρχές του 1953 η ελληνική οικονομία είχε πια ολοκληρώσει, με αρκετή όμως καθυστέρηση, τη μεταπολεμική ανασυγκρότησή της. Ωστόσο, για το μεγαλύτερο μέρος του πληθυσμού το βιοτικό επίπεδο ήταν ακόμα πολύ χαμηλό.

Θυμήθηκα ότι το μήκος των σιδηροδρομικών γραμμών ήταν κατώτερο από το προπολεμικό (2.594 χιλιόμετρα, αλλά μεγαλύτερο από το σημερινό (!), με φανερή υστέρηση σε τροχαίο υλικό (240 ατμάμαξες, έναντι 412 το 1939!), μολονότι τότε ο σιδηρόδρομος ήταν βασικό μέσο μεταφοράς επιβατών και εμπορευμάτων.

Θυμήθηκα ξανά ότι το μήκος των αυτοκινητοδρόμων ανερχόταν σε 22.100 χιλιόμετρα. Από αυτό, το 60% ήταν δημόσιοι δρόμοι πλάτους 6 μέτρων και το 13% ασφαλτοστρωμένοι δρόμοι. Δηλαδή, παρατηρούνταν δραματική υστέρηση σε δημόσιες υποδομές.

Θυμήθηκα ξανά ότι ο κακοτράχαλος δρόμος που συνέδεε το χωριό μου, την Παλαιομάνινα, με το Μεσολόγγι ασφαλτοστρώθηκε μετά το 1975!

15 ΙΑΝΟΥΑΡΙΟΥ

Δεν θυμούνταν και δεν γιόρταζαν τα γενέθλια!

Σήμερα, 15 Ιανουαρίου 2015, η σύζυγός μου και όλα τα παιδιά μου μού ευχήθηκαν χρόνια πολλά για τα γενέθλιά μου. Πάντα ξεχνούσα πότε έχω γενέθλια, αλλά πάντα μού τα θύμιζαν η σύζυγός μου και τα παιδιά μου με θερμές ευχές, πολλά δώρα και καλό ζεστό οικογενειακό τραπέζι.

Και θυμήθηκα τα παιδικά μου χρόνια στο χωριό, όταν, πριν από 50–60 χρόνια, κανένας δεν γιόρταζε γενέθλια και, το εκπληκτικότερο, κανένας δεν θυμόταν την ημερομηνία γέννησής του! Είναι αλήθεια ότι όλοι οι γονείς θυμούνταν την ημέρα γέννησης των παιδιών (και είχαν πάνω από τέσσερα!), αλλά δεν είχαν ποτέ διανοηθεί ότι έπρεπε να γιορτάζουν γενέθλια!

Θυμήθηκα ότι στη δεκαετία του 1950 ο δείκτης γονιμότητας (παιδιά ανά γυναίκα) ήταν 2, 6 (όσο δηλαδή χρειάζεται το έθνος μας για να συντηρηθεί ή να διατηρηθεί), ενώ μετά το 1960 και, κυρίως, μετά το 1981, έγινε στη χώρα μας συντριβή του δείκτη αυτού και σήμερα είναι κάτω από 1, 3 παιδιά ανά γυναίκα!!!

Θυμήθηκα ότι στη δεκαετία του 1990, βλέποντας ότι το δημογραφικό πρόβλημα της χώρας, πέρα από οικονομικό, εξελίσσεται και σε εφιαλτικά εθνικό, με άρθρα μου στον «Οικονομικό Ταχυδρόμο», του οποίου ήμουνα και αρχισυντάκτης, πρότεινα διάφορα μέτρα για την αναστροφή της εφιαλτικής αυτής εξέλιξης, μεταξύ των οποίων κι εκείνο να θεωρούνται οιονεί δημόσιοι υπάλληλοι οι γυναίκες με πάνω από τέσσερα παιδιά!

Θυμήθηκα και την εφιαλτική συνέχεια και τις έντονες αντιδράσεις.

Θυμήθηκα ότι τότε «εισέπραξα» τις περισσότερες και χυδαιότερες ύβρεις από… φεμινιστικούς συλλόγους…, με την οργίλη επισήμανση ότι η γυναίκα δεν είναι μηχανή... τεκνοποιίας!!!

17 ΙΑΝΟΥΑΡΙΟΥ

Όταν δεν εύχονταν τις γυναίκες στις ονομαστικές τους γιορτές!

Σήμερα, 17 Ιανουαρίου 2015, έχω σημειώσει να τηλεφωνήσω στον ξάδερφό μου τον Αντώνη (έχει το όνομα του παππού μου) και να τού ευχηθώ, όπως κάθε χρόνο, «Χρόνια Πολλά».

Και θυμήθηκα πολλά για τη ημέρα αυτή, όπως και για όλες τις ονομαστικές γιορτές κατά τα παιδικά μου χρόνια στο χωριό μου.

Θυμήθηκα ότι όλα τα παιδιά επισκεπτόμασταν τα σπίτια εκείνων που γιόρταζαν για να πούμε τάχα τις ευχές, ενώ στην πραγματικότητα πηγαίναμε για να φάμε τον περιβόητο στριφτό μπακλαβά ή... κόλλυβα (ναι, όσοι δεν είχαν οικονομική άνεση την ημέρα αυτή έβραζαν στάρι και το ανακάτωναν με σταφίδα και, κυρίως, ζάχαρη!).

Θυμήθηκα ότι, στην προσπάθειά μου να... εξασφαλίσω όσο το δυνατόν περισσότερο... στάρι με σταφίδα, ένα μέρος το έβαζα στις τσέπες του σακακιού μου, που γίνονταν στη συνέχεια μια σκληρή πέτσα από τη ζάχαρη!

Θυμήθηκα ότι ποτέ δεν γιόρταζαν τις ονομαστικές γιορτές του οι γυναίκες! Για παράδειγμα, την ίδια ημέρα γιόρταζαν ο ξάδερφός μου Αντώνης και η αδερφή μου Αντωνία. Στον Αντώνη όλοι έστελναν ευχές, ενώ στην αδερφή μου κανένας. Ούτε οι γονείς μου, ούτε τα άλλα αδέρφια μου!

Θυμήθηκα ότι τότε, εκτός από τον ευωδιαστό μπακλαβά και το .... στάρι (κόλλυβα!), ο εορτάζων οικογενειάρχης ετοίμαζε ένα πλούσιο τραπέζι με κοψίδια (κοντοσούβλι, σπληνάντερο, κοκορέτσι, παστό, παϊδάκια και άλλα) πάντα στη φωτιά και πάντα με καλό σπιτίσιο κρασί...

18 ΙΑΝΟΥΑΡΙΟΥ

Πώς, παρ' ολίγον, να μην πάω στο Γυμνάσιο!

Σήμερα, το Ημερολόγιό μου δείχνει 18 Ιανουαρίου 2015 και είναι η εορτή του Αγίου Αθανασίου. Πολύ ιερή ημέρα για μένα. Την ημέρα αυτή πάντα επικοινωνώ, για να εκφράσω τις ευχές μου, με το δάσκαλό μου, τον Αθανάσιο Κουφογιώργο.

Και θυμήθηκα πολλά για το δάσκαλό μου που είναι εν ζωή.

Θυμήθηκα ότι το 1955 φοιτούσαμε στην ΣΤ' Τάξη του Δημοτικού Σχολείου Παλαιομάνινας και αποφοιτήσαμε έξι μαθήτριες και 22 μαθητές, από τους οποίους δηλώσαμε συμμετοχή για εισαγωγικές εξετάσεις στα γυμνάσια της περιοχής (Αγρίνιο, Μεσολόγγι, Αιτωλικό) επτά μαθητές και καμιά μαθήτρια!

Θυμήθηκα ότι, όπως ήδη έχω αναφέρει, την περίοδο αυτή η φοίτηση ενός μαθητή απομακρυσμένων χωριών από τις πόλεις, όπου λειτουργούσαν (εξατάξια) Γυμνάσια, ήταν απαγορευτική, διότι, από τη μια μεριά το οικογενειακό εισόδημα ήταν πενιχρότατο και στηριζόταν σε εποχική ρευστοποίηση μόνο αγροκτηνοτροφικών προϊόντων και, από την άλλη μεριά, η φοίτηση μαθητή σε Γυμνάσιο τότε συνοδευόταν από παραμονή σε όλη τη διάρκεια του σχολικού έτους στην πόλη, όπου λειτουργούσε το αντίστοιχο Γυμνάσιο και θα φοιτούσε. Η δαπάνη για τη φοίτηση μαθητή Γυμνασίου τότε υπό τους περιορισμούς αυτούς συνεπαγόταν την εξασφάλιση ικανοποιητικών εσόδων για την αντιμετώπιση των μηνιαίων ή ετήσιων δαπανών, οι οποίες συνίσταντο κυρίως σε ενοίκια δωματίων και σε σίτιση σε εστιατόρια των πόλεων.

Θυμήθηκα ότι αυτοί οι σκληροί και απροσπέλαστοι περιορισμοί είχαν συντελέσει στην απόφαση της οικογενείας μου να μη συμμετάσχω στις εισαγωγικές εξετάσεις στο Γυμνάσιο μετά την αποφοίτησή μου το καλοκαίρι του 1955 από το Δημοτικό Σχολείο. Οι προβληματισμοί στην οικογένειά μου ήταν έντονοι, αλλά οι λογαριασμοί δεν «έβγαιναν». Τότε, ενημέρωσα τον εξαιρετικό και παθιασμένο για τη μετάδοση της γνώσης νεαρό τότε δάσκαλό μου από τη Μακρυνεία Αιτωλοακαρνανίας Αθανάσιο Κουφογιώργο να μεσολαβήσει στους γονείς μου για το θέμα αυτό. Πράγματι, ο δάσκαλός μου, που δεν περίμενε τέτοια εξέλιξη, διότι ήμουνα άριστος μαθητής, συναντήθηκε με τον πατέρα μου και υπογράμμισε ότι η απόφαση να μη συνεχίσει ο Δημητράκης τις σπουδές στο Γυμνάσιο ισοδυναμεί με έγκλημα! Η παρέμβαση αυτή του δασκάλου μου ήταν καταλυτική.

Θυμάμαι το δάσκαλό μου, ο οποίος, παρά τις δυσκολίες στις συγκοινωνίες, επισκεπτόταν όλα τα γυμνάσια, όπου δίναμε εξετάσεις και πίσω από τα κάγκελα μας έδινε συμβουλές και μας ενθάρρυνε λέγοντας ότι είσθε καλοί, άριστοι, μαθητές και θα επιτύχετε...

19 ΙΑΝΟΥΑΡΙΟΥ

«Δεν έχω ούτε φανέλλαν, ούτε σώβρακον...»

Σήμερα, 19 Ιανουαρίου 2015, η σύζυγός μου με ενημέρωσε ότι υπάρχουν στα ντουλάπια πολλά ρούχα, τα οποία δεν χρειάζονται για μας, τα παιδιά μας και τα εγγόνια μας. «Είναι καλά και καθαρά ρούχα, μού είπε, και σκέφτομαι να τα συσκευάσουμε και να δώσουμε στην ενορία για τους φτωχούς».

Και τότε θυμήθηκα ένα φάκελο με την αλληλογραφία μου, ως μαθητή του Γυμνασίου (Αρρένων) της Παλαμαϊκής Σχολής Μεσολογγίου, όπου έμενα εκεί, για τους λόγους που έχω ήδη αναφέρει, κατά την περίοδο 1955 –1961, με τον αείμνηστο πατέρα μου στο χωριό μου, στην Παλαιομάνινα. Τον φάκελο αυτό μού τον είχε αφήσει το 1982 και νόμιζα ότι είχε χαθεί.

Θυμήθηκα και διαβάζω μερικά σχετικά από την αλληλογραφία αυτή:

«Να μού στείλετε την εσωτερικήν φανέλλαν, ένα υποκάμισον, τις κάλτσες και ψωμί αύριον...»

«Το Σάββατο έλαβα το παντελόνι και το υποκάμισο, τα δε άλλα μού έγραφες να τα πάρω εγώ. Εθνική Τράπεζα είμαι; Δεν έχω ούτε φανέλλα, ούτε σώβρυκον, ούτε μαντήλι, ούτε ένα φράγκο. Έδωσα 45 δραχμές για τα παπούτσια. Να μού στείλετε ένα δεκάρικο για να πληρώσω το γάλα που τρώμε κάθε πρωί και που μάς δίνει η σπιτονοικοκυρά μας...». (Μεσολόγγι, 3–10–1960).

«Το Σάββατο δεν πρόφθασα τον Φώτη (σημείωση: Κουτσουμπίνα, τον βοηθό του οδηγού του ιδιωτικού λεωφορείου) για να πάρω το πενηντάρικο, αλλά το πήρα από άλλον και ψώνισα ένα σώβρακο και μια φανέλλα με 25 δραχμές και 15 δραχμές έδωσα για το γάλα...».

«Ουδέποτε λαμβάνω καθαρό μαντήλι στα πλυμένα ρούχα και κάθομαι εγώ και το πλένω. Την Παρασκευή, αν έρθης, σε παρακαλώ να φέρης οπωσδήποτε τα ρούχα και ιδίως το υποκάμισο να είναι καλά σιδερωμένον...».

«Σού στέλνω τα παπούτσια σου. Κάνουν 50 δραχμές...». (Εν Ιερά Πόλει Μεσολογγίου, 11–11–1957).

«Εις τα μαθήματα πηγαίνω πάρα πολύ καλά. Το σακκάκι το επήγα εις κάποιον ράφτη και μού το έφτιαξε. Επίσης, το υποκάμισο το μπλε θα το στείλω την Τετάρτην διότι το χρειάζομαι...»

«Να μού στείλετε την φανέλλαν την μαύρην και το παντελόνι. Επήγα και ερώτησα εις ένα ραφείον και ένα τέτοιο μπλε παντελόνι και το ράψιμο κοστίζουν μόνον 70 δραχμές...»

«Να μού στείλετε ψωμί την Τετάρτη και το σακκάκι...»

"Να μην ξεχάστε να μού στείλετε το κουστούμι (παντελόνι και σακκάκι μαζί)". (Εν Ιερά Πόλει Μεσολογγίου, 19 –3–1958).

30 ΙΑΝΟΥΑΡΙΟΥ

Η Εορτή των Τριών Ιεραρχών άλλοτε και τώρα

Σήμερα, 30 Ιανουαρίου 2015, είδα μαθητές του Γυμνασίου και του Λυκείου πολύ νωρίς το πρωί (11 π.μ.) να πλημμυρίζουν τους δρόμους και να γυρίζουν από τα σχολεία τους στα σπίτια τους. Αμέσως, κατάλαβα ότι σήμερα είναι η Εορτή των Τριών Ιεραρχών, η οποία από εφέτος, δηλαδή το 2015 έγινε πάλι σχολική γιορτή από αργία που είχε μετατραπεί τα τελευταία χρόνια!

Και θυμήθηκα ότι όταν ήμουνα, πριν από πενήντα και εξήντα περίπου χρόνια, μαθητής του Δημοτικού Σχολείου και του (εξαταξίου τότε) Γυμνασίου, διοργανώνονταν πολλές πνευματικές εκδηλώσεις στο ισόγειο του κτιρίου του Γυμνασίου της Παλαμαϊκής Σχολής Μεσολογγίου. Μια από αυτές τις εκδηλώσεις ήταν κι εκείνη κατά την Εορτή των Τριών Ιεραρχών, κατά την οποία δεν γίνονταν μαθήματα, αλλά βρισκόμαστε όλοι οι μαθητές στα σχολεία μας παρακολουθώντας σχετικές ομιλίες των καθηγητών μας.

Θυμήθηκα ότι οι ομιλίες και οι διάφορες άλλες εκδηλώσεις πραγματοποιούνταν στο ισόγειο του κτιρίου, όπου, μετά το άνοιγμα των κινητών χωρισμάτων των αιθουσών διδασκαλίας, δημιουργούνταν μια τεράστια αίθουσα! Θυμάμαι ότι η Εορτή των Τριών Ιεραρχών στις 30 Ιανουαρίου είχε εξελιχθεί σε μια σημαντική μαθητική, πνευματική και κοινωνική εκδήλωση στο Μεσολόγγι. Η τεράστια αίθουσα στο ισόγειο του κτιρίου του Γυμνασίου κατακλυζόταν από πλήθος κόσμου, που αποτελούνταν από πνευματικούς, επαγγελματικούς, επιχειρηματικούς και άλλους φορείς της πόλης, από τις τοπικές αρχές και εκπροσώπους θεσμών και, φυσικά, από γονείς των μαθητών. Το πρόγραμμα της εκδήλωσης περιελάμβανε ομιλίες που είχαν κυρίως ως θέμα τους τρεις Ιεράρχες.

Θυμήθηκα την αλληλογραφία μου με τον αείμνηστο πατέρα μου από την οποία προκύπτει ότι για την εκδήλωση των Τριών Ιεραρχών του 1960, ο αείμνηστος γυμνασιάρχης Παναγιώτης Κρήτας με όρισε ως ομιλητή με θέμα «Ο Ιωάννης ο Χρυσόστομος ως αγωνιστής του ηθικού βίου και μάρτυς της χριστιανικής αγάπης». Η ομιλία αυτή, η οποία αποτελούνταν από 14 χειρόγραφες σελίδες (σε μαθητικό τετράδιο!), έγινε ενώπιον πολυπληθούς ακροατηρίου. Παραθέτω από την ομιλία μου αυτή (στην τότε καθαρεύουσα) την εισαγωγή! «Εις εκ των τριών μεγίστων φωστήρων της ημετέρας Εκκλησίας, οίτινες ανεδείχθησαν ως οι κατ᾽ εξοχήν διδάσκαλοι και δια των κηρυγμάτων και των έργων φιλανθρωπίας προσείλκυσαν πολλούς εις τους κόλπους της Εκκλησίας, είναι ο Ιωάννης ο Χρυσόστομος...».

31 ΙΑΝΟΥΑΡΙΟΥ

Πολιορκία της Βουλής από χιλιάδες έκτακτους υπαλλήλους του Δημοσίου

Σήμερα, το Ημερολόγιό μου δείχνει 31 Ιανουαρίου 2015.

Και θυμήθηκα ότι πριν από 25 χρόνια, στις 31 Ιανουαρίου 1990, χιλιάδες έκτακτοι υπάλληλοι του Δημοσίου και νομικών προσώπων δημοσίου δικαίου πολιορκούσαν επί πέντε ημέρες τη Βουλή και εμπόδιζαν χιλιάδες άλλους να πάνε στη δουλειά τους.

Θυμήθηκα ότι μια ομάδα «πονόψυχων» τάχα βουλευτών έσπευσε να καταθέσει τροπολογία στο νομοσχέδιο για τις ελεύθερες συλλογικές διαπραγματεύσεις, με την οποία προβλεπόταν μετατροπή των συμβάσεων ορισμένου χρόνου σε αορίστου χρόνου.

Θυμήθηκα ότι η τροπολογία αυτή συνοδευόταν από την ακόλουθη δικαιολογία: «Για να αρθεί η αβεβαιότητα σχετικά με την εργασιακή τους κατάσταση, αβεβαιότητα, η οποία λειτουργεί (sic) αρνητικά πλέον στην παραγωγικότητά τους (!) και πυροδοτεί κοινωνικές εντάσεις, για να αποκατασταθεί κλίμα δικαιοσύνης (!), το οποίο διαταράχθηκε μετά τη (sic) ψήφιση της αντίστοιχης ρύθμισης από τη Βουλή, η οποία αφορά τους εργαζόμενους στους οργανισμούς τοπικής αυτοδιοίκησης και κάτω (sic) από την υποχρέωση για ίση μεταχείριση (!) των πολιτών, όπως και ο συνταγματικός νομοθέτης επιτάσσει (!)» (τα sic και τα θαυμαστικά είναι δικά μου).

Θυμήθηκα ότι η ψηφοθηρική αυτή τροπολογία θα κόστιζε στους Έλληνες φορολογούμενους 300 δισ. δραχμές!

23 ΦΕΒΡΟΥΑΡΙΟΥ

Αναμνήσεις από τις παλιές αποκριές και Καθαρά Δευτέρα

Σήμερα, το Ημερολόγιό μου δείχνει 23 Φεβρουαρίου 2015 και είναι Καθαρά Δευτέρα και από σήμερα αρχίζει η Μεγάλη Τεσσαρακοστή ή Σαρακοστή. Χθες βράδυ, γιορτάσαμε με τη σύζυγό μου την Κυριακή της Τυρινής ή της Τυροφάγου ή του Μακαρονά στο σπίτι μου και με τη συμμετοχή των παιδιών μου και των εγγονών μου. Στο τραπέζι, σύμφωνα με την παράδοση, υπήρχαν μόνο φαγητά με τυροκομικά προϊόντα και, κυρίως, η νόστιμη χωριάτικη μακαρονόπιτα, αλλά, παρά την παράδοση, και φαγητά με κρέας, μολονότι η προηγούμενη ήταν η Κυριακή της Αποκριάς.

Και θυμήθηκα ότι τόσο η Κυριακή της Αποκριάς όσο και η Κυριακή της Τυροφάγου ήταν, στα παιδικά μου χρόνια, ζεστές οικογενειακές γιορτές. Κατά την Κυριακή της Αποκριάς κυριαρχούσαν οι μεζέδες, τα κοψίδια και φαγητά με κρέας. Την Κυριακή της Τυρινής κυριαρχούσαν μόνο φαγητά με τυροκομικά προϊόντα, όπως η μακαρονόπιτα. Κανένας, ούτε οι γονείς μου ούτε τα αδέρφια μου και οι συγγενείς μου που παρευρίσκονταν στο τραπέζι δεν έτρωγε κρέας την Κυριακή της Τυροφάγου.

Θυμήθηκα πάλι ότι και τις δύο αυτές Κυριακές δεν υπήρχαν, τουλάχιστον στο χωριό μου, πολλά και έντονα έθιμα. Τα αγόρια φορούσαν την παραδοσιακή φουστανέλα των παππούδων τους και τα κορίτσια την παραδοσιακή φορεσιά (σιγκούνα) των γιαγιάδων τους. Επίσης, δεν έβλεπε κανείς «μουντζουρωμένους» να τριγυρνούν στους δρόμους. Πάντως, το έθιμο του χοντρού κούτσουρου στη φωτιά ήταν γενικευμένο ως προστασία, προφανώς, της οικογένειας από το κρύο, αφού τότε δεν υπήρχαν καλοριφέρ και σόμπες πετρελαίου.

Θυμήθηκα ότι την Καθαρά Δευτέρα, πριν από μερικές δεκαετίες, στο τραπέζι υπήρχαν μόνο νηστήσιμα είδη, χωρίς λάδι, όπως ελιές, φρέσκα κρεμμυδάκια, φρέσκα σκόρδα, τουρσί, χαλβάς. Λείπανε παντελώς τα σαρακοστιανά ιχθυηρά, όπως χταπόδια, καλαμαράκια, σουπιές, κυρίως για λόγους οικονομικούς, οι οποίοι αποθάρρυναν τους ψαράδες να φέρνουν τέτοια ιχθυηρά από το Αιτωλικό και το Μεσολόγγι στο χωριό.

Θυμήθηκα ότι την ίδια ημέρα οι γυναίκες έκαναν γενική καθαριότητα. Έπλυναν τα χάλκινα κουζινικά είδη, ενώ για το πλύσιμο των ρούχων πήγαιναν στο ποτάμι, στον Αχελώο ποταμό.

Θυμήθηκα, πάλι, ότι την Καθαρά Δευτέρα όλα τα παιδιά της γειτονιάς μαζευόμαστaν στην κοντινή αλάνα ή λοφίσκο και αμολούσαμε τους αετούς μας. Σημειώνω ότι τους αετούς κατασκευάζαμε την παραμονή οι ίδιοι. Αντί για ξύλα βάζαμε καλάμια κομμένα σε φέτες και αντί για κόλλα κάναμε χυλό από αλεύρι. Ως χαρτί χρησιμοποιούσαμε... εφημερίδες και ως καλούμπα (όχι ...κωλοτούμπα της εποχής!!!) σπάγκο που αρμαθιάζαμε τα καπνά!

1 ΜΑΡΤΙΟΥ

Το έθιμο «Μάρτηδες» και η αρχαιοελληνική τους σημασία

Σήμερα, το Ημερολόγιό μου δείχνει 1η Μαρτίου 2015.

Και θυμήθηκα πολλά για την ημέρα αυτή.

Θυμήθηκα ότι πριν από το 153 π.Χ., σαν πρώτη του έτους ημέρα εορταζόταν η 1η Μαρτίου, ενώ σε άλλες περιοχές του τότε γνωστού κόσμου η πρώτη ή η ενδέκατη Σεπτεμβρίου, αλλά και η πρώτη νουμηνία (αρχή της νέας Σελήνης) μετά το θερινό ηλιοστάσιο (21η Ιουνίου), όπως συνέβαινε στο αττικό σεληνιακό ημερολόγιο ή η πρώτη νουμηνία μετά την φθινοπωρινή ισημερία, όπως ίσχυε στο μακεδονικό ημερολόγιο.

Θυμήθηκα ότι η 1η Ιανουαρίου καθιερώθηκε σαν ημέρα της πρώτης του χρόνου από τους Ρωμαίους το 153 π.Χ. Στο Βυζάντιο η 1η Ιανουαρίου υιοθετήθηκε και καθιερώθηκε σαν ημέρα πρωτοχρονιάς το 1000 μ.Χ.

Θυμήθηκα ότι σε αυτήν ακριβώς την επισήμανση, ότι δηλαδή οι αρχαίοι θεωρούσαν ως πρώτη ημέρα του χρόνου την 1η Μαρτίου, αναζητούνται και οι αρχαιοελληνικές ρίζες ενός ακόμα ελληνικού εθίμου, του εθίμου των «Μάρτηδων»

Θυμήθηκα, λοιπόν, ότι την 1η Μαρτίου, ξημερώματα, οι γυναίκες του χωριού μου έστριβαν κόκκινες και λευκές κλωστές με τις οποίες έδεναν κυρίως το μεγάλο δάκτυλο του ποδιού και τα δάκτυλα και τους καρπούς των χεριών. Αυτές τις κλωστές έβγαζαν στο τέλος του μήνα ή όταν πρωτοέβλεπαν τα μάτια τους χελιδόνι ή πελαργό. Το μεγάλο δάκτυλο του ποδιού το έδεναν για να αποφεύγονται τα χτυπήματα, μια και οι περισσότεροι την παλιά εποχή περπατούσαν χωρίς παπούτσια και, συνεπώς, το πρώτο δάκτυλο που χτυπούσε από τις πέτρες ήταν αυτό. Επίσης, τις υπόλοιπες κλωστές τις πέταγαν σε γκορτσιά (αγραπιδιά) για να τις βρουν τα πουλιά να κάνουν τις φωλιές τους καθώς ερχόταν η άνοιξη. Τότε έλεγαν τα ακόλουθα: Μάρτσα, Κάρτσα, τα κατσίκια έβγαλα και τη ρόκα έγνεσα.

Θυμήθηκα που είχα διαβάσει ότι το έθιμο αυτό, πέρα από τις αρχαιοελληνικές ρίζες, ίσως συνδέεται και με τις προσδοκίες των ανθρώπων για καλοσυνάτες πια ημέρες. Άλλωστε και σήμερα λέμε «από Μάρτη καλοκαίρι και από Αύγουστο χειμώνα». Επίσης, σχετικά με τη διατήρηση των χρωμάτων άσπρο και κόκκινο αυτά άλλες φορές συμβολίζουν την αυγή με το κόκκινο χρώμα πάνω στο λευκό χιόνι, ενώ άλλες φορές την αγάπη και την αγνότητα.

22 ΜΑΡΤΙΟΥ

Η πανεπιστημιακή υποτροφία μου το 1962 και πού διατέθηκε

Σήμερα (22 Μαρτίου 2015), είμαι ένας συνταξιούχος δημοσιογράφος, με την πολύτιμη σύζυγό μου και άνθρωπο, τα τέσσερα παιδιά μου, τα εγγόνια μου, τις νύφες μου και τους γαμπρούς μου...

Και θυμήθηκα ότι την ίδια ημέρα, στις 22 Μαρτίου 1962, πέρασα, για πρώτη φορά, την τεράστια κεντρική πόρτα της Τράπεζας της Ελλάδος για να παραλάβω το ποσό (12.500 δραχμές) της υποτροφίας μου, διότι κατέλαβα τη δεύτερη θέση κατά τις εισαγωγικές εξετάσεις στο πανεπιστήμιό μου το Σεπτέμβριο του 1961.

Θυμήθηκα ότι για να πάρω την υποτροφία μου αυτή έπρεπε, όπως μού είχε πει η Γραμματεία, να καταβάλω την πρώτη δόση (600 δραχμές) της εγγραφής μου στο πρώτο έτος (τότε οι φοιτητές πλήρωναν σημαντικά ποσά για την εγγραφή ή επανεγγραφή τους στο νέο ακαδημαϊκό έτος!)

Θυμήθηκα ότι τότε πήγα εσπευσμένως και νύχτα στο χωριό μου, όπου σε οικογενειακή συγκέντρωση ενημέρωσα τους γονείς μου ότι πρέπει αύριο το πρωί να καταθέσω στη Γραμματεία του πανεπιστημίου μου 600 δραχμές ως πρώτη δόση για να πάρω την υποτροφία των 12.500 δραχμών.

Θυμήθηκα ότι τότε, το ίδιο βράδυ, οι γονείς μου έσπασαν τον κουμπαρά κι αρχίζαμε όλοι να μετράμε το περιεχόμενό του, αλλά το ποσό των 600 δραχμών δεν καλυπτόταν!

Θυμήθηκα ότι τότε ο πατέρας μου έτρεξε στο σπίτι του αδερφού του, του θείου μου Παναγιώτη, ο οποίος προθύμως συμπλήρωσε το ποσό.

Θυμήθηκα ότι από το ποσό της υποτροφίας μου, την οποία παραλάβαμε μαζί με τον αδερφό μου Αριστοτέλη, τον οποίο είχα ειδοποιήσει για το χαρμόσυνο γεγονός, διέθεσα ένα μέρος για τρία ενοίκια που χρωστούσα, για την αγορά φοιτητικών συγγραμμάτων καθηγητών μου (τότε τα φοιτητικά συγγράμματα δεν ήταν δωρεάν!) και για την αγορά ενός ζεστού (χοντρού) πουλόβερ. Το υπόλοιπο (σημαντικό) ποσό το πήρε ο αδερφός μου για την ικανοποίηση οικογενειακών αναγκών στο χωριό!!!

4 ΑΠΡΙΛΙΟΥ (1)

Σημαιοφόρος στις Γιορτές της «Εξόδου του Μεσολογγίου ως μαθητής το 1961

Σήμερα Σάββατο (4 Απριλίου 2015) είναι γιορτή του Λαζάρου.

Και θυμήθηκα ότι ως μαθητής του Γυμνασίου της Παλαμαϊκής Σχολής Μεσολογγίου περίμενα με αγωνία την ημέρα αυτή για δύο λόγους.

Πρώτον, διότι άρχιζαν από την ημέρα αυτή οι σχολικές διακοπές για το Πάσχα και θα πήγαινα στο χωριό μου, στο σπίτι μου, στους γονείς μου, χωρίς να φοράω το μαθητικό πηλίκιο με την κουκουβάγια για 15 ημέρες (μερικές φορές, πολλοί συγχωριανοί συμμαθητές μου συνέχιζαν να φοράνε το μαθητικό πηλίκιο και στο χωριό για «επίδειξη», μια και να ήσουνα τότε «γυμνασιόπαις» ήταν οικογενειακό καμάρι, αφού ελάχιστοι πήγαιναν τότε στο Γυμνάσιο). Όπως ήδη έχω αναφέρει, επειδή δεν υπήρχε συγκοινωνιακή σύνδεση, τότε οι μαθητές που θα πήγαιναν (με εξετάσεις) στα γυμνάσια του Αιτωλικού ή του Μεσολογγίου ή του Αγρινίου, έπρεπε να μένουν εκεί σε νοικιαζόμενα δωμάτια και να τρώνε σε εστιατόρια! Στα χωριά μας πηγαίναμε μόνο κατά τις διακοπές των Χριστουγέννων και του Πάσχα και, φυσικά, τους τρεις μήνες του καλοκαιριού.

Δεύτερον, η ημέρα αυτή για τους μαθητές του Γυμνασίου της Παλαμαϊκής Σχολής Μεσολογγίου και, φυσικά, τους Μεσολογγίτες, είναι ξεχωριστή, αφού από το Σάββατο του Λαζάρου άρχιζαν και αρχίζουν οι εκδηλώσεις για την Έξοδο των Πολιορκημένων στις 10 Απριλίου 1826.

Θυμήθηκα ότι στις Γιορτές της Εξόδου του Μεσολογγίου που διοργανώθηκαν το 1961 (τελευταία σχολική χρονιά μου) ήμουνα σημαιοφόρος (πρώτος στη βαθμολογία μαθητής) στις παρελάσεις ως συμμετοχή του Γυμνασίου στις ιερές αυτές εκδηλώσεις.

Το Σάββατο του Λαζάρου προς την Κυριακή των Βαΐων, ο Ελληνισμός και το Μεσολόγγι γιορτάζει την ηρωική «Έξοδο των Πολιορκημένων» του Μεσολογγίου ως φόρο τιμής προς όλους εκείνους που θυσιάστηκαν για την ανεξαρτησία της χώρας μας από τον τουρκικό ζυγό. Η θυσία του Μεσολογγίου, που επί 12 ολόκληρους μήνες αντιστάθηκε ηρωικά, προώθησε το ελληνικό ζήτημα όσο καμιά άλλη ελληνική νίκη: πλημμύρισε τους Έλληνες και τους Ευρωπαίους με αισθήματα θαυμασμού για τους άνδρες της φρουράς και τον ηρωικό πληθυσμό του Μεσολογγίου.

4 ΑΠΡΙΛΙΟΥ (2)

Το έθιμο του «Λαζάρου» τα παλαιότερα χρόνια

Σήμερα (4 Απριλίου 2015) είναι γιορτή του Λαζάρου.

Και θυμήθηκα το έθιμο του «Λαζάρου» στο χωριό μου, στην Παλαιομάνινα.

Θυμήθηκα ότι την παραμονή της γιορτής του Λαζάρου όλα σχεδόν τα παιδιά, μαθητές του Δημοτικού Σχολείου στη δεκαετία του 1950, προετοιμαζόσταν για το έθιμο του «Λαζάρου». Από τρία ξύλα (συνήθως καδρόνια) ίσου μήκους σχηματίζαμε ένα ισοσκελές περίπου τρίγωνο. Ύστερα, ένα μεγάλο ξύλο (συνήθως κι αυτό από καδρόνι), στο ύψος περίπου των παιδιών, έτεμνε τη βάση του τριγώνου αυτού.

Θυμήθηκα ότι στη συνέχεια κρεμούσαμε, δεξιά και αριστερά από τη βάση του τριγώνου, μεγάλα κουδούνια γιδιών και τραγιών (κύπρια), ενώ στολίζαμε το τρίγωνο με δάφνες, που τις μαζεύαμε από την κοντινή φοβερή σπηλιά, όπου έμενε και όπου σκοτώθηκε ο λήσταρχος Δελής, και αγριολούλουδα. Επίσης, πάνω στα κύπρια και στα στεφάνια από λουλούδια και δάφνη ρίχναμε χρωματιστά τσεμπέρια. Προφανώς, με όλα αυτά θέλαμε να δώσουμε την εικόνα του «σαβανωμένου» Λαζάρου.

Θυμήθηκα ότι ανήμερα όλα ήταν έτοιμα. Έτσι, τα παιδιά, κατά ομάδες, «περιέφεραν» στο χωριό το δικό τους «Λάζαρο», κουνώντας το συνεχώς, για να χτυπάνε όσο το δυνατόν ηχηρότερα, τα «κύπρια», ενώ έλεγαν και το ακόλουθο τραγούδι:

Μάρθα, πού΄ ναι ο Λάζαρος ο αδερφός μας,
ο φίλος μας και αγαπητικός μας;
Είναι, είναι πεθαμένος
και στον τάφο του χωμένος.
Λάζαρέ μου, Λάζαρέ μου,
φίλε κι αγαπητέ μου.
Λάζαρε, για έβγα έξω,

απ᾽ τον τάφο σου απέξω.
Πες μας, Λάζαρε, τι είδες
στο σκοτάδι όπου πήγες.
Είδα φόβους, είδα τρόμους,
είδα βάσανα και πόνους.

Στο σημείο αυτό ακουγόταν εκκωφαντικός ο ήχος από τα κύπρια, που συνεχώς σείονταν από το παιδί που κρατούσε τον «Λάζαρο».

6 ΑΠΡΙΛΙΟΥ

Αρχή του τέλους για την Κωνσταντινούπολη

Σήμερα (6 Απριλίου 2015) αρχίζει η Μεγάλη Εβδομάδα.

Και θυμήθηκα ότι η ημέρα αυτή σηματοδότησε την αρχή του τέλους της Κωνσταντινούπολης και μια μεγάλη εφιαλτική περίοδο τετρακοσίων ετών για τον Ελληνισμό, μετά την άλωση της Πόλης στις 29 Μαΐου 1453.

Θυμήθηκα ότι την ημέρα αυτή, στις 6 Απριλίου 1453, ο Μωάμεθ Β΄ ο Πορθητής, επί κεφαλής στρατού 250.000 ανδρών, εμφανίσθηκε μπροστά στα τείχη της Κωνσταντινούπολης.

7 ΑΠΡΙΛΙΟΥ

Μεγάλη Εβδομάδα με το παιχνίδι με κέρινους βόλους!

Σήμερα (7 Απριλίου 2015) είναι η Μεγάλη Τρίτη, η δεύτερη ημέρα της Μεγάλης Εβδομάδας.

Και θυμήθηκα ότι από τη Μεγάλη Τρίτη όλα τα παιδιά (μαθητές του Δημοτικού Σχολείου) του χωριού αρχίσαμε να παίζουμε το παιχνίδι «Κερί»

Θυμήθηκα την επίπεδη, σταθερή και λεία επιφάνεια (συνήθως τσιμεντένια ή από πηλό), όπου ανοίγαμε μια μικρή τρύπα στο κέντρο ενός μικρού κύκλου με διάμετρο 30 περίπου εκατοστών.

Θυμήθηκα ότι το κάθε παιδί είχε λιώσει κερί από λαμπάδες του σπιτιού του και έφτιαχνε από αυτό μικρούς βόλους. Με τη σειρά του κάθε παιδί προσπαθούσε με κινήσεις με το δάκτυλο να ρίξει το βόλο με το κερί στη μικρή τρύπα. Το κάθε παιδί έκανε πρώτα μια κίνηση. Και όποιο πήγαινε το βόλο στην τρύπα έπαιρνε τους βόλους των άλλων παιδιών που είχαν τοποθετηθεί στην περιφέρεια του κύκλου. Στην αντίθετη περίπτωση, το κάθε παιδί, με τη σειρά, επιχειρούσε ξανά, μέχρι να επιτευχθεί ο στόχος (η τρύπα).

Θυμήθηκα ότι νικητής ήταν όποιος πήγαινε πιο πολλές φορές το δικό του βόλο στην τρύπα και να μαζεύει τους κέρινους βόλους των άλλων παιδιών. Τί τους κάναμε; Τους δίναμε στην εκκλησία για να γίνουν ξανά κεριά, με κάποια, υποτίθεται, αμοιβή!

8 ΑΠΡΙΛΙΟΥ

Χωρίς παπούτσια το Πάσχα του 1953!

Σήμερα (8 Απριλίου 2015) είναι η Μεγάλη Τετάρτη.

Και θυμήθηκα ένα επεισόδιο που, ως μαθητής του Δημοτικού Σχολείου το 1952, δημιούργησα με την ξαδέρφη μου Αικατερίνη.

Θυμήθηκα ότι τότε ήταν η «μόδα» οι γονείς, που είχαν κάποια οικονομική ευχέρεια, να αγοράζουν τη Μεγάλη Εβδομάδα για τα παιδιά τους (και είχε η κάθε οικογένεια το λιγότερο... τέσσερα παιδιά!) λευκά, πάνινα, αθλητικά παπούτσια (τα λέγαμε ΕΛΒΙΕΛΑ, από τα αρχικά της Ελληνικής Βιομηχανίας Ελαστικών που τα κατασκεύαζε).

Θυμήθηκα ότι οι γονείς μου είχαν προετοιμάσει κατάλληλα το κλίμα για να μη μού αγοράσουν τη χρονιά αυτή τα περιβόητα αυτά αθλητικά παπούτσια, θέτοντας το ακόλουθο δίλημμα: Δημητράκη, τί θέλεις για το Πάσχα;. Θέλεις να αγοράσουμε αρνί για τη σούβλα ή παπούτσια;

Θυμήθηκα ότι επέλεξα το πρώτο σκέλος του διλήμματος, διότι θεωρούσα ότι θα ήταν ντροπή για την οικογένειά μου να μη σουβλίσουμε αρνί το Πάσχα!

Θυμήθηκα όμως ότι την ημέρα αυτή (Μεγάλη Τετάρτη) είδα όλα τα ξαδέρφια μου στη γειτονιά μου να φοράνε επιδεικτικά τα αθλητικά παπούτσια.

Θυμήθηκα ότι ζήλεψα και, μετανοιωμένος για την επιλογή του αρνιού, πήγα και ξεσήκωσα και την ξαδέρφη μου να πάμε στους γονείς μας και να ζητήσουμε πιεστικά να αγοράσουν τα αθλητικά αυτά παπούτσια.

Θυμήθηκα την άρνηση των γονέων μας για δύο λόγους. Πρώτον, διότι δεν υπήρχαν λεφτά και, δεύτερον, διότι δεν υπήρχε μαγαζί στο χωριό που να πουλάει παπούτσια.

Θυμήθηκα ότι η άρνηση αυτή των γονέων μας συνοδεύθηκε από φωνές και κλάμα, δημιουργώντας «κόλαση» στα σπίτια μας, χρονιάρα ημέρα.

Θυμήθηκα ότι κάποια στιγμή είδα τον (φιλάσθενο) θείο μου Αριστείδη (αδερφός της μάνας μου και πατέρας της Αικατερίνης) να σαμαρώνει το άλογο και καβάλα να φεύγει από το χωριό.

Θυμήθηκα ότι πήγε στο διπλανό χωριό «Ρίγανη», όπου πληροφορήθηκε ότι κάποιος πουλάει τέτοια παπούτσια.

Θυμήθηκα ότι ο θείος μου ήρθε χωρίς παπούτσια, λέγοντας ότι δεν βρήκε τα νούμερά μας! Η αλήθεια ήταν ότι βρήκε για μένα, αλλά όχι και για την Αικατερίνη και έτσι δεν αγόρασε για κανένα...

9 ΑΠΡΙΛΙΟΥ

Μεγάλη Πέμπτη με πολλές αναμνήσεις από το χωριό μου

Σήμερα (9 Απριλίου 2015) είναι Μεγάλη Πέμπτη.

Και θυμήθηκα ότι στην Παλαιομάνινα Μεσολογγίου, το χωριό μου, όπως και σε κάθε άλλο χριστιανικό χωριό της πατρίδας μας, ο στολισμός του Επιταφίου γινόταν με μεγάλη φροντίδα από τις γυναίκες και τα κορίτσια του χωριού. Το βράδυ της Μεγάλης Πέμπτης μετά την εκφώνηση του πέμπτου Ευαγγελίου κατά τη διάρκεια της Ακολουθίας των Δώδεκα Ευαγγελίων ο ιερέας τοποθετούσε μέσα στο Κουβούκλιο του Επιταφίου την Αγία Εικόνα. Το πρωί, ανήμερα της Μεγάλης Παρασκευής και μετά την Ακολουθία των Μεγάλων Ωρών γινόταν η Ακολουθία της Αποκαθήλωσης.

Θυμήθηκα την παλαιά, χρυσοκέντητη, Αγία Εικόνα του Επιταφίου του Ιερού Ναού Αγίου Κωνσταντίνου και Ελένης στο χωριό μου, που είναι ένα σπάνιο ιερό κειμήλιο.

Θυμήθηκα ότι αγοράσθηκε στην Οδησσό της Ουκρανίας και προσφέρθηκε στον Ιερό Ναό Αγίου Κωνσταντίνου και Ελένης από ένα τυροκόμο, τον Επαμεινώνδα Αντωνόπουλο το 1920 ή 1923 και διασώθηκε χάρις στο ενδιαφέρον του συγχωριανού μου Φώτη Κ. Κουτσουμπίνα, ο οποίος με δική του δαπάνη συντηρήθηκε και αποκαταστάθηκαν οι φθορές από το πέρασμα ίσως πολλών αιώνων.

11 ΑΠΡΙΛΙΟΥ

Όλα έτοιμα, το Μεγάλο Σάββατο, για την Ανάσταση

Σήμερα (11 Απριλίου 2015) είναι το Μεγάλο Σάββατο, παραμονή του Πάσχα, της Ανάστασης.

Και θυμήθηκα ότι κορυφώνονταν οι προετοιμασίες για τη μεγάλη γιορτή της Χριστιανοσύνης, της Ανάστασης του Ιησού στο χωριό μου πριν από 50–60 χρόνια.

Θυμήθηκα ότι την ημέρα αυτή όλες οι αυλές και οι τοίχοι ήταν κάτασπροι από το ασβέστωμα που είχε προηγηθεί τις προηγούμενες ημέρες.

Θυμήθηκα ότι στους φούρνους ψήνονταν τα ψωμιά και τα κουλούρια με αλεύρι από γνήσιο δικό μας στάρι.

Θυμήθηκα ότι σε όλες τις αυλές των σπιτιών του χωριού ακούγονταν βελάσματα αρνιών που «ήγοντο επί σφαγήν».

Θυμήθηκα ότι οι γονείς μας προμηθεύονταν από την εκκλησία τις πασχαλινές λαμπάδες, μία για τον καθένα μας.

Θυμήθηκα ότι η αείμνηστη μητέρα μου και οι αδερφές μου έβαφαν με επιμέλεια τα δικά μας κόκκινα αυγά.

Θυμήθηκα ότι ο σωρός από ξύλα βελανιδιάς ήταν έτοιμος, όπως και ο χώρος και η σούβλα για το ψήσιμο του αρνιού.

12 ΑΠΡΙΛΙΟΥ

Πάσχα με αρνί της σούβλας

Σήμερα (12 Απριλίου 2015) είναι το Άγιο Πάσχα, είναι η γιορτή της Ανάστασης του Χριστού.

Και θυμήθηκα ότι δεν υπήρχε (και δεν υπάρχει) οικογένεια στο χωριό μου που να μην εξασφάλιζε από νωρίς ντόπιο αρνί ή κατσίκι γάλακτος για την πασχαλινή σούβλα.

Θυμήθηκα ότι οι γονείς μου, όπως και όλοι οι συγχωριανοί μου (όπως και οι επαγγελματίες ψήστες) δεν έβαζαν ποτέ στην κοιλιά του αρνιού ή του κατσικιού άλλα υλικά (τυριά, ρίγανη, θυμάρι κλπ). Τα υλικά ήταν μόνο αλατοπίπερο (μείγμα).

Θυμήθηκα ότι πρωί, ανήμερα της Ανάστασης, η φωτιά από χοντρά ξύλα ήταν έτοιμη. Για να είχε όμως επιτυχία το ψήσιμο και για να μη μένουμε... νηστικοί, θα πρέπει στην αρχή η φωτιά να ήταν ήπια, ενώ η σούβλα να γύριζε γρήγορα. Μόνο όταν άρχιζε να «ιδρώνει» το σφαχτό, πλησιάζαμε στη σούβλα σιγά – σιγά ολοένα και περισσότερα τα αναμμένα κάρβουνα. Το ψήσιμο, ανάλογα με το βάρος του σφαχτού, τη φωτιά και την... αδημονία για να το φάμε γρήγορα το ψητό, χρειαζόταν δυόμισι με τρεις ώρες.

Θυμήθηκα τη συνταγή του πατέρα μου: Πλένουμε καλά το κεφάλι του αρνιού ή του κατσικιού. Απλώνουμε το σφαχτό πάνω σε ένα τραπέζι. Ρίχνουμε αλατοπίπερο στο στόμα του σφαχτού, στο κεφάλι και στο λαιμό. Ύστερα, τρυπάμε κάτω στην κλείδωση τα δύο μπούτια αντίστοιχα, όπου ρίχνουμε μπόλικο αλατοπίπερο σπρώχνοντας το με το δάχτυλό μας. Το ίδιο κάνουμε και στα σημεία κάτω από την πλάτη. Στη συνέχεια πασπαλίζουμε με αλατοπίπερο την κοιλιά (τοιχώματα). Το σφαχτό είναι έτοιμο για σούβλισμα. Όλη η επιτυχία του εξαρτάται από το όσο δυνατό καλό δέσιμο και τη σταθερότητα του σφαχτού στη σούβλα. Για το λόγο αυτό δένουμε σφιχτά με σπάγκο τα δύο πόδια χιαστί και βάζουμε και τους δύο σφιγκτήρες στη ράχη για να κάνει σταθερό το σφαχτό δεμένο στη σούβλα και με σπάγκο τις δύο πλάτες, τα δύο μπούτια και το λαιμό. Η διαδικασία αυτή τελειώνει με ένα πασπάλισμα με αλατοπίπερο όλου του εξωτερικού μέρους του σφαχτού, όταν πια έχει «ιδρώσει».

16 ΑΠΡΙΛΙΟΥ

Την ίδια ημέρα επέστρεψε ο Οδυσσέας στην Ιθάκη το 1178 π.Χ.

Σήμερα το Ημερολόγιό μου καταγράφει ότι είναι 16 Απριλίου 2015.

Και θυμήθηκα ότι την ημέρα αυτή, πριν από... 3.193 χρόνια, στις 16 Απριλίου 1178 π.Χ., επέστρεψε ο ομηρικός ήρωας Οδυσσέας στην οικογένειά του, «σουβλίζοντας» τους μνηστήρες, όπως είχε προφητέψει ο μάντης Τειρεσίας...

Θυμήθηκα ότι αυτό ήταν το συμπέρασμα μελέτης, η οποία πριν από έξι χρόνια δημοσιεύθηκε στην εφημερίδα «The New York Times» και αναδημοσιεύθηκε στο «Kathimerini.gr».

Θυμήθηκα ότι στη μελέτη αυτή επισημαινόταν ότι ο Πλούταρχος θεωρεί πως ένα κρίσιμο απόσπασμα από την κ΄ Ραψωδία της «Οδύσσειας» είναι μια ποιητική περιγραφή της ολικής έκλειψης ηλίου, η οποία συνέβη τη στιγμή κατά την οποία επέστρεφε ο Οδυσσέας. Πριν από έναν αιώνα αστρονόμοι υπολόγισαν ότι μια τέτοια έκλειψη συνέβη πράγματι στην Ελλάδα και τα ελληνικά νησιά, στις 16 Απριλίου 1178 π.Χ., και ότι ήταν η μοναδική στην περιοχή την ίδια περίοδο κατά την οποία υπολογίζεται ότι έγινε η πτώση της Τροίας. Πάντως, όλοι σχεδόν οι μελετητές της κλασικής εποχής είναι ιδιαιτέρως επιφυλακτικοί αναφορικά με το συσχετισμό ανάμεσα στα δύο γεγονότα.

Θυμήθηκα ότι η ανάλυση των αστρονομικών δεδομένων στο έπος του Ομήρου οδήγησε δύο επιστήμονες, τον δρα Κωνσταντίνο Μπαϊκούζη, του Αστεροσκοπείου της Λα Πλάτα, στην Αργεντινή και τον δρα Μαρσέλο Μανιάσκο, του Πανεπιστημίου Ροκφέλερ στη Νέα Υόρκη, στο συμπέρασμα ότι η επιστροφή του Οδυσσέα, ο οποίος θεωρείται μυθικός ήρωας, αλλά δρα σε πραγματικό ιστορικό πλαίσιο, συνέπεσε ενδεχομένως με την ηλιακή έκλειψη του 1178. Αν όντως αυτό ισχύει, τότε ο Όμηρος είχε πράγματι στο μυαλό του μια έκλειψη ηλίου όταν έγραφε για κάποιον μάντη, ο οποίος είχε προφητεύσει τον θάνατο των μνηστήρων της Πηνελόπης και την κάθοδό τους στον Άδη.

21 ΑΠΡΙΛΙΟΥ

«Συμμετείχα» ως στρατιώτης στο πραξικόπημα των «Συνταγματαρχών» το 1967

Σήμερα, το Ημερολόγιο δείχνει 21 Απριλίου 2015.

Και θυμήθηκα ότι την ίδια ημέρα, στις 21 Απριλίου 1967, υπηρετούσα τη στρατιωτική μου θητεία στις Σέρρες ως τοπογράφος του Πυροβολικού!

Θυμήθηκα ότι τότε, τα βαθιά χαράματα της ίδιας ημέρας, όλοι οι αξιωματικοί, υπαξιωματικοί και οπλίτες διετάχθησαν να συγκεντρωθούν έξω από το Διοικητήριο πάνοπλοι.

Θυμήθηκα ότι όλοι οι στρατιώτες διετάχθησαν να καθίσουν πρηνηδόν με τα όπλα «επί σκοπόν» προς την κεντρική πύλη, χωρίς να υπάρξει καμιά ενημέρωση.

Θυμήθηκα ότι εκεί και με τη στάση αυτή καθίσαμε επί ώρες, ώσπου διαταχθήκαμε να επιστρέψουμε, πάντοτε πάνοπλοι, στους λόχους μας.

Θυμήθηκα ότι ύστερα από πολλές ώρες πληροφορηθήκαμε ψιθυριστά ότι είχε γίνει το πραξικόπημα των «Συνταγματαρχών»!

1 ΜΑΪΟΥ

**Εργατική Πρωτομαγιά χωρίς φιλόπονους εργάτες, λόγω...
«σοσιαλισμού»!**

Σήμερα (1η Μαϊου 2015) γιορτάζεται, όπως κάθε χρόνο, η εργατική πρωτομαγιά.

Και θυμήθηκα ότι την ημέρα αυτή, ως διευθυντής εφημερίδας στη δεκαετία του 1970 (λίγα χρόνια μετά τη μεταπολίτευση!), είχα πραγματοποιήσει σύσκεψη μεταξύ στελεχών για τον προγραμματισμό της ύλης και την αποτύπωση των συνδικαλιστικών και κομματικών αντιδράσεων και παρεμβάσεων κατά την ημέρα αυτή.

Θυμήθηκα ότι, καθώς έμπαινα στην αίθουσα των συνεδριάσεων, έλεγα επίκαιρους στίχους τραγουδιών για την Πρωτομαγιά, όπως μού τους είχαν διδάξει οι δάσκαλοί μου στο Δημοτικό σχολείο.

Θυμήθηκα που έλεγα «Πρωτομαγιά, τα λούλουδα γιορτάζουν και τα πουλιά τα ταίρια τους φωνάζουν» ή «Ξημερώνει αυγή δροσάτη, με το πρώτο της πουλί, λες και κράζει τον εργάτη στη φιλόπονη ζωή...»

Θυμήθηκα ότι μόλις μπήκα στην αίθουσα των συνεδριάσεων, κάποιος αριστερός συνάδελφος με προσγείωσε λέγοντας τα εξής: «Σε άκουγα να τραγουδάς κάτι που πια η πραγματικότητα τα έχει... αχρηστεύσει. Δεν υπάρχει πια σήμερα φιλόπονη ζωή για τον εργάτη, διότι διεκδικεί ίσα δικαιώματα στη ζωή...»

Θυμήθηκα ότι έμεινα αποσβολωμένος από την παρατήρηση του συναδέλφου μου, αλλά δεν έδωσα συνέχεια...

Θυμήθηκα όμως ότι, τελικά ο συνάδελφος... δικαιώθηκε: Η Ελλάς παρέμεινε η τελευταία χώρα του υπαρκτού σοσιαλισμού, όπου αποθεώθηκε η ήσσων προσπάθεια, κορυφώθηκε η ισοπέδωση και η εξαλείφθηκε η αξιοκρατία και η αξιολόγηση και για να εφαρμοσθούν όλα αυτά προσφεύγαμε σε συνεχή δανεισμό και, τώρα, μάς φταίνε οι δανειστές μας...

7 ΜΑΪΟΥ

Η ελληνική παιδεία δεν κατεδαφίζεται πια, αφού έχει προ πολλού καταρρεύσει από τις... πολλές «μεταρρυθμίσεις»

Σήμερα (7 Μαΐου 2015) διάβασα δήλωση του προέδρου της Νέας Δημοκρατίας και πρώην πρωθυπουργού Αντώνη Σαμαρά κατά τη συνάντησή του με τους πρυτάνεις και τον πρόεδρο του ΤΕΙ Θεσσαλονίκης, με την οποία τονίζει ότι «η παιδεία μας, και πρωτοβάθμια και δευτεροβάθμια και ανώτατη, κατεδαφίζεται, με την κυβέρνηση να παίρνει πίσω όλες τις μεταρρυθμίσεις των τελευταίων ετών».

Και θυμήθηκα ότι όλες οι «εκπεδεφτικές» μεταρρυθμίσεις που έγιναν όχι μόνο τα τελευταία χρόνια, αλλά ήδη από το 1977, δεν κατεδάφιζαν απλώς, αλλά κατεδάφισαν, όπως γνωρίζουν οι αναγνώστες μου, οριστικώς το ελληνικό εκπαιδευτικό σύστημα.

8 ΜΑΪΟΥ

«Μάθανε πως η Ελλάδα σβήνει και πλάκωσαν και οι Αλβανοί...»

Σήμερα (8 Μαΐου 2015) διάβασα ότι το υπουργείο Εξωτερικών της Αλβανίας επέδωσε ρηματική διακοίνωση στον Έλληνα πρέσβη Λεωνίδα Ροκανά, με την οποία απαιτεί την τροποποίηση του προγράμματος ερευνών της χώρας μας στο Ιόνιο για υδρογονάνθρακες, με το αιτιολογικό ότι παραβιάζεται η αλβανική υφαλοκρηπίδα.

Και θυμήθηκα τη θυμόσοφη ελληνική ρήση (ολίγον παραλλαγμένη) «μάθανε πως γίναμε αδύναμοι και πλάκωσαν και οι γύφτοι»

21 ΜΑΪΟΥ

Το παραδοσιακό πανηγύρι κατά τη δεκαετία του 1950 στο χωριό μου, μετατράπηκε σε λίγα χρόνια σε... σκυλάδικο!

Σήμερα (21 Μαΐου 2015) είναι η εορτή των Αγίων Κωνσταντίνου και Ελένης.

Και θυμήθηκα ότι οι Άγιοι Κωνσταντίνος και Ελένη είναι πολιούχοι του χωριού μου, της Παλαιομάνινας Αιτωλοακαρνανίας.

Θυμήθηκα ότι την παραμονή και ανήμερα της εορτής αυτής γινόταν και γίνεται πανηγύρι στο χωριό μου.

Θυμήθηκα ότι στη δεκαετία του 1950, καθώς το χωριό μου αριθμούσε περίπου 2.000 κατοίκους, δύο ή τρεις από τους ιδιοκτήτες καφενείων προσκαλούσαν τα καλύτερα δημοτικά μουσικά συγκροτήματα, με επικεφαλής πολλούς καταξιωμένους κλαρινίστες (Βασιλόπουλος, Σαλέας και άλλοι) και με τη συμμετοχή σημαντικών τραγουδιστών δημοτικών κυρίως τραγουδιών της εποχής αυτής (Σοφία Κολλητήρη και άλλες και άλλοι των οποίων δεν θυμάμαι τώρα το όνομά τους).

Θυμάμαι ότι ανήμερα της εορτής οι περισσότεροι στο χωριό έψηναν αρνιά στη σούβλα και οικογενειακώς πήγαιναν το απόγευμα ή το βράδυ στο πανηγύρι για να χορέψουν ή να δουν άλλους να χορεύουν.

Θυμήθηκα ότι, πέρα από μια ψυχαγωγική, ήταν και μια σημαντική κοινωνική εκδήλωση, αφού μια ακόμα τέτοια εκδήλωση ήταν και ο βλάχικος γάμος με το περίφημο βλάχικο γαμήλιο φαγητό και γλέντι στο χωριό μου.

Θυμήθηκα ότι το πανηγύρι των Αγίων Κωνσταντίνου και Ελένης στο χωριό μου κατά τη δεκαετία του 1950 είχε ένα έντονο κοινωνικό, λαογραφικό και ψυχαγωγικό χρώμα, που μένει ανεξίτηλα στο μυαλό μου.

Θυμήθηκα όμως ότι, όταν δέκα χρόνια αργότερα και ιδιαίτερα μετά τη μεταπολίτευση, έσπευσα να παρευρεθώ στο πανηγύρι του χωριού μου μαζί με την Αθηναία σύζυγό Νότα (στην οποία παρουσίαζα τις καλύτερες εικόνες από το παραδοσιακό πανηγύρι στο χωριό μου, όταν ήμουνα εκεί!) και το πρώτο μου παιδί, τον Λεωνίδα, απογοητεύτηκα τόσο πολύ που δεν ξαναπήγα ποτέ. Άσε που έγινα και ... ρεζίλι στη σύζυγό μου!!! Το παραδοσιακό πανηγύρι με τους επιδέξιους χορευτές δημοτικών τραγουδιών είχε μετατραπεί σε... σκυλάδικο!

26 ΜΑΪΟΥ

Το μεγαλύτερο αρδευτικό συγκρότημα των Βαλκανίων δεν υπάρχει πια στην Ακαρνανία!

Σήμερα (26 Μαΐου 2015) ο συγχωριανός μου, φίλος και πρόεδρος της Εταιρείας Φίλων των Μνημείων της Παλαιομάνινας (είναι το πολιτιστικό σωματείο, το οποίο ίδρυσα το 1997 και του οποίου ήμουνα πρόεδρος έως το 2012) Κώστας Κουτουβέλης μού έστειλε με το ηλεκτρονικό ταχυδρομείο το ακόλουθο σημείωμα: «Πήγα στο χωριό για λίγες μέρες. Πάθαμε καταστροφή με το αρδευτικό πρόβλημα (συνεχίζεται εδώ και μία τριετία). Τζάμπα τα έξοδα που έκανα φυτεύοντας τις ροδιές και όσοι τις πότισαν με βυτίο δεν κάλυψαν ούτε τα έξοδά τους, αφού πούλησαν την παραγωγή προς 10 λεπτά το κιλό. Το χωριό είναι σκέτη απελπισία. Πείνα, φτώχεια και δυστυχία, άδεια τα καφενεία ακόμα και την Κυριακή το πρωί. Ορισμένα έχουν κλείσει. Επίσης, κινδυνεύει να κλείσει και το Δημοτικό Σχολείο»

Και θυμήθηκα πολλά.

Θυμήθηκα ότι όταν ήμουνα μαθητής στο Δημοτικό Σχολείο της Παλαιομάνινας στη δεκαετία του 1950, η κάθε τάξη αριθμούσε πάνω από 60 μαθητές ή, συνολικά, το Δημοτικό Σχολείο μου είχε πάνω από 300 μαθητές!. Τώρα κινδυνεύει να κλείσει ελλείψει μαθητών, μολονότι φοιτούν σε αυτό και παιδιά από τα γύρω εγκαταλειμμένα χωριά!!!

Θυμήθηκα ότι στο χωριό μου πριν από 60 χρόνια και έως το 1981 λειτουργούσαν πολλά καφενεία και όλα ήταν γεμάτα από κόσμο!

Θυμήθηκα ότι πριν από 33 χρόνια, ύστερα από σκληρές προσπάθειες της διοίκησης του Αρδευτικού Συνεταιρισμού «Άγιος Νικόλαος» Παλαιομάνινας, ο οποίος είχε ιδρυθεί στις 17 Οκτωβρίου 1973, και τη δική μου συμβολή, αποφασίσθηκε η κατασκευή του ΤΟΕΒ Παλαιομάνινας.

Θυμήθηκα ότι από το Μάιο του 1982 δρομολογήθηκε η κατασκευή του έργου αυτού

Θυμήθηκα ότι ο αρδευτικός αυτός οργανισμός της Παλαιομάνινας, ο Τοπικός Οργανισμός Εγγείων Βελτιώσεων (ΤΟΕΒ) της Παλαιομάνινας, ο οποίος ήδη έχει απαξιωθεί πλήρως επί τρία χρόνια, ήταν ο μεγαλύτερος αρδευτικός οργανισμός των Βαλκανίων, και μετέτρεψε μια περιοχή, το Ξηρόμερο (όνομα και πράμα έως τότε!) σε πλουτοφόρο παράδεισο. Και είναι, πράγματι, εφιαλτική η σκέψη ότι θα γίνει ξανά η περιοχή ένας ξερότοπος!

Θυμήθηκα ότι το αντλιοστάσιο κατασκευάσθηκε κοντά στην όχθη του Αχελώου ποταμού, το οποίο στέλνει νερό στην τοποθεσία «Άγιος Νικόλαος» που δεσπόζει υψομετρικά της περιοχής, όπου κατασκευάστηκε μια τεράστια δεξαμενή νερού χωρητικότητας 6.000 κυβικών μέτρων.

27 ΜΑΪΟΥ

«Ο τάδε ζει», δηλαδή «ο τάδε... ζεματάει» ή πώς κακοποιείται η ελληνική γλώσσα

Σήμερα (27 Μαΐου 2015) πρόσεξα ότι μία αυτοδιαφήμιση της συνδρομητικής τηλεόρασης «Nova» κατέληγε ως εξής» «Nova: Ζεις καλύτερα»!

Και θυμήθηκα ότι το ρήμα «ζω» στο δεύτερο και τρίτο πρόσωπο του ενικού αριθμού γράφεται έτσι, δηλαδή, «ζεις» και «ζει» παντού, ακόμα και σε φιλολογικά και λογοτεχνικά κείμενα (για να μην αναφερθούμε σε δημόσια έγγραφα, σε ανακοινώσεις του υπουργείου Παιδείας και, φυσικά, σε κείμενα στις εφημερίδες!)

Θυμήθηκα τους φωτισμένους καθηγητές μου, οι οποίοι πράγματι γνώριζαν άριστα την ελληνική γλώσσα, το ελληνικό αρχαίο και νέο Λεξικό της ελληνικής γλώσσας, την ελληνική Γραμματολογία και το ελληνικό Ετυμολογικό.

Θυμήθηκα ότι μάς έλεγαν (και μάλιστα έβαζαν επίτηδες σχετικά θέματα με το ρήμα αυτό και στους σχετικούς διαγωνισμούς κατά το πρώτο και δεύτερο εξάμηνο (στο τότε εξατάξιο) Γυμνάσιο, ότι το συνηρημένο αυτό ρήμα είναι «ζή–ω= ζω. Κι έτσι, στο δεύτερο και τρίτο ενικό πρόσωπο είναι: ζή–εις=ζης και ζή–ει=ζη.

Θυμήθηκα ότι από το ρήμα αυτό παράγονται η λέξεις «ζήση», η οποία γράφεται με «ήτα» και όχι με «έψιλον γιώτα», δηλαδή «ζείση»!!!

Θυμήθηκα που μάς έλεγαν ότι το δεύτερο και τρίτο πρόσωπο του ρήματος «ζη–ω=ζω», έτσι όπως το γράφουν, δηλαδή, «ζεις» και «ζει» έχει άλλη σημασία.

Θυμήθηκα που μάς έλεγαν ότι το συνηρημένο ρήμα «ζεις» ή «ζει» είναι το δεύτερο και τρίτο ενικό πρόσωπο του ρήματος «ζέ–ω» (δεν συναιρείται στο πρώτο πρόσωπο) και σημαίνει... «ζεματάω».

Θυμήθηκα ότι οι γνωστές φράσεις ή συνθήματα «ο τάδε ζει» σημαίνει «ο τάδε ζεματάει, καίει». Την ίδια σημασία έχει και η αυτοδιαφήμιση της "Nova", δηλαδή «Nova: ζεματάς... καλύτερα»!!!

29 ΜΑΪΟΥ

«Σεσαρθρωμένον πλοίον», όπως το 1453, και η σημερινή Ελλάς.

Σήμερα (29 Μαΐου 2015) διάβασα ότι συνεχίζεται η ευρωπαϊκή περιπέτεια της χώρας μας, με τους δανειστές μας να απαιτούν (και δικαίως) μέτρα για να εξασφαλισθεί η πληρωμή των οφειλόμενων σε αυτούς δόσεων.

Και θυμήθηκα ότι, πέρα από τα πολιτικά και κοινωνικά αίτια που συνετέλεσαν στην πτώση της Κωνσταντινουπόλεως, υπήρχαν και τα πνευματικά, τα οποία απαρίθμησε ο μοναχός Ιωσήφ Βρυέννιος, που έζησε στις τελευταίες στιγμές της ζωής της Βασιλεύουσας και άκουγε τον ρόγχο του θανάτου της. Όπως λέει σε κείμενά του, στην Κωνσταντινούπολη την εποχή εκείνη ζούσαν περίπου 70.000 κάτοικοι και μάλιστα ο ίδιος έκανε έκκληση στους Κωνσταντινουπολίτες, χωρίς να υπάρχει ανταπόκριση, να συντελέσουν στην ανοικοδόμηση των τειχών της, εν όψει του μεγάλου κινδύνου. Όμως οι κάτοικοι, ιδιαιτέρως οι πλούσιοι, ασχολούμενοι με την αύξηση των ατομικών τους εσόδων, αδιαφορούσαν, με αποτέλεσμα η πόλη να μοιάζει, όπως λέγει, με «σεσαθρωμένον» πλοίον» που ήταν έτοιμο να βυθισθεί.

Θυμήθηκα ότι ο Ιωσήφ Βρυέννιος εξέφραζε την οδύνη του, αφού, όπως τονίζει, το γένος περιστοιχίζεται από δεινά, τα οποία, όπως λέει, «δάκνει μου την καρδίαν, συγχεί τον νουν και οδυνά την ψυχήν». Το γένος έχει περιπέσει σε ποικίλα πάθη και αμαρτίες. Όλοι οι Χριστιανοί έγιναν «υπερήφανοι, αλαζόνες, φιλάργυροι, φίλαυτοι, αχάριστοι, απειθείς, λιποτάκται, ανόσιοι, αμετανόητοι, αδιάλλακτοι». Αυτός είναι ο λόγος για τον οποίον επέπεσαν εκ δυσμών και εξ ανατολών διάφοροι εχθροί και λυμαίνονται την αυτοκρατορία, τόνιζε.

Θυμήθηκα, επίσης, ότι ο Ιωσήφ Βρυένιος έβλεπε σαράντα χρόνια πριν από την άλωση να ερημώνονται οι πόλεις, να αφανίζονται οι χώρες, να καίγονται οι Εκκλησίες, να βεβηλώνονται τα άγια και να δίδονται τα ιερά σκεύη στα σκυλιά και «παν το ημέτερον γένος, δουλεία παραδιδόμενον και μαχαίρα».

Θυμήθηκα ότι η αυτοκρατορία βρέθηκε σε φθίνουσα πορεία εξαιτίας της εξαθλίωσης, της ηθικής κατάπτωσης, του εκμαυλισμού των αξιών, της ακυβερνησίας και της εγκατάλειψης.

Θυμήθηκα ότι οι ξένοι επιδρομείς και εισβολείς, ιδιαίτερα ο Τούρκοι, από όλες τις μεριές, μεθοδικά και συστηματικά διάβρωναν τα βυζαντινά εδάφη, αποψιλώνοντας τους πληθυσμούς από τις ποιμενικές, αλλά και καλλιεργημένες περιοχές σπρώχνοντας έτσι κατοίκους προς τις πόλεις, προκαλώντας ένα αφόρητο αστικό συνωστισμό.

3 ΙΟΥΝΙΟΥ

Όταν πριν από 60 χρόνια γίνονταν γραπτοί διαγωνισμοί στο Δημοτικό Σχολείο και εξετάσεις για την εισαγωγή στα τότε εξατάξια Γυμνάσια!!!

Σήμερα, το Ημερολόγιό μου δείχνει 3 Ιουνίου 2015.

Και θυμήθηκα ότι πριν από 60 χρόνια άρχιζαν οι γραπτοί διαγωνισμοί του δεύτερου εξαμήνου στο Δημοτικό Σχολείο της Παλαιομάνινας, όπου φοιτούσαμε δεκάδες μαθητές και μαθήτριες.

Θυμήθηκα ότι το 1955 ήμουνα στην ΣΤ΄ Τάξη του Δημοτικού και έπρεπε όλοι οι συμμαθητές μου στην Τάξη αυτή να συμμετείχαν στο διαγωνισμό, να βαθμολογηθούν και να πάρουν το Απολυτήριο.

Θυμήθηκα ότι τότε οι διαγωνισμοί του Πρώτου (τον Φεβρουάριο) και του Δεύτερου Εξαμήνου (τον Ιούνιο) αφορούσαν τους μαθητές και τις μαθήτριες των δύο τελευταίων τάξεων του Δημοτικού Σχολείου. Πολλά χρόνια αργότερα οι διαγωνισμοί αυτοί καταργήθηκαν!

Θυμήθηκα ότι τότε, το 1955, μετά την ολοκλήρωση της διαδικασίας των διαγωνισμών και τη λήξη, συγχρόνως, του σχολικού έτους, ο φωτισμένος δάσκαλός μου Αθανάσιος Κουφογιώργος διοργάνωσε αποχαιρετιστήρια σχολική γιορτή, που περιελάμβανε την απαγγελία σχετικών ποιημάτων και το «ανέβασμα» θεατρικών έργων, κυρίως κωμικών, στα οποία πρωταγωνιστούσα σε όλα!

Θυμήθηκα ότι μετά τη λήξη, με τη διαδικασία αυτή, του σχολικού έτους, οι γονείς μας παρελάμβαναν τα Απολυτήρια, με βάση τα οποία θα μπορούσαν να συμμετείχαμε σε εισαγωγικές εξετάσεις στα τότε εξατάξια Γυμνάσια της περιοχής μας ύστερα από τρεις – τέσσερις ημέρες!

Θυμήθηκα ξανά ότι τότε από την πολυπληθή ΣΤ΄ Τάξη του Δημοτικού Σχολείου της Παλαιομάνινας συμμετείχαμε σε διαγωνισμούς για την εισαγωγή σε εξατάξια Γυμνάσια στο Αγρίνιο, το Αιτωλικό και το Μεσολόγγι (αυτά υπήρχαν τότε στην περιοχή μου!) μόνο έξι συμμαθητές μου και καμία συμμαθήτριά μου (τότε η απομάκρυνση των κοριτσιών από την οικογενειακή εστία ήταν απαγορευτική!). Συγκεκριμένα, συμμετείχαμε σε διαγωνισμούς για εισαγωγή στα Γυμνάσια αυτά ο γράφων, ο Γεώργιος Αντώνος, ο Δημήτριος Κέκος, ο Κωνσταντίνος Κωσταρέλος, ο Μιχάλης Κωσταρέλος, ο Βασίλειος Μήλας, ο Αθανάσιος Παππάς, ο Δημήτριος Πόπης.

Θυμήθηκα ότι τότε, λίγο πριν χτυπήσει το κουδούνι για να μπούμε στις αίθουσες των Γυμνασίων για να διαγωνισθούμε, εμφανίσθηκε στα κάγκελα του σχολικού προαυλίου ο δάσκαλός μας, ο Αθανάσιος Κουφογιώργος και μάς ενθάρρυνε με λόγια σοφά να πετύχουμε στις κρίσιμες αυτές εξετάσεις. Όπερ και εγένετο.

6 ΙΟΥΝΙΟΥ

Ο ξηρομερίτικος μύθος του γκιώνη για το πώς έγινε πουλί και κλαίει τη νύχτα

Σήμερα (6 Ιουνίου 2015), την ήσυχη καλοκαιρινή νύχτα, άκουσα το θλιμμένο λάλημα του γκιώνη.

Και θυμήθηκα αυτά που μού έλεγαν οι αείμνηστοι γονείς μου, αλλά και όλοι οι κάτοικοι του χωριού μου, της Παλαιομάνινας Αιτωλοακαρνανίας, για το θλιμμένο λάλημα του Γκιώνη.

Θυμήθηκα ότι μού έλεγαν για το μύθο αυτό τα εξής: Κάποτε ήταν δύο αδέρφια. Ο Αντώνης και ο Γιώργος. Μια μέρα, ο Γιώργος μέτρησε, όπως έκανε κάθε μέρα, τα άλογά τους, αλλά βρήκε να λείπει ένα (δεν μετρούσε αυτό, όπου ήταν... καβάλα!). Αμέσως, ενημέρωσε το αδερφό του Αντώνη, ο οποίος θύμωσε για την... «απώλεια» του αλόγου, θεωρώντας υπεύθυνο τον Γιώργο, και τον σκότωσε. Όταν όμως έπεσε ο Γιώργος νεκρός, διαπίστωσε ότι δεν έλειπε κανένα άλογο! Κατάλαβε το λάθος του και φώναζε σπαρακτικά: «Γιώργο, Γιώργο, τ᾽ άλογο είναι εδώ, Γιώργο, Γιώργο, τ᾽ άλογο είναι εδώ!». Κλαίγοντας γοερά και απελπισμένα ζήτησε από το Θεό να τον απαλλάξει από αυτό μαρτύριο. Ο Θεός, βλέποντας τον μετανιωμένο Αντώνη, τον μεταμόρφωσε σε πουλί, τον γνωστό μας... γκιώνη!

Θυμήθηκα όμως ότι υπάρχει και μια άλλη, με ελαφρές παραλλαγές, ξηρομερίτικη εκδοχή του μύθου για τον Γκιώνη: Κάποτε ήταν δυο αδέρφια. Ο Αντώνης και ο Γιώργος. Ο Γιώργης μια μέρα έχασε τ᾽ άλογα. Γυρνώντας σπίτι ανακοίνωσε στον Αντώνη το χαμό τους κι εκείνος πάνω στο θυμό του, μετά από λογομαχία, σκότωσε τον αδερφό του. Όταν κατάλαβε τί έκανε, έκλαιγε, χτυπιόταν, φώναζε ούρλιαζε. Έκλαιγε τόσο πολύ, μετανιωμένος για την αποτρόπαια πράξη του, που παρακαλούσε το Θεό να τού αφαιρέσει τη ζωή του. Εκείνος, ακούγοντας τον κλαυθμό του, τον μεταμόρφωσε σε πουλί, τον γκιώνη (εκ του Αντώνης). Έτσι, στο παραλήρημά του, θρηνώντας τον αδερφό του, ο Αντώνης φώναζε «Γιώργο... Γιώργο....τά βρες τ᾽ άλογα;», ενώ αργότερα άφηνε ένα μακρόσυρτο και γεμάτο απελπισία: «γγγ...γγγγγ....γγγγγγ...γγγ»

Σημειώνω ότι γκιώνης είναι ένας είδος νυκτόβιου πτηνού, που ανήκει στην ίδια ομάδα με την κουκουβάγια (όπως και ο μπούφος). Είναι μάλλον αποδημητικό πουλί, αφού ακούγεται την άνοιξη έως τέλος καλοκαιριού.

13 ΙΟΥΝΙΟΥ

Θάνατος του Μεγάλου Αλεξάνδρου στη Βαβυλώνα στις 13 Ιουνίου 323 π.Χ.

Σήμερα, το Ημερολόγιό μου δείχνει 13 Ιουνίου 2015.

Και θυμήθηκα ότι η 13η Ιουνίου είναι μια μαύρη επέτειος για τον Ελληνισμό.

Θυμήθηκα ότι σαν σήμερα, πριν από 2.338 χρόνια, στις 13 Ιουνίου του 323 π.Χ. πέθανε ο Μέγας Αλέξανδρος. Ο Αλέξανδρος ήταν γιος του βασιλιά της Μακεδονίας Φιλίππου Β΄ και της Ολυμπιάδας, κόρης του βασιλιά των Μολοσσών της Ηπείρου Νεοπτόλεμου Α. Ο Αλέξανδρος (Πέλλα, 23 Ιουλίου 356 π.Χ. – Βαβυλώνα 13 Ιουνίου 323 π.Χ.), βασιλιάς της Μακεδονίας (336 π.Χ. –323 π.Χ.), ήταν ο μεγαλύτερος στρατηλάτης της αρχαιότητας. Θεμελίωσε τα ελληνιστικά βασίλεια της Ανατολής και διέδωσε τον ελληνικό πολιτισμό έως τα βάθη της Ασίας. Οι σημαντικότεροι σταθμοί της μεγάλης πορείας του μεγάλου Έλληνα στρατηλάτη είναι οι εξής:

23 Ιουλίου 356 π.Χ. Γεννιέται στην Πέλλα ο διάδοχος του θρόνου της Μακεδονίας Αλέξανδρος, γιος του βασιλιά Φιλίππου Β΄ και της Ολυμπιάδας.

349 π.Χ. Ο Λεωνίδας από την Ήπειρο, συγγενής της Ολυμπιάδας, αναλαμβάνει την ανατροφή του Αλεξάνδρου. Υπό την επίβλεψή του, ο Αλέξανδρος διδάσκεται αριθμητική, γεωμετρία, μουσική και ασχολείται ιδιαίτερα με την ιππασία.

349 π.Χ. Ο Αλέξανδρος δαμάζει τον Βουκεφάλα, ο οποίος γίνεται από τότε το αγαπημένο άλογό του έως το 344 π.Χ.

343 π.Χ. Ο Φίλιππος επιλέγει τον Αριστοτέλη για δάσκαλο του Αλεξάνδρου. Επίσης, στους πρόποδες του Βερμίου, στην πόλη Μίεζα, ο Αλέξανδρος μαζί με άλλους νέους, από επιφανείς οικογένειες της Μακεδονίας, διδάσκεται για τρία τουλάχιστον χρόνια φιλοσοφία, φυσικές επιστήμες και ρητορική. Την ίδια περίοδο ο Φίλιππος διδάσκει την πολεμική τέχνη στο διάδοχό του.

340 π.Χ. Ο Αλέξανδρος, ως αντιβασιλέας της Μακεδονίας, αναλαμβάνει για πρώτη φορά την απόλυτη ευθύνη μιας στρατιωτικής επιχείρησης. Καταστέλλει την ανταρσία των Μαίδων στη Βόρειο Μακεδονία, καταλαμβάνει την πρωτεύουσά τους και τη μετονομάζει σε Αλεξανδρούπολη.

338 π.Χ. Ο Αλέξανδρος διευθύνει τη μάχη στη Χαιρώνεια την αριστερή πτέρυγα του μακεδονικού στρατού. Ως επικεφαλής του ιππικού συντρίβει τον Ιερό Λόχο των Θηβαίων, συμβάλλοντας αποφασιστικά στη νίκη του Φιλίππου.

336 π.Χ. Δολοφονείται ο Φίλιππος Β΄ της Μακεδονίας και ο μακεδονικός στρατός εκλέγει ομόφωνα βασιλιά τον Αλέξανδρο. Την ίδια χρονιά, το Πανελλήνιο Συνέδριο της Κορίνθου τον ανακηρύσσει ηγεμόνα της συμμαχίας και «στρατηγό αυτοκράτορα» στην εκστρατεία εναντίον των Περσών.

335 π.Χ. Επιτυχημένη εκστρατεία του Αλεξάνδρου κατά των Τριβαλλών και των Γετών στην περιοχή του Δούναβη και εναντίον των Ιλλυριών και των Ταλαντίων. Ο Αλέξανδρος δίνει εντολή να μείνει ανέπαφο μόνο το σπίτι του ποιητή Πινδάρου στη Θήβα (εκθεμελιώθηκε), η οποία είχε υποκινηθεί σε τάση.

334 π.Χ. Ο Αλέξανδρος ορίζει ως αντιβασιλέα της Μακεδονίας τον Αντίπατρο και αναχωρεί για τη Μικρά Ασία. Τα άλλα είναι γνωστά.

14 ΙΟΥΝΙΟΥ (1)

Ιδιαίτερα μαθήματα στην Ελένη και την Αλεξάνδρα Κουτσομπίνα στην οδό Δαμάρεως, στο Παγκράτι για ένα πιάτο φαγητό το 1962!

Σήμερα (14 Ιουνίου 2015) επισκέφθηκα το σπίτι των παιδιών μου στο Παγκράτι. Αυτή τη διαδρομή έκανα χρόνια τώρα, αλλά σήμερα πρόσεξα ότι απέναντι ακριβώς ήταν η οδός Δαμάρεως, η οποία αρχίζει από το κέντρο του Παγκρατίου και καταλήγει στην περιοχή των παιδιών μου.

Και θυμήθηκα ότι το 1962, ως φοιτητής, επισκεπτόμουνα το σπίτι του συγχωριανού μου Φώτη Κουτσομπίνα, γόνου του αρχιτσέλιγγα και ιδρυτή του χωριού μου, της Παλαιομάνινας Αιτωλοακαρνανίας, Νίκου Κουτσομπίνα.

Θυμήθηκα ότι το διαμέρισμα, όπου διέμενε ο αείμνηστος Φώτης Κουτσουμπίνας, ήταν στην αρχή της οδού Δαμάρεως, δηλαδή στο κέντρο σχεδόν του Παγκρατίου.

Θυμήθηκα ότι συνεχώς με επαινούσε για τις επιδόσεις μου στο τότε εξατάξιο Γυμνάσιο και το Πανεπιστήμιο και ότι γνώριζε ότι σπούδαζα με την υποτροφία και μεροκάματα εδώ κι εκεί.

Θυμήθηκα ότι μια ημέρα, καθώς διαβάζαμε στη βιβλιοθήκη τα βιβλία που είχαμε ζητήσει, με ευγένεια με ρώτησε αν θα μπορέσω να βοηθήσω τις δύο θυγατέρες– μαθήτριες του τότε εξαταξίου Γυμνασίου στα μαθήματα πηγαίνοντας στο διαμέρισμά του στην οδό Δαμάρεως τα απογεύματα και σε ώρες που θα μπορούσα μετά τις υποχρεώσεις μου στο Πανεπιστήμιο.

Θυμήθηκα ότι τότε με χαρά δέχθηκα την πρότασή του αυτή και κάθε σχεδόν απόγευμα προς το βράδυ πήγαινα στο διαμέρισμά του στην οδό Δαμάρεως, όπου με μεγάλη χαρά με περίμεναν η Ελένη και η Αλεξάνδρα.

Θυμήθηκα ότι η «ανταμοιβή» μου για το «φροντιστήριο» αυτό ήταν ένα καλό φαγητό στη συνέχεια και η κάλυψη των εξόδων για έξοδο (κινηματογράφος, μπουτίκ τότε) μαζί με την Ελένη και την Αλεξάνδρα.

Θυμήθηκα ότι η ενισχυτική αυτή διδασκαλία των πολύ καλών μαθητριών, της Ελένης και της Αλεξάνδρας, διήρκεσε περίπου δύο χρόνια.

Θυμήθηκα ότι είχα γίνει ένα στενό μέλος της οικογένειας Κουτσομπίνα και ένας έντιμος επισκέπτης και αγνός φίλος των δύο κοριτσιών, τα οποία έχω να δω πολλά χρόνια τώρα. Εύχομαι να είναι πάντα καλά...

14 ΙΟΥΝΙΟΥ (2)

Φοιτητής – σερβιτόρος στο καφενείο του υπουργείου Προνοίας το 1963

Σήμερα (14 Ιουνίου 2015), λοιπόν, βρίσκομαι απέναντι από την οδό Δαμάρεως στο Παγκράτι.

Και θυμήθηκα, ως συνέχεια του προηγούμενου σημειώματός μου, ότι ο Φώτης Κουτσομπίνας, νομικός, ήταν υπάλληλος στο τότε υπουργείο Υγείας και Προνοίας, ενώ μαζί τότε πηγαίναμε στην Εθνική Βιβλιοθήκη, κυρίως τα απογεύματα, για να συγκεντρώσουμε στοιχεία για την ιστορία του χωριού μας και, κυρίως, για την αρχαία ονομασία του.

Θυμήθηκα ότι μια ημέρα, καθώς διαβάζαμε στη βιβλιοθήκη τα βιβλία που είχαμε ζητήσει, μού είπε να περάσω από το γραφείο του στο υπουργείο Υγείας και Προνοίας. Μόλις πήγα στο γραφείο του με πήρε και πήγαμε στο καφενείο – μπαρ που ήταν στον τρίτο όροφο (το υπουργείο στεγαζόταν σε πέντε ορόφους).

Θυμήθηκα ότι με γνώρισε με τον υπεύθυνο του καφενείου, τον Λύσανδρο, ηλικίας περίπου σαράντα ετών, καλοσυνάτο και ευγενέστατο.

Θυμήθηκα ότι τότε είπε στον Λύσανδρο: «Λύσανδρε, ιδού ο νέος βοηθός σου, για τον οποίο σού έχω μιλήσει. Ήρθε να σε βοηθήσει».

Θυμήθηκα ότι ένιωσα τότε μεγάλη χαρά, διότι την επόμενη ημέρα θα πήγαινα στο καφενείο του υπουργείου στις έξι το πρωί και θα πρόσφερα καφέδες, τυρόπιτες, αναψυκτικά και νερά έως τη μία το μεσημέρι και θα εξασφάλιζα έσοδα προς το ζην!

Θυμήθηκα ότι ο τζίρος του Λύσανδρου, αλλά και η δική μου κούραση να ανεβοκατεβαίνω πέντε ορόφους με το δίσκο, αυξήθηκε σημαντικά, διότι όλοι οι υπάλληλοι (και κυρίως ανώτεροι) έμαθαν ότι είμαι φοιτητής και προσπαθούσαν με κάθε τρόπο (με πυκνότερες παραγγελίες, με αυξημένα... φιλοδωρήματα) να με ενισχύουν οικονομικά.

Θυμήθηκα ότι οι περισσότεροι πλήρωναν κάθε δεκαπενθήμερο, οπότε τότε ενισχύονταν σημαντικά τα οικονομικά μου με το γενναία φιλοδωρήματα.

Θυμήθηκα ότι στο καφενείο του υπουργείου εργάσθηκα ως σερβιτόρος επί δύο περίπου χρόνια, εξασφαλίζοντας ένα ικανοποιητικό χρηματικό ποσό για τις σπουδές μου έως το τέλος, με την προσθήκη και των εσόδων από τα καλοκαιρινά μεροκάματα στο χωριό μου!

Θυμήθηκα ότι τότε πήγαινα στο Πανεπιστήμιο μετά τις δύο το μεσημέρι. Εκεί, ώσπου να άρχιζαν τα μαθήματα που με ενδιέφεραν, «έπαιρνα» και έναν άνοστο υπνάκο στη βιβλιοθήκη!

24 ΙΟΥΝΙΟΥ

Μαρτυρικός θάνατος του μεγάλου Ελληνόβλαχου Ρήγα Φεραίου στον Πύργο Νεμπόισα το 1798

Σήμερα, το Ημερολόγιό μου δείχνει ότι 24 Ιουνίου 2015.

Και θυμήθηκα το μαρτυρικό θάνατο του μεγάλου Ελληνόβλαχου

Ρήγα Φεραίου στον Πύργο Νεμπόισα στις 24 Ιουνίου 1798, ο οποίος θεωρείται εθνομάρτυρας και πρόδρομος της Ελληνικής Επανάστασης του 1821. Ο ίδιος υπέγραφε ως Ρήγας Βελεστινλής ή Ρήγας ο Θεσσαλός και ουδέποτε Φεραίος, κάτι που ίσως να είναι δημιούργημα μεταγενέστερων λογίων. Γεννήθηκε στο Βελεστίνο, τις αρχαίες Φερές, το 1757, από εύπορη οικογένεια. Από τη νεανική του ζωή τα μόνα γνωστά είναι ότι ο πατέρας του ονομαζόταν Γεώργιος Κυριαζής (μια πληροφορία που αμφισβητείται), ενώ η μητέρα του ονομαζόταν Μαρία και φέρεται πως είχε μία αδελφή την Ασήμω. Ο Pouqeville αναφέρει πως είχε και ένα αδελφό, τον Κωστή, ο οποίος μάλιστα συμμετείχε στην επανάσταση του 1821.

Σύμφωνα με τον Περραιβό, τα πρώτα του γράμματα λέγεται ότι τα διδάχθηκε από ιερέα του Βελεστίνου και κατόπιν στη Ζαγορά. Καθώς διψούσε για μάθηση, ο πατέρας του τον έστειλε στα Αμπελάκια για περαιτέρω μόρφωση. Όταν επέστρεψε, έγινε δάσκαλος στην κοινότητα Κισσού Πηλίου. Στην ηλικία των είκοσι ετών σκότωσε στο Βελεστίνο έναν Τούρκο πρόκριτο, επειδή του είχε συμπεριφερθεί δεσποτικά, και κατέφυγε στο Λιτόχωρο του Ολύμπου, όπου κατατάχθηκε στο σώμα των αρματολού θείου του Σπύρου Ζήρα. Αργότερα βρίσκεται στο Άγιο Όρος, φιλοξενούμενος του ηγουμένου της μονής Βατοπεδίου, Κοσμά με τον οποίο και ανέπτυξε στενή φιλία. Στην ίδια μονή συνδέθηκε φιλικά με το συμπατριώτη του το μοναχό Νικόδημο, ο οποίος του είχε παραχωρήσει τα κλειδιά της βιβλιοθήκης της φημισμένης Αθωνιάδας Σχολής για να εμπλουτίσει τς γνώσεις του.

Στο Άγιο Όρος έμεινε πολύ λίγο. Ταξίδεψε στην Κωνσταντινούπολη, μετά από πρόσκληση του πρέσβη της Ρωσίας για σπουδές, στην οικία του οποίου γνώρισε τον πρίγκιπα Αλέξανδρο Υψηλάντη (1726–1806) μέγα διερμηνέα του σουλτάνου της Οθωμανικής Αυτοκρατορίας, τον παππού του αρχηγού της Φιλικής Εταιρίας, επίσης Αλέξανδρο Υψηλάντη (1792–1828).

Ο Ρήγας συνελήφθη στην Τεργέστη την 1η Δεκεμβρίου του 1797 μαζί με τον Περραιβό. Κατόπιν οδηγήθηκε στη Βιέννη, όπου ανακρίθηκε μαζί με τους υπόλοιπους συντρόφους του. Ο Ρήγας (40 χρονών)και οι επτά σύντροφοί του που ανήκαν στην ίδια κατηγορία, με συνοδεία των αυστριακών αρχών παραδόθηκαν στις 10 Μαΐου 1798 στους Τούρκους του Βελιγραδίου και φυλακίστηκαν στον πύργο Nebojša, παραποτάμιο φρούριο του Βελιγραδίου. Εκεί, ύστερα από συνεχή βασανιστήρια, στις 24 Ιουνίου του 1798, στραγγαλίστηκαν και τα σώματά τους ρίχτηκαν στον Δούναβη.

11 ΙΟΥΛΙΟΥ

Γέννηση του Χαρίλαου Τρικοπύη

Σήμερα το Ημερολόγιό μου δείχνει 11 Ιουλίου 2015.

Και θυμήθηκα ότι σαν σήμερα (11/23 Ιουλίου 1832) γεννήθηκε στο Ναύπλιο ο Χαρίλαος Τρικούπης, γιος του Σπυρίδωνος Τρικούπη και της Αικατερίνης Μαυροκορδάτου, αδελφής του Αλεξάνδρου Μαυροκορδάτου.

Θυμήθηκα τη γνωστή ρήση του μεγάλου Μεσολογγίτη πολιτικού στις 10 Δεκεμβρίου 1893, δηλαδή: «Δυστυχώς επτωχεύσαμεν!», η οποία είναι και σήμερα εφιαλτικά επίκαιρη, καθώς συζητείται στο Eurogroup η πιθανότητα επίσημης πια χρεοκοπίας της Ελλάδος και η έξοδος από την ευρωζώνη και την Ευρωπαϊκή Ένωση.

Θυμήθηκα ότι η ιστορική παραδοχή του Χαρίλαου Τρικούπη «Δυστυχώς επτωχεύσαμεν» στις 10 Δεκεμβρίου 1893 σηματοδοτεί ανάγλυφα τη θλιβερή κατάληξη μιας οικονομικής πολιτικής μεγάλων φιλοδοξιών και αγαθών προαιρέσεων, ολέθριου λαϊκισμού και καταστροφικής δημαγωγίας και κομματικής και πολιτικής επίθεσης σε άδεια δημόσια ταμεία για τη «συντήρηση κοπαδίου κομματικών κηφήνων», όπως ματαίως και συνεχώς επισήμαινε ο Εμμανουήλ Ροΐδης.

Θυμήθηκα ότι τα διδάγματα από τα παθήματα αυτά ουδέποτε έγιναν μαθήματα και ότι μόλις αυτές τις ημέρες προσπαθούμε να τα ακούσουμε.

Θυμήθηκα η πολιτική αυτή ανάγκασε το 1898 την Ελλάδα στην αποδοχή του Διεθνούς Οικονομικού Ελέγχου (ΔΟΕ) ο οποίος υποχρέωσε τη χώρα σε πολιτική αυστηρότατης λιτότητας, ως το 1910 τουλάχιστον, για να καταργηθεί τυπικά μετά τον Β΄ Παγκόσμιο Πόλεμο...

Θυμήθηκα ότι ο Τρικούπης όπως και όλοι οι μετέπειτα Έλληνες πρωθυπουργοί κυρίως μετά την ένταξη στην ΕΟΚ το 1981, εκμεταλλεύτηκε τη συγκυρία των καρπών της «εποχής του κεφαλαίου» στην ευρωπαϊκή οικονομία, που άνοιξε τις στρόφιγγες του διεθνούς δημόσιου δανεισμού το 1879. Ωστόσο, το κόστος του όποιου «εκσυγχρονισμού» και του λαϊκισμού ρίχτηκε ουσιαστικά στις πλάτες του λαού, ο οποίος πλήρωσε εξ ολοκλήρου τα σπασμένα της άφρονος οικονομικής πολιτικής όλων των κυβερνήσεων έως σήμερα.

Θυμήθηκα ότι το ξέσπασμα πολλών οικονομικών κρίσεων κυρίως μετά το 1897 και στις δεκαετίες του 1970, του 1980, του 1990, του 2000 και πρόσφατα του 2010 (κυρίως μετά το 2008) αποκάλυπτε το μέγεθος της φούσκας που είχε δημιουργηθεί.

15 ΙΟΥΛΙΟΥ (1)

15 Ιουλίου 1965: «Φιλελεύθερη» αποστασία από την «προοδευτική» κυβέρνηση της Ένωσης Κέντρου.

15 Ιουλίου 2015: Αριστερή αποστασία από την αριστερή κυβέρνηση του ΣΥΡΙΖΑ

Σήμερα το απόγευμα (15 Ιουλίου 2015) βλέπω στην τηλεόραση να έχει μετατραπεί σε πεδίο μάχης το Σύνταγμα με αντιεξουσιαστές να δημιουργούν ένα εκρηκτικό κλίμα, πετώντας βόμβες μολότοφ, βάζοντας φωτιά σε αυτοκίνητα και κάδους και προκαλώντας εκτεταμένες ζημιές σε καταστήματα και ΑΤΜ, αφού κατάφεραν να παρεισφρήσουν στη συγκέντρωση διαμαρτυρίας στην Πλατεία Συντάγματος κατά της επικύρωσης της συμφωνίας Αθήνας – δανειστών και άρχισαν να επιτίθενται σε άνδρες των ΜΑΤ.

Και θυμήθηκα την πολιτική κρίση, η οποία άρχισε το Μάιο και κορυφώθηκε στις 15 Ιουλίου του 1965 και η οποία έχει μείνει στην ιστορία ως «αποστασία». Τότε ήμουνα φοιτητής επί πτυχίω και άκουγα από το μικρό ραδιόφωνό μου (τρανζίστορ) τα δραματικά γεγονότα (πορείες, τραυματισμοί, θάνατος) που συγκλόνιζαν τότε όλη την Ελλάδα και ιδιαίτερα την Αθήνα.

Θυμήθηκα ότι τότε μία ομάδα στελεχών της κυβέρνησης της Ένωσης «Κέντρου υπό τον πρωθυπουργό Γεώργιο Παπανδρέου, τον επονομαζόμενο «Γέρο της Δημοκρατίας», με την προτροπή ή σχέδιο των Ανακτόρων (τότε βασιλεύς ήταν ο νεαρός Κωνσταντίνος) προχώρησαν σε αποστασία και έριξαν την κυβέρνηση, η οποία σχηματισθηκε μετά τις εκλογές του 1963.

Θυμήθηκα, λοιπόν, ότι τότε «κάηκε» η Αθήνα και μεγάλες πόλεις της χώρας μας με μεγάλες συγκεντρώσεις ως αντίδραση για την αποστασία, ως αντίδραση κατά των (φιλελεύθερων) στελεχών της «αριστερής» κυβέρνησης του Κέντρου που επεχείρησαν να «ρίξουν» το νόμιμα πρωθυπουργό Γεώργιο Παπανδρέου.

Θυμήθηκα ότι από την ημέρα αυτή η χώρα μπήκε σε εφιαλτικές περιπέτειες, οι οποίες κορυφώθηκαν με το πραξικόπημα των «Συνταγματαρχών» στις 21 Απριλίου του 1967.

Θυμήθηκα τη γνωστή ρήση του Μάρξ «Η ιστορία επαναλαμβάνεται την πρώτη φορά ως τραγωδία και τη δεύτερη φορά ως φάρσα».

Θυμήθηκα τη ρήση αυτή διότι σήμερα το βράδυ, ύστερα ακριβώς από πενήντα χρόνια, καιγόταν το κέντρο της Αθήνας για μην πουν «ΝΑΙ» στο πολυνομοσχέδιο της κυβέρνησης και να «ρίξουν» την αριστερή» κυβέρνηση όχι φιλελεύθεροι βουλευτές ή βουλευτές άλλων κομμάτων, αλλά υπουργοί και βουλευτές του κυβερνώντος ΣΥΡΙΖΑ, δηλαδή να... αποστατήσουν!!!!

22 ΙΟΥΛΙΟΥ

Σήμερα δεν πήρα ούτε τη... μισή επικουρική σύνταξη που μού είχαν «αφήσει» με τα «κουρέματα» τα δύο πρώτα Μνημόνια!

Σήμερα (22 Ιουλίου 2015) με ειδοποίησε ο ασφαλιστικός μου οργανισμός, ο Ενιαίος Δημοσιογραφικός Οργανισμός Επικουρικής Ασφάλισης και Περίθαλψης (ΕΔΟΕΑΠ, ότι η επικουρική σύνταξη των συναδέλφων μου και, φυσικά, η δική μου του Αυγούστου θα καταβληθεί μετά τις 24 Ιουλίου (την ημέρα αυτή κατετίθετο ανέκαθεν στον τραπεζικό λογαριασμό!) στους ασφαλισμένους του ΕΔΟΕΑΠ. Με την ανακοίνωσή του το Ταμείο μου εξήγησε πως αυτό συμβαίνει λόγω «έλλειψης ρευστότητας». Δηλαδή λόγω χρεοκοπίας!

Και θυμήθηκα ότι με το πρώτο και το δεύτερο Μνημόνιο το κράτος άρπαξε από τα αποθεματικά του Ταμείου μου (χωρίς να έχει εισφέρει ποτέ το κράτος ούτε μία δραχμή!) δεκάδες εκατομμύρια ευρώ.

Θυμήθηκα ότι με το πρώτο και το δεύτερο Μνημόνιο «κουρεύτηκε» η κύρια και η επικουρική σύνταξή μου σχεδόν κατά το ήμισυ για να πληρωθούν οι δανειστές και οι αμέτρητοι δημόσιοι υπάλληλοι.

Θυμήθηκα ότι ο ασφαλιστικός μου οργανισμός ήταν μέχρι την αρπαγή των αποθεματικών του ακμαίος οικονομικά. Αλλά, τώρα, επί τρίτου Μνημονίου (που μόλις αρχίζει!) δεν καταβλήθηκε ούτε η μισή επικουρική μου σύνταξη...

23 ΙΟΥΛΙΟΥ

Πριν από 2.361 χρόνια γεννήθηκε στην Πέλλα ο Μέγας Αλέξανδρος

Σήμερα, το Ημερολόγιό μου δείχνει 23 Ιουλίου 2015.

Και θυμήθηκα ότι την ίδια ημέρα, 23 Ιουλίου του 356 π.Χ. (6η ημέρα του μήνα Εκατομβαιώνα), γεννήθηκε στην Πέλλα ο Μέγας Αλέξανδρος. Ο Αλέξανδρος ήταν γιος του βασιλιά της Μακεδονίας Φιλίππου Β΄ και της Ολυμπιάδας, κόρης του βασιλιά των Μολοσσών της Ηπείρου Νεοπτόλεμου Α΄.

Θυμήθηκα ότι ο Φίλιππος Β΄ (γεννήθηκε περίπου το 383 π.Χ. και πέθανε το 336 π.Χ.) είναι μια από τις σημαντικότερες πολιτικές και στρατιωτικές προσωπικότητες της κλασικής αρχαιότητας, ο δημιουργός της μακεδονικής πολιτικής, στρατιωτικής, οικονομικής και πνευματικής ακμής και κυριαρχίας στην Ελλάδα. Είναι ο μόνος που κατόρθωσε να ενώσει τον ελλαδικό χώρο κατά την αρχαιότητα. Ο Φίλιππος ανέβηκε στο θρόνο της Μακεδονίας το 360 π.Χ. μετά το θάνατο του Περδίκκα σε μάχη εναντίον του βασιλιά των Ιλλυριών Βάρδυλη, ο οποίος είχε εισβάλει τότε στη Μακεδονία. Δολοφονήθηκε από ένα δυσαρεστημένο αξιωματικό καθώς έμπαινε στο θέατρο των Αιγών (σημερινή Βεργίνα), παλιάς πρωτεύουσας και ιερής πόλης των Μακεδόνων.

Θυμήθηκα ότι ο Αλέξανδρος (Πέλλα, 23 Ιουλίου 356 π.Χ. – Βαβυλώνα 13 Ιουνίου 323 π.Χ.), βασιλιάς της Μακεδονίας (336 π.Χ. –323 π.Χ.), ήταν ο μεγαλύτερος στρατηλάτης της αρχαιότητας. Θεμελίωσε τα ελληνιστικά βασίλεια της Ανατολής και διέδωσε τον ελληνικό πολιτισμό έως τα βάθη της Ασίας.

26 ΙΟΥΛΙΟΥ (1)

Το παλιό παραδοσιακό γαμήλιο γλέντι έγινε... σκυλάδικο!

Σήμερα (26 Ιουλίου 2015) είναι Κυριακή, πρωινές ώρες, μία περίπου ώρα μετά την εκπνοή της 25ης Ιουλίου (Σάββατο). Μαζί με τη σύζυγό μου καθόμαστε στη βεράντα του σπιτιού μας απολαμβάνοντας τη χλωμή ακόμη φεγγαράδα και το δροσερό αεράκι του βουνού που μετρίαζε κάπως τον καύσωνα. Αυτό το δροσερό αεράκι μού έφερνε κατά κύματα στ΄ αυτιά μου μιαν έντονη μουσική από γαμήλιο γλέντι που γινόταν σε γειτονικό γνωστό «κτήμα», όπου διοργανώνονται συχνά κάθε σχεδόν Σάββατο το καλοκαίρι τέτοιες κοινωνικές εκδηλώσεις χαράς. Το γλέντι είχε αρχίσει λίγο νωρίτερα, κατά τις δέκα το βράδυ του Σαββάτου.

Και θυμήθηκα ότι μουσική από γαμήλιο γλέντι άκουγα έως τις πρωινές ώρες της Δευτέρας από την ευρύχωρη αυλή του πατρικού σπιτιού μου στο χωριό μου κατά τη δεκαετία του 1950 και 1960, όταν ήμουνα μαθητής του Δημοτικού Σχολείου και μαθητής του (τότε εξατάξιου) Γυμνασίου.

Θυμήθηκα ότι τότε, όλο το καλοκαίρι και κάθε Κυριακή, γίνονταν ένας και δύο γάμοι στο χωριό μου, με πιστή τήρηση όλων των γαμήλιων εθίμων.

Θυμήθηκα ότι το απόγευμα της Κυριακής ο γαμπρός και η νύφη, με τη συνοδεία μουσικής και γαμήλιων τραγουδιών από παραδοσιακά μουσικά συγκροτήματα πήγαιναν στην εκκλησία για τα στέφανα.

Θυμήθηκα ότι στη συνέχεια, πάλι με μουσική και τραγούδια, οι νεόνυμφοι πήγαιναν στο σπίτι του γαμπρού τηρώντας πιστά έθιμα που όλα σχεδόν είχαν αρχαιοελληνικές ρίζες.

Θυμήθηκα ότι μετά το έθιμο της εισόδου της νύφης στο σπίτι του γαμπρού άρχιζε το γαμήλιο γλέντι, το οποίο κορυφωνόταν με το χορό του νονού, της νύφης και του γαμπρού.

Θυμήθηκα ότι, παράλληλα, όλα ήταν έτοιμα για το βλάχικο γαμήλιο τραπέζι (προβατίσιο κρέας με χοντρά μακαρόνια σε σάλτσα μαγειρεμένο σε μεγάλα παραδοσιακά καζάνια) και γλέντι.

Θυμήθηκα ότι αυτό το γαμήλιο γλέντι, η μουσική και οι χοροί δεν είχαν καμιά σχέση με αυτά που άκουγα σήμερα το πρωί από το «κτήμα».

Θυμήθηκα ότι τότε στο γαμήλιο γλέντι και τραπέζι κυριαρχούσαν τα τραγούδια της τάβλας και τα παραδοσιακά τραγούδια και χοροί, όπως ο «τσάμικος», τα «ηπειρώτικα», ο «συρτός», ο «καλαματιανός» και νησιώτικα, ενώ σήμερα νόμιζα ότι βρισκόμουνα σε... σκυλάδικο!

26 ΙΟΥΛΙΟΥ (2)

Στο ξωκλήσι της Αγίας Παρασκευής πριν από 60 και 50 χρόνια με τους αρχαιοελληνικούς συμβολισμούς και αντικείμενα

Σήμερα (26 Ιουλίου 2015) είναι Κυριακή και εορτή της Αγίας Παρασκευής.

Και θυμήθηκα ότι την ημέρα αυτή όλοι οι συγχωριανοί μου πηγαίναμε στη λειτουργία που γινόταν με κατάνυξη στο ξωκλήσι αυτό.

Θυμήθηκα ότι η Αγία Παρασκευή ήταν «η προστάτις» όλων Ελληνοβλάχων, την οποία «ταύτιζαν» με την... Αφροδίτη! Την Αγία Παρασκευή τη λέμε «Βίνερι», από το τη λατινική «Venus» για την Αφροδίτη...

Θυμήθηκα ότι όλα τα παιδιά του χωριού μου πριν από 50 και 60 χρόνια πηγαίναμε στο ομώνυμο γραφικό ξωκλήσι της Αγίας Παρασκευής, όπου τελούνταν κατανυκτική λειτουργία.

Θυμήθηκα ότι τότε, κατά ομάδες, καθόμαστav πάνω σε μεγάλους πελεκημένους βράχους ή μάρμαρα που ήταν σκόρπια στον ευρύχωρο αυλόγυρο του ξωκλησιού.

Θυμήθηκα ότι, μερικές φορές, μετά το τέλος της λειτουργίας πηγαίναμε\, λίγα μέτρα μακρύτερα, στη γειτονική περιοχή «Γκούβες», όπου υπήρχαν τεράστια πιθάρια λαξευμένα σε βράχια και χωμένα στο χώμα με στρογγυλό στόμιο.

Θυμήθηκα ότι ύστερα από πολλές δεκαετίες και συγκεκριμένα το 1998, ως πρόεδρος του πολιτιστικού σωματείου του χωριού μου, της Εταιρείας Φίλων των Μνημείων της Παλαιομάνινας, είχα προσκαλέσει τον τότε προϊστάμενο τη ΣΤ΄ Εφορείας Προϊστορικών και Κλασικών Αρχαιοτήτων (είχε τότε έδρα την Πάτρα) αρχαιολόγο Λάζαρο Κολώνα να επισκεφθεί την περιοχή αυτή.

Θυμήθηκα ότι, περνώντας από την αυλή του ξωκλησιού ο Λάζαρος Κολώνας μού είπε, μόλις είδε σπασμένα μάρμαρα και κολώνες, ότι εδώ υπήρχε αρχαίος ναός!

Και θυμήθηκα ότι πριν από λίγα χρόνια από τότε, ματαίως προσπαθούσαν σκαφτιάδες να διανοίξουν τάφο για να ενταφιασθεί μια άτυχη καλόγρια του χωριού μου. Η αξίνα προσέκρουε σε τεράστιες πέτρες ή μάρμαρα!

Θυμήθηκα ότι όταν επισκέφθηκε και τις περιοχή με τις «Γκούβες» (στα ελληνοβλάχικα η λέξη σημαίνει «τρύπες», «βαθουλώματα») μού είπε ότι είναι αρχαίοι «σιροί», δηλαδή αρχαίοι αποθηκευτικοί χώροι στο χώμα για συντήρηση και διατήρηση των προϊόντων!

31 ΙΟΥΛΙΟΥ (1)

**Ημέρα γιορτής της «αποκριάς» για τη δεκαπενθήμερη
νηστεία της Παναγίας**

Σήμερα, το Ημερολόγιό μου δείχνει 31 Ιουλίου 2015.

Και θυμήθηκα ότι η τελευταία ημέρα του Ιουλίου ήταν ημέρα γιορτής.

Θυμήθηκα ότι την ημέρα αυτή όλο το χωριό ετοιμαζόταν για τη νηστεία, η οποία άρχιζε από την 1η Αυγούστου και τελείωνε στις 14 Αυγούστου, παραμονή της εορτής της Κοιμήσεως της Θεοτόκου.

Θυμήθηκα ότι όλα σχεδόν τα νοικοκυριά του χωριού μου προμηθεύονταν φρέσκα ντόπια κρέατα (μόνο προβατίσιο και γιδίσιο) για μαγείρεμα και έφτιαχναν και έψηναν κοκορέτσια και σπληνάντερα, τα οποία στη συνέχεια συνοδεύονταν με ούζο και καλό ντόπιο κρασί (ποτέ μπύρα!)

Θυμήθηκα ότι από το 1951 έως το 1955 όλα τα καλοκαίρια, μετά το τέλος της σχολικής χρονιάς, πήγαινα για «διακοπές» στο πατρικό κτήμα, που ήταν στην περιοχή «Λεσίνι» και απείχε από το χωριό δύο περίπου ώρες με τα πόδια ή με το άλογο!

Θυμήθηκα ότι στο εύφορο αυτό κτήμα ο αείμνηστος πατέρας μου καλλιεργούσε, σε επιχειρηματική βάση, όλα τα καλοκαιρινά κηπευτικά, όπως ντομάτες, μελιτζάνες, πιπεριές, κολοκύθια, καρπούζια, πεπόνια, βλίτα και άλλα.

Θυμήθηκα ότι εκεί, κατά τους τρεις θερινούς μήνες, μέναμε εγώ και ο πατέρας μου μόνιμα.

Θυμήθηκα ότι είχε κατασκευάσει μια μεγάλη αχυροκαλύβα, όπου υπήρχαν πρόχειρα κρεβάτια και υποτυπώδης .... κουζίνα με τα αναγκαία υλικά για μαγείρεμα (κατσαρόλες, τηγάνια, μικρές ξύλινες σούβλες, αλάτι, πιπέρι), ούζο, κρασί και... λουκούμια!

Θυμήθηκα ότι εκεί τα ζεστά καλοκαιρινά βράδια έρχονταν και κοιμόντουσαν όμοροι κτηματίες, εργάτες που εργάζονταν ήλιο με ήλιο στο απέραντο κρατικό τότε κτήμα του Λεσινίου κυρίως από τα γύρω χωριά και τη... Λευκάδα και εύρισκαν λίγο φαγητό, ούζο με μεζέ (νόστιμη ντομάτα με χοντρό αλάτι, λάδι και ρίγανη, πικάντικες ελιές, σαρδέλες, χέλι ψητό κλπ) και όλα τα φρούτα (πεπόνια, καρπούζια) εντελώς δωρεάν από τον πατέρα μου!

Θυμήθηκα και την ευρύχωρη, υψηλή κρεβατίνα με στρώμα από κλαριά και άχυρο και τη γερή ψηλή σκάλα για να ανεβαίνουμε το βράδυ, όταν πηγαίναμε με τον πατέρα μου για ύπνο και να κατεβαίνουμε το πρωί μετά το γλυκό από το κελάδημα των πουλιών ξύπνημα.

31 ΙΟΥΛΙΟΥ (2)

Στο πατρικό κτήμα με λαγό στιφάδο, πέρδικες και αγριοκοκόρια το 1955

Σήμερα είδα το Ημερολόγιό μου να δείχνει 31 Ιουλίου 2015.

Και θυμήθηκα ότι την ημέρα αυτή, το πρωί, ήρθε στο «τσαρδάκι» μας (αχυροκαλύβα), στο πατρικό κτήμα, που ανέφερα πιο πάνω, όπως σχεδόν κάθε βράδυ, ο αρχιφύλακας του κτήματος του Λεσινίου στην περιοχή αυτή, ο κ. Ανδρέας (πρώην χωροφύλακας), ο οποίος, ως δεινός κυνηγός, έφερε στον πατέρα μου ένα λαγό, τέσσερις πέρδικες και πέντε αγριοκοκόρια για το βραδινό «αποκριάτικο», όπως είπε, τραπέζι.

Θυμήθηκα ότι κάτω από το φως του λυχναριού και του φεγγαριού όλοι, όμοροι γείτονες, ηλιοκαμένοι εργάτες, κάθονταν στο χώμα σταυροπόδι και απολάμβαναν το λαγό στιφάδο και τα κοψίδια από τις σουβλισμένες πέρδικες και τα αγριοκοκόρια, που ανέδυαν μιαν απίστευτη κνίσα από τη φωτιά με τα ξερά ξύλα.

Θυμήθηκα ότι, ελλείψει μουσικής, πολλοί από την παρέα το έριξαν στα τραγούδια της τάβλας, ενώ μερικοί και στο... χορό....

Θυμήθηκα ότι όλοι, με τις πρώτες πρωινές ηλιαχτίδες, σηκώθηκαν, ήπιαν ένα πρόχειρο καφέ στο υποτυπώδες «καφενείο» του πατέρα μου στην αχυροκαλύβα (πάντα δωρεάν) και χαρούμενα πήγαν ο καθένας για το μεροκάματο.

Θυμήθηκα ότι, όταν το βράδυ ξαναήρθαν μερικοί για να κοιμηθούν εκεί στην αχυροκαλύβα στρωματσάδα, όλο έλεγαν και ξανάλεγαν για το χθεσινοβραδινό αξέχαστο «αποκριάτικο» γλέντι...

31 ΙΟΥΛΙΟΥ (3)

Τρίζουν σήμερα τα «κόκαλα» του «συνωμότη» – ιδρυτή της Φιλικής Εταιρείας Νικολάου Σκουφά

Σήμερα, το Ημερολόγιό μου δείχνει 31 Ιουλίου 2015.

Και θυμήθηκα ότι στις 31 Ιουλίου 1818 πέθανε στην Κωνσταντινού-πολη ο εκ των ιδρυτών και ο ουσιαστικός αρχηγός της Φιλικής Εταιρείας Νικόλαος Σκουφάς, ο οποίος, μαζί με τον Αθανάσιο Τσακάλωφ, συνέλα-βε την ιδέα της ίδρυσης της Φιλικής Εταιρείας και αργότερα εμύησαν και τους Ξάνθο και Αναγνωστόπουλο.

Θυμήθηκα ότι γεννήθηκε στο Κομπότι της Άρτας το 1779. Εκεί έμα-θε και τα πρώτα γράμματα. Μπήκε στη βιοπάλη από μικρός. Κατάφερε να ανοίξει ένα μικρό μαγαζί στην Άρτα και κατασκεύαζε σκούφους. Από αυτή του την τέχνη απέκτησε και το προσωνύμιο Σκουφάς. Επειδή δεν άντεχε την καταπίεση του Αλή πασά, έκλεισε το μαγαζί και ξενιτεύτηκε στην Οδησσό, όπου συνήθως εργαζόταν ως υπάλληλος σε εμπορικά κα-ταστήματα.

Θυμήθηκα όμως ότι το όνειρό του ήταν η απελευθέρωση της Ελλάδας από τον τουρκικό ζυγό. Όλη του την ενεργητικότητα τη διοχέτευσε σε αυ-τόν τον σκοπό. Έτσι, Το 1814 ίδρυσε στην Οδησσό μαζί με τον Αθανάσιο Τσακάλωφ και τον Εμμανουήλ Ξάνθο, τη Φιλική Εταιρεία. Το φθινόπωρο του 1817 η Εταιρεία σημείωσε τις πρώτες της επιτυχίες με τη μύηση των καπεταναίων Αναγνωσταρά, Χρυσοσπάθη κ.α. Τον Απρίλιο του 1818 τόλ-μησε και μετέφερε την έδρα της Εταιρείας στην «καρδιά του εχθρού», στην Κωνσταντινούπολη, προκειμένου να μυήσει σημαντικούς Φαναριώτες και να έχει άμεση επαφή με τη σκλαβωμένη πατρίδα. Ο Σκουφάς ήταν ακα-ταπόνητος. Παρά τις απογοητεύσεις, ακόμη και από στενούς συνεργάτες, εργαζόταν νυχθημερόν. Όμως, η υγεία του κλονίστηκε και σύντομα υπέ-στη την πρώτη καρδιακή προσβολή. Η κατάσταση της υγείας του όμως χειροτέρεψε. Στις 31 Ιουλίου 1818 πέθανε, συνέπεια της αδύναμης καρδιάς του. Ήταν περιτριγυρισμένος από στενούς του συνεργάτες.

Θυμήθηκα σήμερα όλα αυτά, διότι στη χώρα μας μερικοί, ήδη πριν από δεκαετίες, με μέτρα και παραλείψεις, με κρυφά επονείδιστα σχέδια και κομματικούς ή πολιτικούς παραλογισμούς, προσπαθούν να την αλώ-σουν...

1 ΑΥΓΟΥΣΤΟΥ

Από σήμερα και για 12 ημέρες έχουμε τα «Μερομήνια», την πανάρχαια μέθοδο πρόβλεψης για τον καιρό

Σήμερα, το Ημερολόγιό μου δείχνει 1η Αυγούστου 2015.

Και θυμήθηκα τα «Μερομήνια», που μού έλεγε ο πατέρας μου σε όλες τις πρώτες 12 ημέρες του Αυγούστου ως πρόβλεψη για τον καιρό.

Θυμήθηκα ότι μια ξωμάχικη, ελληνική, παράδοση αιώνων, με έντονα λαογραφικά στοιχεία. Είναι μια πανάρχαια μέθοδος πρόβλεψης του καιρού για όλο το χρόνο.

Θυμήθηκα ότι η λέξη, με την έντονη λαογραφική χροιά και παράδοση, παράγεται από την ελληνική λέξη «ημερομήνια» ή «μερομήνια». Τότε, σε παλαιότερες εποχές, που δεν υπήρχαν ειδικοί μετεωρολόγοι για να κάνουν προβλέψεις για τον καιρό, οι Έλληνες ποιμένες είχαν τα «μερομήνια».

Θυμήθηκα ότι με τη μέθοδο αυτή οι παλιοί παρατηρούσαν τον καιρό του Αυγούστου για 12 μέρες, από τις οποίες κάθε μία αντιπροσωπεύει τον καιρό τον επόμενων μηνών. Συγκεκριμένα, από την πρώτη ημέρα του Αυγούστου έως και τις 12 Αυγούστου, μερικοί «ειδικοί» ποιμένες παρατηρούσαν τα μετεωρολογικά φαινόμενα κάθε μέρας και πρόβλεπαν τον καιρό που θα επικρατούσε στη συνέχεια στους... αντίστοιχους μήνες.

Έτσι, αν στην πρώτη ημέρα του Αυγούστου, η οποία αντιστοιχεί στον Αύγουστο, παρατηρούνται συννεφιές, βροχές, αέρηδες κλπ, οι «οιωνοσκόποι» με τα «μερομήνια», έλεγαν ότι ο Αύγουστος θα είναι βροχερός, θα έχει αέρηδες, ξηρασία, ζέστη ή κρύο κλπ. Τις ίδιες προβλέψεις έκαναν και για τους άλλους μήνες με βάση τα μετεωρολογικά φαινόμενα των επόμενων ημερών έως και τις 12 Αυγούστου.

Θυμήθηκα ότι ο αείμνηστος πατέρας μου έλεγε, με βάση αυτά που τού έλεγε ο ξωμάχος, σκηνίτης, παππούς μου, ότι οι προβλέψεις ήταν πάντοτε επιτυχείς, γεγονός που έκαναν τους τότε βοσκούς να προετοιμάζονται για την αντιμετώπιση «ακραίων» φαινομένων...

Θυμήθηκα, πάντως, ότι λόγω της αρχαιότητας της μεθόδου, πιο επιτυχής είναι όταν αρχίζει από τις 14 Αυγούστου (παλιό Ημερολόγιο), διότι τον Αύγουστο εμφανίζεται ο αστερισμός του «Κυνός», γνωστός ως «Σείριος», ο οποίος εθεωρείτο πρόσφορος για μαντικές παρατηρήσεις.

5 ΑΥΓΟΥΣΤΟΥ (1)

Αγωνία και χαρά για να πάμε στο πανηγύρι του Αγγελοκάστρου

Σήμερα, το Ημερολόγιό μου δείχνει 5 Αυγούστου 2015.

Και θυμήθηκα, παραμονή της εορτή της Μεταμόρφωσης του Σωτήρος στις 6 Αυγούστου, με νοσταλγία, δέος και ιερότητα τη μεγάλη επιθυμία όλων των συμμαθητών μου και, φυσικά, των συγχωριανών μου, να πάμε στο πανηγύρι του Αγγελοκάστρου, να πάμε στο επιβλητικό, πάνω στο λόφο, Μοναστήρι του Παντοκράτορος, του Σωτήρος, στο γειτονικό χωριό Αγγελόκαστρο στη δεκαετία του 1950 και τις αρχές της δεκαετίας του 1960.

Θυμήθηκα ότι η επιθυμία μας αυτή ήταν δικαιολογημένη. Πρώτα – πρώτα, την παραμονή και ανήμερα της γιορτής αυτής «άδειαζε» σχεδόν το χωριό από κατοίκους και ιδιαίτερα από γυναίκες, οι οποίες έσπευδαν να πάνε στο Μοναστήρι, να ανάψουν ένα κερί, να κοιμηθούν το βράδυ της παραμονής «στρωματσάδα» στην αυλή του Μοναστηριού, υπό τον ήχο της λειτουργίας, και να ασπασθούν τη θαυματουργή εικόνα του Σωτήρος.

Θυμήθηκα τον κακοτράχαλο τότε δρομίσκο που οδηγούσε από το χωριό στο Μοναστήρι για να γίνει το θαύμα.

Θυμήθηκα ότι μάς έλεγαν τότε οι γονείς μας για πολλά θαύματα.

Θυμήθηκα ότι αυτός ήταν ο ένας λόγος. Υπήρχαν όμως κι άλλοι, όπως ότι η επίσκεψη στο Μοναστήρι του Αγγελοκάστρου ήταν μια απόδραση και ψυχαγωγία, αφού ήταν η πρώτη και μοναδική μεγάλη εκδρομή ή απομάκρυνση το χωριό μας, ή ότι θα τρώγαμε «πίτα ντι νιέρι» (μικρά κομμάτια μπακλαβά!), ή ότι θα αγοράζαμε κανένα (φθηνό, φυσικά) παιχνιδάκι, όπως σφυρίχτρες, μικρές λαστιχένιες μπάλες κλπ, ή ότι θα περνούσαμε ένα βράδυ (την παραμονή) μέσα σε μια πρωτόγνωρη ατμόσφαιρα έξω από το Μοναστήρι, όπου οι πλανόδιοι έμποροι είχαν στήσει τους πάγκους και φώτιζαν την πραμάτεια τους με λάμπες από γκαζολίνι ή άλλα φωτιστικά της εποχής.

Θυμήθηκα ότι κατεβαίναμε και στα κεντρικά σημεία του χωριού και απολαμβάναμε το κρύο νερό που έτρεχε συνεχώς και ορμητικά από τις βρύσες και το ήχο τους που διαπερνούσε τη φεγγαρόλουστη αυγουστιάτικη βραδιά!

5 ΑΥΓΟΥΣΤΟΥ (2)

Πρώτη έξοδός μας μακριά από χωριό για ψυχαγωγία

Σήμερα, το Ημερολόγιό μου δείχνει ξανά 5 Αυγούστου 2015.

Και θυμήθηκα ότι λίγες μέρες πριν από τη μετάβασή μας στο Μοναστήρι του Αγγελοκάστρου αποσπούσαμε την υπόσχεση των γονέων μας ότι όχι μόνο θα μάς άφηναν να πάμε από την παραμονή στο Αγγελόκαστρο, αλλά και ότι θα μάς έδιναν τουλάχιστο και δύο δραχμές για να αγοράσουμε κυρίως γλυκά και κάποιο δωράκι για τους γονείς μας ή τα αδέρφια μας!

Θυμήθηκα ότι για να εξασφαλισθεί η υπόσχεση αυτή των γονέων μας για μετάβαση στο Αγγελόκαστρο, τους διαβεβαιώναμε ότι «θα είμαστε καλά παιδιά», θα βοηθούσαμε στο μάζεμα και το αρμάθιασμα των καπνών, θα φροντίζαμε τα άλογα και τα γαϊδούρια (νερό, τροφές κλπ) και ότι, γενικά, θα κάναμε με προθυμία όλες τις δουλειές που μάς έλεγαν οι γονείς μας.

Θυμήθηκα ότι, μετά την εξασφάλιση της υπόσχεσης αυτής και, φυσικά, του δίδραχμου, όλα τα παιδιά, ανά γειτονιές, ετοιμάζονταν για τη μεγάλη... φυγή. Θυμήθηκα μάλιστα ότι την παραμονή της εορτής πηγαίναμε στα χωράφια και μαζεύαμε καπνά, τα οποία, στη συνέχεια, τα ρίχναμε στις σκιερές αυλές μας για αρμάθιασμα. Κι ήταν τόσο μεγάλη η... γρηγοράδα στο αρμάθιασμα, ώστε γύρω στο μεσημέρι οι σωροί από τα καπνόφυλλα είχαν... εξαφανισθεί, ενώ τις προηγούμενες ημέρες η διαδικασία αυτή κρατούσε σχεδόν μέχρι τη δύση του ηλίου! Η γρηγοράδα αυτή στο αρμάθιασμα οφειλόταν στη μεγάλη μας χαρά να είμαστε έτοιμοι το απόγευμα για να πάμε στο Αγγελόκαστρο!

Θυμήθηκα ότι η διαδικασία του πηγαιμού προς το Αγγελόκαστρο άρχιζε αμέσως μετά το αρμάθιασμα των καπνόφυλλων και την τοποθέτησή τους στις λιάστρες (για αποξήρανση). Ήταν μάλιστα και συναρπαστική. Η μάνα μας είχε ζεστάνει το νερό, το είχε ρίξει στον τσίγκινο νιπτήρα και είχε φέρει και την τσίγκινη συνήθως (εξέλιξη της ξύλινης!) σκάφης στην οποία έπλεναν τα ρούχα! Μετά το επεισοδιακό αυτό «λουτρό», η μάνα μας έφερνε τα καθαρά (και σιδερωμένα) καλά μας ρούχα και καλά παπούτσια κι όλα ήταν έτοιμα για την εκδρομή στο Αγγελόκαστρο.

Θυμήθηκα ότι η διαδρομή από την Παλαιομάνινα στο Αγγελόκαστρο ήταν περίπου δύο ωρών με τα πόδια και με πολλά εφιαλτικά εμπόδια. Κατ᾽αρχάς, έπρεπε, παιδιά 10 μέχρι 15 ετών, να περάσουμε τον ορμητικό Αχελώο με τα πόδια. Υπήρχε και βάρκα, αλλά, τότε, την περίοδο του καλοκαιριού, σε ορισμένα σημεία – διαβάσεις ο Αχελώος ποταμός ήταν ρηχός, αλλά οι κίνδυνοι να πέσει κανείς σε καμιά «ρουφήχτρα» ήταν πάντα ορατοί. Ευτυχώς που όλοι τότε φορούσαμε... κοντά παντελόνια και, συνεπώς, δεν διατρέχαμε τον κίνδυνο να βρέξουμε τα... καλά μας ρούχα!

6 ΑΥΓΟΥΣΤΟΥ

Γευστικά ψάρια στο φούρνο από την ξαδέρφη μου Ελένη στο Αγγελόκαστρο

Σήμερα, το Ημερολόγιό μου δείχνει 6 Αυγούστου 2015.

Και θυμήθηκα ότι ύστερα από πεζοπορία μέσα από δύσβατα, άγρια και έρημα μονοπάτια και μέσα από εκατοντάδες πρόβατα που τα φύλαγαν άγρια τσοπανόσκυλα, είχαμε φτάσει από το βράδυ της παραμονής, 5 Αυγούστου, στο Μοναστήρι του Παντοκράτορος στο Αγγελόκαστρο. Ευτυχώς, που τα αφεντικά τους, βλέποντάς μας από μακριά, μάζευαν, με ένα σφύριγμα, τα τσοπανόσκυλα κοντά τους, κι έτσι περνούσαμε (όχι, βέβαια, χωρίς φόβο!) και το εμπόδιο αυτό.

Θυμήθηκα ότι όλα τα παιδιά συγκεντρωνόμασταν έξω από το Μοναστήρι, όπου κατέφθαναν κατά πυκνές ομάδες και άλλοι μεγαλύτεροι σε ηλικία συγχωριανοί μας. Βλέποντάς τους, πραγματικά, νιώθαμε ανακούφιση, διότι, είπαμε: για πρώτη φορά απομακρυνόμασταν από το χωριό μας, από το σπίτι μας, από τους γονείς μας, από τα αδέρφια, από τους συγχωριανούς μας και πηγαίναμε στην... ξενιτιά!

Θυμήθηκα ότι είχα κι έναν επιπρόσθετο λόγο να περιμένω με αγωνία να πάω στο Αγγελόκαστρο την ημέρα αυτή. Εκεί έμενε μόνιμα η θεία μου (αδερφή του πατέρα μου) Κατερίνα μαζί με τα πέντε παιδιά της (πρώτα ξαδέρφια μου). Οπότε δεν είχα πρόβλημα στέγης και φαγητού. Μάλιστα, θυμάμαι ότι η ξαδέρφη μου η Ελένη μαγείρευε και ωραία φρέσκα ψάρια (όσοι νηστεύουν για το δεκαπενταύγουστο μπορούν να τρώνε ψάρια στις 6 Αυγούστου) πλακί στο φούρνο, τα οποία τα απολαμβάναμε και με άλλους επισκέπτες συγγενείς από τα γύρω χωριά.

Θυμήθηκα ότι η επιστροφή το απόγευμα (ανήμερα) δεν είχε βέβαια το χαρούμενο χρώμα του πηγαιμού, αλλά νιώθαμε ικανοποιημένοι που πήγαμε σε ένα Μοναστήρι, σε ένα πανηγύρι, ψωνίσαμε γλυκά και παιχνίδια. Και με τις ωραίες αυτές εικόνες άρχιζε την επομένη η γνωστή διαδικασία: μάζεμα και αρμάθιασμα καπνόφυλλων, φροντίδα των ζώων και, μετά τις 15 Αυγούστου, συλλογή του βελανιδόκαρπου...

8 ΑΥΓΟΥΣΤΟΥ

Αναβιώνει στην Κρήτη η καλλιέργεια του μινωικού λιναριού

Σήμερα (8 Αυγούστου 2015) διάβασα ότι στην Κρήτη αναβιώνει η αρχέγονη καλλιέργεια του λιναριού, του πιο ανθεκτικού νήματος στη Γη. Το κόστος παραγωγής είναι χαμηλό, ενώ η απόδοση ανά στρέμμα μπορεί να φτάσει έως και τα 300 ευρώ. Εφόσον στο έδαφος υπάρχει αρκετή υγρασία, η καλλιέργεια δεν απαιτεί καν άρδευση.

Και θυμήθηκα όσα είχα διαβάσει στο παρελθόν για το λινάρι στα βιβλία του καθηγητή του Ελληνικού Πολιτισμού και της Ελληνικής Γλώσσας στο Universite II του Clermont Ferrant Πωλ Φωρ (γεννήθηκε στο Παρίσι το 1916) «Η καθημερινή ζωή στη Μυκηναϊκή Εποχή» (Εκδόσεις Παπαδήμα) και «Η καθημερινή ζωή στην Κρήτη τη Μινωική Εποχή» (Εκδόσεις Παπαδήμα).

Θυμήθηκα και σάς μεταφέρω από το δεύτερο βιβλίο του Πωλ Φωρ (σελίδα 155) ένα απόσπασμα από όσα αναφέρει για το λινάρι: «Στην Κρήτη έσπερναν και ελαιώδεις σπόρους: όπως του γαρύφαλλου ή της καλλιεργημένης παπαρούνας, του σησαμιού, του λίνου, του ρετσινόλαδου. Τα περισσότερα ονόματα των φυτών αυτών είναι μεσογειακά και προελληνικά. Δεν καλλιεργούσαν τα φυτά αυτά μόνο για τη διατροφή τους ή για φαρμακευτική ή ακόμη για θρησκευτική χρήση. Το λινάρι, για παράδειγμα, που αναφέρεται στις μυκηναϊκές πινακίδες, όσο και το σουσάμι, φυτρώνει στην Κρήτη άγριο, αλλά και καλλιεργημένο, όπως και στην Αίγυπτο, στη Μικρά Ασία και σε ολόκληρη την παλαιά νεολιθική Ευρώπη, εκεί όπου η υγρασία του εδάφους επιτρέπει το νότισμα. Τα όμορφα λευκά φορέματα που φορούσαν οι ιέρειες, οι ωραίες ατσάκιστες μπροστέλλες των κρητικών αξιωματούχων, δεν ήταν από μαλλί, αλλά από λινό... Από τις ίνες του έφτιαχναν ελαφρά υφάσματα, από το σπόρο του έβγαζαν ένα λάδι που μαλάκωνε τις ίνες, άλειφαν τις πίτες και κατασκεύαζαν φάρμακα για τον βήχα, τη δυσκοιλιότητα και άλλες ίσως αρρώστιες....»

Θυμήθηκα ότι, σύμφωνα με τον Πωλ Φωρ, το λινάρι καλλιεργούνταν από την περιοχή των Μινωιτών αδιάκοπα στην Κρήτη και αναφέρεται μέχρι και στα λογιστικά βιβλία της Γραμμικής Β΄.

Θυμήθηκα ότι ο Πωλ Φωρ στο βιβλίο του «Η καθημερινή ζωή στη

Μυκηναϊκή Εποχή» αφιερώνει ολόκληρο κεφάλαιο υπό τον τίτλο «το λινάρι και η επεξεργασία του».

Θυμήθηκα που αναφέρει, μεταξύ πολλών σημαντικών, ότι οι αρχαιολόγοι μάζεψαν κατά τις ανασκαφές της διάσημης από τους άθλους του Ηρακλή Λέρνης διακόσια σπυριά του Linum Usitatissimum, της ποικιλίας του λιναριού.

Θυμήθηκα ότι οι κλώστριες του λιναριού αναφέρονται ως rineya.

Θυμήθηκα την εικόνα των πενήντα υπηρετριών του Αλκίνοου που παρουσιάζει η Οδύσσεια (Η, στίχοι 104–107): «Άλλες τους στο χερόμυλο ξανθό στάρι αλέθουν, άλλες τους φαίνουνε πανί και κλώθουν καθισμένες, το φύλλο λεύκας άψηλης σαλεύοντας. Και τόσο κρουστάφαντα είναι τα λινά που τρέχει υγρό το λάδι».

13 ΑΥΓΟΥΣΤΟΥ

Με δέος κοίταζα το «άγνωστο» κουρδιστό ξυπνητήρι το 1953

Σήμερα, το Ημερολόγιό μου δείχνει 13 Αυγούστου 2015.

Και θυμήθηκα ότι την ημέρα αυτή, πριν από 62 χρόνια, ένιωσα μια μεγάλη χαρά ως παιδί.

Θυμήθηκα ότι την ημέρα αυτή ήρθαν στο χωριό μου πλανόδιοι εμποράκοι, γυρολόγοι, για να πουλήσουν τα... άγνωστα έως τότε σε μένα και τα παιδιά της ηλικίας μου κουρδιστά ρολόγια –ξυπνητήρια, τα οποία είχε εισαγάγει στη χώρα μας ο τότε υπουργός Συντονισμού Σπύρος Μαρκεζίνης.

Θυμήθηκα ότι όλοι σχεδόν οι γονείς της γειτονιάς είχαν αγοράσει τέτοια κουρδιστά ξυπνητήρια –ρολόγια και όλα σχεδόν τα γειτονόπουλα έπαιζαν με δέος με αυτά.

Θυμήθηκα ότι αμέσως πήγα στο σπίτι μου και ζήτησα επίμονα από τους γονείς μου να αγοράσουμε κι εμείς ένα τέτοιο κουρδιστό ξυπνητήρι–ρολόι.

Θυμήθηκα ότι οι γονείς μου μού είπαν στην αρχή ότι δεν χρειαζόμαστε ρολόι, αφού με διάφορες μεθόδους της εποχής (ίσκιος δέντρων ή παλουκιών) εντόπιζαν περίπου τις συγκεκριμένες ώρες της ημέρας.

Θυμήθηκα όμως ότι αυτό ήταν απλώς πρόφαση για να μη με«τραυμα-τίσουν» ψυχικά, αφού, όπως πληροφορήθηκα πολύ αργότερα, οι λόγοι της άρνησής τους να αγοράσουμε το ρολόι ήταν καθαρά οικονομικοί. Δηλαδή, δεν είχαμε τότε λεφτά, σε αντίθεση με τις αποθήκες και τα δωμάτια του σπιτιού μου που ήταν γεμάτα από στάρι, κριθάρι, κουκιά, ρεβίθια, αμύγδα-λα κλπ.

Θυμήθηκα ότι, επειδή με είδαν στενοχωρημένο και «απελπισμένο», ο πατέρας μου πήγε στην αποθήκη και έβαλε σε ένα μεγάλο κουβά στάρι και πήγε στον μπακάλη, τον αείμνηστο μπάρμπα-Γεράση (Γεράσιμο), να το πουλήσει και να εξασφαλίσει το αναγκαίο ζεστό χρήμα.

Θυμήθηκα ότι, ενώ ήμουνα στενοχωρημένος και απελπισμένος, ξαφ-νικά είδα τον αείμνηστο πατέρα μου να κρατά ένα κουρδιστό ξυπνητήρι-ρολόι, που με μεγάλη χαρά μού το πρόσφερε.

Θυμήθηκα ότι δεν κοιμήθηκα από χαρά όλο το βράδυ και ότι, για να μη μού πάθει τίποτε το ρολόι, βρήκα ένα ξύλινο κουτί, όπου έβαζε ο πα-τέρας μου μικρά αντικείμενα (τσακμάκια, φυτίλια, καπνοσακούλες κλπ).

Θυμήθηκα ότι έβγαλα όλα αυτά τα μικροαντικείμενα από το κουτί, έβαλα μέσα το ρολόι μου και το τοποθέτησα το κουτί ψηλά στο ράφι του τζακιού για να το κοιτάζω συνεχώς και να ακούω το γνωστό πρωτόγνωρο ήχο τικ-τακ, τικ-τακ...

14 ΑΥΓΟΥΣΤΟΥ

Τελευταία, συνήθως, ημέρα για καπνομάζεμα

Σήμερα, το Ημερολόγιό μου δείχνει 31 Αυγούστου 2015.

Και θυμήθηκα ότι την ημέρα αυτή ήμουνα διπλά χαρούμενος.

Θυμήθηκα, για παράδειγμα, ότι η 14η Αυγούστου ήταν πριν από 50 ή 60 χρόνια η τελευταία ημέρα για καπνομάζεμα στο χωριό μου, αφού ήδη σε όλα σχεδόν τα καπνοχώραφα είχανε μείνει μόνο οι καπνοκορφάδες με τα όμορφα καπνολούλουδα. Όλα αυτά σήμαιναν το τέλος της κουραστι-κής συλλογής των καπνόφυλλων.

Θυμήθηκα, ακόμη, ότι η 14η Αυγούστου, ως παραμονή της μεγάλης εορτής της χριστιανοσύνης, της Κοιμήσεως της Θεοτόκου, γέμιζε όλους μας με χαρά, αφού την επόμενη ημέρα, στις 15 Αυγούστου, θα τελείωνε η νηστεία (από την 1 έως τις 14 Αυγούστου) και θα απολαμβάναμε το πλούσιο γιορτινό τραπέζι με όλα τα εντυπωσιακά έθιμα.

Θυμήθηκα ότι όλοι, μικροί και μεγάλοι, στο χωριό μου τότε, πριν από 60, 50 και 40 χρόνια σηκωνόμασταν πολύ πρωί (στη μία ή στις δύο το πρωί), βάζαμε τα σαμάρια στα άλογα, τα μουλάρια και τα γαϊδούρια, φορτώναμε δεξιά και αριστερά του σαμαριού το μεγάλα (αδειανά) κοφίνια (καλάθια) και νυσταγμένοι σχεδόν πηγαίναμε με τα πόδια στα μακρινά χωράφια για να μαζεύουμε τα κατάλληλα (κίτρινα) καπνόφυλλα.

Θυμήθηκα ένα εκπληκτικό για τις εικόνες του ποίημα που μού έστειλε στις 2 Ιουνίου 2011 ο φίλος μου συγχωριανός και ποιητής Χρήστος Σπ. Ζώγας υπό τον τίτλο «Καπνομάζεμα». Το παραθέτω:

Απ’ τ’άγρια χαράματα,
με την πούλια οδηγό
και ταχύ το βάδισμα,
για του καπνού το μάζεμα
ξυπνούσαν στο χωριό.
Πριν βγει ο ήλιος και ζεστάνει
το καπνόφυλλο γιατί,
τη φρεσκάδα όταν χάνει,
μαραμένο το κοτσάνι,
δύσκολο ήταν να κοπεί.
Πριν απ’ τα χαράματα
με το φως του φεγγαριού,
σαν μηχανή τα δάχτυλα
κόβανε στο μάζεμα
τα φύλλα του καπνού.
Κι έβγαινε ήχος ρυθμικός
στη σιγαλιά της νύχτας,
μαζί ακούγονταν κι αυτός
του γρύλλου ο ερωτικός,
του τριζονιού, κατά της νύστας.
Άντε να βελονιαστεί
συνήθως ένα ένα,
καλά ν’αρμαθιαστεί,
με μόχθο κοντολογίς πολύ,
έφθανες στο τέρμα.
Καταμεσής, την άνοιξη
κι όλο το καλοκαίρι,
η έγνοια κει αδιάκοπη,

με το άγχος η εξέλιξη,
στο τέλος τι θα φέρει.
Που θα'ρχόταν ο μεσίτης
να κοιτάξ'να εκτιμήσει,
ο μεσάζων ο αγύρτης,
τη σοδειά αν θα πουλήσεις,
με τιμή, που κείνος θα ορίσει.

15 ΑΥΓΟΥΣΤΟΥ

Τα εντυπωσιακά έθιμα κατά την εορτή της Κοιμήσεως της Θεοτόκου

Σήμερα (15 Αυγούστου 2015) είναι εορτή της Κοιμήσεως της Θεοτόκου, από τις μεγαλύτερες της χριστιανοσύνης και της Ελλάδος, γι' αυτό και σε πολλές περιοχές της χώρας μας αποκαλείται και ως «Πάσχα του Καλοκαιριού».

Και θυμήθηκα την ιερότητα, τη θρησκευτικότητα, τα έθιμα και την ιδιαιτερότητα στη διαδικασία με την οποία περίμεναν τη μεγάλη αυτή γιορτή οι γονείς μου, οι κάτοικοι του χωριού μου, της Παλαιομάνινας Αιτωλοακαρνανίας.

Θυμήθηκα ότι η διαδικασία για τις γιορτές του Δεκαπενταύγουστου άρχιζε από την 1η Αυγούστου, δηλαδή με την έναρξη της νηστείας που τηρούσαν όλοι σχεδόν οι κάτοικοι, ακόμα και τα παιδιά!

Θυμήθηκα ότι όσο πλησίαζε η 15η Αυγούστου ή καλύτερα η παραμονή της γιορτής τόσο εντεινόταν η χαρά και η προσμονή και κορυφώνονταν οι προετοιμασίες τόσο από τις νοικοκυρές (καθαριότητα, ασβέστωμα τοίχων, αγορά ενός καλύτερου καλοκαιρινού φορέματος για να πάνε κυρίως οι νέες στην εκκλησία κλπ) όσο και από τους άνδρες (παραγγελιά στους... υπαίθριους τότε κρεοπώλες για την ποσότητα και το είδος του κρέατος, κυρίως προβατίσιου, αγορά καρπουζιών, πεπονιών, ντομάτας, φέτας κλπ).

Θυμήθηκα ότι η παραμονή της γιορτής της Παναγίας (κυρίως μετά το μεσημέρι) έμοιαζε με... Πάσχα. Όλοι οι κρεοπώλες του χωριού κρεμούσαν από αυτοσχέδια ξύλινα (χονδροί κορμοί δέντρων!) ικριώματα (σχήματος Π) με τα τσιγκέλια τα σφαχτά και πουλούσαν συνεχώς στους πελάτες τους, σύμφωνα με τον κατάλογο παραγγελιών που είχαν καταρτίσει. Στο μεταξύ, όλοι σχεδόν οι κεντρικοί δρόμοι του χωριού, όπου υπήρχαν τα υποτυπώδη... υπαίθρια κρεοπωλεία είχαν μετατραπεί σε υπαίθριες... ψησταριές, όπου ψήνονταν συνεχώς νοστιμότατα κοκορέτσια και σπληνάντερα...

Θυμήθηκα ότι ανήμερα ή από το βράδυ της παραμονής, οι νοικοκυρές ολοκλήρωναν τη διαδικασία για την παρασκευή της νοστιμότατης «τούρτας». Είναι ένα είδος ψωμιού που ζύμωναν οι γυναίκες με ιδιαίτερη επιμέλεια και ξεχωριστή διαδικασία. Κι αυτό όχι μόνο διότι ήταν ο «Άρτος της Παναγιάς», αλλά και διότι μετά τη θεία λειτουργία διανεμόταν από σπίτι σε σπίτι και, συνεπώς, έπρεπε να καταδείξει η κάθε νοικοκυρά ότι είναι επιδέξια!

Θυμήθηκα ότι μετά τη θεία λειτουργία, οι γυναίκες γέμιζαν τα ωραία (πολύχρωμα) πιάτα με κομμάτια από την «τούρτα» και με κομμάτια από καρπούζι, πεπόνι και γευστική φέτα, τα σκέπαζαν με μια καθαρή (πολύχρωμη ή με τετραγωνάκια) πετσέτα και πήγαιναν σε όλα τα γειτονικά σπίτια και σε συγγενείς και τα πρόσφεραν (για τις ψυχές των νεκρών) ευχόμενες πάντα «Χρόνια Πολλά».

16 ΑΥΓΟΥΣΤΟΥ

Από σήμερα άρχιζε η «Μάχη του Βελανιδιού» στο βελανιδάσος της Μάνινας

Σήμερα, το Ημερολόγιό μου δείχνει 16 Αυγούστου 2015.

Και θυμήθηκα ότι από την ημέρα αυτή άρχιζε η «Μάχη του Βελανιδιού» στην περιοχή του χωριού μου, της Παλαιομάνινας Αιτωλοακαρνανίας (Ξηρόμερο) και, φυσικά, σε τη περιοχή της Μάνινας Ξηρομέρου...

Θυμήθηκα τη μεγάλη έρευνα του συγχωριανού μου, φίλου και πολύτιμου συνεργάτη μου στην προώθηση πολιτιστικών πρωτοβουλιών στο χωριό μας, του Κώστα Γ. Κουτσουμπίνα, το οποίο δημοσιεύθηκε στο φύλλο 4 (Ιούλιος–Αύγουστος– Σεπτέμβριος του 2010) της εφημερίδας «Παλαιομάνινα» (σελίδες 4–5), υπό τον τίτλο «Όταν αχολογούσαν στο βελανιδοδάσος της Παλαιομάνινας τα «λούρα» για το τίναγμα του βελανιδιού». Παραθέτω από την έρευνα αυτή μερικά χαρακτηριστικά αποσπάσματα:

- Κάθε χρόνο, μια εκλεγμένη επιτροπή από συγχωριανούς μας επιφορτιζόταν με τη διανομή και κατανομή, σε τεμάχια ή «ουρδίουρι» (από το αρχαιοελληνικό ρήμα «ορίζω») του βελονιδοδάσους του χωριού ανά οικογένεια. Ανάλογα με τον αριθμό των μελών της οικογένειας καταχώριζαν και τον αριθμό των δέντρων (βελανιδιές) που δικαιούνταν.

– Η περίοδος της συλλογής άρχιζε κάθε χρόνο στις 16 Αυγούστου, δηλαδή τότε που άφηναν ελεύθερο τα δάσος για τη συλλογή του ώριμου βελανιδόκαρπου. Πριν από τις 16 Αυγούστου δεν μπορούσε κανένας να τινάζει τις βελανιδιές. Άλλωστε, το δάσος φύλαγαν τότε οι αγροφύλακες.

– Με τα λούρα (μεγάλες σκληρές βέργες για το τίναγμα του βελανιδόκαρπου) στον ώμο τους και καβάλα στα αλογομούλαρα ξεκινούσαν από το χωριό χαράματα για να πάνε ο καθένας στην ουρδία του (τεμάχιο). Ξημέρωναν κάτω από τις βελανιδιές και αμέσως, με ψυχή και καρδιά, ανέβαιναν στις βελανιδιές οι άνδρες και έτσι άρχιζε η «μάχη» της συλλογής του βελανοδόκαρπου. Από άκρη σε άκρη αχολογούσαν τα λακώματα και οι πλαγιές από τα χτυπήματα στα κλαριά των δέντρων. Ο καρπός έπεφτε σα χαλάζι κάτω. Τα γυναικόπαιδα μάζευαν τα βελανίδια και τα βάζανε στα σακιά.

– Ορισμένοι συγχωριανοί μας ήταν δεινοί αναβάτες, αναρριχητές, αίλουροι σχεδόν. Αυτοί κυρίως δεν αφήνανε κλαρί από κλαρί. Ήταν οι μεγαλύτεροι... «βελανιδοφάγοι»!

– Όλη την ημέρα τίναζαν ασταμάτητα μέχρι αργά το απόγευμα. Μερικοί κάθονταν και μέχρι το ηλιοβασίλεμα. Η δουλειά ήταν κουραστική, γιατί γινόταν σε εποχή αφόρητης ζέστης, αλλά ήταν και επικίνδυνη.

– Όσο βελανίδι μάζευαν την ημέρα, το φορτώνανε στα άλογα και στα γαϊδουρομούλαρα και το ξεφορτώνανε στο χωριό, στα «αλώνια», όπου το απλώνανε για να ξεραθεί.. Μετά από μια περίπου εβδομάδα ήταν έτοιμο για το εμπόριο, αφού πρώτα βγάζανε το βελάνι, το οποίο το ρίχνανε στη συνέχεια στα γουρούνια ως τροφή, αλλά και στα γιδοπρόβατα. Στη συνέχεια, ο καθένας πουλούσε το βελανίδι στα μπακάλικα

– Στο χωριό μας, η συλλογή του βελανιδιού σταμάτησε το 1964, οπότε σταμάτησε και το εμπόριο.

23 ΑΥΓΟΥΣΤΟΥ

Η τελευταία ημέρα της ζωής του Κοσμά του Αιτωλού

Σήμερα, το Ημερολόγιό μου δείχνει 23 Αυγούστου 2013.

Και θυμήθηκα ότι η 23η Αυγούστου του 1779 ήταν η τελευταία ημέρα της ζωής του Κοσμά του Αιτωλού.

Θυμήθηκα ότι στις 23 Αυγούστου του έτους 1779 ο φλογερός διδάχος του Γένους είχε φτάσει στο χωριό Κολικόντασι της περιοχής Βερατίου της Βορείου Ηπείρου.

Θυμήθηκα πολλά, τα οποία παραθέτω ως ένα αφιέρωμα στον φλογερό διδάσκαλο του Γένους.

– Ενώ κήρυττε «τον ύστατον λόγον του», ενώπιον μεγάλου πλήθους λαού, έρχονται στρατιώτες του Κούρτ πασά και τον συνέλαβαν.

– Όταν ξημέρωσε το Σάββατο 24 Αυγούστου 1779, επτά Τουρκαλβανοί στρατιώτες τον μετέφεραν στις όχθες του Άψου ποταμού. Κάτω από ένα δένδρο, τον έπνιξαν και τον έριξαν στο ποτάμι.

– Τον βρήκαν όρθιο στο ποτάμι και τον ενταφίασαν στο νάρθηκα της εκκλησίας. Αμέσως μετά έχτισαν μικρό εκκλησάκι, ενώ στο σημείο της ταφής του ο Αλή πασάς των Ιωαννίνων έχτισε μεγάλο μοναστήρι στη μνήμη του άγιου Κοσμά, τον οποίοι πάντα θαύμαζε!

– Γεννήθηκε στο χωριό Μέγα Δένδρο της Αιτωλίας το έτος 1714 και λεγόταν κατά κόσμο Κώνστας (Κωνσταντίνος) Δημητρίου από γονείς που κατάγονταν από τα Γραμμενοχώρια της Ηπείρου. Φοίτησε και στην Αθωνιάδα Σχολή και το 1759 έγινε μοναχός και λίγους μήνες αργότερα χειροτονήθηκε διάκονος και πρεσβύτερος. Ήταν ήδη 45 ετών, μορφωμένος, ώριμος.

– Από το έτος 1760 ως τον μαρτυρικό θάνατο του το 1779, πραγματοποίησε τέσσερις (ορισμένοι μελετητές τις αριθμούν σε τρεις) περιοδείες, οργώνοντας κυριολεκτικά ολόκληρη την Ελλάδα.

– Ήταν ιδρυτής σχολείων και υπέρμαχος της ελληνικής γλώσσας, που θεωρούσε ως μόνη λύση για να βγει το Γένος των Ελλήνων από την απελπιστική κατάσταση και τη σκλαβιά.

Πολλές από προφητείες του, όπως υποστηρίζουν πολλοί, έχουν επαληθευθεί από την ιστορική πραγματικότητα.

27 ΑΥΓΟΥΣΤΟΥ

Η άθεη Αλβανία κατεδαφίζει χριστιανικούς ναούς, όπως στην Παλμύρα την ίδια ημέρα οι τζιχαντιστές αρχαίο ναό στη Μέση Ανατολή

Σήμερα (27 Αυγούστου 2015) διάβασα ότι οι φανατικοί τζιχαντιστές του ISIS, οι οποίοι κατέλαβαν τον περασμένο Μάιο την πόλη Παλμύρα, στη Συρία, έδωσαν στη δημοσιότητα φωτογραφίες που αποτυπώνουν την καταστροφή παγκοσμίου φήμης αρχαίων μνημείων. Οι πέντε φωτογραφίες αναρτήθηκαν στα μέσα κοινωνικής δικτύωσης και δείχνουν τους τζιχαντιστές να μεταφέρουν εκρηκτικά στο εσωτερικό αρχαίου ναού και να τα τοποθετούν στα τοιχώματά του. Στη συνέχεια, τα εκρηκτικά πυροδοτούνται και μετατρέπουν το μνημείο σε σωρό ερειπίων. Πρόκειται για τον ναό Μπαάλ Σαμίν, ο οποίος χρονολογείται στη ρωμαϊκή εποχή.

Επίσης, σήμερα (27 Αυγούστου 2015) διάβασα ότι η κατεδάφιση του ιερού ναού Αγίου Αθανασίου στους Δρυμμάδες Χειμάρρας έγινε τα ξημερώματα από μηχανήματα της πολεοδομικής αστυνομίας της Αλβανίας, με το επιχείρημα ότι αποτελεί αυθαίρετο κτίσμα. Η επιχείρηση κατεδάφισης, που ξεκίνησε περίπου πριν από μία εβδομάδα, είχε προκαλέσει την έντονη διαμαρτυρία των ελληνικής καταγωγής κατοίκων του χωριού Δρυμμάδες, αλλά και του υπουργείου Εξωτερικών. Η κατεδάφιση προκάλεσε την έντονη αντίδραση του υπουργείου Εξωτερικών της Ελλάδος. Ο εκπρόσωπος του υπουργείου Εξωτερικών Κωνσταντίνος Κούτρας, απαντώντας σε σχετικές ερωτήσεις δημοσιογράφων, δήλωσε σε επικριτικό τόνο ότι «ουδείς αχαριστότερος του ευεργετηθέντος» και πρόσθεσε: «Η καταστροφή ιερών τόπων και αντικειμένων λατρείας ελάμβανε χώρα, μέχρι πρότινος τουλάχιστον, στον ευρύτερο χώρο της Μέσης Ανατολής και της Β. Αφρικής από τους τζιχαντιστές. Σήμερα, είδαμε αυτό να γίνεται πράξη και στη γειτονική χώρα, την Αλβανία».

Και θυμήθηκα τον αρχαίο Έλληνα ιστορικό Πλούταρχο (47–120 μ.Χ.), ο οποίος είχε επισημάνει σχετικά τα ακόλουθα: «Εύροις δ᾽ αν επί ων πόλεις ατειχίστους, αγραμμάτους, αβασιλεύτους, αοίκους, αχρημάτους, νομίσματος με δεομένας, απείρους θεάτρων και γυμναστηρίων. Ανιέρου δε πόλεως και αθέου, μη χρωμένης ευχαίς, μη δ᾽ όρκοις, μηδέ μαντείαις, μηδέ θυσίαις επ᾽ αγαθοίς, μη δ᾽ αποτροπαίς κακών ουδείς έστι, ουδ᾽ έσται γεγονώς θεατής». Όπερ, σε σύντομη απόδοση σημαίνει: Μπορείς να βρεις πόλεις χωρίς άλλα πράγματα, αλλά όχι χωρίς θρησκεία και θεό.

Θυμήθηκα ότι τζιχαντιστές δεν υπάρχουν πια μόνο στη Μέση Ανατολή, αλλά και στη γειτονιά μας...

Θυμήθηκα τη γνωστή θυμόσοφη ελληνική ρήση: Όταν ακούσεις να χτυπάνε την πόρτα του γείτονα, να περιμένεις να χτυπήσουν και τη δική σου...

28 ΑΥΓΟΥΣΤΟΥ (1)

Το πρώτο παράξενο γραμμόφωνο στο χωριό το 1951!

Σήμερα, το Ημερολόγιό μου δείχνει 28 Αυγούστου 2015.

Και θυμήθηκα ότι την ίδια ημέρα, το 1951, ο αδερφός μου Αριστοτέλης, μετά την εκπλήρωση της στρατιωτικής θητείας του ως πυροβολητή στο Πυροβολικό, έφερε, μεταξύ άλλων, κι ένα γραμμόφωνο.

Θυμήθηκα ότι το γραμμόφωνο αυτό το είχε ζητήσει ο αείμνηστος πατέρας μου, όταν ήταν ο Αριστοτέλης στρατιώτης.

Θυμήθηκα ότι ο αδερφός μου δήλωσε στη μονάδα του «κουρεύς» και ο διοικητής του τού ανέθεσε το κουρείο, όπου, πέρα από «λούφα και παραλλαγή» έκανε κι ένα γερό κομπόδεμα.

Θυμήθηκα πού μάς έλεγε ότι το κούρεμα και το ξύρισμα των στρατιωτών, των υπαξιωματικών και οπλιτών στη μονάδα ήταν δωρεάν, αλλά πολλοί όλο και «άφηναν» κάτι «ψιλά» στον κουρέα, τα οποία ο αδερφός μου τα μάζευε με περισσή... ηδονή!

Θυμάμαι ότι έτσι δεν αναγκάσθηκε ποτέ ο πατέρας μου να στείλει στρατιωτική επιταγή στον αδερφό μου.

Θυμήθηκα, λοιπόν, ότι μετά την απόλυσή του από το στρατό ο Αριστοτέλης πέρασε από την Αθήνα, όπου έμεναν και μερικοί στενοί συγγενείς μας, πήγε στο Μοναστηράκι και αγόρασε το παράξενο μηχάνημα που το έλεγαν «γραμμόφωνο».

Θυμήθηκα ότι μόλις ήρθε στο χωριό, μετά το γιορτινό τραπέζι που είχε ετοιμάσει η αείμνηστη μητέρα μου, καθίσαμε όλοι στην άνετη αυλή του πατρικού μας σπιτιού για να... γλεντήσουμε!

Θυμήθηκα ότι ο αδερφός μου πήρε το γραμμόφωνο, έβαλε το τεράστιο χωνί του και ένα μεγάλο δίσκο με παραδοσιακά δημοτικά τραγούδια (τί άλλο;), το κούρδισε και το «έβαλε να παίξει».

Θυμήθηκα ότι η μουσική και το τραγούδι που έβγαινε από το μεγάλο χωνί προκάλεσε δέος, περιέργεια και ερωτήματα.

Θυμήθηκα ότι σε λίγο κατέφθασαν στην αυλή του σπιτιού μας και όλοι γείτονες, με την περιέργεια να «δουν»... τους οργανοπαίκτες και τον τραγουδιστή!

Θυμήθηκα ότι μερικοί... κοιτούσαν μέσα στο μεγάλο χωνί για να... διακρίνουν τα πρόσωπά του τραγουδιστή και των οργανοπαικτών...

28 ΑΥΓΟΥΣΤΟΥ (2)

Με κηπευτικά και κουρευτικά σύνεργα στον Πρόδρομο το 1953

Σήμερα (28 Αυγούστου 2015) είναι παραμονή της εορτής της Αποτομής της Τιμίας Κεφαλής του Αγίου Ιωάννου του Προδρόμου.

Και θυμήθηκα ότι την ίδια ημέρα, το 1953, παρευρεθήκαμε, ο αδερφός μου Αριστοτέλης και ο γράφων, στο πανηγύρι του μεγάλου τότε κεφαλοχωριού του Ξηρομέρου Αιτωλοακαρνανίας, του Προδρόμου.

Θυμήθηκα ότι πήγαμε στον Πρόδρομο όχι για να γλεντήσουμε, αλλά για να πουλήσουμε ντομάτες, μελιτζάνες, καρπούζια, πεπόνια κι άλλα κηπευτικά που καλλιεργούσε ο αείμνηστος πατέρας μου στο πατρικό κτήμα στο Λεσίνι.

Θυμήθηκα ότι, επειδή ανήμερα της εορτής, στις 29 Αυγούστου, όλοι σχεδόν οι κάτοικοι του χωριού νήστευαν (έτρωγαν μόνο λαδερά φαγητά και, κυρίως, μελιτζάνες) από το πρωί της παραμονής του πανηγυριού, στις 28 Αυγούστου, μαζεύαμε αυτά τα κηπευτικά, τα βάζαμε σε μεγάλα ξύλινα (δεν υπήρχαν τότε... πλαστικά!) καφάσια και τα φορτώναμε στα δύο άλογα που είχαμε για μεταφορές και για όργωμα.

Θυμήθηκα ότι για να πάμε νωρίς το απόγευμα, την παραμονή, στον Πρόδρομο, περπατήσαμε με τα πόδια και με τα άλογα γύρω στις δύομιση ώρες (τότε ήμουνα 9 ετών!).

Θυμήθηκα ότι, επειδή ο αδερφός μου ο Αριστοτέλης ήταν και κουρέας, πήρε μαζί του και το βαλιτσάκι με τα κουρευτικά σύνεργα, όπως έκανε κάθε χρόνο, διότι στον Πρόδρομο δεν υπήρχε κουρέας.

Θυμήθηκα ότι ξεφορτώσαμε το απόγευμα τα κηπευτικά μπροστά από το καφενείο του κουμπάρου μας στο κέντρο του χωριού, ενώ ο αδερφός μου «έστησε» το κουρείο του σε μια γωνιά κι άρχισε το κούρεμα και το ξύρισμα.

Θυμήθηκα ότι εγώ ήμουνα έξω, κοντά στα καφάσια, πάνω σε μια καρέκλα και πουλούσα ντομάτες, μελιτζάνες, καρπούζια, πεπόνια, πάντοτε υπό την επιτήρηση του αδερφού μου για να μη κάνω κανένα λάθος στους... λογαριασμούς!

Θυμήθηκα ότι το βράδυ, κατακουρασμένοι, φιλοξενηθήκαμε στο άνετο σπίτι του κουμπάρου μας, όπου απολαύσαμε και τους εκλεκτούς μεζέδες και τα νόστιμα φαγητά της οικοδέσποινας...

29 ΑΥΓΟΥΣΤΟΥ

Όταν ο αδερφός μου «ρουφούσε» τις μπύρες που κέρναγαν μόνο οι άλλοι στο πανηγύρι

Σήμερα (29 Αυγούστου 2015) είναι η εορτή της Αποτομής της Τιμίας Κεφαλής του Αγίου Ιωάννου του Προδρόμου.

Και θυμήθηκα και άλλα, πέρα από αυτά που παραθέτω στο σημείωμά μου της 28ης Αυγούστου.

Θυμήθηκα ότι, ανήμερα, μετά τη θεία λειτουργία, εγώ πουλούσα μαναβικά και ο αδερφός μου κούρευε και ξύριζε στον Πρόδρομο.

Θυμήθηκα ότι το βράδυ, ο κουμπάρος και η οικογένειά του τίμησε εμάς και τους άλλους φιλοξενούμενους με την πρόσκληση να πάμε το βραδάκι στο πανηγύρι, δηλαδή στο μεγάλο χώρο έξω από το καφενείο, όπου είχε αρχίσει το γλέντι με παραδοσιακό μουσικό συγκρότημα και τραγουδιστές.

Θυμήθηκα ότι για μεζέδες ο κουμπάρος είχε φέρει νοστιμότατες μελιτζάνες γεμιστές στο φούρνο, ελιές και άλλα νηστίσιμα, ενώ το γλέντι είχε φουντώσει με μουσική, τραγούδια και χορούς.

Θυμήθηκα ότι ο κουμπάρος μάς κερνούσε συνεχώς παγωμένη μπύρα και ανταπέδιδαν, με παραγγελίες για νέο κέρασμα, όλοι οι άλλοι φιλοξενούμενοι πλην του αδερφού μου!.

Θυμήθηκα ότι διακριτικά σκούνταγα τον αδερφό μου να κάνουμε κι εμείς το ίδιο, αλλά ο Αριστοτέλης αρκούνταν στο να «ρουφά» με μείζονα ευχαρίστηση τα κεράσματα των... άλλων.

Θυμήθηκα ότι το πρωί, χαράματα, φύγαμε από το χώρο του πανηγυριού, φορτώσαμε τα άδεια καφάσια στα άλογά μας και πήραμε το δρόμο του γυρισμού στο κτήμα μας.

Θυμήθηκα ότι κατά τη διαδρομή ρώτησα, στενοχωρημένος για την ντροπή, τον αδερφό μου, γιατί δεν έκανε κι εκείνος τα ίδια, δηλαδή να ανταποδώσει το κέρασμα στο πανηγυριώτικο τραπέζι.

Θυμήθηκα ότι μού είπε με ανακουφιστική, κατ᾽ αυτόν, ειλικρίνεια: «Κοίταξε να... δεις: Αν έκανα έστω κι ένα μόνο κέρασμα, θα εξανεμίζονταν τα λεφτά που «βγάλαμε» από το κούρεμα και την πώληση των κηπευτικών!

Θυμήθηκα ότι ανταπάντησα ως εξής: «Ναι, αλλά εσύ δεν σταματούσες να ρουφάς με περισσή ευχαρίστηση τις μπύρες των... άλλων»!

Θυμήθηκα την τελική του απάντηση: «Μισή ντροπή δική μου και μισή δική τους...»

1 ΣΕΠΤΕΜΒΡΙΟΥ

Όταν πριν από 28 ζητούσαν στάση εργασίας για την επέτειο έναρξης του Β΄ Παγκόσμιου Πολέμου

Σήμερα, το Ημερολόγιό μου δείχνει 1η Σεπτεμβρίου 2015.

Και θυμήθηκα ότι τα ξημερώματα της 1ης Σεπτεμβρίου του 1939 η ναζιστική Γερμανία εισέβαλε στην Πολωνία. Με μία σαρωτική στρατιωτική επιχείρηση, από ξηρά και αέρα, ο ναζιστικός στρατός αιφνιδιάζει τους Πολωνούς και μέσα σε μια εβδομάδα έχει διαλύσει σχεδόν την άμυνα τους. Στο τέλος του μήνα η Βαρσοβία θα παραδοθεί. Είναι η επίθεση που θα σημάνει την έναρξη του Δευτέρου Παγκοσμίου Πολέμου...

Θυμήθηκα ότι, πριν από 28 χρόνια, στο τεύχος Ιουλίου – Αυγούστου 1987 του Δελτίου του Συνδέσμου Βιομηχανιών Θεσσαλίας και Κεντρικής Ελλάδος, δημοσιεύθηκε μια... εξώδικη δήλωση σωματείου σε μια περίοδο κατά την οποία όλοι στην Ελλάδα οραματιζόμαστ̇αν τάχα την «Ανάπτυξη το 1992».

Θυμήθηκα ότι διαβάσαμε το εξής: Με εξώδικη δήλωσή της η Πανελλήνια Ομοσπονδία Εργατοϋπαλλήλων Ιματισμού μας γνωστοποίησε ότι: «Η Εκτελεστική Επιτροπή της διοίκησης της Ομοσπονδίας μας αποφάσισε στη συνεδρίασή της 19ης Αυγούστου 1987 την προκήρυξη μιας ώρας στάσης εργασίας για την 1η Σεπτεμβρίου 1987, ημέρα Τρίτη και ώρες 11 π.μ. έως 12 μ.μ. και 6 μ.μ. έως 7 μ.μ. για την επέτειο έναρξης του Β΄ Παγκοσμίου Πολέμου».

Θυμήθηκα ότι η εξώδικη αυτή δήλωση συνοδεύθηκε από καυστικό χιούμορ του συντάκτη του προαναφερθέντος Δελτίου, το οποίο κατέληγε ως εξής: «Προτείνουμε όπως εξετασθεί και στη συνέχεια αναληφθούν οι απαιτούμενες ενέργειες και κινητοποιήσεις για τον εορτασμό της μάχης των Θερμοπυλών, της ναυμαχίας της Σαλαμίνας, της ενάρξεως και λήξεως του Πελοποννησιακού Πολέμου, της μάχης των Γαυγαμήλων, της καταλήψεως της Κωνσταντινούπολης από τους πρώτους σταυροφόρους, της μάχης των Δερβενακίων κλπ»

Κακό πράμα για μερικούς η φιλοπονία και η φιλεργατικότητα ...στη χώρα μας 2 Σεπτεμβρίου

Στην κρύα πηγή «Θύμιος» ύστερα από... εξήντα χρόνια!

Σήμερα (2 Σεπτεμβρίου 2015), επιστρέφοντας από το χωριό στην Αθήνα, ο ανεψιός μου (γιος της αείμνηστης αδερφής μου Αντωνίας) Παναγιώτης Μπαμπάνης έκανε μια παράκαμψη και, όπως πάντοτε, ήρθε να με επισκεφθεί στο σπίτι μου. Εκεί, κατά τη συζήτησή μας για το χωριό, ο Παναγιώτης μού είπε ότι κατά τη διαμονή του στο πατρικό σπίτι στο Στρογγυλοβούνι Αιτωλοακαρνανίας, πήγε και στο κτήμα του στο Λεσίνι με τις πολλές ελιές και, φυσικά, ήπιε το κρύο νερό από την πηγή «Θύμιος» που είναι εκεί πολύ κοντά.

Και θυμήθηκα την πηγή «Θύμιος», που είναι στους πρόποδες του λόφου, που ήταν κάποτε, πριν αποξηρανθεί, η άκρη της λίμνης «Λεσίνι» και που αενάως έβγαζε από τα σπλάχνα της πετρώδους γης άφθονο κρύο νερό το καλοκαίρι.

Θυμήθηκα τότε που παιδί 10, 11 και 12 ετών, στις αρχές της δεκαετίας του 1950, έμενα μαζί με τον αείμνηστο πατέρα μου στο πατρικό κτήμα μας στο Λεσίνι, στο οποίο καλλιεργούσαμε όλα τα καλοκαιρινά κηπευτικά και για το οποίο έχω γράψει κι άλλες φορές.

Θυμήθηκα ότι από τον «Θύμιο» παίρναμε νερό για να πίνουμε και να μαγειρεύουμε, διότι ήταν πολύ καθαρό.

Θυμήθηκα ότι ο πατέρας μου φόρτωνε στο σαμάρι του γαϊδουριού, δεξιά κι αριστερά, δύο μεγάλες πήλινες στάμνες, με έβαζε πάνω στο σαμάρι και με έστελνε στην πηγή να τις γεμίσω.

Θυμήθηκα ότι, επειδή δεν μπορούσα να κατεβαίνω εύκολα από το γαϊδούρι, διάλεγα ένα ψηλό σχετικά βράχο, σταματούσα το γαϊδούρι και ξεπέζευα.

Θυμήθηκα ακόμα ότι τις δύο μεγάλες πήλινες στάμνες τις γέμιζα με νερό από την πηγή με μια μεγάλη κανάτα, την οποία γέμιζα από το στόμιο της πηγής και το έριχνα στις πήλινες στάμνες με ένα άνετο χωνί.

Θυμήθηκα ότι όσες φορές πήγαινα για νερό στην πηγή, έκανα κι ένα «μπάνιο» στη ρηχή λιμνούλα που σχημάτιζαν λίγο πιο πέρα τα καθάρια νερά της πηγής.

6 ΣΕΠΤΕΜΒΡΙΟΥ

Τουρκική θηριωδία κατά την Ελλήνων στην Κωνσταντινούπολη και τη Σμύρνη το 1955

Σήμερα, το Ημερολόγιό μου δείχνει 6 Σεπτεμβρίου 2015.

Και θυμήθηκα, έτσι όπως τα διάβαζα, τα Σεπτεμβριανά του 1955 και την τουρκική θηριωδία στις 6 και 7 Σεπτεμβρίου 1955 στην Κωνσταντινούπολη και στην Σμύρνη.

Θυμήθηκα ότι αιτία για να ξεκινήσουν οι αθλιότητες του τουρκικού όχλου σε βάρος των Ελλήνων της Κωνσταντινούπολης ήταν η είδηση ότι ανατινάχθηκε το σπίτι του Κεμάλ στη Θεσσαλονίκη από Έλληνες. Στην πραγματικότητα η «βόμβα» είχε τοποθετηθεί από τον Τούρκο φοιτητή στο Πανεπιστήμιο της Θεσσαλονίκης Οκτάι Εγκίν, ο οποίος ήταν γιος μουσουλμάνου βουλευτή στην ελληνική Βουλή, σε συνεργασία με το προσωπικό του τουρκικού προξενείου της Θεσσαλονίκης. Τον εκρηκτικό μηχανισμό τον είχε προμηθευτεί από τις τουρκικές μυστικές υπηρεσίες και εξερράγη στην αυλή του κτιρίου χωρίς να προκαλέσει ζημιές. Πριν ακόμα μεταδοθεί η είδηση από τον τουρκικό τύπο συγκεντρώθηκαν μπροστά στο μνημείο του Κεμάλ στο Ταξίμ της Πόλης πλήθος φανατισμένων και οργανωμένων Τούρκων, ενώ φορτηγά αυτοκίνητα μετέφεραν συνέχεια ομάδες κρούσης από άξεστους Τούρκους επαρχιώτες.

Θυμήθηκα ότι το απόγευμα της 6ης Σεπτεμβρίου ένα μαινόμενο πλήθος από 50.000 Τούρκους εξοπλισμένους με τσεκούρια, ρόπαλα, αξίνες, σιδερένιους λοστούς, σφυριά και μπιτόνια βενζίνης στράφηκε κατά των Ελλήνων της Πόλης και των περιουσιών τους. Οι επιδρομείς υπό την καθοδήγηση της παρακρατικής οργάνωσης «η Κύπρος είναι τουρκική» και με συνθήματα «θάνατος στους γκιαούρηδες», «σφάξτε τους Έλληνες προδότες» και άλλα πολλά επιδόθηκαν σε κάθε είδους βαρβαρότητα. Βιασμοί γυναικών, μικρών κοριτσιών, αλλά και αγοριών, πυρπολήσεις εκκλησιών, οικιών, καταστημάτων, καταστροφή τάφων και κοιμητηρίων, λεηλασίες και κάθε είδους καταστροφή σε ελληνικά ιδρύματα είναι μόνο μερικές από τις βιαιοπραγίες που κράτησαν μέχρι τις πρωινές ώρες της 7ης Σεπτεμβρίου υπό τα βλέμματα της αστυνομίας και του στρατού.

Θυμήθηκα ότι ο απολογισμός των βάρβαρων επεισοδίων ήταν ο θάνατος 20 Ελλήνων και ο τραυματισμός άλλων 300 περίπου, ο βιασμός 200 Ελληνίδων –βιάστηκε επίσης ακόμη και έγκυος Ελληνίδα 6 μηνών, μπροστά στα μάτια του άντρα της–και αδιευκρίνιστος αριθμός ανδρών και αγοριών. Η καταστροφή 4.348 εμπορικών καταστημάτων, 27 φαρμακείων, 26 σχολείων, 110 ξενοδοχείων, 73 εκκλησιών, 21 εργοστασίων, 3 εφημερίδων και περίπου 2.600 οικιών. Όλα τα παραπάνω ήταν ελληνικές ιδιοκτησίες τις οποίες κατέστρεψε ο πολιτισμός. Μετά τα επεισόδια η συρρίκνωση του Ελληνισμού στην Τουρκία είναι ραγδαία: από τις 100.000 περίπου Ελλήνων πριν από τα επεισόδια δεν θα απομείνουν παρά μόνο λίγες χιλιάδες που δεν θα θυμίζουν σε τίποτα την ευημερούσα ελληνική μειονότητα.

7 ΣΕΠΤΕΜΒΡΙΟΥ

Κακοτράχαλοι ξανά βασικοί δρόμοι, όπως στη δεκαετία του 1950!

Σήμερα (7 Σεπτεμβρίου 2015), κατά την επιστροφή του στην Αθήνα από τις διακοπές στο χωριό, με επισκέφθηκε στο σπίτι μου ο ανεψιός μου (γιος της αείμνηστης αδερφής μου Αντωνίας) Παναγιώτης Μπαμπάνης, ο οποίος με απελπισία μού είπε ότι ο δρόμος προς το χωριό (το Στρογγυλοβούνι Αιτωλοακαρνανίας) και τον Αστακό (Αιτωλοακαρνανίας) έχει γίνει... κατσικόδρομος, υπό τα αδιάφορα ή ανήμπορα βλέμματα της τοπικής αυτοδιοίκησης.

Και θυμήθηκα ότι οι ίδιοι βασικοί αυτοί δρόμο για την ανάπτυξη και την ενίσχυση του βιοτικού επιπέδου ήταν «κατσικόδρομοι» και πριν από 60 χρόνια!

Θυμήθηκα ότι τότε, ως μαθητής του Γυμνασίου, στη δεκαετία του 1950, το ιδιωτικό αυτοκίνητο που μας μετέφερε στο Αιτωλικό και το Μεσολόγγι «αγκομαχούσε» στις πέτρες, τα χαντάκια και τα βράχια που ήταν στο δρόμο και πολλές φορές έμενε από ζημιές.

Θυμήθηκα ότι τότε το μήκος των αυτοκινητοδρόμων ανερχόταν σε 22.100 χιλιόμετρα. Από αυτό, το 60% ήταν δημόσιοι δρόμοι πλάτους 6 μέτρων και το 13% ασφαλτοστρωμένοι δρόμοι. Δηλαδή, παρατηρούνταν δραματική υστέρηση σε δημόσιες υποδομές.

Θυμήθηκα ότι για πρώτη πήγα στο χωριό μου με δικό μου, καινούργιο, αυτοκίνητο το 1974 και απορώ πώς δεν καταστράφηκε!

Θυμήθηκα ότι ο κακοτράχαλος δρόμος που συνέδεε το χωριό μου (την Παλαιομάνινα) με το Μεσολόγγι ασφαλτοστρώθηκε μετά το 1975!

Και θυμήθηκα ότι γυρίσαμε 60 χρόνια... πίσω σε υποδομές!!!

11 ΣΕΠΤΕΜΒΡΙΟΥ

Νέα σχολική χρονιά πριν από 60 χρόνια: οι γονείς πλήρωναν εγγραφές, αγόραζαν βιβλία, δεν υπήρχε πενθήμερο και οι μαθητές ήταν... άριστοι!

Σήμερα (11 Σεπτεμβρίου 2015) άρχισε η νέα χρονιά στα σχολεία της χώρας μας.

Και θυμήθηκα πολλά.

Θυμήθηκα τον πρώτο σταθμό της μαθητικής μου ζωής στο Δημοτικό Σχολείο της Παλαιομάνινας, του χωριού μου.

Θυμήθηκα ότι λίγο πριν από την έναρξη κάθε σχολικής χρονιάς, οι γονείς μας και εμείς, με καθαρά ρούχα και κουρεμένα μαλλιά, πήγαιναν στο δάσκαλο κι έκαναν την εγγραφή μας για το σχολικό έτος, καταβάλλοντας κάποιο... χαρτόσημο!

Θυμήθηκα ότι η αγορά των σχολικών βιβλίων στο Δημοτικό Σχολείο γινόταν κάθε χρόνο με κλαυθμούς και οδυρμούς, διότι τότε δεν υπήρχε δωρεάν παιδεία.

Θυμήθηκα ότι κάποιος μπακάλης του χωριού μας είχε εξασφαλίσει το δικαίωμα να πουλά τα σχετικά σχολικά βιβλία.

Θυμήθηκα ότι για την αγορά τους οι γονείς μας πρόσφεραν, στις περισσότερες περιπτώσεις, το αντίτιμο σε... είδος (στάρι, κουκιά, ρεβίθια, καλαμπόκι, αμύγδαλα κλπ).

Θυμήθηκα ότι τότε τα Δημοτικά Σχολεία λειτουργούσαν πρωί και απόγευμα και με ένα δάσκαλο ή δασκάλα για 300 μαθητές. Και με μισθό 3 και 60!

Θυμήθηκα ότι στο χωριό μου πήγαιναν φαγητό στο δάσκαλο το μεσημέρι και το βράδυ οι γονείς των μαθητών με βάση συγκεκριμένου καταλόγου.

Θυμήθηκα ότι τότε δεν υπήρχε πενθήμερο στα Δημοτικά Σχολεία!

Θυμήθηκα ότι η συμμετοχή μου (ύστερα από εξετάσεις τον Ιούνιο) στην πρώτη σχολική μου χρονιά (1955–1956) στο Γυμνάσιο εξασφαλίσθηκε με την πρότασή μου να καλύψω τα έξοδα με την πώληση δύο αρνιών που έβοσκα όλο το καλοκαίρι του 1955.

Θυμήθηκα ότι η βασική δαπάνη κατά την έναρξη του σχολικού έτους 1955–1956 στο Γυμνάσιο συνίστατο στην εγγραφή στο Μαθητολόγιο, στην αγορά όλων των σχολικών βιβλίων του Γυμνασίου, στην αγορά ευπρεπούς μαθητικής τσάντας και στην αγορά ευπρεπούς μαθητικού πηλικίου με την κουκουβάγια!

12 ΣΕΠΤΕΜΒΡΙΟΥ

Η ΕΡΤ των... 100 κηπουρών πριν από 26 χρόνια και των επτά πολιτικών αρχηγών σήμερα

Σήμερα (12 Σεπτεμβρίου 2015) διάβασα στις εφημερίδες τη συνέχεια των ρεπορτάζ και των σχολίων για το προχθεσινό προεκλογικό debate των επτά πολιτικών αρχηγών στην ΕΡΤ.

Και θυμήθηκα ότι στην «Καθημερινή» (12 Σεπτεμβρίου 1989) δημοσιεύθηκε το ακόλουθο σχόλιο: «Το ερώτημα που θα πρέπει να απασχολήσει την κοινή γνώμη είναι με ποιο δικαίωμα η ΠΡΟΣΠΕΡΤ (συνδικαλιστική οργάνωση της ΕΡΤ) των 100 κηπουρών, των απειράριθμων φυλάκων, θυρωρών και δακτυλογράφων που δεν ξέρουν να γράφουν στη γραφομηχανή, αποστερεί από μας, τον ελληνικό λαό το δικαίωμά του να παρακολουθούμε τηλεοπτικές εκπομπές για τις οποίες πληρώνουμε αδρά και υποχρεωτικά την ΕΡΤ με τους λογαριασμούς της ΔΕΗ. Μήπως έφθασε επιτέλους η στιγμή να πάψουμε να ανεχόμαστε τους εκβιασμούς των κάθε είδους συντεχνιών».

Θυμήθηκα ότι η απάντηση δόθηκε από την προηγούμενη κυβέρνηση Σαμαρά με τη μετατροπή σε ΝΕΡΙΤ, αλλά στη συνέχεια η κυβέρνηση ΣΥΡΙΖΑ–ΑΝΕΛ την έκανε πάλι... ΕΡΤ...

Και θυμήθηκα για μιαν ακόμη φορά γιατί φτάσαμε στα... Μνημόνια...

15 ΣΕΠΤΕΜΒΡΙΟΥ

Σε λίγα χρόνια δεν θα υπάρχουν Έλληνες στην Ελλάδα!

Σήμερα (15 Σεπτεμβρίου 2015) διάβασα ότι, με βάση τις τωρινές τάσεις, η Eurostat προβλέπει πληθυσμό της Ελλάδας, το 2060, στα 8, 6 εκατ., δηλαδή ότι θα μειωθεί μέχρι τότε κατά 22%. Το 2060, ο πληθυσμός εργάσιμης ηλικίας, 20–64 ετών, θα μειωθεί κατά 36%, από 6, 6 εκατ. σήμερα, σε 4, 2 εκατ. Και το ποσοστό εξάρτησης πληθυσμού (ηλικίες 65+/15–64) από 31%, σε 61%. Ο δείκτης γονιμότητας, με 1, 3 παιδιά ανά γυναίκα (2012), από το 1981 βρίσκεται σταθερά κάτω από το 2, 3 που θεωρείται αναγκαίο για την αναπλήρωση του πληθυσμού.

Και θυμήθηκα ότι στις αρχές της δεκαετίας του 1990 δημοσιεύθηκε στον «Οικονομικό Ταχυδρόμο» μια έρευνα του καθηγητή στις ΗΠΑ Μιχάλη Γκιόκα με εφιαλτικές διαπιστώσεις για το ελληνικό δημογραφικό πρόβλημα: Σε λίγα χρόνια δεν θα υπάρχουν Έλληνες στην Ελλάδα! Και, δυστυχώς, η διαπίστωση αυτή επιβεβαιώνεται κάθε φορά από τα στοιχεία της γενικής απογραφής του πληθυσμού της χώρας μας και ιδιαίτερα από την τελευταία (το 2011).

Θυμήθηκα ότι πάντοτε σημείωνα πως το δημογραφικό πρόβλημα στη χώρα μας έχει εξελιχθεί σε «ωρολογιακή βόμβα» κυρίως μετά το 1980. Από τότε άρχισαν να επιδεινώνονται όλοι οι δείκτες γονιμότητας, να ερημώνει η ελληνική ύπαιθρος, να κλείνουν σχολεία στην περιφέρεια και να προκαλούνται έντονοι τριγμοί στο κοινωνικοασφαλιστικό σύστημα της χώρας μας.

Θυμήθηκα ότι ο δείκτης γονιμότητας (αριθμός παιδιών ανά μητέρα) είχε συρρικνωθεί, σύμφωνα με μελέτη της Eurostat, σε 1, 29 το 2004, έναντι 2, 21 το 1980. Σημειώνεται ότι το 1980, ο δείκτης αυτός βρισκόταν περίπου στα επίπεδα του επιθυμητού δείκτη για την επιβίωση του έθνους, που είναι 2, 3 παιδιά ανά μητέρα, ενώ ο ιδανικός δείκτης είναι 2, 73 παιδιά ανά μητέρα. Με το πρόβλημα αυτό ασχολήθηκε την περίοδο 1991 – 1993 μια Διακομματική Επιτροπή της Βουλής, η οποία κατέθεσε ομόφωνο πόρισμα το Φεβρουάριο του 1993, αλλά...

Θυμήθηκα ότι τον υψηλότερο – ρεκόρ– δείκτη γονιμότητας (γεννήσεις ανά 1.000 κατοίκους) είχε η χώρα μας τις δεκαετίες 1831 – 1840 και 1841 – 1850 (52 και 52, 3 γεννήσεις). Οι γεννήσεις ανά 1.000 κατοίκους συρρικνώθηκαν στις 17, 9 στη δεκαετία 1961 – 1970, στις 15, 5 γεννήσεις στη δεκαετία 1971 – 1980, στις 11, 8 γεννήσεις στη δεκαετία 1981– 1990, στις 9, 7 γεννήσεις στη δεκαετία 1991 – 2000 και στις 9, 4 γεννήσεις το 2004, σύμφωνα με στοιχεία της Eurostat.

1 ΟΚΤΩΒΡΙΟΥ

Εικόνες με τρυγητάδες και πατητήρια πριν από 60 χρόνια

Σήμερα (29 Σεπτεμβρίου 2015) καθώς πήγαινα στο κτήμα μου είδα τους τρυγητάδες να μαζεύουν τα ώριμα σταφύλια για κρασί από τους λίγους αμπελώνες που έχουν μείνει στην, κάποτε απέραντη από αμπέλια, περιοχή.

Και θυμήθηκα έντονα παρόμοιες εικόνες όταν ήμουνα μαθητής στο Δημοτικό Σχολείο του χωριού μου.

Θυμήθηκα ότι μετά σχόλασμα του σχολείου το μεσημέρι (τότε τα Δημοτικά σχολεία λειτουργούσαν πρωί – απόγευμα, εκτός από το Σάββατο, όταν δεν γίνονταν απογευματινά μαθήματα!), μού έδινε η αείμνηστη μητέρα μου το μάλλινο σακούλι με το φαγητό για να το πάω στον αείμνηστο πατέρα μου και τα αδέρφια μου στον ιδιόκτητο αμπελώνα, που απείχε περίπου τέσσερα χιλιόμετρα από το χωριό.

Θυμήθηκα ότι αμέσως άφηνα το σακούλι και έφευγα, διότι το απόγευμα θα χτυπούσε πάλι η καμπάνα για να πάω στο σχολείο (τότε δεν υπήρχαν... ρολόγια!).

Θυμήθηκα ότι αργά το απόγευμα, στη μεγάλη αυλή του σπιτιού ξεφόρτωναν από τα δύο άλογα και τα δύο γαϊδούρια τα μεγάλα καλάθια με τα τσαμπιά (αυτά που χρησιμοποιούσαμε και για τα καπνόφυλλα!).

Θυμήθηκα ότι σε ξεχωριστά καλάθια έβαζε ο πατέρας μου τα μαύρα και άσπρα τσαμπιά καθώς και τσαμπιά δεύτερης διαλογής (λίγο χτυπημένα, με ξεραμένες ή μουχλιασμένες ρώγες).

Θυμήθηκα ότι μετά τη συγκομιδή ή κατά τη διάρκειά της, ο πατέρας μου έστηνε σε ένα υψηλότερο σημείο ένα ευρύχωρο, σε ορθογώνιο σχήμα και με ψηλά σχετικά πλαϊνές ξύλινες πλευρές, ξύλινο πατητήρι, το οποίο στη μέση είχε μια τρύπα με σήτα από όπου χυνόταν ο ευωδιαστός μούστος σε πάλι ευρύχωρο ξύλινο βαρέλι.

Θυμήθηκα ότι το πάτημα των σταφυλιών ήταν ένα μικρό οικογενειακό ή και γειτονικό πανηγύρι. Αφού πλέναμε πολύ καλά τα πόδια μας, μπαίναμε στο πατητήρι και με... χορευτικές κινήσεις πατούσαμε τα σταφύλια και έρρεε άφθονα ο μούστος στα ξύλινα βαρέλια.

Θυμήθηκα ότι από το μούστο, πριν μπει στη διαδικασία να γίνει κρασί, έβαζαν σε μια νταμιζάνα (γυάλινο δοχείο με μικρό στόμιο, επενδυμένο με πλεκτό από ψάθα ή καλάμι) για να τον πιούνε, να κάνουν μουσταλευριά ή να το προσφέρουν στους συγγενείς, γείτονες και φίλους.

27 ΟΚΤΩΒΡΙΟΥ

Σημαντική πνευματική και κοινωνική εκδήλωση η Γιορτή της Σημαίας πριν από 50 χρόνια

Σήμερα, το Ημερολόγιό μου δείχνει 27 Οκτωβρίου 2015.

Και θυμήθηκα πολλά για την ημέρα αυτή από τα μαθητικά μου χρόνια.

Θυμήθηκα ότι την ημέρα αυτή διοργανωνόταν, πριν από πενήντα–εξήντα χρόνια, στα εξατάξια τότε Γυμνάσια της χώρας η περίλαμπρη σχολική, κοινωνική και πνευματική εκδήλωση για τη Γιορτή της Σημαίας, παρουσία πλήθους δημόσιων αρχών και τοπικών φορέων.

Θυμήθηκα ότι ως σημαιοφόρος της έκτης τάξης ανακηρυσσόταν με εκφώνηση του εκάστοτε γυμνασιάρχη ο πρώτος στη βαθμολογία μαθητής της πέμπτης τάξης, δηλαδή κατά το προηγούμενο σχολικό έτος. Επίσης, ως παραστάτες ανακηρύσσονταν οι μαθητές που πρώτευαν σε βαθμολογία κατά το προηγούμενο σχολικό έτος στις τάξεις τους.

Θυμήθηκα τη στιγμή που με προσκάλεσε ο γυμνασιάρχης μου να παραλάβω τη σημαία και μού είπε με συγκίνηση: «Στεργίου, σού παραδίδω την ιεράν σημαίαν δια να την φυλάττης και να την τιμάς!». Σημειώνεται ότι τα ίδια έλεγε στον εκάστοτε σημαιοφόρο κατά την παράδοση της ελληνικής σημαίας.

Θυμήθηκα ότι, μετά την ανακήρυξη – εκφώνηση του σημαιοφόρου και των πέντε (αριστούχων στις προηγούμενες τάξεις) παραστατών, απονέμονταν τα βραβεία (''Έπαινοι'') του υπουργείου Παιδείας σε διακρινόμενους μαθητές (και φυσικά στο σημαιοφόρο και τους παραστάτες), καθώς και χρηματικά βραβεία, τιμητικές διακρίσεις και πλακέτες σε όλους εκείνους που είχαν διακριθεί σε ορισμένα μαθήματα, όπως αρχαία ελληνικά, έκθεση, ιστορία, μαθηματικά από επιφανείς προσωπικότητες και γόνους ιστορικών οικογενειών του Μεσολογγίου.

Θυμήθηκα ότι κατά την εκδήλωση παρευρισκόταν και ο αείμνηστος πατέρας μου, Λεωνίδας, ο οποίος πέρα από συγκινημένος ήταν και... περιχαρής, διότι αμέσως με τα χρήματα από τις χορηγίες έσπευδε να εξοφλήσει το καθυστερημένο ενοίκιο του δωματίου, όπου έμενα στο Μεσολόγγι σε όλα τα σχολικά έτη, και το εστιατόριο, όπου έτρωγα (λιτά, βεβαίως, βεβαίως!).

Θυμήθηκα ότι στην εκδήλωση για τη Γιορτή της Σημαίας κατά το επόμενο σχολικό έτος, δηλαδή το 1961, ο γράφων ανακηρύχθηκε πάλι πρώτος σε βαθμολογία μαθητής με ό, τι αυτό συνεπαγόταν (χρηματικά βραβεία, έπαινοι, βιβλία κλπ). Όλα αυτά τα παρέλαβε ο αείμνηστος πατέρας μου, διότι ο γράφων έλειπε στην Αθήνα για τις ανώτατες σπουδές.

28 ΟΚΤΩΒΡΙΟΥ

Ένα ακόμα μεγάλο ελληνικό έπος από έναν εξαθλιωμένο οικονομικά λαό το 1940

Σήμερα, το Ημερολόγιό μου δείχνει 28η Οκτωβρίου 2015 και είναι 75η επέτειος του επικού έπους του 1940 με το ηρωικό «Όχι» στο ιταμό τελεσίγραφο της ιταλικής κυβέρνησης με το οποίο ζητούσε να επιτραπεί στον ιταλικό στρατό να καταλάβει διάφορες θέσεις, χωρίς να κατονομάζονται αυτές.

Και θυμήθηκα ότι το 1954, τελειόφοιτος έκτη τάξη) τότε του Δημοτικού Σχολείου του χωριού μου, της Παλαιομάνας, στη μεγάλη σχολική αίθουσα, όπου είχε κατασκευασθεί με προσωπική εργασία και προσφορά υλικών από τους μαραγγούς του χωριού επιβλητική σκηνή, αντηχούσαν μόνο δημοτικά τραγούδια σχετικά με την επέτειο αυτή, ενώ πιο πέρα ετοιμάζονταν οι «ηθοποιοί» – μαθητές (μεταξύ των οποίων και ο γράφων!), ντυμένοι στο χακί και οπλισμένοι με άσφαιρα όπλα από την τοπική Αστυνομία, να «ανεβάσουν» το σχετικό έργο με την άοκνη προσπάθεια, το ζήλο και τον ενθουσιασμό και τη «σκηνοθεσία» του δασκάλου μας Αθανασίου Κουφογιώργου.

Θυμήθηκα, ως «παιδί της Κατοχής», ότι και τότε τα κύρια χαρακτηριστικά της ελληνικής οικονομίας και κοινωνίας ήταν τραγικά (χαμηλό βιοτικό επίπεδο, εξάρτηση της χώρας μας από το εξωτερικό, αδυναμία αξιοποίησης των πλούσιων παραγωγικών πηγών της) και δεν διέφεραν από εκείνα που ήταν στις παραμονές του πολέμου το 1940. Κι όμως η χώρα αυτή κατόρθωσε να γράψει ένα ακόμη μεγάλο έπος.

Θυμήθηκα και παραθέτω συνοπτικά από τα βιβλία των καθηγητών Άγγελου Αγγελόπουλου και Χρυσού Ευελπίδη μερικά εφιαλτικά στοιχεία για τις συνέπειες του πολέμου αυτού:

–Στην τελευταία κατοχική δημοσιονομική χρήση (1943 – 1944) το δημοσιονομικό έλλειμμα έφθασε στα 10 τρισ. δραχμές!

– Στο τέλος της Κατοχής (Οκτώβριος 1944) ο τιμάριθμος κόστους ζωής έφθασε σε ιλιγγιώδη επίπεδα (2.305.984.911 με δείκτη το 1 που ήταν τον Απρίλιο του 1941!)

–Το εθνικό εισόδημα το 1941 έφθασε μόλις το ένα τρίτο του 1939 (23 δισ. δραχμές από 63 δισ. δραχμές το 1939) και κατέρρευσε σχεδόν τα επόμενα κατοχικά χρόνια.

– Η καλλιεργούμενη έκταση περιορίσθηκε στο 70% της προπολεμικής και η στρεμματική απόδοση μειώθηκε κάτω από το μισό. Παρόμοια ήταν η εξέλιξη και στους κλάδους της κτηνοτροφίας και της αλιείας .

– Περισσότερο από μισό εκατομμύριο Έλληνες χάθηκαν στην τετραετία 1940 –1944 από τις πολεμικές επιχειρήσεις, τις εκτελέσεις, τους φόνους, την πείνα, τις αρρώστιες. –Οι απώλειες και η κάμψη των γεννήσεων είχαν ως αποτέλεσμα τη μείωση του πληθυσμού της χώρας από 7.150.000 άτομα το 1940 σε 6.300.000 άτομα το 1946.

– Η Διάσκεψη για τις επανορθώσεις που έγινε μεταπολεμικά στο Παρίσι δέχθηκε ότι η αξία των υλικών ζημιών της Ελλάδος από τον πόλεμο έφθασε στα 3.813.407.000 δολάρια. Υπολόγισε επίσης το συνολικό ύψος των ζημιών, των εξόδων Κατοχής και των κυβερνητικών δαπανών κατά το διάστημα του πολέμου και της Κατοχής στο ποσό των 8.451.833.000 δολαρίων.

21 ΝΟΕΜΒΡΙΟΥ

Όλοι, οικογενειακώς, για το λιομάζωμα, με νοσταλγία

Σήμερα (Σάββατο, 21 Νοεμβρίου 2015), με την ευκαιρία της φθινοπωρινής ηλιοφάνειας, πήγαμε όλοι οικογενειακώς (ο γράφων, η σύζυγός μου Νότα, τα τέσσερα παιδιά μας, ο Λεωνίδας, με τη σύζυγό του Σοφία, ο Γιαννίκος, με τη σύζυγό του Τζένη, η Ελένη και η Άρτεμις, με το σύζυγό της Μάνο, και τα εγγόνια μας, η Νότα, η Χριστίνα–Κωνσταντίνα, ο Δημήτρης και ο Φώτης) στο κτήμα για να μαζέψουμε τις ελιές.

Και θυμήθηκα δεκάδες ποιήματα για την ελιά.

Θυμήθηκα τον Όμηρο που αγάπησε την ελιά μέσα στους χιλιάδες στίχους του στην Ιλιάδα και την Οδύσσεια (κυρίως).

Θυμήθηκα, για παράδειγμα, τους ακόλουθους δύο στίχους στην Οδύσσεια (Ραψωδία Ν): «Τότες καθίσαν στῆς ἱερῆς ἐλιᾶς τὴ ρίζα οἱ δυό τους, νὰ δοῦν πὼς θὰ ξεκάμουνε τοὺς ἄτιμους μνηστῆρες.

Θυμήθηκα που ο δάσκαλός μας λίγο πριν από την έναρξη της συγκομιδής της ελιάς μας δίδασκε από το Αναγνωστικό ή από άλλα βιβλία κείμενα ή ποιήματα για την ελιά.

Θυμήθηκα το ποίημα του Κωστή Παλαμά για την ελιά, του ήλιου τη θυγατέρα τη χαιδεμένη και την αγαπημένη. Παραθέτω μερικές στροφές από το ποίημα αυτό υπό τον τίτλο «Η ελιά» με νοσταλγία:

Είμαι του ήλιου η θυγατέρα η πιο απ' όλες χαϊδευτή, χρόνια η αγάπη του πατέρα σ' αυτό τον κόσμο με κρατεί, όσο να πέσω νεκρωμένη Αυτόν το μάτι μου ζητεί. Είμ' η ελιά η τιμημένη,

όπου και αν λάχει κατοικία δε μ' απολείπουν οι καρποί. Ως τα βαθιά μου γηρατειά, δεν βρίσκω στη δουλειά ντροπή. Μ' έχει ο θεός ευλογημένη, και είμαι γεμάτη προκοπή. Είμ' η ελιά η τιμημένη.

Εδώ στον ίσκιο μου μ' αποκάτω ήρθ' ο Χριστός να αναπαυθεί κι ακούστηκ' η γλυκιά λαλιά του λίγο προτού να σταυρωθεί. Το δάκρυ του, δροσιά αγιασμένη, έχει 'ς τη ρίζα μου χυθεί. Είμ' η ελιά η τιμημένη.

22 ΔΕΚΕΜΒΡΙΟΥ

Η πιο χαρούμενη και ευτυχισμένη ημέρα της ζωή μου πριν από 60 χρόνια!

Σήμερα, το Ημερολόγιό μου δείχνει 22 Δεκεμβρίου 2015.

Και θυμήθηκα την ημέρα αυτή, στις 22 Δεκεμβρίου του 1955, του 1957, του 1958, του 1959 και του 1960, δηλαδή πριν από 60 χρόνια, τελείωνε τα μαθήματα στο (τότε εξατάξιο) Γυμνάσιο της Παλαμαϊκής Σχολής Μεσολογγίου για τις διακοπές των Χριστουγέννων και του Νέου Έτους.

Θυμήθηκα ότι περίμενα με μεγάλη αγωνία την ημέρα αυτή, διότι αμέσως μετά τη λήξη των μαθημάτων θα πήγαινα στο χωριό μου, στο ζεστό σπίτι μου, στους γονείς μου και τα αδέρφια για να περάσουμε μαζί αυτές τις άγιες ημέρες.

Θυμήθηκα ότι ήδη από την παραμονή, 21 Δεκεμβρίου, δεν μπορούσα κοιμηθώ και ότι συνεχώς κοίταζα το παράθυρο αν έχει φέξει για να σηκωθώ από το κρεβάτι μου και να πάω στο Γυμνάσιο.

Θυμήθηκα ότι από το βράδυ της 21ης Δεκεμβρίου όλα ήταν έτοιμα. Είχα γεμίσει το μάλλινο σακούλι με τα άπλυτα ρούχα μου και τη σχολική τσάντα μου με τα βιβλία που θα έπαιρνα μαζί μου στο χωριό για να διαβάζω (υποτίθεται) τα μαθήματα (αρχαία Ελληνικά, Λατινικά, Άλγεβρα, Ιστορία κλπ) ώστε να είμαι έτοιμος για τις «Εξετάσεις του Α΄ Εξαμήνου» που διεξάγονταν τότε στις αρχές Φεβρουαρίου, όπως ήδη έχω αναφέρει σε σχετικό σημείωμά μου τον Φεβρουάριο.

Θυμήθηκα όμως ότι ουδέποτε άνοιξα όχι μόνο τα βιβλία, αλλά και την ... τσάντα μου, διότι με ξεμυάλιζαν οι γιορτές και τα παιχνίδια και δεν είχα πια καμιά «όρεξη» για διάβασμα.

Θυμήθηκα ότι μετά τη λήξη των μαθημάτων στις 22 Δεκεμβρίου, πήγαινα στο νοικιασμένο δωμάτιό μου, άρπαζα το σακούλι και την τσάντα μου και περιχαρής έτρεχα στο σημείο της πόλης από όπου αναχωρούσε κατά το μεσημέρι το ιδιωτικό λεωφορείο με το οποίο κάθε μέρα οι συγχωριανοί μου μετέβαιναν στο Μεσολόγγι για διάφορες δουλειές (επίσκεψη σε γιατρούς, στην εφορία, στην Ένωση Συνεταιρισμών, στα καταστήματα για ψώνια κλπ).

Θυμήθηκα ότι η ημέρα αυτή ήταν η πιο χαρούμενη και η πιο ευτυχισμένη στη ζωή μου και ότι αυτή η χαρά και η ευτυχία εκδηλωνόταν μέσα στο λεωφορείο με χριστουγεννιάτικα και άλλα τραγούδια που λέγαμε όλοι οι συγχωριανοί συμμαθητές μου.

Θυμήθηκα ότι, καθώς έμπαινε το λεωφορείο στο χωριό, έβλεπα την αείμνηστη μητέρα μου να είναι ψηλά στη αυλή του σπιτιού μου που με περίμενε...

23 ΔΕΚΕΜΒΡΙΟΥ

Κορύφωση του χριστουγεννιάτικου εθίμου της «γουρνοχαράς»

Σήμερα, το Ημερολόγιό μου δείχνει 23 Δεκεμβρίου 2015.

Και θυμήθηκα ότι χωρίς την προπολεμική και μεταπολεμική γενιά των συγχωριανών μου, έως κυρίως τη δεκαετία του 1960, δεν θα είχα σήμερα τη δυνατότητα να αφιερώσω ούτε δύο γραμμές σε αυτά τα πλούσια χριστουγεννιάτικα και πρωτοχρονιάτικα έθιμα που μάς κληροδότησαν.

Θυμήθηκα ότι τα σπίτια ήταν γεμάτα από ανθρώπινες φιγούρες και χοιρινό κρέας, αλλά και από κάτι περισσότερο: από ανθρώπινη ζεστασιά και συντροφικότητα. Ήταν στιγμές γεμάτες αυθορμητισμό και παρουσίαζαν ένα κλίμα ευφορίας των ανθρώπων που είχαν συλλάβει το πραγματικό νόημα της διασκέδασης. Προσέφεραν στον εαυτό τους μικρές απολαύσεις στην ταλαιπωρημένη ζωή τους, με όλες τις αντιξοότητες που αντιμετώπιζαν λόγω συνθηκών εργασίας και διαβίωσης.

Θυμήθηκα ότι οι Έλληνες της προπολεμικής και μεταπολεμικής γενιάς, αλλά και οι προηγούμενοι, στάθηκαν οι αφανείς ήρωες που με τον ιδρώτα τους και το αίμα τους κράτησαν ζωντανή την ελληνική ύπαιθρο και κατ' επέκταση το ελληνικό κράτος. Σε όλους αυτούς χρωστάμε αιώνια ευγνωμοσύνη.

Θυμήθηκα, για παράδειγμα, ότι την ημέρα αυτή κορυφωνόταν το έθιμο της σφαγής του γουρουνιού, της γουρνοχαράς.

Θυμήθηκα ότι το χριστουγεννιάτικο έθιμο, που δημιουργούσε μιαν αλλόκοτη γιορτινή ατμόσφαιρα στο χωριό μου, ήταν η σφαγή του οικόσιτου γουρουνιού ή γουρουνιών για τα Χριστούγεννα.

Θυμήθηκα ότι από το πρωί της ημέρας αυτής σε όλο το χωριό ακουγόταν συνεχώς και παντού, σε όλες τις αυλές των σπιτιών και σε όλες τις γειτονιές, το σπαρακτικό σκούξιμο των γουρουνιών, τα οποία τα έσφαζαν ή τα ίδια τα «αφεντικά» τους ή πιο ειδικοί γείτονες ή συγγενείς.

Θυμήθηκα ότι στο χωριό μου υπήρχε κι ένα άλλο έθιμο –δοξασία ή δεισιδαιμονία: Στα γουρούνια των Χριστουγέννων έμπηγαν ένα σιδερικό (μαχαίρι ή πιρούνι) και ψωμί για μην τα «βαρέσει ο ίσκιος» (ξωτικό)!

24 ΔΕΚΕΜΒΡΙΟΥ

Κορύφωση των προετοιμασιών για τα Χριστούγεννα και τα έθιμα

Σήμερα, το Ημερολόγιό μου δείχνει 24 Δεκεμβρίου 2015, δηλαδή παραμονή Χριστουγέννων, της μεγάλης γιορτής των Χριστιανών..

Και θυμήθηκα ότι την ημέρα αυτή κορυφώνονταν οι προετοιμασίες για τα Χριστούγεννα. Όλες οι νοικοκυρές ετοίμαζαν το σπίτια τους, καθάριζαν τις φλοκάτες, τα στρωσίδια από τραγόμαλλο, τα τζάκια και τις αυλές, ζύμωναν φρέσκο ψωμί, παρασκεύαζαν χριστόψωμα και γευστικά κουλουράκια και τη νοστιμότατη μακαρονόπιτα

Θυμήθηκα ότι οι γιορτές των Χριστουγέννων και της Πρωτοχρονιάς μέχρι και των Φώτων, αναμένονταν με μεγάλη χαρά και θρησκευτική ευλάβεια από τους κατοίκους του χωριού μου, από τα παιδιά (για τα φραγκοδίφραγκα από τα κάλαντα!) και ιδιαίτερα από τους... χαρτοπαίκτες!

Θυμήθηκα ότι τα παλιά τα χρόνια δεν μοίραζαν, όπως σήμερα, οι γονείς και οι συγγενείς χριστουγεννιάτικα και πρωτοχρονιάτικα δώρα στα παιδιά. Ούτε στόλιζαν το (ξενόφερτο!) χριστουγεννιάτικο δέντρο. Δημιουργούσαν όμως μιαν εκπληκτική γιορταστική ατμόσφαιρα με τη διαδικασία που άρχιζε πριν από 40 ημέρες με την καθολική σχεδόν νηστεία και την πρωινή λειτουργία στην εκκλησία και που κορυφωνόταν την τελευταία εβδομάδα και ιδιαίτερα την παραμονή των Χριστουγέννων.

Θυμήθηκα ότι οι γιορτές των Χριστουγέννων στο χωριό μου συνοδεύονταν και από διάφορα έθιμα. Εκτός από τη γουρουνοχαρά ή γουρνοχαρά, που ανέφερα πιο πάνω, υπήρχαν κι άλλα χριστουγεννιάτικα έθιμα, από τα οποία παραθέτω μερικά εν συντομία:

– Το «ψωμί του Χριστού»: Το έφτιαχνε, την παραμονή των Χριστουγέννων, η νοικοκυρά με ιδιαίτερη ευλάβεια και με ειδική μαγιά.

– Το Ύψωμα: Το παρασκεύαζαν, με ιδιαίτερη επιμέλεια και προζύμι, οι νοικοκυρές για τους νεκρούς και, κομμάτια – κομμάτια, το πρόσφεραν σε όλους και, φυσικά, στο χριστουγεννιάτικο τραπέζι.

– Γευστικά κουλουράκια: Την παραμονή των Χριστουγέννων οι αυλές των σπιτιών μοσχομύριζαν από τα κουλουράκια που έψηναν οι νοικοκυρές στους φούρνους και που έδιναν και στα παιδιά που έλεγαν τα κάλαντα. Είχαν διάφορα σχήματα και στολίδια.

– Το μεγάλο κούτσουρο ή «Χριστόξυλο»: Από τις παραμονές των εορτών ο νοικοκύρης διάλεγε το πιο όμορφο, το πιο γερό, το πιο χοντρό ξύλο από βελανιδιά. Σε κάθε σπιτικό, οι νοικοκυραίοι προσπαθούν το κούτσουρο να καίει μέχρι τα Φώτα.

25 ΔΕΚΕΜΒΡΙΟΥ

Κι όλοι πηγαίναμε στην εκκλησιά με την πρώτη την καμπάνα τα μεσάνυχτα

Σήμερα, το Ημερολόγιό μου δείχνει 25 Δεκεμβρίου 2015 και το ρολόι μου ένα λεπτό μετά τις 12 το βράδυ. Είχαμε συγκεντρωθεί στο σπίτι μου όλα τα παιδιά και τα εγγόνια μου. Μετά την ολοκλήρωση του γιορτινού φαγητού, όλοι μαζευτήκαμε γύρω από το ζεστό τζάκι και συζητούσαμε.

Και θυμήθηκα πολλά για την ημέρα αυτή όταν ήμουνα στο σπίτι με τους γονείς μου και τα αδέρφια μου για τις γιορτές των Χριστουγέννων πριν από 50 και 60 χρόνια.

Θυμήθηκα ότι μετά από όλες τις εντυπωσιακές, αλλά και κουραστικές προετοιμασίες, όλοι οι συγχωριανοί μας περίμεναν πότε να χτυπήσει το βράδυ (τα μεσάνυχτα) η καμπάνα της εκκλησίας για να πάνε όλοι στην εκκλησία.

Θυμήθηκα ότι τότε παράταγαν όλοι τα κρέατα, τα ζεστά ψωμιά, την πίτα και άλλους μεζέδες και έτρεχαν στην εκκλησία για τη γέννηση του Χριστού.

Θυμήθηκα ότι φορούσαν όλοι τα καλύτερα γιορτινά ρούχα και πήγαιναν στη γεμάτη από συγχωριανούς μου εκκλησία, όπου ακούγονταν τα χριστουγεννιάτικα τροπάρια με θρησκευτική ευλάβεια και χαρά.

Θυμήθηκα ότι έλαμπε όλη η εκκλησία, έλαμπε η εικόνα της Παναγίας, έλαμπαν οι εικόνες όλων των αγίων. Οι καμπάνες χτυπούσαν χαρμόσυνα.

Θυμήθηκα ότι αμέσως, μόλις τελείωνε η λειτουργία, όλοι έτρεχαν στα σπίτια τους, όπου τους περίμενε μια ζεστή γιορτινή ατμόσφαιρα, πολλά κοψίδια και δικό τους κρασί.

Θυμήθηκα το γνωστό χριστουγεννιάτικο τραγούδι με τίτλο «Χιόνια στο καμπαναριό» που ταιριάζει απόλυτα με την παλιά χριστουγεννιάτικη ατμόσφαιρα στο χωριό μου.

Θυμήθηκα ότι εμείς, τα παιδιά, ετοιμαζόμασταν να ξεχυθούμε στο χωριό για τα κάλαντα, τα οποία τα λέγαμε ανήμερα, τα βαθιά χαράματα.

Θυμήθηκα ότι τα κάλαντα των Χριστουγέννων και της Πρωτοχρονιάς περιμέναμε όλα σχεδόν τα παιδιά του Δημοτικού (μόνο τα αγόρια!) του χωριού μου, για λόγους... οικονομικούς. Μαζεύαμε μερικά χρήματα όχι για να αγοράσουμε χριστουγεννιάτικα παιχνίδια (δεν γνωρίζαμε καν ότι υπάρχουν τέτοια πράματα!), αλλά, κυρίως, για να παίξουμε στα κρυφά «χαρτιά» και φανερά «σταυροκόνι» (κορώνα– γράμματα). Και μια λεπτομέρεια: ποτέ σχεδόν δεν χρησιμοποιούσαμε... τρίγωνα!.

31 ΔΕΚΕΜΒΡΙΟΥ

Νέα χρονολόγηση της επιστροφής του Οδυσσέα στην Ιθάκη

Σήμερα (31 Δεκεμβρίου 2015) διάβασα ότι μια νέα απόπειρα χρονολόγησης των Ομηρικών Επών, η ακριβέστερη μέχρι στιγμής, συγκρίνει τα φυσικά φαινόμενα που περιγράφονται στα έπη με αστρονομικά φαινόμενα, και ελέγχει την ιστορική αλήθεια της αφήγησης. Η Παναγιώτα Πρέκα –Παπαδήμα, μαζί με διεπιστημονική ομάδα που ερευνά τα έπη (αποτελείται από τους καθηγητές Σ. Παπαμαρινόπουλο, Π. Πρέκα–Παπαδήμα, επίκουρη καθηγήτρια Αστροφυσικής στο Εθνικό Καποδιστριακό Πανεπιστήμιο Αθηνών και τους ερευνητές Π. Αντωνόπουλο, φυσικό και ερασιτέχνη αστρονόμο, Π. Μητροπέτρο, φιλόλογο και εκπαιδευτικό, Ε. Μητροπέτρου, φιλόλογο και αρχαιολόγο, Α. Τσιρώνη, επίσης φιλόλογο–αρχαιολόγο και Γ. Σαραντίτη, συγγραφέα, ηλεκτρ. Μηχανικό) επισημαίνει μεταξύ άλλων τα εξής:

«Ο Οδυσσέας έφτασε στην Ιθάκη στις 25 Οκτωβρίου 1207 π.Χ. Πέντε μέρες αργότερα έγινε έκλειψη ηλίου σε ποσοστό 75%, η οποία σκέπασε το Ιόνιο Πέλαγος και τότε συνέβη και η μνηστηροφονία», λέει η Παπαδήμα, διευκρινίζοντας ότι η πεποίθηση για την αλήθεια του συμβάντος είναι προσωπική. Η έκλειψη ηλίου, όπως και μερικά από τα γεγονότα που αναφέρονται, αποδείχθηκαν με χάρτες της NASA, οι οποίοι περιγράφουν τα προβλέψιμα φυσικά φαινόμενα από το 4500 π.Χ. έως το 10000 μ.Χ.

«Από το 1300 π.Χ. ώς το 1130, που είναι τα χρόνια στα οποία τοποθετούνται τα δύο έπη, έγιναν 14 εκλείψεις ηλίου. Ορατές στο Ιόνιο ήταν μόνο πέντε και δύο από αυτές είχαν ποσοστό απόκρυψης του ηλίου 2%, επομένως δεν έγιναν αντιληπτές. Άλλη μία έγινε με τη Δύση του ηλίου, επομένως μας αφορούν μόνο δύο» εξηγεί η Παπαδήμα. Μια ολική έκλειψη ηλίου έγινε το 1143, δηλαδή πολύ κοντά στην παρακμή των Μυκηναϊκών κέντρων και γι' αυτό αποκλείσθηκε από τους επιστήμονες. Η δεύτερη όμως έγινε στις 30 Οκτωβρίου του 1207, από τις δυόμισι το μεσημέρι ώς τις πέντε και μισή το απόγευμα και αυτή θεωρούν ότι αποτυπώνεται στην Οδύσσεια.

Στη ραψωδία Υ, λίγο πριν από το φονικό, ο Όμηρος βάζει τον Θεοκλύμενο τον «θεοδιωματάρη», όπως τον αποκαλεί ο Καζαντζάκης στη μετάφραση, να λέει στους μνηστήρες: «Σαν τι κακό σας δέρνει, δύστυχοι, κι έχουν ζωστεί με νύχτα και οι κεφαλές σας και τα πρόσωπα και χαμηλά

τα γόνα; Κι άναψε σύθρηνο, και γέμισαν τα μάγουλά σας δάκρυα, και ρα-
ντισμένοι οι τοίχοι μ' αίματα και τα ώρια μεσοδόκια· ίσκιους πλημμύρισε
κι η αυλόπορτα, κι η αυλή πλημμύρισε ίσκιους, που ξεκινούν στα μαύρα
Τρίσκοτα να κατεβούν, κι ο γήλιος από τα ουράνια εχάθη, κι άπλωσε βαριά
καταχνιά ολούθε!».

«Η ημερομηνία της έκλειψης, 30 Οκτωβρίου 1207 π.Χ., είναι σε από-
λυτη συμφωνία με τις ομηρικές περιγραφές για τις καιρικές συνθήκες, τη
φθινοπωρινή αγροτική ζωή και τη μεσημεριανή ώρα δολοφονίας των μνη-
στήρων», σύμφωνα με την Παπαδήμα.

Ο ΣΥΓΓΡΑΦΕΑΣ

Ο Δημήτρης Λ. Στεργίου είναι δημοσιογράφος. Γεννήθηκε στην Παλαιομάνινα Αιτωλοακαρνανίας από αγρότες γονείς. Τελείωσε το Δημοτικό Σχολείο της Παλαιομάνινας και, στη συνέχεια, ως μαθητής του Γυμνασίου της Παλαμαϊκής Σχολής της Ιεράς Πόλεως του Μεσολογγίου διακρίθηκε για τις άριστες επιδόσεις του στα μαθήματα και ήταν Σημαιοφόρος του Γυμνασίου αυτού. Αποφοίτησε πρώτος στη βαθμολογία από το Γυμνάσιο της Παλαμαϊκής Σχολής Μεσολογγίου το 1961 και συνέχισε τις πανεπιστημιακές (πολιτικές, οικονομικές και, στη συνέχεια, φιλοσοφικές) σπουδές του στην Αθήνα με υποτροφία.

Από το 1966 έως το 1970 ήταν μέλος της Συντακτικής Επιτροπής του περιοδικού «Τραπεζική Οικονομοτεχνική Επιθεώρησις» και αναλυτής στο ομώνυμο «Οικονομοτεχνικό Κέντρο».

Από τις αρχές του 1970 προσελήφθη στο Δημοσιογραφικό Οργανισμό Λαμπράκη ως συντάκτης του «Οικονομικού Ταχυδρόμου» και των εφημερίδων «Βήμα» και «Νέα».

Το 1979 έγινε αρχισυντάκτης του «Οικονομικού Ταχυδρόμου» και στη συνέχεια διευθυντής Σύνταξης. Ήταν στέλεχος, αρθρογράφος και αναλυτής στις εφημερίδες «Νέα», «Βήμα» και το «Βήμα της Κυριακής» έως το 2001.

Το 2001 μετακινήθηκε στον «Ελεύθερο Τύπο της Κυριακής», αρχικά ως σύμβουλος έκδοσης και διευθυντής έκδοσης και στη συνέχεια ως διευθυντής. Απεχώρησε από τον «Τύπο της Κυριακής» τον Οκτώβριο του 2003 και μετακινήθηκε στην «Απογευματινή» ως διευθυντής Σύνταξης.

Τώρα είναι συνταξιούχος και ασχολείται με τα βιβλία του.

Το 1997 ίδρυσε, με τη συμμετοχή πολλών συγχωριανών του, το πολιτιστικό σωματείο «Εταιρεία Φίλων των Μνημείων της Παλαιομάνινας» με σκοπό τη διάσωση, ανάδειξη και αξιοποίηση της πλούσιας πολιτιστικής κληρονομιάς και παράδοσης του χωριού του, με σημαντικά έως τώρα αποτελέσματα.

Είναι μέλος της Ένωσης Συντακτών Ημερησίων Εφημερίδων Αθηνών, είναι παντρεμένος με τη Νότα και έχει τέσσερα παιδιά, τον Λεωνίδα, τον Νίκο, την Ελένη και την Άρτεμη – Ελευθερία, και τέσσερα εγγόνια, τη Νότα - Θεοδώρα, τη Χριστίνα - Κωνσταντίνα, τον Δημήτρη και τον Φώτη.

Τα βιβλία του

Έχει βραβευθεί από πολλούς φορείς και οργανώσεις και έχει γράψει πολλά βιβλία, τα οποία είναι διαθέσιμα στο Amazon, σε κεντρικά βιβλιοπωλεία, τα βιβλιοπωλεία των εκδοτών του και το Vigla.Net

Ιστορικά

1. Σελίδες από τον ξεσηκωμό του '21 στην Ακαρνανία. Αθήνα 1971 (εξαντλήθηκε).

2. Η Παλαιομάνινα από τα βάθη των αιώνων έως σήμερα. Έκδοση του ιδίου, Αθήνα 1996 (εξαντλήθηκε).

3. Τα βλάχικα έθιμα της Παλαιομάνινας με αρχαιοελληνικές ρίζες. Εκδόσεις Δ. Παπαδήμα, Αθήνα 2001.

4. Λεξικό. 4.500 μυκηναϊκές, ομηρικές, βυζαντινές και νεολληνικές ρίζες στο βλάχικο λόγο. Εκδόσεις Δ. Παπαδήμα, Αθήνα 2007.

5. Ελληνικός Πολιτισμός - Πάνω από 800 αρχαιοελληνικές λέξεις στον ελληνοβλαχικό λόγο. Stergiou Limited, Λονδίνο 2012.

Μυθιστορήματα

1. Τα Βράχια - Ένας ύμνος στον άνθρωπο, τις αιώνιες αξίες και τους θεσμούς. Εκδόσεις Φιλιππότη, Αθήνα 1992 (εξαντλήθηκε). Το βιβλίο βελτιώθηκε και επανεκδόθηκε από τη Stergiou Limited στα ελληνικά και αγγλικά το 2013 και το 2014 κυκλοφόρησε η 4η έκδοση. Stergiou Limited.

Οικονομικά - Πολιτικά

1. Είκοσι Χαμένα Χρόνια (Το χρονικό της λεηλασίας της ελληνικής οικονομίας κατά την περίοδο 1972 – 1992). Εκδόσεις Παπαζήση, Αθήνα 1994.

2. Της Σοφοκλέους το Κάγκελο (Οι δώδεκα ανοδικοί και καθοδικοί χρηματιστηριακοί κύκλοι από το 1972 έως τον Σεπτέμβριο του 1999 – διδάγματα και διαπιστώσεις). Εκδόσεις Παπαζήση, Αθήνα 2000 (συνεχείς επανεκδόσεις).

3. Αυτή είναι η Ελλάδα - Τα 8 μεγαλύτερα εγκλήματα στην οικονομία μετά τη μεταπολίτευση. Εκδόσεις «Ελληνικά Γράμματα», Αθήνα 2001.

4. Η Μεγάλη Φούσκα της Ελληνικής Οικονομίας, 1981 – 2001. Εκδόσεις Παπαζήση, Αθήνα 2002.

5. Η Μεγάλη Φούσκα του Εκσυγχρονισμού του Κ. Σημίτη. Εκδόσεις Παπαζήση, Αθήνα 2004.

6. Το πολιτικό δράμα της Ελλάδος, 1981 – 2005 (με εισαγωγή του

πρώην πρωθυπουργού Κωνσταντίνου Μητσοτάκη). Εκδόσεις Παπαζήση, Αθήνα 2005.

7. Οι Αχρηστοι - Πώς κατέστρεψαν την ελληνική οικονομία και λεηλάτησαν τα ελληνικά νοικοκυριά», ebook. Stergiou Limited

8. Στη Φυλακή - Ντοκουμέντα - κατηγορητήριο κατά των ολετήρων και καταστροφέων πολιτικών της οικονομίας και της χώρας μας κατά την τελευταία τριακονταετία, ebook. Stergiou Limited, 2012-2013

9. Μισός Αιώνας "Greek Statistics". Μία περιληπτική αλλά άκρως αποκαλυπτική περιήγηση στα βασικά οικονομικά μεγέθη της ελληνικής οικονομίας από το 1961 μέχρι σήμερα. Ελληνική Εκδοση: Stergiou Limited, Λονδίνο 2012-2013 - Αγγλική Εκδοση: Stergiou Limited

10. Πώς θα ήταν η ελληνική οικονομία αν... Η σχέση της οικονομικής και πραγματικής οικονομίας, με συγκεκριμένα υποδείγματα, μελέτες πίνακες και αριθμούς. Stergiou Limited, Λονδίνο 2013

11. Τραπεζοδίαιτο Δημόσιο και Κρατικοδίαιτες Τράπεζες - Μία ολέθρια σχέση για την Ελλάδα. Stergiou Limited, Λονδίνο 2013

12. Εγώ, ο Βλαξ. Η τραγική ιστορία 33 περαιώσεων εκκρεμών φορολογικών υποθέσεων από το 1978 μέχρι σήμερα, εις βάρος των συνεπών φορολογουμένων και προς όφελος των αυυνεπών. Stergiou Limited, Λονδίνο 2013. Ιστορίες Οικονομικής Τρέλας 1974 - 2008. Stergiou Limited, Λονδίνο 2013

14. Flashback: Η λεηλασία της Ελλάδας τα τελευταία 60 χρόνια σε... 365 ημέρες, Εκδόσεις Stergiou Limited, Λονδίνο, 2016

www.ingramcontent.com/pod-product-compliance
Lightning Source LLC
Chambersburg PA
CBHW060017030426
42334CB00019B/2076